ENHANCED SEVENTH EDITION

# ¡Claro que sí!

## An Integrated Skills Approach

**Lucía Caycedo Garner**

University of Wisconsin–Madison, Emerita

**Debbie Rusch**

Boston College

**Marcela Domínguez**

CENGAGE
Learning·

Australia • Brazil • Japan • Korea • Mexico • Singapore • Spain • United Kingdom • United States

**¡Claro que sí!: An Integrated Skills Approach, Enhanced Seventh Edition**
Lucía Caycedo Garner, Debbie Rusch, and Marcela Domínguez

Product Director: Beth Kramer

Senior Product Manager: Heather Bradley Cole

Managing Developer: Katie Wade

Content Coordinator: Claire Kaplan

Product Assistant: Daniel Cruse

Associate Media Developer: Patrick Brand

Executive Brand Manager: Ben Rivera

Market Development Manager: Courtney Wolstoncroft

Rights Acquisition Specialist: Jessica Elias

Manufacturing Planner: Betsy Donaghey

Art and Design Direction, Production Management, and Composition: PreMediaGlobal

Cover Image of Avenida 9 de Julio, Buenos Aires: ©Kathrin Ziegler/Taxi/Getty images

For product information and technology assistance, contact us at **Cengage Learning Customer & Sales Support, 1-800-354-9706**

For permission to use material from this text or product, submit all requests online at **www.cengage.com/permissions**. Further permissions questions can be emailed to **permissionrequest@cengage.com**.

Library of Congress Control Number: 2013946553

Student Edition:

ISBN-13: 978-1-285-74047-8

ISBN-10: 1-285-74047-5

Loose-leaf Edition:

ISBN-13: 978-1-285-74049-2

ISBN-10: 1-285-74049-1

**Cengage Learning**
200 First Stamford Place, 4th Floor
Stamford, CT 06902
USA

Cengage Learning is a leading provider of customized learning solutions with office locations around the globe, including Singapore, the United Kingdom, Australia, Mexico, Brazil, and Japan. Locate your local office at **www.cengage.com/global**.

Cengage Learning products are represented in Canada by Nelson Education, Ltd.

To learn more about Cengage Learning Solutions, visit **www.cengage.com**.

Purchase any of our products at your local college store or at our preferred online store **www.cengagebrain.com**.

**Instructors:** Please visit **login.cengage.com** and log in to access instructor-specific resources.

KP-LLF
Printed in the United States of America
2  3  4  5  6  7    19  18  17  16  15

# A Look at *¡Claro que sí!* Enhanced Seventh Edition

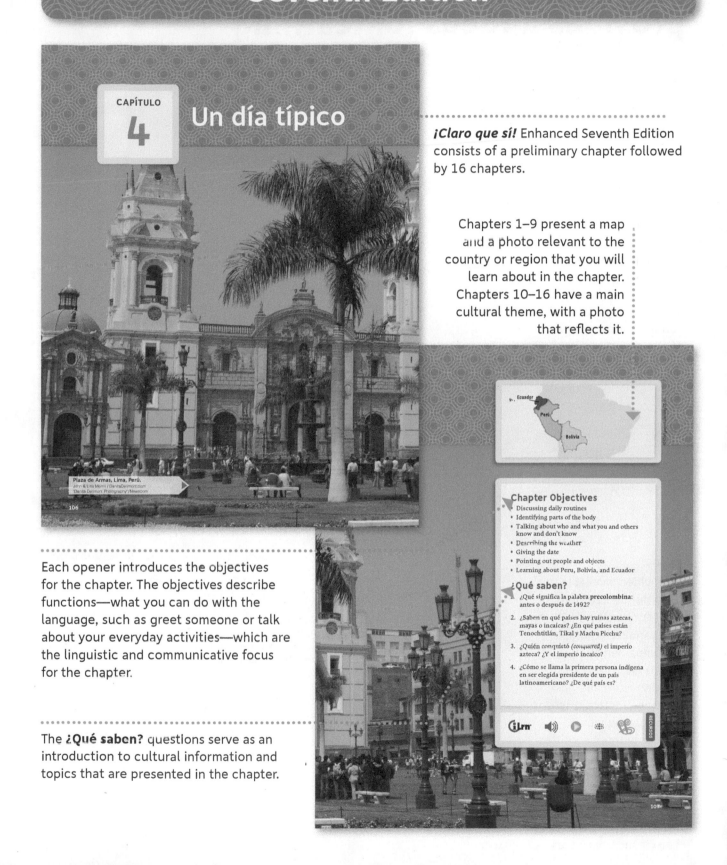

CAPÍTULO
**4**

## Un día típico

Plaza de Armas, Lima, Perú.
John & Lisa Merrill / DanitaDelimont.com
"Danita Delimont Photography"/Newscom
106

*¡Claro que sí!* Enhanced Seventh Edition consists of a preliminary chapter followed by 16 chapters.

Chapters 1–9 present a map and a photo relevant to the country or region that you will learn about in the chapter. Chapters 10–16 have a main cultural theme, with a photo that reflects it.

Ecuador
Perú
Bolivia

### Chapter Objectives
- Discussing daily routines
- Identifying parts of the body
- Talking about who and what you and others know and don't know
- Describing the weather
- Giving the date
- Pointing out people and objects
- Learning about Peru, Bolivia, and Ecuador

### ¿Qué saben?

1. ¿Qué significa la palabra **precolombina**: antes o después de 1492?

2. ¿Saben en qué países hay ruinas aztecas, mayas o incaicas? ¿En qué países están Tenochtitlán, Tikal y Machu Picchu?

3. ¿Quién conquistó (*conquered*) el imperio azteca? ¿Y el imperio incaico?

4. ¿Cómo se llama la primera persona indígena en ser elegida presidente de un país latinoamericano? ¿De qué país es?

iLrn   RECURSOS

107

Each opener introduces the objectives for the chapter. The objectives describe functions—what you can do with the language, such as greet someone or talk about your everyday activities—which are the linguistic and communicative focus for the chapter.

The **¿Qué saben?** questions serve as an introduction to cultural information and topics that are presented in the chapter.

# Accessible, contextualized language provides a focus for learning

Two **Para ver** sections in each chapter help develop your listening skills in Spanish. New and recycled vocabulary and grammar are presented in the context of video blogs, in which you will follow a series of characters through the videos they post.

Each video, available in **iLrn: Heinle Learning Center** and on **CengageBrain.com**, is accompanied by pre-, while- (signaled by the viewing icon) and post viewing practice. Each video can be viewed with or without subtitles in Spanish.

## Para ver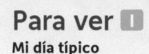

### Mi día típico

| | |
|---|---|
| **deber** + *infinitive* | ought to/should/must + *verb* |
| **debe estar** | ought to/should/must be |
| **hay** | there is/there are |
| **¡Qué** + *adjective*! | How + *adjective*! |
| **¡Qué inteligente!** | How intelligent! |

Video stills: © Cengage Learning 2015

 *Aquí, Andrés desde Perú. Normalmente estoy con mi amigo Pablo en nuestro blog "Ay caramba". Pero hoy estoy solo y voy a contestar la pregunta, ¿qué hago todos los días? ¿algo interesante? Miren el video blog.*

**ACTIVIDAD 1 ¿Cierto o falso?** Lee las siguientes oraciones. Mientras miras el video blog, marca si son ciertas (C) o falsas (F).

1. \_\_\_\_ Andrés está 15 minutos en la ducha (*shower*).
2. \_\_\_\_ Él no tiene novia.
3. \_\_\_\_ Por la mañana él bebe té.
4. \_\_\_\_ Trabaja en un museo.
5. \_\_\_\_ En su trabajo hay objetos de culturas asiáticas.
6. \_\_\_\_ Los visitantes hacen cosas inapropiadas.

# Focus on practical language fosters communication

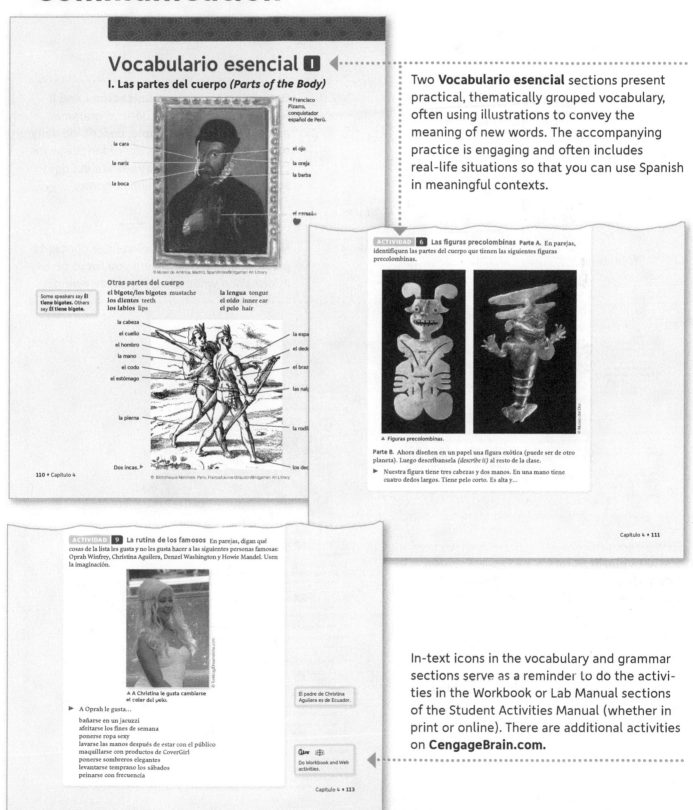

## Vocabulario esencial ▮

### I. Las partes del cuerpo (Parts of the Body)

◄ Francisco Pizarro, conquistador español de Perú.

la cara

la nariz

la boca

el ojo
la oreja
la barba

el corazón

© Museo de América, Madrid, Spain/Index/Bridgeman Art Library

**Otras partes del cuerpo**

Some speakers say Él tiene bigotes. Others say Él tiene bigote.

el bigote/los bigotes mustache
los dientes teeth
los labios lips

la lengua tongue
el oído inner ear
el pelo hair

la cabeza
el cuello
el hombro
la mano
el codo
el estómago

la espa
el ded
el braz
las nal

la pierna

la rodil

Dos incas. ►

los de

110 • Capítulo 4

© Bibliothèque Nationale, Paris, France/Lauros-Giraudon/Bridgeman Art Library

Two **Vocabulario esencial** sections present practical, thematically grouped vocabulary, often using illustrations to convey the meaning of new words. The accompanying practice is engaging and often includes real-life situations so that you can use Spanish in meaningful contexts.

**ACTIVIDAD 6** Las figuras precolombinas **Parte A.** En parejas, identifiquen las partes del cuerpo que tienen las siguientes figuras precolombinas.

© Museo del Oro

▲ Figuras precolombinas.

**Parte B.** Ahora diseñen en un papel una figura exótica (puede ser de otro planeta). Luego descríbansela (describe it) al resto de la clase.

► Nuestra figura tiene tres cabezas y dos manos. En una mano tiene cuatro dedos largos. Tiene pelo corto. Es alta y...

Capítulo 4 • 111

**ACTIVIDAD 9** La rutina de los famosos En parejas, digan qué cosas de la lista les gusta y no les gusta hacer a las siguientes personas famosas: Oprah Winfrey, Christina Aguilera, Denzel Washington y Howie Mandel. Usen la imaginación.

TurkoughDreamstime.com

▲ A Christina le gusta cambiarse el color del pelo.

El padre de Christina Aguilera es de Ecuador.

► A Oprah le gusta...

bañarse en un jacuzzi
afeitarse los fines de semana
ponerse ropa sexy
lavarse las manos después de estar con el público
maquillarse con productos de CoverGirl
ponerse sombreros elegantes
levantarse temprano los sábados
peinarse con frecuencia

**iLrn** 🌐
Do Workbook and Web activities.

Capítulo 4 • 113

In-text icons in the vocabulary and grammar sections serve as a reminder to do the activities in the Workbook or Lab Manual sections of the Student Activities Manual (whether in print or online). There are additional activities on **CengageBrain.com.**

# Functional grammar presentations build communication skills

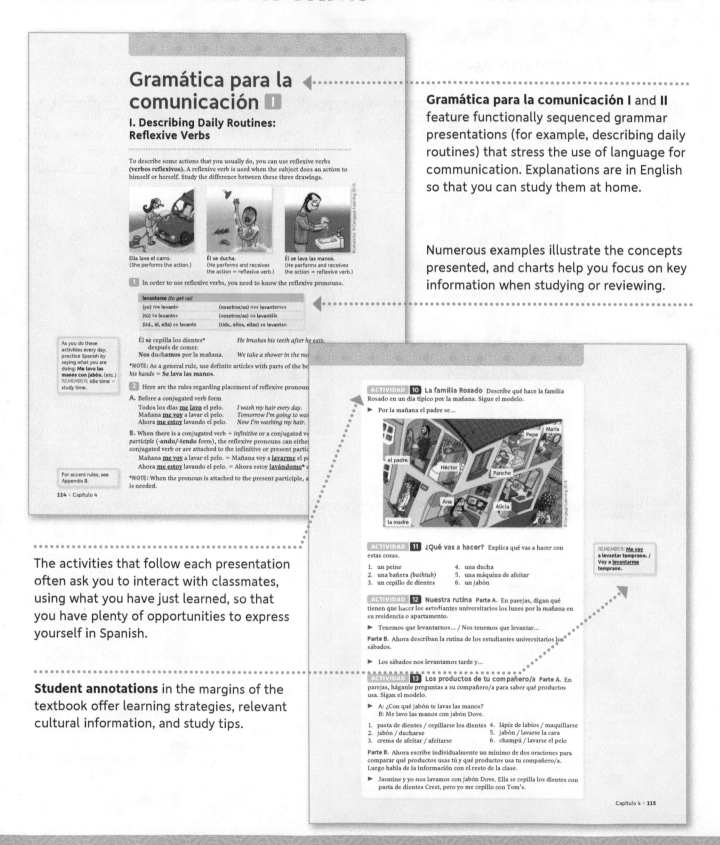

**Gramática para la comunicación I** and **II** feature functionally sequenced grammar presentations (for example, describing daily routines) that stress the use of language for communication. Explanations are in English so that you can study them at home.

Numerous examples illustrate the concepts presented, and charts help you focus on key information when studying or reviewing.

The activities that follow each presentation often ask you to interact with classmates, using what you have just learned, so that you have plenty of opportunities to express yourself in Spanish.

**Student annotations** in the margins of the textbook offer learning strategies, relevant cultural information, and study tips.

# Reading and writing skill development

The **Nuevos horizontes** section in each chapter is designed to help you develop your reading and writing skills in Spanish and to expand your knowledge of the Hispanic world.

Readings include a variety of cultural texts, such as magazine articles, a song, a legend, a poem, short stories, or a play.

The **Lectura** section presents and practices specific reading techniques and strategies. These will help you become a proficient reader in Spanish and learn how to approach unfamiliar content.

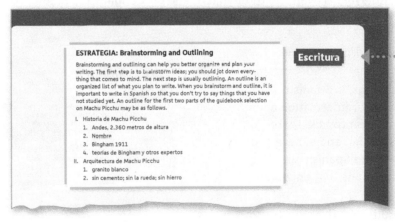

The **Escritura** section introduces and practices specific writing strategies. A process-based approach to writing helps you to evaluate and correct your writing.

# Emphasis on culture promotes awareness of the Spanish-speaking world

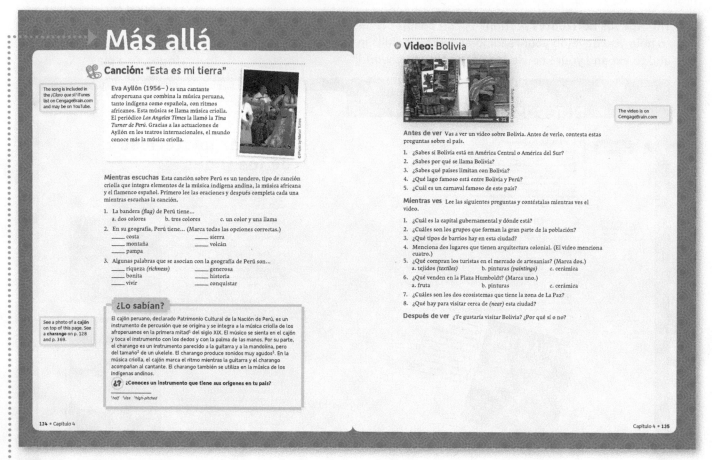

## Más allá

### 🎵 Canción: "Esta es mi tierra"

The song is included in the *¡Claro que sí!* iTunes list on CengageBrain.com and may be on YouTube.

Eva Ayllón (1956– ) es una cantante afroperuana que combina la música peruana, tanto indígena como española, con ritmos africanos. Esta música se llama música criolla. El periódico *Los Angeles Times* la llamó la *Tina Turner de Perú*. Gracias a las actuaciones de Ayllón en los teatros internacionales, el mundo conoce la música criolla.

**Mientras escuchas** Esta canción sobre Perú es un tondero, tipo de canción criolla que integra elementos de la música indígena andina, la música africana y el flamenco español. Primero lee las oraciones y después completa cada una mientras escuchas la canción.

1. La bandera *(flag)* de Perú tiene...
   a. dos colores    b. tres colores    c. un color y una llama

2. En su geografía, Perú tiene... (Marca todas las opciones correctas.)
   ____ costa             ____ sierra
   ____ montaña           ____ volcán
   ____ pampa

3. Algunas palabras que se asocian con la geografía de Perú son...
   ____ riqueza *(richness)*    ____ generosa
   ____ bonita                   ____ historia
   ____ vivir                    ____ conquistar

#### ¿Lo sabían?

See a photo of a **cajón** on top of this page. See a **charango** on p. 128 and p. 369.

El cajón peruano, declarado Patrimonio Cultural de la Nación de Perú, es un instrumento de percusión que se origina y se integra a la música criolla de los afroperuanos en la primera mitad[1] del siglo XIX. El músico se sienta en el cajón y toca el instrumento con los dedos y con la palma de las manos. Por su parte, el charango es un instrumento parecido a la guitarra y a la mandolina, pero del tamaño[2] de un ukelele. El charango produce sonidos muy agudos[3]. En la música criolla, el cajón marca el ritmo mientras la guitarra y el charango acompañan al cantante. El charango también se utiliza en la música de los indígenas andinos.

🎵 **¿Conoces un instrumento que tiene sus orígenes en tu país?**

_____
[1]half  [2]size  [3]high-pitched

### ● Video: Bolivia

The video is on CengageBrain.com

**Antes de ver** Vas a ver un video sobre Bolivia. Antes de verlo, contesta estas preguntas sobre el país.

1. ¿Sabes si Bolivia está en América Central o América del Sur?
2. ¿Sabes por qué se llama Bolivia?
3. ¿Sabes qué países limitan con Bolivia?
4. ¿Qué lago famoso está entre Bolivia y Perú?
5. ¿Cuál es un carnaval famoso de este país?

**Mientras ves** Lee las siguientes preguntas y contéstalas mientras ves el video.

1. ¿Cuál es la capital gubernamental y dónde está?
2. ¿Cuáles son los grupos que forman la gran parte de la población?
3. ¿Qué tipos de barrios hay en esta ciudad?
4. Menciona dos lugares que tienen arquitectura colonial. (El video menciona cuatro.)
5. ¿Qué compran los turistas en el mercado de artesanías? (Marca dos.)
   a. tejidos *(textiles)*    b. pinturas *(paintings)*    c. cerámica
6. ¿Qué venden en la Plaza Humboldt? (Marca uno.)
   a. fruta                    b. pinturas                  c. cerámica
7. ¿Cuáles son los dos ecosistemas que tiene la zona de La Paz?
8. ¿Qué hay para visitar cerca de *(near)* esta ciudad?

**Después de ver** ¿Te gustaría visitar Bolivia? ¿Por qué sí o no?

134 • Capítulo 4

Capítulo 4 • 135

---

Although culture permeates each chapter, the **Más allá** section at the end of each chapter offers you the opportunity to explore the cultures of the Spanish-speaking world through song and short videos. In every third chapter, there is also an introduction to a feature film. The songs, short videos, and films are accompanied by activities to help you comprehend the content. An iTunes™ playlist is available through **iLrn** and on **CengageBrain.com**. The videos for this section can be seen on **CengageBrain.com**.

**¿Lo sabían?** cultural readings, in Spanish beginning in Capítulo 4, offer information and insights on a range of cultural topics. These readings encourage discussion and expose you to the diverse cultures of the Spanish-speaking world. They end with questions that encourage cross-cultural exploration.

**New** country-specific cultural videos available on iLrn give students the chance to learn even more about the countries featured in **¿Lo sabían?**

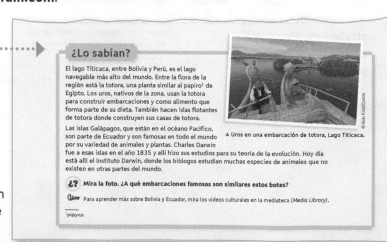

#### ¿Lo sabían?

El lago Titicaca, entre Bolivia y Perú, es el lago navegable más alto del mundo. Entre la flora de la región está la totora, una planta similar al papiro[1] de Egipto. Los uros, nativos de la zona, usan la totora para construir embarcaciones y como alimento que forma parte de su dieta. También hacen islas flotantes de totora donde construyen sus casas de totora.

Las islas Galápagos, que están en el océano Pacífico, son parte de Ecuador y son famosas en todo el mundo por su variedad de animales y plantas. Charles Darwin fue a esas islas en el año 1835 y allí hizo sus estudios para su teoría de la evolución. Hoy día está allí el Instituto Darwin, donde los biólogos estudian muchas especies de animales que no existen en otras partes del mundo.

▲ Uros en una embarcación de totora, Lago Titicaca.

🎵 **Mira la foto. ¿A qué embarcaciones famosas son similares estos botes?**

iLrn **Para aprender más sobre Bolivia y Ecuador, mira los videos culturales en la mediateca *(Media Library)*.**

_____
[1]papyrus

# Study smart with a systematic chapter review

A list titled **Now you know how to...** provides a quick review of what you have learned to express in each chapter with examples that are easily understandable.

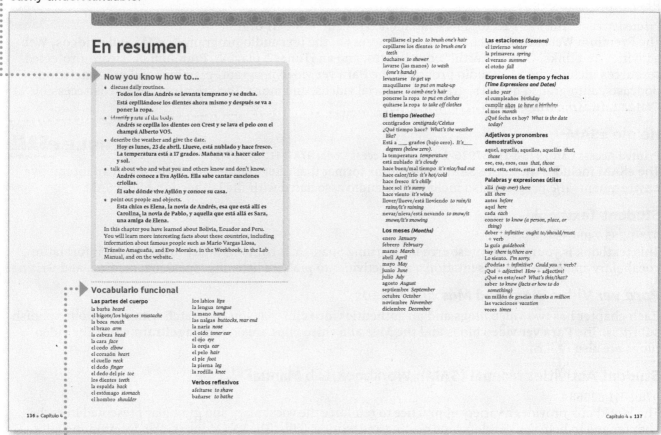

## En resumen

### Now you know how to...

- discuss daily routines.
  Todos los días Andrés se levanta temprano y se ducha.
  Está cepillándose los dientes ahora mismo y después se va a poner la ropa.
- identify parts of the body.
  Andrés se cepilla los dientes con Crest y se lava el pelo con el champú Alberto VO5.
- describe the weather and give the date.
  Hoy es lunes, 23 de abril. Llueve, está nublado y hace fresco.
  La temperatura está a 17 grados. Mañana va a hacer calor y sol.
- talk about who and what you and others know and don't know.
  Andrés conoce a Eva Ayllón. Ella sabe cantar canciones criollas.
  Él sabe dónde vive Ayllón y conoce su casa.
- point out people and objects.
  Esta chica es Elena, la novia de Andrés, esa que está allí es Carolina, la novia de Pablo, y aquella que está allá es Sara, una amiga de Elena.

In this chapter you have learned about Bolivia, Ecuador and Peru. You will learn more interesting facts about these countries, including information about famous people such as Mario Vargas Llosa, Tránsito Amaguaña, and Evo Morales, in the Workbook, in the Lab Manual, and on the website.

### ► Vocabulario funcional

**Las partes del cuerpo**
la barba *beard*
el bigote/los bigotes *mustache*
la boca *mouth*
el brazo *arm*
la cabeza *head*
la cara *face*
el codo *elbow*
el corazón *heart*
el cuello *neck*
el dedo *finger*
el dedo del pie *toe*
los dientes *teeth*
la espalda *back*
el estómago *stomach*
el hombro *shoulder*

los labios *lips*
la lengua *tongue*
la mano *hand*
las nalgas *buttocks, rear end*
la nariz *nose*
el oído *inner ear*
el ojo *eye*
la oreja *ear*
el pelo *hair*
el pie *foot*
la pierna *leg*
la rodilla *knee*

**Verbos reflexivos**
afeitarse *to shave*
bañarse *to bathe*

cepillarse el pelo *to brush one's hair*
cepillarse los dientes *to brush one's teeth*
ducharse *to shower*
lavarse (las manos) *to wash (one's hands)*
levantarse *to get up*
maquillarse *to put on make-up*
peinarse *to comb one's hair*
ponerse la ropa *to put on clothes*
quitarse la ropa *to take off clothes*

**El tiempo** *(Weather)*
centígrados *centigrade/Celsius*
¿Qué tiempo hace? *What's the weather like?*
Está a ___ grados (bajo cero). *It's ___ degrees (below zero).*
la temperatura *temperature*
está nublado *it's cloudy*
hace buen/mal tiempo *it's nice/bad out*
hace calor/frío *it's hot/cold*
hace fresco *it's chilly*
hace sol *it's sunny*
hace viento *it's windy*
llover/llueve/está lloviendo *to rain/it rains/it's raining*
nevar/nieva/está nevando *to snow/it snows/it's snowing*

**Los meses** *(Months)*
enero *January*
febrero *February*
marzo *March*
abril *April*
mayo *May*
junio *June*
julio *July*
agosto *August*
septiembre *September*
octubre *October*
noviembre *November*
diciembre *December*

**Las estaciones** *(Seasons)*
el invierno *winter*
la primavera *spring*
el verano *summer*
el otoño *fall*

**Expresiones de tiempo y fechas** *(Time Expressions and Dates)*
el año *year*
el cumpleaños *birthday*
cumplir años *to have a birthday*
el mes *month*
¿Qué fecha es hoy? *What is the date today?*

**Adjetivos y pronombres demostrativos**
aquel, aquella, aquellos, aquellas *that, those*
ese, esa, esos, esas *that, those*
este, esta, estos, estas *this, these*

**Palabras y expresiones útiles**
allá *(way over) there*
allí *there*
antes *before*
aquí *here*
cada *each*
conocer *to know (a person, place, or thing)*
deber + infinitive *ought to/should/must + verb*
la guía *guidebook*
hay *there is/there are*
Lo siento. *I'm sorry.*
¿Podrías + infinitive? *Could you + verb?*
¡Qué + adjective! *How + adjective!*
¿Qué es esto/eso? *What's this/that?*
saber *to know (facts or how to do something)*
un millón de gracias *thanks a million*
las vacaciones *vacation*
veces *times*

136 ■ Capítulo 4

Capítulo 4 ■ 137

To help you review or prepare for quizzes and exams, the **Vocabulario funcional** section at the end of each chapter lists all active vocabulary in a thematically organized summary.

**New** interactive activities tailored to different learning preferences! Encourage your students to take the **Visual, Auditory, and Kinesthetic (VAK) Learning Preference Quiz** that appears at the beginning of the book (also available on iLrn). The results of this quiz will help you determine the types of student learners in your class. Once you know, point your students to the wealth of learning preference-specific practice activities available to them on **iLrn**.

# Integrated Teaching and Learning Tools

## iLrn: Heinle Learning Center

Printed Access Card: 978-1-111-67930-9 • Instant Access Code: 978-1-111-67927-9
From a single site, you'll access all learning components, including an eBook with integrated activities, companion videos, a voiceboard, an online Student Activities Manual (with audio), online tutoring options, and more. For more information, turn to the front of the text or visit **ilrn.heinle.com**.

## Premium Website

Printed Access Card: 978-1-111-67919-4 • Instant Access Code: 978-1-111-67918-7
The Premium Website offers complimentary access to the text audio program, the **Más allá videos,** Web activities and links, Google Earth™ coordinates, and an iTunes™ playlist. Premium password-protected resources include the SAM audio program, the **Para ver** video program, grammar and pronunciation podcasts, auto-graded quizzes, grammar tutorial videos, and more! The Premium Website is accessible at **CengageBrain.com.**

## Heinle eSAM

Printed Access Card: 978-1-111-67926-2 • Instant Access Code: 978-1-111-67925-5
The eSAM includes the entire SAM in an online format that offers immediate feedback in an interactive environment. The program also includes the audio associated with the lab section of the SAM.

## Student Textbook

978-1-285-74047-8
This textbook is your primary resource for learning Spanish. It contains study tips, cultural information, vocabulary and grammar presentations, and activities to practice listening, speaking, reading, and writing.

## *Para ver* Video Blogs and *Más allá* Videos

Each chapter has two video blogs and an authentic video clip that you can watch with or without Spanish subtitles. The **Para ver** video blogs and the **Más allá** video clips are on **CengageBrain.com.** The video blogs are also in iLrn.

## Student Activities Manual (SAM): Workbook/Lab Manual

978-1-111-82968-1
The Workbook provides a variety of practice to reinforce the vocabulary and grammar presented in each chapter and to help you develop your reading and writing skills. The Lab Manual includes pronunciation explanations and practice as well as a variety of listening activities to develop your listening comprehension. Answer keys may be made available to you for self-correction at the discretion of your instructor.

## SAM Audio Program

978-1-111-82970-4
The SAM Audio Program contains the recorded material that coordinates with the Lab Manual portion of the Student Activities Manual to reinforce pronunciation and listening skills. This is available on the Premium Website.

| CHOICE (pick your format) | VALUE (get free stuff) | SAVINGS (publisher-direct prices) |
| --- | --- | --- |

Visit **CengageBrain.com** to find...
Textbooks • Rental • eBooks • eChapters • Study Tools • Best Buy Packages

# To the Student

Learning a foreign language means learning skills, not just facts and information. *¡Claro que sí!* is based on the principle that we learn by doing, and therefore offers many varied activities and resources designed to develop your skills in listening, speaking, reading, and writing in Spanish. Knowledge of other cultures is also an integral part of learning languages. *¡Claro que sí!* provides an overview of the Spanish-speaking world—its people, places, and customs—so that you can better understand other peoples and their ways of doing things, which may be similar to or different from your own.

The following tips are designed to help you get the most from your study of Spanish:

- Read the *Overview of Your Textbook's Main Features and Components* information to familiarize yourself with the chapter organization and the resources available to you.

- Remember that learning vocabulary and grammar is a necessary part of language study, but that the ultimate goal is communication. Participate orally in class activities and take every opportunity that you can to speak, read, and listen in Spanish.

- Do homework on a daily basis and not at the last minute. This will increase your retention of information.

- When viewing the *¡Claro que sí!* videos, reading, or listening to the lab recordings, focus on getting the information asked of you in the activities instead of trying to comprehend every word. Use context or visual clues to help you understand and be alert to cultural information provided. You will find that you gradually understand more and more easily.

- Use the various program components, especially the Student Activities Manual, to reinforce what you learn in class. Consult the study tips in the Student Activities Manual for a variety of strategies that will help ensure your success in learning Spanish.

- Do the activities on **CengageBrain.com** to reinforce what you study as you progress through each chapter. The activities, many of which can serve as review material for tests, include vocabulary and grammar practice with immediate correction.

Finally, we hope that by approaching your study of Spanish as an adventure and with a willingness to make mistakes and try new things, you will also have fun learning with *¡Claro que sí!* and communicating in Spanish.

**Lucía Caycedo Garner**

**Debbie Rusch**

**Marcela Domínguez**

# Scope and Sequence

To the Student

# Acknowledgments

We are grateful to the following members of the *¡Claro que sí!* Advisory Board for their ongoing feedback throughout the development of *¡Claro que sí!*

Dan Hickman, *Maryville College*

Julie Kleinhans-Urrutia, *Austin Community College*

Karen Rubio, *University of Tulsa*

Mary Stevens, *State University of New York at New Paltz*

Many thanks go to the following professors, each of whom offered valuable suggestions through their participation in development reviews:

Development Reviews

Amy Alfieri, *Spring Hill College*

Dan Alsop, *Franklin College*

Luz María Álvarez, *Johnson County Community College*

José Arce, *Illinois College*

Bruno Arzola-Padilla, *Tacoma Community College*

Melany Bowman, *Arkansas State University*

Mary Louise Budris, *Monterey Peninsula College*

Carla Chapa, *Del Mar College*

Joseph Collentine, *Northern Arizona University*

Lois Cooper, *Berkshire Community College*

Jorge deVillasante, *Middlesex Community College*

Patricia Fitzpatrick, *State University of New York at New Paltz*

Maritza Graca Lobo, *Kalamazoo Valley Community College*

Mary Harris, *Bowie State University*

Robert Hawley, *West Shore Community College*

Charles Kargleder, *Spring Hill College*

Sara Kelly, *State University of New York at Geneseo*

Lance Lee, *Durham Technical Community College*

Kathleen Madigan, *Rockhurst University*

April Marshall, *Pepperdine University*

Erin Mursch, *Texas State University*

Jerome Mwinyelle, *East Tennessee State University*

Mileta Roe, *Bard College at Simon's Rock*

Kimberly Small, *Southeastern Community College*

Stacy Southerland, *University of Central Oklahoma*

Susan Stein, *South Carolina State University*

Joy Woolf, *Westminster College*

We are especially grateful to the following people for their valuable assistance during the development and production of this project: Heather Bradley-Cole and Dr. Cristina Moon from Chabot College for helping to conceptualize the changes in this edition and Judith Bach for her assistance "filling in" for Heather; Jean Miller, Sarah Link and Marissa Vargas-Tokuda for their multiple suggestions in the editing process; Sandra Guadano who taught us *how* to write and who we remember fondly and miss dearly; Harold Swearingen, Aileen Mason and Melissa Sacco as well as the entire textbook production team; Esteban Mayorga for allowing us the pleasure of publishing his short story; Norma Rusch for her musical talents; Lorena Lopera for her photo of children in the Dominican Republic. Rosa Maldonado-Bronsack, Lily Moreno Carrasquillo, Martha Miranda Gómez, Virginia Laignelet Rueda, Olga Tedias-Montero, Victoria Junco de Meyer, Lucía Sierra Laignelet, Jorge Caycedo Dávila, Fernando Eslava, Eduardo Abondano, Cecilia Naber, Irma Perlman, Adán Griego, Alberto Dávila Suárez, Analida Martínez, Natalia Verjat, Christopher Wood, Carmen Fernández, Ann Merry, Fabiana López de Haro, Ali Burk, María Elena Villegas, Henry Borrero, Sara Lehman, Rosa Garza Mouriño, Pablo Domínguez, Gloria Arjona, Alejandro Lee, Carmen Fernández Santas, Ana Tere Martínez, Sofía Ruiz Alfaro, Lizy Morimosato, Silvia Martín Sánchez, Ángela Sánchez Turrión, Begoña de Rodrigo, Miguel Jiménez, Sarah Bartels Marrero, Hernán Marrero, Inés Vañó García, Leticia Mercado, Evelin Gamarra Martínez, Katie Lyle, Gina Alberti, Nina Franzino, Joaquín Pascual Ivars, Nilza Gonzales-Pedemonte, Meghan Allan, and Tara Sujko for their assistance answering questions about lexical items and cultural practices in the many countries that comprise the Spanish-speaking world and for field-testing activities and grammar explanations.

We would like to thank *Buenas,* the production company in Buenos Aires that filmed the *Para ver* video blogs. The *Buenas* team includes Belén Amada, Marco Sauli, Ivana Fernández, Irene Ferrari, César Barrangou, Lucía Larios, Rubén Tarragona, Gimena Heis, and Paulo Sapag, our producer, who kept everything working like clockwork. We thank all the actors especially Briggitte Beltrán who played Sonia. Most importantly we would like to thank our artist, script consultant, creator of motion graphics, and director of our video blogs, Andrés Fernández Cordón, who never ceased to amaze us with his creativity, dedication, and sense of humor. We are in awe of his multiple talents.

**Le dedicamos este libro a Andrés.**

**Tenemos solo una cosa que decirle:**

**¡¡¡¡¡BBBBBiiiiieeeeennnnn!!!!!**

# Bienvenidos al mundo hispano

Universidad Nacional Autónoma de México, Ciudad de México.
© Toño Labra/age fotostock

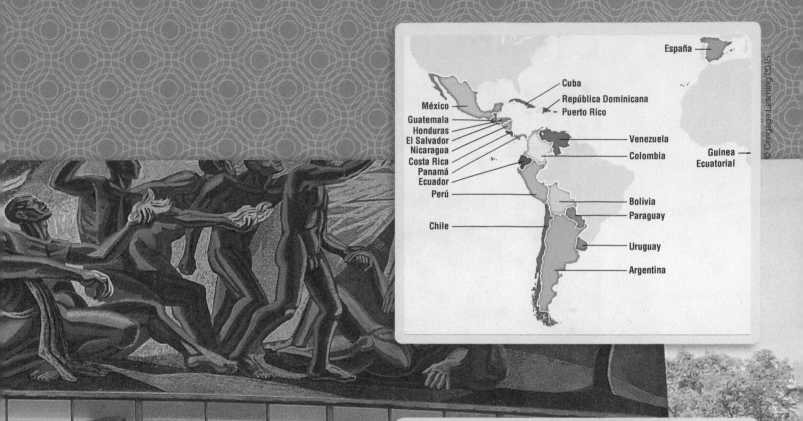

España

Cuba
República Dominicana
Puerto Rico

México
Guatemala
Honduras
El Salvador
Nicaragua
Costa Rica
Panamá
Ecuador
Perú

Venezuela
Colombia

Guinea
Ecuatorial

Bolivia
Paraguay

Chile

Uruguay

Argentina

© Cengage Learning 2015

## Chapter Objectives
- Telling your name and where you are from
- Asking others their name and where they are from
- Greeting someone and saying good-by
- Telling the names of countries and their capitals
- Recognizing a number of classroom expressions and commands
- Identifying where Spanish is spoken in the world

## Datos interesantes

Los cinco países con mayor número de personas de habla española:

| | |
|---|---|
| México | 112.500.000 |
| Colombia | 44.200.000 |
| Argentina | 41.300.000 |
| España | 40.500.000 |
| los Estados Unidos | 34.500.000 |

RECURSOS

3

# Las presentaciones

▲ Estudiantes en La Paz, Bolivia.

Spanish requires that punctuation marks be used at the beginning and end of questions and exclamations.

A: Hola.
B: Hola.
A: ¿Cómo te llamas?
B: Me llamo Marisa. ¿Y tú?
A: Marta.

B: Encantada.
A: Igualmente.
B: ¿De dónde eres?
A: Soy de La Paz, Bolivia. ¿Y tú?
B: Soy de Caracas, Venezuela.

ACTIVIDAD **1** **¿Cómo te llamas?** Take three minutes to meet as many people in your class as you can by asking their names. Follow the model. Note: Men say **encantado** and women say **encantada.**

▶ A: Hola. ¿Cómo te llamas?
B: Me llamo [Jessica]. ¿Y tú?
A: Me llamo [Omar].
B: Encantada.

A: Igualmente.
B: Chau.
A: Chau.

ACTIVIDAD **2** **¿De dónde eres?** Ask four or five classmates where they are from. Follow the model.

▶ A: ¿De dónde eres?
B: Soy de [Cincinnati, Ohio]. ¿Y tú?
A: Soy de [Lincoln, Nebraska].

**ACTIVIDAD 3 Hola... Chau** Go to the front of the room and form
two concentric circles with the people in the inner circle facing those in
the outer circle. Each person should speak to the person facing him/her
and include the following in the conversation: greet the person, ask his/
her name, find out where he/she is from, say good-by. When finished
with a conversation, wait for a signal from your instructor; then the inner
circle should move to the next person to their right and have the same
conversation with a new partner.

▶ A: Hola.        A: ¿Cómo te llamas?        A: ...
   B: Hola.        B: Me llamo...

A: Buenos días.
B: Buenos días.
A: ¿Cómo se llama Ud.,
   profesor?
B: Me llamo Tomás
   Gómez. ¿Y Ud.?
A: Silvia Rivera.
B: Encantado.
A: Igualmente.
B: ¿De dónde es Ud.?
A: Soy de Lima, Perú.
   ¿Y Ud.?
B: Soy de San Juan,
   Puerto Rico.
A: Adiós.
B: Adiós.

© Francisco J. Rangel

▲ Profesora de Perú y profesor de Puerto Rico.

NOTE: **Ud.** is the
abbreviation of the word
**usted** and will be used
throughout this text.

## ¿Lo sabían?

Spanish has two forms of address to reflect different levels of formality. **Usted
(Ud.)** is generally used when talking to a person whom you would address by
his/her last name (Mrs. Smith, Mr. Jones). **Tú** is used when speaking to a young
person and to people whom you would call by their first name.

 **What words, besides "Mr.," "Mrs.," and "Ms.," are used in English to
address people formally?**

**ACTIVIDAD 4 ¿Cómo se llama Ud.?** Imagine that you are at a
business conference. Introduce yourself to three people. Follow the model.

▶ A: Buenos días.              A: Me llamo...
   B: Buenos días.              B: Encantado/a.
   A: ¿Cómo se llama Ud.?       A: Encantado/a.
   B: Me llamo... ¿Y Ud.?       B: Adiós.
                                A: Adiós.

**¿De dónde es Ud.?** You are a businessman/businesswoman at a cocktail party and you are talking to other guests. Find out their names and where they are from. Follow the model.

▶   A: Buenas noches.
B: Buenas noches.
A: ¿Cómo se llama Ud.?
B: ... ¿Y Ud.?
A: ... ¿De dónde es (Ud.)?
B: Soy de... ¿Y Ud.?
A: ...
B: Encantado/a.
A: ...

ACTIVIDAD **6**   **¿Formal o informal?**  Speak to at least five other members of your class: greet them, find out their names and where they are from, and then say good-by. If they're wearing jeans, use **tú**. If they are not in jeans, use **Ud.**

▶   A: ¿Cómo estás? *(said to person wearing jeans)*
B: Bien. ¿Y Ud.? *(said to person not wearing jeans)*

Do corresponding Workbook and Web activities as you proceed through the chapter.

# Los saludos y las despedidas

........................................................................................................

### Los saludos *(Greetings)*

**Hola.**   Hi.
**Buenos días.**   Good morning.
**Buenas tardes.**   Good afternoon.
**Buenas noches.**   Good evening.

**¿Cómo estás (tú)?**
**¿Cómo está (Ud.)?**   } How are you?
**¿Qué tal?** *(informal)*

**¡Muy bien!**   Very well!
**Bien.**   O.K.
**Más o menos.**   So, so.
**Regular.**   Not so good.
**Mal.**   Lousy. / Awful.

### Las despedidas *(Saying Good-bye)*

**Adiós** is also used as a greeting when two people pass each other and want to say "Hi," but have no intention of stopping to chat.

**Hasta luego.**   See you later.
**Hasta mañana.**   See you tomorrow.
**Buenas noches.**   Good night. / Good evening.
**Adiós.**   Good-bye.
**Chau. / Chao.**   Bye.

A: Buenos días, Sr. Ramírez.
B: Buenos días, Sr. Canseco.
¿Cómo está Ud.?
A: Muy bien. ¿Y Ud.?
B: Regular.

▲ Antigua, Guatemala.

Formal = **¿Cómo está (Ud.)?**

Informal = **¿Cómo estás (tú)?**

A: ¡Hola, Susana! ¿Cómo estás?
B: Bien, gracias. ¿Y tú?
A: Más o menos.

▲ México, D. F.

## ¿Lo sabían?

In Hispanic countries men often shake hands or sometimes give each other a hug **(un abrazo).** In business situations, a handshake is commonly used to greet someone, regardless of gender. When two women (or a man and a woman) who are friends meet, they often kiss each other on the cheek. In Spain they greet with two kisses **(besos),** versus one in Latin America.

 **In your country, how do you greet a professor, your mother, and a friend?**

**ACTIVIDAD** **7** **¡Hola! ¿Cómo estás?** Mingle and greet several classmates, ask how each is, and then say good-by. To practice using both **tú** and **Ud.,** address all people wearing blue jeans informally (use **tú**) and all others formally (use **Ud.**).

# Países de habla española y sus capitales

Use the maps on pages R60-R63 to learn the names of Hispanic countries and their capitals.

### Otros países y sus capitales

**Alemania,** Berlín
**Brasil,** Brasilia
**Canadá,** Ottawa
**(los) Estados Unidos,** Washington, D.C.

**Francia,** París
**Inglaterra,** Londres
**Italia,** Roma
**Portugal,** Lisboa

Plaza Murillo en La Paz, ▶
capital de Bolivia.

**ACTIVIDAD** **8** **Capitales hispanas** In pairs, take a minute to memorize the capitals of the countries on either pages R60-R61 or pages R62-R63. Your partner will memorize those on the other pages. Then go to the pages that your partner has studied and take turns asking the capitals of all the countries.

> A: *(Looking at pp. R60-R61)* ¿Cuál es la capital de Puerto Rico?
> B: San Juan.
> A: Correcto.
> B: *(Looking at pp. R62-R63)* ¿Cuál es la capital de Chile?
> A: ...

## ¿Lo sabían?

Spanish is spoken in many countries. Although Mandarin Chinese has the largest number of native speakers in the world, Spanish is second and is followed closely by English. Spanish is spoken in the following geographical areas by people of all races:

**América**
Norteamérica:
   los Estados Unidos,* México
Centroamérica:
   Belice,* Costa Rica, El Salvador, Guatemala, Honduras, Nicaragua, Panamá
El Caribe:
   Antillas Holandesas,* Cuba, las Islas Vírgenes,* la República Dominicana, Puerto Rico
Suramérica:
   Argentina, Aruba,* Bolivia, Chile, Colombia, Ecuador, Paraguay, Perú, Trinidad y Tobago,* Uruguay, Venezuela

**Europa**
   Andorra, España, Gibraltar*

**África**
   Guinea Ecuatorial

*Nations where Spanish is spoken by a large number of people, but it is not an official language. In the Spanish-speaking world, only five continents are recognized: **América** (includes North and South America), **Europa, Asia, África,** and **Oceanía** (includes Australia, New Zealand, and other islands in the Pacific Ocean).

### World Languages
Primary language spoken by the 6 billion people in the world

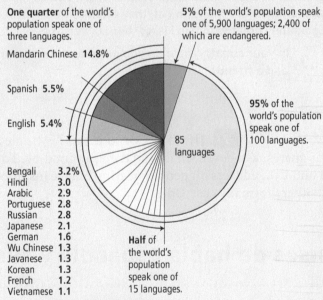

One quarter of the world's population speak one of three languages.

5% of the world's population speak one of 5,900 languages; 2,400 of which are endangered.

Mandarin Chinese  14.8%

Spanish  5.5%

English  5.4%

95% of the world's population speak one of 100 languages.

85 languages

Bengali      3.2%
Hindi        3.0
Arabic       2.9
Portuguese   2.8
Russian      2.8
Japanese     2.1
German       1.6
Wu Chinese   1.3
Javanese     1.3
Korean       1.3
French       1.2
Vietnamese   1.1

Half of the world's population speak one of 15 languages.

Adapted from *The Boston Globe*. Data from SIL Ethnologue.

**¿?** **How many continents are there, according to what you learned in school? Can you name them?**

# Expresiones para la clase

Learn the following commands (**órdenes**) so that you can react to them when they are used by your instructor.

## Órdenes

**Abre/Abran el libro en la página...**    Open your book(s) to page . . .
**Cierra/Cierren el libro.**    Close your book(s).
**Mira/Miren el ejercicio/la actividad...**    Look at the exercise/the activity . . .
**En parejas, hablen sobre...**    In pairs, speak about . . .
**Escucha. / Escuchen.**    Listen.
**Escribe. / Escriban.**    Write.
**Lee/Lean las instrucciones.**    Read the instructions.
**Saca/Saquen papel/un bolígrafo/un lápiz.**    Take out paper/a pen/a pencil.
**Repite. / Repitan.**    Repeat.
**Siéntate. / Siéntense.**    Sit down.
**Levántate. / Levántense.**    Stand up.
**Trabaja/Trabajen con un/a compañero/a.**    Work with a partner.
**[Vicente], pregúntale a [Ana]...**    [Vicente], ask [Ana] . . .
**[Ana], contéstale a [Vicente]...**    [Ana], answer [Vicente] . . .
**[María], repite la respuesta, por favor.**    [María], repeat the answer, please.
**[María], dile a [Jorge]...**    [María], tell [Jorge] . . .

The following expressions will be useful in the classroom:

**¿Cómo se dice... en español?**    How do you say . . . in Spanish?
**¿Cómo se escribe...?**    How do you spell . . . ?
**¿Qué quiere decir...?**    What does . . . mean?
**¿En qué página?**    What page?
**No entiendo. / No comprendo.**    I don't understand.
**No sé (la respuesta).**    I don't know (the answer).
**Más despacio, por favor.**    More slowly, please.
**(Muchas) gracias.**    Thank you (very much).
**De nada.**    You're welcome.

> When two words are given (e.g., **Abre/ Abran**), the first is an informal, singular command given to an individual and the second is a command given to a group of people.

**ACTIVIDAD 9   Las órdenes**   Listen to the commands your instructor gives you and act accordingly.

**ACTIVIDAD 10   ¿Cómo se dice...?**   What would you say in the following situations?

1. The instructor is speaking very fast.
2. The instructor asks you a question but you do not know the answer.
3. You do not understand what the word **ejercicio** means.
4. You do not understand what the instructor is telling you.
5. You did not hear the page number.
6. You want to know how to say *table* in Spanish.

# Deletreo y pronunciación de palabras: El alfabeto

**ca, co, cu: c** is pronounced like *c* in *cat*

**ce, ci: c** is pronounced like *c* in *center*

**ga, go, gu: g** is pronounced like *g* in *go* or softer, as in *egg*

**ge, gi: g** is pronounced like *h* in *hot*

**h** is always silent

Do the Lab Manual activities for each chapter to practice pronunciation.

NOTE: The alphabet is recorded in the Lab Manual.

| | | |
|---|---|---|
| A | a | Argentina |
| B | be, be larga, be grande, be de burro | Barcelona |
| C | ce | Canadá, Centroamérica |
| (CH | che | Chile) |
| D | de | Santo Domingo |
| E | e | Ecuador |
| F | efe | la Florida |
| G | ge | Guatemala, Cartagena |
| H | hache | Honduras |
| I | i | las Islas Canarias |
| J | jota | San José |
| K | ca | Kansas |
| L | ele | Lima |
| M | eme | Montevideo |
| N | ene | Nicaragua |
| Ñ | eñe | España |
| O | o | Oviedo |
| P | pe | Panamá |
| Q | cu | Quito |
| R | ere | Perú |
| S | ese | Santiago |
| T | te | Toledo |
| U | u | Uruguay |
| V | uve, ve corta, ve chica, ve de vaca | Venezuela |
| W | doble uve, doble ve, doble u | Washington |
| X | equis | Extremadura |
| Y | ye, i griega | Yucatán |
| Z | zeta | Zaragoza |

## ¿Lo sabían?

Here are a few more useful facts concerning the Spanish alphabet:

• The letter **ñ** follows **n**. Therefore, **mañana** follows **manzana** *(apple)* in dictionaries. Although few words start with the **ñ,** dictionaries maintain a separate section for words beginning with **ñ**.

• The **k** and **w** are usually used with words of foreign origin. For example: **el kayak, el windsurf**.

• All letters are feminine. For example: **las letras son la** *a,* **la** *b,* **la** *c,* etc.

Prior to 1994, the **ch (che)** and the **ll (elle)** were separate dictionary entries. You may hear people say **che** or **ce hache** and **elle** or **doble ele**. The **rr,** although never considered a letter of the alphabet, is commonly identified as **erre,** but may also be called **ere ere** or **doble ere**.

**ACTIVIDAD 11 ¿Cómo se escribe...?** Find out the name of two classmates and ask them to spell their last names. Follow the model.

▶ A: ¿Cómo te llamas?
B: Caitlin Schroeder.
A: ¿Cómo se escribe "Schroeder"?
B: Ese-ce-hache-ere-o-e-de-e-ere.

**ACTIVIDAD 12 Las siglas** **Parte A.** The following organizations or places are frequently referred to by their acronym or abbreviation. Try to figure out which letters would go in the blanks below.

1. La **Unión Europea** es una organización de países de Europa y España es uno de los países. La _____ _____ se abrevia en inglés *E.U. (European Union)*.

2. El **Tratado de Libre Comercio** es un acuerdo *(treaty)* entre los Estados Unidos, México y Canadá. El comercio entre los países es libre. El _____ _____ _____ se llama en inglés *NAFTA (North American Free Trade Agreement)*.

3. La **Organización de las Naciones Unidas** es una organización de muchos países del mundo. La sede está en Nueva York. La _____ _____ _____ se llama en inglés la *U.N. (United Nations)*.

4. El **Distrito Federal** es el nombre de la zona donde está la Ciudad de México. El _____ _____ es el nombre común de la Ciudad de México.

5. La **Organización del Tratado del Atlántico Norte** mantiene la paz y seguridad de los países que son miembros de la organización. La _____ _____ _____ _____ se llama en inglés *NATO (North Atlantic Treaty Organization)*.

6. La **Organización de los Estados Americanos** es una organización de los países del continente americano. La _____ _____ _____ se llama en inglés la *O.A.S. (Organization of American States)*.

7. La Fundación Inti Jalsu Yvymarai es una _____ _____ _____ (**organización no gubernamental**) en Lima, Perú, que organiza proyectos sociales para los grupos más vulnerables de la ciudad.

**Parte B.** In Spanish, it is common to pronounce abbreviations as words instead of stating every letter individually. How would you say the acronyms in numbers 3, 5, and 6 above?

**ACTIVIDAD 13 La mar estaba serena** Repeat after your instructor to learn the lyrics of the following song. Then listen to the song and sing along.

*La mar estaba serena.*
*Serena estaba la mar.*
*La mar estaba serena.*
*Serena estaba la mar.*
*Con a*
*La mar astaba sarana...*

# Acentuación (*Stress*)

For more information on syllabication and accentuation, see Appendix B.

In order to pronounce words correctly, you will need to know the stress patterns of Spanish.

**A** If a word ends in *n, s,* or a vowel **(vocal),** stress falls on the next-to-last syllable **(penúltima sílaba).** The underlined syllable represents where the stress should be according to this rule, and the arrow shows where the stress is. In this case, they coincide, and therefore, follow the rule and are regular, so no written accent mark is needed.

re**pi**tan      **lla**mas      **ho**la
↑           ↑          ↑

**B** If a word ends in any consonant **(consonante)** other than *n* or *s,* stress falls on the last syllable **(última sílaba).**

espa**ñol**      us**ted**      regu**lar**
↑           ↑          ↑

**C** Any exception to rules 1 and 2 has a written accent mark **(acento ortográfico)** on the stressed vowel. In the examples below, when the arrow points to a syllable other than the underlined one, the rules are broken, and therefore, a written accent is needed.

Pa**na**má      te**lé**fono      **lá**piz
↑           ↑          ↑

With knowledge of the accent rules and a great deal of practice, you will always know where to stress a word if you first encounter it when reading and, upon hearing a Spanish word, you will be able to write it correctly.

**NOTE:** There are two other sets of words that require written accent marks:

**1** Question words such as **cómo, de dónde,** and **cuál** always have written accent marks.

**2** Certain words have a written accent mark to distinguish them from words that are pronounced the same, and otherwise spelled the same, but have different meanings: **tú** *(you),* **tu** *(your);* **él** *(he),* **el** *(the).*

---

**ACTIVIDAD 14 El énfasis** Indicate the syllable where the stress falls in each word of the following sentences. Listen while your instructor pronounces each sentence.

1. ¿Có-mo es-tá, se-ñor Pé-rez?
2. La ca-pi-tal de Pe-rú es Li-ma.
3. ¿Có-mo se es-cri-be "Ne-bras-ka"?
4. Re-pi-tan la fra-se.
5. No com-pren-do.
6. Más des-pa-cio, por fa-vor.
7. ¿Có-mo se es-cri-be Ji-mé-nez?
8. Soy de la Re-pú-bli-ca Do-mi-ni-ca-na.

1. Read the following words aloud, stressing the syllables in bold type.
2. Place arrows under these stressed syllables (those in bold type).
3. Consult the rules and underline the syllables that would be stressed according to the rules.
4. If the arrow and the underlined syllable do not coincide, add a written accent mark over the stressed syllable (the one in bold with the arrow).

▶  **ul**tima        **úl**<u>ti</u>ma
                          ↑

| | | |
|---|---|---|
| 1. **ra**pido | 6. pro**gra**ma | 11. **pa**gina |
| 2. Sala**man**ca | 7. ca**fe** | 12. universi**dad** |
| 3. **la**piz | 8. na**cio**nes | 13. **can**cer |
| 4. profe**sion** | 9. **Me**xico | 14. fan**tas**tico |
| 5. profe**sor** | 10. doc**to**ra | 15. Bo**go**ta |

Do Workbook, Lab manual, and go to CengageBrain.com for additional practice and cultural information. You may want to bookmark the site for future reference.

Read the *Study Tips* section in the Workbook.

**Para ver** *While using* ¡Claro que sí! *you will see video blogs posted by the following people.*

▼ *Sonia Lerma-Jiménez*
*20 años, Estados Unidos*

▼ *José María Fernández Mora*
*19 años, Costa Rica*

▼ *Andrés Miranda Castillo*
*23 años, Perú*

▼ *Pablo Gamarra Reyes*
*20 años, Perú*

▼ *Julieta Rojas Gallegos*
*21 años, Venezuela*

▼ *Francisco Gómez Ortega*
*23 años, España*

▼ *Walter Asturias Ruíz*
*20 años, Guatemala*

▼ *Violeta Santos*
*25 años, Chile*

▼ *Gimena Conti*
*26 años, Argentina*

▼ *Arturo López Cano*
*23 años, República Dominicana*

# En resumen

## Now you know how to...

- ask someone his/her name and tell your name.
    - —¿Cómo te llamas? / ¿Cómo se llama Ud.?
    - —Me llamo Jessie: jota – e – ese – ese – i – e.
- ask someone where he/she is from and tell where you are from.
    - —¿De dónde eres? / De dónde es Ud.?
    - —Soy de Kansas.
- greet someone and say good-by.
    - —Buenos días. / Buenas noches.
    - —¿Cómo estás? / ¿Cómo está Ud.?
    - —Muy bien, gracias. / Regular.
    - —Adiós. / Hasta luego.
- tell the names of countries and their capitals.
    - —¿Cuál es la capital de Chile?
    - —La capital de Chile es Santiago.
- recognize a number of classroom expressions and commands.
    - **Repite la respuesta, por favor.**
    - **¿Cómo se dice… en español?**

In this chapter you have also been introduced to...

- spelling, accentuation, and syllabication in Spanish.
- where Spanish is spoken in the world.

## Vocabulario funcional

### Las presentaciones (Introductions)

¿Cómo te llamas? *What's your name?* (informal)
¿Cómo se llama usted (Ud.)? *What's your name?* (formal)
Me llamo… *My name is . . .*
¿Y tú/Ud.? *¿And you?*
Encantado/a. *Nice to meet you.* (literally: *Charmed.*)
Igualmente. *Nice to meet you, too.* (literally: *Equally.*)
Sr./señor *Mr.*
Sra./señora *Mrs./Ms.*
Srta./señorita *Miss/Ms.*

### El origen

¿De dónde eres? *Where are you from?* (informal)
¿De dónde es Ud.? *Where are you from?* (formal)
Soy de… *I am from . . .*

### Los saludos y las despedidas (Greetings and Leave-Taking)

¿Cómo estás (tú)? *How are you?* (informal)
¿Cómo está (Ud.)? *How are you?* (formal)
¿Qué tal? *How are you?* (informal)
¡Muy bien! *Very well!*
Bien. *O.K.*

Más o menos. *So, so.*
Regular. *Not so good.*
Mal. *Lousy. / Awful.*
Buenos días. *Good morning.*
Buenas tardes. *Good afternoon.*
Buenas noches. *Good night. / Good evening.*
Hola. *Hi.*
Adiós. *Good-bye.*
Chau. / Chao. *Bye.*
Hasta luego. *See you later.*
Hasta mañana. *See you tomorrow.*

### Expresiones para la clase

Abre/Abran el libro en la página… *Open your book(s) to page . . .*

Cierra/Cierren el libro. *Close your book(s).*

Mira/Miren el ejercicio/la actividad... *Look at the exercise/the activity . . .*

En parejas, hablen sobre... *In pairs, speak about . . .*

Escucha. / Escuchen. *Listen.*

Escribe. / Escriban. *Write.*

Lee/Lean las instrucciones. *Read the instructions.*

Saca/Saquen papel/un bolígrafo/un lápiz. *Take out paper/a pen/a pencil.*

Repite. / Repitan. *Repeat.*

Siéntate. / Siéntense. *Sit down.*

Levántate. / Levántense. *Stand up.*

Trabaja/Trabajen con un/a compañero/a. *Work with a partner.*

[Vicente], pregúntale a [Ana]... *[Vicente], ask [Ana] . . .*

[Ana], contéstale a [Vicente]... *[Ana], answer [Vicente] . . .*

[María], repite la respuesta, por favor. *[María], repeat the answer, please.*

[María], dile a [Jorge]... *[María], tell [Jorge] . . .*

¿Cómo se dice... en español? *How do you say . . . in Spanish?*

¿Cómo se escribe...? *How do you spell . . . ?*

¿Qué quiere decir...? *What does . . . mean?*

¿En qué página? *What page?*

No entiendo. / No comprendo. *I don't understand.*

No sé (la respuesta). *I don't know (the answer).*

Más despacio, por favor. *More slowly, please.*

(Muchas) gracias. *Thank you (very much).*

De nada. *You're welcome.*

**El alfabeto** See page 10.

## Países de habla española y sus capitales

¿Cuál es la capital de...? *What is the capital of . . . ?*

| | | |
|---|---|---|
| Guinea Ecuatorial | Malabo | África |
| México | México, D. F. (Distrito Federal) | América del Norte/Norteamérica |
| Costa Rica | San José | |
| El Salvador | San Salvador | |
| Guatemala | Guatemala | América Central/Centroamérica |
| Honduras | Tegucigalpa | |
| Nicaragua | Managua | |
| Panamá | Panamá | |
| Argentina | Buenos Aires | |
| Bolivia | La Paz; Sucre | |
| Chile | Santiago | |
| Colombia | Bogotá | |
| Ecuador | Quito | América del Sur/Suramérica |
| Paraguay | Asunción | |
| Perú | Lima | |
| Uruguay | Montevideo | |
| Venezuela | Caracas | |

| | | |
|---|---|---|
| Cuba | La Habana | |
| Puerto Rico | San Juan | el Caribe |
| la República Dominicana | Santo Domingo | |
| España | Madrid | Europa |

## Otros países y sus capitales

| | | |
|---|---|---|
| Canadá | Ottawa | |
| (los) Estados Unidos | Washington, D.C. | Norteamérica |
| Brasil | Brasilia | Suramérica |
| Alemania | Berlín | |
| Francia | París | |
| Inglaterra | Londres | Europa |
| Italia | Roma | |
| Portugal | Lisboa | |

# ¿Quién es?

Estudiante universitario latino con la presidenta de Whittier College, California.
© AP Photo/Reed Saxon

**Población hispana en los Estados Unidos**

**Personas de origen hispano**
- ☐ Menos de 250.000
- ■ 250.000–500.000
- ■ 500.000–750.000
- ■ 750.000–1.000.000
- ■ Más de 1.000.000

© Cengage Learning 2015

# Chapter Objectives

- Asking and telling about yourself and others
- Giving your age
- Identifying heritage and nationality
- Identifying occupation
- Learning about Hispanics in the United States

## ¿Qué saben?

1. ¿Cuál es el grupo más numeroso de hispanos en los Estados Unidos?

   a. el de origen cubano
   b. el de origen dominicano
   c. el de origen mexicano
   d. el de origen puertorriqueño

2. ¿En qué partes de los Estados Unidos hay grandes concentraciones de estos grupos?

   1. cubanos _____
   2. dominicanos y puertorriqueños _____
   3. mexicanos _____

   a. Texas, Nuevo México, Arizona y California
   b. Nueva Jersey, Nueva York, Connecticut, Rhode Island y Massachusetts
   c. Florida, Nueva Jersey

3. Para el año 2050, el _____ de la población de los Estados Unidos va a ser hispana.

   a. 15%          b. 20%
   c. 25%          d. 30%

RECURSOS

17

# Para ver ❶

## Mi video blog número 1

| | |
|---|---|
| **¿Cómo?** | What? / What did you say? |
| **No hay de qué.** | Don't mention it. / You're welcome. |

*¡Hola, amigos! Este es mi video blog número 1. Con un amigo — víctima de mi cámara secreta. Je, je, je.*

▶ **ACTIVIDAD 1 La información sobre ella** Watch the video blog of two friends talking and complete the information about the young woman.

NOMBRE: _____

APELLIDO(S): _____

EDAD: _____

NOMBRE DE USUARIO: _____

CONTRASEÑA: ************

▶ **ACTIVIDAD 2 ¿Cierto o falso?** Watch the video blog again and write **C (cierto)** if the statement is true or **F (falso)** if the statement is false.

1. _____ Él se llama Martín.
2. _____ Ella es de los Estados Unidos.
3. _____ Ella es de Los Ángeles.
4. _____ Ella es estudiante de la Universidad del Sur de California (USC).
5. _____ Pilsen es uno de sus lugares favoritos de Los Ángeles.

## ¿Lo sabían?

In many Hispanic countries, it is typical for people to use two last names, particularly for legal purposes: Gael García Bernal, Shakira Mebarak Ripoll. The first is the father's last name, and the second is the mother's maiden name. In the United States, some people who were born in Hispanic countries or people of Hispanic descent may use both last names in the same order and hyphenate them.

 **What is the custom with last names in your country? If you used both your father's and mother's last names, as many Spanish speakers do, what would your name be?**

**Andrés Fernández Cordón**

ILUSTRADOR FREELANCE

anhdres.com
anhdres@gmail.com
@anhdres

© Courtesy of Andrés Fernández Cordón

**ACTIVIDAD 3 Sonia Lerma-Jiménez** Answer the following questions based on Sonia's family.

1. ¿El padre de Sonia es el Sr. Lerma o el Sr. Jiménez? ¿Y cuál es el apellido de su madre?
2. En México, ¿Sonia es la Srta. Lerma o la Srta. Jiménez?

# Vocabulario esencial **I**

## I. Los números del cero al cien

| | | |
|---|---|---|
| 0 cero | 11 once | 22 veintidós... |
| 1 uno | 12 doce | 30 treinta, treinta y uno... |
| 2 dos | 13 trece | 40 cuarenta, cuarenta y uno... |
| 3 tres | 14 catorce | 50 cincuenta, cincuenta y uno... |
| 4 cuatro | 15 quince | 60 sesenta, sesenta y uno... |
| 5 cinco | 16 dieciséis | 70 setenta, setenta y uno... |
| 6 seis | 17 diecisiete | 80 ochenta, ochenta y uno... |
| 7 siete | 18 dieciocho | 90 noventa, noventa y uno... |
| 8 ocho | 19 diecinueve | 100 cien |
| 9 nueve | 20 veinte | |
| 10 diez | 21 veintiuno | |

> To help you remember: All numbers from 16 to 29 (except 20) can be written as three words (**diez y seis**) or as one word (**dieciséis**). The latter is more common, and is the form used in this textbook. Numbers from 31 to 99 are always written as three words (**treinta y uno**). Note that the following numbers, which end in **-s**, have a written accent: **dieciséis, veintidós, veintitrés, veintiséis.**

© Courtesy El Clasificado

**ACTIVIDAD 4 ¡Bingo!** Complete the bingo card using randomly selected numbers in the following manner: Column B (between 1 and 19), Column I (between 20 and 39), Column N (between 40 and 59), Column G (between 60 and 79), and Column O (between 80 and 99). Cross out the numbers as you hear them.

| B | I | N | G | O |
|---|---|---|---|---|
| | | | | |
| | | | | |
| | | | | |
| | | | | |
| | | | | |

Phone numbers are frequently read in pairs (**dos, treinta y tres,** etc.) and then clarified by reading one by one: **dos, tres, tres,** etc.

**ACTIVIDAD 5 ¿Cuál es tu número de teléfono?** Mingle with your classmates and write down their telephone numbers.

▶ A: ¿Cuál es tu número de teléfono?
  B: Mi número de teléfono es el 6–17–5–55–42–25 (seis, diecisiete, cinco, cincuenta y cinco, cuarenta y dos, veinticinco).
  A: Seis, diecisiete, cinco, sesenta y cinco...
  B: No. Cincuenta y cinco.
  A: Ahhh. Seis, diecisiete, cinco, cincuenta y cinco...
  B: Correcto.

**ACTIVIDAD 6 Las matemáticas Parte A.** Answer the following math problems according to the model. Use these words:

y/más = +
menos = −
(multiplicado) por = ×
dividido por = ÷

▶ A: ¿Cuánto es catorce menos cuatro?
  B: Es diez.

1. ¿Cuánto es cincuenta y nueve y veinte?
2. ¿Cuánto es setenta y dos dividido por nueve multiplicado por dos?
3. ¿Cuánto es diez por tres dividido por cinco?
4. ¿Cuánto es noventa y tres menos veinticuatro?

**Parte B.** Now write three math problems to quiz a partner. All answers must be 100 or less.

© iofoto/Shutterstock
▲ Niña hispana en una clase en los Estados Unidos.

**ACTIVIDAD 7 La edad** Mingle and ask a minimum of five students how old they are.

▶ A: ¿Cuántos años tienes?
  B: Tengo... años.

# II. Las nacionalidades

Practice word associations: Penélope Cruz = **española;** Elton John = **inglés** (etc.). Make flash cards of things you associate with each nationality: **enchilada/mexicana.**

**Indio/a** = people from India; indigenous person from the Americas (may be derogatory). The word **indígena**—which has only one form ending in -**a** to describe a man or a woman—is preferred.

Nationalities are not capitalized in Spanish.

Review accent rules. See Appendix B (Stress).

© Cengage Learning 2015

| Soy de España. | Soy de México. | Soy de Bolivia. | Soy de Nicaragua. |
| Soy español. | Soy mexicana. | Soy boliviano. | Soy nicaragüense. |

## Otras nacionalidades y adjetivos regionales

| | | | |
|---|---|---|---|
| africano/a | colombiano/a | indio/a | ruso/a |
| argentino/a | cubano/a | italiano/a | salvadoreño/a |
| asiático/a | dominicano/a | norteamericano/a | suramericano/a |
| brasileño/a | ecuatoriano/a | panameño/a | uruguayo/a |
| caribeño/a | europeo/a | paraguayo/a | venezolano/a |
| centroamericano/a | guatemalteco/a | peruano/a | |
| chileno/a | hondureño/a | puertorriqueño/a | |

**NOTE:** Nationalities ending in -**o** change to -**a** when describing a woman.

| | | | |
|---|---|---|---|
| árabe | canadiense | costarricense | nicaragüense |

**NOTE:** Nationalities ending in -**e** can be used to describe both men and women.

| | | |
|---|---|---|
| alemán/alemana | inglés/inglesa | portugués/portuguesa |
| francés/francesa | irlandés/irlandesa | |

**NOTE:** Notice the accents on **alemán, francés, inglés, irlandés,** and **portugués.**

## ¿Lo sabían?

In Hispanic countries, there are various ways to refer to a person from the United States. **Americano** can be misleading because all people from the Americas are Americans. In some Hispanic countries, such as Colombia, Venezuela, Peru, and Chile, someone from the United Sates may be called **un/a gringo/a,** which is not necessarily a derogatory term. But in Mexico, for example, **gringo/a** has a negative connotation. In countries such as Spain, Mexico, and Argentina, people from the United States are usually called **norteamericanos** or **americanos.** These terms are used because the word **estadounidense** is somewhat cumbersome. **Estadounidense** is used primarily in formal writing, such as in newspapers.

The term *Hispanic,* as it is used in the United States by the U.S. government, is a broad term referring to people of diverse ethnic make-up from Spain and Latin America. Many Spanish speakers in the U.S. prefer the term *Latino* or *Latina.*

 **If someone from the United States were traveling in a Spanish-speaking country, what would be a good response to the question *¿De qué nacionalidad eres?***

 Do Workbook and Web activities.

**Gente famosa** Look at the list of famous people in the first column and match them with logical sentences from the second column.

1. David "Big Papi" Ortiz
2. Sandra Cisneros
3. Justin Bieber
4. J. K. Rowling

_____ Es de Inglaterra; entonces es inglés/inglesa.

_____ Tiene más o menos 50 años.

_____ Es de Canadá; entonces es canadiense.

_____ Es de la República Dominicana; entonces es dominicano/a.

_____ Tiene más o menos 20 años.

_____ Tiene más o menos 40 años.

_____ Es de los Estados Unidos; entonces es norteamericano/a.

_____ Tiene más o menos 60 años.

▲ Sandra Cisneros, escritora, en 2007

**¿De qué nacionalidad es?** In pairs, alternate asking and answering questions about the nationalities of these people.

▶ A: ¿De qué nacionalidad es Jimmy Fallon?
  B: Es norteamericano.

1. Harry Potter
2. Salma Hayek
3. Alex Rodríguez
4. Jacques Pépin
5. Paloma Picasso
6. Antonio Banderas
7. Celine Dion
8. María Sharapova
9. Rosario Dawson

**El origen de tu familia** In groups of five, find out the ancestry of your group members. Follow the model.

▶ A: ¿Cuál es el origen de tu familia?
  B: Mi familia es de origen alemán e italiano.

REMEMBER: **Origen** refers to one's heritage, not to where one was born.

NOTE: **Y** becomes **e** before words beginning with **i** or **hi: italiano y alemán** but **alemán e italiano; historia y español** but **español e historia.**

# Gramática para la comunicación I

## I. Talking about Yourself and Others (Part I): Subject Pronouns, *llamarse*, and *ser*

### A. Subject Pronouns

In the sentence **Me llamo Sonia,** what is the subject: *I, you, he,* or *she?* If you said *I,* you were correct. There is no ambiguity here since the **-o** in **llamo** indicates the subject of the verb. What is the subject of the question **¿De dónde eres?** If you said *you,* you were correct.

| Singular Subject Pronouns (Pronombres de sujeto) | |
|---|---|
| **yo** | I |
| **tú** | you *(familiar, singular)* |
| **usted (Ud.)** | you *(formal, singular)* |
| **él** | he |
| **ella** | she |

### B. Asking and Giving One's Name: *Llamarse* (to call oneself)

| llamarse | |
|---|---|
| **yo** | **Me llamo** Marcos. |
| **tú** | ¿Cómo **te llamas?** |
| **usted (Ud.)** | ¿Cómo **se llama** Ud.? |
| **él** | ¿Cómo **se llama** él? |
| **ella** | Ella **se llama** Sonia. |

Now look at this sentence and try to identify the subject: **¿Cómo se llama?** There are three options: **Ud., él,** or **ella.** Due to the lack of clarity, a pronoun is typically used: **¿Cómo se llama él?**

**NOTE:** Subject pronouns in Spanish are optional. **Yo** and **tú** are only used for emphasis, but **Ud., él,** and **ella** can be used for emphasis or to provide clarity.

### C. Stating Origin: *Ser (to be)* + *de, ser* + nationality

| ser | |
|---|---|
| **yo** | **Soy** de Ecuador.* |
| **tú** | ¿**Eres** guatemalteco?* |
| **usted (Ud.)** | ¿De dónde **es** Ud.? |
| **él** | ¿De qué nacionalidad **es** él? |
| **ella** | Ella **es** española. |

*****NOTE:** Origin can be expressed in the following ways:

**ser de** + city/country
**ser** + nationality

**ACTIVIDAD 11** **¿Cómo te llamas?** Meet three classmates. Introduce yourself and ask them where they are from. Follow the model.

▶ A: ¿Cómo te llamas?
B: … ¿Y tú?
A: …
B: Mucho gusto.
A: Igualmente.
B: ¿De dónde eres?
A: Soy de… ¿Y tú?
B: Yo también soy de… / Soy de…

**ACTIVIDAD 12** **¿Cómo se llama Ud.?** Imagine you are Hispanic businesspeople. In pairs, introduce yourselves and ask each other where you are from, following the model. This is a formal conversation.

▶ A: ¿Cómo se llama Ud.?
B: Me llamo… ¿Y Ud.?
A: …
B: Encantado/a.
A: Igualmente.
B: ¿De dónde es Ud.?
A: De… ¿Y Ud.?
B: Yo también soy de… / Soy de…

> You can say either **Me llamo José Ramos** or **Soy el Sr. Ramos / Me llamo Ana Peña** or **Soy la Sra./Sra. Peña.**

**ACTIVIDAD 13** **¿Cómo se llama?** In pairs, ask each other questions to see how many of the other students' names you can remember. Also, tell where they are from. Follow the model.

> If you don't know, say, **No sé.**

▶
A: ¿Cómo se llama?
B: ¿Quién, él?

A: Sí, él.
B: ¡Ah! Él se llama…

A: No, ella.
B: ¡Ah! Ella se llama…

A: ¿De dónde es…?
B: Es de…

**ACTIVIDAD 14** **Dos conversaciones** In pairs, construct two logical conversations using the sentences that follow. Note: Each conversation contains two extra lines that do not belong and should not be included.

**Conversación 1**

_____ ¿Es de Caracas?

_2_ Me llamo Roberto, ¿y tú?

_____ No, soy de Venezuela.

_____ Sí, es de la capital.

_____ ¡Mi amigo es venezolano también!

_____ Se llama Marta.

_____ Felipe. ¿Eres de Panamá?

_____ No, es de Cancún.

_____ Se llama Pepe Cordón.

_____ ¿Ah sí? ¿Cómo se llama él?

_1_ ¿Cómo te llamas?

**Conversación 2**

\_\_\_\_\_ No, es de Bogotá.

\_\_\_\_\_ Se llama Ana Ramos.

\_\_2\_\_ Soy la Srta. Mejía, ¿y Ud.?

\_\_\_\_\_ ¿Ah sí? ¿Cómo se llama?

\_\_\_\_\_ ¡Ah! Mi amiga es colombiana también.

\_\_\_\_\_ No, es de Medellín.

\_\_1\_\_ ¿Cómo se llama Ud.?

\_\_\_\_\_ ¿Ah sí? ¿Cómo se llama él?

\_\_\_\_\_ ¿Es de la capital ella?

\_\_\_\_\_ Soy el Sr. Mendoza, de los Estados Unidos, pero mis padres son colombianos.

**ACTIVIDAD 15 ¿Cómo se llama y de dónde es?** In pairs, take turns naming as many of your classmates and their hometowns as you can remember. Follow the model and point at each person you name.

▶ A: Ella se llama Meg y es de Milwaukee.
   B: Él se llama Josh. No sé de dónde es.

# II. Indicating One's Age: *Tener*

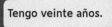
Tengo veinte años.

© Cengage Learning 2015

One of the uses of the verb **tener** is to indicate one's age. The following are the singular forms of the verb **tener**:

| tener | |
|---|---|
| yo | **Tengo** treinta años. |
| tú | ¿Cuántos años **tienes**? |
| Ud. | ¿Cuántos años **tiene** Ud.? |
| él | Él **tiene** diecinueve años. |
| ella | Ella **tiene** veintiún* años. |

**REMEMBER:** With all verbs in Spanish, subject pronouns are optional, and can be used for emphasis or clarity (**¿Cuántos años tiene ella?**). The overuse of **yo** and **tú** when speaking or writing Spanish sounds redundant, so when in doubt, omit them (**Tengo 19 años.**).

**\*NOTE:** The number **veintiuno** loses its final **-o** when followed by a masculine noun. When the **-o** is dropped, an accent is needed over the **-u: veintiún.**

noun: a person, place, or thing

Do Workbook and Web activities.

**ACTIVIDAD 16** **¿Cuántos años tienes?** **Parte A.** Ask several of your classmates their age. Feel free to lie about your age if you want!

▶ A: ¿Cuántos años tienes?
   B: Tengo... años. ¿Y tú?

**Parte B.** In pairs, ask each other questions to find out the ages of the people in the class whom you did not get a chance to ask in **Parte A** of the activity.

▶                          A: ¿Cuántos años tiene él?

   B: Tiene... años.                          B: No sé cuántos años tiene.

**ACTIVIDAD 17** **Tú y él/ella** Write a few sentences introducing yourself and introducing a classmate. State: **nombre, edad** *(age)* y **de dónde eres/es.**

**ACTIVIDAD 18** **¿Qué recuerdas?** In pairs, take turns saying as much as you can remember about several members of the class. Follow the model.

▶ Ella se llama Elvira, es de Atlanta y tiene veintidós años.

**ACTIVIDAD 19** **Los clubes universitarios** In pairs, one person reads role "A" and the other person reads role "B" on page R12. Both of you are at a university in the United States. After role playing the first situation, do the second.

**papel** = role
**arroba** = @
**punto** = .

**Situación 1:** Papel A

> You are Marcos Moreno-Arias and you are registering for the **Club de baile latino.** Give the necessary information to the other person when he/she asks you. Here is the information about you:
>
> Marcos Moreno-Arias
> Estados Unidos, 21 años
> Tel. 916 555-1046
> mmorenoarias@gmail.com

**Situación 2:** Papel A

> You are in charge of registering students for the **Club de películas hispanas.** Fill out the registration card below by asking questions such as **¿Cómo te llamas? ¿Cuál es tu email?**
>
> Club universitario: Club de películas hispanas
> Nombre _____
> Apellido _____
> Edad _____ Nacionalidad _____
> Teléfono _____ Email _____

# Nuevos horizontes

Typically, you scan a university course catalogue, stats for a ball game, etc. Can you think of other types of readings you might scan?

## ESTRATEGIA: Scanning

In this book, you will learn specific techniques that will help you to become a proficient reader in Spanish. In this chapter, the focus is on a technique called *scanning*. When scanning, you look for specific bits of information as if you were on a search-and-find mission. Your eyes function as radar, ignoring superfluous information and zeroing in on the specific details that you set out to find.

**ACTIVIDAD 20** Los hispanos en los Estados Unidos

**Parte A.** Scan the article to finish the graph with the names and percentages of Hispanic groups in the United States.

### Hispanos en los Estados Unidos

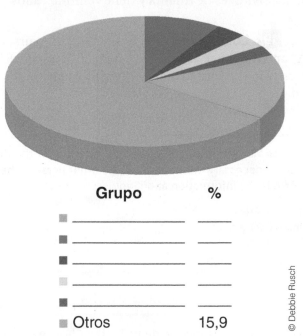

| Grupo | % |
|---|---|
| _____ | _____ |
| _____ | _____ |
| _____ | _____ |
| _____ | _____ |
| _____ | _____ |
| Otros | 15,9 |

© Debbie Rusch

**Parte B.** Scan the article again to complete these sentences about the Hispanic population in the United States.

1.  Hoy día hay más de 50 millones de hispanos en los Estados Unidos y ellos representan aproximadamente el _____ % de la población total de ese país.

2.  Para el año 2050, la población hispana va a representar el _____ % de la población.

3.  De los hispanos que viven en los Estados Unidos, el _____ % son inmigrantes.

4.  Uno de cada _____ niños en kindergarten es hispano.

# Los hispanos en los
# Estados Unidos

**Hay más de 50 millones de hispanos en los Estados Unidos.** Este número representa aproximadamente el 16,5% de la población del país, es decir, que una de cada seis personas es hispana. Para el año 2050, los hispanos van a constituir el 30% de la población.

▲ El Carnaval Miami en la Calle Ocho de la Pequeña Habana.

**¿Quiénes son los hispanos en los Estados Unidos?** El 65,7% son de origen mexicano y su población se concentra en el suroeste del país, en estados como California, Arizona, Nevada, Nuevo México y Texas. Pero también hay muchas personas de origen mexicano en ciudades como Chicago y Minneapolis. El segundo grupo son las personas de Puerto Rico que representan un poco más del 8,9%. Hay muchos puertorriqueños en el noreste del país, en estados como Nueva Jersey, Nueva York, Connecticut y Massachusetts, pero también hay concentraciones importantes en otros estados, como Illinois y Ohio. En tercer lugar, con el 3,5%, están los de origen cubano con una concentración fuerte en Florida. También hay un gran número de salvadoreños en Florida. Ellos ocupan el cuarto lugar con el 3,3%. En quinto lugar están los de origen dominicano con el 2,7% y generalmente se concentran en el noreste, igual que los puertorriqueños.

El 62% de los hispanos que viven en los Estados Unidos nació[1] en ese país. El 38% nació en otros países y llegó como inmigrante a los Estados Unidos. En las escuelas uno de cada cuatro niños que tienen cinco años es hispano. El 34% de los hispanos tiene menos de dieciocho años en comparación con un 24% de la población total del país. Esta información indica que gran parte de la población de los Estados Unidos es hispana y va a haber un aumento muy importante en el futuro. ■

---

[1]*was born*

# Vocabulario esencial ⚙

## Las ocupaciones

1. recepcionista
2. economista
3. camarero/ camarera
4. director/ directora
5. actor/actriz
6. estudiante
7. deportista (profesional)
8. dentista
9. ingeniero/ ingeniera
10. médico/médica, doctor/doctora

> **Doctora** is more commonly used than **médica** when referring to a female doctor.

© Cengage Learning 2015

### Otras ocupaciones

**abogado/abogada** lawyer
**agente de viajes** travel agent
**ama de casa** housewife
**artista** artist
**cantante** singer
**comerciante** business owner
**escritor/escritora** writer, author
**hombre/mujer de negocios** businessman/ businesswoman

**periodista** journalist
**policía/(mujer) policía** policeman/ policewoman
**programador/programadora de computadoras** computer programmer
**secretario/secretaria** secretary
**vendedor/vendedora** store clerk

---

**ACTIVIDAD 21 ¿Quiénes son y qué hacen?** In pairs, look at the following pictures and try to match them with the descriptions below. Take turns pointing to a photo and stating the following information: **nombre, ocupación, nacionalidad, edad.**

_____ 1. Pedro Almodóvar, director, España, 1949

_____ 2. Sonia Sotomayor, jueza de la Corte Suprema, Estados Unidos, 1954

_____ 3. Lionel Messi, futbolista, Argentina, 1987

_____ 4. Paulina Rubio, cantante, México, 1971

A

B

C

D

l: © Roger L. Wollenberg/Pool/Corbis; ml: Mark Serota/Reuters/Corbis; mr: © Corbis; r: XING GUANGLI/Xinhua /Landov

## ¿Lo sabían?

Hispanics are present in all fields today in the United States, including the U.S. Senate and House of Representatives. Sonia Sotomayor is the first Hispanic Supreme Court Justice. Approximately 11% of the men and women in the U.S. Armed Forces, one in four major league baseball players, and ten astronauts are Hispanic. Over the years, entertainers such as Desi Arnaz and Xavier Cugat have paved the way for Hispanics in television and film, and have introduced the music of the Spanish-speaking world to the United States.

 **Can you name other famous Hispanics in politics, sports, the sciences, and entertainment in the United Sates?**

To learn more about Hispanic communities in the U.S., watch the cultural footage in the Video Library

▲ Ellen Ochoa, primera *(first)* astronauta hispana.

---

**ACTIVIDAD 22 ¿Qué hace tu padre?** In pairs, one person is Claudia and looks at the information for "A". The other person is Vicente and looks at the information for "B" on page R13. Introduce yourselves and ask questions about each other and about each other's parents.

| nombre | ocupación |
|---|---|
| nacionalidad | edad |

▶ A: ¿Qué haces?
   B: Soy estudiante.
   A: ¿Qué hace tu padre? ¿Y tu madre?
   B: Mi padre es economista y mi madre...

**A. Los Dávila de Bogotá**

Madre: Maribel, 46 años, ama de casa
Padre: Felipe, 48 años, hombre de negocios
Claudia: 21 años, estudiante

**ACTIVIDAD 23 ¿Qué hace tu padre? ¿Y tu madre?** Interview several classmates and ask them the following information about their parents.

| nombre | ocupación |
|---|---|
| nacionalidad | edad |

Está jubilado/a. =
He/She is retired.

# Para ver ⏸

## Mis padres y amigos

| | |
|---|---|
| **¿Qué hay?** | What's up? |
| **entonces** | then (when *then* means *therefore* or *so*) |
| **¡Oye!** | Hey! |

*Este es mi video blog número dos con mis padres y mis amigos.*

▶ **ACTIVIDAD** **24** **Personas importantes** Watch Sonia's video blog and complete the chart.

| Nombre | País | Edad |
|---|---|---|
| Luis (padre) | EE.UU. | _____ |
| Rosa (madre) | _____ | _____ |
| _____ | Perú | 23 años |
| Pablo | Perú | _____ |
| Julieta | _____ | 21 años |

**ACTIVIDAD** **25** **¿Qué hacen?** Watch the video blog again and match each person to what he/she does.

1. _____ el padre
2. _____ la madre
3. _____ Andrés
4. _____ Pablo
5. _____ Julieta

a. es abogado/a
b. es ama de casa
c. es camarero/a
d. es cantante de rock
e. es dentista
f. es deportista no profesional
g. es recepcionista

**ACTIVIDAD** **26** **¿De dónde...?** Review the list of names and countries in Activity 24. Then, say where each person is from and describe him/her using the appropriate regional adjective.

el padre
la madre
Andrés          es de + *país*; entonces es
Pablo
Julieta

norteamericano/a
caribeño/a
centroamericano/a
suramericano/a
europeo/a

## ¿Lo sabían?

In the video blog Sonia uses **rock** and **bloguero,** two words that have entered the Spanish language from English. Different countries borrow different words from English. Although they may have varying pronunciations, these words are easy to understand for a native speaker of English. English also borrows words from other languages. Some words that English has borrowed from Spanish are barrio, aficionado, and taco. Other English words derived from Spanish include siesta, vamoose, guerilla, mosquito, guitar; those relating to cowboys (rodeo, lariat, lasso, bronco, corral, hacienda, ranch); to western geography (arroyo, canyon, mesa, sierra); to food (flan, paella, tortilla, salsa); and indigenous words that were incorporated first into Spanish and then into English (potato, tomato, canoe, hurricane, barbecue, chocolate).

▲ Cañón de Santa Elena entre los EE.UU. y México.

© RIRFStock  Dreamstime.com

**¿?** **Do you know other Spanish words that are used in English?**

# Gramática para la comunicación II

## I. Talking about Yourself and Others (Part II)

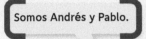

Somos Andrés y Pablo.

© Cengage Learning 2015

### A. Subject Pronouns in the Singular and Plural

| Subject Pronouns (Pronombres de sujeto) | | | |
|---|---|---|---|
| yo | I | nosotros / nosotras | we |
| tú | you (informal) | vosotros / vosotras | you (plural informal) |
| Ud. (usted) | you (formal) | Uds. (ustedes) | you (plural formal/informal) |
| él | he | ellos | they |
| ella | she | ellas | they |

**NOTE: Vosotros/as** is used only in Spain. In all other Spanish-speaking countries, **Uds.** is the plural form of address for both formal and informal situations.

### B. Singular and Plural Forms of the Verbs *llamarse*, *tener*, and *ser*

| llamarse | | | |
|---|---|---|---|
| yo | **Me llamo** Ana. | nosotros / nosotras | **Nos llamamos** los Bruins de UCLA. <br> **Nos llamamos** Ana y Clara. |
| tú | ¿Cómo **te llamas**? | vosotros / vosotras | ¿Cómo **os llamáis**? <br> **Os llamáis** Silvia y Pilar, ¿no? |
| Ud. | ¿Cómo **se llama** Ud.? | Uds. | ¿Cómo **se llaman** Uds.? |
| él | **Se llama** Luis. | ellos | **Se llaman** Luis y Rosa. |
| ella | **Se llama** Rosa. | ellas | **Se llaman** Julieta y Sonia. |

Note accents on question words.

| tener | | | |
|---|---|---|---|
| yo | **Tengo** 20 años. | nosotros / nosotras | **Tenemos** 20 años. <br> Julieta y yo **tenemos** 21 años. |
| tú | ¿Cuántos años **tienes**? | vosotros / vosotras | ¿Cuántos años **tenéis**? <br> Carmen y tú **tenéis** 27 años, ¿no? |
| Ud. | Ud. **tiene** 25 años, ¿no? | Uds. | Uds. **tienen** 25 años, ¿no? |
| él | ¿**Tiene** 19 años? | ellos | ¿**Tienen** 19 años? |
| ella | Sonia **tiene** 20 años. | ellas | Clara y Sonia **tienen** 20 años. |

In this chapter you have seen three uses of the verb **ser:**

**1**  **ser** + **de** + *city/country* or **ser** + *nationality* to indicate origin

**2**  **ser** + *name* to identify a person (**= llamarse**)

**3**  **ser** + *occupation* to identify what someone does for a living

| ser | | | |
|---|---|---|---|
| yo | **Soy** Mauro Maldonado. | nosotros | **Somos** de Chile. |
| | | nosotras | Violeta y yo **somos** chilenas. |
| tú | ¿**Eres** chileno? | vosotros | ¿De dónde **sois**? |
| | | vosotras | Pilar y tú **sois** de Toledo, ¿no? |
| Ud. | ¿Quién **es** Ud.? | Uds. | ¿Quiénes **son** Uds.? |
| él | Luis **es** dentista. | ellos | ¿**Son** de Santiago ellos? |
| ella | Rosa **es** abogada. | ellas | Dora y Laura **son** profesoras. |

## C. Singular and Plural Forms of Occupations and Adjectives of Nationality

In this chapter, you have learned how to express a person's occupation and nationality. Which of the following occupations or adjectives of nationality would you use to refer to a woman: **doctor, camarera, árabe, salvadoreña, guatemalteco?** If you answered **camarera, árabe,** and **salvadoreña,** you were correct. If you were referring to two men, which of the following occupations or adjectives of nationality would you use: **doctores, camareras, árabes, salvadoreñas, guatemaltecos?** If you said **doctores, árabes,** and **guatemaltecos,** you were correct. You used logic, intuition, and your knowledge of language in general to arrive at these choices.

> adjective: a word that describes a noun

**1**  To form the plural of occupations and adjectives ending in **-o, -a,** or **-e,** simply add an **-s.**

Soy ingenier**o**.                    Nosotros somos ingenier**os**.
Ella es ingles**a**.                    Ellas son ingles**as**.
Ud. es canadiens**e**, ¿no?        Uds. son canadiens**es**, ¿no?

**2**  To form the plural of occupations and adjectives ending in a consonant, add **-es.**

Él es directo**r**.                    Ellos son directo**res**.
Soy alemá**n**.                        Somos aleman**es**.

> REMEMBER:
> **Indígena** has only one form and is used to describe a man or a woman. The plural is **indígenas** and refers to both men and women.

**3**  To refer to a group that includes males and females, use the masculine plural form of the adjective or occupation.

Jorge, Pedro y Marta son panameñ**os** y son actor**es**.

NOTE:   a.  The plural of **actriz** is **actrices.**

b.  Note that there is an accent on **alemán,** but not on **alemanes.** For further explanation, see *Stress* in Appendix B.

**ACTIVIDAD 27 ¿De dónde son?** In pairs, alternate asking and answering questions about where the following people are from. Follow the model.

▶ A: ¿De dónde es Wilmer Valderrama?

B: Es de los Estados Unidos.   B: No sé.
A: ¡Ah! Es norteamericano.

1. Penélope Cruz
2. los príncipes Harry y William
3. Gael García Bernal y Thalía
4. Rigoberta Menchú
5. Sofía Loren y Donatella Versace
6. Benicio Del Toro y Héctor Elizondo
7. Dan Aykroyd y k.d. lang
8. Juanes, Shakira y Juan Valdés

▲ El actor Wilmer Valderrama es norteamericano, pero su familia es de origen colombiano y venezolano.

**ACTIVIDAD 28 Otras personas famosas** In pairs, take turns asking and giving information about the following people.

To ask what someone does, say **¿Qué hace?** To ask what more than one person does, say **¿Qué hacen?**

▶ A: ¿Cómo se llaman?
B: …
A: ¿De qué nacionalidad son?
B: …
A: ¿Qué hacen?
B: …
A: ¿Cuántos años tienen?
B: …

▲ Lucie Arnaz        Desi Arnaz Jr.
   (1951)              (1953)
los Estados Unidos – de padre cubano

▲ David Ortiz      Pedro Martínez
   (1975)            (1971)
   la República Dominicana

▲ Jennifer López     Marc Anthony
    (1969)              (1964)
los Estados Unidos – de origen
         puertorriqueño

▲ Carlos Santana     Salma Hayek
    (1947)             (1966)
          México

# II. Asking Information and Negating

## A. Question Formation

**1** Information questions begin with question words such as **cómo, cuál, cuántos, de dónde, qué,** and **quién/es.** Note the word order in the question and in the response.

> ¿Question word(s) + verb + (subject)? → (Subject) + verb . . .

¿De dónde es Andrés?    (Él) es de Perú.
¿Cómo se llama (ella)?    (Ella) se llama Julieta.

**2** Questions that elicit a yes/no response are formed as follows:

¿Es Julieta?       Sí, es ella.
¿Es Julieta de Venezuela? }
¿Es de Venezuela Julieta? } Sí, (ella) es de Venezuela.

You can also add the tag question **¿no?** or **¿verdad?** meaning *right?* to the end of a statement.

Julieta es de Venezuela, **¿no?** }
Julieta es de Venezuela, **¿verdad?** } Sí, (ella) es de Venezuela.

## B. Negating

**1** In simple negation, **no** directly precedes the verb.

Ellos **no** son de México.
**No** se llama Julieta.

**2** When answering a question in the negative, always start the answer with **no** followed by a comma, and then negate again or offer new information.

¿Son ellas de Perú?    { **No,** (ellas) **no** son de Perú.
          { **No,** (ellas) son de Panamá.

iLrn

Do Workbook, Lab Manual, and Web activities.

---

**ACTIVIDAD 29 En una fiesta** You are at a party and can hear a number of conversations. Write the letter of the corresponding answer.

¿Tienen 30 años? _____

Eres ingeniera, ¿no? _____

Eres suramericano, ¿no? _____

Es dentista tu padre, ¿no? _____

¿Es de la capital tu madre? _____

1. No, tienen 30 años.
2. Sí, soy ingeniero.
3. No, tienen 35 años.
4. No, soy ecuatoriano.
5. No, es ingeniera.
6. Sí, es de Ponce.
7. No, no es dentista.
8. Sí, soy ingeniera.
9. No, es dentista.
10. Sí, es de San Juan.
11. No, soy hondureño.

**ACTIVIDAD 30 ¿Toledo o Toledo?** In pairs, you will have a conversation with each other. "A" should read the lines on this page, and "B" should look at page R13. "B" should listen to "A" and select the appropriate response.

¿Quiénes son ellas?

Tu compañero/a responde.

Teresa es suramericana, ¿no?

Tu compañero/a responde.

Y Diana, ¿también es de Puerto Rico?

Tu compañero/a responde.

¡Ah! Es española.

Tu compañero/a responde.

**ACTIVIDAD 31 ¿Y tus padres?** In pairs, interview your partner to find out the following information about his/her parents: **nombre, de dónde son, ocupación, edad.**

▶ A: ¿Cómo se llaman tus padres?
B: Mis padres se llaman...
A: ¿Qué hacen?
B: ...

**ACTIVIDAD 32 Vecinos en la residencia estudiantil** Assume a Hispanic name. In pairs, talk with other pairs and pretend you are with your roommate, meeting your new neighbors at the dorm. Get to know them by asking questions to elicit the following information: **nombre, de dónde son, edad.**

▶ A: ¡Hola! Somos sus vecinos *(neighbors)*. Yo me llamo...
B: Y yo me llamo... Y Uds., ¿cómo se llaman?
C: ...

**ACTIVIDAD 33 ¡Hola! Soy un estudiante nuevo** In pairs, imagine that one of you is a new student who has just transferred into the class. Ask your partner questions to learn about other students. Use questions such as: **¿Cómo se llaman ellos? ¿De dónde es él? ¿Quiénes son ellas?**

REMEMBER: ¿...? and accents on question words.

**ACTIVIDAD 34 Preguntas y respuestas** In three minutes, use the question words you have learned (**cómo, cuál, cuántos, de dónde, qué, de qué, quién/es**) to write as many questions as you can about the video bloggers on page 13. Then, in groups of four, quiz each other using the questions you have written.

tl: © Beryl Goldberg; tr: © Ulrike Welsch; 2nd down left: © Beryl Goldberg; 2nd down right: © Beryl Goldberg; 3rd down left: © Claudia Parks; 3rd down right: © Ulrike Welsch; bl: © Photri/Microstock; br: © Ulrike Welsch

Do Web Search Activities.

# Más allá

## Canción: "La bamba"

> The song is included in the *¡Claro que sí!* iTunes list on CengageBrain.com and may be on YouTube.

**Los Lobos,** a group from East Los Angeles, play a combination of rock, blues, country, folk, and Tex-Mex (also known as **tejano** or **música tejana**) as well as traditional Mexican music. They played **"La bamba"** for the movie of the same name. The film was about the life of Ritchie Valens, who made the song popular in the United States.

© NBC/NBCU Photo Bank via AP Images

**Mientras escuchas** While you listen to **"La bamba"**, identify the two occupations related to the sea that are mentioned.

## ▶ Video: *El mes de la herencia hispana*

© Azteca International Corporation

> The video is on CengageBrain.com.

**Antes de ver** Hispanic Heritage Month is celebrated in the United States between September 15 and October 15 to recognize the contributions of Hispanics living in this country. Do you know why the celebration begins on September 15th each year?

**Mientras ves** Watch the following commercial made by the Spanish language network Azteca América to celebrate **el mes de la herencia hispana,** and match each child with the occupation he or she wants to have in the future.

niña 1 _____          a.  abogado/a

niña 2 _____          b.  actor/actriz

niña 3 _____          c.  economista

niño _____            d.  veterinario/a

                      e.  programador/a de computadoras

                      f.  doctor/a

**Después de ver** Discuss the purpose of this commercial, intended for Hispanic viewers in the United States.

## ¿Lo sabían?

▲ Stephanie Valencia y su madre.

© Courtesy of Stephanie Valencia

There are Hispanics in the United States whose roots in this country go back over five centuries, to a time when parts of what is now the United States were claimed by Spain. In the Southwest, many descendants of early settlers from Spain and Mexico can be found, some of whom no longer speak Spanish. Stephanie Valencia, a Mexican-American from New Mexico, says that she remembers her mother saying, *"We didn't cross the border, the border crossed us."* This phrase refers to 1848, when Mexico ceded territory to the United States after the Mexican-American War. Now, Stephanie is typical of a group of young people in the United States who want to learn the language of their ancestors. This is why you will find many students with Spanish surnames in Spanish classes, just as you could find people of Italian, German, or Japanese heritage in classes learning the languages of their great-grandparents.

 **What language did your ancestors speak? Does anyone in your family speak that language today?**

In 1848, the U.S. and Mexico signed the Treaty of Guadalupe Hidalgo, giving the U.S. control of California, Utah, Nevada, Texas, large parts of Arizona and New Mexico and portions of Colorado, Wyoming, Oklahoma, and Kansas. In 1854 the ratification of the Gadsden Purchase added territory in New Mexico and Arizona creating the present-day borders.

# En resumen

## Now you know how to...

- ask and tell about yourself and others.
  - — **¿Cómo se llaman Uds.? ¿De dónde son?**
  - — **Él se llama Patrick, ella se llama Meghan y yo me llamo Ann. Somos de Wisconsin.**
- give your age.
  - — **¿Cuántos años tienen?**
  - — **Patrick tiene diecinueve años y nosotras tenemos veintiún años.**
- identify heritage and nationality.
  - — **¿Son norteamericanos?**
  - — **Sí, somos norteamericanos, pero somos de origen irlandés.**
- identify occupations.
  - — **¿Qué hacen (Uds.)?**
  - — **Ann es actriz y Patrick y yo somos estudiantes.**
  - — **¿Son estudiantes de la Universidad de Wisconsin, Madison (Uds.)?**
  - — **No, somos estudiantes de la Universidad de Wisconsin, Milwaukee.**

In this chapter you have learned about Hispanics in the United States. You will learn more interesting facts about them, including the latest data from the Census, in the Workbook, the Lab Manual, and on the website.

## Vocabulario funcional

### Los números del cero al cien
*See page 20.*

### Expresiones relacionadas con los números

el año *year*
¿Cuál es tu número de teléfono? *What is your telephone number?*
¿Cuántos años tienes? *How old are you?*
¿Cuántos años tiene él/ella? *How old is he/she?*
el teléfono *telephone*
tener... años *to be . . . years old*

### El origen y las nacionalidades

¿Cuál es el origen de tu familia? *What is the origin of your family?*

¿De dónde es él/ella? *Where is he/she from?*
¿De qué nacionalidad eres/es? *What is your/his/her nationality?*
ser de + *lugar to be from* + place
africano/a *African*
alemán/alemana *German*
árabe *Arab*
argentino/a *Argentinian*
asiático/a *Asian*
boliviano/a *Bolivian*
brasileño/a *Brazilian*
canadiense *Canadian*
caribeño/a *Caribbean*
centroamericano/a *Central American*
chileno/a *Chilean*
colombiano/a *Colombian*

costarricense *Costa Rican*
cubano/a *Cuban*
ecuatoriano/a *Ecuadorian*
español/a *Spanish*
europeo/a *European*
francés/francesa *French*
guatemalteco/a *Guatemalan*
hondureño/a *Honduran*
indio/a *Indian*
inglés/inglesa *English*
irlandés/irlandesa *Irish*
mexicano/a *Mexican*
nicaragüense *Nicaraguan*
norteamericano/a *North American*
panameño/a *Panamanian*
paraguayo/a *Paraguayan*
peruano/a *Peruvian*
portugués/portuguesa *Portuguese*
puertorriqueño/a *Puerto Rican*
salvadoreño/a *Salvadoran*
suramericano/a *South American*
uruguayo/a *Uruguayan*
venezolano/a *Venezuelan*

## Pronombres de sujeto
### (Subject Pronouns)

yo *I*
tú *you* (informal)
Ud. (usted) *you* (formal)
él *he*
ella *she*
nosotros/nosotras *we*
vosotros/vosotras *(Spain) you* (plural
  informal)
Uds. (ustedes) *you* (plural formal/
  informal)
ellos/ellas *they*

## Las ocupaciones

abogado/abogada *lawyer*
actor/actriz *actor*
agente de viajes *travel agent*
ama de casa *housewife*
artista *artist*
camarero/camarera *waiter/waitress*
cantante *singer*
comerciante *business owner*
dentista *dentist*
deportista (profesional) *(professional)
  athlete*
director/directora *director*
doctor/doctora *doctor*
economista *economist*
escritor/escritora *writer, author*
estudiante *student*
hombre/mujer de
  negocios *businessman/businesswoman*

ingeniero/ingeniera *engineer*
médico/médica *doctor*
periodista *journalist*
policía/(mujer) policía *policeman/
  policewoman*
profesor/profesora *teacher; professor*
programador/programadora de
  computadoras *computer programmer*
recepcionista *receptionist*
secretario/secretaria *secretary*
vendedor/vendedora *store clerk*

## La posesión

mi *my*
tu *your* (informal)
su *his/her/your* (formal)

## Las presentaciones

¿Cómo se llama él/ella? *What's his/her
  name?*
Mucho gusto. *Nice to meet you.*
el nombre *first name*
el primer apellido *first last name*
  (father's last name)
el segundo apellido *second last name*
  (mother's maiden name)
¿Quién es él/ella? *Who's he/she?*
llamarse *to be called*
ser *to be*
tener *to have*

## Las personas (People)

el/la chico/a *boy/girl*
la madre; la mamá *mother; mom*
el padre; el papá *father; dad*
los padres *parents*

## Palabras y expresiones útiles

¿Cómo? *What? / What did you say?*
entonces *then* (when *then* means
  *therefore* or *so*)
más o menos *more or less*
¿no? *right?*
No hay de qué. *Don't mention it. / You're
  welcome.*
¡Oye! *Hey!*
pero *but*
¿qué? *what?*
—¿Qué hace él/ella? *"What does he/
  she do?"*
—Es... *"He/She is a . . ."*
¿Qué hay? *What's up?*
¿quién?/¿quiénes? *who?*
sí *yes*
también *too; also*
todos *all*
¿verdad? *right?*
y *and*

# ¿Te gusta?

**Estudiantes cubanos en La Habana.**
Kulaeva Tamara/Shutterstock.com

Cuba

Puerto Rico

República Dominicana

Panamá

© Cengage Learning 2015

## Chapter Objectives
- Identifying some household objects
- Discussing classes
- Talking about likes and dislikes
- Expressing possession
- Expressing obligation and future plans
- Learning about Cuba, the Dominican Republic, Panama, and Puerto Rico

## ¿Qué saben?

1. ¿Qué grupo tiene pasaporte de los Estados Unidos?

   a. los cubanos     b. los dominicanos
   c. los panameños     d. los puertorriqueños

2. ¿Cuál es la isla más grande del Caribe?

   a. Puerto Rico    b. Jamaica    c. Cuba

3. La República Dominicana y Haití están en una isla. ¿Cómo se llama esta isla?

   a. La Española    b. Mallorca    c. Dominica

4. ¿Qué tipo de música asocian con el Caribe?

   a. el merengue   b. el tango    c. el flamenco

5. ¿Qué deportes asocian con el Caribe y Panamá?

   a. el fútbol     b. el béisbol   c. el ciclismo

# Para ver ❶

## Una visita a Puerto Rico

| | |
|---|---|
| ¡Claro!<br>¡Claro que sí!<br>¡Por supuesto! | Of course! |
| ¿De veras? | Really? |

*Una visita a mi amigo dominicano Arturo que es estudiante universitario en Puerto Rico.*

▶ **ACTIVIDAD** **1** **¿Qué escuchas?** While watching the video blog, place a check mark next to the topics that you hear mentioned.

_____ las computadoras      _____ las calculadoras
_____ el té      _____ el café
_____ la música caribeña      _____ la música rock

▶ **ACTIVIDAD** **2** **Preguntas** Watch the video blog again, and answer the questions.

1. ¿Cuántos años tiene Arturo y qué estudia en la universidad?
2. ¿Tiene perfume Arturo?
3. ¿De dónde es el café que tiene Arturo?
4. ¿Cómo le gusta el café a Sonia, solo o con leche?
5. ¿Qué computadora tiene Arturo? ¿Le gusta esa computadora a Sonia?
6. ¿Qué tiene él, música caribeña o música pop?

**ACTIVIDAD 3 ¿Y tú?** In pairs, ask your partner these questions.

1. ¿Tienes perfume? ¿Qué perfume tienes?
2. ¿Qué computadora te gusta?
3. ¿Tienes computadora portátil? ¿Qué computadora tienes?
4. ¿Qué tipos de música tienes? ¿Rock? ¿Jazz? ¿Música clásica? ¿Música country? ¿Música rap?
5. ¿Te gusta el café? ¿Te gusta solo o con leche?

## ¿Lo sabían?

In 1493, Columbus set foot on the island that is now Puerto Rico. In 1508 Ponce de León arrived on the island, and in 1509 Spanish colonization began. In 1898, at the end of the Spanish-American War, Spain lost its last colonies. With the signing of the Treaty of Paris of 1898, the United States received indefinite control over Puerto Rico, the Philippines, and Guam, as well as a temporary presence in Cuba. In 1952, Puerto Rico became a Commonwealth of the United States. As a result, Puerto Ricans are U.S. citizens, which means they can travel freely from the island to the United States, work legally

▲ El Morro en San Juan, Puerto Rico.

in the United States, and be drafted in times of war. Those who reside on the island cannot vote in presidential elections, nor are they represented by voting members in the U.S. Senate or House of Representatives. However, the resident commissioner of Puerto Rico in the U.S. House of Representatives has the same powers as other members of the House, but cannot vote in House meetings.

**¿? What currency is used in Puerto Rico?**

**iLrn** To learn more about Puerto Rico, watch the cultural footage in the Video Library.

Commonwealth = **Estado Libre Asociado**

**ACTIVIDAD 4 Las asignaturas** In the video blog, Arturo says "… **tengo una clase de tecnologías de la información…**" Now, mingle with your classmates and find out what classes they have this semester. Some possible subjects are **arte, biología, economía, historia, inglés, literatura, matemáticas,** and **sociología.** Follow the model.

▶ A: ¿Tienes clase de historia este semestre?
  B: Sí, tengo clase de historia. / No, no tengo clase de historia. / No, pero tengo clase de arte.

**ACTIVIDAD 5 ¡Claro!** In pairs, find out whether your partner has the following things. Follow the model.

▶ A: ¿Tienes (teléfono) celular?
  B: ¡Claro! / ¡Por supuesto! / ¡Claro que sí! / No, no tengo.

1. calculadora
2. (teléfono) celular
3. cámara (digital)
4. radio
5. guitarra
6. televisor

# Vocabulario esencial 1

## La habitación de un estudiante universitario

© Cengage Learning 2015

| | | | |
|---|---|---|---|
| 1 | el cepillo (de pelo) | 9 | el móvil/(teléfono) celular |
| 2 | la toalla | 10 | la guitarra |
| 3 | la silla | 11 | el reloj (despertador) |
| 4 | la cámara (digital) | 12 | la lámpara |
| 5 | la computadora | 13 | el cartel/póster |
| 6 | la planta | 14 | la cama |
| 7 | el escritorio | 15 | la mochila |
| 8 | el periódico | | |

To learn vocabulary, think of the word **champú** when you are washing your hair, **jabón** when you wash your hands, etc. Say the words aloud. REMEMBER: idle time = study time.

**La computadora/el computador** are all accepted in Spanish. **El ordenador** is used only in Spain.

**La radio** = *radio broadcast, radio station.* In some countries, **el radio** is used. **El/La radio** = *radio (appliance).*

## Artículos de higiene personal

**el cepillo de dientes** toothbrush
**el champú** shampoo
**la crema de afeitar** shaving cream
**el jabón** soap
**el desodorante** deodorant

**el kleenex** Kleenex, tissue
**la máquina de afeitar** electric razor
**la pasta de dientes** toothpaste
**el peine** comb
**el perfume** perfume

## Otras cosas

**el álbum (de fotos)** (photo) album
**la cafetera** coffeepot
**la calculadora** calculator
**el diccionario** dictionary
**la foto/fotografía** photo
**la impresora** printer

**la mesa** table
**la novela** novel
**el/la radio** radio
**la revista** magazine
**el sofá** sofa, couch
**el televisor** television set

iLrn

Do Workbook and Web activities.

**ACTIVIDAD 6** **Asociaciones** Associate the following names with objects.

▶ Herbal Essences = champú

1. Samsung, Sony, Panasonic
2. Colgate
3. Nikon
4. Mac, Dell
5. *Time, Rolling Stone*
6. Gillette
7. Dial
8. Chanel Número 5
9. Gabriel García Márquez
10. Timex, Rolex, Swatch

**ACTIVIDAD 7** **Categorías** List as many items as you can that fit these categories: **cosas para leer** *(read),* **cosas que usan electricidad, cosas en un baño.**

**ACTIVIDAD 8** **La habitación de un estudiante** In pairs, quiz each other by looking at the drawing of a student's room on page 48. Follow the model.

▶ A: ¿Tiene televisor?
  B: Sí, tiene. / No, no tiene.

**ACTIVIDAD 9** **¿Qué tienes en tu habitación? Parte A.** Make a list of items that you have in your room.

**Parte B.** In pairs, ask your partner what he/she has in his/her room. Be prepared to report back to the class. Follow the model.

▶ A: ¿Tienes impresora?
  B: Sí, tengo impresora. / No, no tengo impresora.

**ACTIVIDAD 10** **Las habitaciones de los estudiantes** In pairs, "A" looks at Vicente and Juan Carlos's room below, and "B" looks at Marisel and Diana's room on page R14. Then, find out what each pair of roommates has in the room by asking your partner questions. Follow the model.

▶ A: ¿Tienen carteles Marisel y Diana?
  B: Sí, tienen carteles.

▲ La habitación de Vicente y Juan Carlos.

# Gramática para la comunicación **I**

## I. Using Gender and Number

All nouns in Spanish are either masculine or feminine (gender/**género**) and singular or plural (number/**número**). For example: **libro** is masculine, singular and **novelas** is feminine, plural. Generally, when nouns refer to males, they are masculine **(ingeniero)** and when they refer to females, they are feminine **(ingeniera).** The definite and indefinite articles *(the* and *a/an/some)* agree in gender and number with the nouns they modify.

Definite article = *the*
Indefinite article = *a/an, some*

| Definite Article (Artículo definido) | | |
|---|---|---|
| | Singular | Plural |
| Masculine | el | los |
| Feminine | la | las |

| Indefinite Article (Artículo indefinido) | | |
|---|---|---|
| | Singular | Plural |
| Masculine | un | unos |
| Feminine | una | unas |

### A. Gender

**1** Nouns ending in the letters **-l, -o, -n**, or **-r** are usually masculine.

el pape**l**　　　　el jab**ón**
el cepill**o**　　　　el televiso**r**

Common exceptions include **la mano** *(hand)*, **la foto** (from **fotografía**), and **la moto** (from **motocicleta**).

**2** Nouns that end in **-e** are often masculine **(el cine, el baile, el pie)**, but there are some high-frequency words ending in **-e** that are feminine: **la tarde, la noche, la clase, la gente, la parte.**

**3** Nouns ending in **-a, -ad, -ción**, and **-sión** are usually feminine.

la novel**a**　　　　la composi**ción**
la universid**ad**　　la televi**sión**

Common exceptions include:

- Words that come from Greek such as **el día**, including words of Greek origin ending in **-ma** and **-ta,** such as **el problema, el programa,** and **el planeta,** are masculine and take masculine articles.
- Most feminine words that begin with a stressed **a** sound take the article **el.** For example: <u>el agua</u>, <u>el ama de casa</u>, and <u>el aula</u> *(classroom).*

**4** Most nouns ending in **-e** or **-ista** that refer to people can be masculine or feminine in gender. Context or modifiers such as articles generally help you determine whether the word refers to a male or female.

el estudiante　　　la estudiante
el pian**ista**　　　　la pian**ista**
el art**ista**　　　　la art**ista**

El pianista es John. / La pianista es Mary.

You buy **un televisor,** but you watch **la televisión.**

To review stress, accentuation, and syllabication, see Appendix B.

Even though one can say **la presidente,** it is more common to hear **la presidenta.**

**NOTE:** The definite article is used with titles, such as **Sr., Sra., Srta., Dr., profesora,** etc., except when speaking directly to the person:

**La Sra. Ramírez** es de Santo Domingo.      BUT: ¿De dónde es Ud., **Sr. Leyva?**

## B. Number: Plural Formation

**1** Nouns ending in a vowel generally add **-s.**

| | |
|---|---|
| el escritorio | **los** escritorio**s** |
| la revista | **las** revista**s** |
| el presidente | **los** presidente**s** |

**2** Nouns ending in a consonant add **-es.**

| | | | |
|---|---|---|---|
| el profesor | **los** profesor**es** | el examen | **los** exámen**es** |
| la mujer | **las** mujer**es** | la nación | **las** nacion**es** |
| la ciudad | **las** ciudad**es** | | |

**3** Nouns ending in **-z** change **z** to **c** and add **-es.**

| | |
|---|---|
| el lápiz | **los** lápi**ces** |

To review accent rules, see Appendix B.

**ACTIVIDAD  11  La revista**  Complete the following headlines from a magazine with **el, la, los,** or **las.**

_____ hoteles dominicanos de la costa: _____ solución más económica para _____ turistas

_____ comunidad global: _____ factores más esenciales

Astrología: _____ mapa biológico y psicológico del presidente

Crisis en _____ Naciones Unidas

_____ escándalos de _____ televisión

Carmen de la Vega: _____ artista más popular

_____ problema de _____ Universidad de Puerto Rico, Río Piedras: _____ clase del profesor Maldonado

Atlantis: _____ ciudad misteriosa en _____ agua

## ¿Lo sabían?

In Hispanic countries, it is typical for students to attend a university or college in their hometown and live with their parents. When they attend a school outside their hometown, it is customary for them to stay with relatives who live in that city. When this is not possible, they may live in a dorm (**residencia estudiantil**) that is usually independent from the university. Since in some countries dorms are almost nonexistent, students instead rent a room in a **pensión,** which is similar to a boarding house where meals may be included. A small number of students rent apartments.

▲ La Universidad de Puerto Rico.

**¿?** **Where do students live in your country?**

> **residencia estudiantil** (*Latin Am.*) = **colegio mayor** (*Spain*)

---

**ACTIVIDAD** **12** **¿Qué artículo?** **Parte A.** Decide if the following words use **el, la, los** or **las.**

> *role* (as in a role in a play or a movie) = **papel**
>
> *paper* (as in notebook paper) = **papel**
>
> *a term paper* = **un trabajo / una monografía**

| | | | |
|---|---|---|---|
| actriz | diccionario | novela | presidente |
| cámara | directores | papel | problema |
| candidatos | examen | películas | revista |
| clase | foto | periodista | senadoras |
| composición | impresora | planetas | universidad |

**Parte B.** Now group the words according to the following categories: **la educación, Hollywood, la política.** Some of them may belong to more than one category.

# II. Expressing Likes and Dislikes (Part I): *Gustar*

**1** To talk about your likes and dislikes, you use the construction **(no) me gusta/n** + *article* + *noun.* The noun that follows the verb **gustar** determines whether you use **gusta** (singular) or **gustan** (plural).

¿Te gusta el café?

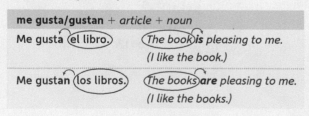

**me gusta/gustan** + *article* + *noun*

Me gusta (el libro.)    (The book **is** pleasing to me.
(I like the book.)

Me gustan (los libros.)    (The books **are** pleasing to me.
(I like the books.)

**2** To talk about the likes and dislikes of others, you need to change only the beginning of the sentence.

| | | | |
|---|---|---|---|
| (A mí) | me | | |
| (A ti) | te | | |
| (A Ud.) | | | |
| (A él) | le | | gusta + el/la + *singular noun* |
| (A ella) | | + | gustan + los/las + *plural noun* |
| (A nosotros) | nos | | |
| (A vosotros) | os | | |
| (A Uds.) | | | |
| (A ellos) | les | | |
| (A ellas) | | | |

The words in parentheses in the preceding chart are optional. They can be used for emphasis or clarification. When using **le gusta/n** or **les gusta/n,** clarification is especially important because **le** or **les** can refer to several different people.

— ¿Te gustan las canciones de Rubén Blades?
— **A mí** *(emphasis)* me gustan mucho y **a Arturo** *(clarification)* **le** gustan **también.**

**NOTE: A la** Sra. Ferrer **le** gusta el café puertorriqueño. BUT: **Al** Sr. Ferrer **le** gusta el café colombiano. **(a + el = al)**

---

**ACTIVIDAD 13 Los gustos Parte A.** In preparation for talking about what you and other people like, complete each of the following phrases with an appropriate word or words.

A mí *me*                          *A* ellos *les*
A *ti* te                          A *mí* me
A Juan *le*                        A *uds.* les
A la Srta. Gómez *le*              _____ Sr. García le
*A* Marta *le*                     A Uds. _____
A *uds?* le                        A Marcos y _____ Ana _____
A nosotros _____                   A Marcos y a mí _____

**Parte B.** Now complete each of these phrases with the word **gusta** or **gustan.**

*gusta* la universidad                    _____ las cámaras digitales
*gustan* las plantas                      _____ las películas de Adam Sandler
*gustan* los perfumes de Francia          _____ las novelas de Alejo Carpentier
*gusta* la pasta de dientes Crest         _____ la música clásica
*gusta* la clase de español               _____ San Juan
*gusta* José Contreras                    _____ los camareros eficientes

Alejo Carpentier = escritor cubano

**Parte C.** Now, form sentences by combining any phrase from **Parte A** with any one from **Parte B** to describe what you and others like.

## ¿Lo sabían?

Some historians believe that American sailors taught baseball to Cubans in the 1860s and that the sport then spread to other islands. Americans also brought baseball to Panama during the building of the canal in the early 1900s. Today many

▲ José Contreras, beisbolista cubano.

baseball players in the major leagues come from the Caribbean, especially from the Dominican Republic and Puerto Rico, and almost all major league teams have baseball academies to develop talent in the Dominican Republic. These academies have an athletic component, and also educate players so they can qualify for scholarships at colleges and universities in the United States.

**¿?** **What major-league baseball players from the Caribbean have you heard about? Why do you think baseball is especially popular in Caribbean countries?**

**iLrn** To learn more about Cuba, watch the cultural footage in the Video Library.

**ACTIVIDAD 14 Tus gustos** In pairs, find out your partner's preferences and jot down his/her answers. Remember to include the article when necessary. Follow the model.

▶ A: ¿Te gustan más los Yankees o los Red Sox?
   B: Me gustan más...

1. _____ revistas o _____ libros
2. _____ café o _____ té
3. _____ televisión o _____ radio
4. _____ Alex Rodríguez o _____ Pedro Martínez
5. _____ novelas de Stephen King o _____ novelas de Anne Rice
6. _____ películas de terror o _____ películas románticas
7. _____ música pop o _____ música rock
8. _____ conciertos de rock o _____ conciertos de música clásica
9. _____ fotos digitales o _____ fotos no digitales
10. _____ ciencias o _____ humanidades

**ACTIVIDAD 15 Compatibles** Keeping in mind the responses given by your partner in **Actividad 14,** interview a second person to see whether he/she is compatible with your partner. Be prepared to report your findings to the class. Remember to use definite articles when necessary. Use sentences such as the following:

▶ Ellos son compatibles porque *(because)* les gusta la televisión.

Ellos no son compatibles porque a él le gustan los libros y a ella le gustan las revistas.

# III. Expressing Possession

## A. The Preposition *de*

In this chapter, you have been using the verb **tener** to express possession:
**Tengo radio. Arturo tiene televisor y iPod.** Another way to express
possession is with the preposition **de,** which is the equivalent of the English *'s:*

el televisor **de** Arturo

*Arturo's television*

| | |
|---|---|
| —**¿De** quién es el televisor? | *Whose television is it?* |
| —El televisor es **de** Arturo. | *The television is Arturo's.* |
| —¿Y **de** quién son las revistas? | *And whose magazines are they?* |
| —Son **de** Sonia. | *They are Sonia's.* |
| —¿De quién es el móvil? | *Whose cell phone is it?* |
| —El móvil es **de** la Sra. Lerma. | *The cell phone is Mrs. Lerma's.* |

BUT: El móvil es **del** Sr. Lerma. **(de + el = del)**

**NOTE:** If you expect the items to be owned by two or more people, use **de
quiénes.** Compare these questions and probable responses.

| | |
|---|---|
| —**¿De quién** son las llaves? | —**¿De quiénes** son las mochilas? |
| —Son de **Sonia.** | —Son de **Sonia y Arturo.** |

## B. Possessive Adjectives

You can also express possession by using possessive adjectives; for example,
*her, their, our,* etc., in English. In Spanish, **mi, tu,** and **su** agree in number with
the thing or things possessed; **nuestro** and **vuestro** agree in gender and number
with the thing or things possessed.

| Possessive Adjectives (Adjetivos posesivos) | | | |
|---|---|---|---|
| **mi/s** | my | **nuestro/a/os/as** | our |
| **tu/s** | your *(informal)* | **vuestro/a/os/as** | your *(informal/Spain)* |
| **su/s** | your *(formal)* <br> his, her | **su/s** | your *(informal/formal)* <br> their |

| | |
|---|---|
| —¿Son los carteles de Arturo? | —No, no son **sus carteles,** son **mis carteles.** |
| —¿De quiénes son las guitarras? | —Son **nuestras guitarras.** |
| —¿Es el televisor de Sonia y Teresa? | —Sí, es **su televisor.** |

In the sentence **Es su computadora,** whom can **su** refer to? If you said *his, her,
your (madam), your (sir), their, your (plural),* you were correct. Context usually
helps to determine to whom **su** refers.

Do Workbook and Web
activities.

**ACTIVIDAD** **16** **¿De quién...?** Arturo and Jorge are roommates. Read about their preferences and decide what items belong to whom.

Have you read any books by Hispanic authors?

A Arturo le gusta mucho la música y a Jorge le gustan los libros. Entonces, ¿de quién son estas cosas?

▶ libro de Sandra Cisneros
El libro de Sandra Cisneros es de Jorge porque a él le gustan los libros.

1. guitarra
2. diccionario
3. revistas
4. música de Marc Anthony
5. novelas de Julia Álvarez
6. radio
7. póster de Rubén Blades
8. periódicos

**ACTIVIDAD** **17** **Los artículos del baño** Some women at a dorm have left things lying about in the bathroom. In pairs, "A" looks at the information below and "B" looks at the information on p. R14. Ask your partner questions to find out who owns some of the items in the bathroom. Follow the model.

▶ A: ¿De quién es la pasta de dientes?
B: Es de...
B: ¿De quiénes son los jabones?
A: Son de...

| You know who owns: | Find out who owns: |
|---|---|
| jabones – Claudia y Teresa | los kleenex |
| toalla – Diana | la pasta de dientes |
| champú – Marisel | los peines |
| cepillos de dientes – Diana, Marisel, Teresa y Claudia | el perfume |

© Cengage Learning 2015

**ACTIVIDAD 18 Nuestra música favorita** In pairs, compare what young kids like and what you like in the following categories. Follow the model.

▶ Sus programas favoritos son..., pero nuestros programas favoritos son...

1. música favorita
2. programas favoritos
3. películas favoritas
4. libros favoritos
5. pasta de dientes favorita
6. revista favorita

▲ Escena de la película *Buena Vista Social Club*.

**ACTIVIDAD 19 Tu compañero/a de habitación ideal** Parte A. Write answers to the following questions to describe your ideal roommate.

1. ¿Qué le gusta a tu compañero/a de habitación ideal? (un mínimo de dos cosas)
2. ¿Qué tiene tu compañero/a de habitación ideal? (un mínimo de dos cosas)

**Parte B.** In groups of three compare your answers. Begin as follows:

A mi compañero/a ideal le...; tiene televisor y...

**Parte C.** Individually, write a few sentences to summarize what your partners and you said in **Parte B.** Follow the examples.

▶ A nuestro/a compañero/a ideal le... y tiene..., pero al compañero ideal de Matt le...
A mi compañero ideal le..., pero al compañero ideal de Matt y al de Alissa les...

# Nuevos horizontes

Lectura

## ESTRATEGIA: Identifying Cognates

You may already know more Spanish than you think. Many Spanish words, although pronounced differently, are similar in spelling and meaning to English words. Two examples are **capital** *(capital)* and **instrucciones** *(instructions)*. These words are called cognates (**cognados**). Your ability to recognize them will help you understand Spanish.

Some tips that may help you recognize cognates are:

| English | Spanish Equivalent | Example |
|---|---|---|
| ph | f | **f**otogra**f**ía |
| s + *consonant* | es + *consonant* | **esp**ecial |
| -ade | -ada | limon**ada** |
| -ant | -ante | inst**ante** |
| -cy | -cia | infan**cia** |
| -y | -ía | biolog**ía** |
| -ty | -ad | universid**ad** |
| -ic | -ica/-ico | mús**ica**, públ**ico** |
| -tion | -ción | informa**ción** |
| -ion | -ión | relig**ión** |
| -ist | -ista | art**ista** |
| -ism | -ismo | patriot**ismo** |

Other cognates include many words written with one consonant in Spanish but two in English. Can you identify these words in English: **imposible, oficina, música clásica?** You will get to apply your new knowledge of cognates in the next few activities.

Other false cognates: **fútbol** *(soccer)*, **lectura** *(reading)*, **actual** *(current; present)*, **carpeta** *(folder)*, **idioma** *(language)*, **colegio** *(elementary/high school)*.

**¡OJO!:** *(Watch out!)* There are some words in Spanish and English that have similar forms but very different meanings. Context will usually help you determine whether the word is a cognate or a false cognate **(cognado falso).** Look at the following examples.

María está muy contenta porque el médico dice que está **embarazada.**

*María is very happy because the doctor says she is **pregnant.***

Necesito ir a la **librería** para comprar los libros del semestre.

*I need to go to the **bookstore** to buy books for the semester.*

**ACTIVIDAD 20** **Los cognados** **Parte A.** Scan the profiles of the members of the student council from a university department in Puerto Rico. **Underline** all the cognates you find. **Circle** the false cognates. **¡Ojo!** Sometimes a word may look like a cognate, but it is a false cognate, so double-check by reading the context in which these words appear.

**Parte B.** Read the profiles again, and use the information from **Parte A** and your knowledge of the language to answer the following questions about the students.

### Arturo López Cano

1. What is he studying and what degree does he already have?
2. What is his thesis about?
3. What other interests does he have?

### Yolanda Montes Ocumárez

4. What degree does she already have?
5. Where is she from?
6. What instrument does she play and what type of music does she like?

### Fabiana Arias

7. Where is she from?
8. Who do the websites she is studying try to educate?
9. In what project is she involved?

**Universidad**

Contacto    Archivos    Mapa del sitio

Inicio | Noticias | Profesores | Admisión | Academia | Vida estudiantil

## Facultad de Ciencias de la Computación
### Consejo de Estudiantes

**Arturo López Cano, Presidente**
(coqui.lopez.cano@gmail.com)
Estudiante de la República Dominicana de tercer año del programa de maestría en Ciencias de la Información de la Escuela Graduada de Ciencias y Tecnologías de la Información. Tengo un título en biología de la Universidad Iberoamericana de Santo Domingo. Trabajo en mi tesis sobre el uso de la tecnología para transplantes de órganos, especialmente la compatibilidad entre donantes y receptores. Otros intereses: los problemas ecológicos actuales del planeta y los idiomas (especialmente el japonés y el francés).

**Yolanda Montes Ocumárez, Representante estudiantil al Senado Académico** (ymontesoc@gmail.com)
Estudiante de segundo año del programa de maestría en Ciencias de la Información de la Escuela Graduada de Ciencias y Tecnologías de la Información. Tengo un título en filosofía de la Universidad de Puerto Rico en Ponce, mi ciudad natal. Una de mis áreas de especialización es la organización y recuperación de la información. Otros intereses: la lectura de novelas latinoamericanas. También soy pianista de música clásica.

**Fabiana Arias, Representante estudiantil al Comité de Admisiones**
(panamafabi@gmail.com)
Estoy en mi segundo año del programa de maestría en Ciencias de la Información de la Escuela Graduada de Ciencias y Tecnologías de la Información. Soy panameña y soy licenciada en Administración de Empresas Turísticas Internacionales de la Universidad Interamericana de Panamá. Mi tesis es un estudio de los sitios Web de los ministerios de turismo panameño, puertorriqueño y dominicano como mecanismos para educar a las agencias de turismo y al turista a ser más ecológicos. También soy estudiante asistente en investigación en un proyecto sobre el tráfico que recibe el portal de turismo puertorriqueño, bajo la coordinación de la Dra. Llanos Cortabitarte.

Photos: t: © Cengage Learning 2015; m: CURAphotography/Shutterstock; b: Junial Enterprises/Shutterstock

**ACTIVIDAD  21  Más información** Look at the three profiles again, and use your knowledge of cognates, context, and general background knowledge to answer the following questions. Use English in your responses except for the first.

1. How do you say *masters* (as in a degree or course of studies) in Spanish?
2. What does **donantes y receptores** mean?
3. What is Yolanda's area of study in grad school?
4. Who likes to read?
5. Is Dr. Llanos Cortabitarte Fabiana's colleague or professor?

## ¿Lo sabían?

The university system of Puerto Rico is similar to the one in the United States. However, most universities in other Spanish-speaking countries have a different system, in which students need to know their major from the time they start their studies.

▲ Facultad de Derecho y Ciencias Políticas, Universidad de Panamá.

© Eduardo Morales Núñez

Universities are comprised of **facultades,** similar to departments in the U.S. system, but unlike the U.S. system, all classes are taken in the same **facultad** and courses of study have more required courses and fewer electives. It can take between five and seven years to get an undergraduate degree, depending on the major. **Derecho** (law) and **medicina** are considered undergraduate degrees in most universities in Spanish-speaking countries.

Even though it has been common for students from Hispanic countries to come to the United States to do graduate studies, recently many students from the U.S. have begun to go overseas to pursue MBA degrees. These students feel that by doing this, they will become regional experts and thus be able to compete well for jobs in a global market.

 **How many years do you need to finish an undergraduate degree in your country? What could be the advantages or disadvantages of choosing and taking courses related to your field from the time you start your studies?**

## ESTRATEGIA: Connecting Ideas

When writing, it is important to make what you write interesting to the reader. A simple way to do this is to include information that expands on or explains more about a topic, thus giving your writing more depth. It is also important to connect your ideas so that your sentences sound natural. The following words will help make your sentences flow better:

**por eso**   *that's why, therefore*
**pero**   *but*
**también**   *also, as well, too*
**y**   *and*

---

**ACTIVIDAD  22  Descripción**  **Parte A.** Complete the following paragraph, describing yourself.

Me llamo _____ y soy de _____ .

Tengo _____ años y me gusta _____ ;

por eso tengo _____ en mi habitación.

También me gustan _____   _____ , pero no

tengo _____ .

**Parte B.** Rewrite the preceding paragraph, describing another person in your class. Make all the necessary changes.

**Parte C.** Check both paragraphs to make sure that the verbs agree with their subjects. Also, check to make sure that the meaning expressed by each sentence is logical and that the paragraphs flow. Make any necessary changes, staple all drafts together, and hand them in to your instructor.

# Vocabulario esencial ▮▮

## I. Acciones

1. **beber (vino/cerveza/Coca-Cola)**
2. **hablar (con amigos)**
3. **cantar**
4. **tocar (la guitarra/el piano)**
5. **bailar (merengue/salsa/rock/tecno)**
6. **comer (sándwiches/papas fritas)**
7. **recibir (una llamada)**
8. **escuchar (música salsa/rock/jazz)**

## Otras acciones

**alquilar (un carro)** to rent (a car)
**aprender (español, historia)** to learn (Spanish, history)
**caminar** to walk
**comprar (un reloj)** to buy (a watch)
**correr** to run
**descargar/bajar (una canción/película)** to download a song/movie
**escribir (una composición/un trabajo/un email)** to write (a composition/
    a paper/an email)
**esquiar** to ski
**estudiar (cálculo/psicología)** to study (calculus/psychology)
**leer (novelas)** to read (novels)
**llamar a +** *persona* to call + *person*
**llevar (libros/una mochila)** to carry, take along (books/a backpack)
**mirar (televisión/películas)** to look at; to watch (television/movies)
**mirar a +** *persona* to look at + *person*
**nadar** to swim
**navegar por Internet** to surf the Internet
**regresar (a casa/la residencia estudiantil)** to return (home/to the dorm)
**sacar buena/mala nota** to get a good/bad grade
**sacar/tomar fotos** to take photos
**subir fotos** to upload photos
**tomar (café/té)** to have/drink (coffee/tea)
**tomar el sol** to sunbathe

**papas** *(Latin Am.)* =
**patatas** *(Spain)*

Do not use the verb
**tocar** with sports. You
will learn how to say
*"to play a sport"* in
Chapter 5.

Some speakers say
**email;** others say **mail**.

**residencia estudiantil**
*(Latin Am.)* = **colegio
mayor** *(Spain)*

© Cengage Learning 2015

Continúa →

**trabajar** to work
**usar (la computadora)** to use (the computer)
**vender (una cosa)** to sell (a thing)
**visitar (un lugar)** to visit (a place)
**visitar a +** *persona* to visit + *person*
**vivir en (un apartamento)** to live in (an apartment)

---

**ACTIVIDAD 23 Asociaciones** Associate the actions in the preceding lists with words that you know. For example: **leer—libro; nadar—Hawai; estudiar—estudiante.**

**ACTIVIDAD 24 Las categorías** In pairs, categorize the actions in the preceding lists in the following categories: **la universidad, una fiesta, el ejercicio físico,** and **una oficina.**

**ACTIVIDAD 25 ¿Te gusta bailar?** In pairs, use the actions in the preceding lists to find out what activities your partner likes to do. Follow the model.

▶ A: ¿Te gusta bailar merengue?
B: Sí, me gusta bailar merengue. / No, no me gusta bailar merengue.

---

# II. Los días de la semana *(The Days of the Week)*

## Expresiones de tiempo *(Time Expressions)*

### La agenda de Sonia

| lunes 10 | martes 11 | miércoles 12 | jueves 13 | viernes 14 | sábado 15 | domingo 16 |
|---|---|---|---|---|---|---|
| caminar por Santo Domingo | visitar el museo de artefactos taínos | tomar el sol y nadar | correr 4 millas; ir a Panamá | comprar una mola de los indígenas kuna | regresar a los Estados Unidos | escribir un trabajo |

Days of the week are not capitalized in Spanish.

▲ Mola, arte textil de los indígenas kuna de Panamá.

**el fin de semana** weekend
**esta mañana/tarde/noche** this morning/afternoon/evening
**hoy** today
**el lunes/el sábado** Monday/Saturday; on Monday/on Saturday
**los lunes/los sábados** on Mondays/ on Saturdays
**mañana** tomorrow
**por la mañana/tarde/noche** in the morning/afternoon/evening
**la semana que viene** next week
**tarde** late
**temprano** early

Do Workbook and Web activities.

## ¿Lo sabían?

The Taínos were a peaceful tribe living on the island of Puerto Rico (originally named *Borikén*) when Columbus arrived in 1493. Later they were forced by the Spanish colonizers to do hard labor, which eventually led some to commit suicide while the majority succumbed to diseases such as smallpox. Within a few decades, 90% of the indigenous population had died. Taínos in the Dominican Republic and also in Cuba experienced a similar fate, but to a lesser degree. When the Spanish could no longer use the Taínos to do labor, they brought slaves from Africa.

▲ **Descendientes de esclavos construyen el Canal de Panamá.**

© Everett Collection Inc / Alamy

In Panama, the indigenous population also suffered from disease and violence during the period of colonization. Today 6% of Panama's population is Amerindian and tends to live in remote areas; 14% is black; and 67% is mestizo or mulatto. Blacks were originally brought to Panama to work on sugar plantations. Many descendants of slaves worked for the French in a failed attempt to build the Panama Canal and a large number died during this period. When the United States took over construction in 1904, they recruited 20,000 blacks from other Caribbean nations to work on the canal.

 **Did the indigenous population of the United States face similar problems after the Europeans arrived?**

**iLrn** To learn more about Panama, watch the cultural footage in the Video Library.

---

**ACTIVIDAD 26 ¿Cuándo?** In pairs, alternate asking and answering the following questions.

1. ¿Tienes más clases esta tarde? ¿Esta noche? ¿Mañana?
2. ¿Cuándo es la prueba *(quiz)* del Capítulo 2 en la clase de español?
3. ¿En esta universidad tenemos exámenes finales los sábados? ¿Tenemos clase el miércoles antes del día de Acción de Gracias *(Thanksgiving)*?
4. ¿Te gusta estudiar temprano por la mañana, por la tarde o tarde por la noche?
5. ¿Cuándo es tu programa de televisión favorito y cómo se llama?
6. ¿Cuándo es el próximo partido *(game)* de fútbol americano o de basquetbol de la universidad?
7. A ti y a tus amigos, ¿cuándo les gusta mirar películas?

**27 Tu horario de clases** In pairs, take turns telling your partner your class schedule. Fill in the chart with your partner's schedule. Follow the model.

▶ Los lunes por la mañana tengo clase de...; por la tarde...

|  | *lunes* | *martes* | *miércoles* | *jueves* | *viernes* |
|---|---|---|---|---|---|
| **mañana** |  |  |  |  |  |
| **tarde** |  |  |  |  |  |
| **noche** |  |  |  |  |  |

ACTIVIDAD **28 El corto** In pairs, look at the movie poster and answer the questions. This Venezuelan short, that was made on a budget of $349, was selected to be presented at the prestigious Cannes Film Festival.

1. ¿Cómo se llama el corto?
2. ¿Quién es el director? ¿Y el actor?
3. En las culturas hispanas, el martes 13 es un día de mala suerte *(bad luck)*. ¿Cuál es el día de mala suerte en tu cultura?

# Para ver ⏸

## Planes para la República Dominicana y Panamá

| | |
|---|---|
| **A ver.** | Let's see. |
| **esteee…/eee…** | umm…/uhh… |
| **No importa.** | It doesn't matter. |

*Mañana voy a la República Dominicana y después a Panamá.*

▶ **ACTIVIDAD** **29** **Los planes de Sonia** While watching the video blog, match the places Sonia will visit with the actions she could do there.

Santo Domingo _____      a. comprar una mola
Altos de Chavón _____    b. mirar un partido de béisbol
Panamá _____             c. tomar fotos de la estatua de Colón
                         d. trabajar como voluntaria
                         e. visitar el museo de indígenas taínos
                         f. visitar la zona colonial
                         g. visitar la primera catedral

▶ **ACTIVIDAD** **30** **Preguntas** Watch the video blog again. Then answer the following questions about what Sonia does and what she will do on her vacation.

1. ¿Qué clase tiene Sonia en la universidad?
2. ¿Cuántos días va a estar en la República Dominicana? ¿Y en Panamá?
3. ¿Qué día va a visitar los Altos de Chavón?
4. ¿Qué actividad va a hacer todos los días en la República Dominicana?
5. ¿Qué lugares visitan los turistas generalmente en Panamá?

**ACTIVIDAD** **31** **La música** The following is a conversation about music between Sonia and a friend. Arrange the lines in logical order, from 1 to 13. The first two have already been done for you. When you finish, act out the conversation aloud with a partner.

_____ Me gustan los dos. Tengo tres canciones de Juan Luis Guerra y ahora voy a descargar una canción de Proyecto Uno.

_____ Voy a descargar una canción de merengue hip-hop.

_1_ ¿Qué hay?

_____ El domingo.

_____ De Proyecto Uno. ¿Te gusta?

_____ Sí, pero a mí me gusta más el merengue de Juan Luis Guerra y no el merengue hip-hop. ¿Y a ti?

_2_ ¡Ah! Sonia. ¿Qué vas a hacer hoy?

_____ Oye, ¿vas a mirar el documental sobre Milly Quezada en la televisión?

_____ No importa, pues yo sí.

_____ ¿De quién?

_____ ¿Cuándo es?

_____ Yo también tengo canciones de Juan Luis Guerra en mi celular.

_____ Ah, la Reina del merengue me gusta mucho. Pero no tengo televisor.

## ¿Lo sabían?

**Merengue** is a fast style of music that originated in the Dominican Republic and is popular throughout the Caribbean. Also from the Dominican Republic is the **bachata,** a normally slow, sad, romantic genre of music, often dealing with themes such as betrayal. The **bachata** shares many elements with the Cuban **bolero** and began in the poorer neighborhoods of the Dominican Republic. In the last 25 years **bachata** has gained legitimacy as a musical style and is now popular internationally. **Salsa,** a combination of American jazz with Caribbean music and African rhythms, is said to have originated in New York City. New forms of Caribbean music include **merengue hip-hop** and **reguetón.**

**¿?** Do you own any Latin music? If yes, what?

© Daniel Aguilar/Reuters/Landov

▲ Milly Quezada, la Reina del merengue.

Both **reguetón** and **reggaetón** are used in Spanish.

# Gramática para la comunicación ▮▮

## I. Expressing Likes and Dislikes (Part II): *Gustar*

As you have learned, you can express likes and dislikes with the verb **gustar** followed by *article + noun*. **Gustar** may also be followed by another verb in the infinitive form. An infinitive is the base form of a verb and it ends in **-ar** (**bail<u>ar</u>** – *to dance*), **-er** (**com<u>er</u>** – *to eat*), or **-ir** (**viv<u>ir</u>** – *to live*).

| | |
|---|---|
| A Sonia y a Arturo no les gust**a el jazz.** | *Sonia and Arturo don't like jazz.* |
| Al Sr. Lerma le gust**an los álbumes** de Milly Quezada. | *Mr. Lerma likes Milly Quezada's albums.* |
| A Sonia le gust**a** tom**ar** el sol. | *Sonia likes to sunbathe.* |
| Nos gust**a** bail**ar** y cant**ar**.* | *We like to dance and sing.* |
| ¿Qué te gust**a** hac**er**? | *What do you like to do?* |

*****NOTE:** Use the singular **gusta** with one or more infinitives.

**ACTIVIDAD 32 La gente famosa** Say what the following people like to do.

| | |
|---|---|
| Drew Barrymore | vender ropa |
| Bill Gates | hablar con Cameron Díaz |
| Carlos Santana y Melissa Etheridge | navegar por Internet |
| Marc Anthony y Rubén Blades | cantar reguetón |
| Pitbull | cantar y bailar salsa |
| Penélope Cruz | tocar la guitarra |
| Daddy Yankee | visitar a Salma Hayek |
| Sean Combs y Donatella Versace | cantar rap |

**ACTIVIDAD 33 Las preferencias Parte A.** In groups of four, find out which of the following things the members of your group prefer. Have one person take notes (place the initials of those who say "yes" next to each item in the list). Follow the model.

▶ A: ¿Te gusta escuchar salsa?
  B: Sí/No...

| | | | |
|---|---|---|---|
| _____ 1. bailar | | _____ 8. recibir emails | |
| _____ 2. beber Pepsi | | _____ 9. esquiar | |
| _____ 3. tocar la guitarra | | _____ 10. estudiar | |
| _____ 4. navegar por Internet | | _____ 11. las películas de acción | |
| _____ 5. cantar | | _____ 12. leer novelas | |
| _____ 6. correr | | _____ 13. nadar | |
| _____ 7. la música clásica | | _____ 14. vivir en la universidad | |

**Parte B.** Now report the results back to the class. Follow the model.

▶ A ellos les gusta nadar y a nosotros nos gusta esquiar.

# II. Expressing Obligation and Making Plans

## A. Expressing Obligation: *Tener que*

To express obligation, use a form of the verb **tener** + **que** + *infinitive*.

| | |
|---|---|
| **Tengo que** estudiar mañana. | *I have to study tomorrow.* |
| **Tenemos que** comprar té. | *We have to buy tea.* |
| ¿Qué **tiene que** hacer él? | *What does he have to do?* |
| ¿Cuándo **tienes que** escribir el trabajo? | *When do you have to write the paper?* |

## B. Making Plans: *Ir a*

In the video blog, Sonia says, **"Voy a visitar la República Dominicana"**. Is she referring to a past, present, or future action? If you said future, you were correct. To express future plans, use a form of the verb **ir** + **a** + *infinitive*.

| ir *(to go)* | | | | | |
|---|---|---|---|---|---|
| voy | vamos | | | | |
| vas | vais | } | + a + | *infinitive* | |
| va | van | | | | |

| | |
|---|---|
| **Voy a** esquiar mañana. | *I'm going to ski tomorrow.* |
| Arturo **va a** estudiar hoy. | *Arturo is going to study today.* |
| Ellos **van a** nadar el sábado. | *They're going to swim on Saturday.* |
| ¿Qué **van a** hacer Uds.? | *What are you going to do?* |

Do Workbook, Lab Manual, and Web activities.

---

**ACTIVIDAD 34  La semana de Sonia**  This is a list of Sonia's activities for this week after returning from her trip. Say what activities she has to do and what activities she is going to do.

▶  Sonia tiene que... y ella va a...

| | |
|---|---|
| escuchar música | estudiar para un examen de cálculo |
| escribir un trabajo | trabajar |
| esquiar | ir a una fiesta |
| leer una novela para la clase de literatura | comer con su amigo Marcos |
| | hablar por teléfono con el profesor de literatura |
| vender su guitarra por eBay | subir a Internet fotos de su viaje |
| caminar a clase | |

**ACTIVIDAD 35  ¿Qué tienes que hacer?**  Parte A.  Look at the list below and write E.N. **(esta noche)** in the blanks before the items that *you have to do* tonight and write E.S. **(el sábado)** next to those that *you are going to do* on Saturday.

| | |
|---|---|
| _____ escribir una composición | _____ tomar el sol |
| _____ bailar | _____ trabajar |
| _____ leer el libro de la clase de... | _____ comer en un restaurante |
| _____ escuchar música | _____ mirar una película |
| _____ nadar | _____ hablar con mis amigos |
| _____ llamar a mi madre | _____ correr |
| _____ aprender de memoria vocabulario para la clase de español | |

**Parte B.** In groups of three, find out what the others have to do tonight and what they are going to do on Saturday.

▶ A: ¿Qué tienes que hacer esta noche?
　B: Esta noche...
　C: ¿Qué vas a hacer el sábado?
　B: El sábado...

**Parte C.** Write a few sentences about what people in your group are planning on doing and report back to the class. For example: **Zach y Jessica tienen que trabajar esta noche, pero el sábado él va a nadar y ella va a mirar una película. Yo...**

ACTIVIDAD **36** **La agenda de Luis** Luis, Sonia's dad, has a very busy schedule. Look at his calendar for the week and form as many questions as you can about his activities. Then ask your classmates questions from your list.

▶ ¿Cuándo van a... Luis y Ricardo?
　Va a... el miércoles por la mañana, ¿no?
　¿Tiene que... el viernes?
　¿Qué tiene que hacer el...?

| día | actividades |
|---|---|
| lunes | trabajar con los kuna, correr 5 kilómetros |
| martes | escribir un informe para la ONG, examinar a los niños kuna |
| miércoles | 10 a. m.: visitar el Canal de Panamá, comer con Ricardo, llamar a mi esposa |
| jueves | trabajar con los kuna, tomar el sol y nadar, comprar una mola para mi asistente |
| viernes | hacer cirugía dental, leer bien el informe |
| sábado | visitar la zona colonial de la Ciudad de Panamá, 8 p. m.: salir a cenar con Ricardo |
| domingo | 7 a. m.: estar en el aeropuerto |

ACTIVIDAD **37** **Tu futuro** Make a list of five things that you *have* to do next week and five things that you and your friends *are going* to do for fun. Then, in pairs, compare your lists to see whether you are going to do similar things. Here are some topics you may want to talk about.

concierto　teatro　examen　fiesta　dentista　película　trabajo

▶ Tengo que...
　Mis amigos y yo vamos a...
　Yo voy a...

**¡Hola! Me llamo...** **Parte A.** Read the paragraph and be prepared to answer questions.

Hola. Soy Alejandro Chan, de Las Tablas, una ciudad muy cerca del Golfo de Panamá. Me gusta ir al famoso Carnaval de Las Tablas, pero ahora tengo que estudiar. Soy estudiante en la Universidad de Panamá en la capital y voy a ser arquitecto.

▲ Una de las reinas del Carnaval de Las Tablas, Panamá.

**Parte B.** Now read the following paragraph. Your instructor will then read it to you with some changes. Be ready to correct him/her when the information is not accurate.

Hola. Soy Ronaldo Mendoza García, de Ponce, una ciudad del sur de Puerto Rico que tiene muchos turistas. Me gusta mucho Ponce, pero ahora tengo que estudiar en la Universidad de Río Piedras, en San Juan, donde soy estudiante de Filosofía. Durante las vacaciones soy recepcionista en el hotel de mi padre; tengo que trabajar porque no tengo mucho dinero y me gusta viajar.

▲ Parque de Bombas en Ponce, Puerto Rico.

Do Web Search Activities.

# Más allá

**Canciones:** "¡Vive!", "Estrellitas y duendes" y "Merengue con letra"

The songs are included in the *¡Claro que sí!* iTunes list on CengageBrain.com and may be on YouTube.

**Milly Quezada (1955– ),** the Queen of Merengue **(la Reina del Merengue),** is the best-known female performer from the Dominican Republic. She moved to New York City as a child and her first concerts were with her brothers, but her solo career soon took off.

**Juan Luis Guerra (1957– ),** a native of the Dominican Republic, won a scholarship to the Berklee College of Music in Boston. Upon graduation, he returned to the Dominican Republic where he formed the group 4.40 **(cuatro cuarenta).** Although not typically a **bachata** singer, he helped make that genre of music popular.

**Proyecto Uno** is a Dominican-American group from New York City. They perform **merengue** house music that fuses merengue, hip-hop, reggae, and rap.

© AP Photo/Manuel Diaz

▲ Juan Luis Guerra.

**Mientras escuchas** Compare rhythms from the Dominican Republic by listening to the three songs or portions of them. First listen to the **merengue** **"¡Vive!"** by Milly Quezada, then the **bachata "Estrellitas y duendes"** by Juan Luis Guerra and 4.40, and finally the **merengue hip-hop** song called **"Merengue con letra"** by Proyecto Uno. Next, answer these questions.

1. ¿Qué canción te gusta más? ¿Cuál te gusta menos?
2. ¿Cuál es rápida? ¿Cuál es lenta?
3. En tu opinión, ¿qué canción es romántica?

# ▶ Video: *La ruta del carnaval dominicano*

Carnaval Vegano

© Secretaría de Estado de Turismo

The video is on
CengageBrain.com

**Mientras ves** **Parte A.** While watching a video to promote tourism to the Dominican towns of Bonao and La Vega, write five actions you see people do.

**Parte B.** Now, read the items below. Then watch the video again and imagine you can do three things in each of the two towns. Check off what you will do in each place.

**Bonao**

☐ ver la siembra de arroz *(rice planting)*

☐ ver el Salto Blanco

☐ ir al carnaval

☐ ir al taller de los careteros *(mask makers)*

**La Vega**

☐ visitar la catedral

☐ caminar por la Cordillera Central

☐ ir al carnaval

☐ ir al valle de La Vega

☐ ver el taller de Bule (caretero)

**Después de ver** In pairs, share your choices from the previous activity. Take notes on what your partner will do.

## ¿Lo sabían?

▲ El diablo en el Carnaval Vegano.

© Secretaría de Estado de Turismo

**Carnaval** is a festive time in the Dominican Republic, and many towns have celebrations during February normally culminating on the 27th, Independence Day. **Carnaval,** a festival celebrated in the Catholic religion brought to the island by the Spaniards, is now a fusion of European and African elements and traditions. The most well-known celebration is in La Vega. During the **Carnaval Vegano** there are sporting and cultural events, concerts, exhibitions, and dances. At this time, people dress in lavish costumes complete with elaborate masks. One popular costume is that of the devil **(el diablo).** During weekends in February, people flock to La Vega to watch the parades, with prizes given to the best groups and costumes.

¿? What cities in your country celebrate Carnival (also known as Mardi Gras)? What do people do during the celebration?

iLrn To learn more about the Dominican Republic, watch the cultural footage in the Video Library.

# En resumen

## Now you know how to...

- identify some household objects.

  **Arturo tiene dos novelas de Junot Díaz.**

- discuss classes.

  **Los lunes tiene una clase de tecnología y una de japonés.**

- talk about likes and dislikes.

  **Le gustan las canciones de Aventura.**

  **A él y a Sonia les gusta bailar y cantar.**

- express possession.

  **El álbum de fotos es de sus amigos Jorge y Sandra.**

- express obligations and future plans.

  **Tiene que escribir un trabajo, pero va a navegar por Internet.**

In this chapter you have learned about Cuba, the Dominican Republic, Panama, and Puerto Rico. You will learn more interesting facts about these countries including famous people such as José Martí, Óscar de la Renta, Rod Carew, and Pablo Casals in the Workbook, in the Lab Manual, and on the website.

## Vocabulario funcional

### Las asignaturas *(Subjects)*

el arte *art*
la biología *biology*
el cálculo *calculus*
la economía *economics*
la historia *history*
el inglés *English*
la literatura *literature*
las matemáticas *mathematics*
la psicología *psychology*
la sociología *sociology*

### Los artículos de la habitación *(Bedroom items)*

el álbum (de fotos) *(photo) album*
la cafetera *coffeepot*
la calculadora *calculator*
la cama *bed*
la cámara (digital) *(digital) camera*
el cartel/el póster *poster*
la computadora *computer*
el diccionario *dictionary*
el escritorio *desk*

la foto/la fotografía *photograph*
la guitarra *guitar*
la impresora *printer*
la lámpara *lamp*
la mesa *table*
la mochila *backpack*
el móvil/el (teléfono) celular *cellular/mobile phone*
la novela *novel*
el periódico *newspaper*
la planta *plant*
el/la radio *radio*
el reloj (despertador) *(alarm) clock; watch*
la revista *magazine*
la silla *chair*
el sofá *sofa, couch*
el televisor *television set*

### Artículos de higiene personal

el cepillo de dientes *toothbrush*
el cepillo (de pelo) *hairbrush*
el champú *shampoo*

la crema de afeitar *shaving cream*
el desodorante *deodorant*
el jabón *soap*
el kleenex *Kleenex, tissue*
la máquina de afeitar *electric razor*
la pasta de dientes *toothpaste*
el peine *comb*
el perfume *perfume*
la toalla *towel*

### Los gustos *(Likes)*

gustar *to like, be pleasing*
más *more*
¿Qué te gusta hacer? *What do you like to do?*

### La posesión

**Adjetivos posesivos**
mi/s *my*
tu/s *your* (informal)
su/s *your* (sing. formal); *his; her; their; your* (pl. informal/formal)
nuestro/a/os/as *our*

vuestro/a/os/as *your (pl. informal, Spain)*

¿De quién/es? *Whose?*

tener *to have*

## Las acciones

alquilar (un carro) *to rent (a car)*

aprender *to learn*

bailar (merengue/salsa/rock/tecno) *to dance (merengue/salsa/rock/techno)*

beber (vino/cerveza/Coca-Cola) *to drink (wine/beer/Coca-Cola)*

caminar *to walk*

cantar *to sing*

comer (sándwiches/papas fritas) *to eat (sandwiches/French fries)*

comprar *to buy*

correr *to run*

descargar/bajar (una canción/una película) *to download (a song/movie)*

escribir (una composición/un trabajo/un email) *to write (a composition/a paper/an email)*

escuchar (música salsa/jazz/rock) *to listen to (salsa/jazz/rock music)*

esquiar *to ski*

estudiar *to study*

hablar (con amigos) *to talk (to friends)*

leer *to read*

llamar a + *persona to call* + person

llevar *to carry, to take along*

mirar (televisión/películas) *to look at, to watch (television/movies)*

mirar a + *persona to look at* + person

nadar *to swim*

navegar por Internet *to surf the Internet*

recibir (una llamada) *to receive (a call)*

regresar (a casa/a la residencia estudiantil) *to return (home/to the dorm)*

sacar buena/mala nota *to get a good/bad grade*

sacar/tomar fotos *to take photos*

subir fotos *to upload photos*

tocar (la guitarra/el piano) *to play (the guitar/the piano)*

tomar (café/té) *to have/drink (coffee/tea)*

tomar el sol *to sunbathe*

trabajar *to work*

usar (la computadora) *to use (the computer)*

vender (una cosa) *to sell (a thing)*

visitar (un lugar) *to visit (a place)*

visitar a + *persona to visit* + person

vivir en (un apartamento) *to live in (an apartment)*

## Los días de la semana
### (Days of the Week)

el lunes *Monday*

el martes *Tuesday*

el miércoles *Wednesday*

el jueves *Thursday*

el viernes *Friday*

el sábado *Saturday*

el domingo *Sunday*

## Expresiones de tiempo
### (Time Expressions)

esta mañana/tarde/noche *this morning/afternoon/evening*

el fin de semana *weekend*

hoy *today*

el lunes (el martes...) *Monday (Tuesday...); on Monday (on Tuesday)*

los lunes (los martes...) *on Mondays (on Tuesdays...)*

mañana *tomorrow*

por la mañana/tarde/noche *in the morning/afternoon/evening*

la semana que viene *next week*

tarde *late*

temprano *early*

## Las obligaciones y los planes

¿Cuándo? *When?*

ir a + *infinitive to be going* + infinitive

¿Qué vas a hacer? *What are you going to do?*

tener que + *infinitive to have* + infinitive

¿Qué tienes que hacer? *What do you have to do?*

## Palabras y expresiones útiles

A ver. *Let's see.*

Claro. / ¡Claro que sí! *Of course.*

la clase *class, lesson; classroom*

el/la compañero/a de habitación *roommate*

¿De veras? *Really?*

el dinero *money*

el, la, los, las *the*

esteee.../eee... umm.../uhh...

el examen *exam*

la facultad *department*

la gente *people*

la habitación *bedroom*

el idioma *language*

la lectura *reading*

más *more*

mucho *a lot*

no importa *it doesn't matter*

o *or*

por eso *that's why, therefore*

porque *because*

Por supuesto. *Of course.*

el problema *problem*

el programa *program*

la prueba *quiz*

un, una; unos, unas *a/an; some*

# ¿Qué haces hoy?

Carreta de Sarchí, Costa Rica.
Robert Harding Picture Library Ltd./Alamy

Nicaragua

Costa Rica

# Chapter Objectives

- Stating where you are and where you are going
- Talking about daily activities
- Describing people and things
- Discussing actions in progress
- Learning about Costa Rica and Nicaragua

## ¿Qué saben?

1. Costa Rica y Nicaragua tienen costa _____.
   a. en el Atlántico
   b. en el Pacífico
   c. en el Atlántico y el Pacífico

2. Costa Rica no tiene _____ desde 1948.
   a. universidades privadas
   b. fuerzas militares
   c. un gobierno estable

3. Costa Rica ocupa el 0,03% de la superficie total del planeta, pero tiene aproximadamente un _____ de la biodiversidad mundial.
   a. 2%
   b. 6%
   c. 12%

4. Violeta Chamorro, _____, es nicaragüense.
   a. primera presidenta en Latinoamérica
   b. ganadora del Premio Nobel de la Paz
   c. primera astronauta hispana de la NASA

RECURSOS

# Para ver ❶
## Una entrevista en Playa Jacó

| | |
|---|---|
| **me/te/le/… gustaría** + *infinitive* | I/you/he/she/ … would like + *infinitive* |
| **¡Pura vida!** | Cool! (Costa Rican expression) |
| **No tengo idea. / Ni idea.** | I have no idea. |

Video stills: © Cengage Learning 2015

*Soy José María, costarricense, y estoy en la playa en Costa Rica con mi amigo Pedro donde entrevisto a una turista para un proyecto universitario. En el video blog ocurre algo muy interesante.*

▶ **ACTIVIDAD  1  La turista** While watching José María's video blog, complete the following chart about the tourist.

Nombre _____ Nacionalidad _____

Ocupación _____ y _____

▶ **ACTIVIDAD  2  La vida de Carla** Watch the video blog again and write **C (cierto)** if the statement is true and **F (falso)** if it is false.

1. _____ El proyecto de José María es para una clase de sociología.
2. _____ Las preguntas son personales.
3. _____ La madre de Carla es nicaragüense.
4. _____ Carla y sus amigas están en un hotel.
5. _____ Ella estudia arte.
6. _____ En un día normal, ella tiene mucho tiempo libre (*free time*).
7. _____ José María, Pedro, Carla y sus amigas van a ir a una disco esta noche.

**ACTIVIDAD 3 Una invitación y una excusa** In pairs, invite your partner to do something. Your partner should decline, giving an excuse. Then switch roles. Follow the model.

▶ A: ¿Te gustaría ir a bailar esta noche?
B: Me gustaría, pero tengo que...

| Invitaciones posibles | Excusas posibles |
|---|---|
| ir a comer | trabajar |
| correr mañana en el parque | leer una novela para la clase de literatura |
| escuchar música | escribir una composición |
| esquiar el sábado | visitar a tus padres |

> Because Costa Ricans tend to use the diminutives -**ico/a** instead of -**ito/a**, they are referred to as **ticos.**

**ACTIVIDAD 4 Un trabajito** In the video blog, Carla uses a diminutive when she wonders if José María will ask her **preguntitas personales.** Diminutives are commonly used in Spanish and are formed as follows:

- many words ending in -**a** or -**o:** drop the -**a** or -**o** and add -**ito/a (casita)**
- many words ending -**l:** add -**ito/a (angelito)**
- many words ending in -**e** and consonants other than -**l:** add -**cito/a (nochecita)**

What would the diminutives of the following words be?

1. silla
2. tarde
3. cama
4. foto
5. café
6. examen
7. trabajo
8. papel
9. jabón
10. mesa

## ¿Lo sabían?

Costa Rica is known for having one of the oldest and most stable democracies in Latin America, as well as one of the highest literacy rates. This country has had no military since 1948. Óscar Arias, former president of Costa Rica (1986–1990 and 2006–2010), won the Nobel Peace Prize in 1987 for proposing a peace plan that was signed by the presidents of Nicaragua, Honduras, El Salvador, and Guatemala, thus ending an armed conflict in Nicaragua and helping to stabilize the region. Costa Rica is also the headquarters for the University for Peace, whose mission is "promoting among all human beings the spirit of understanding, tolerance and peaceful coexistence."

© AP Photo/Richard Drew

▲ Óscar Arias, costarricense, Premio Nobel de la Paz.

 **Can you mention people from your country who have received the Nobel Peace Prize?**

To learn more about Costa Rica, watch the cultural footage in the Video Library.

# Vocabulario esencial 🔢

## Lugares (Places)

1. la farmacia
2. la piscina
3. la playa
4. la librería
5. la iglesia
6. el cine
7. el supermercado
8. la plaza
9. la escuela/ el colegio
10. el banco

Identify places while walking or riding through town: **el parque, el cine,** etc. Make idle time study time.

**residencia estudiantil** *(Latin Am.)* = **colegio mayor** *(Spain)*

Translating from Spanish to English and vice versa may not be the most productive way to study. Try to think in Spanish. If you make flash cards, it is better to write the Spanish on one side and a drawing, a brand name, a name, etc., on the other. For example:

lámpara →

librería → Barnes and Noble

cantar → Shakira

Do Workbook and Web activities.

## Otros lugares

**la agencia de viajes** travel agency
**la biblioteca** library
**la cafetería** cafeteria
**la casa** house, home
**el centro comercial** mall, shopping center
**la discoteca/disco** club, disco
**el edificio** building
**el gimnasio** gym
**el hospital** hospital

**el museo** museum
**la oficina** office
**el parque** park
**la residencia estudiantil** dorm
**el restaurante** restaurant
**el teatro** theater
**la tienda** store
**la universidad** university

◀ —¿Adónde vas?
—¡Mamá! Es lunes. Voy a la escuela.

**NOTE:** To say where you are going, use a form of **ir** + **al / a la** + *destination*. Remember to use **al (a + el)** when the destination is masculine and singular.

—¿Adónde **van** esta tarde?    *Where are you going this afternoon?*
—**Vamos al** Museo del Café.    *We are going to the Coffee Museum.*
—¿Y **van a** la disco después?    *And are you going to the disco later?*
—Sí, con José María.    *Yes, with José María.*

**ACTIVIDAD  5  Asociaciones**  Say which places you associate with the following words: **la educación, la diversión, el trabajo.**

**ACTIVIDAD  6  Acción y lugar**  Choose an action from Column A and a logical place in which to do this action from Column B. Form sentences, following the models.

▶ Me gusta nadar; por eso voy a la piscina.
  Tienen que comer; por eso van al restaurante.

REMEMBER: **a + el = al**

| A | B |
|---|---|
| Me gusta nadar | la biblioteca |
| Tienen examen | el parque |
| Tiene que estudiar | la piscina |
| No tienes dinero | el restaurante |
| Tenemos que comprar café | la universidad |
| Tienen que comer | la farmacia |
| Me gusta caminar | el banco |
| Tienes que comprar aspirinas | el supermercado |
| Me gusta el arte | el museo |
|  | la playa |
|  | la cafetería |

**ACTIVIDAD  7  Después de clase**  Mingle with your classmates and find out where (**adónde**) others are going after class and with whom (**con quién**) they are going. Follow the model.

▶ A:  ¿Adónde vas?      A:  ¿Con quién vas?
  B:  Voy a casa.       B:  Voy solo/a. / Voy con...

## ¿Lo sabían?

Hispanic cities are experiencing changes just as their counterparts in the United States are. The local market (**el mercado**) with a variety of individually owned food stalls still exists, but the **supermercado** has become a common sight in cities and towns. In the large cities, one can also find **el hipermercado,** a type of superstore that sells food as well as furniture, electronics, and clothing. Large **centros comerciales** with numerous stores exist in most major cities.

▲ Centro comercial en Managua, Nicaragua.

Nevertheless, there are still many specialty stores. To refer to these stores, it is common to use words based on what is sold, and to attach the ending **-ería.** For example: a **librería** sells **libros.** Here are a few other common terms to describe stores, along with what they sell:

| | |
|---|---|
| **la frutería/fruta** | fruit store/fruit |
| **la heladería/helado** | ice cream shop/ice cream |
| **la zapatería/zapatos** | shoe store/shoes |

¿? What neighborhood or specialty stores are there in your town or city?

# Gramática para la comunicación 1

## I. Indicating Location: *Estar* + *en* + place

Practice **estar en** and **ir a** by thinking to yourself each time you are about to leave a place today: **Estoy en la cafetería y voy a la biblioteca.**

To say where you are, use a form of **estar** + **en** + *place*.

| estar | | | |
|---|---|---|---|
| yo | estoy | nosotros/as | estamos |
| tú | estás | vosotros/as | estáis |
| Ud. él/ella | está | Uds. ellos/ellas | están |

El profesor no **está en** la oficina hoy.
Mamá, **estoy en** el hospital.

*The professor isn't in the office today.*
*Mom, I'm in/at the hospital.*

**NOTE:** The preposition to express being in or at a place is **en: Estamos en el cine.** (*We're at the movies.*)

---

**ACTIVIDAD 8** **¿Dónde estoy?** Look at the list of places on p. 80. In pairs, take turns miming actions and asking **¿Dónde estoy?** while the other person says where you are.

▶ A: *(sitting in a chair applauding)* ¿Dónde estoy?
B: Estás en el teatro.

The subject pronoun *it* uses the third-person singular form of the verb **(está)** and has no subject pronoun equivalent in Spanish. For example: **¿Dónde está Managua? Está en Nicaragua. Es la capital.**

**ACTIVIDAD 9** **¿Dónde están?** In pairs, ask and state where the following people or things are.

1. el presidente de los Estados Unidos
2. la Torre Eiffel y el Arco de Triunfo
3. la Estatua de la Libertad y el museo Guggenheim
4. el volcán Poás
5. el Vaticano y el Papa
6. el lago Nicaragua

▲ Volcán Poás, Costa Rica.

**ACTIVIDAD 10** **Me gustaría ir a...**
Refer to the following people by their occupation and say where they are. Then state where they would like to go and what they would like to do. Follow the model.

▶ El comerciante está en la tienda, pero le gustaría ir a una piscina para nadar.

Illustrations: © Cengage Learning 2015

REMEMBER: <u>el</u> ama de casa

# II. Talking about the Present (Part I): The Present Indicative of Regular Verbs

**1** To talk about daily activities, you use verbs in the present indicative **(el presente del indicativo).** These verbs can express actions or states: *I run 5 miles, but he **runs** 7 miles* (actions). *Paula **is** a full-time student, but I **am** a part-time student* (states). Notice how you change or conjugate the verb depending on the person you are talking about (Paula *is* / I *am*). To do this in Spanish you need to know whether the infinitive, or base form of the verb, ends in **-ar (trabaj<u>ar</u>)**, **-er (beb<u>er</u>)**, or **-ir (escrib<u>ir</u>).** Then you take the stem of the verb **(trabaj-, beb-, escrib-)** and attach the following endings:

## A. *-ar* Verbs

| trabajar | | | |
|---|---|---|---|
| yo | trabaj**o** | nosotros/as | trabaj**amos** |
| tú | trabaj**as** | vosotros/as | trabaj**áis** |
| Ud. él/ella | trabaj**a** | Uds. ellos/ellas | trabaj**an** |

Por la noche estudio en la universidad.

© Cengage Learning 2015

**Mi madre** esqu**í**a en el lago.　　*My mother skis on the lake.*
**Yo** nad**o** en la piscina.　　*I swim in the pool.*

**-ar** verbs that you studied in Chapter 2 are:

| | | | | | |
|---|---|---|---|---|---|
| alquilar | cantar | esquiar | llevar | regresar | usar |
| bailar | comprar | estudiar | mirar | sacar | visitar |
| bajar | descargar | hablar | nadar | tocar | |
| caminar | escuchar | llamar | navegar | tomar | |

New verbs: **Desear** *(to want, desire)* and **necesitar** *(to need)* are followed by an infinitive:

**Deseamos** alquilar un carro.　　*We want to rent a car.*
**Necesito** comprar una cámara.　　*I need to buy a camera.*

## B. -er Verbs

| beber | | | |
|---|---|---|---|
| yo | bebo | nosotros/as | bebemos |
| tú | bebes | vosotros/as | bebéis |
| Ud. <br> él/ella | bebe | Uds. <br> ellos/ellas | beben |

¿Bebes vino o agua con la comida?    *Do you drink wine or water with a meal?*
Nosotros comemos en la cafetería.    *We eat in the cafeteria.*

-er verbs that you studied in Chapter 2 are:

aprender    comer    correr    leer    vender

## C. -ir Verbs

| escribir | | | |
|---|---|---|---|
| yo | escribo | nosotros/as | escribimos |
| tú | escribes | vosotros/as | escribís |
| Ud. <br> él/ella | escribe | Uds. <br> ellos/ellas | escriben |

Gioconda Belli escribe novelas.    *Gioconda Belli writes novels.*
Nosotros vivimos en Playa Jacó.    *We live in Playa Jacó.*

-ir verbs that you studied in Chapter 2 are:

recibir    subir    vivir

- Memorize infinitives.
- Make lists of **-ar, -er,** and **-ir** verbs and quiz yourself on forms and meanings, for example: **Yo estudio mucho. Mi amigo Paul no estudia. Paul y yo bebemos Pepsi. Mary bebe Coca-Cola.**
- Practice question-answer pairs: **¿Trabajas? Sí, trabajo. / ¿Trabaja ella? Sí, ella trabaja. / ¿Trabajan Uds.? Sí, trabajamos.**

**2** In order to choose the correct ending for a verb, you need to know two things: (1) the person doing the action, and (2) the infinitive of the verb **(-ar, -er, -ir).** For example:

(1) nosotros
(2) beber **(-er)** = (Nosotros) beb**emos** Coca-Cola.

**3** The present indicative can also be used to talk about the near future.

**Mañana** trabajo en la biblioteca.    *Tomorrow I work at the library.*

---

**ACTIVIDAD** **11** **Un juego** In groups of four, the first person says a pronoun **(yo, tú, Ud., él, ella, nosotros, nosotras, vosotros, vosotras, Uds., ellos, ellas),** the second person says a verb, the third person conjugates the verb, and the fourth person starts the process again by stating a pronoun.

▶ A: ellos           D: Ud.
    B: vender        A: subir
    C: ellos venden   B: ...

**ACTIVIDAD** **12** **Un email de Miguel** This is an email from a Mexican-American student who is studying in Nicaragua. He is describing his daily activities to his parents. Complete the email with the appropriate present indicative forms or the infinitive of the following verbs: **bailar, correr, descargar, escribir, escuchar, estar, estudiar, gustar, hablar, ir, mirar, ser, tener, tocar.** Some verbs may be used more than once.

**Queridos papás:**

¿Cómo _____ (1)? Yo, bien. Me gusta la universidad y _____ (2) muchos amigos. Voy a clase, _____ (3) composiciones para mi clase de filosofía y _____ (4) mucho porque _____ (5) muchos exámenes; el jueves tengo un examen importante de literatura y necesito _____ (6) mucho. Los viernes y los sábados yo _____ (7) en la biblioteca y por la noche generalmente unos amigos y yo _____ (8) música en mi apartamento. Ellos _____ (9) costarricenses, panameños, norteamericanos y, claro, nicaragüenses. Los nicaragüenses siempre _____ (10) de política con los ticos, que significa costarricenses. También nosotros _____ (11) películas; nos _____ (12) mucho las películas de acción.

Santa (una chica panameña) y yo también _____ (13) a una disco los martes porque tienen grupos que _____ (14) música salsa; como nos _____ (15) la música del Caribe, nosotros _____ (16) mucho. Ella _____ (17) bien porque es bailarina profesional.

Bueno, ahora deseo _____ (18) información en Internet sobre el Festival Internacional de Poesía en Granada y después voy a correr. ¡Mi amigo Mateo y yo _____ (19) ocho kilómetros al día!

Besos y abrazos,
Miguel
P. D. Gracias por los $$$dólares$$$.

P. D. = Posdata

Why is **exámenes** written with an accent and **examen** without? See Appendix B for explanation.

Jorge Mejía Peralta/www.mejiaperalta.com

▲ Gioconda Belli, poeta nicaragüense, en el Festival Internacional de Poesía de Granada, Nicaragua.

**ACTIVIDAD 13 El verano** In pairs, discuss what you and your partner do during the summer **(el verano).** Use the following actions: **bailar, comer en restaurantes, escribir poemas, escuchar música, esquiar, estudiar, hablar con amigos, mirar televisión, nadar, trabajar, ver películas, visitar a amigos.** Follow the model.

▶ A: ¿Nadas?　　　　　　　　B: Por la mañana.
　 B: Sí, nado todos los días.　A: ¿Dónde?
　 A: ¿Cuándo nadas?　　　　 B: En la piscina de la universidad.

**ACTIVIDAD 14 Nosotros y nuestros padres** In groups of three, discuss what students and parents do and need to do in a typical week. Think of at least three actions for both students and parents. Follow the model.

▶ Nosotros bailamos los fines de semana y nuestros padres van al cine. Mis padres siempre desean leer el periódico los domingos.

# III. Talking about the Present (Part II): The Present Indicative of Verbs with Irregular *yo* Forms

**1** Some verbs have irregular **yo** forms, but follow the pattern of regular verbs for all other persons.

| hacer (*to do; to make*) | | | |
|---|---|---|---|
| yo | ha**go** | nosotros/as | hacemos |
| tú | haces | vosotros/as | hacéis |
| Ud. él/ella | hace | Uds. ellos/ellas | hacen |

**2** The following verbs have irregular **yo** forms.

| | | |
|---|---|---|
| **hacer** | *to do; to make* | yo ha**go** |
| **poner** | *to put, place* | yo pon**go** |
| **salir (con)** | *to go out (with)* | yo sal**go** |
| **salir del/de la** (+ *lugar*) | *to leave* (+ a place) | |
| **traer** | *to bring* | yo trai**go** |
| **traducir*** | *to translate* | yo tradu**zco** |
| **ver** | *to see* (a thing) | yo v**eo** |
| **ver a** + *persona* | *to see* + someone | |

***NOTE:** Many verbs that end in **-cer** and **-ucir** follow the same pattern as **traducir**: **establecer** (*to establish*) → **establezco, producir** (*to produce*) → **produzco.**

| | |
|---|---|
| —José María, ¿qué ha**ces**? | *José María, what do you do?* |
| —Ha**go** la tarea todos los días y luego generalmente sal**go** con Pedro o v**eo** televisión en casa. | *I do my homework every day and then I generally go out with Pedro, or I watch television at home.* |
| —Él sa**le** temprano de la universidad, ¿no? | *He leaves the university early, right?* |
| —Sí. | *Yes.* |

Do Workbook and Web activities.

---

**ACTIVIDAD 15  ¡A competir!** In pairs or in groups of three you will play a game using the following list of verbs. Your instructor will give you instructions.

| | | |
|---|---|---|
| 1. llevar | 15. caminar | 29. establecer |
| 2. salir | 16. poner | 30. estar |
| 3. ver | 17. regresar | 31. ver |
| 4. ir | 18. correr | 32. hablar |
| 5. traducir | 19. hacer | 33. comer |
| 6. tener | 20. producir | 34. hacer |
| 7. alquilar | 21. salir | 35. leer |
| 8. vender | 22. nadar | 26. poner |
| 9. llamarse | 23. navegar | 37. mirar |
| 10. vivir | 24. recibir | 38. estudiar |
| 11. ser | 25. tocar | 39. ser |
| 12. traer | 26. esquiar | 40. beber |
| 13. aprender | 27. traer | 41. hacer |
| 14. escuchar | 28. tomar | 42. ir |

**ACTIVIDAD 16 Tus estudios** Mingle and interview different classmates to see who does the following activities related to this class. Answer in full sentences.

| | nombre |
|---|---|
| hacer la tarea todos los días | _____ |
| ver a nuestro/a profesor/a en sus horas de oficina | _____ |
| establecer horas específicas para estudiar | _____ |
| hacer actividades extras en Internet | _____ |
| poner respuestas inventadas en las preguntas personales del cuaderno de ejercicios | _____ |
| traducir todas las palabras del español al inglés | _____ |
| salir los fines de semana y no durante la semana | _____ |
| traer la tarea a esta clase todos los días | _____ |

**ACTIVIDAD 17 Gente famosa** In groups of three, name famous people who do the following things: **bailar, cantar, correr, escribir novelas/poemas, esquiar, nadar, producir películas, tocar la guitarra, trabajar en Wall Street, salir con otra persona famosa.** Follow the model.

▶ Ernesto Cardenal escribe poemas.

> Ernesto Cardenal = poeta nicaragüense

**ACTIVIDAD 18 El cuestionario** You work for an advertising agency and have to conduct a "person-on-the-street" interview on people's likes and dislikes. Work in pairs and use the following questionnaire. The interviewer should use the **Ud.** form and complete questions to elicit responses: **¿Es Ud. estudiante? ¿Qué periódico lee Ud.?** The "person on the street" should not look at the book, and should answer in full sentences. When finished, exchange roles. Be prepared to report back to the class.

---

**CUESTIONARIO**

Nacionalidad: _____ Edad: _____

Sexo:        Masculino _____    Femenino _____

Estudiar:      _____ Si contesta que sí:
           ¿Dónde? _____

Trabajar:     _____ Si contesta que sí:
           Ocupación _____

Vivir (con):   Familia _____   Amigo/a _____   Solo/a _____

**Gustos:**

Leer: _____ Si contesta que sí:
   ¿Qué lee? _____

Ver la televisión: _____ Si contesta que sí:
   ¿Qué tipo de programas? _____

Escuchar música: _____ Si contesta que sí:
   ¿Qué tipo de música? _____

Descargar películas: _____ Si contesta que sí:
   ¿Qué tipo de películas? _____

Subir fotos: _____ Si contesta que sí:
   ¿A qué sitio web? _____

Hacer ejercicio: _____ Si contesta que sí:
   Nadar _____   Correr _____   Caminar _____   Ir al gimnasio _____

Salir mucho:   al cine _____   a bailar _____
               al teatro _____   a comer en restaurantes _____

---

# Nuevos horizontes

## Lectura

noun = **sustantivo**
NOTE: A noun may be preceded by articles (**el/la; un/una**)
verb = **verbo**
adjective = **adjetivo**
adverb = **adverbio**

NOTE: If you look up a word, don't write the translation above the Spanish word in the text. (If you reread the text, you will only see the English and ignore the Spanish.) If you must write it down, do so separately in your own personal vocabulary list.

It is common to occasionally use an English or perhaps a French word to make something hip.

## ESTRATEGIA: Dealing with Unfamiliar Words

In Chapter 2 you learned that you can recognize many Spanish words by identifying cognates (words similar to English words). However, other words will be completely unfamiliar to you. A natural tendency is to run to a Spanish-English dictionary on the Internet and look up a word, but you will soon tire of this and become frustrated. The following are strategies to help you deal with unfamiliar words while reading.

1. Ask yourself if you can understand the sentence without the word. If so, move on and don't worry about it.

2. Identify the grammatical form of the word. For example, if it is a noun, it can refer to a person, place, thing, or concept; if it is a verb, it can refer to an action or state; if it is an adjective, it describes a noun; if it is an adverb, it describes a verb or an adjective.

3. Try to extract meaning from context. To do this, you must see what information comes before and after the word itself.

4. Check whether the word reappears in another context in another part of the text or whether the writer explains the word. An explanation may be set off by commas.

5. Sometimes words appear in logical series and you can easily understand the meaning. For example, in the sequence *first, second, "boing,"* and *fourth* the meaning of *boing* becomes obvious.

These strategies will help you make reasonable guesses regarding meaning. If the meaning is still not clear and you *must* understand the word to get the general idea, the next step would be to consult a dictionary.

**ACTIVIDAD 19** **Antes de leer** Glance at the contents of the reading and indicate where you would most likely find a page like this.

a. en una revista nacional
b. en la revista de una ciudad
c. en un libro sobre el arte

**ACTIVIDAD 20** **Los cognados** Before reading the entertainment page, go through it and underline any word that you think is a cognate. If you are doing this as an assignment to hand in, list all cognates on a piece of paper.

**ACTIVIDAD 21** **En contexto** Read the entertainment page without using a dictionary and try to determine what the following words mean.

1. Ganador (en "Luis Enrique Mejía")
2. Moda (en "Fashion Week")
3. diseñadores (en "Fashion Week")
4. cuenta (en "Monólogo")
5. internada (en "Monólogo")
6. vestuario (en "Ballet nicaragüense")
7. bailable (en "Música popular")
8. Dirigida (en "Película nica *La Yuma*")

## Luis Enrique Mejía

Finalmente, llega otra vez a Costa Rica el cantante nicaragüense Luis Enrique, el "Príncipe de la salsa". Ganador de dos premios Grammy y varios discos de oro y platino, este cantante de "salsa romántica" presenta en nuestro país su nuevo álbum. Sábado y domingo, a las 20 hrs., en el estadio Ricardo Saprissa.

## FASHION WEEK

¡Comienza la Semana de la Moda! A partir de hoy comienzan cuatro días de moda costarricense. Costa Rica Fashion Week ofrece una increíble agenda de actividades, con pasarelas donde se pueden ver diseños de creadores nacionales y extranjeros. Entre los diseñadores se encuentran el venezolano Luis Perdomo, la costarricense Sonia Chang Díaz, el cubano-costarricense Aurelio Isser y también estudiantes de la Universidad Creativa de Costa Rica. Este año la fiesta de la moda tiene un mensaje positivo: la protección del medio ambiente. En Torre Gecko del Mall Real Cariari, en Heredia.

## TEATRO
### Monólogo

El grupo Palíndromos Teatro Independiente comienza una nueva temporada del monólogo *Litio*. El monólogo cuenta la vida de una mujer de 25 años, Cindy, internada en una institución mental por sufrir de trastorno bipolar desde su adolescencia. Lo único que desea es salir de ese lugar. Mientras está allí, describe los momentos más difíciles de su sufrimiento. En el restaurante "El Lobo Estepario" en Cuesta de Moras.

## DANZA

**Ballet nicaragüense:** El Ballet Folklórico Nicaragüense, de Ronald Abud Vivas, finaliza su temporada con "Danzas del Güegüense y Tradiciones de Nicaragua". Cuenta con la participación de un elenco de 50 bailarines y 26 músicos. El vestuario de múltiples colores fue diseñado exclusivamente por Abud. Un espectáculo de alto nivel. En el Teatro Nacional.

## Música popular

La Orquesta de Lubín Barahona y la Banda Nacional de San José presentan un concierto de música popular bailable junto con los cantantes Norma Argüello y Rafa Pérez. El director invitado de la Banda Nacional es Víctor Hugo Berrocal. El domingo, a las 11 a. m., en el Museo Nacional.

## CINE – Película nica *La Yuma*

*La Yuma* es la historia de una chica que vive en un barrio muy pobre de Managua y sueña con ser boxeadora para escaparse de una familia disfuncional. La mayor parte de los actores de esta película no son profesionales. Dirigida y producida por la francesa Florence Jaugey, residente en Nicaragua por más de veinte años. En Sala Garbo.

**ACTIVIDAD  22  Después de leer** Answer the following questions based on the entertainment page.

1. En *Costa Rica Fashion Week* hay diseñadores famosos como Perdomo, Chang Díaz e Isser. ¿Quiénes más van a participar?
2. ¿Cuántas personas bailan en el Ballet Folklórico Nicaragüense? ¿Quién es el diseñador del vestuario del ballet?
3. ¿Qué problema psicológico tiene Cindy en *Litio*?
4. ¿Víctor Hugo Berrocal es el director permanente de la Banda Nacional de Costa Rica?
5. ¿Qué tipo de música canta Luis Enrique Mejía?
6. ¿Qué le gustaría ser a la chica de la película *La Yuma*?

**ACTIVIDAD** **23** **Le gustaría...** Match the following people with events from the reading that they would most likely want to attend. Incorporate **me/te/le/nos/les gustaría** and **porque me/te/le/nos/les gusta/n** in your responses.

▶ A Laila Ali, la hija de Mohamed Ali, **le gustaría** ver la película *La Yuma* **porque le gusta** el boxeo.

1. a mis amigos
2. a mi madre
3. a mi profesor/a de español
4. a mis amigas
5. a mi padre
6. a mí

## Escritura

### ESTRATEGIA: Using Models

When writing in a new language, a model can provide a format to follow and give you ideas for organizing what you write. It is also useful for learning phrases. Some phrases can be used without understanding the grammatical relationship among all of the words. For example, you can use **gracias por los dólares**, a phrase you saw in **Actividad 12,** to form other phrases such as **gracias por la cámara.** By using such phrases along with what you already know, you can raise the level of what you write.

**ACTIVIDAD** **24** **Un email** **Parte A.** Look at Miguel's email in **Actividad 12** and answer these questions about the email's format.

1. The email is informal because it is addressed to Miguel's parents. What punctuation is used after the salutation, a comma or a colon?
2. What does he say in the closing of the email? To check what these words mean, consult a dictionary.

**Parte B.** Read Miguel's email noting how he expressed himself. Note the use of the expressions **bueno** and **gracias por los dólares** (**gracias por** + *article* + *noun*). Then without looking at Miguel's email again, write an email to your parents about your life at the university. Not looking at Miguel's email while writing will help prevent you from writing one that is too close in structure and content to his.

> It is important to convey your own thoughts and to use the email only as an example and not a template.

**Parte C.** In your email, underline each subject pronoun (**yo, tú, él, ella,** etc.). Edit, omitting all of the subject pronouns that are not needed for clarity or emphasis, especially the pronoun **yo.**

**Parte D.** Rewrite your final draft, staple all drafts and your answers to **Parte A** together, and hand them in to your instructor.

# Vocabulario esencial II

## I. El físico y la personalidad: *Ser* + adjective

1. Es **alta**.
2. Es **baja**.
3. Es **mayor**.
4. Es **joven**.
5. Son **gordos**.
6. Son **delgados**. (Son **flacos**.)
7. Son **morenas**.
8. Son **rubias**.

### Otros adjetivos

| | |
|---|---|
| **simpático/a** nice | **antipático/a** unpleasant; disagreeable |
| **caro/a** expensive | **barato/a** cheap (*in price*) |
| **guapo/a** good-looking | |
| **bonito/a** pretty | **feo/a** ugly |
| **bueno/a** good | **malo/a** bad |
| **inteligente** intelligent | **estúpido/a, tonto/a** stupid |
| **grande** large, big | **pequeño/a** small |
| **largo/a** long | **corto/a** short (*in length*) |
| **nuevo/a** new | **viejo/a** old |

**NOTE:** Adjectives, including adjectives of nationality, agree in number and, in many cases, gender with the noun modified.

> **Mayor** is generally used when describing people. **Viejo** is also used, but may have a negative connotation. **Joven** is used for a young man or woman, but not for a child.

**ACTIVIDAD 25 ¿Cómo eres? Parte A.** Circle the four adjectives that best describe you and underline the four that least describe you.

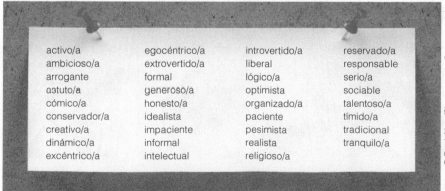

| | | | |
|---|---|---|---|
| activo/a | egocéntrico/a | introvertido/a | reservado/a |
| ambicioso/a | extrovertido/a | liberal | responsable |
| arrogante | formal | lógico/a | serio/a |
| astuto/a | generoso/a | optimista | sociable |
| cómico/a | honesto/a | organizado/a | talentoso/a |
| conservador/a | idealista | paciente | tímido/a |
| creativo/a | impaciente | pesimista | tradicional |
| dinámico/a | informal | realista | tranquilo/a |
| excéntrico/a | intelectual | religioso/a | |

**Parte B.** Talk with your partner and state what you think he/she is like.

▶ A: Eres sociable, ¿verdad?
  B: Sí, es verdad. Soy (muy) sociable. / No, soy (muy) reservado/a.

**ACTIVIDAD 26** **¿Cómo son los famosos?** **Parte A.** Describe the following people using one or two adjectives and say what they do for a living.

1. Donald Trump
2. Shakira y Christina Aguilera
3. Marge Simpson
4. Sean Combs
5. Quentin Tarantino
6. Matt Damon y Ben Affleck
7. Sonia Sotomayor
8. Shaquille O'Neal

**Parte B.** In pairs, take turns describing people from the lists below and guessing who it is. Use at least five adjectives to describe the person and three to say what he/she is not like.

► Es... y... pero no es... También es...

Mujeres: Hillary Clinton, Beyoncé, Ellen DeGeneres, Martha Stewart
Hombres: Bill Gates, Arnold Schwarzenegger, Snoop Dog, Antonio Banderas

**ACTIVIDAD 27** **¿A quién describo?** In pairs, take turns describing people in your class and have the other person guess whom is being described. You may use adjectives that describe physical characteristics and personality traits. Start with **Es una persona** + *adjective* so that students will not know if you are describing a man or a woman.

# II. Las emociones y los estados: *Estar* + adjective

© Cengage Learning 2015

1. Está **triste.**
2. Están **enamorados.**
3. Está **enojado.**
4. Está **enferma.**
5. Está **contento.**
6. Está **aburrida.**

Do Workbook and Web activities.

**Otros adjetivos**

| | |
|---|---|
| **borracho/a** drunk | **nervioso/a** nervous |
| **cansado/a** tired | **preocupado/a** worried |

**ACTIVIDAD 28** **¿Cómo estoy?** In pairs, act out different adjectives and have your partner guess how you feel; then switch roles.

**ACTIVIDAD 29** **¿Cómo estás?** Discuss how you feel in the following situations. Follow the model.

▶  Tienes examen mañana. → Estoy preocupado/a.

1. El político habla y habla y habla.
2. Escuchas una explosión.
3. Tienes 39° C (102,2 °F) de temperatura.
4. Vas a sacar A en el examen de matemáticas.
5. No deseas hablar con tus amigos.
6. Tienes novio/a. *(boyfriend/girlfriend)*
7. Un señor bebe mucho alcohol.
8. Me gusta mi televisor nuevo porque es bueno, bonito y barato.

**ACTIVIDAD 30** **¿Cómo están? ¿Cómo son?** Look at the drawing and answer the following questions.

1. ¿Cómo es él?
2. ¿Cómo es ella?
3. ¿Cómo está él?
4. ¿Cómo está ella?

© Cengage Learning 2015

# Para ver ⏸

## Hay familias... y... FAMILIAS

| | |
|---|---|
| **¿Por qué? Porque...** | Why? Because . . . |
| **No te preocupes.** | Don't worry. |
| **demasiado** | too much |

*En este video blog tengo una pequeña crisis con mi "amiguita" Carla.*

▶ **ACTIVIDAD 31 ¿Cómo es?** While watching José María's video blog, place a check mark beside the adjectives that describe Carla's uncle.

**El tío de Carla es:**

| | | | |
|---|---|---|---|
| _____ alto | _____ bajo | _____ pesimista | _____ optimista |
| _____ moreno | _____ rubio | _____ cómico | _____ serio |
| _____ delgado | _____ gordo | _____ liberal | _____ conservador |
| _____ simpático | _____ antipático | | |

▶ **ACTIVIDAD 32 Preguntas** Watch the video blog again, then answer the following questions.

1. ¿Adónde van a ir Carla y José María esta noche antes de ir al cine?
2. ¿Con quién van a ir?
3. ¿Cómo está José María? ¿Por qué?
4. ¿Qué le gusta hacer al tío de Carla? ¿Qué tiene siempre en la mano?
5. ¿Quiénes van a ir al cine de verdad: Carla, su tío y José María o solo Carla y José María?

**ACTIVIDAD** **33** **¿Estudias poco o demasiado?** **Parte A.** In pairs, find out if your partner does the following activities **poco** or **demasiado**. Follow the model.

▶ A: ¿Estudias poco o demasiado?

B: Estudio poco.    B: Estudio demasiado.

1. trabajar
2. salir con amigos
3. comer en restaurantes
4. bailar
5. ir al centro comercial
6. visitar a tus padres
7. navegar por Internet
8. correr por el parque

**Parte B.** Now write a few sentences reporting your findings. Be ready to read them to the class. Follow the models.

▶ Paul estudia poco, pero yo estudio demasiado.
Paul y yo trabajamos poco.

**ACTIVIDAD** **34** **Justifiquen** In pairs, alternate asking each other questions and justifying your responses. Follow the model.

▶ A: ¿Por qué estudias aquí?
B: Porque es una universidad buena. / Porque me gusta donde está. / Porque aquí tengo muchos amigos. / Porque es pequeña.

1. ¿Por qué estudias español?
2. ¿Por qué compras música rock?
3. ¿Por qué tienes computadora?
4. ¿Por qué trabajas?
5. ¿Por qué vas a la biblioteca?

## ¿Lo sabían?

Nicaragua is known as **la tierra de los lagos y los volcanes** (the land of lakes and volcanoes). It has the largest number of volcanoes in Central America, some of which are active, and 8% of its territory is covered by lakes. Lake Nicaragua is the second largest lake in Latin America, and despite being a freshwater lake, it has sharks. In the 1800s engineers drew up plans to build an inter-oceanic canal using Lake Nicaragua as a natural waterway. Today people are reexamining these plans for possible construction of a canal that would be deeper than the Panama Canal to accommodate larger ships.

▲ El lago Nicaragua y el volcán Concepción.

Nicaragua is also called **la tierra de los poetas** (the land of the poets). The best known of the poets include: Rubén Darío (1867–1916) a poet and a diplomat, who was one of the most famous and innovative writers of his time; Ernesto Cardenal (1925–) a Catholic priest whose poetry deals with political issues; and Gioconda Belli (1948–) an author who champions social justice, especially for women and indigenous people.

**¿?** **Can you name some famous poets from your country? Do you have a favorite poet?**

**iLrn** To learn more about Nicaragua, watch the cultural footage in the Video Library.

# Gramática para la comunicación ▐▐

## I. Describing Yourself and Others: Adjective Agreement, Position of Adjectives, and *ser/estar* + Adjective

Es alto, moreno... este... pues... un poco gordo.

© Cengage Learning 2015

In Chapter 1, you learned how to express someone's nationality: **Carlos Santana es mexicano. Salma Hayek es mexicana. Ellos son mexicanos.** You know that the endings of adjectives of nationality may change depending on whom you are describing.
In this section you will review rules of adjective agreement.

### A. Adjective Agreement

**1** Adjectives that end in **-o** agree in gender (masculine/feminine) and in number (singular/plural) with the nouns they modify.

**José María** es creativ**o** y **Carla** es talentos**a**.
**Ellos** son delgad**os** y **ellas** también son delgad**as**.

**2** Adjectives that end in **-e** or in a consonant only agree in number (singular/plural) with the nouns they modify.

**Ella** está trist**e** y **ellos** también están trist**es**.
**José María** no es liberal. **Carla y sus amigas** tampoco son liberal**es**.

NOTE: joven → jóvenes (an accent is needed in the plural)

> Remember: Use a masculine plural adjective to refer to groups that include males and females.

**3** Adjectives that end in **-ista** only agree in number with the nouns they modify.

**José María** es real**ista**, pero **Carla** es ideal**ista**.
**Ellos** son optim**istas**.

> Remember: Professions and other nouns that end in **-ista** only have two forms as well: **artista, artistas.**

### B. Position of Adjectives

**1** Possessive adjectives and adjectives of quantity precede the noun they modify.

| | |
|---|---|
| **Mi novio** es comerciante.* | *My boyfriend is a business owner.* |
| Tiene **tres tiendas.** | *He has three stores.* |
| Tiene **muchos amigos** y **pocas amigas.** | *He has a lot of male friends and few female friends.* |

*NOTE: The indefinite articles (**un, una, unos, unas**—*a/an, some*) are used with occupations only when they are modified by an adjective:

Mi padre es **ingeniero.**
BUT: Mi padre es **un** ingeniero *fantástico*.

**2** Descriptive adjectives normally follow the nouns they modify.

Tenemos un **examen importante** en la clase de literatura.

*We have an important exam in literature class.*

## C. *Ser* and *estar* + Adjective

**1** **Ser** + *adjective* is used to describe *the being:* what someone or something *looks like* (physical description) or *is like* (personality traits).

| | |
|---|---|
| Carla **es** bonita y baja. | *Carla is pretty and short.* (physical description) |
| También **es** inteligente y optimista. | *She is also intelligent and optimistic.* (personality traits) |

**NOTE:** Remember that **ser** can also be used to identify a person **(Es Pedro.)**, to identify someone's occupation **(Es dentista.)**, and to say where someone is from **(Es de Managua. Es nicaragüense.)**.

**2** **Estar** + *adjective* is used to describe *the state of being*; it indicates how people feel or describes a particular condition.

| | |
|---|---|
| Julieta **está** triste y preocupada. Tiene clases difíciles este semestre y siempre **está** cansada. | *Julieta is sad and worried.* (feeling) *She has hard classes this semester and is always tired.* (condition) |

**NOTE:** Remember that **estar** can also be used to state location: **Estamos en la universidad.**

**3** Notice how the following adjectives have different meanings depending on whether you use **ser** or **estar**.

| ser | estar |
|---|---|
| Somos aburridos. (personality: *We are boring.*) | **Estamos** muy **aburridos.** (feeling: *We feel/are bored.*) |
| Pedro **es** muy **listo.** (personality: *He is very smart/clever.*) | Pedro **está listo.** (condition: *He is ready.*) |
| **Eres guapo.** (physical description: *You are handsome.*) | **Estás guapo** hoy. (condition: *You look handsome today.*) |

> Phrases like **estás guapo/a hoy** are frequently used as compliments.

**ACTIVIDAD 35** **¿Cómo son?** In pairs, find two women and two men in your class for each of the following characteristics.

▶ Paula y Sara son altas.
Jason y Dave son altos.

| | | |
|---|---|---|
| alto | optimista | rubio |
| moreno | simpático | idealista |
| inteligente | cómico | extrovertido |

**ACTIVIDAD 36** **Descripción** Describe the following people from the video blogs. Form logical sentences by rearranging the words given.

1. persona / José María / una / dinámica / es
2. inteligente / estudiante / Arturo / un / la República Dominicana / es / de
3. tiene / contenta / computadoras / Sonia / dos / está / porque
4. Pedro / y / es / persona / optimista / una / sociable
5. amigos / porque / simpática / tiene / Carla / muchos / es / muy
6. El tío de Carla / hotel / preocupado / en / tiene / problemas / el / está / porque / muchos

**ACTIVIDAD 37** **¿Adónde vas cuando...?** In pairs, ask your partner where he/she goes when in the following moods or situations. Follow the model.

▶ A: ¿Adónde vas cuando estás enojado/a?
  B: Cuando estoy enojado/a, voy a mi habitación.

1. estar aburrido/a
2. necesitar comprar café
3. estar preocupado/a
4. estar enfermo/a
5. tener que estudiar

6. desear correr
7. estar contento/a
8. estar enojado/a
9. desear escuchar música
10. estar con tu novio/a

**ACTIVIDAD 38** **Una conversación** In pairs, "A" looks at the role card below and "B" looks at the role card on page R15. Carry on a conversation with your partner using the cues in the role cards. You will need to enunciate very clearly and listen closely to choose the appropriate questions and responses.

> **A** Start by asking the first question, then listen to your partner's response. React by choosing and asking the next logical question. Then continue the conversation.
>
> ¿Estás triste?
>
> Tu compañero/a responde.
>
> ¿Por qué? ¿Tienes problemas?  ¿Cuándo?
>
> Tu compañero/a responde.
>
> ¿Está enfermo?  ¿Está enferma?
>
> Tu compañero/a responde.
>
> ¿Dónde está?  ¿Va a ir al hospital?
>
> Tu compañero/a responde.

**ACTIVIDAD 39** **Información detallada** Look at these people and give the following information: **lugar donde están, descripción física, ocupación, acción/acciones que hacen generalmente, emociones/sensaciones en este momento, qué hacen ahora.**

1.

2.

3.

Illustrations: © Cengage Learning 2015

**40** **¿Quién es?** **Parte A.** Read the following description and guess who is being described.

> Es una persona famosa.
> Él es guapo, alto, delgado y artístico.
> Canta y baila bien.
> Habla español e inglés.
> Es puertorriqueño.
> Él vive "la vida loca".
> ¿Quién es?

**Parte B.** In pairs, prepare a description of a famous man or a famous woman.

**Parte C.** Read your description to the class and have them guess who it is.

ACTIVIDAD **41** **Tu amigo y su amiga** Read the following paragraph, then invent a story about a friend of yours and his girlfriend by completing the paragraph with the types of words indicated in parentheses. Remember that adjectives agree with the nouns they modify.

Mi amigo _____ es _____ y es _____.
       (nombre)       (nacionalidad)      (ocupación)

Tiene _____ años y es _____, _____
      (número)           (adjetivo)      (adjetivo)

y _____. _____ amigo tiene una amiga
   (adjetivo)    (adjetivo posesivo)

_____ que se llama _____. También es
   (adjetivo)           (nombre)

_____ y _____. Ellos son muy
   (adjetivo)     (adjetivo)

_____, pero están _____ porque _____.
   (adjetivo)        (adjetivo)         (¿?)

ACTIVIDAD **42** **Entrevista** **Parte A.** Interview your partner. Use these questions as a guide and take notes.

1. la persona
   - ¿Cómo te llamas, de qué nacionalidad eres y cuántos años tienes? ¿Por qué estás en esta universidad?

2. sus amigos
   - ¿Tienes muchos o pocos amigos? ¿Cómo son?
   - Si son estudiantes, ¿qué estudian? ¿Estudian mucho o poco?
   - Si trabajan, ¿qué hacen? ¿Dónde trabajan? ¿Trabajan mucho o poco?

3. actividades
   - ¿Qué te gusta hacer y con quién?
   - ¿Qué hacen Uds. los viernes y los sábados? ¿Adónde van?
   - ¿Estás contento/a cuando estás con tus amigos?

**Parte B.** Now switch partners, and talk about the information you gathered in your interview.

▶ Ella se llama Sarah, es de Denver y tiene veinte años. Está en la universidad porque...

# II. Discussing Actions in Progress: Present Indicative and Present Progressive

While watching TV, think about the actions taking place: **Están cantando**, Jon Stewart **está hablando**, etc.

In order to describe an action that is in progress at the moment of speaking, you use the present progressive in English (*I'm watching a movie on TV*). In order to describe an action in progress in Spanish you may use the present indicative (**Miro una película por televisión**) or the present progressive (**Estoy mirando una película por televisión**). The present progressive (**el presente continuo**) is formed as follows:

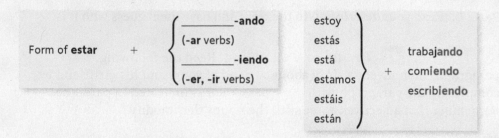

| Form of **estar** | + | _____-**ando** (-**ar** verbs) _____-**iendo** (-**er**, -**ir** verbs) | estoy estás está estamos estáis están | + | traba**jando** co**miendo** escri**biendo** |

Carla y José María **están hablando** con el tío de ella. El tío **está tomando** café y Carla **está comiendo** un sándwich.

*Carla and José María are talking with her uncle. The uncle is having (drinking) coffee and Carla is eating a sandwich.*

**NOTE:**

a. For -**er** and -**ir** verbs whose stems end in a vowel, substitute a -**y**- for the -**i**- of the -**iendo** ending:

**leer** → l**e** (verb stem) → l**e** + **iendo** = **leyendo**.

Do Workbook, Lab Manual, and Web activities.

b. In English, the present progressive can also be used to talk about the future (*I'm watching a movie on TV tonight*). In contrast, the present progressive can *only* be used in Spanish for an action that is *happening at the moment* of speaking, an action that is actually taking place.

**ACTIVIDAD 43 ¿Qué estoy haciendo?** In groups of three, take turns miming actions and saying what the other person is doing. Follow the model.

▶ A: (*walking around the room*) ¿Qué estoy haciendo?
B y C: Estás caminando.

**ACTIVIDAD 44 ¿Está José María?** In pairs, "A" calls on the phone to talk to someone, but the person is busy. "B" says what the person is doing. When finished, change roles. (Useful excuses include: **trabajar con su padre, hacer la tarea, escribir un trabajo, traducir un poema, comer, nadar en la piscina, hablar por el móvil**, etc.)

▶ B: ¿Aló?
A: Buenos días. ¿Está José María?
B: Sí, está, pero está estudiando con una amiga.
A: Ah, muchas gracias. Adiós. / Ah, entonces llamo más tarde.

**Imagina** In pairs, each person picks three drawings and uses his/her imagination to explain the following: **quiénes son, cómo son (personalidad y físico), qué están haciendo,** and **dónde están.**

▶ Son mis amigos Mike y Eric y son muy simpáticos. Mike es alto y delgado. Él es de Miami y Eric es de Chicago. En la foto, ellos están esquiando en Vail. Mike esquía muy bien. Eric está aprendiendo y no le gusta mucho esquiar.

Illustrations: © Cengage Learning 2015

Do Web Search Activities.

# Más allá

## Canción: "¡Pura vida!"

© Jesse Grant/WireImage/Getty Images

The song is included in the *¡Claro que sí!* iTunes list on CengageBrain.com and may be on YouTube.

**Chino Espinoza (1967– ),** a salsa singer, is from Costa Rica and lives in Los Angeles, California. He has performed with the L.A. Jazz Band and stars such as Tito Puente and Celia Cruz. As an actor, he appeared in Eddie Murphy's film *Meet Dave.* He currently sings with Los Dueños del Son[1] *(The Owners of the Son),* a salsa band led by his brother.

[1] a lively Latin American song form that combines African and Spanish influences

**Mientras escuchas** In the song **"¡Pura vida!"**, the singer praises his native Costa Rica. As you listen to the song, check off the items he mentions. Items are listed in order and the last part of the song repeats, so you will have two chances to hear the items.

> ♫ ¡Pura vida dicen que es pura vida!
> Pura vida dicen en Costa Rica. ♫

| | |
|---|---|
| _____ la belleza de sus mujeres | _____ el Palacio de los Deportes |
| _____ los volcanes | _____ la capital, San José |
| _____ sus palmas, su brisa y su son | _____ visitar a la Negrita |
| _____ el gallo pinto | _____ las iglesias coloniales |
| _____ el café | _____ unos cuantos mangos |
| _____ el agua dulce | _____ las bananas |
| _____ la Plaza de la Cultura | _____ Puerto Limón |

**La Negrita** is the patron saint of Costa Rica.

## Video: *Costa Rica: Sin ingredientes artificiales*

The video is on CengageBrain.com.

© I.C.T: Instituto Costarricense de Turismo

**Antes de ver** Before watching a video to promote tourism in Costa Rica, answer these questions.

1. ¿Cuál es un sinónimo informal de costarricense?
2. ¿Qué expresión usan mucho en Costa Rica y qué significa?

**Mientras ves**  First, read the lists below. Then, while you watch the video, match each item on the left to the phrase it corresponds to on the right. **¡Ojo!** There is an extra phrase on the right.

1. telecomunicaciones _____
2. alfabetismo _____
3. tasa de mortalidad _____
4. ejército _____
5. exportaciones _____
6. turistas _____
7. fauna y flora _____

a. de todo el mundo
b. bajo/a/s
c. carros, textiles, banano, café
d. no tiene
e. mucha diversidad
f. alto/a/s
g. avanzado/a/s
h. equipo electrónico, textiles, banano, café

# Película: *Sugar*

**Para comentar**  Read the information about the movie and answer these questions.

1. ¿Cómo se llaman los directores? ¿En qué idioma es la película?
2. ¿Cuántos años tiene "Sugar" y qué hace?
3. Al principio de la película, ¿en qué país vive? Después, ¿a qué país va a vivir?
4. ¿Cuáles son situaciones difíciles para "Sugar" en su nuevo país?

**Directores y guionistas:**
Anna Boden y Ryan Fleck
**País:** Estados Unidos
**Año:** 2008

**Idiomas:** Español e inglés
**Duración:** 120 minutos
**Género:** Drama

**Reparto:** Algenis Pérez Soto ("Sugar"), Rayniel Rufino (Jorge Ramírez), Allen Holland (Johnson)

**Sinopsis:** Miguel "Sugar" Santos, un jugador de béisbol dominicano que tiene 19 años, acepta la oportunidad de ir a los Estados Unidos para jugar en un equipo de las ligas menores. Allí vive con una familia norteamericana, pero no habla inglés y pasa momentos difíciles para adaptarse a su nuevo país donde no tiene amigos, sufre de discriminación y tiene que trabajar mucho.

# En resumen

## Now you know how to...

- state where someone is and where he/she is going.

  **Carla está en la piscina del hotel, pero ahora va a la casa de su tío.**

- talk about daily activities.

  **Ella estudia arte y trabaja en un banco.**

- describe people and things.

  **José María está nervioso porque el tío de Carla es un poco serio.**

- discuss actions in progress.

  **Él está leyendo y Carla está nadando.**

In this chapter you have learned about Nicaragua and Costa Rica. You will learn more interesting facts about these countries including famous people such as Chavela Vargas, Bianca Jagger, and Franklin Chang Díaz in the Workbook, in the Lab Manual, and on the website.

## Vocabulario funcional

### Lugares (Places)

la agencia de viajes *travel agency*
el banco *bank*
la biblioteca *library*
la cafetería *cafeteria*
la casa *house, home*
el centro comercial *mall, shopping center*
el cine *movie theater*
la discoteca/disco *club, disco*
el edificio *building*
la escuela/el colegio *school*
la farmacia *pharmacy, drugstore*
el gimnasio *gym*
el hospital *hospital*
la iglesia *church*
la librería *bookstore*
el museo *museum*
la oficina *office*
el parque *park*
la piscina *swimming pool*
la playa *beach*
la plaza *plaza, square*
la residencia estudiantil *dorm*
el restaurante *restaurant*
el supermercado *supermarket*

el teatro *theater*
la tienda *store*
la universidad *university*
¿Adónde vas/va? *Where are you going?*
¿Dónde estás/está? *Where are you?*
estar en + *place to be in/at* + place

### Verbos

**-ar**
desear (+ *infinitive*) *to want, desire (to do something)*
necesitar (+ *infinitive*) *to need (to do something)*

**-er**
establecer *to establish*
hacer *to do; to make*
poner *to put, place*
traer *to bring*
ver *to see* (a thing)
ver (a + *persona*) *to see* (someone)

**-ir**
producir *to produce*
salir (con) *to go out (with)*
salir del/de la + *lugar to leave* + a place
traducir *to translate*

## La descripción

### ¿Cómo es? Personalidad (Personality Traits)

aburrido/a *boring*
antipático/a *unpleasant, disagreeable*
bueno/a *good*
estúpido/a *stupid*
famoso/a *famous*
inteligente *intelligent*
joven *young*
listo/a *smart/clever*
malo/a *bad*
simpático/a *nice*
tonto/a *stupid*

### ¿Cómo es? Características físicas (Physical Characteristics)

alto/a *tall*
bajo/a *short (in height)*
barato/a *inexpensive, cheap (in price)*
bonito/a *pretty*
caro/a *expensive*
corto/a *short (in length)*
delgado/a *thin*
feo/a *ugly*
flaco/a *skinny*
gordo/a *fat*
grande *large, big*
guapo/a *good-looking*
largo/a *long*
mayor *old (literally: older)*
moreno/a *brunet/te; dark-skinned*
nuevo/a *new*
pequeño/a *small*
rubio/a *blond/e*
viejo/a *old*

### ¿Cómo está? Adjetivos con *estar*

aburrido/a *bored*
borracho/a *drunk*
cansado/a *tired*
contento/a *happy*
enamorado/a *in love*
enfermo/a *sick*
enojado/a *angry, mad*
listo/a *ready*
loco/a *crazy*
nervioso/a *nervous*
preocupado/a *worried*
solo/a *alone*
triste *sad*

### Palabras y expresiones útiles

antes *before*
demasiado (adv.) *too much*
después *after*
la familia *family*
la gente *people*
me/te/le/… gustaría + *infinitive* I/you/ he/she/. . . *would like* + infinitive
muchos/as *many*
muy *very*
No te preocupes. *Don't worry.*
No tengo idea. / Ni idea. *I have no idea.*
novio/a *boyfriend/girlfriend*
otro/a *other; another*
poco/a/os/as (adj.) *not much, not many, few*
poco (adv.) *a little*
¿Por qué? *Why?*
¡Pura vida! *Cool! (Costa Rican expression)*
si *if*
siempre *always*
solo *only*
el tío *uncle*
todos los días *every day*

# Un día típico

Plaza de Armas, Lima, Perú.
John & Lisa Merrill / DanitaDelimont.com
"Danita Delimont Photography"/Newscom

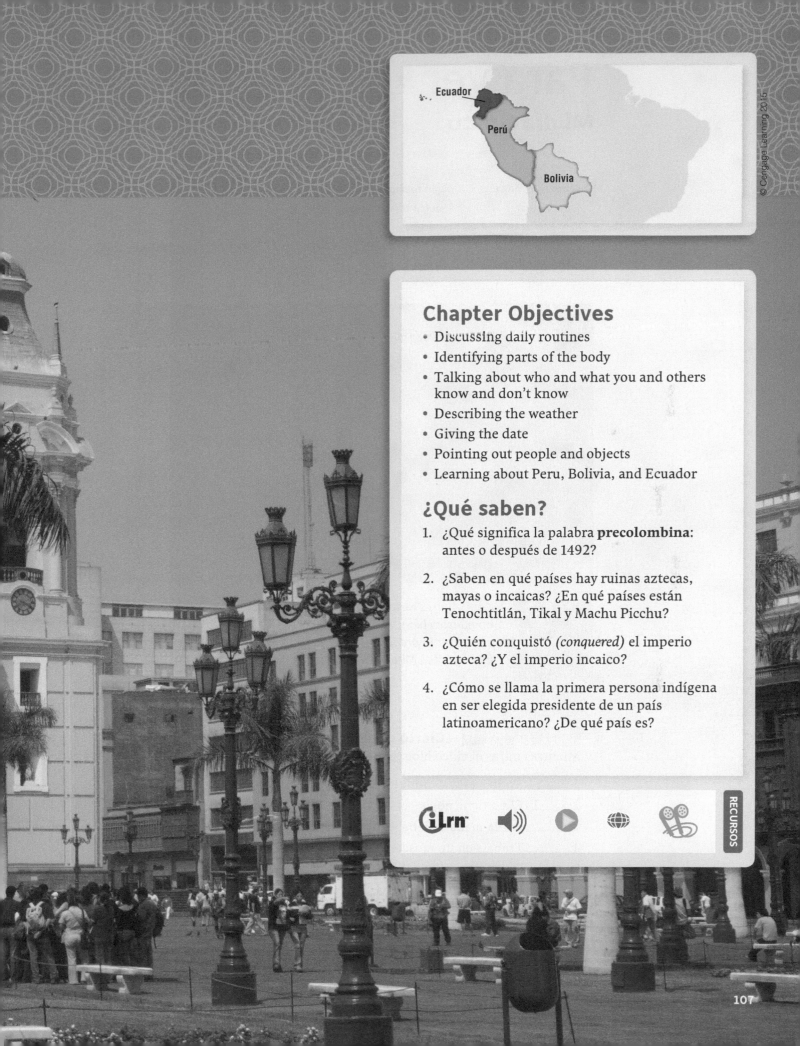

Ecuador
Perú
Bolivia

© Cengage Learning 2015

## Chapter Objectives
- Discussing daily routines
- Identifying parts of the body
- Talking about who and what you and others know and don't know
- Describing the weather
- Giving the date
- Pointing out people and objects
- Learning about Peru, Bolivia, and Ecuador

## ¿Qué saben?

1. ¿Qué significa la palabra **precolombina**: antes o después de 1492?

2. ¿Saben en qué países hay ruinas aztecas, mayas o incaicas? ¿En qué países están Tenochtitlán, Tikal y Machu Picchu?

3. ¿Quién conquistó (*conquered*) el imperio azteca? ¿Y el imperio incaico?

4. ¿Cómo se llama la primera persona indígena en ser elegida presidente de un país latinoamericano? ¿De qué país es?

iLrn

RECURSOS

# Para ver ❶

## Mi día típico

| | |
|---|---|
| **deber** + *infinitive* | ought to/should/must + *verb* |
| **debe estar** | ought to/should/must be |
| **hay** | there is/there are |
| **¡Qué** + *adjective*! | How + *adjective*! |
| **¡Qué inteligente!** | How intelligent! |

Video stills: © Cengage Learning 2015

*Aquí, Andrés desde Perú. Normalmente estoy con mi amigo Pablo en nuestro blog "Ay caramba". Pero hoy estoy solo y voy a contestar la pregunta, ¿qué hago todos los días? ¿algo interesante? Miren el video blog.*

> **ACTIVIDAD ❶ ¿Cierto o falso?** Lee las siguientes oraciones. Mientras miras el video blog, marca si son ciertas **(C)** o falsas **(F)**.
>
> 1. _____ Andrés está 15 minutos en la ducha *(shower)*.
> 2. _____ Él no tiene novia.
> 3. _____ Por la mañana él bebe té.
> 4. _____ Trabaja en un museo.
> 5. _____ En su trabajo hay objetos de culturas asiáticas.
> 6. _____ Los visitantes hacen cosas inapropiadas.

▶ **ACTIVIDAD 2 Los detalles** Después de mirar el video blog otra
vez, contesta estas preguntas.

1. Según *(According to)* Andrés, ¿dónde debe estar su amigo Pablo en este
   momento? ¿Qué le gustaría leer en este momento?
2. ¿Por qué pasa Andrés mucho tiempo en la ducha?
3. ¿Por qué se afeita?
4. ¿Qué come por la mañana?
5. ¿Qué hace Andrés en su trabajo?
6. ¿Qué cosas hacen que no deben hacer las personas en el museo?

**ACTIVIDAD 3 La familia de tu compañero/a** En parejas *(pairs)*,
averigua *(find out)* qué ocupaciones tiene la familia de tu compañero/a.
Sigue *(Follow)* el modelo.

▶ A: ¿Hay guardias en tu familia?
  B: Sí, hay dos guardias. / No, no hay.

**ACTIVIDAD 4 Los comentarios** Caminas por la calle *(street)* y ves
a diferentes personas. Comenta sobre ellas.

▶ Lucy Liu → ¡Qué bonita!

> Lady Gaga   Heidi Klum   Michael Moore   Penélope Cruz
>
> Stephen Colbert   Shaquille O'Neal   Adam Lambert   Beyoncé
>
> Tina Fey   Matt Damon

## ¿Lo sabían?

Perú está formado por una combinación de
culturas. Las más antiguas son la cultura andina
con su famosa civilización incaica, la cultura
europea y la cultura africana. El país tiene
además una gran población de origen chino y
de origen japonés. La geografía de Perú es
muy variada también y tiene tres regiones
bien marcadas: la costa, la sierra y la selva. La
costa es de gran importancia económica y es
donde se concentra el 60% de la población.
La sierra, donde están los Andes, tiene minas
de cinc, cobre, plata y oro; y la selva tropical,
por donde pasa el río Amazonas, es una región de numerosos recursos naturales.

▲ Niños indígenas en la selva amazónica peruana.

© Kuttig-Travel-2 / Alamy

 ¿Cuáles son las culturas más antiguas de tu país? ¿Qué zonas geográficas son las más
importantes?

**iLrn** Para aprender más sobre Perú, mira el video cultural en la mediateca *(Media Library)*.

# Vocabulario esencial **I**

## I. Las partes del cuerpo *(Parts of the Body)*

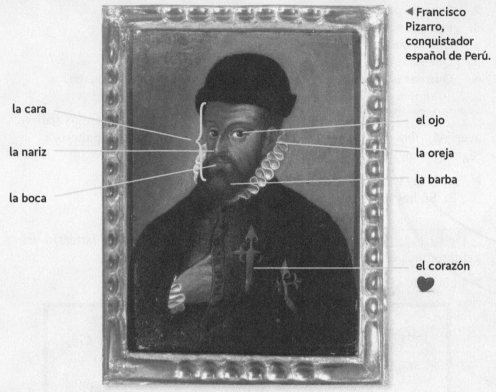

◄ Francisco Pizarro, conquistador español de Perú.

la cara

el ojo

la nariz

la oreja

la barba

la boca

el corazón

© Museo de América, Madrid, Spain/Index/Bridgeman Art Library

### Otras partes del cuerpo

**el bigote/los bigotes** mustache
**los dientes** teeth
**los labios** lips

**la lengua** tongue
**el oído** inner ear
**el pelo** hair

Some speakers say **Él tiene bigotes.** Others say **Él tiene bigote.**

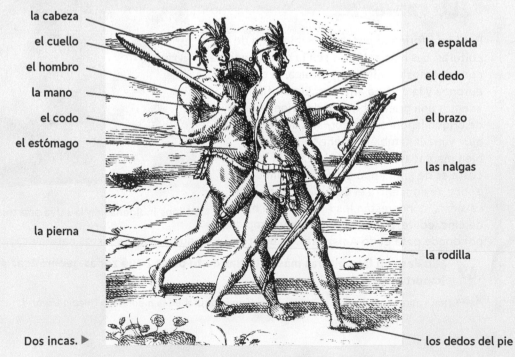

la cabeza

el cuello

el hombro

la mano

el codo

el estómago

la espalda

el dedo

el brazo

las nalgas

la pierna

la rodilla

Dos incas. ►

los dedos del pie

© Bibliotheque Nationale, Paris, France/Lauros-Giraudon/Bridgeman Art Library

**ACTIVIDAD 5 Asociaciones** En grupos de tres, digan qué partes del cuerpo asocian Uds. con estas personas o cosas.

Herbal Essences y Suave
Leggs, Hanes, Hue
Kleenex
la Venus de Milo
el príncipe Carlos de Inglaterra y Dumbo
Crest y Colgate
Salvador Dalí y Geraldo Rivera
Cupido, el amor
Reebok, Nike y Puma
Visine
Fidel Castro, ZZ Top y Santa Claus
Angelina Jolie, Revlon, Wet 'N Wild

**ACTIVIDAD 6 Las figuras precolombinas** **Parte A.** En parejas, identifiquen las partes del cuerpo que tienen las siguientes figuras precolombinas.

© Museo del Oro

▲ **Figuras precolombinas.**

**Parte B.** Ahora diseñen en un papel una figura exótica (puede ser de otro planeta). Luego descríbansela *(describe it)* al resto de la clase.

▶ Nuestra figura tiene tres cabezas y dos manos. En una mano tiene cuatro dedos largos. Tiene pelo corto. Es alta y...

## ¿Lo sabían?

Cada[1] idioma tiene sus dichos[2] y proverbios, y el español tiene muchos. Algunos están relacionados con las partes del cuerpo.

| | |
|---|---|
| **¡Ojo!** | Watch out!; Careful! |
| **Ojo por ojo y diente por diente.** | An eye for an eye and a tooth for a tooth. |
| **Tengo la palabra en la punta de la lengua.** | I have the word on the tip of my tongue. |
| **Habla hasta por los codos.** | He/She never shuts up. |

**¿? ¿Cuáles de estas expresiones usas en las siguientes situaciones?**

1. Tienes un amigo que habla y habla y habla.
2. Estás en un carro con una amiga y ves a un policía.
3. Un criminal tiene que pasar veinte años en la prisión.
4. Necesitas usar una palabra, pero no puedes recordarla *(can't remember it)* en este momento.

---
[1]*Each*  [2]*sayings*

# II. Acciones reflexivas

© Cengage Learning 2015

1. **cepillarse los dientes**
2. **lavarse las manos**
3. **peinarse**
4. **cepillarse el pelo**
5. **afeitarse**
6. **ducharse**
7. **ponerse la ropa**
8. **quitarse la ropa**

### Otras acciones reflexivas

**bañarse**  to bathe
**levantarse**  to get up
**maquillarse**  to put on make-up

**ACTIVIDAD 7** **¿En qué orden?** En parejas, expliquen en qué orden generalmente hace la gente estas acciones.

| | |
|---|---|
| peinarse | quitarse el pijama |
| ducharse | cepillarse los dientes |
| afeitarse | ponerse la ropa |
| levantarse | |

▶ Primero, levantarse; después...

**ACTIVIDAD 8** **Asociaciones** Relaciona las acciones reflexivas con una o más partes del cuerpo.

| | |
|---|---|
| afeitarse | los ojos |
| lavarse | las manos |
| maquillarse | la barba |
| cepillarse | el pelo |
| | los labios |
| | los dientes |
| | las piernas |
| | la cara |

**ACTIVIDAD 9** **La rutina de los famosos** En parejas, digan qué cosas de la lista les gusta y no les gusta hacer a las siguientes personas famosas: Oprah Winfrey, Christina Aguilera, Denzel Washington y Howie Mandel. Usen la imaginación.

© Turkbug/Dreamstime.com

▲ A Christina le gusta cambiarse el color del pelo.

▶ A Oprah le gusta...

bañarse en un jacuzzi
afeitarse los fines de semana
ponerse ropa sexy
lavarse las manos después de estar con el público
maquillarse con productos de CoverGirl
ponerse sombreros elegantes
levantarse temprano los sábados
peinarse con frecuencia

El padre de Christina Aguilera es de Ecuador.

Do Workbook and Web activities.

# Gramática para la comunicación I

## I. Describing Daily Routines: Reflexive Verbs

To describe some actions that you usually do, you can use reflexive verbs **(verbos reflexivos).** A reflexive verb is used when the subject does an action to himself or herself. Study the difference between these three drawings.

**Ella lava el carro.**
(She performs the action.)

**Él se ducha.**
(He performs and receives the action = reflexive verb.)

**Él se lava las manos.**
(He performs and receives the action = reflexive verb.)

Illustrations: © Cengage Learning 2015

**1** In order to use reflexive verbs, you need to know the reflexive pronouns.

| levantarse *(to get up)* | |
|---|---|
| (yo) me levanto | (nosotros/as) nos levantamos |
| (tú) te levantas | (vosotros/as) os levantáis |
| (Ud., él, ella) se levanta | (Uds., ellos, ellas) se levantan |

| | |
|---|---|
| Él **se** cepilla los dientes* después de comer. | *He brushes his teeth after he eats.* |
| **Nos** duch**amos** por la mañana. | *We take a shower in the morning.* |

> As you do these activities every day, practice Spanish by saying what you are doing: **Me lavo las manos con jabón.** (etc.) REMEMBER: idle time = study time.

*\*NOTE:* As a general rule, use definite articles with parts of the body: *He washes his hands* = **Se lava las manos.**

**2** Here are the rules regarding placement of reflexive pronouns.

**A.** Before a conjugated verb form

| | |
|---|---|
| Todos los días **me lavo** el pelo. | *I wash my hair every day.* |
| Mañana **me voy** a lavar el pelo. | *Tomorrow I'm going to wash my hair.* |
| Ahora **me estoy** lavando el pelo. | *Now I'm washing my hair.* |

**B.** When there is a conjugated verb + *infinitive* or a conjugated verb + *a present participle* (**-ando/-iendo** form), the reflexive pronouns can either go before the conjugated verb or are attached to the infinitive or present participle

Mañana **me voy** a lavar el pelo. = Mañana voy a **lavarme** el pelo.

Ahora **me estoy** lavando el pelo. = Ahora estoy **lavándome**\* el pelo.

> For accent rules, see Appendix B.

*\*NOTE:* When the pronoun is attached to the present participle, a written accent is needed.

**ACTIVIDAD 10 La familia Rosado** Describe qué hace la familia Rosado en un día típico por la mañana. Sigue el modelo.

▶ Por la mañana el padre se...

© Cengage Learning 2015

**ACTIVIDAD 11 ¿Qué vas a hacer?** Explica qué vas a hacer con estas cosas.

1. un peine
2. una bañera (bathtub)
3. un cepillo de dientes
4. una ducha
5. una máquina de afeitar
6. un jabón

REMEMBER: **Me voy a levantar temprano. / Voy a <u>levantarme</u> temprano.**

**ACTIVIDAD 12 Nuestra rutina Parte A.** En parejas, digan qué tienen que hacer los estudiantes universitarios los lunes por la mañana en su residencia o apartamento.

▶ Tenemos que levantarnos... / Nos tenemos que levantar...

**Parte B.** Ahora describan la rutina de los estudiantes universitarios los sábados.

▶ Los sábados nos levantamos tarde y...

**ACTIVIDAD 13 Los productos de tu compañero/a Parte A.** En parejas, háganle preguntas a su compañero/a para saber qué productos usa. Sigan el modelo.

▶ A: ¿Con qué jabón te lavas las manos?
   B: Me lavo las manos con jabón Dove.

1. pasta de dientes / cepillarse los dientes
2. jabón / ducharse
3. crema de afeitar / afeitarse
4. lápiz de labios / maquillarse
5. jabón / lavarse la cara
6. champú / lavarse el pelo

**Parte B.** Ahora escribe individualmente un mínimo de dos oraciones para comparar qué productos usas tú y qué productos usa tu compañero/a. Luego habla de la información con el resto de la clase.

▶ Jasmine y yo nos lavamos con jabón Dove. Ella se cepilla los dientes con pasta de dientes Crest, pero yo me cepillo con Tom's.

**ACTIVIDAD 14 Un anuncio comercial** En parejas, escriban el guion *(script)* de un anuncio comercial para una persona famosa. Seleccionen un producto de la lista que sigue.

▶ el maquillaje de CoverGirl / María Sharapova / maquillarse

Soy una persona práctica. Tengo mucho dinero, pero no es importante. El maquillaje de CoverGirl es bueno, bonito y barato. Y cuando me maquillo con CoverGirl, tengo ojos y labios perfectos. CoverGirl, el maquillaje de hoy. CoverGirl, mi maquillaje y tu maquillaje. CoverGirl, para mí y para ti.

1. una cama Serta / Homero Simpson / levantarse
2. el jabón Ivory / Justin Bieber / lavarse, ducharse
3. la pasta de dientes Colgate / Julia Roberts / cepillarse
4. la crema de afeitar Gillette / Brad Pitt / afeitarse
5. el champú Paul Mitchell / Rosario Dawson / lavarse

# II. The Personal *a*

**1** You already know three uses of the word **a:**

| | |
|---|---|
| ir **a** + *infinitive* | Mañana, por la tarde, **voy a estudiar** con Pablo. |
| ir **a** + *place* | Pero por la noche, **voy al cine** con Elena. |
| **a** mí/ti/él/ella/etc. | **A Pablo** y **a mí** nos gustan las películas de acción. |

**2** Another use of the word **a** is the *personal* **a,** which is used when someone does an action to another person (when the other person is a direct object). Notice that the first three examples that follow contain the *personal* **a** because in each case, Andrés is looking at a person. The fourth example does not contain the *personal* **a** because Andrés is looking at a thing, not a person.

Andrés mira **a** Pablo.
Andrés mira **al** niño en el museo.
Andrés mira **a la** madre del niño.
BUT: Andrés mira una estatua precolombina.

**NOTE:**

a. **Tener** does not normally take the *personal* **a: Tengo un amigo.**
b. Remember to use **el, la, los,** or **las** with titles such as **Sra., Dr.,** etc., when speaking about the person. Also remember a + el = al: Veo <u>al Dr.</u> Gómez, **pero no veo <u>a la Sra.</u> Dávila.**

**ACTIVIDAD 15 Elena en Bolivia** Completa esta narración sobre Elena con **a, al, a la, a los** o **a las** solo si es necesario.

_____ (1) Elena le gusta mucho trabajar en Bolivia. Va _____ (2) trabajar como voluntaria con un grupo de arqueólogos. Pero, tres días por semana, va _____ (3) visitar _____ (4) unos niños que no tienen _____ (5) padres. Siempre lleva _____ (6) libros para leer con ellos. Los jueves lleva _____ (7) dos o tres niños para ver _____ (8) Dr. Covarrubias, un médico que trabaja para Médicos sin Fronteras. Todos los domingos por la noche Elena llama por teléfono _____ (9) su novio Andrés que está en Perú, y le describe _____ (10) su trabajo de arqueología. Los fines de semana generalmente va _____ (11) escalar una montaña o _____ (12) visitar _____ (13) un pueblo diferente. Elena tiene _____ (14) una amiga que se llama Sara. En Oruro, Elena visita _____ (15) su amiga los domingos. Oruro es una ciudad que organiza todos los años un carnaval muy famoso. Este fin de semana, _____ (16) Sara le gustaría ir _____ (17) Museo de la Coca, en La Paz, porque está escribiendo _____ (18) un trabajo sobre la coca y los trabajadores indígenas de las minas de Oruro. Por eso, Elena no va _____ (19) Oruro el domingo, pero le gustaría ir _____ ruinas preincaicas de Tiahuanaco para trabajar en un proyecto arqueológico.

▲ Carnaval de Oruro, Bolivia.

**ACTIVIDAD 16 La rutina Parte A.** Mira las siguientes actividades y completa los espacios en blanco con **a, al, a la, a los** o **a las** si es necesario.

nombre

1. levantarse temprano los domingos _____
2. ducharse por la mañana _____
3. afeitarse _____ la cara todos los días _____
4. ir _____ gimnasio un mínimo de tres días por semana _____
5. ver _____ su novio/a todos los días _____
6. llamar _____ sus amigos por el móvil todos los días _____
7. ir _____ cine todas las semanas _____
8. visitar _____ sus padres los fines de semana _____
9. mirar _____ películas románticas _____
10. cepillarse _____ los dientes dos veces (*times*) por día _____
11. ir _____ tiendas de un centro comercial los domingos _____
12. caminar _____ supermercado para comprar comida (*food*) _____

**Parte B.** Ahora camina por la clase y pregúntales a tus compañeros si hacen las actividades de la **Parte A**. Si un/a compañero/a dice que sí, escribe su nombre.

▶ A: ¿Te levantas temprano todos los domingos?
B: No, no/Sí, me levanto temprano todos los domingos.

# Nuevos horizontes

### ESTRATEGIA: Predicting

Predicting helps you start to think about the theme of a selection before you read it. You can predict or guess what a selection will be about by looking at the title, photos or illustrations, and subtitles, as well as by recalling what you know about the topic itself before you actually read the text.

In the following section, you will read some information about Peru. Many words or expressions that you may not understand will be used, but by predicting, guessing meaning from context, and using your knowledge of cognates and of the world, you will comprehend a great deal of information.

> The purpose of this activity is to get you to think about the topic. Do it prior to reading.

**ACTIVIDAD 17 ¿Qué sabes de Perú?** Contesta las siguientes preguntas sobre Perú. Si es necesario, mira el mapa de Suramérica al final del libro.

1. ¿Dónde está Perú?
2. ¿Cuál es la capital de ese país?
3. ¿Qué países limitan con *(border)* Perú?
4. ¿Qué es Machu Picchu?
5. ¿Quiénes son los incas?

**ACTIVIDAD 18 Lee y adivina** La bloguera Sonia recibe este libro con una nota de su amigo Andrés. Contesta las siguientes preguntas.

1. Lee la nota de Andrés. ¿Qué tipo de libro es? ¿Cuál es la parte que tiene que leer Sonia?
2. Lee el título en la página siguiente. ¿Qué información tiene esta parte de la guía *(guidebook)*?
3. Ahora lee los cuatro subtítulos. ¿Qué información tiene cada sección?

> You may see Cusco or Cuzco. The city government uses the former.

© Cengage Learning 2015

Querida Sonia:
Aquí tienes una guía turística de Perú que incluye Machu Picchu, la ciudad misteriosa de los incas. ¿Te gustaría visitarme? Los Andes son increíbles y a ti te gustaría mucho Lima y, ¡por supuesto, Cusco y Machu Picchu!

# Machu Picchu
# El lugar misterioso de los incas

### Historia de Machu Picchu

En los Andes, a 2.360 metros de altura, está Machu Picchu, uno de los lugares más misteriosos de los incas. En quechua (el idioma de los incas), *Machu* significa *viejo* y *Picchu* significa *montaña,* es decir, *montaña vieja.* Machu Picchu es una de las siete nuevas maravillas del mundo. Pero, ¿qué es Machu Picchu? ¿Una ciudad ceremonial? ¿Un observatorio astrológico? ¿Un refugio o un mausoleo? Hiram Bingham, un arqueólogo norteamericano de la Universidad de Yale, llegó a Machu Picchu en 1911. Según la versión de Bingham, los incas construyeron este lugar en una montaña para defender a las Mujeres Sagradas[1], esposas de su dios[2] el Sol. Pero hoy día muchos expertos opinan que la teoría de Bingham es incorrecta y que Machu Picchu fue un refugio imperial para el inca Pachacútec y luego su mausoleo.

### Arquitectura

Machu Picchu es una construcción típica de los incas, con zonas para vivir y terrazas para la agricultura. Las ruinas tienen bloques enormes de granito blanco colocados perfectamente y sin[3] cemento. Los arqueólogos no comprenden cómo los incas construyeron ese lugar tan perfecto sin tener la rueda[4], el hierro[5] ni el cemento.

▲ **Machu Picchu.**

▲ **Una indígena peruana con su bebé.**

---

[1]sacred  [2]god  [3]without  [4]wheel  [5]iron

## Cusco, ciudad imperial

Para visitar Machu Picchu, muchos turistas pasan por Cusco, la capital del imperio incaico. Cusco fue construida por Manco Cápac, el primer emperador de los incas. Todavía hoy día, muchos de los habitantes de Cusco son descendientes de los incas; mantienen sus costumbres y hablan quechua.

## Cómo llegar a Machu Picchu

Cusco es la ciudad más cercana a Machu Picchu. Por eso, la mayoría de los turistas visitan la ciudad primero y después van a Machu Picchu. Para ir de Cusco a Machu Picchu hay tres opciones:

- Salir en tren y hacer un viaje de unos 120 kilómetros y después tomar un autobús. El viaje dura más o menos cuatro horas. Esta es la opción más usada por los turistas.

- Ir en helicóptero y después en autobús. El viaje es de un poco más de una hora y es posible ver vistas magníficas, pero no es posible ver Machu Picchu desde el helicóptero.

- Hacer *trekking* por la ruta del "Camino del Inca". Si uno camina por esa ruta, tarda cuatro días en llegar. La experiencia es increíble, pero solo es para personas a quienes les gustan las aventuras. Es importante hacer la reserva con mucha anticipación porque solo permiten entrar a 200 turistas por día. ■

**ACTIVIDAD 19 ¿Cierto o falso? Parte A.** Después de leer sobre Machu Picchu, marca si la información es cierta **(C)** o falsa **(F)**. Corrige *(Correct)* las oraciones falsas.

1. \_\_\_\_\_ Machu Picchu está en Lima.
2. \_\_\_\_\_ La lengua de los incas es el quechua.
3. \_\_\_\_\_ Un arqueólogo de los Estados Unidos llegó a Machu Picchu en 1911.
4. \_\_\_\_\_ Las construcciones de Machu Picchu tienen cemento.
5. \_\_\_\_\_ Machu Picchu es la capital de los incas.
6. \_\_\_\_\_ Para visitar Machu Picchu, muchos turistas van a Cusco primero.
7. \_\_\_\_\_ Las personas de Cusco no hablan quechua.

**Parte B.** Contesta estas preguntas.

1. Hay tres maneras de viajar de Cusco a Machu Picchu. ¿Cuáles son?
2. De las tres formas, ¿cuál te gustaría utilizar y por qué?
3. ¿Es interesante el trabajo de un arqueólogo?
4. ¿Hay una construcción única o interesante en tu país? ¿Cuál es?

## ESTRATEGIA: Brainstorming and Outlining

Brainstorming and outlining can help you better organize and plan your writing. The first step is to brainstorm ideas; you should jot down everything that comes to mind. The next step is usually outlining. An outline is an organized list of what you plan to write. When you brainstorm and outline, it is important to write in Spanish so that you don't try to say things that you have not studied yet. An outline for the first two parts of the guidebook selection on Machu Picchu may be as follows.

I. Historia de Machu Picchu
   1. Andes, 2.360 metros de altura
   2. Nombre
   3. Bingham 1911
   4. teorías de Bingham y otros expertos
II. Arquitectura de Machu Picchu
   1. granito blanco
   2. sin cemento; sin la rueda; sin hierro

**ACTIVIDAD 20** **Un día típico** **Parte A.** Brainstorm a list of at least six things you do in a typical day and a list of at least five things you do with your friends for fun. Remember to write in Spanish.

**Parte B.** Create an outline in Spanish, using the following headings. Add specific details under each one using items you brainstormed in **Parte A** and any other details you want to add.

1. descripción de quién eres y cómo eres
2. qué haces en un día típico (incluye acciones reflexivas y otras acciones)
3. descripción de tus amigos
4. qué hacen tus amigos y tú en su tiempo libre

**Parte C.** Write a four-paragraph composition based on your outline.

**Parte D.** Double check to see if:

- you use words like **por eso, y, también,** and **pero** to connect ideas and enrich the interest level. If you don't, add them now.
- all verbs agree with their subjects, all adjectives agree with the nouns they modify, all articles (**el/la, un/una,** etc.) agree with the nouns they modify. If they don't, fix them now.
- you use the *personal* **a** if you have a sentence where the direct object is a person. If you don't, add it now.

**Parte E.** Rewrite your description, staple it to your rough draft—also including the brainstorming and outline created in **Partes A** and **B**—and hand them in to your instructor.

> When several items are listed in Spanish, there is no comma before **y:**
> **Estudio historia, sociología y español.**

# Vocabulario esencial ⏸

## I. El tiempo, las estaciones y las fechas (The Weather, Seasons, and Dates)

### Un año en el hemisferio sur

Note that seasons are opposite in the southern hemisphere than in the northern.

Notice that months are written in lowercase.

Treinta días trae noviembre, con abril, junio y septiembre; de veintiocho solo hay uno y los demás de treinta y uno.

**El verano**

En diciembre hace sol.

En enero hace calor.

En febrero llueve.

**El otoño**

En marzo está nublado.

En abril hace fresco.

En mayo hace mal tiempo.

**El invierno**

En junio hace frío.

En julio nieva.

En agosto hace viento.

**La primavera**

En septiembre hace fresco.

En octubre hace buen tiempo.

En noviembre hace sol.

Illustrations: © Cengage Learning 2015

## Para hablar del tiempo

**centígrados** centigrade/Celsius
**Está a _____ grados (bajo cero).** It's _____ degrees (below zero).
**la temperatura** temperature
**¿Qué tiempo hace?** What's the weather like?
**Está lloviendo/nevando.** It's raining/snowing.
**Va a llover/nevar.** It's going to rain/snow.

NOTE: **Llover** and **nevar** should be memorized at this point. Stem-changing verbs are presented in Chapter 5.

## Para hablar de la fecha

—**¿Qué fecha es hoy?** What is the date today?
—**Hoy es el 20 de octubre.*** Today is October 20th.
—**¿Cuándo es la fiesta de cumpleaños?** When is the birthday party?
—**Es el 21 de marzo.*** It's on March 21st.

*NOTE: **El primero** de enero, pero **el dos/tres/cuatro...** de enero.

For practice, say dates that are important to your family: birthdays, anniversaries, etc.

Do Workbook and Web activities.

**ACTIVIDAD 21 Tu ciudad** En parejas, contesten las siguientes preguntas sobre el tiempo en su ciudad.

1. ¿Qué tiempo hace en el invierno? ¿Y en el verano?
2. ¿Cuál es la temperatura promedio *(average)* en invierno? ¿Y en el verano?
3. ¿Llueve mucho en la primavera?
4. ¿Cuándo hace mal tiempo?
5. ¿Cuándo hace buen tiempo?
6. ¿Cuál es tu estación favorita?

**ACTIVIDAD 22 El pronóstico** En parejas, trabajan para la radio. Lean el pronóstico del tiempo para Quito, Ecuador, y luego cada uno mire, en la página siguiente, la información del tiempo para una de las ciudades y prepare el pronóstico.

▶ Hoy es el lunes 4 de enero y en Quito hace fresco y está lloviendo. La temperatura está a 12 grados. El martes la temperatura máxima va a estar a 15 grados y la mínima a 10. Va a hacer un poco de viento y va a estar nublado. El miércoles va a llover y va a hacer más frío.

| Quito, Ecuador | | |
|---|---|---|
| hoy | mañana | pasado mañana |
| ☀️🌧️ | ☀️☁️ | ☀️🌧️ |
| Viento 5 Km/h | Viento 7 Km/h | Viento 5 Km/h |
| Precipitaciones 90% | Precipitaciones — | Precipitaciones 70% |
| Temperatura máx. 14 | Temperatura máx. 15 | Temperatura máx. 10 |
| Temperatura mín. 10 | Temperatura mín. 10 | Temperatura mín. 7 |

| Santa Cruz de la Sierra, Bolivia | | |
|---|---|---|
| hoy | mañana | pasado mañana |

| | | | | | |
|---|---|---|---|---|---|
| Viento | 18 Km/h | Viento | 5 Km/h | Viento | 20 Km/h |
| Precipitaciones | — | Precipitaciones | — | Precipitaciones | 70% |
| Temperatura máx. | 26 | Temperatura máx. | 25 | Temperatura máx. | 20 |
| Temperatura mín. | 19 | Temperatura mín. | 18 | Temperatura mín. | 16 |

| Iquitos, Perú | | |
|---|---|---|
| hoy | mañana | pasado mañana |

| | | | | | |
|---|---|---|---|---|---|
| Viento | 3 Km/h | Viento | 4 Km/h | Viento | 5 Km/h |
| Precipitaciones | 100% | Precipitaciones | — | Precipitaciones | 90% |
| Temperatura máx. | 33 | Temperatura máx. | 34 | Temperatura máx. | 32 |
| Temperatura mín. | 24 | Temperatura mín. | 25 | Temperatura mín. | 22 |

> To give a weather forecast, use the present tense **(llueve)** or present progressive **(está lloviendo)** to discuss present conditions, and use **ir a** + *infinitive* to forecast future weather conditions **(va a llover)**.

**ACTIVIDAD 23 Las celebraciones Parte A.** En parejas, pregúntenle a su compañero/a en qué mes o fecha son estas celebraciones.

▶ A: ¿Cuándo es el día de San José?
B: Es el 19 de marzo.

1. el día de San Valentín
2. el Día de la Independencia de los Estados Unidos
3. el día de San Patricio
4. la Navidad
5. el día de Año Nuevo
6. las próximas *(next)* vacaciones de la universidad

> vacation = **vacaciones** (In Spanish, the plural is used.)

**Parte B.** Ahora, explica qué tiempo hace generalmente en esas fechas y qué haces tú esos días.

> Como el día de San Valentín es el _____ de _____, generalmente hace _____. Ese día yo me baño, me afeito por la noche y me pongo perfume y salgo con...

**ACTIVIDAD 24 Feliz cumpleaños Parte A.** Averigua el cumpleaños de un mínimo de diez compañeros y escribe la fecha de cada uno en español. ¡Ojo! En español 3/4 = el 3 de abril.

**Parte B.** Ahora usa le información de la **Parte A** para contestar estas preguntas sobre tus compañeros.

1. ¿Quién cumple años en la primavera? ¿y en el otoño?
2. ¿Quién cumple años en octubre? ¿y en agosto?
3. ¿Quién va a celebrar su cumpleaños pronto?
4. ¿Quién celebra su cumpleaños cuando hace frío? ¿y cuando hace calor?
5. ¿Quién es del signo del zodíaco Virgo? ¿y de Acuario?

> It is possible to write the month in Roman or Arabic numerals:
> 3/IV/12 = 3/4/12

> **Mi cumpleaños** = My birthday
> **Mis cumpleaños** = My birthdays

## ¿Lo sabían?

En los países que están al sur de la línea ecuatorial, las estaciones no son en los mismos meses que en los Estados Unidos y Canadá. Por ejemplo, cuando es invierno en el hemisferio norte, es verano en Bolivia y Perú; por eso, en el hemisferio sur hace calor en la Navidad. Hay clases desde febrero o marzo, en el verano, hasta noviembre o diciembre, el final de la primavera. Esta diferencia en los calendarios universitarios causa problemas para los estudiantes del hemisferio norte que desean estudiar en Suramérica. Pero es muy bueno para los deportistas, especialmente para los esquiadores porque pueden esquiar en los Andes chilenos y argentinos cuando no hay nieve en el hemisferio norte. En los países que están cerca de la línea ecuatorial, no hay mucha diferencia de temperatura entre las estaciones. Por ejemplo, en países como Ecuador la temperatura cambia según la altura: hace calor en la costa y hace fresco o frío en las montañas.

© Photodesign | Dreamstime.com

▲ **Gente esquiando en la Cordillera Blanca, Perú.**

 **¿En qué estación están en Bolivia ahora? ¿Y en España?**

# Para ver ▌▌

## Las vacaciones

| | |
|---|---|
| **¿Qué es esto/eso?** | What's this/that? |
| **Lo siento.** | I'm sorry. |
| **¿Podrías** + *infinitive*? | Could you + *verb*? |
| **¿Podrías ir tú?** | Could you go? |
| **Un millón de gracias.** | Thanks a million. |

Video stills: © Cengage Learning 2015

 *Nosotros, los blogueros peruanos Andrés y Pablo, tenemos un dilema porque no sabemos adónde ir de vacaciones. ¡Qué difícil es la vida!*

▶ **ACTIVIDAD 25 Las vacaciones** Lee las siguientes preguntas. Luego, mira el video blog y contesta las preguntas.

1. ¿En qué estación del año van a ir de vacaciones Andrés y Pablo?
2. ¿Adónde le gustaría ir a Andrés?
3. ¿Adónde deben ir según Pablo?
4. ¿Quiénes votan?
5. ¿Quién recibe más votos: Andrés o Pablo? ¿O reciben el mismo *(same)* número de votos?
6. Al final, ¿adónde van para las vacaciones?

**ACTIVIDAD 26 Preguntas** Mira el video blog otra vez y contesta esta pregunta.

¿Qué asocias con Galápagos (G) y qué asocias con Titicaca (T)?

a. _____ unas islas               _____ un lago

b. _____ entre Perú y Bolivia     _____ parte de Ecuador

c. _____ tiene una planta que     _____ tiene una biodiversidad única
        se llama totora                   y una fauna interesante

d. _____ Charles Darwin           _____ los uros, una tribu indígena

e. _____ la llama                 _____ la tortuga

## ¿Lo sabían?

El lago Titicaca, entre Bolivia y Perú, es el lago navegable más alto del mundo. Entre la flora de la región está la totora, una planta similar al papiro[1] de Egipto. Los uros, nativos de la zona, usan la totora para construir embarcaciones y como alimento que forma parte de su dieta. También hacen islas flotantes de totora donde construyen sus casas de totora.

© Bob Krist/Corbis

▲ **Uros en una embarcación de totora, Lago Titicaca.**

Las islas Galápagos, que están en el océano Pacífico, son parte de Ecuador y son famosas en todo el mundo por su variedad de animales y plantas. Charles Darwin fue a esas islas en el año 1835 y allí hizo sus estudios para su teoría de la evolución. Hoy día está allí el Instituto Darwin, donde los biólogos estudian muchas especies de animales que no existen en otras partes del mundo.

**¿?** **Mira la foto. ¿A qué embarcaciones famosas son similares estos botes?**

**iLrn** Para aprender más sobre Bolivia y Ecuador, mira los videos culturales en la mediateca *(Media Library)*.

_____
[1]*papyrus*

**ACTIVIDAD 27 Los favores** En parejas, pídanle los siguientes favores a su compañero/a, usando la expresión **podrías** + *infinitivo*. Luego reaccionen con las expresiones **lo siento** y **un millón de gracias**.

▶            A: ¿Podrías comprar champú?

B: ¡Por supuesto!                    B: Lo siento, pero no es posible.
                                         Tengo que estudiar.

A: Un millón de gracias.             A: Está bien.

1. sacar fotos en la fiesta        4. lavar mi carro
2. llamar a mi madre               5. leer mi composición
3. comprar el periódico            6. cantar en mi fiesta de cumpleaños

# Gramática para la comunicación ▮▮

## I. Talking about Who and What You Know

No sabemos dónde pasar las vacaciones de verano.

Both **saber** and **conocer** mean *to know*, but they are used to express very different kinds of knowledge in Spanish.

### A. *Saber*

**1**   **saber** + *infinitive* = to know how to do something

| yo | sé | nosotros | sabemos |
|---|---|---|---|
| tú | sabes | vosotros | sabéis |
| él | | ellos | |
| ella | sabe | ellas | saben |
| Ud. | | Uds. | |

◄ Condoleezza Rice recibe un charango de Evo Morales.

| | |
|---|---|
| Condoleezza Rice **sabe** to**car** el piano, pero no **sabe** to**car** el charango. | *Condoleezza Rice knows how to play the piano, but she doesn't know how to play the **charango**.* |
| No **sé** bail**ar**. | *I don't know how to dance.* |

**2**   **saber** + *factual information* = to know something/information

| | |
|---|---|
| —¿**Sabes** cuál* es el email de Elena? | *Do you know what Elena's email address is?* |
| —No, no **sé**, pero tengo su número de móvil. | *No, I don't, but I have her cell phone number.* |
| —Bien. Necesito **saber más** sobre el pintor ecuatoriano Guayasamín. | *Good. I need to know more about the Ecuadorian painter Guayasamín.* |
| —Bueno, Elena **sabe** mucho de arte. | *Well, Elena knows a lot about art.* |

*****NOTE:** Words like **si** and question words like **cuál, quién, dónde,** and **cuándo** are always preceded by **saber.**

## B. Conocer

**1**  **conocer** + *place/thing* = to be familiar with or to know about places and things

| yo | conozco | nosotros | conocemos |
|----|---------|----------|-----------|
| tú | conoces | vosotros | conocéis |
| él<br>ella<br>Ud. | conoce | ellos<br>ellas<br>Uds. | conocen |

—Elena no **conoce** Ecuador.  
—Pero sí **conoce** las pinturas de Guayasamín.  
—**Conozco** su museo en Quito y me gusta mucho.

*Elena doesn't know Ecuador.*  
*But she knows (is familiar with) Guayasamín's paintings.*  
*I know his museum in Quito and I like it a lot.*

**2**  **conocer** a + *person* = to know a person

—Sara, ¿**conoces a Pablo**, el amigo de Andrés?  
—No, pero **conozco al** Sr. Gamarra. Es su padre, ¿no?  
—Creo que sí, pero no **conozco** a sus padres.

*Sara, do you know Pablo, Andrés's friend?*  
*No, but I know Mr. Gamarra. He's his father, right?*  
*I think so, but I don't know his parents.*

---

**ACTIVIDAD 28** **¿Sabes esquiar?** **Parte A.** Nombra un mínimo de ocho cosas que la gente sabe hacer, por ejemplo: hablar francés, bailar salsa. El/La profesor/a va a escribir las acciones en la pizarra.

**Parte B.** En parejas, túrnense para hacerse preguntas y ver cuántas de las cosas que están en la pizarra sabe hacer la otra persona.

▶ A: ¿Sabes hablar francés?

B: Sí, sé hablar francés. ¿Y tú sabes bailar salsa?

B: No, no sé hablar francés. ¿Y tú sabes bailar salsa?

**ACTIVIDAD 29** **Sí, lo sé** En parejas, túrnense para averiguar cuánto saben.

▶ cuántos años tiene nuestro/a profesor/a

A: ¿Sabes cuántos años tiene nuestro/a profesor/a?

B: Sí, lo sé. Tiene... años.

B: Lo siento, pero no sé.

1. cómo se llama el presidente/la presidenta de la universidad
2. quién es el jefe/la jefa de la facultad de español
3. dónde está la oficina de nuestro/a profesor/a
4. cuándo es el próximo examen de español
5. de dónde es nuestro/a profesor/a
6. cuál es el número de teléfono de nuestro/a profesor/a

**ACTIVIDAD 30** **¿Conoces Lima?** En parejas, túrnense para preguntar si su compañero/a conoce diferentes ciudades. Sigan el modelo.

▶

A: ¿Conoces Lima?

B: Sí.
A: ¿Cómo es?
B: Es muy bonita.

B: No.
A: ¿Te gustaría conocer Lima?
B: Sí, me gustaría. / No, no me interesa.

1. Barcelona
2. La Paz
3. Sidney
4. París
5. Nueva York
6. Iquitos
7. Jerusalén
8. Seattle
9. Quito
10. Hong Kong

▲ Quito, Ecuador.

© Tibor Bognar / Alamy

**ACTIVIDAD 31** **¿Conoces a...?** **Parte A.** Escribe una lista con el nombre de cinco personas que conoces personalmente en la universidad. Incluye a profesores, decanos (deans), personas que trabajan en la cafetería, en la biblioteca, deportistas u otros estudiantes.

▶ Conozco a...

**Parte B.** En parejas, averigua si tu compañero/a sabe quiénes son las personas de tu lista. Sigue el modelo.

▶

A: ¿Sabes quién es [Peter Smith]?

B: Sí, es profesor de historia, ¿no?
A: Sí.

B: No, no sé. ¿Quién es?
A: Es mi profesor de historia y es excelente.

**ACTIVIDAD 32** **Una persona que...** Busca a las personas de tu clase que saben o conocen (a):

**nombre**

1. bailar salsa _____
2. San Francisco _____
3. las ruinas de Machu Picchu _____
4. tocar el piano _____
5. el número de teléfono de la policía de la universidad _____
6. cantar "La bamba" _____
7. Washington, DC _____
8. cuándo es el cumpleaños del/de la profesor/a _____
9. si al/a la profesor/a le gusta levantarse temprano los sábados _____
10. una persona importante _____

# II. Pointing Out and Referencing

## A. Demonstrative Adjectives

▲ **Este** animal que está **aquí** es una llama. **Esta** es la familia Grinberg, **esas** ruinas que están **allí** son Machu Picchu y **aquella** montaña que está **allá** en la distancia es Huayna Picchu.

In English there are two demonstrative adjectives: *this* and *that* and their plurals. In Spanish there are three: **este** *(this)*, which indicates something near the speaker; **ese** *(that)*, which indicates something farther from the speaker; and **aquel** *(that)*, which usually indicates something far away from the speaker and the listener. Since **este, ese,** and **aquel** are adjectives, they must agree with the noun they modify in gender and in number.

| | | |
|---|---|---|
| este libro | estos libros | *near* |
| esta revista | estas revistas | |
| ese, esa | esos, esas | *far* |
| aquel, aquella | aquellos, aquellas | *waaaaaay far away* |

> **Este** has a **t** and you can **t**ouch it, **ese** is over there, and **aquel** is so far away you have to *yell*.

## B. Demonstrative Pronouns

To avoid repetition, use a demonstrative pronoun and omit the noun. The pronoun forms are the same as demonstrative adjectives (**esta, ese, aquellas,** etc.).

Esta ruina es interesante, pero **esa**       *This ruin is interesting, but that one over*
que está allí es fantástica.                          *there is fantastic.*

**NOTE:** When reading Spanish, you may sometimes see written accents over the stressed vowel on the demonstrative pronouns (**éste, ésas, aquél,** etc.) since they were at one time required.

Do Workbook, Lab Manual, and Web activities.

**ACTIVIDAD 33 ¿Este libro o ese?** Completa esta conversación entre dos vendedores de una librería con pronombres y adjetivos demostrativos.

BRUNO  ¿De quién es la novela que tienes en la mano?

PAQUITA  _Esta_ novela es de Alcides Arguedas.

> Alcides Arguedas = escritor boliviano.

BRUNO  Me gusta Alcides Arguedas. Paquita, ¿sabes cuánto cuestan _esas_ novelas de Arguedas que están allí?

PAQUITA  _esas_ cuestan diez pesos. Son económicas porque son de una edición vieja.

BRUNO  ¿Y _aquellos_ libros que veo allá?

PAQUITA  ¿Cuáles? ¿_esos_ que están allí que son de química o _esos_ libros de cálculo?

BRUNO  No, de cálculo no. _esos_ de química.

PAQUITA  Ah, sí, de química. No sé. Un momento. Tengo que mirar uno... Sí... aquí está... _____ cuestan 80 pesos.

Illustrations: © Cengage Learning 2015

**ACTIVIDAD 34 ¿Este, ese o aquel?** **Parte A.** Mira el dibujo (*drawing*) de la fiesta y contesta las preguntas de tu profesor/a para describir a las personas físicamente y decir qué están haciendo.

▶ Profesor/a: ¿Cómo es la mujer número 2?
Tú: La mujer número 2 es alta, tiene pelo..., también es...
Profesor/a: ¿Qué está haciendo el hombre número 6?
Tú: El hombre...

© Cengage Learning 2015

**Parte B.** Imagina que estás en la fiesta. Amplía tu descripción de las personas usando palabras como **este, ese** o **aquel.** Tu profesor/a va a decir a quién debes describir.

▶ Profesor/a: la mujer número 2
Tú: esta mujer
Profesor/a: ¿Cómo es?
Tú: Esta mujer es alta y delgada, tiene pelo..., también es...

**Parte C.** En parejas, Uds. conocen a muchas personas de esta fiesta, pero no a todas. El/la estudiante "A" debe mirar esta página y el/la estudiante "B" debe mirar la página R16. Pregúntale a tu compañero/a si conoce a las personas que tú no conoces y averigua la siguiente información: **quién es, ocupación, edad** y **nacionalidad.**

▶ A: ¿Conoces a esta mujer alta, que tiene pelo corto, que también es... y que está bebiendo...?
B: Sí, se llama Ramona Carvajal y es dentista.
A: ¿Sabes de dónde es?
B: Sí, es...

1. Mario Paredes, hombre de negocios, peruano, el novio de Carmen
3. Carmen Barrios, estudiante universitaria, peruana, estudia Biología
4. Miguel Jiménez, médico, 31 años, venezolano
6. Germán Mostaza, periodista, boliviano, 27 años

> Remember to use the *personal* a with **conocer** when followed by a person.

> Do Web Search Activities.

# Más allá

 ## Canción: "Esta es mi tierra"

The song is included in the *¡Claro que sí!* iTunes list on CengageBrain.com and may be on YouTube.

**Eva Ayllón (1956– )** es una cantante afroperuana que combina la música peruana, tanto indígena como española, con ritmos africanos. Esta música se llama música criolla. El periódico *Los Angeles Times* la llamó la *Tina Turner de Perú*. Gracias a las actuaciones de Ayllón en los teatros internacionales, el mundo conoce más la música criolla.

© Photo by Marco Torres

**Mientras escuchas** Esta canción sobre Perú es un tondero, tipo de canción criolla que integra elementos de la música indígena andina, la música africana y el flamenco español. Primero lee las oraciones y después completa cada una mientras escuchas la canción.

1. La bandera *(flag)* de Perú tiene...
   a. dos colores          b. tres colores          c. un color y una llama

2. En su geografía, Perú tiene... (Marca todas las opciones correctas.)
   _____ costa                          _____ sierra
   _____ montaña                        _____ volcán
   _____ pampa

3. Algunas palabras que se asocian con la geografía de Perú son...
   _____ riqueza *(richness)*           _____ generosa
   _____ bonita                         _____ historia
   _____ vivir                          _____ conquistar

## ¿Lo sabían?

See a photo of a **cajón** on top of this page. See a **charango** on p. 128 and p. 369.

El cajón peruano, declarado Patrimonio Cultural de la Nación de Perú, es un instrumento de percusión que se origina y se integra a la música criolla de los afroperuanos en la primera mitad[1] del siglo XIX. El músico se sienta en el cajón y toca el instrumento con los dedos y con la palma de las manos. Por su parte, el charango es un instrumento parecido a la guitarra y a la mandolina, pero del tamaño[2] de un ukelele. El charango produce sonidos muy agudos[3]. En la música criolla, el cajón marca el ritmo mientras la guitarra y el charango acompañan al cantante. El charango también se utiliza en la música de los indígenas andinos.

 **¿Conoces un instrumento que tiene sus orígenes en tu país?**

_____
[1]*half*   [2]*size*   [3]*high-pitched*

# ▶ Video: Bolivia

© Cengage Learning

The video is on CengageBrain.com

**Antes de ver** Vas a ver un video sobre Bolivia. Antes de verlo, contesta estas preguntas sobre el país.

1. ¿Sabes si Bolivia está en América Central o América del Sur?
2. ¿Sabes por qué se llama Bolivia?
3. ¿Sabes qué países limitan con Bolivia?
4. ¿Qué lago famoso está entre Bolivia y Perú?
5. ¿Cuál es un carnaval famoso de este país?

**Mientras ves** Lee las siguientes preguntas y contéstalas mientras ves el video.

1. ¿Cuál es la capital gubernamental y dónde está?
2. ¿Cuáles son los grupos que forman la gran parte de la población?
3. ¿Qué tipos de barrios hay en esta ciudad?
4. Menciona dos lugares que tienen arquitectura colonial. (El video menciona cuatro.)
5. ¿Qué compran los turistas en el mercado de artesanías? (Marca dos.)
   a. tejidos *(textiles)*      b. pinturas *(paintings)*      c. cerámica
6. ¿Qué venden en la Plaza Humboldt? (Marca uno.)
   a. fruta                    b. pinturas                    c. cerámica
7. ¿Cuáles son los dos ecosistemas que tiene la zona de La Paz?
8. ¿Qué hay para visitar cerca de *(near)* esta ciudad?

**Después de ver** ¿Te gustaría visitar Bolivia? ¿Por qué sí o no?

# En resumen

## Now you know how to...

- discuss daily routines.

    **Todos los días Andrés se levanta temprano y se ducha.**

    **Está cepillándose los dientes ahora mismo y después se va a poner la ropa.**

- identify parts of the body.

    **Andrés se cepilla los dientes con Crest y se lava el pelo con el champú Alberto VO5.**

- describe the weather and give the date.

    **Hoy es lunes, 23 de abril. Llueve, está nublado y hace fresco. La temperatura está a 17 grados. Mañana va a hacer calor y sol.**

- talk about who and what you and others know and don't know.

    **Andrés conoce a Eva Ayllón. Ella sabe cantar canciones criollas.**

    **Él sabe dónde vive Ayllón y conoce su casa.**

- point out people and objects.

    **Esta chica es Elena, la novia de Andrés, esa que está allí es Carolina, la novia de Pablo, y aquella que está allá es Sara, una amiga de Elena.**

In this chapter you have learned about Bolivia, Ecuador and Peru. You will learn more interesting facts about these countries, including information about famous people such as Mario Vargas Llosa, Tránsito Amaguaña, and Evo Morales, in the Workbook, in the Lab Manual, and on the website.

## Vocabulario funcional

### Las partes del cuerpo

la barba *beard*
el bigote/los bigotes *mustache*
la boca *mouth*
el brazo *arm*
la cabeza *head*
la cara *face*
el codo *elbow*
el corazón *heart*
el cuello *neck*
el dedo *finger*
el dedo del pie *toe*
los dientes *teeth*
la espalda *back*
el estómago *stomach*
el hombro *shoulder*

los labios *lips*
la lengua *tongue*
la mano *hand*
las nalgas *buttocks, rear end*
la nariz *nose*
el oído *inner ear*
el ojo *eye*
la oreja *ear*
el pelo *hair*
el pie *foot*
la pierna *leg*
la rodilla *knee*

### Verbos reflexivos

afeitarse *to shave*
bañarse *to bathe*

cepillarse el pelo *to brush one's hair*
cepillarse los dientes *to brush one's teeth*
ducharse *to shower*
lavarse (las manos) *to wash (one's hands)*
levantarse *to get up*
maquillarse *to put on make-up*
peinarse *to comb one's hair*
ponerse la ropa *to put on clothes*
quitarse la ropa *to take off clothes*

### El tiempo *(Weather)*

centígrados *centigrade/Celsius*
¿Qué tiempo hace? *What's the weather like?*
Está a ____ grados (bajo cero). *It's____ degrees (below zero).*
la temperatura *temperature*
está nublado *it's cloudy*
hace buen/mal tiempo *it's nice/bad out*
hace calor/frío *it's hot/cold*
hace fresco *it's chilly*
hace sol *it's sunny*
hace viento *it's windy*
llover/llueve/está lloviendo *to rain/it rains/it's raining*
nevar/nieva/está nevando *to snow/it snows/it's snowing*

### Los meses *(Months)*

enero *January*
febrero *February*
marzo *March*
abril *April*
mayo *May*
junio *June*
julio *July*
agosto *August*
septiembre *September*
octubre *October*
noviembre *November*
diciembre *December*

### Las estaciones *(Seasons)*

el invierno *winter*
la primavera *spring*
el verano *summer*
el otoño *fall*

### Expresiones de tiempo y fechas *(Time Expressions and Dates)*

el año *year*
el cumpleaños *birthday*
cumplir años *to have a birthday*
el mes *month*
¿Qué fecha es hoy? *What is the date today?*

### Adjetivos y pronombres demostrativos

aquel, aquella, aquellos, aquellas *that, those*
ese, esa, esos, esas *that, those*
este, esta, estos, estas *this, these*

### Palabras y expresiones útiles

allá *(way over) there*
allí *there*
antes *before*
aquí *here*
cada *each*
conocer *to know (a person, place, or thing)*
deber + *infinitive* *ought to/should/must + verb*
la guía *guidebook*
hay *there is/there are*
Lo siento. *I'm sorry.*
¿Podrías + *infinitive*? *Could you + verb?*
¡Qué + *adjective*! *How + adjective!*
¿Qué es esto/eso? *What's this/that?*
saber *to know (facts or how to do something)*
un millón de gracias *thanks a million*
las vacaciones *vacation*
veces *times*

# Los planes y las compras

Calendario azteca, Museo de Antropología,
México, D. F.
Victor Chavez/Getty Images

México

© Cengage Learning 2015

## Chapter Objectives

- Telling time
- Expressing feelings and sensations
- Discussing present and future events
- Discussing clothing
- Indicating destination, duration, and purpose
- Saying where an event will take place
- Learning about Mexico

## ¿Qué saben?

1. Antes de 1848, ¿qué estados de los Estados Unidos formaban parte de México?

2. En México la gente habla más de 50 lenguas y dialectos. El español es el idioma con más hablantes. ¿Cuál es el segundo?
   a. el náhuatl          b. el quechua
   c. el guaraní

3. El _____ de la población mexicana es mestiza y el _____ es indígena.
   a. 60%, 30%          b. 40%, 40%
   c. 25%, 75%

RECURSOS

139

# Para ver 1

## ¿Qué hacemos hoy?

| | |
|---|---|
| **¡No me diga/s!** | No kidding! |
| **¡Me fascina/n!** | I love it/them! |
| **se** + *third person singular of verb* | they/people/one + *verb* |
| **se come muy bien...** | they/people/one eat(s) really well . . . |

Video stills: © Cengage Learning 2015

*Estoy de vacaciones en México y me fascina el D. F. ¿Desean saber por qué? Pues entonces, deben mirar este video.*

> **ACTIVIDAD 1 En México** Lee las siguientes oraciones. Luego, mientras miras el video blog, completa cada una con la información apropiada.
>
> 1. Es sábado por la...
>    _____ mañana. _____ noche.
> 2. Toda la familia está en la cama excepto Sonia y...
>    _____ su primo *(cousin)* Esteban.   _____ su prima Marisol.
> 3. En el D. F. a Sonia le gusta visitar... (marca todas las opciones correctas)
>    _____ la catedral.      _____ la Plaza de las Tres Culturas.
>    _____ Xochimilco.    _____ el Museo Nacional de Antropología.
>    _____ los murales.
> 4. Sonia y Marisol van a comer...
>    _____ tacos.   _____ tostadas de tinga.   _____ quesadillas de pollo.
> 5. Esta noche, ella y su prima Marisol van a...
>    _____ ver un concierto.   _____ ver una película.   _____ ir al teatro.

**ACTIVIDAD** **2** **Preguntas** Después de mirar el video blog otra vez, contesta estas preguntas.

1. ¿Qué hay en la Plaza de las Tres Culturas?
2. ¿Qué objeto famoso hay en el Museo Nacional de Antropología?
3. ¿Cómo se llama el muralista favorito de Sonia?
4. ¿Qué van a hacer ella y su prima en el Parque de Chapultepec?
5. Según Sonia, ¿qué hace la gente en el Zócalo?

## ¿Lo sabían?

Entre los lugares más importantes de la Ciudad de México está la Plaza de la Constitución, más conocida como el Zócalo, una de las plazas más grandes del mundo. Allí la gente puede visitar sitios como el Palacio Nacional, donde hay murales del artista Diego Rivera, y la Catedral Metropolitana, la más grande del continente americano, que se completó en 250 años. El Zócalo está construido sobre ruinas aztecas y hoy día es un lugar de paseo[1], un lugar donde se organizan celebraciones como el Día de la Independencia y un lugar adonde la gente va para protestar contra el gobierno. También se hacen allí conciertos de cantantes como el grupo mexicano Café Tacuba o la colombiana Shakira a los que asisten entre unas 100.000 y 210.000 personas.

 **¿Qué lugares históricos hay en tu ciudad? ¿Adónde va la gente en tu ciudad para protestar contra el gobierno? ¿Y para celebrar?**

———————
[1] *a place to take a stroll*

**ACTIVIDAD** **3** **Una entrevista** **Parte A.** Clasifica los siguientes tipos de comida con esta escala de uno a cinco.

**1** No me gusta nada.
**2** No me gusta.
**3** Me gusta.
**4** Me gusta mucho.
**5** Me fascina.

_____ china     _____ japonesa
_____ francesa     _____ mexicana
_____ india     _____ tailandesa
_____ italiana     _____ vegetariana

**Parte B.** Ahora, en parejas, entrevisten a su compañero/a para ver qué tipos de comidas le gustan.

▶      A: ¿Te gusta la comida tailandesa?

B: Sí, me gusta mucho.      B: No, no me gusta nada.
A: ¿Y cuál es tu plato favorito?
B: Me gusta mucho el *pad thai.*

**ACTIVIDAD** **4** **Información** En parejas, "A" es una persona nueva en esta ciudad y "B" vive aquí. "A" necesita información sobre la ciudad y le hace preguntas a "B".

▶    A: ¿Dónde se come bien?
     B: Se come bien en…

1. comer bien     3. correr     5. caminar por la noche
2. nadar     4. bailar     6. vivir con tranquilidad

# Vocabulario esencial I

## I. La hora, los minutos y los segundos

menos    y

Es la una y cuarto.

Son las ocho menos diez.

Son las cinco y media.

Es (el) mediodía.

Es (la) medianoche.

### La hora alrededor del mundo

Los Ángeles

México, D. F.

Quito

Nueva York

Montevideo

Madrid

*Illustrations: © Cengage Learning 2015*

To practice telling time, when you look at your watch or cell phone, try to think of the time in Spanish.

The hour may be written four different ways: **10.00/10,00/10'00/ 10:00.**

It is also common to use the 24-hour clock: **las 6:00 p. m. = las 18:00.**

¿Qué hora **es** en Los Ángeles?    **Son las diez** de la mañana.
¿Qué hora **es** en Nueva York?    **Es la una** de la tarde.
¿Qué hora **es** en Montevideo?    **Son las dos** de la tarde.

**¡OJO! Son las once** *de* **la noche/mañana.** *(specific time)*
**Nunca estudio** *por* **la noche/mañana.** *(general time period)*

**NOTE:** To say at what time something occurs, use the following construction.

¿**A** qué hora es la clase?

La clase es **a la una.**      La clase es **a las dos.**

---

**ACTIVIDAD 5**   **La hora en el mundo** En parejas, imagínense que Uds. están en el aeropuerto Benito Juárez de la Ciudad de México. Miren los relojes de la sección **La hora alrededor del mundo** y túrnense para preguntar la hora de las diferentes ciudades.

► 6:15 a. m. ¿Madrid?
A: Si en la Ciudad de México son las 6:15 de la mañana, ¿qué hora es en Madrid?
B: En Madrid es la 1:15 de la tarde.

**Hora en México, D. F.**

1. 1:15 a. m. ¿Nueva York?
2. 5:50 a. m. ¿Quito?
3. 4:25 p. m. ¿Los Ángeles?
4. 7:15 a. m. ¿Madrid?
5. 3:30 p. m. ¿Montevideo?
6. 8:45 p. m. ¿Madrid?

**ACTIVIDAD 6** **¿A qué hora?** Contesta las preguntas para decir a qué hora haces estas actividades.

1. ¿A qué hora comes los lunes? ¿Y los martes?
2. ¿A qué hora te levantas los sábados? ¿Por qué?
3. ¿A qué hora es tu clase favorita?
4. ¿Qué día y a qué hora vas al cine?

**ACTIVIDAD 7** **Los teleadictos** **Parte A.** Escribe los nombres de cuatro programas de televisión que te gustan.

**Parte B.** Ahora, habla con otra persona para ver si conoce los programas y si sabe qué día y a qué hora son.

▶ A: ¿Conoces el programa...?

B: Sí, conozco ese programa.
A: ¿Sabes qué día y a qué hora es?
B: Es los... a la/s...

B: No, no conozco ese programa.
A: Es un programa muy bueno.
   Es los... a la/s...

NOTE: **Son las 7:00** = It is 7:00; **El concierto es a las 7:00** = The concert is at 7:00. Practice this latter construction when reading movie schedules, TV guides, etc.

## ¿Lo sabían?

El estereotipo del hispano es que nunca llega a tiempo, pero eso no es verdad. Los hispanos sí llegan a tiempo al trabajo, a las reuniones de trabajo, a una cita con el dentista, etc. En cambio, no llegan a la hora exacta a otros tipos de eventos cuando no es importante ser puntual. Por ejemplo, los invitados a una cena normalmente llegan media hora más tarde de la hora indicada. A una fiesta es típico llegar media hora o una hora tarde y nadie lo considera como una falta de puntualidad.

 **En tu país, ¿la gente llega puntual al trabajo o a una cita médica? ¿Y a una fiesta?**

**ACTIVIDAD 8** **Tu horario** **Parte A.** Completa tu horario de clases de la universidad e incluye cuándo trabajas si tienes empleo.

| hora | lunes | martes | miércoles | jueves | viernes |
|------|-------|--------|-----------|--------|---------|
|      |       |        |           |        |         |
|      |       |        |           |        |         |

**Parte B.** En parejas, explíquenle su horario a su compañero/a. Sigan el modelo.

▶ Los lunes tengo clase de historia/cálculo/etc. a la(s)... Los jueves trabajo...

**Parte C.** Con tu compañero/a tienen que decidir cuándo van a estudiar juntos (together) para el próximo examen de español. Es importante estudiar durante el día porque por la noche tienen otras obligaciones. Usen frases como: **Vas a estar libre el lunes a las 2:00, ¿no? Me gustaría estudiar el martes a la 1:00. ¿Está bien para ti?**

# II. Las sensaciones

1. Tiene calor.    2. Tienen frío.

3. Tiene miedo.

4. Tienen sed.    5. Tienen hambre.

6. Tiene sueño.

7. Tiene vergüenza.

Illustrations: © Cengage Learning 2015

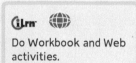

Do Workbook and Web activities.

**ACTIVIDAD** **9** **El mimo** Actúa las sensaciones del vocabulario mientras la clase adivina *(guess)* cómo te sientes.

**ACTIVIDAD** **10** **¿Cómo se sienten?** **Parte A.** Di qué sensaciones tienen estas personas en las siguientes situaciones.

▶ Si veo una serpiente, tengo miedo.

1. En el mes de enero, nosotros...
2. Si estás en la playa al mediodía en verano, ...
3. Son las dos de la mañana y yo...
4. Si voy al dentista, ...
5. Nos gustaría beber Coca-Cola porque...
6. Después de correr cuatro kilómetros, yo...
7. Si tu amigo ve una película de terror, ...
8. ¡Vamos a comer! Es la 1:30 de la tarde y nosotros...
9. Tu padre baila hip hop con tus amigos, y tú...

**Parte B.** En grupos de tres, inventen más oraciones como las de la **Parte A.**

# Gramática para la comunicación **I**

## Expressing Habitual and Future Actions and Actions in Progress: Stem-changing Verbs

**1** As you know, the present tense is used to express habitual and future actions, as well as actions in progress. Among present-tense verbs, there is a group called stem-changing verbs **(verbos con cambio de raíz).** These verbs have conjugations similar to regular **-ar, -er,** and **-ir** verbs, but also have a vowel change in the last syllable of the stem (the stem is the verb without the **-ar, -er,** or **-ir** ending).

| entender (e → ie) | | poder (o → ue) | | pedir (e → i) | | jugar (u → ue) | |
|---|---|---|---|---|---|---|---|
| entiendo | entendemos | puedo | podemos | pido | pedimos | juego | jugamos |
| entiendes | entendéis | puedes | podéis | pides | pedís | juegas | jugáis |
| entiende | entienden | puede | pueden | pide | piden | juega | juegan |

—Sonia, tú puedes preparar la comida para el picnic mientras yo juego con mi hermanito Esteban.
—Pero no entiendo por qué tenemos que cocinar. Pedimos unas tostadas de tinga después de ir al parque, ¿no?

*Sonia, you can prepare the food for the picnic while I play with my little brother Esteban.*
*But I don't understand why. We are ordering some tostadas de tinga after going to the park, right?*

> Stem-changing verbs are often referred to as *boot verbs* (since the conjugations resemble a boot). This should help you remember in which persons the changes occur. Drill yourself on these forms.

**2** The following is a list of common stem-changing verbs.

**e → ie**            *yo form*
**cerrar** to close
**comenzar** to begin
**despertar** to wake someone up
**despertarse** to wake up
**divertirse** to have fun
**empezar** to begin
**entender** to understand
**mentir** to lie
**pensar (en)** to think (about)
**pensar** + *infinitive* to plan to (do something)
**perder** to lose
**preferir** to prefer
**querer** to want
**querer a alguien** to love someone
**sentarse** to sit down
**tener*** to have
**venir*** to come

**o → ue**
**acostar** to put someone to bed
**acostarse** to go to bed
**almorzar** to have lunch
**costar** to cost
**devolver** + *thing* to return + thing
**dormir** to sleep
**dormirse** to fall asleep
**encontrar** to find
**poder** to be able, can
**probar** to try (food, something new)
**volver** to return (somewhere), come back

**e → i**
**decir*** to say; to tell
**pedir** to ask for; to order (something)
**servir** to serve

**u → ue**
**jugar** to play (a sport or game)

> Note changes in meanings when some verbs become reflexive.

> For things you are physically able/unable to do, use **poder;** for things you know/don't know how to do, use **saber.**

*****NOTE:** The verbs **tener, venir,** and **decir** are conjugated the same as stem-changing verbs in the present indicative, except for a different **yo** form: **tengo, vengo, digo.**

Shhhhh, todos están durmiendo.

© Cengage Learning 2015

**3** Stem-changing verbs that end in **-ir** also have a change in the present participle.

| | |
|---|---|
| o → ue: u | dormir → durmiendo |
| e → ie: i | divertirse → divirtiéndose |
| e → i: i | servir → sirviendo |

—¿Marisol está durmiendo?               *Is Marisol sleeping?*
—No, Marisol y su hermanito             *No, Marisol and her little*
Esteban se están divirtiendo               *brother Esteban are having*
mucho.                                              *a lot of fun.*
—OK, pero estoy sirviendo la comida.   *OK, but I'm serving lunch.*

iLrn 🌐

Do Workbook and Web activities.

© Cathy Melloan / Alamy

▲ **Una fonda, restaurante pequeño, en el D. F.**

**ACTIVIDAD 11 La vida de Gloria** Completa la historia sobre un día en la vida de Gloria con la forma correcta de los verbos que aparecen en orden después de cada párrafo. Después ordena los párrafos.

Párrafo nº _____
A la 1:30 yo _____ (1) una comida corrida en una fonda. Después voy a la UNAM para estudiar ciencias políticas. A las 6:00 _____ (2) a casa y mi hijo y yo _____ (3) un poco. A las 7:00 yo _____ (4) la comida. El niño no _____ (5) comida nueva, por eso siempre come lo mismo. Él _____ (6) a las 8:30. Por fin yo _____ (7) y como algo a las 9:30 y luego estudio. A veces _____ (8) con el libro en la mano. Así es mi vida. ¿Te gusta? A mí, ¡me fascina!

| |
|---|
| comer, volver, divertirse, servir, probar, acostarse, sentarse, dormirse |

Párrafo nº _____
En las películas las personas siempre están contentas y tienen una vida ideal. ¡Pero mi vida no es así! Yo _____ (9) poco, _____ (10) a las 5:30 de la mañana y _____ (11) rápidamente. Después yo _____ (12) a mi hijo de tres años y él _____ (13) comer algo porque ese niño siempre _____ (14) hambre. Yo _____ (15) un café y _____ (16) algo. A las 7:00 _____ (17) mi madre para estar con el niño. Luego yo _____ (18) de la casa y _____ (19) la puerta con mucho cuidado porque si mi hijo _____ (20) que yo salgo, _____ (21) a protestar porque _____ (22) estar con su mamá.

| |
|---|
| dormir, despertarse, ducharse, despertar, pedir, tener, tomar, comer, venir, salir, cerrar, saber, empezar, querer |

Párrafo nº _____
Trabajo por la mañana en una compañía que organiza fiestas y cuando _____ (23) al trabajo a las 8:30, la directora siempre _____ (24) qué tenemos que hacer. Siempre _____ (25) cosas imposibles y lo _____ (26) todo en cinco minutos. Nosotros, los empleados, no _____ (27) beber café ni usar el teléfono para llamadas personales. Y como estoy muy ocupada, no _____ (28) nunca. En mi opinión, la directora siempre _____ (29) triste y aburrida. Es muy irónico tener una jefa así en una compañía para fiestas, ¿no?

| |
|---|
| llegar, decir, pedir, querer, poder, almorzar, estar |

**ACTIVIDAD 12 Preferencias** Parte A. Marca qué prefieres.

1. beber       Coca-Cola _____       Pepsi _____
2. jugar       videojuegos _____      al póker _____
3. comer       papas fritas _____     Doritos _____
4. almorzar    en casa _____          en una cafetería _____
5. nadar       en una piscina _____   en una playa _____

**Parte B.** En parejas, túrnense para averiguar si tienen las mismas preferencias.

▶ ¿Prefieres beber Coca-Cola o Pepsi?

**Parte C.** Ahora digan qué cosas prefieren Uds. dos.

▶ Nosotros preferimos beber...

**ACTIVIDAD 13 Planes** Parte A. Escribe tres cosas que piensas hacer este fin de semana con frases como **El sábado pienso ir...**

> REMEMBER: **pensar** + *infinitive* = to plan to do something.

**Parte B.** Ahora compara tu lista con la lista de otra persona y dile a la clase si piensan hacer las mismas cosas o si tienen actividades diferentes.

▶ Pensamos escribir una composición el domingo. El sábado ella piensa visitar a sus padres y yo pienso salir con mis amigos.

**ACTIVIDAD 14 Los deportes** Habla con cinco estudiantes y pregúntales si juegan al fútbol americano *(football)*, fútbol *(soccer)*, béisbol, basquetbol, tenis y voleibol.

▶ A: ¿Juegas al béisbol?
  B: Sí, juego muy bien. / No, juego al golf. / No, prefiero jugar al tenis.
  A: Generalmente, ¿pierdes o ganas?

**ACTIVIDAD 15 La rutina diaria** Parte A. Lee sobre la rutina diaria de un estudiante mexicano y di cuándo o dónde hace las siguientes acciones: **despertarse, empezar clase, sentarse, almorzar, terminar clase, volver a casa, comer, preferir estudiar, acostarse, divertirse.**

Me llamo José Luis y soy un estudiante universitario mexicano. Me despierto a las 5:30 de la mañana porque mis clases empiezan a las 7:00. En clase, a veces me siento cerca de mis amigos porque las clases generalmente tienen más o menos 40 estudiantes. Después, entre las 9:00 y las 11:00, almuerzo en la cafetería o en algún *stand* de comida. Termino mis clases a la 1:00 y vuelvo a casa. Allí como entre las 2:00 y las 4:00, y luego prefiero estudiar en mi casa o en la casa de un amigo. Por la noche como algo rápido para la cena a eso de las 9:30 y durante la semana me acuesto entre las 10:30 y las 11:30. Los viernes y sábados, generalmente me divierto con mis amigos: vamos al cine, a una discoteca, o nos reunimos en casa de amigos. Los domingos como con mi familia y paso la tarde con mi novia, María Elena.

**Parte B.** En grupos de tres, digan qué hace un típico estudiante universitario en este país y cuándo hace esas acciones.

Las horas cuando las personas hacen ciertas actividades varían entre los países hispanos. En México, por ejemplo, la comida más importante del día es entre la 1:30 y las 4:00 de la tarde y luego entre las 7:00 y las 10:00 la gente come algo ligero[1]. En España, la comida más importante es más o menos a las 2:00 de la tarde y después, a eso de las 7:00, es típico tomar una Coca-Cola o una cerveza en una cafetería y comer un pincho (algo pequeño para comer). Luego más o menos a las 10:00 se come algo ligero en casa.

Los centros comerciales también tienen horarios diferentes. Por ejemplo, muchas tiendas en Argentina que no están en un centro comercial cierran a las 2:00 de la tarde el sábado y no abren el domingo. Pero por lo general, si están en un centro comercial, las tiendas abren todos los días entre las 10:00 de la mañana y las 10:00 de la noche.

¿? **¿Cuál es la comida más importante en tu país y a qué hora se come? ¿En tu ciudad abren los centros comerciales los domingos? ¿A qué hora?**

_____

[1]light

▲ **La Casa de los Azulejos.**
Tienda y restaurante Sanborns, D. F.
Lunes a domingo de 8:00 a 22:00 hrs.

© Emiliano Rodriguez / Alamy

**ACTIVIDAD 16 ¿A qué hora? Parte A.** En parejas, miren la información de los siguientes lugares en el D. F. y háganle preguntas a su compañero/a.

▶ A: ¿A qué hora abre para almorzar el restaurante "El Califa"?
B: Abre a la/las...
A: ¿A qué hora cierra...?

| Centro comercial | |
|---|---|
| **Santa Fe**<br>Av. Vasco de<br>Quiroga 3800<br>Colonia Bella Vista | El centro comercial más grande y completo del país. Cuenta con tiendas departamentales como el Palacio de Hierro y Saks Fifth Avenue.<br><br>**Horario:** De domingo a viernes. 11:00–20:00 hrs. Sábados. 11:00–21:00 hrs. |

| Restaurantes | |
|---|---|
| **El Bajío**<br>Alejandro Dumas 7<br>Col. Polanco | Comida mexicana de primera calidad.<br><br>**Horario:** De lunes a domingo. 8:00–23:00 hrs. |
| **El Califa**<br>Atlata 22<br>Col. Condesa | Sirven los mejores tacos de todo el Distrito Federal.<br><br>**Horario:** De lunes a domingo. 13:30–05:00 hrs. Servicio a domicilio: 13:00–4:00 hrs. |

| Bares y antros | |
|---|---|
| **Piso Uno**<br>Alejandro Dumas 16<br>Col. Polanco | Excelente bar arriba del restaurante Mánkora. De lunes a jueves hay DJ en vivo.<br><br>**Horario:** De lunes a sábado. 13:00–2:00 hrs. |
| **Bleu Club**<br>Paseo de la<br>Reforma 35<br>Col. Tabacalera | Pista de baile enorme y música electrónica.<br><br>**Horario:** De miércoles a sábado. 22:00–6:00 hrs. |

**servicio a domicilio =** home delivery

**antro** (México) = **discoteca**

**Parte B.** Hablen de las horas y los días que abren y cierran los negocios. Comparen los horarios mexicanos de la **Parte A** con los horarios de su ciudad o pueblo.

▶ En México los centros comerciales abren… y cierran…, pero aquí…

You can use **a eso de** to express *around* when mentioning an approximate time: **Comemos a eso de las doce y media.**

**ACTIVIDAD 17 Acciones habituales Parte A.** En la primera columna escribe a qué hora haces las siguientes actividades.

|  | tú | compañero/a |
|---|---|---|
| 1. despertarse | _____ | _____ |
| 2. levantarse | _____ | _____ |
| 3. empezar la primera clase los lunes | _____ | _____ |
| 4. terminar la última clase los lunes | _____ | _____ |
| 5. almorzar | _____ | _____ |
| 6. volver a casa (o a la residencia) | _____ | _____ |
| 7. acostarse | _____ | _____ |
| 8. dormirse | _____ | _____ |

**Parte B.** Pregúntales a tus compañeros a qué hora hacen ellos las mismas actividades. Si una persona hace una actividad a la misma hora que tú, escribe su nombre en la segunda columna de la **Parte A.**

▶ A: ¿A qué hora te despiertas?
   B: Me despierto a las ocho.

**Parte C.** Di a qué hora hacen Uds. las actividades de la **Parte A.**

▶ Michelle y yo nos despertamos a las ocho.

REMEMBER: **¿A qué hora…?** refers to the time at which something takes place. **¿Qué hora es?** refers to present time.

**ACTIVIDAD 18 Y en Japón, ¿qué?** Primero calcula más o menos qué hora es en los siguientes lugares y después di cuál de estas acciones están haciendo las personas en esos lugares: **mirar televisión, levantarse, almorzar, dormir, acostarse, trabajar.**

▶ En Guadalajara, México, son las… de la noche/tarde/mañana y están mirando la televisión.

1. Guadalajara, México
2. España
3. la India
4. Hawái
5. Uruguay
6. Japón

**ACTIVIDAD 19 ¿Verdad o mentira? Parte A.** Escribe tres oraciones sobre ti usando los verbos **poder, querer** y **preferir.** Dos deben ser verdad y una debe ser mentira.

▶ Prefiero estudiar los viernes por la noche porque no hay muchas personas en la biblioteca.

**Parte B.** En grupos de tres, a medida *(while)* que el/la estudiante "A" lee sus oraciones, "B" y "C" dicen si son verdad o mentira y por qué. Al final, después de escuchar las opiniones, "A" dice cuál es mentira. Luego hagan lo mismo con las oraciones de "B" y "C".

▶
A: Quiero ser médico.

B o C: Estás diciendo la verdad porque…
A: Prefiero vivir…

B o C: Estás mintiendo porque…

# Nuevos horizontes

**Lectura**

## ESTRATEGIA: Activating Background Knowledge

We read for many different reasons, but they all fall into two broad categories: reading for pleasure and information seeking. We use different reading strategies depending on our purpose and the type of text. When we read, we interact with the text depending on the background knowledge we have on the topic. For this reason, two readers might interpret the same text differently. For example, a lawyer and a client may not have the same perceptions when reading a legal document.

Before reading about Mexican celebrations, you will do a pre-reading activity that will help you activate your background knowledge and prepare you to gain a more global understanding of the reading selection. Remember, it is not important to understand every word when reading; just try to capture the general idea.

**ACTIVIDAD 20 Las celebraciones** Antes de leer sobre dos celebraciones mexicanas, contesta las siguientes preguntas.

1. ¿Qué celebraciones importantes hay en tu país? ¿Cuántos días duran?
2. ¿Cuáles son fiestas o celebraciones religiosas y cuáles no?
3. ¿Quiénes se reúnen en esas celebraciones? ¿Familia, amigos?
4. ¿La ciudad hace algo especial como desfiles *(parades)*, fuegos artificiales *(fireworks)* o conciertos?
5. ¿Qué hace la gente durante esas celebraciones?

**ACTIVIDAD 21 Palabras desconocidas** Mientras lees, busca las siguientes palabras en el texto y adivina qué significan. Después compara tus definiciones con las de un/a compañero/a.

1. El día de la Virgen de Guadalupe:
    a. se realiza (línea 5)
    b. sincretismo (línea 20)
    c. misa (línea 21)
    d. contrata (línea 23)
2. Las Posadas:
    a. se turnan (línea 4)
    b. dueño (línea 8)
    c. dulces (línea 11)
    d. nacimiento (línea 15)

http://www.cengage.com/claro/celmex.htm

## Celebraciones mexicanas
# El día de la Virgen de Guadalupe

Entre las celebraciones más importantes de México se encuentra el **día de la Virgen de Guadalupe** que se celebra el 12 de diciembre en toda la nación. Esta fiesta es tan importante para México como el Día de la Independencia. En esa fecha se celebra el día en que, en el siglo XVI, el indígena **Juan Diego** vio[1] apariciones de la Virgen María como una virgen morena o mestiza. Se realiza una 5

**La noche del 11 de diciembre, Basílica de la Virgen de Guadalupe.**

© Rodolfo Angulo/epa/Corbis

gran celebración en la **Basílica de Guadalupe**, en el Distrito Federal. El 11 de diciembre llegan al lugar desde todos los estados de México unos 5 millones de 10 personas: hay grupos que llegan en bicicleta, otros en autobús, otros llegan caminando y otras personas llegan de rodillas[2]. También participan bailarines 15 que presentan bailes aztecas para la Virgen y llevan ropa azteca tradicional. Es por eso que se dice que esta celebración

es un ejemplo del sincretismo de las tradiciones indígenas y la religión católica. En la 20 basílica, se celebra una misa a las 12 de la noche en la que participan mariachis, y todos los presentes le cantan la famosa canción "Las mañanitas" a la Virgen. Esa misma noche y todo el día siguiente, la gente celebra la fiesta en su casa, contrata a mariachis para cantar y come una comida típica para el día de la Virgen.

La Virgen de Guadalupe es importante en toda América Latina y la basílica del 25 Distrito Federal es la más visitada de todo el mundo después de la **Basílica de San Pedro** en el **Vaticano**. Para leer más, haz clic **aquí**.

_____

[1] *saw*
[2] *Some people walk on their knees for a kilometer or more to ask the Virgin for a miracle or to thank her for having answered a petition.*

# Las Posadas en México

Otra celebración muy importante en México son **Las Posadas** que representan
las nueve noches en que María y José piden un lugar para dormir en las casas de
los diferentes pueblos que encuentran en su camino a <u>Belén</u>[3]. Desde el 16 hasta
el 24 de diciembre las personas de un barrio se organizan y se turnan para hacer
una fiesta cada noche en una casa diferente. Así hay fiestas durante nueve noches          5
consecutivas, cada una en la casa de una persona diferente. En una noche típica, la
gente llega a la casa donde hay fiesta más o menos a las ocho o nueve de la noche
y canta una canción de Navidad fuera de la casa. El dueño de la casa entonces abre
la puerta e invita a la gente a entrar. En la fiesta hay mucha comida, como tamales y
ponche (té caliente con frutas naturales y un poco de tequila o ron), buena música          10
para bailar y siempre hay una <u>piñata</u> que contiene frutas y dulces de muchos colores.

© Russell Gordon/Aurora Photos

**Llevando una piñata a casa para celebrar Las Posadas.**

La fiesta termina a las dos o tres de la mañana o a la medianoche si la gente tiene
que trabajar. El 24 de diciembre las personas se reúnen generalmente con su
familia por la noche y a medianoche acuestan a una figura del Niño Jesús en el
nacimiento donde hay otras de María, José y de varios animales. Para leer más,          15
haz clic <u>aquí</u>.

_____

[3]*Bethlehem*

**¿Qué entiendes?** **Parte A.** Después de leer los dos artículos, contesta las siguientes preguntas.

## El día de la Virgen de Guadalupe

1. En el siglo XVI, ¿qué vio el indígena Juan Diego?
2. ¿Cómo llega la gente a la Basílica de Guadalupe?
3. ¿Qué ocurre en la basílica?

## Las Posadas

1. ¿Por qué dura nueve días la celebración de las Posadas?
2. ¿Qué hace la gente de los barrios cada noche?
3. ¿Qué hace la gente el 24 de diciembre a medianoche?

**Parte B.** Contesta estas preguntas sobre las celebraciones de tu país.

1. ¿Qué celebraciones religiosas hay?
2. ¿En qué celebraciones se come comida especial?
3. ¿En qué festividad se canta una canción? ¿Qué canción es?

## ESTRATEGIA: Sequencing

When describing a sequence of events or activities, adverbs of time help you say when or in what chronological order they take place. Some useful adverbs of time are:

| | |
|---|---|
| **por la mañana/tarde/noche** | in the morning/afternoon/evening; at night |
| **primero** | first |
| **después de** + *infinitive* | after _____ing |
| **después/luego/más tarde** | then, later (on) |
| **por fin** | at last, finally |
| **a la una** | at one o'clock |
| **a las dos/tres**/etc. | at two/three/etc. o'clock |

**Escritura**

To express *and then*, use **después, luego,** or **más tarde.** To express *so then,* use **entonces.** For example: **Tengo un examen difícil el lunes y luego voy a ir al cine** (*. . . and then* I'm going to the movies). **Tengo un examen difícil el lunes; entonces voy a estudiar mucho el domingo** (*. . . so then* I'm going to study a lot on Sunday).

Also, look at Act. 11 on page 146 to see how Gloria uses adverbs of time to relate a sequence of events.

**ACTIVIDAD 23** **¿Qué haces?** **Parte A.** Write a composition describing what you and your friends do on a typical Saturday using the verbs that you have learned in Chapters 2, 3, 4, and 5. Include the times that you do some of these actions (**Generalmente nos levantamos a las... y luego...**). Divide your composition in three paragraphs: **por la mañana, por la tarde, por la noche.**

**Parte B.** Reread your composition. Make a list of all verbs and their subjects, whether overtly stated or implied. Do they agree? If not, change them. For example:

| Sujeto | Verbo | ¿Correcto? |
|---|---|---|
| (yo, *implied*) | me despierto | sí |
| Ann y yo | salgo | no → salimos |

**Parte C.** Rewrite your composition making any changes needed. Staple all drafts plus your subject-verb list together to hand in to your instructor.

REMEMBER: do not overuse subject pronouns.

# Vocabulario esencial ▮

## I. Los colores

**Logotipo de los Juegos ▶**
**Olímpicos de México 1968.**

Identify colors in Spanish as you walk down the street.

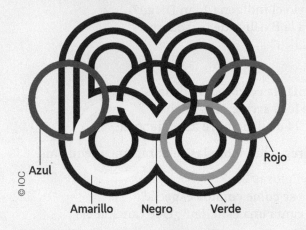

© IOC

Azul
Rojo
Amarillo   Negro   Verde

**anaranjado/a** orange    **marrón** brown
**blanco/a** white    **morado/a** purple
**gris** gray    **rosa, rosado/a** pink

**NOTE:** When used as adjectives, colors agree in number with the noun they modify **(elefante gris, elefantes grises).** Colors that end in **-o** also agree in gender **(reloj negro, toallas blancas). Rosa** has only one form since it is short for **de color rosa.**

**ACTIVIDAD** **24** **Asociaciones** En grupos de cinco, digan qué colores asocian Uds. con las siguientes ideas.

1. el 14 de febrero
2. un elefante
3. la noche
4. la Coca-Cola
5. las plantas
6. el 25 de diciembre
7. el inspector Clouseau y la pantera…
8. el arco de McDonald's
9. está nublado
10. el café
11. está nevando
12. el jabón Ivory
13. el 17 de marzo
14. tener vergüenza
15. el 4 de julio
16. el 16 de septiembre

## II. La ropa y los materiales *(Clothes and Materials)*

el saco
la bufanda
la camiseta
la chaqueta
el cinturón
la falda
las botas
los zapatos
los pantalones

© Inditex

## La ropa

**el abrigo** coat
**la blusa** blouse
**la camisa de manga larga/corta**
  long/short sleeve shirt
**los pantalones cortos** shorts
**el suéter** sweater
**el traje** suit
**el traje de baño** bathing suit
**el vestido** dress
**la gorra** cap
**el sombrero** hat
**las gafas de sol** sunglasses
**el bolso/la cartera** purse
**la corbata** tie
**el pañuelo** scarf (women)
**la ropa interior** underwear
**las medias** socks; stockings
**las sandalias de playa** flip-flops
**los zapatos de tacón alto**
  high-heeled shoes
**los (zapatos de) tenis** tennis shoes

## Los materiales

**el algodón** cotton
**el cuero** leather
**la lana** wool
**el nailon/nilón** nylon
**el rayón** rayon
**la seda** silk

## Estampados

**de cuadros** plaid

**de lunares** polka dots

**de rayas** striped

© Cengage Learning 2015

## Verbos relacionados con la ropa

**costar** (o → ue) to cost
**estar de moda** to be in style
**llevar** to wear
**probarse** (o → ue) to try on
**vestirse (con)** (e → i, i) to put on

One term used for *fleece* is **polar** and comes from the brand name Polartec. In some countries, such as Argentina, it is stressed on the first syllable (although it carries no written accent); in others, such as Spain, it is stressed on the last syllable. It can be used as follows: **una chaqueta (de) polar** or **un forro polar** (Spain).

REMEMBER: The first change shown (for the stem-changing verbs) is the present-tense stem change and the second is the stem change for the present participle of **-ir** verbs.

Do Workbook and Web activities.

## ¿Lo sabían?

En las zonas tropicales de Yucatán en México, Centroamérica y el Caribe, con frecuencia los hombres no llevan chaqueta; muchos prefieren llevar guayabera, que es un tipo de camisa muy fresca. Hay guayaberas para ir al trabajo y también hay guayaberas muy elegantes que muchos hombres llevan en vez de traje y corbata.

Una prenda de vestir[1] muy práctica para la mujer es el rebozo, un chal de algodón o de lana. Es común entre las mujeres del campo llevar rebozo no solo cuando hace frío sino también[2] para llevar a sus bebés y niños pequeños o para llevar cosas al mercado. Hoy día el rebozo está de moda entre las mujeres de la ciudad para cubrirse los hombros cuando van a una fiesta o a un evento elegante.

En los países hispanos, la gente joven lleva el mismo tipo de ropa que los jóvenes europeos y los norteamericanos. La gente, por lo general, no compra tanta ropa como los norteamericanos, pero sí lleva la ropa que está de moda.

© Gen Nishino/Getty Images

▲ Pareja con rebozo y guayabera, Puerto Vallarta.

**¿Compras mucha o poca ropa? ¿Cuál es la moda en este momento? ¿Generalmente llevas ropa de moda?**

---

[1]*item of clothing*   [2]**no solo... sino también** *not only... but also*

**ACTIVIDAD 25 Cuándo y qué** En parejas, hagan una lista de ropa que lleva la gente en el invierno y otra lista de ropa que lleva en el verano. Es importante incluir los materiales.

**ACTIVIDAD 26 El origen y el material** En grupos de cinco, averigüen de dónde es y de qué (material) es la ropa de cada persona del grupo. Luego compartan la información con el resto de la clase.

▶ A: ¿De dónde es y de qué (material) es tu camisa?
  B: Es de...

**ACTIVIDAD 27 Comentarios** En parejas, díganle a su compañero/a que les gusta una prenda que lleva. Sigan el modelo.

▶ A: Me gusta esa camisa/blusa. El color es muy bonito. / Es nueva, ¿no? / Es de J. Crew ¿verdad? / etc.
  B: Gracias. Es de J. Crew / de Abercrombie y Fitch / de Goodwill / etc.

**ACTIVIDAD 28 Las ofertas** El siguiente catálogo tiene unas ofertas increíbles. Mira la ropa y elige tres prendas para comprar: una prenda para un amigo, una para una amiga y otra cosa para ti. Después, en parejas, hablen de qué van a comprar, de qué colores y por qué van a comprar esas cosas.

▶ Voy a comprar una blusa de seda roja para mi amiga porque su cumpleaños es el viernes.

A: Chaquetas de cuero. Colores: negro, marrón oscuro o marrón claro. Talla P, M, G, XG. $99,98

B: Vestidos de algodón, lavar a máquina. Colores: morado o amarillo. Talla: P, M, G, XG. $54

C: Botas de cuero Gacela de Chile con tacón alto. Número: 35–40. $95

D: Abrigos de lana. Color: beige. $70

E: Sombreros de cuero. $38

F: Gafas de sol Óscar de la Renta. $68

G: Camisetas de algodón. Varios colores. P, M, G, XG. $25

H: Trajes informales de lana para todas las ocasiones. Colores: gris, azul o negro. $98

I: Zapatos de cuero negro. $80

Trajes de baño. Colores: rojo con lunares blancos o amarillo con lunares morados. $21

Medias de algodón y lana $7,99

Faldas clásicas en muchos colores

Blusas de Carla Fernández. $35

Suéteres de lana, lavar a mano, varios colores. $52

Carla Fernández = diseñadora mexicana.

**ACTIVIDAD 29** **El pedido** En parejas, "A" es el/la comprador/a que llama a la tienda del catálogo de la página 156 para comprar ropa y "B" es el/la vendedor/a que recibe la llamada. Mire cada uno su lista de expresiones útiles para la conversación y usen las tablas para encontrar la talla correcta.

▶ A: La Meca de la Elegancia, buenas tardes. Mi nombre es Rosa.
   B: Buenas tardes. Busco unas botas...

### TALLAS DE MUJER

Ropa:

| | | | | | | | |
|---|---|---|---|---|---|---|---|
| • Europa | 38 | 40 | 42 | 44 | 46 | 48 | 50 |
| • EE.UU. | 6 | 8 | 10 | 12 | 14 | 16 | 18 |

Zapatos:

| | | | | | | | |
|---|---|---|---|---|---|---|---|
| • Europa | 35 | 36 | 37 | 38 | 39 | 40 | 41 |
| • EE.UU. | 5 | 6 | 7 | 8 | 9 | 10 | 11 |

**talla** = clothes size;
**número** = shoe size

### TALLAS DE HOMBRE

Trajes:

| | | | | | | | |
|---|---|---|---|---|---|---|---|
| • Europa | 44 | 46 | 48 | 50 | 52 | 54 | 56 |
| • EE.UU. | 34 | 36 | 38 | 40 | 42 | 44 | 46 |

Camisas:

| | | | | | | | |
|---|---|---|---|---|---|---|---|
| • Europa | 38 | 39 | 40 | 41 | 42 | 43 | 44 |
| • EE.UU. | 15 | 15½ | 15½ | 16 | 16½ | 17 | 17½ |

Zapatos:

| | | | | | | | |
|---|---|---|---|---|---|---|---|
| • Europa | 40 | 41 | 42 | 43 | 44 | 44 | 45 |
| • EE.UU. | 6 | 7 | 8 | 9 | 10 | 10½ | 11 |

### A (Comprador/a)

¿Tiene Ud... en azul?
¿Tiene Ud... en talla
   (clothes size)/número (shoe
   size)...?
¿De qué (material) es...?
¿Cuánto cuesta/n?
Es muy caro/barato.
Me gustaría comprar...

### B (Vendedor/a)

No tenemos talla/número...
¿De qué color quiere...?
Cuesta/n...
¿Va a pagar con Visa, American
   Express o MasterCard?
¿Cuál es el número de su tarjeta
   de (Visa)?
¿Cuál es su dirección (address)?

**ACTIVIDAD 30** **La noche de los Oscars** En parejas, Uds. están trabajando como reporteros en la ceremonia de los Oscars. Al llegar las estrellas, Uds. tienen que decir qué ropa llevan y con quién vienen.

▶ A: Ahora llega Gael García Bernal y
   lleva unos pantalones negros y una
   chaqueta negra de cuero y viene con
   Salma Hayek.
   B: Salma lleva...

Las estrellas: Hillary Swank, Robert De Niro, Oprah, Sarah Jessica Parker, Cher, el Dr. Phil, Elton John, Janet Jackson, Jude Law, Jennifer López.

▲ Gael García Bernal,
actor y director mexicano.

# Para ver ⏸

## El desfile de moda

| | |
|---|---|
| **acabar de** + *infinitive* | to have just + *past participle* |
| **Acabamos de volver.** | We have just returned. |
| **Te queda bien.** | It looks good on you. / It fits you well. |
| **Cuesta un ojo de la cara.** | It costs an arm and a leg. |

Video stills: © Cengage Learning 2015

*Continúo en México en casa de mi prima. Aquí, los mejores modelos del año.*

▶ **ACTIVIDAD 31 ¡Qué modelito!** Mira el video blog y observa qué llevan los dos modelos. Luego comparte la información con el resto de la clase.

▶ **ACTIVIDAD 32 Unas preguntas** Después de mirar el video blog otra vez, contesta las siguientes preguntas.

1. ¿Dónde es el concierto, en el Parque de Chapultepec o en el Zócalo?
2. ¿Las sandalias de Marisol cuestan mucho dinero o son baratas?
3. ¿Qué tiene Esteban en su camiseta?
4. ¿De quién es la ropa que va a llevar Sonia?
5. ¿Te gusta la ropa de los modelos? ¿por qué?
6. ¿Adónde van Sonia y la familia de Marisol mañana? ¿Cuánto tiempo van a estar allí?

## ¿Lo sabían?

Con más de 111 millones de habitantes y más de 50 idiomas amerindios como idiomas nacionales junto con el español, los Estados Unidos Mexicanos es un país que tiene una diversidad no solo lingüística sino también étnica, cultural y geográfica. Entre los treinta y un estados de México, se encuentra Oaxaca en el sur, donde coexisten dieciséis grupos indígenas. Esta es una de las regiones donde están más intactas las culturas indígenas y, por eso, se conservan sus tradiciones originales. La región tiene atractivos turísticos como las ruinas zapotecas de Monte Albán y Mitla, las playas de Huatulco y Puerto Escondido en la costa del Pacífico, y el Mercado de Abastos en la ciudad de Oaxaca, que es el mercado más grande de todo México.

▲ Playa en Huatulco, Oaxaca.

© aquatic creature/Shutterstock

**¿?** **¿Hay diversidad lingüística, étnica, cultural y geográfica en tu país?**

**iLrn** Para aprender más sobre México, mira el video cultural en la mediateca *(Media Library)*.

---

**ACTIVIDAD 33 Acaban de...** Hay mucho movimiento en la casa mientras Sonia y Marisol se preparan para ir al concierto de esta noche. Combina ideas de las dos columnas para decir qué acaban de hacer los miembros de la familia.

1. El perro está súper contento
2. La madre tiene un aroma muy bueno
3. Esteban tiene miedo y no puede dormir
4. Sonia y Marisol no tienen hambre
5. El padre tiene mucha sed

porque acaba/n de

comer unas tostadas.
correr cinco kilómetros.
llegar del parque con el padre.
ponerse perfume.
ver una película de terror.

**ACTIVIDAD 34 Las compras** En grupos de tres, dos personas van a comprar ropa para una fiesta elegante. La otra persona es el/la vendedor/a. Mantengan la conversación en la tienda. Hablen de diferentes opciones, tallas, colores, materiales y precios.

Los/Las clientes pueden usar expresiones como: **te queda bien, cuesta un ojo de la cara, voy a probarme...**

El/La vendedor/a puede usar expresiones como: **¿Quiere algo en especial? cuesta/n..., también hay de otros colores.**

# Gramática para la comunicación II

## I. Indicating Purpose, Destination, and Duration: *Para* and *por*

Salimos del D. F. por una semana para Oaxaca.

In this chapter, you will learn a few uses of **para** and **por.** Other uses will be presented in Chapter 11.

| Use para: | |
|---|---|
| ■ to indicate purpose (in order to) | **¿Para qué** es eso? → Es **para** hacer* experimentos.<br>**¿Para qué** necesitas mi carro? → **Para ir*** a la universidad.<br>Estudio **para** (ser) ingeniera. |
| ■ to indicate direction towards a destination | Salgo **para** la clase en cinco minutos. |
| ■ to express deadline | La tarea es **para** mañana. |
| ■ to indicate the recipient of a thing or an action | La composición es **para** el profesor.<br>Trabajo **para** mi padre. |

| Use por: | |
|---|---|
| ■ to express duration of an action (you can also use **durante** instead or, more commonly, just a time period) | Voy a estar en la universidad **por/durante** un año.<br>Voy a estar en la universidad **un año.** |
| ■ to express a general time period | Trabajo **por** la mañana y estudio **por** la noche. |

*NOTE: Because **por** and **para** are prepositions, verbs that follow them directly must be in the infinitive.

---

**ACTIVIDAD 35 ¿Cuándo?** En parejas, contesten las siguientes preguntas con oraciones completas. Usen frases como **por la mañana, dos horas,** etc.

1. ¿Cuándo prefieres estudiar?
2. ¿Cuándo te gusta tener clase?
3. ¿Cuándo vuelves a la residencia los sábados?
4. Si trabajas, ¿cuándo trabajas y para quién?
5. ¿Cuándo sales con tus amigos?
6. ¿Cuánto tiempo estudias por semana?
7. ¿Cuánto tiempo miras televisión por semana?
8. ¿Cuándo vas de compras los sábados?

**Una encuesta** **Parte A.** Completa las siguientes acciones con **para** o **por.**

nombre

1. Compra regalos _____ sus padres. _____

2. Estudia _____ ser hombre/mujer de negocios. _____

3. Siempre se acuesta temprano los domingos _____ la noche. _____

4. Usa la biblioteca mucho _____ buscar información. _____

5. Va a estar en la universidad _____ tres años más. _____

6. Trabaja _____ tener dinero mientras estudia. _____

7. Tiene que terminar un trabajo _____ el viernes. _____

8. Sale _____ otra clase después de esta clase. _____

**Parte B.** Ahora averigua si tus compañeros hacen las cosas de la **Parte A.** Intenta encontrar a dos personas para cada situación. Haz preguntas como: **¿Compras regalos para tus padres? ¿Estudias para ser hombre de negocios?**

**ACTIVIDAD 37** **Los regalos** En parejas, Uds. van a seleccionar cosas de esta lista para diferentes compañeros de la clase. Decidan para quién es cada cosa, para qué se usa y por qué es para esa persona.

▶ peine
  El peine es para Chuck, para peinarse porque tiene el pelo muy bonito.

1. zapatos de tenis
2. gorra de los Yankees
3. cámara digital
4. máquina de afeitar
5. libro de filosofía

6. corbata
7. blusa de seda
8. camiseta de Cancún
9. reloj
10. gafas de sol

# II. Indicating the Location of a Person, Thing, or Event: *Estar en* and *ser en*

You learned in Chapter 3 that **estar en** is used to specify the location of people or things.

Sonia es de los Estados Unidos, pero **está en** México.
En este momento Sonia **está en** Oaxaca con Marisol.

**1** **Ser en** is used to specify where an event *takes place* (a concert, a lecture, an exhibit, etc.).

**La clase de arte es en** el Museo Frida Kahlo.
  **La clase** → *the class meeting takes place in the museum*

**La clase está en** el Museo Frida Kahlo.
  **La clase** → *the students are in the museum*

**2** Here is a summary of the uses of **ser** and **estar**.

| Use **ser**: | Use **estar**: |
|---|---|
| ■ to describe someone or something (looks, personality, nationality, occupation)<br><br>Paulina Rubio es bonita, **es** simpática y **es** mexicana. **Es** cantante. | ■ to express the state of being of a person, place, or thing<br><br>Paulina **está** contenta porque acaba de llegar al Hotel Marriot de Tijuana. |
| ■ to describe the location of an event<br><br>El concierto **es** en el Auditorio Municipal de Tijuana esta noche. | ■ to describe the location of a person, place, or thing.<br><br>Ahora Paulina **está** en la piscina que **está** en el hotel. |
| ■ to express possession<br>El hotel **es** de un amigo de Paulina. | ■ to describe actions in progress<br>**Está** nadando. |
| ■ to state what something is made of<br>Paulina va a llevar un rebozo precioso. El rebozo **es** de algodón. | |
| ■ to express origin<br>El rebozo **es** del Mercado de Abastos de Oaxaca. | |
| ■ to tell time and date<br>Hoy **es** viernes, **son** las 7 de la tarde y el concierto **es** a las 9. | |

iLrn 🌐

Do Workbook, Lab Manual, and Web activities.

**ACTIVIDAD** **38** **Cultura general** En parejas, túrnense para preguntar dónde están los siguientes lugares u objetos.

Note that **o** becomes **u** before words starting with **o**: **objetos o lugares,** BUT **lugares u objetos**

▶ A: ¿Dónde están las ruinas de Tulum?
   B: Están en México. / No tengo idea. ¿Tú sabes?

1. la Estatua de la Libertad
2. el Museo del Prado
3. Machu Picchu
4. el Museo del Louvre y la Torre Eiffel
5. la Pequeña Habana
6. el cuadro *Guernica* de Picasso
7. el Vaticano
8. el Palacio de Buckingham
9. las Pirámides del Sol y de la Luna

**ACTIVIDAD** **39** **Un día de mucha actividad** Combina las ideas de las dos columnas para decir dónde están las siguientes personas o dónde son los siguientes eventos en el D. F.

**Personas y eventos**

_____ 1. la película *Diarios de motocicleta* con una charla del actor Gael García Bernal

_____ 2. el concierto de Plácido Domingo

_____ 3. la exhibición *Los pioneros del muralismo*

_____ 4. los diplomáticos de la ONU

_____ 5. los hijos de los diplomáticos de la ONU

_____ 6. el partido de fútbol entre México y Colombia

**Lugares**

a. el Museo Mural Diego Rivera
b. el Estadio Azteca
c. el Cinemex Cuauhtémoc
d. el Centro de Convenciones del Hotel Sheraton
e. el Auditorio Nacional
f. el zoológico del Parque de Chapultepec

**la ONU** = the U.N.

**ACTIVIDAD 40 Los planes** En parejas, miren los anuncios para unos espectáculos y hagan planes para esta semana en Monterrey, México. Decidan qué van a hacer, dónde y a qué hora. Luego decidan qué ropa van a llevar.

▶ A: ¿Te gustaría ir...? / ¿Qué tal si vamos...? / ¿Quieres ir al concierto de...?
  B: Sí. ¿Dónde es?
  A: Es en el Estadio...

**ACTIVIDAD 41 Los novios** En parejas, "A" mira el dibujo y la información sobre Pablo, y "B" mira el dibujo y la información sobre su novia, Elena, en la página R17. Túrnense para hacerse preguntas y completar la información que no tienen, usando **ser** y **estar**.

### Conciertos y conferencias

**JULIETA VENEGAS**
Rock y pop. Arena Monterrey: jueves 9 a las 21 hrs.

**ORQUESTA SINFÓNICA UANL**
Teatro Universitario: sábado y domingo a las 20:30 hrs.

**ÓPERA**
El tenor José Carreras. Auditorio Banamex: viernes 10 a las 21 hrs. Evento gratuito.

**LILA DOWNS**
Homenaje a Chavela Vargas. Estadio Universitario: viernes 10 a las 21 hrs.

**MANÁ**
Puro rock toda la noche. Arena Monterrey: sábado 11 a las 22 hrs.

**ORQUESTA PARA LA PAZ**
Con el pianista Miguel Ángel Estrella, auspiciado por la UNESCO. Auditorio Banamex: domingo 12 a las 14 hrs.

**FESTIVAL DE JAZZ**
Elizabeth Meza. Auditorio Luis Elizondo: domingo 12 a las 20 hrs.

**CONFERENCIA**
"Participación indígena en la independencia y revolución mexicana". Museo de Historia Mexicana: jueves a las 19:30 hrs. Evento gratuito.

© AP Photo/Guillermo Arias

**A** Tú conoces a Pablo y sabes algo de sus planes. No conoces a Elena y quieres saber algo sobre ella y sus planes con Pablo para esta noche.

| Pablo | Elena |
|---|---|
| **Origen:** Colombia | **Origen:** _____ |
| **Ocupación:** Dentista | **Ocupación:** _____ |
| **Lugar de residencia:** México | **Lugar de residencia:** _____ |
|  | **Físico:** _____ |
| | _____ |
| | **Personalidad:** _____ |
| **Planes:** Ir con Elena al concierto de Julieta Venegas | _____ |
| | **Planes:** _____ |
| **Dónde:** Arena Monterrey | **Dónde:** _____ |
| **Cuándo:** 21 hrs. | **Cuándo:** _____ |

Do Web Search Activities.

# Más allá

## Canción: "24 horas"

© Jeffrey Arguedas/epa/Corbis

The song is included in the *¡Claro que sí!* iTunes list on CengageBrain.com and may be on YouTube.

**Café Tacuba,** el grupo mexicano ganador de un Grammy y un Grammy Latino, toca música rock alternativa. Entre sus ritmos están no solo el hip hop, la música electrónica y el ska sino también elementos de la música ranchera, tejana y norteña. El grupo tomó su nombre del famoso Café de Tacuba, un restaurante en el centro histórico de la Ciudad de México.

**Mientras escuchas** Lee las siguientes oraciones sobre la canción "24 horas", en la que un chico le canta a su novia sobre un problema que tiene. Después, escucha la canción y completa las oraciones.

1. Él no _____ mucho y cree que va a morir *(die)*.

   a. come
   b. duerme

2. Quiere estar despierto _____ horas al día.

   a. 20
   b. 24

3. Cuando está con su novia, se sienta a descansar y _____ .

   a. empieza a pensar en qué tiene que hacer
   b. comienza a mira la tele

4. Cuando él sale de la casa de ella, empieza a _____ .

   a. correr
   b. mirar a otras chicas

5. Para él, es muy importante tener _____ .

   a. tiempo para dormir
   b. a su novia junto *(next)* a él

**Después de escuchar** El chico de la canción tiene muchas cosas que hacer, pero no tiene suficiente tiempo. Contesta estas preguntas sobre tu vida.

1. ¿Tienes mucho o poco tiempo libre los días de semana? ¿y los fines de semana?

2. ¿Tienes tiempo para hacer todas las cosas que quieres hacer?

# ▶ Video: *El Día de los Muertos*

© Cengage Learning

The video is on CengageBrain.com.

**Antes de ver** En los Estados Unidos, *Memorial Day* es un día para recordar y conmemorar a las personas que murieron por la patria en el servicio militar. En tu ciudad, ¿hacen algo especial ese día? ¿Tu familia hace algo especial cada año?

Algunas palabras útiles son: **las flores** *(flowers)*, **la bandera** *(flag)*, **conmemorar** *(to commemorate)*, **la guerra** *(war)*, **los veteranos, el desfile** *(parade)*, **la banda** *(band)*, **la barbacoa, el cementerio**.

**Mientras ves** Vas a ver un video donde Javier, un ecuatoriano, habla sobre la celebración del Día de los Muertos en México. Lee las siguientes preguntas y contéstalas mientras ves el video.

1. ¿Cuándo es el Día de los Muertos?
2. ¿Adónde va la gente para recibir al espíritu del muerto?
3. ¿Dónde se construye el altar en memoria del muerto?
4. ¿Qué cosas ponen en el altar? Haz una lista de algunas de las cosas.
5. En el cementerio ponen velas *(candles)*, calaveras *(skulls)*, incienso y flores. ¿Qué figuras hacen con las flores?
6. ¿El Día de los Muertos es un día triste o alegre en México?

**Después de ver** Compara *Memorial Day* y el Día de los Muertos. Usa palabras como las siguientes:

| | | | |
|---|---|---|---|
| el altar | las calaveras | el desfile | el incienso |
| la banda | el cementerio | las flores | las velas |
| la bandera | conmemorar | la guerra | los veteranos |
| la barbacoa | | | |

© Cengage Learning

# En resumen

## Vocabulario funcional

### La hora *(Telling Time)*

¿Qué hora es? *What time is it?*
Es la una menos cinco. *It's five to one.*
Es (la) medianoche. *It's midnight.*
Es (el) mediodía. *It's noon.*
Son las tres y diez. *It's ten after three.*
¿A qué hora...? *At what time . . . ?*
A la una. / A las dos de la tarde. *At one o'clock. / At two o'clock in the afternoon.*
cuarto *quarter (of an hour)*
la hora *hour*
media *half (an hour)*
el minuto *minute*
el segundo *second*

### Verbos con cambio de raíz

**e → ie**
cerrar *to close*
comenzar *to begin*
despertar *to wake someone up*

despertarse *to wake up*
divertirse *to have fun*
empezar *to begin*
entender *to understand*
mentir *to lie*
pensar (en) *to think (about)*
pensar + *infinitive to plan to (do something)*
perder *to lose*
preferir *to prefer*
querer *to want*
querer a alguien *to love someone*
sentarse *to sit down*
tener *to have*
venir *to come*

**o → ue**
acostar *to put someone to bed*
acostarse *to go to bed*
almorzar *to have lunch*
costar *to cost*
devolver + *thing to return* + thing

dormir *to sleep*
dormirse *to fall asleep*
encontrar *to find*
poder *to be able, can*
probar *to try (food, something new)*
probarse *to try on*
volver *to return (somewhere), come back*

 **e → i**

decir *to say; to tell*
pedir *to ask for; to order (something)*
servir *to serve*
vestirse *to get dressed*

 **u → ue**

jugar *to play (a sport or game)*

## Las sensaciones

tener calor *to be hot*
tener frío *to be cold*
tener hambre *to be hungry*
tener miedo *to be scared*
tener sed *to be thirsty*
tener sueño *to be sleepy, tired*
tener vergüenza *to be ashamed*

## Los colores

¿De qué color es? *What color is it?*
amarillo/a *yellow*
anaranjado/a *orange*
azul *blue*
blanco/a *white*
gris *gray*
marrón *brown*
morado/a *purple*
negro/a *black*
rojo/a *red*
rosa, rosado/a *pink*
verde *green*
claro/a *light*
oscuro/a *dark*
de cuadros *plaid*
de lunares *polka-dotted*
de rayas *striped*

## La ropa *(Clothing)*

el abrigo *coat*
la blusa *blouse*
el bolso *purse*
las botas *boots*
la bufanda *scarf (for winter)*
la camisa *shirt*
la camiseta *T-shirt*
la cartera *purse*
la chaqueta *jacket*
el cinturón *belt*
la corbata *tie*
la falda *skirt*
las gafas de sol *sunglasses*
la gorra *cap*
la manga corta/larga *short/long sleeve*
las medias *stockings; socks*

los pantalones *pants*
los pantalones cortos *shorts*
el pañuelo *scarf (women's); handkerchief*
la ropa interior *underwear*
el saco *sports coat*
las sandalias de playa *flip-flops*
el sombrero *hat*
el suéter *sweater*
el traje *suit*
el traje de baño *bathing suit*
el vestido *dress*
los zapatos *shoes*
los zapatos de tacón alto *high-heeled shoes*
los (zapatos de) tenis *tennis shoes*

## Los materiales

¿De qué (material) es? *What (material) is it made of?*
el algodón *cotton*
el cuero *leather*
la lana *wool*
el nailon/nilón *nylon*
el rayón *rayon*
la seda *silk*

## Ir de compras *(To go shopping)*

barato/a *inexpensive*
caro/a *expensive*
¿Cuánto cuesta/n...? *How much is/are ...?*
estar de moda *to be in style*
ir de compras *to go shopping*
llevar *to wear*
el número *shoe size*
el precio *price*
la talla *clothing size*
Te queda bien. *It looks good on you. / It fits you well.*

## Palabras y expresiones útiles

a eso de *around*
abrir *to open*
acabar de + *infinitive to have just* + past participle
el concierto *concert*
creer *to think; to believe*
Cuesta un ojo de la cara. *It costs an arm and a leg.*
después/luego/más tarde *then, later (on)*
después de + *infinitive after* _____*ing*
la dirección *address*
Me fascina/n. *I love it/them.*
¡No me diga/s! *No kidding!*
No me gusta/n nada. *I don't like it/them at all.*
por fin *at last, finally*
primero *first*
se come muy bien... *they/people/one eat(s) really well ...*

# Ayer y hoy

Chiva o autobús en Cartagena, Colombia.
Jesús Ochoa/Lonely Planet Images

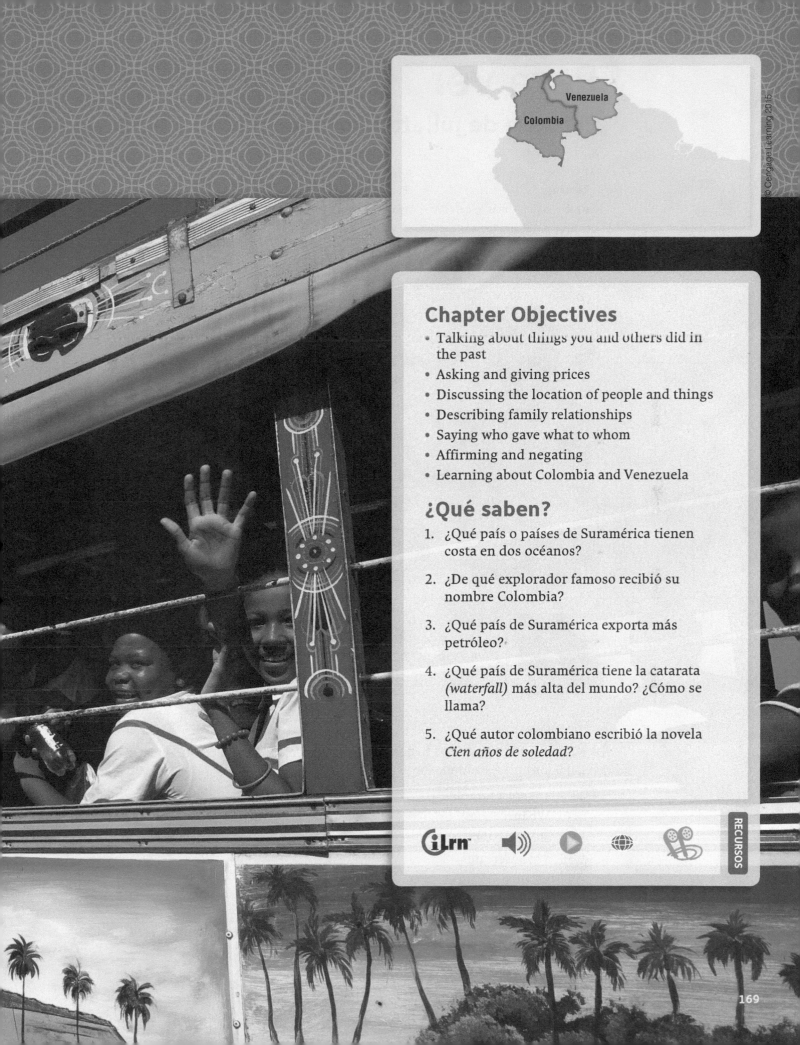

Venezuela

Colombia

## Chapter Objectives

- Talking about things you and others did in the past
- Asking and giving prices
- Discussing the location of people and things
- Describing family relationships
- Saying who gave what to whom
- Affirming and negating
- Learning about Colombia and Venezuela

## ¿Qué saben?

1. ¿Qué país o países de Suramérica tienen costa en dos océanos?

2. ¿De qué explorador famoso recibió su nombre Colombia?

3. ¿Qué país de Suramérica exporta más petróleo?

4. ¿Qué país de Suramérica tiene la catarata *(waterfall)* más alta del mundo? ¿Cómo se llama?

5. ¿Qué autor colombiano escribió la novela *Cien años de soledad*?

iLrn

RECURSOS

# Para ver ①

## El padre de Julieta

| | |
|---|---|
| **Perdón.** | Excuse me. / I'm sorry. |
| **¡Qué** + *noun* + **más** + *adjective*! | What a + *adjective* + *noun*! |
| **¡Qué hotel más lujoso!** | What a luxurious hotel! |
| *adjective* + **-ísimo/a** | |
| **bello/a** ⟶ **bellísimo/a** | very beautiful |

Video stills: © Cengage Learning 2015

 *Soy Julieta, la bloguera venezolana de Caracas, y ahora estoy con mi familia de vacaciones en Bogotá. Bueno, mi padre tiene que trabajar. Él es una persona muy particular... ¡Qué hombre!*

▶ **ACTIVIDAD 1 Los lugares** Mira el video blog y pon en orden del 1 al 5 los lugares adonde fue el padre hoy.

_____ a un restaurante

_____ al banco

_____ al Museo del Oro

_____ a Monserrate*

_____ a Expoartesanías

*The father errs when referring to the mountain overlooking Bogotá. It is Monserrate, which was named after the mountain Montserrat near Barcelona, Spain. Both have religious structures and fabulous vistas.

▶ **ACTIVIDAD** **2** **¿Comprendiste?** Lee las oraciones incompletas, mira el video blog otra vez y luego completa cada oración con la información correcta.

1. El padre de Julieta es un hombre _____.
   a. muy organizado
   b. con mala memoria

2. Él compró un regalo para _____.
   a. sus hijos Marta y Nelson
   b. el matrimonio de Marta y Nelson

3. El padre no sabe dónde está _____.
   a. su dinero
   b. su cliente

4. _____ pagó la comida en el restaurante.
   a. El cliente
   b. El padre

5. El padre compró el regalo en _____.
   a. Expoartesanías
   b. el Museo del Oro

6. El padre _____ el dinero.
   a. perdió
   b. gastó (spent)

el matrimonio = la boda

## ¿Lo sabían?

Colombia es famosa no solo por ser un gran exportador de flores y el primer productor de esmeraldas del mundo, sino también por su pasado precolombino. Esto se puede apreciar en el Museo del Oro, en Bogotá, que contiene más de 33.600 piezas precolombinas hechas de oro. Estas piezas son de pueblos como los tayronas y los muiscas que antes de la llegada de los españoles vivían en lo que hoy día es Colombia.

Otro lugar único es la Catedral de Sal, originalmente una mina de sal de los indígenas. Está en Zipaquirá, a unos 50 kilómetros de Bogotá, y es una obra única de ingeniería, arquitectura y arte. Es una iglesia enorme, construida en varios niveles[1] debajo de la tierra, en una mina de sal que los indígenas ya explotaban antes de la llegada de los españoles a la región.

**¿?** **El Museo Nacional del Indio Americano en Washington, DC, tiene artefactos de grupos indígenas de todo el continente. ¿Conoces este museo? ¿Qué tipos de artefactos tiene?**

© Klaus Lang / Alamy
▲ Catedral de Sal, Zipaquirá, Colombia.

**iLrn** Para aprender más sobre Colombia, mira el video cultural en la mediateca (*Media Library*).

_____
[1]*levels*

**ACTIVIDAD** **3** **¡Qué exageración!** En parejas, una persona describe de forma exagerada a algunas personas y cosas que conoce, usando los adjetivos indicados. La otra persona responde indicando que opina lo mismo. Recuerden que el adjetivo concuerda (*agrees*) con el sustantivo que modifica. Sigan el modelo.

   grandísima
▶ A: La ciudad de Bogotá es grandísima.
   B: Es verdad. ¡Qué ciudad más grande!

1. altísimas
2. gordísimo
3. guapísimos
4. feísimo
5. flaquísimo
6. simpatiquísima

To keep the [k] sound, **-c-** changes to **-qu-** before adding **-ísimo/a:** **flaco/a → flaquísimo/a.**

# Vocabulario esencial ▮

## I. Los números del cien al millón

El uso del punto y de la coma varía del inglés al español en Suramérica y España:

inglés = 54.56 y 1,987,789

español = 54,56 y 1.987.789

Note spelling of **quinientos, setecientos,** and **novecientos.**

**Mil personas,** BUT **un millón <u>de</u> personas.**

| | |
|---|---|
| 100 | cien |
| 101, 102 | ciento uno, ciento dos |
| 200 | doscientos |
| 300 | trescientos |
| 400 | cuatrocientos |
| 500 | quinientos |
| 600 | seiscientos |
| 700 | setecientos |
| 800 | ochocientos |
| 900 | novecientos |
| 1.000 | mil |
| 2.000 | dos mil |
| 1.000.000 | un millón |
| 2.000.000 | dos millones |

© Scott Dalton/Bloomberg via Getty Images

**NOTE:**

1. When used as adjectives, the following numbers agree in gender with the noun being modified: **uno/a, veintiún/veintiuna,** and **treinta y un/a, cuarenta y un/a,** etc. **Quinientos/as** and all numbers ending in **cientos/as** agree in gender and number.

   **trescient<u>as</u> blus<u>as</u> y quinient<u>os</u> sombrer<u>os</u>**

2. The following expressions are frequently used with numbers: **alrededor de** *(about),* **más o menos** *(more or less),* and **casi** *(almost).*

   **Esta chaqueta cuesta casi 200.000 pesos.**

---

**ACTIVIDAD** **4** **Los precios correctos** En parejas, Uds. están de vacaciones en Bogotá. Miren los precios en pesos colombianos y su equivalente en dólares. Luego, usen la lógica y digan cuánto cuestan las cosas de la primera columna.

▶ Una habitación por una noche en el hotel Abadía Colonial debe costar... en pesos colombianos. Son... en dólares americanos.

| | Precio en pesos colombianos | | Precio en dólares |
|---|---|---|---|
| 1. habitación por una noche en el hotel Abadía Colonial __e__ | a. $3.600 | = | $1,65 |
| 2. comida para uno en un restaurante del Cerro de Monserrate __b__ | b. $14.000 | = | $7,70 |
| | c. $36.000–$45.000 | = | $20–$25 |
| 3. pasaje de Delta de Los Ángeles a Bogotá __f__ | d. $136.000 | = | $75 |
| 4. entrada al Museo del Oro __c__ | e. $208.000 | = | $115 |
| 5. tour a Zipaquirá y Guatavita ____ | f. $1.032.100 | = | $568 |
| 6. teleférico al Cerro de Monserrate (ida y vuelta) __a__ | | | |

**ACTIVIDAD 5 Datos interesantes** En parejas, "A" mira las tablas de esta página y "B" mira las tablas de la página R17. Háganse preguntas como las siguientes para averiguar la información que no tienen: **¿Sabes dónde está…? ¿Sabes cuántos pies de alto tiene la catarata de Tugela? ¿Y en metros sabes cuántos tiene?**

**A**

| Cataratas más altas del mundo | País | Pies | Metros |
|---|---|---|---|
| el Salto Ángel | _____ | 3.212 | 979 |
| la catarata de Tugela | Sudáfrica | _____ | _____ |
| las cataratas de las Tres Hermanas | Perú | _____ | 914 |

| Ciudades hispanohablantes más grandes de Suramérica | Número de habitantes (zona metropolitana) |
|---|---|
| Buenos Aires, Argentina | 13.400.000 |
| Lima, Perú | _____ |
| Bogotá, Colombia | _____ |

▲ **Bogotá, Colombia**

**ACTIVIDAD 6 Un ojo de la cara Parte A.** En parejas, decidan cuánto cuestan las siguientes cosas que necesita un estudiante universitario.

▶ La matrícula *(tuition)* de un año cuesta casi… / más o menos… / alrededor de…

1. la matrícula de un año
2. los libros
3. la comida
4. la vivienda
5. la cuenta del celular por mes

**Parte B.** Ahora digan cuánto cuestan las siguientes cosas que quiere tener un estudiante.

1. una bicicleta
2. una canción en iTunes
3. un televisor gigante
4. una cámara
5. una computadora
6. una chaqueta de cuero
7. una semana de vacaciones en Cancún
8. un carro

# II. Preposiciones de lugar

a la izquierda (de)

encima (de)

detrás (de)

delante (de)

al lado (de)

debajo (de)

cerca (de)

a la derecha (de)

enfrente (de)

lejos (de)

**ACTIVIDAD 7** ¿Quién es? ¿Qué es? **Parte A.**
Escucha la información que da tu profesor/a para adivinar a quién o qué describe.

▶ Tu profesor/a: Esta persona está lejos de la puerta y cerca de las ventanas. Está lejos de mí. Está delante de Tom y detrás de Jane. ¿Quién es?

**Parte B.** En parejas, túrnense para describir y adivinar dónde está una persona o un objeto en la clase.

▶ A: Este objeto está lejos de las ventanas, enfrente de mí y detrás de la profesora.
   B: ¿Es la pizarra?
   A: No, está a la derecha de la pizarra.
   B: ¿Es el reloj?
   A: Sí, correcto.

**Parte C.** Ahora, en parejas, "A" debe pensar en una persona u objeto de la clase y "B" debe hacer preguntas sobre dónde está la persona o el objeto en relación a otros para adivinar quién o qué es.

▶ B: ¿Es una persona o un objeto?
   A: Un objeto.
   B: ¿Está cerca o lejos de mí?
   A: Está cerca de ti.
   B: ¿Está a mi izquierda?
   A: No, está a tu derecha.
   B: ¿Es mi mochila?
   A: Sí, es tu mochila.

Illustrations: © Cengage Learning 2015

**ACTIVIDAD** **8** **Venden sus cosas** Dos estudiantes colombianos acaban de terminar sus estudios en los Estados Unidos y ahora están vendiendo sus cosas antes de volver a Colombia. En grupos de cuatro, "A" y "B" son los estudiantes colombianos y deben mirar la lista de precios para decir cuánto cuesta cada cosa. "C" y "D" quieren comprar algunas cosas y deben mirar la página R18.

▶  C: ¿Cuánto cuesta esta planta encima de la mesa?
   A: La planta a la derecha cuesta...
   D: ¿Y cuánto cuesta el carro...?
   B: El carro...

**A** y **B**

© Cengage Learning 2015

| | |
|---|---|
| carro verde $5.700 | mesa $400 |
| carro rojo $14.999 | sofá $600 |
| computadora $750 | televisor de plasma $1.700 |
| guitarra grande $175 | plantas $15 |
| guitarra pequeña $135 | reloj despertador $10 |
| lámpara alta $35 | reproductor de DVD $75 |
| lámpara pequeña $18 | sillas $150 |

**ACTIVIDAD** **9** **Tu ciudad** A veces conocemos una tienda, un restaurante u otro lugar, pero no podemos recordar su nombre. En grupos de tres, una persona explica dónde está un lugar de la ciudad y las otras dicen el nombre. Luego, la persona que puede nombrar ese lugar, describe otro. Usen preposiciones de lugar en las descripciones.

▶  A: Hay una tienda de ropa que está enfrente de..., también está cerca de... y a la izquierda de.... ¿Saben cómo se llama?
   B o C: Sí, es...

# Gramática para la comunicación **I**

## I. Talking about the Past: The Preterit

*(handwritten annotations in margin: how long ago / yrs. / Present: have been?)*

**1** In Chapter 5 you learned how to discuss the immediate past using **acabar de** + *infinitive*. To talk about what you did yesterday, last week, or last year, you need to use the preterit (**el pretérito**). All regular verbs, as well as stem-changing verbs and reflexives ending in **-ar** and **-er**, are formed as follows. (You will learn the preterit of stem-changing **-ir** verbs in Chapter 7.)

> **All -ar** and **-er** stem-changing verbs are regular in the preterit; they have no vowel change: **cerrar:** present → **cierro** preterit → **cerré.**
> **Vosotros** form = **tú** form + **-is: bebiste** + **-is** = **beb<u>is</u>teis.**

*Pagó él. Yo no saqué el dinero para nada.*

| **cerrar** | | | **comer** | | | **escribir** | |
|---|---|---|---|---|---|---|---|
| cerré | cerramos | | comí | comimos | | escribí | escribimos |
| cerraste | cerrasteis | | comiste | comisteis | | escribiste | escribisteis |
| cerró | cerraron | | comió | comieron | | escribió | escribieron |

—Ayer Wilmer y yo **comimos** en el hotel. Luego yo **miré** una película y él **se acostó.**
—¿Y tus padres **salieron**?
—Sí, y **volvieron** tarde.

*Yesterday, Wilmer and I ate at the hotel. Then I watched a movie and he went to bed.*
*And your parents went out?*
*Yes, and they came back late.*

> Note the use of accents in the **yo** and **él/ella/ usted** forms.

**NOTE:**

a. Regular **-ar** and **-ir** verbs have the same ending in the **nosotros** form in the present indicative and the preterit. Context helps determine the tense of the verb. For example: **Todos los días almorzamos a las 2:00, pero ayer almorzamos a la 1:00.**

b. Verbs that end in **-car, -gar,** or **-zar** require a spelling change in the **yo** form:

> Remember the following spelling conventions: ga, **gue**, gui, go, gu ca, **que**, qui, co, cu za, **ce**, ci, zo, zu

    **tocar** ⟶ **toqué**    Toqué la guitarra en el bar del hotel.
    **jugar** ⟶ **jugué**    Ayer jugué al tenis y mi madre también jugó.
    **empezar** ⟶ **empecé**    Ayer empecé a tomar café descafeinado.

c. Regular reflexive verbs follow the same pattern as other regular verbs in the preterit. The reflexive pronoun precedes the conjugated form. For example: **Esta mañana me levanté temprano.**

d. **Ver** is regular in the preterit and it has no accents because **vi** and **vio** are monosyllables.

**2** Three common irregular verbs in the preterit are **ir** and **ser**, which have the same preterit forms, and **hacer**.

| **ir/ser** | | | **hacer** | |
|---|---|---|---|---|
| fui | fuimos | | hice | hicimos |
| fuiste | fuisteis | | hiciste | hicisteis |
| fue | fueron | | hizo | hicieron |

> Note that accents are not needed on these forms.

—Julieta no **fue** al concierto.
—Y tú, ¿qué **hiciste** anoche?

*Julieta didn't go to the concert.*
*And what did you do last night?*

**3** The following time expressions are frequently used with the preterit to express a completed past action.

**anoche** last night
**ayer** yesterday
**anteayer** the day before yesterday
**la semana pasada** last week
**el sábado/mes/año pasado** last Saturday/month/year
**de repente** suddenly

**hace tres/cuatro/... días** three/ four/... days ago
**hace dos/tres/... semanas/ meses/años** two/three/... weeks/months/years ago
**¿Cuánto (tiempo) hace que +** *preterit...?* How long ago did . . . ?

**La semana pasada** Wilmer y una amiga **vieron** *María llena eres de gracia.*

*Last week Wilmer and a friend saw* María Full of Grace.

Julieta **visitó** el Museo del Oro **hace tres días. / Hace tres días que**\* Julieta **visitó** el Museo del Oro.

*Julieta visited the Museo del Oro three days ago.*

\***NOTE:** Use **que** when **hace** + *time expression* begins the sentence.

Here are some frequently used verbs that you will practice in the chapter activities.

**asistir a** to attend *(class, church, etc.)*
**buscar** to look for
**decidir** to decide
**dejar** to leave behind
**desayunar** to have breakfast
**llegar** to arrive

**llorar** to cry
**pagar** to pay (for)
**sacar** to get *(a grade)*; to take out
**terminar** to finish
**tomar** to drink; to take *(a bus, etc.)*
**viajar** to travel

—**¿Asistieron** muchas personas **al** concierto?

*Did many people attend the concert?*

—Sí, pero nosotros **llegamos** tarde y el concierto **terminó** temprano.

*Yes, but we arrived late, and the concert ended early.*

**ACTIVIDAD 10 Wilmer en Caracas Parte A.** Wilmer vive en Caracas, Venezuela, y cuenta qué hizo el viernes pasado. Completa su historia con la forma correcta de los verbos que están en orden a la derecha.

El viernes por la mañana <u>me levanta</u> (1) a las 7:30, <u>tomé</u> (2) un café con leche, <u>escuché</u> (3) las noticias en la radio y <u>salí</u> (4) de mi casa a las 8:30. <u>fui</u> (5) al trabajo en taxi y <u>llegué</u> (6) justo a las 9:00. <u>me senté</u> (7) enfrente de la computadora hasta la 1:00. Luego, Carlos y yo <u>almorzamos</u> (8) en un restaurante que está enfrente del trabajo y yo <u>pagué</u> (9) porque era (was) su cumpleaños. A las 2:00 nosotros <u>volvimos</u> (10) a la oficina y yo <u>trabajé</u> (11) hasta las 6:00.

Al final de mi día de trabajo, <u>fui</u> (12) a la casa de una amiga a tomar una cerveza. A las 7:30 <u>regresé</u> (13) a casa muy cansado. Mi madre <u>hizo</u> (14) una cena deliciosa para toda la familia y nosotros <u>comimos</u> (15) a las 8:00. Luego yo <u>me duché</u> (16) y <u>salí</u> (17) de casa a las 10:00 para ver a unos amigos en un bar. A las 11:30 <u>fuimos</u> (18) a una disco y <u>bailamos</u> (19) desde las 12:00 hasta las 4:30. Yo <u>llegué</u> (20) a mi casa a las 5:00 y <u>me acosté</u> (21) supercansado. ¡Qué día más largo!

levantarse, tomar
escuchar, salir
ir, llegar
sentarse
almorzar
pagar
volver
trabajar

ir
regresar
hacer
comer, ducharse
salir
ir, bailar
llegar
acostarse

© Pablo Corral V/Corbis

▲ **Vista aérea de Caracas, Venezuela.**

**Parte B.** Ahora, en parejas, díganle a su compañero/a qué hicieron el viernes pasado y a qué hora hicieron esas actividades. Usen la historia de Wilmer como guía.

**ACTIVIDAD 11 Intercambio cultural**

**Parte A.** Una estudiante norteamericana fue a un programa de intercambio *(exchange)* cultural en Colombia. Mira las cosas que hizo y ponlas en orden lógico.

_____ Fui directamente a la casa de una familia colombiana donde viví durante un semestre.

_____ Viajé por Avianca (aerolínea colombiana).

_____ Ahora hablo todos los días con mis amigos colombianos por Internet.

_____ Llegué al aeropuerto de Medellín en septiembre.

__1__ Tomé una clase de español para prepararme para el viaje.

_____ Busqué información en Internet sobre programas de intercambio.

_____ Asistí a la Universidad de Antioquía.

_____ Lloré cuando dejé a mi familia colombiana.

_____ Decidí finalmente ir a Colombia.

_____ Saqué buenas notas en mis clases.

**Parte B.** Ahora cuéntale a la clase qué hizo esta estudiante norteamericana. Usa expresiones como **primero, después, después de, luego, por último** *(finally)*.

▶ Primero ella tomó una clase... Después...

**ACTIVIDAD 12 Ayer** En tu clase probablemente hay personas que ayer hicieron estas actividades. Haz preguntas para encontrar a esas personas.

▶ A: ¿Hiciste la tarea ayer?
B: Sí, hice la tarea. / No, no hice la tarea.

**nombre**

1. tomar un café _____

2. correr _____

3. subir una foto a Internet _____

4. recibir un email _____

5. comer a las 7:00 _____

6. ir al cine _____

7. tocar el piano _____

8. mirar televisión _____

9. asistir a la iglesia _____

10. descargar una canción _____

11. hacer ejercicio _____

12. acostarse después de la 1:00 _____

**ACTIVIDAD 13** **¿A qué hora?** **Parte A.** En la columna **tú** escribe a qué hora hiciste ayer (o el viernes pasado si hoy es lunes) las siguientes actividades.

|  | tú | compañero/a |
|---|---|---|
| 1. levantarse | _____ | _____ |
| 2. almorzar | _____ | _____ |
| 3. ir a la primera clase | _____ | _____ |
| 4. terminar la última clase | _____ | _____ |
| 5. llegar a casa (o a la residencia) | _____ | _____ |
| 6. acostarse | _____ | _____ |

**Parte B.** Ahora, en parejas, pregúntenle a su compañero/a a qué hora hizo las actividades de la **Parte A** y escriban su respuesta en la segunda columna.

▶ A: ¿A qué hora te levantaste ayer?
   B: Me levanté a las...

**ACTIVIDAD 14** **¿Cuánto tiempo hace que...?** En parejas, pregúntenle a su compañero/a cuánto tiempo hace que hizo estas actividades.

▶ A: ¿Cuánto (tiempo) hace que visitaste a tus padres?

B: Hace tres semanas que visité a mis padres.    B: Visité a mis padres ayer.

1. viajar a otra ciudad
2. ir al médico
3. escribir una composición
4. hablar por teléfono
5. comer pizza
6. sacar "A" en un examen de historia
7. ir al cine
8. asistir a un concierto
9. buscar información en Internet
10. llorar en una película

ayer
anteayer
hace tres/cuatro/cinco días
la semana pasada
hace dos/tres semanas
el mes pasado
hace dos/tres/cuatro meses
¿?

**ACTIVIDAD 15** **¿Sabes mucho de historia?** En parejas, digan en qué año ocurrieron los siguientes acontecimientos. Piensen en todo lo que saben de historia y usen la lógica para seleccionar el año correcto.

▶ La Armada Invencible española / perder contra los ingleses __b__
   La Armada Invencible española perdió contra los ingleses en mil quinientos ochenta y ocho.

1. la Armada Invencible española / perder contra los ingleses ____
2. los Juegos Olímpicos / ser en México ____
3. la Editorial Suramericana / publicar *Cien años de soledad* ____
4. Colombia y Venezuela / celebrar el bicentenario de su independencia ____
5. Cristóbal Colón / llegar a Venezuela ____
6. Colombia / abolir la esclavitud *(slavery)* ____

a. 1498
b. 1588
c. 1851
d. 1967
e. 1968
f. 2010

Use Estar

# II. Indicating Relationships: Prepositions

Common prepositions of location are listed on p. 174.

**1** Prepositions (**preposiciones**) establish relationships between one word and another in a sentence. You already know prepositions such as **a, de, en, para,** and **por.** Other common prepositions are:

| | | | | | | | |
|---|---|---|---|---|---|---|---|
| **con** | with | **desde** | from | **hacia** | toward | **sin** | without |
| **contra** | against | **entre** | between; among | **hasta** | until | **sobre** | about |

El padre manejó **hacia** Monserrate.    *The father drove toward Monserrate.*
Decidió ir **sin** su familia.    *He decided to go without his family.*
Visitó Bogotá **con** su cliente **hasta**    *He visited Bogota with a client until*
   las ocho.    *eight.*
Volvió solo **desde** el Museo    *He returned alone from the Museo*
   del Oro.    *del Oro.*
Llegó una hora antes del partido de    *He arrived one hour before Tachira's*
   Táchira **contra** Caracas.    *game against Caracas.*

**2** After a preposition, use the following prepositional pronouns.

Notice that these are the same pronouns you use with **gustar**: <u>A mí</u> me gusta la playa.

| Prepositional Pronouns | | | |
|---|---|---|---|
| a | | **mí** | nosotros/as |
| para | | **ti** | vosotros/as |
| sin | + | **Ud.** | Uds. |
| (etc.) | | **él** | ellos |
| | | **ella** | ellas |

—Tengo dinero **para ti.**
—**¿Para mí?** Gracias.

—¿Van a ir **sin Wilmer**?
—No, vamos a ir **con él.**

With the preposition **con, mí** and **ti** become **conmigo** and **contigo.**

—¿Quieres ir **conmigo**?    *Do you want to go with me?*
—Sí, voy **contigo.**    *Yes, I'll go with you.*

The preposition **entre** uses **tú** and **yo.**

**Entre tú** y **yo** no hay problemas.    *Between you and me there are no problems.*

**3** When a verb immediately follows a preposition, it is always in the infinitive form.

Ayer **después de comer,** miramos    *Yesterday after eating, we watched TV.*
   la tele.*
**Para dormirme,** tomé un té de    *In order to fall asleep, I had chamomile*
   manzanilla.    *tea.*

Always double check compositions to make sure that prepositional phrases such as **después de** and **antes de** are never followed by a conjugated verb, but rather an infinitive.

***NOTE:** Compare with this sentence: **Después, comimos y miramos la tele.** (*Later we ate and watched TV.*)

**4** Note the prepositions used with the following verbs.

| | | | | | |
|---|---|---|---|---|---|
| **casarse** con | } + *persona* | to marry | } + *person* | | |
| **enamorarse** de | | to fall in love with | | | |
| **asistir** a | | to attend | | | |
| **entrar** en/a | } + *lugar* | to enter | } + *place* | | |
| **salir** de | | to leave | | | |
| **aprender** | | to learn | | | |
| **comenzar** | } + **a** + *infinitivo* | to begin | } + *infinitive* | | |
| **empezar** | | to begin | | | |
| **enseñar** | | to teach | | | |
| **dejar** de | + *infinitivo* | to stop/quit | + *-ing* | | |

| | |
|---|---|
| Nelson **se casa con** Marta en dos semanas. | *Nelson is getting married to Marta in two weeks.* |
| Él **se enamoró de** ella a primera vista. | *He fell in love with her at first sight.* |
| La familia de Julieta va a **asistir a** la boda. | *Julieta's family will attend the wedding.* |

**NOTE: Deber, necesitar, poder,** and **querer** are directly followed by infinitives.

| | |
|---|---|
| **Quiero asistir** a la boda, pero no puedo porque **necesito viajar** a Miami para trabajar. | *I want to attend the wedding, but I can't because I need to travel to Miami to work.* |

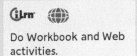

Do Workbook and Web activities.

---

**ACTIVIDAD** **16** **Una encuesta** **Parte A.** En preparación para hacer una encuesta, mira las siguientes acciones y complétalas con las preposiciones **a, con, de, desde, entre, hasta, dejar de** o **sin**.

nombre

1. anoche estudió _con_ un amigo   _____

2. en esta clase se sienta _entre_ dos chicas   _____

3. esta **mañana fue a clase** _sin_ desayunar   _____

4. hoy salió _de_ la residencia muy tarde   _____

5. asiste _a_ una clase de yoga cada semana   _____

6. el lunes pasado trabajó _desde_ las 10:00 _hasta_ las 2:00   _____

7. hace un mes que empezó _a_ hacer dieta   _____

8. siempre se enamora _de_ la persona equivocada *(wrong)*   _____

9. dejó _de_ salir con una persona la semana pasada   _____

**Parte B.** Ahora camina por la clase y haz preguntas para encontrar a las personas que hacen o hicieron las acciones de la **Parte A**.

---

**ACTIVIDAD** **17** **¿Qué hicieron ayer?** **Parte A.** Mira los dibujos y di qué hizo esta persona antes y después de almorzar.

correr           almorzar           mirar televisión

© Cengage Learning 2015

**Parte B.** Dibuja en un papel qué hiciste antes y después de asistir a clases el viernes pasado.

**Parte C.** En parejas, pregúntale a tu compañero/a qué hizo antes y después de asistir a clases. También pregúntale con quién o con quiénes hizo esas cosas.

▶ ¿Qué hiciste antes de asistir a clases?

**18 De compras** Durante tus últimas vacaciones fuiste de compras. En parejas, explícale a tu compañero/a lo siguiente.

1. adónde fuiste
2. quién fue contigo
3. qué viste
4. si compraste algo y para quién
5. qué hiciste después de ir de compras

**ACTIVIDAD 19 ¿Recuerdas? Parte A.** Vas a prepararte para hablar sobre qué hiciste ayer. Piensa en las respuestas a estas preguntas, pero también piensa en otros detalles *(details)*.

1. ¿Qué hiciste antes de salir de tu casa?
2. ¿Desayunaste? ¿dónde y con quién?
3. ¿Asististe a clase?
4. ¿Almorzaste? ¿dónde y con quién?
5. Después de almorzar, ¿qué hiciste?
6. ¿Desde qué hora hasta qué hora estudiaste?
7. Y por la noche, ¿saliste con tus amigos? ¿Hiciste algo interesante? ¿Quiénes fueron contigo?

**Parte B.** En parejas, hablen sobre qué hicieron ayer. Si quieren saber más, deben hacer preguntas como las siguientes: **Y después de desayunar, ¿qué hiciste? ¿A cuántas clases asististe? ¿Quién comió contigo? Después de terminar las clases, ¿adónde fuiste?** Empiecen la conversación preguntando **¿Qué hiciste ayer?**

**ACTIVIDAD 20 La entrevista Parte A.** Para hacer publicidad, la administración de tu universidad quiere saber qué tipo de estudiantes asisten a esta institución. Para prepararte a entrevistar a un/a compañero/a, completa las siguientes ideas con las preposiciones apropiadas.

1. _____ qué año entró _____ la universidad
2. si asistió _____ otras universidades, dónde y _____ cuánto tiempo
3. por qué decidió venir aquí
4. si aprendió _____ usar Photoshop _____ esta universidad, _____ otra universidad, _____ la escuela secundaria o _____ la escuela primaria
5. qué hace generalmente después _____ asistir _____ sus clases
6. si juega _____ tenis, _____ basquetbol o _____ otro deporte
7. dónde y cuántas horas _____ día estudia
8. _____ qué año va a terminar sus estudios
9. qué piensa hacer después _____ terminar la universidad
10. si, al terminar los estudios, piensa ir a vivir a otro estado _____ trabajar

**Parte B.** Ahora, en parejas, entrevisten a su compañero/a y luego informen al resto de la clase.

**Parte A.** Lee esta descripción de una persona famosa y contesta las preguntas que siguen.

Gustavo Dudamel, famoso director de orquesta, nació el 26 de enero de 1981 en Barquisimeto, Venezuela, y empezó a estudiar música a los cuatro años. A los diez años comenzó a estudiar violín y a los doce dirigió su primera orquesta. Gustavo aprendió a tocar el violín y a dirigir una orquesta gracias a un programa que hay en Venezuela, conocido como *El Sistema*. Este programa les enseña música gratis a los niños, en especial a niños de las clases sociales con menos recursos económicos. Este niño prodigio ganó en 2004 el prestigioso Premio Mahler y fue gracias a su participación en ese concurso que recibió una oferta y aceptó ser el director de la Orquesta Filarmónica de Los Ángeles en los Estados Unidos. En 2006 se casó con la venezolana Eloísa Maturén.

▲ Gustavo Dudamel.

© Sigi Tischler/epa/Corbis

Hoy día dirige no solo la Filarmónica de Los Ángeles, sino también la Sinfónica de la Juventud Venezolana Simón Bolívar, en Caracas, y la Orquesta Sinfónica Gotemburgo de Suecia. En el futuro, quiere ayudar a establecer más programas como *El Sistema* en diferentes partes de los Estados Unidos.

1. ¿En qué año nació Gustavo Dudamel?
2. ¿Qué hizo?
3. ¿Qué premio recibió?
4. ¿Qué hace ahora? ¿Qué planes tiene para el futuro?

**Parte B.** Busca en Internet información sobre solamente **una** de las siguientes personas.

**colombianos**
Catalina Sandino Moreno, actriz
Fernando Botero, pintor
Juanes, músico
Carlos "El Pibe" Valderrama, exjugador de fútbol
Nina García, directora de moda de la revista *Marie Claire*

**venezolanos**
Carolina Herrera, diseñadora de modas
El Puma, cantante y actor
Irene Sáez, política y ex Miss Universo
José Antonio Abreu, músico, economista y político
Andrés Galarraga, beisbolista

En la próxima clase, tienes que dar la siguiente información.

1. ¿Dónde y cuándo nació? ¿Qué hizo? (Usa el pretérito.)
2. ¿Qué hace ahora? (Usa el presente.)
3. ¿Qué va a hacer en el futuro? Puedes inventar la respuesta a esta pregunta. (Usa **va a** + *infinitivo,* **quiere** + *infinitivo,* **piensa** + *infinitivo,* **le gustaría** + *infinitivo.*)

To do a search, type the name + *biography* or *his/her life* to get sites in English, or the name + **biografía** or **su vida** to get sites in Spanish. You may need to consult both to complete this assignment. When saying what someone did, avoid description and simply refer to completed actions.

# Nuevos horizontes

**Lectura**

---

**ESTRATEGIA: Skimming**

In Chapter 1, you learned about scanning. When scanning, you read quickly to look for specific information and your eyes resemble laser beams zeroing in on a subject. Skimming is similar; however, when you skim a text, you simply read quickly to get the main idea without stopping to wonder about the meaning of unknown words. You will practice skimming as you read a Colombian legend.

---

**ACTIVIDAD 22 Predicción Parte A.** Antes de leer una leyenda colombiana, mira la lista de palabras que aparecen en la leyenda y busca en el diccionario las palabras que no conoces.

| | | | |
|---|---|---|---|
| cacique | hija | sumergirse | esposo nuevo |
| esposa | casarse | corazón | ofrendas |
| guerrero | matar | laguna | diosa |

**Parte B.** Ahora mira la lista de palabras otra vez y trata de adivinar qué ocurre en la leyenda. Luego marca los elementos que pueden aparecer en la leyenda.

**La leyenda va a ser...**

a. una historia trágica con un final feliz
b. una historia trágica con un final triste
c. una historia cómica con un final feliz
d. una historia cómica con un final triste

**Elementos de la leyenda**

_____ violencia      _____ religión

_____ amor      _____ desilusión

_____ algo mágico      _____ una fiesta

REMEMBER: You are not expected to comprehend every word; you are just reading to get the gist.

**Parte C.** Ahora lee rápidamente la introducción y la leyenda en la página siguiente para confirmar tu predicción de la **Parte B.** Luego comparte la información que comprendiste con el resto de la clase.

**ACTIVIDAD 23 Lectura detallada** Lee la leyenda otra vez y contesta las siguientes preguntas.

1. En la línea 4, ¿cuál es el sujeto del verbo **se casó**?
2. En la línea 11, ¿quiénes son **los dos amantes**?
3. En la línea 12, ¿cuál es el sujeto de **ordenó torturar**?
4. En la línea 20, ¿cuál es el sujeto de **gritó**?
5. En la línea 22, ¿a qué se refiere **ese**?
6. En la línea 22, ¿cuál es el sujeto de **Salió**?
7. En la línea 28, ¿a qué se refiere **allí**?
8. En la línea 34, ¿a quién se refiere **su**?

# La leyenda de Guatavita

*Todas las comunidades indígenas de Colombia tienen mitos y leyendas. Los indígenas chibchas o muiscas vivieron en el área de Bogotá que ellos llamaron Bacatá. De ellos proviene la leyenda de Guatavita.* ■

Una versión de la leyenda cuenta que el cacique de Guatavita conoció a una mujer joven bellísima de otra tribu indígena. Se enamoró y se casó con ella y de esa unión nació una hija. 5
Con frecuencia, el cacique ignoró a su esposa, pero la niña recibió mucho amor de sus padres. Con el tiempo, la esposa conoció a un guerrero muy atractivo y se enamoró de él. Un día 10
el cacique vio a los dos amantes y se enfureció. Entonces, ordenó torturar y matar al guerrero. Una noche celebraron una gran fiesta en honor a la esposa del cacique y entre el sonido de la 15
música y la alegría de la fiesta, la mujer recibió un plato con el corazón de un animal. Ella comió el corazón, pero cuando vio que las otras personas de la fiesta empezaron a reírse[1], gritó[2] 20
de horror porque comprendió que ese era el corazón del guerrero. Salió de la fiesta, tomó a su niña y corrió hacia la laguna de Guatavita. Ella y su hija se sumergieron en la laguna 25

para encontrar la paz en el silencio del agua, y nunca más salieron de allí. El cacique desesperado ordenó rescatar[3] a las dos, pero los jeques (especialistas religiosos) le explicaron 30
que la mujer vivía muy feliz en una casa debajo del agua con su nuevo esposo, una serpiente. El cacique, muy triste, prometió darle a su esposa, ahora la diosa de la laguna de Guatavita, 35
ofrendas como joyas[4] de oro para hacerla feliz en su nueva vida.

La laguna de Guatavita, Colombia.

[1]to laugh
[2]screamed

[3]to rescue
[4]jewelry

---

**ACTIVIDAD 24** **La leyenda** Después de leer la leyenda de Guatavita, marca **C** si la oración es cierta y **F** si es falsa. Después corrige las falsas.

1. _____ El cacique se casó con una mujer de su tribu.
2. _____ Él no pasó mucho tiempo con su esposa.
3. _____ La hija de ellos y un guerrero se enamoraron.
4. _____ El cacique ordenó poner al guerrero en la prisión.
5. _____ La esposa del cacique comió el corazón del guerrero.
6. _____ La esposa, horrorizada, corrió con su hija a la laguna.
7. _____ Ellas entraron en el agua y nunca más salieron.
8. _____ La esposa, en su nueva vida debajo del agua, se casó con otro hombre.
9. _____ El cacique prometió darle joyas y objetos valiosos.

**ACTIVIDAD 25** **El Dorado** Ahora lee la leyenda de El Dorado y contesta las siguientes preguntas.

1. ¿Cuáles de estas cosas hace el cacique durante la ceremonia?

   _____ navega al centro de la laguna

   _____ se pone aceite y oro en polvo en el cuerpo

   _____ canta para la diosa

   _____ tira ofrendas al agua

   _____ él se tira al agua

   _____ baila en honor a la diosa

2. ¿Encontraron los conquistadores españoles el tesoro que los caciques tiraron a la laguna?

### El Dorado

*Dice esta leyenda que, después de perder el cacique a su esposa y a su hija en la laguna de Guatavita, durante muchos años, tenía lugar una ceremonia el día que tomaba el control de la tribu un nuevo cacique.*

### Ceremonia

- Procesión solemne del futuro cacique y de la tribu a la laguna.
- Antes de salir el sol, el cacique y los jeques llegan en balsa al centro de la laguna.
- El cacique se cubre todo el cuerpo de aceite sagrado y de oro en polvo[1]. Parece una estatua.
- Al aparecer el sol en el horizonte, el nuevo cacique tira ofrendas de oro y esmeraldas para la diosa.
- El cacique entra en el agua y sale purificado.

_____

[1] powder

*Cuando llegaron los españoles a lo que hoy día es Colombia, oyeron la historia de El Dorado (un hombre de oro). Fueron a la laguna de Guatavita, donde buscaron y buscaron los tesoros de esmeraldas y oro, pero no pudieron encontrar su fondo. Más tarde muchos exploradores también intentaron hacerlo pero sin éxito. Y es así como aún hoy día, la laguna de Guatavita guarda en sus profundidades los tesoros y los secretos de El Dorado.*

**Balsa muisca, Museo del Oro, Bogotá.**

## ESTRATEGIA: Chronological Order

Texts such as news reports, histories, biographies, travelogues, or blogs often are organized chronologically. In Chapter 5 you used adverbs of time to help sequence events. Verb forms also help establish the order of events. To apply a simple chronological order when writing, you may report past, present, and then future actions:

- Use preterit to say what the person did.
- Use present tense for present, ongoing activities.
- Use **ir a** + *infinitive* and constructions such as **querer** + *infinitive*, **le gustaría** + *infinitive*, or **pensar** + *infinitive* to refer to future plans.

**ACTIVIDAD 26 Una biografía** **Parte A.** You are going to write a biography about a famous, living person. First, think of someone you admire or would like to learn more about, choosing from the list in **Actividad 21** on page 183 or from names suggested by your instructor. If needed, use the Internet to obtain information and organize an outline in Spanish based on the following.

REMEMBER: Do your outline in Spanish.

- Paragraph 1: name, when and where he/she was born, what he/she did (avoid description in the past; just state actual accomplishments, and write data in chronological order)
  Use expressions like **primero, más tarde, luego, después, después de** + *infinitive*, **antes,** and **antes de** + *infinitive*.
- Paragraph 2: what he/she is doing now
  Use present tense.
- Paragraph 3: what he/she is going to do in the future
  Use **ir a** + *infinitive*, **pensar** + *infinitive*, **le gustaría** + *infinitive*, **querer** + *infinitive,* etc.

**Parte B.** Write a three-paragraph biography based on your outline. You may want to look at the biography in **Actividad 21** as a reference.

**Parte C.** Check to see if you used the preterit in the first paragraph, the present tense in the second, and constructions like **ir a** + *infinitive* in the third. Also check to make sure you avoided description in the past in the first paragraph. Make any necessary changes to your final draft and hand in all drafts to your instructor.

# Vocabulario esencial ▣

## La familia de Julieta

Andrés Rojas Díaz — Marina Torres Milán    Ramón Gallegos Pérez — Mª Luisa Batista Ortiz

Clara Gómez Hernández — Simón    Nilza    Antonio — Ana María    Mª Rebeca    Natalia — Jesús Díaz Cano

Sandra    Juan    Julieta    Wilmer    Marta

La familia de Julieta es grande. Sus **abuelos maternos** son Ramón y Mª Luisa y viven en Maracaibo, Venezuela. Sus **abuelos paternos** son Andrés y Marina y viven con Julieta, su **hermano** y sus **padres** en Caracas. El **padre** de Julieta se llama Antonio y la **madre,** Ana María. Julieta tiene un **hermano mayor** que se llama Wilmer y ella, por supuesto, es la **hermana menor.** Tiene seis **tíos:** Simón y Nilza son **hermanos** de su padre, Mª Rebeca y Natalia, **hermanas** de su madre, y dos **tíos políticos:** Clara, la **esposa** de su tío Simón y Jesús, el **esposo** de su **tía** Natalia. Para Natalia, Julieta es una **sobrina** muy especial. Clara y Simón tienen dos **hijos,** Sandra y Juan, que son **primos** de Julieta; pero su **prima** favorita es Marta, la **hija** de su **tía** Natalia y su **esposo** Jesús. Marta, Julieta y Wilmer son **nietos** de Ramón y Mª Luisa.

> **Mª** = abbreviation for María
> when it precedes another name.
>
> **esposo/marido** = husband
> **esposa/mujer** = wife
>
> **parientes** = relatives
> **padres** = parents

## Otras palabras relacionadas con la familia

el/la cuñado/a brother/sister-in-law

el/la hermanastro/a stepbrother/ stepsister

el/la hijastro/a stepson/ stepdaughter

la madrastra stepmother

el/la novio/a groom/bride; boyfriend/girlfriend

el padrastro stepfather

el/la pariente relative

el/la suegro/a father/mother-in-law

estar casado/a (con) to be married (to)

estar divorciado/a (de) to be divorced (from)

estar separado/a (de) to be separated (from)

ser soltero/a to be single

Do Workbook and Web activities.

---

**ACTIVIDAD 27 La familia de Antonio** En parejas, miren el árbol genealógico de la página anterior y describan a la familia desde la perspectiva de Antonio. Por ejemplo: **El padre de Antonio se llama Andrés. Antonio tiene dos hermanos, Nilza y Simón.**

---

## ¿Lo sabían?

Por lo general, en los países hispanos cuando la gente piensa en familia, piensa no solo en padres e hijos sino también en otros parientes, como abuelos, tíos y primos. Es normal que los hijos vivan con los padres hasta casarse si no tienen que ir a estudiar o trabajar en otra ciudad.

▲ Tres generaciones de una familia venezolana.

En general, los padres son legalmente responsables de sus hijos hasta que estos cumplen los dieciocho años. Sin embargo, en Colombia, los padres son legalmente responsables de darles a sus hijos casa, comida, ropa, salud, seguridad social y recreación hasta los veinticinco años si sus hijos continúan los estudios después de la escuela secundaria. En cuanto a la responsabilidad de los hijos hacia los padres, en Venezuela la ley establece que los hijos mayores de dieciocho años son responsables de darles comida y cuidados médicos a sus padres y abuelos si, por motivos económicos o incapacidades físicas o mentales, estos no pueden hacerlo.

 **¿En qué piensas tú cuando escuchas la palabra *familia*? En tu país, ¿a qué edad se va la gente joven de la casa de sus padres? ¿Conoces casos de familias en que padres, hijos y otros parientes viven en la misma casa?**

**ACTIVIDAD 28** **¡Bingo!** Vas a jugar al bingo. Camina por la clase para hacerles preguntas a diferentes compañeros basándote en la información del siguiente bingo. Si una persona contesta que sí a una pregunta, escribe su nombre en la casilla correspondiente. La persona que completa primero una hilera diagonal, vertical u horizontal es el/la ganador/a.

| B | I | N | G | O |
|---|---|---|---|---|
| un hermano | cumpleaños en septiembre | madre alta | un abuelo irlandés | una tía enfermera |
| cumpleaños en febrero | padre gordo | no tiene hermanos | una tía que se llama Lisa | primos |
| dos hermanos | un tío que se llama Mike | cumpleaños en julio | esposo | un hermano rubio |
| cuatro abuelos | una abuela de origen italiano | dos cuñados | una sobrina | un abuelo con poco pelo |
| hermano guapo | un sobrino | una hija | cumpleaños en el otoño | dos hermanas |

**ACTIVIDAD 29** **Oraciones incompletas** **Parte A.** En tres minutos, escribe oraciones incompletas sobre la familia. Por ejemplo: **La madre de mi madre es mi _____.**

**Parte B.** Ahora, en grupos de tres, una persona lee sus oraciones incompletas y los compañeros tienen que completar esas oraciones.

**ACTIVIDAD 30** **Una reunión familiar** En parejas, cada uno debe mirar una de las fotos, imaginar que es su familia y explicar quién es cada persona. Hablen sobre qué hacen un día típico, qué están haciendo en la foto y dónde están en la foto en relación con otros parientes.

▶ Mi madre es la persona que está lejos de...

© Leland Bobbe/Corbis

© Franco Vogt/Corbis

# Para ver ⏸

## La boda en Caracas

| | |
|---|---|
| **echar la casa por la ventana** | to go all out (literally: *to throw the house out the window*) |
| **requete** + *adjective* | really/extremely + *adjective* |
|   **requetefeo** |   really/extremely ugly |
| **tener ganas de** + *infinitive* | to feel like + *-ing* |
|   **Tengo ganas de viajar.** |   I feel like traveling. |

Video stills: © Cengage Learning 2015

*Estoy otra vez en Caracas y anoche fui con mi familia a la boda de mi prima Marta y Nelson. Hoy estamos todos requetecansados y mi padre acaba de levantarse. Y cuando él y mi hermano Wilmer se juntan, siempre ocurre algo divertido.*

▶ **ACTIVIDAD** **31** **Marca los regalos** Lee la lista de regalos (*presents*) antes de mirar el video blog. Mientras lo miras, marca solo los regalos que recibieron los novios.

**¿Qué recibieron?**

| | | | |
|---|---|---|---|
| una casa | _____ | un sofá | _____ |
| un televisor | _____ | una escultura | _____ |
| unas toallas | _____ | un viaje | _____ |
| una bicicleta estática | _____ | | |

**ACTIVIDAD 32 Preguntas** Después de mirar el video blog otra vez, contesta estas preguntas.

1. El día después de la boda, ¿se levantó tarde o temprano la familia de Julieta?
2. ¿Con quién entró la novia en la iglesia?
3. ¿Quiénes les dieron los siguientes regalos: el televisor, el sofá y el viaje?
4. ¿Qué dice Wilmer que va a recibir de su tía Nilza si se casa?
5. ¿Qué palabras usan Wilmer y su madre para describir el posible regalo de la tía Nilza?
6. ¿Adónde van Nelson y Marta para la luna de miel?
7. ¿A qué fiesta asististe tú donde echaron la casa por la ventana? ¿A un cumpleaños, una boda, un aniversario, una reunión familiar, etc.?

## ¿Lo sabían?

Venezuela, conocido como el país del oro negro, cuenta con una reserva de más de 99 mil millones de barriles de petróleo, la mayor reserva de América Latina. El territorio venezolano incluye 30 mil kilómetros cuadrados del mar Caribe y del océano Atlántico, donde se encuentran más de 300 islas, islotes y cayos que son un atractivo turístico. Una de las islas más conocidas es la Isla Margarita, con unas playas espectaculares y agua que tiene una temperatura promedio de 27º C (80º F). Entre otras maravillas naturales del país se pueden observar los tepuyes, que son montañas con la parte superior plana como una mesa, rodeados de sabana y vegetación tropical. Otro gran atractivo turístico es el Salto Ángel, la catarata más alta del mundo.

**¿?** **¿Hay cataratas en tu país? ¿Visitaste el lugar?**

Para aprender más sobre Venezuela, mira el video cultural en la mediateca (*Media Library*).

© Martin Harvey / Alamy

▲ El tepuy Roraima en el Parque Nacional Canaima, Venezuela.

**ACTIVIDAD 33 El viaje del año pasado** En grupos de tres, pregúntenles a sus compañeros adónde fueron de viaje el año pasado y qué hicieron. También pregúntenles qué tienen ganas de hacer este año.

▶ A: ¿Adónde fuiste el año pasado?
B: Fui a San Francisco.
C: ¿Qué hiciste?
B: Primero…
A: ¿Y después de…?

# Gramática para la comunicación II

## I. Using Indirect-Object Pronouns *for someone / thing*

.........................................................................................................

**1** In this sentence from the video blog about the wedding, **Una tía de él les dio un televisor gigante,** who gave the TV and who received the TV? If you said *his aunt* and *them (the bride and groom)* respectively, you are correct. **Una tía de él** is the subject (the person who did the action), **un <u>televisor</u> gigante** is the direct object (what was given), and **<u>les</u>** is the indirect-object pronoun (to whom the TV was given, the people who received the direct object). An indirect object **(objeto o complemento indirecto)** indicates to whom or for whom an action is done. You have already learned the indirect-object pronouns **(pronombres de complemento indirecto)** with the verb **gustar.**

See **gustar**, p. 52.

| Indirect-Object Pronouns | |
|---|---|
| me | nos  *vs* |
| te | os |
| le | les |

—¿Quién **te** mandó dinero?    *Who sent you money?*
—Mi padre **me** mandó dinero.    *My father sent me money.*

What was sent? →
money = direct object
To whom was the
money sent? → to
me = indirect object

**2** Indirect-object pronouns follow the same placement rules as the reflexive pronouns.

| **Before** the conjugated verb | or | **After** and **Attached** to the infinitive |
|---|---|---|
| **Le** escribí un email. | | XXX |
| **Le** voy a escribir un email. | = | Voy a **escribirle** un email. |
| **Le** tengo que escribir un email. | = | Tengo que **escribirle** un email. |

| **Before** the conjugated verb | or | **After** and **Attached** to the present participle (-ando/-iendo) |
|---|---|---|
| **Le** estoy escribiendo un email. | = | Estoy **escribiéndole** un email. |

Remember that
when the pronoun is
attached to the present
participle, a written
accent is needed. To
review accent rules, see
Appendix B.

**3** An indirect-object pronoun can be emphasized or clarified by using a phrase introduced by the preposition **a**, just as you learned with the verb **gustar: me, te, le, nos, os,** and **les** can be emphasized or clarified with **a mí, a ti, a Luis, a nosotros, a vosotros, a Uds., a mis padres**, etc.

Julieta **le** escribió un email **a Nelson**.    *Julieta wrote an email to Nelson.*
Él **les** explicó el problema **a ellos**.    *He explained the problem to them.*

**NOTE:** The indirect-object pronoun in Spanish is almost always mandatory. In the following sentences the items in parentheses are optional and the words in color are mandatory. Those in parentheses are used to provide clarity or emphasis.

**Le** di un regalo (**a Marta**).
Mi tía **me** va a dar toallas (**a mí**).

Remember to conjugate **ofrecer** like **conocer**: ofrezco, ofreces...

**4** The following verbs are commonly used with indirect-object pronouns.

| | |
|---|---|
| **contar (o → ue)** to tell | **hablar** to speak |
| **contestar** to answer | **mandar** to send |
| **dar\*** to give | **ofrecer** to offer |
| **decir (e → i, i)** to say, tell | **pagar** to pay (for) |
| **escribir** to write | **pedir (e → i, i)** to ask for |
| **explicar** to explain | **preguntar** to ask a question |
| **gritar** to shout, scream | **regalar** to give a present |

**\*NOTE: Dar** has an irregular **yo** form in the present.

| doy | das | da | damos | dais | dan |
|---|---|---|---|---|---|

**Dar** is irregular in the preterit since it is conjugated like an **-ir** verb.

| di | diste | dio | dimos | disteis | dieron |
|---|---|---|---|---|---|

| | |
|---|---|
| Mi tía **nos mandó** la invitación a la boda por correo. | *My aunt sent us the wedding invitation by mail.* |
| La familia de Marta **les regaló** muchas cosas. | *Marta's family gave them many things.* |
| La familia de Julieta **les dio** una escultura. | *Julieta's family gave them a sculpture.* |

**ACTIVIDAD 34** **¿Corbata o falda?** Lee las siguientes oraciones y para cada situación decide si la persona recibió una corbata o una falda.

1. Mi madre le compró una _cor_ a mi padre.
2. Le compró una _falda_ mi padre a mi madre.
3. A mi hermana, su novio le regaló una _falda_.
4. Su amiga le dio a mi primo una _cor._.
5. Le regaló una _cor._ la abuela a su nieto.

**ACTIVIDAD 35** **Su profesor y Uds.** En parejas, usen las siguientes ideas para explicar qué hace su profesor/a de español y qué hacen Uds. Incluyan los pronombres **nos** y **le** en las oraciones.

▶ A veces, el/la profesor/a **nos** hace preguntas fáciles.
  Nosotros **le**...

| | |
|---|---|
| explicar mucha gramática | contar sobre el mundo hispano |
| hablar en inglés con frecuencia | ofrecer crédito extra |
| traer fotos interesantes | pedir ayuda |
| poner videos en clase | mandar emails con preguntas |
| entregar *(to hand in)* la tarea | escribir emails respondiendo |
| regalar chocolates | a nuestras preguntas |
| decir siempre la verdad | dar muchas excusas |
| | preguntar por qué |

**ACTIVIDAD 36 Acciones** **Parte A.** Forma oraciones con elementos de cada columna para decir qué actividades hicieron estas personas ayer. Recuerda incluir **me, te, le, nos** o **les**.

▶ Ayer yo **le** mandé un email **al médico**.

| | | | |
|---|---|---|---|
| yo | explicar | un trabajo | a la psicóloga |
| el paciente | contestar | algo indiscreto | a Julieta |
| la abogada | mandar | una carta de amor | a sus nietos |
| Romeo | ofrecer | su problema | a nosotros |
| ellos | preguntar | un email | a ti |
| la abuela | contar | cien dólares | al médico |
| | | su nombre | a mí |

**Parte B.** Ahora repite la actividad, pero di qué van a hacer todos mañana.

▶ Mañana yo **le** voy a mandar un email **al médico**.
Mañana yo voy a mandar**le** un email **al médico**.

**ACTIVIDAD 37 Los regalos** **Parte A.** En parejas, pregúntenle a su compañero/a qué les regaló a cinco personas el año pasado.

▶ ¿Qué les regalaste a tus abuelos para... el año pasado?

**Parte B.** Pregúntenle a su compañero/a qué le dieron a él/ella el año pasado esas cinco personas.

▶ ¿Qué te dieron tus abuelos para... el año pasado?

**ACTIVIDAD 38 ¿Cuándo fue...?** Contesta estas preguntas.

1. ¿Cuándo fue la última vez *(last time)* que le mandaste algo a alguien? ¿Qué le mandaste y a quién?
2. ¿Quién te manda tarjetas de Hallmark? ¿Cuándo fue la última vez que recibiste una tarjeta virtual?
3. ¿Cuándo fue la última vez que un pariente te regaló algo requetefeo? ¿Qué pariente fue? ¿Qué te regaló?
4. ¿Cuándo fue la última vez que le diste a tu novio/a un beso en público?
5. ¿Cuándo fue la última vez que una persona te contó un secreto?

# II. Using Affirmative and Negative Words

| Palabras afirmativas | Palabras negativas |
|---|---|
| **todo** everything<br>**algo** something | **nada** nothing |
| **todos/as** everyone<br>**alguien** someone | **nadie** no one |
| **siempre** always | **nunca** never |

¿Y nosotros no les regalamos nada?

**1** "I'm not doing nothing" is considered incorrect in English, but in Spanish the double negative construction is usually used with the negative words **nada, nadie**, and **nunca** as follows.

> no + *verb* + *negative word*

—Julieta, ¿tienes algo para mí?      —Wilmer, ¿llamó alguien?
—No, **no** tengo **nada.**            —No, **no** llamó **nadie.**

—¿Siempre estudia tu hermana?
—No, **no** estudia **nunca.**

**2** **Nunca** and **nadie** can also precede the verb. In this case **no** is omitted.

**Nunca** estudio los viernes.            **Nadie** llamó.

**3** **Alguien** and **nadie** require the *personal* **a** when they are direct objects. Note the differences in these sentences.

| **Alguien/nadie** as a subject | **Alguien/nadie** as direct object |
|---|---|
| —¿**Alguien/Nadie** me llamó? | —¿Llamaste **a alguien?** |
| —No, no te llamó **nadie.** | —No, no llamé **a nadie.** |

**REMEMBER:** The subject does the action to the direct object.

Review use of the *personal* **a**, Ch. 4.

Do Workbook, Lab Manual, and Web activities.

**ACTIVIDAD 39** **¡No, no y no!** En parejas, terminen estas conversaciones entre padres e hijos con palabras afirmativas y negativas como **siempre, nunca, algo, nada, alguien** y **nadie.** Después, presenten las diferentes conversaciones.

—¿Qué tienes en esa mano detrás de ti?
—No tengo…

—¿Qué hiciste?
—No hice…

—¿Terminaste la tarea?
—… termino la tarea antes de salir a jugar.

—¿Qué me vas a regalar?
—… muy especial.

—¿Hay alguien contigo?
—No, no hay… Estoy solo/a.

**ACTIVIDAD 40** **El optimista y el pesimista** En parejas, uno/a de Uds. es optimista y la otra persona es pesimista; siempre se contradicen.

▶ Optimista: Alguien me manda emails.
  Pesimista: Nadie me manda emails. / No me manda emails nadie.

**optimista**

Voy a comer algo.

_____

Siempre me regalan algo.

_____

Siempre me habla alguien.

_____

Tengo ganas de decirles la verdad a todos.

**pesimista**

_____

No conozco a nadie de la clase.

_____

Nunca voy a fiestas.

_____

Mis padres nunca me dieron nada.

_____

**ACTIVIDAD 41 Educación sexual** En parejas, Uds. van a hablar sobre el tema de la educación sexual. Primero, usen la siguiente información para preparar las preguntas y después túrnense para entrevistarse. Averigüen lo siguiente:

1. si le preguntó a alguien de dónde vienen los niños
2. si alguien le contó la verdad
   Si contesta que sí, ¿quién le explicó la verdad?
3. si estudió la sexualidad humana en la escuela
4. si les va a decir a sus hijos de dónde vienen los niños

**ACTIVIDAD 42 La familia de tu compañero/a** **Parte A.** Dibuja *(Draw)* el árbol de tu familia y trae el árbol a la próxima clase de español. También debes traer fotos de las personas de tu familia, si las tienes. Para dibujar el árbol, usa símbolos, pero no incluyas nombres. Sigue el modelo que se presenta a continuación.

© Cengage Learning 2015

**Parte B.** En parejas, deben darle su árbol genealógico a la otra persona y hacerse preguntas para averiguar la siguiente información. Escriban la información en el árbol.

▶ A: ¿Qué hace tu primo y cuántos años tiene?
   B: Mi primo es... y tiene... años.
   A: ¿Quién te manda tarjetas virtuales?
   B: Mi... y mi... me mandan tarjetas virtuales. / Nadie me manda...

- ocupación
- edad
- estado civil (soltero...)
- cuándo se casó
- dónde vive
- si estudia en otra universidad
- si le manda tarjetas virtuales
- si le da regalos para su cumpleaños

Do Web Search activities.

# Más allá

## Canción: "¿Cuándo fue?"

The song is included in the *¡Claro que sí!* iTunes list on CengageBrain.com and may be on YouTube.

**Víctor Escalona (1968– ),** venezolano, se define como cantautor virtual. Compone canciones melódicas que son interpretadas no solo por él sino también por otros artistas. Normalmente no da conciertos, pero sí sube videos al ciberespacio. Tiene un sitio web que recibe más de 10.000 visitantes al día y donde la gente puede descargar su música gratis.

© Courtesy of Victor Escalona

**Mientras escuchas** Lee las siguientes preguntas sobre la canción "¿Cuándo fue?" sobre un grupo de niños y el futuro que les espera. Después, escucha la canción y contesta las preguntas.

1. ¿Qué quieren ser estos niños?

   Estela quiere ser _____.
   Reinaldo quiere ser _____.
   Camila quiere ser _____.
   Gabriel quiere ser _____.

   a. arqueólogo/a
   b. bailarín/bailarina
   c. futbolista
   d. (mujer) piloto
   e. pintor/a

2. Según el cantante, ¿qué "bebieron" los niños que cambió sus fantasías?

   a. una gran dosis de TV     b. la realidad     c. información en Internet

3. Ahora son adultos. ¿Qué ocupaciones tienen o van a tener ellos? ¿Y qué hacen en su tiempo libre o cuando están solos?

   |  | Ocupación actual o futura | Tiempo libre |
   |---|---|---|
   | Estela es _____ y_____. | a. arquitecto/a | e. baila |
   | Reinaldo es _____ y_____. | b. doctor/a | f. colecciona aviones *(airplanes)* |
   | Camila es _____ y_____. | c. hombre/mujer de negocios | g. mira sus cuadernos con pinturas |
   | Gabriel va a ser _____ y_____. | d. gerente *(manager)* | h. va a museos |

4. Según el cantante, ¿abandonaron ellos sus fantasías de niño?

## Video: *Conoce Venezuela*

The video can be found on CengageBrain.com.

© Venetur de Venezuela

**Antes de ver y mientras ves** Vas a ver un anuncio sobre Venezuela del Ministerio del Poder Popular de Turismo. Antes de ver el video, lee las siguientes preguntas e intenta contestarlas. Después mira el video para confirmar tus predicciones.

1. Venezuela tiene un territorio de más de _____ kilómetros cuadrados.

   a. 120 mil      b. 500 mil      c. 900 mil

2. Según el narrador, ¿qué bellezas naturales tiene el país?

   _____ playas                    _____ glaciares

   _____ montañas                  _____ llanos (zonas no montañosas)

   _____ volcanes                  _____ islas

   _____ desiertos                 _____ selvas (zonas tropicales cerca de la
                                          línea del Ecuador con flora densa)

3. ¿Qué comida típica de este país prepara la señora que lleva una camiseta blanca?

4. ¿Dónde hicieron sus casas algunos indígenas de Venezuela?

# Película: *María llena eres de gracia*

**Para comentar** Lee la ficha y la sinopsis de la película y contesta estas preguntas.

1. ¿Dónde tiene lugar la película? ¿En qué idioma es?

2. Al principio de la película, ¿dónde y con quiénes vive la protagonista, María Álvarez? ¿Cuál es su trabajo?

3. ¿De qué trabaja ella en la segunda parte de la película? ¿Ese trabajo es legal o ilegal?

4. En la sinopsis hay cuatro adjetivos que describen a María. ¿Cuáles son?

5. ¿Te gustaría ver esta película? ¿Por qué?

**Director y guionista:** Joshua Marston
**Países:** Colombia y Estados Unidos
**Año:** 2004

**Idiomas:** Español e inglés
**Duración:** 101 minutos
**Género:** Drama
**Fotografía:** Jim Denault

**Reparto:** Catalina Sandino Moreno (María); Yenny Paola Vega (Blanca); Guilied López (Lucy); John Alex Toro (Franklin); Patricia Rae (Carla); Orlando Tobón (Don Fernando)

**Sinopsis:** María, una joven colombiana de 17 años, vive en un pueblo con su abuela, su madre, su hermana y su sobrino. Trabaja quitándoles espinas a las rosas. Tiene novio y está embarazada. Después de discutir con su jefe, pierde el trabajo. Rebelde, pero valiente y sin opciones, abandona su vida anterior para entrar en el mundo del narcotráfico entre Colombia y los Estados Unidos como mula y así poder darle una oportunidad al bebé que espera.

# En resumen

## Now you know how to...

- talk about things you and others did in the past.
  **El padre de Julieta compró una escultura.**
- ask and give prices.
  **La escultura costó un millón de pesos colombianos.**
- describe family relationships.
  **Marta, la prima de Wilmer y Julieta, se casó con Nelson.**
- say who gave what to whom.
  **La familia de Julieta les dio la escultura a los novios.**
- affirm and negate.
  **Alguien criticó el regalo, pero no les dijo nada a los novios.**
  **A la madre de Julieta nunca le gustó la escultura.**
- discuss the location of people and things.
  **Ahora la escultura está en la casa de Nelson y Marta, al lado del sofá.**

In this chapter you have learned about Colombia and Venezuela. You will learn more interesting facts about these countries including famous people such as Carolina Herrera, Simón Bolívar, Gabriel García Márquez, Shakira, and Juanes in the Workbook, in the Lab Manual, and on the website.

## Vocabulario funcional

### Preposiciones de lugar

a la derecha (de) *to the right (of)*
a la izquierda (de) *to the left (of)*
al lado (de) *beside*
cerca (de) *near*
debajo (de) *under*
delante (de) *in front (of)*
detrás (de) *behind*
encima (de) *on top (of)*
enfrente (de) *facing, opposite*
lejos (de) *far (from)*

### Otras preposiciones

con *with*
conmigo *with me*
contigo *with you*
contra *against*
desde *from*
entre *between; among*
hacia *toward*
hasta *until, up to*
sin *without*
sobre *about*

### Los números de cien a millón y otras palabras

cien *100*
ciento uno *101*
ciento dos *102*
doscientos *200*
trescientos *300*
cuatrocientos *400*
quinientos *500*
seiscientos *600*
setecientos *700*
ochocientos *800*
novecientos *900*
mil *1,000*
dos mil *2,000*
un millón *1,000,000*
dos millones *2,000,000*
alrededor de *about*
casi *almost*
más o menos *more or less*

### Expresiones de tiempo pasado

anoche *last night*
anteayer *the day before yesterday*

ayer *yesterday*

la semana pasada *last week*

el sábado/mes/año pasado *last Saturday/month/year*

de repente *suddenly*

hace tres/cuatro/... días *three/four/... days ago*

hace dos/tres/... semanas/meses/años *two/three/... weeks/months/years ago*

¿Cuánto (tiempo) hace que + preterit...? *How long ago did ... ?*

## Verbos

abrir *to open*

asistir (a) *to attend (class, church, etc.)*

buscar *to look for*

casarse (con) *to marry; to get married (to)*

contar (o → ue) *to tell*

contestar *to answer*

dar *to give*

decidir *to decide*

dejar *to leave behind*

dejar de + *infinitive* *to stop/quit + -ing*

desayunar *to have breakfast*

enamorarse (de) *to fall in love (with)*

enseñar (a) *to teach*

entrar (en/a) *to enter*

explicar *to explain*

gritar *to shout, scream*

llegar *to arrive*

llorar *to cry*

mandar *to send*

ocurrir *to occur, happen*

pagar *to pay (for)*

preguntar *to ask a question*

regalar *to give a present*

sacar *to get (a grade); to take out*

terminar *to finish*

tomar *to drink; to take (a bus, etc.)*

viajar *to travel*

## Palabras afirmativas y negativas

algo *something*

alguien *someone*

nada *nothing*

nadie *no one*

nunca *never*

siempre *always*

todo *everything*

todos/as *everyone*

## La familia

el/la abuelo/a (paterno/a, materno/a) *grandfather/grandmother (on your father's/mother's side)*

el/la cuñado/a *brother-in-law/sister-in-law*

el/la esposo/a *husband/wife*

el/la hermanastro/a *stepbrother/stepsister*

el/la hermano/a *brother/sister*

el/la hijastro/a *stepson/stepdaughter*

el/la hijo/a *son/daughter*

la madrastra *stepmother*

el/la nieto/a *grandson/granddaughter*

el/la novio/a *groom/bride; boyfriend/girlfriend*

el padrastro *stepfather*

los padres/papás *parents*

el pariente *relative*

el/la primo/a *cousin*

el/la sobrino/a *nephew/niece*

el/la suegro/a *father-in-law/mother-in-law*

el/la tío/a *uncle/aunt*

el/la tío/a político/a *uncle/aunt by marriage*

estar casado/a (con) *to be married (to)*

estar divorciado/a (de) *to be divorced (from)*

estar separado/a (de) *to be separated (from)*

mayor *older*

menor *younger*

ser soltero/a *to be single*

## Palabras y expresiones útiles

bellísimo/a (*adjective* + -ísimo/a) *very beautiful*

la boda *wedding*

el control remoto *remote control*

echar la casa por la ventana *to go all out*

la luna de miel *honeymoon*

la matrícula *tuition*

Perdón. *Excuse me. / I'm sorry.*

¡Qué + *noun* + más + *adjective*! *What a + adjective + noun!*

requete+*adjective* *really/extremely + adjective*

la tarjeta (virtual) *(virtual) card*

tener ganas de + *infinitive* *to feel like + -ing*

# CAPÍTULO 7

# Los viajes

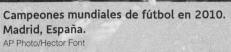

**Campeones mundiales de fútbol en 2010. Madrid, España.**
AP Photo/Hector Font

España

## Chapter Objectives

- Discussing means of transportation
- Making hotel and plane reservations
- Narrating past actions and events
- Making phone calls
- Stating how long you've been doing something
- Telling time and age in the past
- Learning about Spain

## ¿Qué saben?

1. España está en una península. ¿Cómo se llama esa península?

2. ¿Qué idioma es la base del español?

   a. el latín    b. el griego    c el árabe

3. ¿Tiene España más o menos turistas que habitantes al año?

4. ¿Cuáles de estos lugares se pueden visitar en España?

   a. anfiteatros romanos
   b. mezquitas moras
   c. sinagogas judías
   d. castillos medievales
   e. catedrales cristianas
   f. palacios renacentistas

RECURSOS

# Para ver 1

## Paseando por Madrid

| | |
|---|---|
| **quisiera/quisiéramos** | I/we would like |
| **Vale.** *(Spain)* }<br>**Sí, cómo no.** } | Fine. / Sure. / O.K. |

Video stills: © Cengage Learning 2015

*Yo, Francisco... vuestro bloguero español de Salamanca. Fui seis días a Madrid, donde exploré la ciudad y me fui de "museos". ¿A que no sabéis cuál fue mi museo favorito?*

▶ **ACTIVIDAD 1 En Madrid** Mira el video blog y combina los lugares con las actividades que hizo Francisco en Madrid. ¡Ojo! Hay actividades que él no menciona.

**Lugares**

1. la Plaza de Oriente _____
2. la Plaza Mayor _____
3. el Museo del Jamón _____
4. el Museo del Prado _____
5. el Parque del Retiro _____
6. un bar _____

**Actividades**

a. comió jamón y bebió cerveza
b. comió tortilla de patatas y bebió Coca-Cola
c. charló con unos amigos
d. no entró
e. conoció a una chica
f. vio a su exnovia
g. visitó el Palacio Real

Después de mirar el video blog otra vez, contesta estas preguntas.

1. ¿Cuánto tiempo hace que Francisco llegó a Madrid?
2. ¿A Francisco le gustó ver a su exnovia?
3. ¿En qué lugar de Madrid se pueden ver a muchas personas?
4. ¿Qué día de la semana fue Francisco al Museo del Prado?
5. ¿Qué le dio Pilar a Francisco en el Parque del Retiro?
6. En tu opinión, ¿qué lugar le gustó más a Francisco?
7. ¿Qué miraron Francisco y Pilar en el bar?

Población de España: 46.754.784

## ¿Lo sabían?

Con más de 52.700.000 de turistas al año, España tiene más visitantes que habitantes. Muchos van a España por su belleza natural, principalmente las playas. Pero otros van por la riqueza histórica. Se dice que "las piedras[1] hablan" y en realidad, muchos monumentos representan las múltiples culturas que ocuparon la Península Ibérica y que formaron lo que hoy día se llama España. Entre esas culturas están las de los fenicios[2], los celtas, los romanos y los moros. Los romanos llevaron la religión cristiana y la lengua latina, base del idioma

▲ La sinagoga de Santa María la Blanca, siglo XIII, Toledo.

© Robert Fried/Robert Fried Photography

español. A través de los moros, no solo España sino también toda Europa aprendió el álgebra y el concepto del cero. En ciudades como Segovia y Toledo es posible revivir la historia española viendo acueductos romanos, pasando por debajo de arcos moros y visitando sinagogas judías y catedrales cristianas.

¿? ¿Qué monumentos o lugares históricos debe ver un turista en tu ciudad o país?

iLrn Para aprender más sobre España, mira el video cultural en la mediateca (*Media Library*).

---

[1]rocks  [2]Phoenicians

---

ACTIVIDAD 3 Quisiera... En parejas, "A" es turista en esta ciudad y "B" vive en la ciudad. "B" debe mirar la página R18. Lean las instrucciones para su papel (*role*) y mantengan una conversación.

### A (Turista)

Quieres saber la siguiente información:

- dónde hay un hotel barato
- dónde hay un restaurante de comida española bueno, bonito y barato
- qué dan en los teatros este fin de semana
- si hay una buena discoteca

Tú empiezas diciendo **Perdón, quisiera saber dónde...**

**teatro** = theater
**cine** = movie theater

# Vocabulario esencial 🄸

## I. El teléfono

**Qué debes decir cuando...**

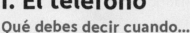

contestas el teléfono
$\begin{cases} \text{¿Aló?} \\ \text{Diga. / Dígame. (España)} \end{cases}$

preguntas por alguien
$\begin{cases} \text{¿Está Pilar, por favor?} \\ \text{Quisiera hablar con Pilar, por favor.} \end{cases}$

te identificas
$\begin{cases} \text{—¿Quién habla?} \\ \text{—Habla Francisco.} \\ \\ \text{—¿De parte de quién?} \\ \text{—(De parte) de Francisco.} \end{cases}$

quieres dejar un mensaje
$\begin{cases} \text{¿Le puedo dejar un mensaje?} \\ \text{Quisiera dejarle un mensaje.} \\ \text{¿Le puede(s) decir que llamó (Francisco)?} \end{cases}$

marcas el número equivocado
$\begin{cases} \text{—Está Pilar, ¿por favor?} \\ \text{—No, tiene el número equivocado.} \end{cases}$

tienes problemas de comprensión    ¿Puede(s) hablar más despacio, por favor?

tienes problemas con el móvil
$\begin{cases} \text{Me quedé sin batería.} \\ \text{Tengo poca batería.} \\ \text{No tengo señal (signal).} \end{cases}$

Para llamar a Pilar en España desde otro país: 001 34 609 98 96 04

**el código internacional** *international access code*    001 (internacional)
**el indicativo/código del país** *country code*    34 (España)
**el área/prefijo** (España) *area code*    91 (Madrid)
**el número** *number*    448 22 69
**el mensaje de texto / SMS**
**mandarle un mensaje a alguien**    **Le mandé un mensaje a Pilar.**
**recibir un mensaje**    **Pilar recibió un mensaje de Francisco.**

---

**ACTIVIDAD 4 ¿Diga?** Completa las siguientes conversaciones telefónicas.

1. —_Puedes_ hablar con Laura, por favor.
   —Lo siento. No está.
2. —¿Le puedo _mandarle_ un mensaje?
   —Por supuesto. Un momento, que voy a buscar un bolígrafo.
3. —¿Y cuál es el _código del país_ de Perú?
   —Es el 51 y el _prefijo_ de Lima es el 1.
4. —¿Está el Sr. Giménez?
   —¿De _parte de quien_ de quién?
5. —¿Está Martín?
   —No, tiene el número _equivocado_.
6. —¿Qué ocurre?
   —Necesito tu teléfono. _me_ _quedé_ sin batería.

## ACTIVIDAD 5 Las llamadas

En parejas, Uds. son estudiantes de intercambio en España y viven con una familia. El/La estudiante "A" debe mirar la información de esta página y "B" debe mirar la página R19.

**A** Sigue las instrucciones para hacer y recibir llamadas telefónicas. Para la llamada No. 1 tú llamas y tu compañero/a contesta.

▶ Tu compañero/a: ¿Diga?
  Tú: Buenos días...

| Llamas | Contestas |
| --- | --- |
| Llamada No. 1: Llamas y preguntas por *(nombre de tu compañero/a de esta actividad)*. | Llamada No. 2: Vives con "tus padres" españoles Ramón y Teresa y sus hijos Alejandra y Felipe. Suena el teléfono y tú contestas. |
| Llamada No. 3: Llamas y preguntas por la Sra. Rodríguez. Si no está, dejas un mensaje. | Llamada No. 4: Estás solo/a en casa cuando suena el teléfono. "Tu padre" español, el Dr. Ramón López, no está. |

## ACTIVIDAD 6 Una llamada al tío Alejandro

Francisco llama desde su móvil a su tío Alejandro, que tiene una agencia de viajes en Salamanca. Pon esta conversación en orden lógico.

___4___ ¿De parte de quién?

___1___ Todos nuestros agentes están ocupados. Espere por favor. ♩♩♩♩

___11___ Buena idea, Irene. Corto porque tengo poca batería. Gracias.

___8___ Hola, Francisco. Habla Irene, la secretaria de Alejandro. Él no está.

___12___ De nada. Adiós.

___2___ TravelTur, buenos días. Dígame.

___7___ Bueno, ¿le puedo dejar un mensaje?

___3___ Buenos días. ¿Está don Alejandro?

___8___ Sí, por supuesto. ¿Qué le digo?

___5___ De parte de Francisco.

___9___ ¿Puedes decirle que me voy a Barcelona y necesito hotel?

___4___ Sí, cómo no. Pero, ¿por qué no le mandas un mensaje de texto?

## ¿Lo sabían?

En muchos países hispanos la mayoría de las llamadas telefónicas, tanto de líneas fijas como de móviles, se cobran por minuto y por distancia. Por eso la gente se comunica con frecuencia a través de mensajes de texto que contienen varias abreviaciones. Estas son las más comunes:

• no usar acentuación ni los signos ¡ y ¿
• omitir vocales y, a veces, consonantes de las palabras (¿Estás en el apartamento? = *stas n l apto*)
• k = qué, que (¿Qué quieres? = *k kres?*); la letra *c* cuando se pronuncia *k* (conoces = *knces*)
• x = por, ch, ex (¿Por qué es un chico excepcional? = *x k s un xko xcpcionl?*)

**¿?** **¿Cuáles son las abreviaciones más comunes en tu idioma para mandar mensajes de texto?**

**ACTIVIDAD 7** **El mensaje de texto** Francisco invitó a Pilar a bailar a una discoteca y, al día siguiente, ella le mandó el siguiente mensaje. En parejas, reescriban el mensaje con palabras completas y puntuación correcta. Luego, imaginen que son Francisco y escríbanle una respuesta a Pilar usando abreviaciones.

Image: Saleeee/Shutterstock; Content: © Cengage Learning 2015

> 14:38
>
> Mensajes **Pilar** Editar
>
> Llamar | Contactos
>
> Hoy, 14:25
>
> Bna la dsk anxe. Bails bien sbs? Se k sals pra Brclna l jvs. Si kres pdemos kmer algo mñna. Knzko un rstrnte xlente. X k no psas x mi ksa a ls 21:30? Salu2.

## II. En el hotel

1 **el botones**
2 **la maleta**
3 **la empleada (de servicio)**
4 **la recepcionista**
5 **las estrellas**

© Cengage Learning 2015

A 5-star hotel is the highest rating.

# Hotel Acueducto ★★★

| Padre Claret, 10 | Tel: 902 250 550 |
| 40001 Segovia | Fax: 921 428 4466 |

**79 habitaciones**

Image: Courtesy Hotel Acueducto ; Content: © Cengage Learning 2015

### Servicios del hotel

• *Admite tarjetas de crédito* • *Aire acondicionado* • *Garaje* • *Bar/Cafetería* • *Caja fuerte* • *Calefacción* • *Ascensor* • *Salón de reuniones* • *Teléfono* • *WiFi gratuito* • *TV satélite*

### Tarifas estándares

| Alojamiento | | | | Tarifa |
|---|---|---|---|---|
| **Habitación individual** Comidas no incluidas | Baño, Ducha, Lavabo, Inodoro | 1 persona | | 75 EUR |
| **Habitación doble** Comidas no incluidas | Baño, Ducha, Lavabo, Inodoro | 2 personas | | 115 EUR |
| Desayuno (buffet) | | | | 7 EUR |
| IVA 7% | | | | |

reservas@hotelacueducto.com

el IVA = impuesto al valor agregado = value-added tax

## Otras palabras relacionadas con el hotel

**la habitación individual**

**la habitación doble**

**el baño** (w.c.)

**el desayuno**

**la media pensión** (desayuno y almuerzo o cena)

**la pensión completa** (desayuno, almuerzo y cena)

**la propina** *(tip)*  $$$

**dejar la habitación**  to check out

**quedarse (cinco días / en un hotel)**  to stay (five days / at a hotel)

**registrarse**  to check in

Do Workbook and Web activities.

---

**ACTIVIDAD** **8** **¿Quién es o qué es?**  Usa el vocabulario sobre el hotel para decir qué es o quién es.

1. la persona que lleva las maletas a la habitación del hotel.
2. el lugar donde te bañas o te cepillas los dientes.
3. el desayuno y una comida más en el hotel.
4. la persona que te dice los precios de las habitaciones.
5. el desayuno y dos comidas en el hotel.
6. la persona que hace las camas.
7. una habitación para una persona.
8. el lugar del hotel donde está el/la recepcionista.
9. una habitación para dos personas.
10. un hotel de muy buena categoría.
11. el dinero que le das a la persona que lleva las maletas a la habitación.

**ACTIVIDAD** **9** **Llamada al hotel**  En parejas, el/la estudiante "A" es el/la recepcionista del Hotel Acueducto y "B" es un/a cliente que llama para hacer una reserva. El/La cliente debe mirar la página R19.

### A (Recepcionista)

> Trabajas en el Hotel Acueducto. Hoy la Sra. Gómez, la recepcionista del hotel, está enferma y por eso estás en la recepción contestando el teléfono. Ahora un/a cliente llama para hacer una reserva. Mira la información del hotel en la página anterior para responder a las preguntas y completa el formulario que tienes aquí.
>
> Tu empiezas diciendo: Hotel Acueducto, dígame.

**HOTEL ACUEDUCTO ★ ★ ★**

**Fechas**

desde _____

hasta _____

**Habitación**

☐ individual

☐ doble

☐ triple

☐ pensión completa

☐ media pensión

☐ solo desayuno

Capítulo 7 • **209**

# Gramática para la comunicación ①

## I. Talking about the Past (Part I)

### A. Irregular Verbs in the Preterit

**1** Some common irregular verbs share similar patterns in the preterit.

> Verbs with an irregular preterit stem ending in -**j**- add -**eron,** not -**ieron,** in the third person plural form.

| tener | |
|---|---|
| tuve | tuvimos |
| tuviste | tuvisteis |
| tuvo | tuvieron |

| decir | |
|---|---|
| dije | dijimos |
| dijiste | dijisteis |
| dijo | dijeron |

Verbs that are conjugated like **tener:**

estar → **estuve**
poder → **pude**
poner → **puse**
querer → **quise** (tried but failed)
saber → **supe** (found out)
venir → **vine**

Verbs that are conjugated like **decir:**

traducir* → **traduje**
traer → **traje**

**\*NOTE:** Most verbs that end in -**ucir** follow the same pattern as trad<u>ucir</u>: cond<u>ucir</u> → **conduje,** prod<u>ucir</u> → **produje,** etc.

—¿Francisco **tuvo** problemas con el móvil?
—Sí, **tuvo** problemas con la batería.
—¿Quién te **dijo** que tuvo problemas?
—Me **dijeron** eso sus hermanos.

*Did Francisco have problems with his cell phone?*
*Yes, he had problems with the battery.*
*Who told you that he had problems?*
*His brothers told me.*

**2** Verbs with stems ending in a vowel + -**er** or -**ir** take -**y**- instead of -**i**- in the third person singular and plural. These verbs include **leer, creer** (to believe), **construir** (to build), and **oír** (to hear).

> Note that the accent mark dissolves diphthongs, creating two separate syllables: **o-í, le-í.**

| leer | |
|---|---|
| leí | leímos |
| leíste | leísteis |
| leyó | leyeron |

| oír | |
|---|---|
| oí | oímos |
| oíste | oísteis |
| oyó | oyeron |

—¿Oyeron Uds. las novedades de Francisco?
—Sí, Carmen nos leyó el mensaje que recibió de él.

*Did you hear Francisco's news?*
*Yes, Carmen read us the text she received from him.*

"Alguien me destruyó esa tranquilidad."

## B. Change of Meaning in the Preterit

The following Spanish verbs have a change of meaning in English when used in the preterit.

|            | Present                        | Preterit                                 |
|------------|--------------------------------|------------------------------------------|
| conocer    | to know                        | met                                      |
| no poder   | not to be able                 | was/were not able to and didn't do it    |
| no querer  | not to want                    | refused to                               |
| saber      | to know                        | found out                                |
| tener que  | to have to, to be supposed to  | had to and did                           |

Ayer Francisco **conoció** a las amigas de Pilar, pero su hermana **no pudo** ir porque **tuvo que** trabajar. Pilar **no quiso** hablar de su hermana y después Francisco **supo** que ellas no tienen una buena relación.

*Yesterday Francisco <u>met</u> Pilar's friends, but her sister <u>couldn't</u> go because she <u>had</u> to work. Pilar <u>refused</u> to talk about her sister, and then Francisco <u>found out</u> that they don't get along.*

**ACTIVIDAD 10 La historia de España y de EE.UU. Parte A.** Lee la siguiente información sobre la historia de España. Escoge el verbo correcto de la lista al final de cada sección y completa las oraciones con el pretérito de los verbos.

1. Los romanos _____ (1) en lo que hoy en día es España desde 209 a. C. hasta 586 d. C. _____ (2) su religión y su idioma, el latín, a ese nuevo territorio y _____ (3) acueductos, caminos, puentes y teatros que se pueden ver hoy día. **(construir, estar, llevar)**

2. Los moros_____ (4) en el año 711 d. C. y _____ (5) casi toda la Península Ibérica. _____ (6) mezquitas y palacios. También_____ (7) sus conocimientos; dos de los más importantes _____ (8) el concepto del cero y el sistema decimal. Junto con académicos judíos y cristianos, los árabes _____ (9) textos científicos e históricos del árabe y del latín al castellano. En el año 1492, _____ (10) que salir de la península por no ser católicos. **(conquistar, construir, llegar, llevar, ser, tener, traducir)**

3. En 1492, Cristóbal Colón _____ (11) a América y entonces los europeos _____ (12) de la existencia de otro continente. Pronto la gente _____ (13) historias sobre el oro de los indígenas y empezó así la época de la conquista y colonización. Los misioneros les _____ (14) su religión a los indígenas y también su idioma. En 1898, _____ (15) el período de la colonización: 400 años de dominación que _____ (16) un gran cambio en todo el continente. **(llegar, oír, producir, saber, terminar, traer)**

**castellano** = Spanish language

**Parte B.** Contesta estas preguntas acerca de la historia de los Estados Unidos. Si no sabes las respuestas, busca en Internet.

1. ¿Cuándo y a qué parte del país llegaron los ingleses? ¿Qué trajeron? ¿Qué construyeron?
2. ¿Cuándo y dónde llegaron los españoles? ¿Qué trajeron? ¿Qué construyeron?

**¿Quién dijo eso?** En grupos de tres, decidan quién dijo estas frases famosas. Sigan el modelo.

▶ No puedo decir mentiras.
George Washington dijo: «No puedo decir mentiras».

| | |
|---|---|
| 1. Ser o no ser, esa es la cuestión. e | a. Vince Lombardi |
| 2. Pienso, luego existo. g | b. Sherlock Holmes |
| 3. Ganar no es todo; es lo único a | c. Barack Obama |
| 4. Sí, se puede. c | d. Rhett Butler |
| 5. Tu hermano mayor te vigila. h | e. Hamlet |
| 6. El que no vive para servir, no sirve para vivir. i | f. Julio César |
| 7. Elemental, mi querido Watson. b | g. René Descartes |
| 8. Vine, vi, vencí. f | h. George Orwell |
| 9. *E* es igual a *MC* al cuadrado. j | i. la Madre Teresa |
| 10. Francamente, querida, ¡me importa un bledo! d | j. Alberto Einstein |

**ACTIVIDAD 12** **El fin de semana pasado** **Parte A.** Escribe la forma de **yo** correcta de los verbos. Después, marca las cosas que hiciste este fin de semana.

1. _____ (Tener) problemas con la computadora.  _____
2. leíste (Leer) una novela buena.  _____
3. No pudiste (poder) dormir mucho.  _____
4. oíste (Oír) una canción nueva de…  _____
5. estuviste (Estar) 8 horas en la biblioteca.  _____
6. No quisiste (querer) estudiar.  _____
7. conociste (Conocer) a alguien interesante.  _____
8. Pudisiste (Poder) terminar toda la tarea.  _____

**Parte B.** En parejas, pregúntenle a su compañero/a si hizo las cosas de la **Parte A.**

▶ —¿Tuviste problemas con la computadora?
—No, no / Sí, tuve problemas con la computadora.

**Parte C.** Ahora, cuéntenle a la clase qué hicieron o no hicieron Uds.

▶ No tuvimos problemas con la computadora. Ella… y yo… Nosotros…

# II. Talking about the Past (Part II)

### Stem-Changing Verbs in the Preterit

Review **-ir** stem-changing verbs, Ch. 5.

You already know that stem-changing verbs ending in **-ar, -er,** and **-ir** are referred to as *boot verbs* in the present. However, only **-ir** stem-changing verbs may be called *shoe verbs* in the preterit, because they have a stem change only in the third-person singular and plural (**-ar** and **-er** stem-changing verbs have no such changes in the preterit). The stem changes in these verbs are indicated in parentheses: **dormir (ue, u).** The first letter or group of letters represents the stem change for the present (**duermo**); the second letter shows the change for the preterit (**durmió**) and the present participle (**durmiendo**).

| preferir (e → ie, i) | | pedir (e → i, i) | | dormir (o → ue, u) | |
|---|---|---|---|---|---|
| preferí | preferimos | pedí | pedimos | dormí | dormimos |
| preferiste | preferisteis | pediste | pedisteis | dormiste | dormisteis |
| prefirió | prefirieron | pidió | pidieron | durmió | durmieron |

**e → ie, i**
**divertirse** to have fun
**mentir** to lie
**sentirse** to feel

**e → i, i**
**repetir** to repeat
**seguir** to follow
**servir** to serve
**vestirse** to get dressed

**o → ue, u**
**morirse** to die

NOTE: Stem-changing
**-ir** verbs have the same
ending in the **nosotros**
form in the preterit and
the present indicative.
Context helps
determine meaning:
**Ayer nos sentimos mal
cuando oímos la mala
noticia, pero ahora nos
sentimos mejor.**

Remember that **-ar**
and **-er** stem-changing
verbs are regular in the
preterit and have no
change: **cerré, cerraste,
cerró**, etc.

—¿Se divirtieron Francisco y Pilar?
—Sí, bailaron como locos. No
   durmieron en toda la noche y a las
   seis de la mañana pidieron churros
   y chocolate en una cafetería.

*Did Francisco and Pilar have fun?*
*Yes, they danced like crazy. They didn't*
*sleep all night long, and at six in*
*the morning they ordered churros*
*and hot chocolate at a cafe.*

**ACTIVIDAD 13 ¿Qué hiciste? Parte A.** Marca, en la primera
columna, las cosas que hiciste la semana pasada. Luego, en grupos de tres,
digan qué hicieron. Mientras escuchan a un/a compañero/a, marquen las
cosas que hizo. Comiencen diciendo **La semana pasada...**

| | yo | persona 2 | persona 3 |
|---|---|---|---|
| 1. Dormí poco. | _____ | _____ | _____ |
| 2. Me divertí mucho. | _____ | _____ | _____ |
| 3. Me sentí muy cansado. | _____ | _____ | _____ |
| 4. Pedí comida por Internet. | _____ | _____ | _____ |
| 5. Almorcé en la casa de un/a amigo/a. | _____ | _____ | _____ |
| 6. Me vestí con ropa elegante para... | _____ | _____ | _____ |
| 7. Jugué al... | _____ | _____ | _____ |

**Parte B.** Cuéntenle a la clase las cosas que hicieron o no hicieron Uds.
la semana pasada.

▶ Ella durmió poco. Nosotros dos... Yo...

**ACTIVIDAD 14 Las noticias del año** En grupos de tres, formen
oraciones usando las siguientes ideas para hablar de noticias *(news)*
importantes de este año.

1. (una persona famosa) / morirse
2. (un político) / mentirle al público norteamericano
3. (una persona famosa) / tener un niño
4. (personas famosas) / casarse
5. (una persona famosa) / estar en un centro de rehabilitación
6. la gente / saber la verdad sobre el escándalo de...
7. (una persona famosa) / venir a hablar a esta universidad o ciudad
8. (una persona famosa) / pedirle el divorcio a su esposo/a
9. (una persona famosa) / sentirse mal y estar en el hospital
10. (un/a tenista famoso/a) / jugar en Wimbledon

Capítulo 7 • 213

**ACTIVIDAD 15 Las noticias de ayer** En parejas, Uds. van a narrar las noticias de ayer. Escriban el guion que van a usar.

### Un paquete misterioso

una persona / dejar / un paquete / la estación de tren

un hombre / ver / un paquete abandonado / llamar / la policía

las personas / salir / la estación

la policía → the police (force) is singular (**La policía de mi ciudad es muy eficiente.**); **el/la policía** → the police officer.

el policía / usar / una máquina de rayos X / y ver / dinamita / el paquete

el policía / no querer abrir / el paquete / al final / utilizar / un robot

el policía / encontrar / 3 kilos de chorizo

### Lulú Camacho

Lulú Camacho / recibir / el título de Miss Cuerpo

anoche / llorar de alegría

darles / las gracias / a sus padres, etc.

perder / el título

su agente / decir la verdad / Lulú / tomar / esteroides

Lulú / preferir / no hacer / comentarios

Illustrations: © Cengage Learning 2015

**16** **¿En la escuela secundaria...?** Busca a personas de la clase que hicieron estas cosas en la escuela secundaria.

▶ A: ¿Corriste un maratón en la escuela secundaria?
B: No, no / Sí, corrí un maratón.

**nombre**

1. leer la novela *Don Quijote* _____
2. ver una película de Penélope Cruz _____
3. decir una mentira grande como una casa _____
4. dormirse en una clase _____
5. tener que pasar una noche sin dormir _____
6. mentir por un amigo _____
7. pedir en un restaurante una comida de $50 o más _____
8. oír cantar a Enrique Iglesias _____
9. conducir un coche sin tener licencia _____
10. visitar España y estar en la Alhambra _____

▲ El Patio de los Leones, la Alhambra, Granada.

**ACTIVIDAD** **17** **Tus actividades de la semana pasada** **Parte A.**
Primero completa los espacios en blanco con la preposición correcta. Luego en la primera lista marca las cosas que tuviste que hacer la semana pasada. En la segunda lista marca las cosas que no pudiste hacer y, en la tercera lista, marca las cosas que hiciste para divertirte.

**La semana pasada tuviste que...**

\_\_\_\_\_ trabajar \_\_\_\_\_ ocho horas

\_\_\_\_\_ tomar un examen \_\_\_\_\_ la mañana

\_\_\_\_\_ buscar información por Internet

\_\_\_\_\_ hacer trabajo voluntario

\_\_\_\_\_ asistir \_\_\_\_\_ una reunión *(meeting)*

\_\_\_\_\_ preparar un proyecto

\_\_\_\_\_ ir \_\_\_\_\_ la oficina de un/a profesor/a

| preposiciones | |
|---|---|
| a | al |
| con | en |
| para | por |

**La semana pasada no pudiste...**

\_\_\_\_\_ terminar la tarea

\_\_\_\_\_ dormir bien

\_\_\_\_\_ prepararte bien \_\_\_\_\_ un examen de...

\_\_\_\_\_ hablar \_\_\_\_\_ tus padres

\_\_\_\_\_ contestar un email

\_\_\_\_\_ hacer ejercicio \_\_\_\_\_ bajar de peso *(to lose weight)*

\_\_\_\_\_ leer una novela \_\_\_\_\_ la clase de...

**La semana pasada para divertirte...**

\_\_\_\_\_ ir \_\_\_\_\_ cine / \_\_\_\_\_ un restaurante

\_\_\_\_\_ charlar \_\_\_\_\_ alguien por Internet

\_\_\_\_\_ bailar \_\_\_\_\_ una discoteca

\_\_\_\_\_ ir \_\_\_\_\_ una fiesta

\_\_\_\_\_ oír una canción nueva

\_\_\_\_\_ leer una novela

\_\_\_\_\_ salir \_\_\_\_\_ amigos

**Parte B.** Ahora en parejas, usen la información de la **Parte A** y llamen por teléfono a su compañero/a para contarle qué hicieron la semana pasada. Incluyan información como la siguiente en su conversación.

▶ A: ... ¿Y qué hiciste la semana pasada?
B: Tuve que tomar un examen en mi clase de física.
A: ¿Y pudiste dormir bien la noche antes del examen?

# III. Expressing the Duration of an Action: *Hace* + Time Expression + *que* + Verb in the Present

See page 177.

You already know how to say how long ago something took place.

> **Hace** + *time expression* + **que** + *verb in the preterit*

—¿Cuánto (tiempo) **hace que** ella **llegó**?     *How long ago did she arrive?*
—**Hace dos horas que** ella **llegó**.     *She arrived two hours ago.*

**1** To express the duration of an action that began in the past and continues into the present, apply the following formula.

> **Hace** + *time expression* + **que** + *verb in the present*

—¿Cuánto (tiempo) **hace que vives** aquí?     *How long have you lived here?*

—**Hace tres años que vivo** aquí.     *I have lived here for three years.*

"Hace mucho tiempo que quiero visitar este museo, pero... no puedo."

**2** Note the difference between these two sentences.

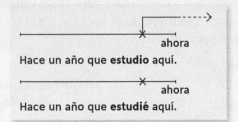

Hace un año que **estudio** aquí.

Hace un año que **estudié** aquí.

**3** Read the sentences and decide who has spent vacations in Ibiza for the last five years, and who went on vacation to Ibiza five years ago.

> **Hace cinco años que Ramón fue de vacaciones a la isla de Ibiza.**
> **Hace cinco años que Elena va de vacaciones a la isla de Ibiza.**

If you answered *Elena* and *Ramón* respectively, you are correct.

Do Workbook and Web activities.

---

**ACTIVIDAD 18** **¿Cuánto tiempo hace que...?** **Parte A.** Termina estas preguntas con la forma correcta del verbo en el presente o en el pretérito.

1. ¿Cuánto tiempo hace que _____ de la escuela secundaria? (graduarse)
2. ¿Cuánto tiempo hace que _____ en esta ciudad? (vivir)
3. ¿Cuánto tiempo hace que _____ a esta universidad? (asistir)
4. ¿Cuánto tiempo hace que _____ tus estudios? (empezar)
5. ¿Tienes coche? ¿Cuánto tiempo hace que _____ el coche? (comprar)
6. ¿Tienes trabajo? ¿Cuánto tiempo hace que _____ allí? (trabajar)
7. ¿Cuánto tiempo hace que _____ en un restaurante? (cenar)

**Parte B.** En parejas, túrnense para hacerle a su compañero/a las preguntas de la **Parte A**.

**ACTIVIDAD** **19** **¿Sabes mucho de historia?** En parejas, túrnense
para preguntar cuánto tiempo hace que murieron estas personas.

▶ A: ¿Cuánto (tiempo) hace que murió Francisco Franco?

B: Hace más o menos 40 años que     B: No tengo idea. ¿Sabes tú?
murió Francisco Franco. (1975)

| | |
|---|---|
| 1. Martin Luther King Jr. y Robert Kennedy _____ | 1865 |
| 2. John F. Kennedy _____ | 1952 |
| 3. Abraham Lincoln _____ | 1963 |
| 4. Roberto Clemente _____ | 1968 |
| 5. John Lennon _____ | 1972 |
| 6. Farrah Fawcett, Patrick Swayze y Michael Jackson _____ | 1980 |
| 7. Christopher Reeve _____ | 2004 |
| 8. Eva Perón _____ | 2008 |
| 9. Heath Ledger _____ | 2009 |

*Pret.*

**ACTIVIDAD** **20** **Los anuncios comerciales** En grupos de tres, Uds.
trabajan para una agencia que hace publicidad para Internet. Tienen que
escribir anuncios cortos para estos productos.

*Present*

▶ perfume "Chanel Número 5"
Hace un año que me pongo perfume "Chanel Número 5" y ahora tengo
muchos amigos.

1. jabón para la cara "Dove"
2. champú para hombres "Axe"
3. detergente para ropa "Tide"
4. desodorante "Right Guard"
5. vaqueros "Levis"

**ACTIVIDAD** **21** **El hotel** **Parte A.** Antes de entrevistar a un/a
compañero/a sobre la última vez que se quedó en un hotel, toma dos
minutos y escribe las preguntas que le vas a hacer.

1. cuánto tiempo hace que / estar / en un hotel
2. hacer la reserva por Internet
3. ir a un hotel de cinco estrellas
4. cuántos días / quedarse
5. el botones / subirle / las maletas a la habitación
6. dormir bien
7. poder hacer ejercicio o nadar en el hotel
8. pedir el desayuno a la habitación
9. la empleada / ponerle / chocolates en la almohada (*pillow*)
10. darle propina / a alguien en el hotel
11. le gustaría quedarse en ese hotel en el futuro

**Parte B.** Ahora, en parejas, túrnense para entrevistarse sobre la última vez
que se quedaron en un hotel. Inventen las respuestas si quieren.

# Nuevos horizontes

### ESTRATEGIA: Identifying Main Ideas

As you saw in Chapter 6, when skimming you read quickly to find only the main ideas of a text. When you want to read more in depth about a topic, there are strategies that you can employ that will help you read more efficiently such as identifying main ideas and finding supporting evidence. Main ideas can be found in titles, headings, or subheadings and also in topic sentences, which many times begin a paragraph or a section of a reading. Other important or supporting ideas can be found in the body of a paragraph or section.

In the following reading about Spain, each section is introduced by a title and a topic sentence.

**ACTIVIDAD 22 Mira y contesta** Antes de leer un artículo sobre la historia de España, contesta las siguientes preguntas.

1. Mira las fotos de las páginas 219 y 220. ¿Son construcciones modernas o antiguas?
2. En tu opinión, ¿cuál es la conexión entre las fotos y el título del artículo?
3. Según lo que aprendiste en la primera parte de este capítulo, ¿cuáles de estos grupos forman parte de la historia de España?
   a. los moros
   b. los romanos
   c. los vikingos
   d. los cristianos
   e. los egipcios
   f. los judíos
4. Se dice que para entender el presente tenemos que mirar el pasado. ¿Estás de acuerdo con esta idea? En tu opinión, ¿qué cosas de la historia de un país son importantes para entender el presente?

> While reading, use your knowledge of cognates to help you get the general idea of the article.

**ACTIVIDAD 23 Ideas principales y detalles** Lee el artículo sobre la historia de España y completa el siguiente gráfico con los títulos de las secciones, la oración principal de cada sección y las subcategorías relacionadas.

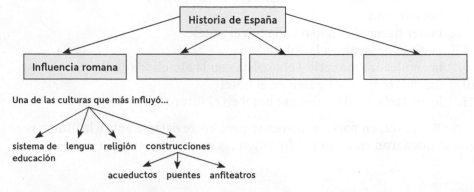

# Historia de **España**

El estudio de las diferentes civilizaciones que vivieron en España nos ayuda a entender a los españoles; también nos ayuda a comprender a muchos de los habitantes de los países hispanoamericanos porque esos países recibieron, de algún modo, influencias de la *madre patria*.

Teatro romano en Mérida.

© Pecold/Shutterstock.com

## I. La influencia romana

Una de las culturas que más influyó en España fue la cultura romana. Durante seis siglos, desde el siglo II a. C. hasta el siglo V d. C., España fue la provincia más importante del Imperio romano. Los romanos introdujeron la base del sistema educativo actual: escuela primaria, secundaria y escuelas profesionales. Su influencia fue también muy notable en la lengua y en la religión: más o menos el 70% del idioma español proviene de su lengua, el latín, y los romanos también llevaron a España la religión cristiana. Ellos construyeron anfiteatros, teatros, como el de Mérida, y puentes[1], como el puente de Salamanca, que todavía se usa. Construyeron además acueductos como el acueducto de Segovia, que se hizo hace dos mil años y se usó hasta el siglo XX. Este acueducto es hoy día una atracción turística.

## II. Los moros

Otra influencia importante en España fue la de los moros, árabes del norte de África, que vivieron principalmente en el sur de España por unos ocho siglos (711-1492). Ellos llevaron a España el concepto del cero, el álgebra y su idioma, el árabe, que también influyó en el español. Esta influencia se ve en palabras como *alcohol*, *álgebra* y *algodón*. Los moros fundaron ciudades magníficas como Granada y Córdoba. En esta última, instalaron la primera escuela de científicos donde se hizo cirugía cerebral. Además de hacer contribuciones científicas, los moros participaron en la Escuela de Traductores de Toledo. Allí cristianos, moros y judíos —otro grupo que contribuyó a la riqueza cultural de la España medieval— colaboraron para traducir textos científicos e históricos del árabe y del latín al castellano. Toledo entonces era la ciudad que mejor reflejaba la coexistencia de moros, judíos y cristianos. Hoy día se puede apreciar la influencia musulmana en la región del sur de España llamada Andalucía, conocida en el pasado por su nombre árabe *Al Andalús*. Muchos turistas van a Andalucía para visitar el palacio moro de la Alhambra en Granada, subir a la torre de la Giralda en Sevilla y caminar entre las múltiples columnas de la Mezquita de Córdoba.

---

[1]*bridges*

## III. Los Reyes Católicos y una nueva época

En 1492 los Reyes Católicos (Fernando de Aragón e Isabel de Castilla) derrotaron[2] a los moros, expulsaron a los judíos de España y unificaron el país política y religiosamente. Ese mismo año empezaron a financiar los viajes de Cristóbal Colón y de otros exploradores al Nuevo Mundo. Los viajes de Colón iniciaron una época de exploración y dominación española en el Nuevo Mundo y, al extender su poder, los españoles transmitieron el idioma español, su cultura y la religión cristiana por América.

## IV. Los paradores conservan la historia

Para revivir la historia española, es posible transportarse a través del tiempo y pasar una noche en un parador histórico. Los Paradores de Turismo constituyen la modalidad hotelera más original e interesante de la oferta turística española. La mayoría de estos hoteles están en antiguos edificios de valor histórico, como castillos, palacios, monasterios y conventos, que fueron abandonados en el pasado y luego rehabilitados para ofrecerle los más modernos servicios al cliente. Todos tienen de tres a cinco estrellas. El Parador de Alarcón, situado entre Madrid y Valencia, es un ejemplo de la rica historia que tienen los paradores. ■

Una habitación del Parador de Alarcón.

© Paradores de Turismo de España

## La historia del Parador de Alarcón

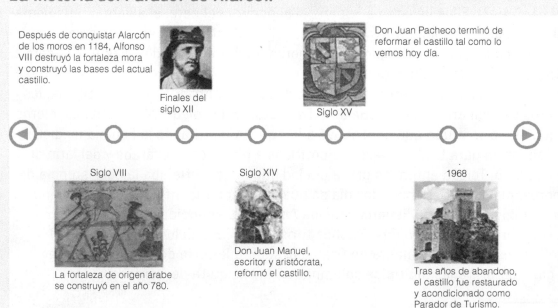

Después de conquistar Alarcón de los moros en 1184, Alfonso VIII destruyó la fortaleza mora y construyó las bases del actual castillo.

Finales del siglo XII

Siglo XV

Don Juan Pacheco terminó de reformar el castillo tal como lo vemos hoy día.

Siglo VIII

La fortaleza de origen árabe se construyó en el año 780.

Siglo XIV

Don Juan Manuel, escritor y aristócrata, reformó el castillo.

1968

Tras años de abandono, el castillo fue restaurado y acondicionado como Parador de Turismo.

Images: © Parador de Alarcón

---

[2]*defeated*

**ACTIVIDAD 24 Termina las ideas** Después de leer el artículo, identifica la siguiente información.

1. el país que para muchos en Hispanoamérica es la *madre patria*
2. algo importante que introdujeron los romanos
3. quiénes dominaron España durante más de siete siglos
4. dos contribuciones de los moros
5. los lugares que visitan los turistas en Granada, Sevilla y Córdoba
6. cuatro cosas que hicieron los Reyes Católicos en 1492
7. tres cosas que transmitieron los españoles a América
8. qué son los paradores
9. año en que se construyó el castillo de Alarcón y dos personas que le hicieron reformas

## ESTRATEGIA: The Paragraph

When writing, it is common to develop each paragraph around a theme or idea. The topic sentence generally starts a paragraph and serves as an introduction to its theme. The remainder of the paragraph contains supporting details that expand upon or support the idea expressed in the topic sentence.

**ACTIVIDAD 25 Un email Parte A.** Write an email to a friend about a recent trip (real or fictitious) and the hotel where you stayed. Separate your email into three paragraphs and use the following outline as a guide.

To say what you did, use the <u>preterit</u>. Avoid past description, just say what you did.

To describe the hotel, use the <u>present tense</u>. Remember to use hotel-related vocabulary from this chapter.

To give your friend advice, remember: **tienes que / debes / puedes** + *infinitive*.

**Parte B.** Reread your email. Did you include supporting details? Does the first paragraph contain preterit forms, the second present tense to describe the hotel, and did you vary expressions of advice in the third?

**Parte C.** Staple all drafts and your final draft together to hand in.

# Vocabulario esencial ■

## I. Medios de transporte

Avianca, la aerolínea nacional de Colombia, fue la primera aerolínea de este hemisferio; comenzó sus operaciones en el año 1919.

1. el metro
2. el camión
3. el avión
4. el autobús
5. el barco
6. la bici/bicicleta
7. la moto/motocicleta
8. el carro/coche/auto
9. el taxi
10. el tren

**Carro** is understood throughout most of Hispanic America, although in some countries **auto** and/or **coche** are used; **coche** is used in Spain.
**Autobús = camión** (México), **guagua** (Puerto Rico, Cuba), **ómnibus** (Perú), **camioneta** (Guatemala). **Bus** is also used in some countries.

### Otras palabras relacionadas con el transporte

**el aeropuerto**  airport
**la estación (de trenes, autobuses)**  (train, bus) station
**manejar** (América Latina); **conducir** (España)  to drive
**montar en bici/moto**  to ride a bike/motorcycle
**ir en barco/tren/etc.**  to go by ship/train/etc.
**bajar de un carro/autobús/tren/etc.**  to get out of/off a car/bus/train/etc.
**subir a un carro/autobús/tren/etc.**  to get in/on a car/bus/train/etc.
**tomar un taxi/autobús/tren/etc.**  to take a taxi/bus/train/etc.

**ACTIVIDAD 26 Asociaciones** Di qué medios de transporte se asocian con estas palabras: Greyhound, Southwest, U-haul, el color amarillo, Porsche, Titanic, Amtrak, Kawasaki, Trek.

Courtesy of Consorcio Regional de Transportes de Madrid

**ACTIVIDAD 27 Los transportes de tu ciudad** En parejas, hagan una lista de los medios de transporte públicos de la ciudad donde Uds. estudian. Digan cuánto cuestan, qué zonas recorren y a qué hora empiezan su servicio. Expliquen también qué medios de transporte no hay y cuáles necesita su ciudad.

**ACTIVIDAD 28 Tus experiencias** En grupos de tres, hablen sobre las siguientes preguntas relacionadas con el transporte.

1. ¿Alguna vez durmieron en un tren con cama o en un autobús? ¿Adónde fueron?
2. ¿Cuánto hace que viajaron en avión por última vez? ¿Adónde viajaron?
3. Cuando toman un autobús en la ciudad, ¿hablan con la persona que está a su lado? ¿Y cuando toman un avión?
4. ¿Les gusta viajar en avión? ¿Por qué?
5. ¿Tienen miedo de montar en moto o creen que es divertido?
6. ¿Les gusta montar en bicicleta por las montañas?
7. Si están en una ciudad, ¿prefieren tomar el metro o el autobús, o ir en carro? Si van a viajar poca distancia, ¿usan la bicicleta, caminan o van en carro?
8. Cuando están con amigos y suben al carro, ¿prefieren manejar?

## II. El pasaje y el aeropuerto

la aduana customs
el asiento seat
  del medio center
  de pasillo aisle
  de ventanilla window
el bolso de mano hand/carry-on luggage
el destino destination
el equipaje luggage
la escala a stop, layover
fumar to smoke
la línea aérea airline

la llegada arrival
llegar a tiempo to arrive on time
  con retraso to arrive late
el pasaje ticket
  de ida one way
  de ida y vuelta round-trip
el/la pasajero/a passenger
la reserva reservation
la salida departure
el vuelo flight
la vuelta return trip

▲ Aeropuerto de Barajas, Madrid.

ACTIVIDAD **29** ¿Qué es? Contesta estas preguntas, usando el vocabulario de la página 223 y de esta página.

1. ¿Cómo se llama el pasajero?
2. ¿El señor tiene un pasaje de ida o de ida y vuelta?
3. ¿Cómo se dice en español *a one-way ticket*?
4. ¿Qué se presenta a la entrada del avión antes de subir?
5. ¿Tiene el Sr. Vega un vuelo a San Salvador directo o con escala?
6. ¿Cuánto equipaje puede llevar el Sr. Vega? ¿Cuántos kilos puede llevar como máximo?
7. ¿Cuál es el número del asiento del Sr. Vega? ¿Es de ventanilla o de pasillo? ¿Prefieres tú asiento de pasillo o de ventanilla? ¿Por qué?
8. ¿A qué hora llega el vuelo a San Salvador? ¿Y a Madrid?
9. ¿A qué hora embarcan los pasajeros del vuelo a San Salvador?
10. ¿Sabes qué cosas no se pueden pasar por la aduana?
11. ¿Hay aduanas en aeropuertos que no son internacionales? ¿Qué aeropuertos de este país tienen aduana?

**ACTIVIDAD 30 Información** En parejas, una persona necesita información sobre vuelos y le pregunta a un/a empleado/a del aeropuerto. Usen la siguiente información para contestar las preguntas.

| Llegadas internacionales | | | | |
|---|---|---|---|---|
| Línea aérea | Número de vuelo | Procedencia | Hora de llegada | Comentarios |
| Iberia | 952 | Lima | 09:50 | a tiempo |
| Aeropostal | 354 | Santo Domingo | 10:29 | 11:05 |
| LanChile | 988 | Santiago/Miami | 12:45 | a tiempo |
| LASCA | 904 | México/N.Y. | 14:00 | 14:35 |

| Salidas internacionales | | | | | |
|---|---|---|---|---|---|
| Línea aérea | Número de vuelo | Destino | Hora de salida | Comentarios | Puerta |
| American Airlines | 750 | San Juan | 10:55 | 11:15 | 2 |
| Avianca | 615 | Bogotá | 11:40 | a tiempo | 3 |
| Aeropostal | 357 | Miami/N.Y. | 14:20 | a tiempo | 7 |
| Aeroméxico | 511 | México | 15:00 | 16:05 | 9 |

1. ¿A qué hora llega el vuelo número 354 de Santo Domingo?
2. ¿De qué línea aérea es el vuelo 904? ¿Llega a tiempo o con retraso?
3. ¿De dónde viene el vuelo 952?
4. ¿A qué hora sale el vuelo 615 para Bogotá?
5. ¿De qué puerta sale el vuelo 615? ¿Sale con retraso?
6. ¿Adónde va el vuelo 511 de Aeroméxico?

Ahora cambien de papel.

1. ¿A qué hora sale el vuelo de Aeropostal a Miami?
2. ¿De dónde viene el vuelo 354?
3. ¿Llega a tiempo o con retraso el vuelo de México?
4. ¿A qué hora llega el vuelo de Santiago?
5. ¿Adónde va el vuelo 750 de American Airlines?
6. ¿De qué puerta sale el vuelo a Nueva York? ¿Sale con retraso?

**ACTIVIDAD 31 La reserva** En parejas, Uds. están en Barcelona. "A" es un/a cliente que llama a "B", un/a agente de viajes, para hacer una reserva. El/La agente debe mirar la página R20.

**A (Cliente)**

> Quieres viajar de Barcelona a Tenerife mañana y volver al día siguiente. No puedes salir por la mañana. No quieres hacer escala. Necesitas saber la aerolínea, la hora de salida y de llegada y el precio. El/La agente va a empezar.

# Para ver ▮▮

## ¿Pasajeros típicos?

| | |
|---|---|
| **¿Cómo que...?** | What do you mean . . . ? |
| **¿Cómo que no hay asiento?** | What do you mean there aren't seats? |
| **¡Qué va!** | No way! |
| **darse cuenta de algo** | to realize something |
| **No me di cuenta de la hora.** | I didn't realize the time. |

t: Veniamin Kraskov/Shutterstock.com; b: © Cengage Learning 2015

*En el aeropuerto de Barcelona, yo, Francisco, observé a algunos pasajeros en el mostrador (counter) de la aerolínea. En casa, hice un video de lo que vi, y me divertí haciéndolo.*

▶ **ACTIVIDAD 32 ¿Cierto o falso?** Lee las siguientes oraciones. Después, mientras miras el video blog, marca si son ciertas **(C)** o falsas **(F)**.

1. _____ Barcelona es una ciudad muy europea.
2. _____ Los catalanes son antipáticos.
3. _____ El personal de la aerolínea en el mostrador es paciente.
4. _____ El pasajero es paciente.
5. _____ El pasajero quiere un asiento de pasillo.
6. _____ La pasajera perdió el pasaje.
7. _____ La pasajera llegó al aeropuerto con un día de retraso.

▶ **ACTIVIDAD** **33** **Los problemas de los pasajeros** Después de mirar el video blog otra vez, identifica cuáles son los problemas del señor y de la señora.

1. Según Francisco, ¿cómo son los pasajeros?
2. ¿Le dio la empleada al pasajero un asiento de pasillo? ¿Y de ventanilla? ¿Cómo se sintió él?
3. ¿Cómo fue al aeropuerto la señora?
4. ¿Qué dejó en ese medio de transporte y con quién habló para solucionar el problema?
5. ¿Encontró la señora el pasaje y el pasaporte?
6. ¿Alguna vez se sentó a tu lado en el avión un pasajero insoportable? ¿Qué hizo?

## ¿Lo sabían?

Cuando en 1469 se casaron Isabel de Castilla y Fernando de Aragón, se unieron dos regiones muy importantes de la Península Ibérica. En 1492, cuando estos reyes, conocidos como los Reyes Católicos, dominaron el territorio del sur de la península habitado por los moros, se formó lo que hoy es España y entonces se comenzó a hablar el castellano (español) en todo el reino. Hoy este idioma se habla en todo el país, pero se usan también otros idiomas, como el catalán en Cataluña, el gallego en Galicia y el vasco en el País Vasco. Durante la dictadura de Francisco Franco (1939–1975), se prohibió el uso en público y la enseñanza en las escuelas de todos los idiomas excepto el castellano. Hoy día, el castellano, el gallego, el vasco y el catalán son los cuatro idiomas oficiales del país. A pesar de que[1] la mayoría de los 46 millones de españoles se identifican con España, también sienten muchísimo orgullo[2] y se identifican con su *patria chica*, o su región.

▲ **Letrero bilingüe (catalán y español), Barcelona.**

© Debbie Rusch

© Cengage Learning 2015

**¿?** **En tu país, ¿hay un idioma o idiomas oficiales? ¿Te identificas más con tu región o tu país?**

---
[1]A pesar de que *Even though*  [2]*pride*

# Gramática para la comunicación II

## I. Indicating Time and Age in the Past: *Ser* and *tener*

Until now you have been using the *preterit* to talk about the past. The *imperfect*, which has its own set of rules, is also used when talking about the past.

**1** When you want to express age in the past, use an imperfect form of the verb **tener.**

| tener | |
|---|---|
| tenía | teníamos |
| tenías | teníais |
| tenía | tenían |

Francisco **tenía** diez años cuando viajó en avión por primera vez.
*Francisco was ten when he traveled by plane for the first time.*

Una vez, cuando **tenía** quince años, subí a la Giralda de Sevilla.
*Once, when I was fifteen, I went up the Giralda in Seville.*

**2** When you want to indicate the time an action took place, use an imperfect form of the verb **ser: era** or **eran.**

**Era la una** de la mañana cuando llamó mi novia.
*It was one in the morning when my girlfriend called me.*

**Eran las ocho** cuando salí de mi casa.
*It was eight when I left my house.*

▲ La Giralda de Sevilla.

---

**ACTIVIDAD 34 ¿Cuántos años tenían? Parte A.** En parejas, averigüen cuántos años tenía su compañero/a cuando hizo estas cosas.

aprender a nadar
► A: ¿Cuántos años tenías cuando aprendiste a nadar?
B: Tenía siete años cuando aprendí a nadar.

1. graduarse de la escuela secundaria
2. conducir un carro por primera vez
3. tener su primer trabajo
4. tener novio/a por primera vez
5. aprender a leer
6. montar en bici por primera vez

**Parte B.** En parejas, averigüen cuántos años tenía alguien de la familia de su compañero/a cuando ocurrieron estas cosas.

1. su madre / tu compañero/a nacer (*to be born*)
2. su padre / tu compañero/a nacer

**ACTIVIDAD 35 Era medianoche cuando...** En parejas, lean la siguiente historia y después digan a qué hora ocurrieron las acciones que se presentan, empezando cada oración con **Era/Eran** (+ hora) **cuando...**

<br>

Era medianoche cuando Pablo llegó a casa. Una hora más tarde, alguien llamó por teléfono, pero él no contestó porque diez minutos antes había empezado a bañarse. Estuvo en el baño por media hora. Justo cuando salió de la bañera empezó un episodio viejo de "Los Simpson" donde Marge recuerda las primeras palabras que dijo Bart de bebé: "¡Ay caramba!" Cuando terminó el programa, Pablo se acostó.

> **había empezado** = had started

1. él / llegar / a casa
2. alguien / llamar
3. él / empezar a bañarse
4. el programa / empezar
5. él / acostarse

# II. Avoiding Redundancies: Direct-Object Pronouns

When the second passenger in the video blog says, **"No los encuentro. Es que no los encuentro. Seguro que los dejé en el taxi también."** What does **los** refer to: **la maleta, el dinero,** or **el pasaje y el pasaporte?**

If you said **el pasaje y el pasaporte,** you are correct. By using the direct-object pronoun **los** instead of repeating **el pasaje y el pasaporte,** the conversation sounds more natural. We frequently use direct-object pronouns (**pronombres de complemento directo**) to avoid redundancy.

**1** A direct object (**objeto directo**) is the person or thing that is directly affected by the action of the verb. It answers the question *what?* or *whom?* In the sentence **Necesito un pasaje,** a ticket is *what* you need. In the sentence **Necesito a mi amigo,** your friend is *whom* you need. Remember that when the direct object is a person, it is preceded by the *personal* **a**.

> **Compré un pasaje.** (**pasaje** = direct object)
> *Le* compré un pasaje *a mi hermano.* (**pasaje** = direct object; **le / a mi hermano** = indirect object)

> Review the *personal* **a**, Ch. 4.

In Spanish, the direct object may be replaced by the direct-object pronoun to avoid redundancy, as you saw in the preceding cartoon.

| Direct-Object Pronouns | |
|---|---|
| me | nos |
| te | os |
| lo/la | los/las |

—¿Dónde dejó la maleta la señora?   *Where did the woman leave the suitcase?*

—**La** dejó en el taxi.   *She left __it__ in the taxi.*

—¿Francisco bajó el video de la cámara?   *Did Francisco download the video from the camera?*

—Sí, y **lo** subió a Internet.   *Yes, and he uploaded __it__ to the Internet.*

**2** Direct-object pronouns follow the same placement rules as the reflexive and the indirect-object pronouns.

| **Before** the conjugated verb | or | **After** and **Attached** to the infinitive |
|---|---|---|
| **La llama** con frecuencia. | | XXX |
| **La va** a llamar. | = | Va a **llamarla**. |
| **La tiene** que llamar. | = | Tiene que **llamarla**. |

| **Before** the conjugated verb | or | **After** and **Attached** to the present participle (**-ando/-iendo**) |
|---|---|---|
| **La estoy** llamando. | = | Estoy **llamándola**. |

> Remember that when the pronoun is attached to the present participle, a written accent is needed. To review accent rules see Appendix B.

**3** The following verbs can frequently take direct objects and need the *personal* **a** when followed by a person.

| | |
|---|---|
| **aceptar** to accept | **odiar** to hate |
| **admirar** to admire | **poner** + *(una cosa en un lugar)* to put *(something somewhere)* |
| **amar\*** to love | **querer** to want; to love |
| **ayudar** to help | **respetar** to respect |
| **esperar** to wait for | **ver** to see |
| **invitar** to invite | **visitar** to visit |
| **necesitar** to need | |

**\*NOTE:** Only use **amar** with people, **Amo a mis padres.** For inanimate objects or concepts, use **gustar** or **fascinar: Me gusta mucho tu camisa. / Me fascina tocar el piano.**

> iLrn
> Do Workbook, Lab Manual, and Web activities.

—¿Vas a invitar a Pilar a la fiesta de cumpleaños de Francisco en Salamanca?

—Sí, voy a invitarla. La voy a llamar esta noche.

—¿Dónde pusiste los regalos?

—Los puse en mi habitación debajo de la cama. ¿Te gustaron los regalos que compré?

—Sí, me gustaron mucho.

> You can never use **lo/la/los/las** with verbs like **gustar** or **fascinar.**

**¿A quién o a qué se refiere?** Lee el email que
Francisco y Pilar le mandaron a una amiga y contesta la pregunta que sigue.

María José:

Nosotros vimos el Alcázar de Segovia. **Lo** visitamos por la
tarde y es increíble. Quiero sacar una foto del acueducto —es
impresionante; voy a sacar**la** mañana antes de volver a Madrid.
Tenemos un pequeño problema: perdimos el autobús y no hay
habitaciones, pero el recepcionista del Hotel Acueducto está
ayudándo**nos** a encontrar algo. **Te** llamamos mañana.

Saludos,
Pilar y Francisco

¿A qué o a quién se refieren los siguientes pronombres?

1. **Lo** en la línea 1 _____
2. **la** en la línea 3 _____
3. **nos** en la línea 6 _____
4. **Te** en la línea 6 _____

**La redundancia** Estas conversaciones no son
naturales porque tienen mucha redundancia. En parejas, cámbienlas
usando pronombres de complemento directo.

—¿Dónde está mi tarjeta de embarque?
—¡Por Dios, papá! Tienes la tarjeta de
embarque en la mano.

—Puse una nueva canción de David
Bisbal en mi móvil.
—¿Puedo escuchar la nueva canción?
—Claro. Pero para oír la nueva canción
tienes que llamarme.
—♪♪♪ Ahhhhh, me gusta la nueva
canción mucho.

—¿Compraste el pasaje?
—No, no compré el pasaje.
—¿Por qué no compraste el pasaje?
—No compré el pasaje porque mi
conexión de Internet no funciona hoy.
—¿Cuándo vas a comprar el pasaje?
—Voy a comprar el pasaje mañana si
tengo conexión.

—¿Cuándo vas a hacer la maleta?
—Estoy haciendo la maleta ahora
mismo.

—¿Llamaste al recepcionista para hacer la
reserva de la habitación?
—Sí, llamé al recepcionista para hacer la
reserva de la habitación.
—¿Y tienen aire acondicionado, caja fuerte,
WiFi y televisión satélite?
—Sí, tienen aire acondicionado, caja
fuerte, WiFi y televisión satélite.

**ACTIVIDAD 38 Las cosas para el viaje** En parejas, una persona es el esposo y la otra es su esposa. Van a hacer un viaje y quieren saber dónde puso su pareja las siguientes cosas. Túrnense para hacer las preguntas.

▶ A: ¿Dónde pusiste la cámara?
  B: La puse en el bolso de mano.

**Cosas:** el champú, las gafas de sol, los trajes de baño, la máquina de afeitar, el peine, los zapatos de tenis, las sandalias, los cepillos de dientes, el pasaporte, los regalos, el móvil, la ropa interior, la tarjeta telefónica, los pasajes del ferry, la reserva del hotel, el niño

**Lugares:** la maleta, el carro, el bolso de mano

**ACTIVIDAD 39 Romeo y Julieta** En parejas, Uds. son Romeo y Julieta. Julieta está en el balcón de su casa y Romeo está en el jardín. Inventen una conversación romántica y usen un mínimo de tres de estos verbos en oraciones o preguntas: **aceptar, admirar, desear besar, esperar, invitar, necesitar, odiar, querer (abrazar) y respetar.**

▶ Romeo: Julieta, te quiero.
  Julieta: Yo también te quiero, pero mi padre te odia.

## ¿Lo sabían?

Romeo y Julieta fueron dos personajes que hizo famosos el escritor inglés William Shakespeare. Otro personaje muy conocido en la literatura universal, famoso por sus aventuras amorosas, es Don Juan, un hombre atractivo y seductor a quien le gustan mucho las mujeres. El personaje apareció por primera vez en una obra del español Tirso de Molina llamada *El burlador de Sevilla,* publicada en el siglo XVII. El francés Molière escribió una obra de teatro sobre Don Juan y luego el inglés Byron publicó un poema donde se cambian los papeles y son las mujeres quienes seducen a Don Juan. El español José Zorrilla escribió la obra de teatro *Don Juan Tenorio,* sobre la vida y la muerte, que desde hace mucho años se representa en España la víspera[1] del día de Todos los Santos. Pero la obra que hizo famoso a Don Juan en todo el mundo fue la ópera *Don Giovanni* de Wolfgang Amadeo Mozart. En español, un don Juan es sinónimo de un hombre "mujeriego".

© New Line Cinema/Courtesy Everett Collection

▲ Johnny Depp en *Don Juan Demarco.*

¿? **¿Conoces a algún don Juan? ¿Qué personajes de la literatura de tu país y de otros países se usan en inglés para describir a alguien?**

[1]*eve*

**ACTIVIDAD 40 ¿Te quiere o no te quiere?** **Parte A.** Completa la tabla con la siguiente información:

**con quien te llevas bien** = with whom you get along well

- el nombre de una persona de tu familia con quien te llevas bien
- el nombre de una persona de tu familia con quien te llevas mal
- el nombre de una persona (no de tu familia) con quien te llevas bien
- el nombre de una persona (no de tu familia) con quien te llevas mal

|  | Me llevo bien con... | Me llevo mal con... |
|---|---|---|
| personas de tu familia |  |  |
| personas que no son de tu familia |  |  |

**Parte B.** Mira la siguiente tabla y usa verbos de las dos columnas para hablar de tu relación con las personas de la **Parte A.** Empieza cada oración con una persona de tu lista y su emoción o acción. Luego di cómo reaccionas tú.

▶ Mi cuñada Elena me odia y por eso yo no la visito nunca.

| Emoción o acción de las personas de la Parte A | Tu reacción |
| --- | --- |
| (no) aceptar | (no) llamar con frecuencia |
| (no) admirar | (no) invitar a comer |
| (no) escuchar | (no) visitar |
| odiar | (no) ver mucho |
| (no) querer | (no) ayudar |
| (no) respetar | (no) criticar |

el rey Juan Carlos I    la infanta Cristina (hija)    la infanta Elena (hija)    el príncipe Felipe (hijo)

la reina Sofía    el excelentísimo señor Iñaki Urdangarín (yerno)    la princesa Letizia (nuera)

© Javier Soriano/AFP/Getty Images

**ACTIVIDAD 41 La Familia Real** Mira la foto de la Familia Real española e inventa oraciones sobre cómo se llevan las personas de la foto. Usa verbos como **(no) admirar, odiar, (no) criticar, (no) respetar, (no) querer, (no) aceptar, (no) escuchar, (no) querer** y **(no) aguantar** *(to put up with)*.

▶ La reina Sofía es la suegra de Letizia y Sofía la quiere mucho porque es muy buena con sus nietas.

**ACTIVIDAD 42 Una entrevista** **Parte A.** En parejas, entrevístense para completar este cuestionario.

¿Cuándo empezaste a estudiar en esta universidad? _____

¿Estudiaste en otra universidad antes de venir aquí? Sí ☐ No ☐

  Si contesta que sí: ¿Cuándo empezaste a estudiar allí? _____

¿Trabajas? Sí ☐ No ☐

  Si contesta que sí: ¿Cuándo empezaste? _____

¿Cuál fue el último trabajo que tuviste? _____

  ¿Cuándo lo empezaste? _____

  ¿Cuándo lo dejaste? _____

¿Dónde vives?

  Residencia estudiantil ☐ Apartamento ☐ Casa ☐

  ¿Cuándo empezaste a vivir allí? _____

¿Vives con alguien? Sí ☐ No ☐

  Si contesta que sí: ¿Con quién vives? _____

¿Tienes carro? Sí ☐ No ☐

  Si contesta que sí: ¿Cuándo lo compraste? _____

¿Tienes bicicleta? Sí ☐ No ☐

  Si contesta que sí: ¿Cuándo la compraste? _____

¿Haces reservas de avión/hotel por Internet? Sí ☐ No ☐

  Si contesta que sí: ¿En qué páginas web las haces? _____

¿Cuántos mensajes mandas por mes desde tu móvil?

  menos de 200 ☐ menos de 500 ☐ menos de 1000 ☐ más de 1000 ☐

**Parte B.** Ahora, individualmente hagan un resumen de la información del cuestionario. Por ejemplo:

▶ Hace dos años que John estudia en esta universidad. Trabaja en la biblioteca y empezó a trabajar allí hace tres meses. Antes trabajó en un restaurante. Empezó a trabajar allí hace dos años, pero no le gustó y...

Do Web Search activities.

# Más allá

## Canción: "Al Andalús"

© Manuel Queimadelos Alonso/Getty Images

The song is included in the *¡Claro que sí!* iTunes list on CengageBrain.com and may be on YouTube.

**David Bisbal (1979– )** es de Andalucía, España, y llegó a la fama en el programa *Operación Triunfo*, un *reality show* de cantantes. Recibió más de cuarenta premios, incluso un Grammy Latino por su primer álbum. La canción "Esclavo de sus besos" fue número uno en España, Argentina, Colombia, México y en el mercado latino de los Estados Unidos.

**Antes de escuchar** En la canción que vas a escuchar, se menciona una región conocida en el pasado por su nombre árabe, *Al Andalús*. Antes de escucharla, contesta estas preguntas.

1. ¿Quiénes le dieron a la región el antiguo nombre de *Al Andalús*?
2. ¿Cómo se llama la región hoy día y dónde está?

**Mientras escuchas** **Parte A.** La región de Andalucía está dividida en ocho provincias, pero el cantante solo menciona seis. Mientras escuchas la canción marca en el mapa las seis provincias que menciona Bisbal.

© Cengage Learning 2015

**Parte B.** Según Bisbal, esta canción está dedicada a su tierra, la región donde él nació. En la canción él describe Andalucía como una mujer muy bonita. Mientras escuchas la canción otra vez, completa esta parte con las palabras que faltan.

de padre _____ y de mujer _____
con piel de reina y _____ de sultana

**Después de escuchar** Bisbal describe *Al Andalús* como una mujer bonita y misteriosa. Describe tu estado, ciudad o pueblo natal como una persona y contesta las siguientes preguntas.

1. ¿Dónde naciste? ¿Es hombre o mujer tu estado/ciudad/pueblo? Para ti, ¿es adolescente, niño o niña, o una persona mayor?
2. ¿Cómo es tu estado/ciudad/pueblo? ¿Vital, agresivo/a, divertido/a, aburrido/a, tradicional, moderno/a, dinámico/a, excéntrico/a? ¿Pasó algo importante allí? ¿Alguien hizo algo interesante? ¿Alguien construyó algo moderno?
3. ¿Te gustaría cantarle una canción a tu estado, ciudad o pueblo?

## ▶ Video: *Apueste por Sevilla*

Consorcio de Turismo de Sevilla

The video is on CengageBrain.com.

**Antes de ver y mientras ves** Vas a ver un video para promover el turismo en Sevilla. Primero busca la ciudad en un mapa de España y después lee las siguientes oraciones. Luego, mientras ves el video, marca si son ciertas **(C)** o falsas **(F)**.

1. _____ El símbolo cultural de Sevilla es la catedral.
2. _____ Se puede ver arte tradicional y contemporáneo.
3. _____ El barrio de Santa Cruz es una zona moderna.
4. _____ Hay 3.000 restaurantes.
5. _____ Los turistas deben ir a un show de flamenco.
6. _____ Hay un buen sistema de transporte público.
7. _____ El aeropuerto se llama Santa Justa.
8. _____ Jerez, una ciudad cerca de Sevilla, es famosa por sus playas.
9. _____ Sevilla tiene plazas hoteleras para más de 20.000 personas.
10. _____ Sevilla puede recibir más de 1.000.000 de visitantes al año.

**Después de ver** Piensa en el video que acabas de ver y di si te gustaría visitar Sevilla y por qué.

# En resumen

## Now you know how to...

- narrate past actions and events.

  **El fin de semana pasado Francisco estuvo en Madrid y se divirtió mucho.**

- tell age in the past.

  **Tenía tres años cuando fue a la capital por primera vez.**

- discuss means of transportation.

  **Fue en tren desde Salamanca.**

- tell time in the past.

  **Eran las diez de la mañana cuando llegó a Madrid.**

- make hotel and plane reservations.

  **Se quedó en un hotel de tres estrellas.**

- state how long you've been doing something.

  **Hace una semana que está en Salamanca otra vez, pero Pilar y él están en contacto.**

- make phone calls.

  **Su móvil no tiene batería, así que va a llamarla más tarde desde su casa.**

In this chapter you have learned about Spain. You will learn more interesting facts about Spain, including famous people such as Isabel la Católica, Miguel de Cervantes, and Pedro Almodóvar, in the Workbook, in the Lab Manual, and on the website.

## Vocabulario funcional

### El teléfono

el área/prefijo *area code*

el código internacional *international access code*

el código/indicativo del país *country code*

el mensaje de texto / SMS *text message*

mandarle un mensaje a alguien *to send someone a message*

recibir un mensaje *to receive a message*

¿Aló?/Diga./Dígame. *Hello?*

¿Está..., por favor? *Is . . . there, please?*

Quisiera hablar con..., por favor. *I would like to speak with . . . , please.*

¿De parte de quién? *Who is calling?*

(De parte) de... *It's/This is . . .*

¿Quién habla? *Who is speaking?*

Habla... *It's/This is . . .*

No, tiene el número equivocado. *No, you have the wrong number.*

¿Puede(s) hablar más despacio, por favor? *Can you speak more slowly, please?*

Quisiera dejarle un mensaje. *I would like to leave him/her a message.*

¿Le puedo dejar un mensaje? *Can I leave a message for him/her?*

¿Le puede(s) decir que llamó (Pilar)? *Can you tell him/her that (Pilar) called?*

Me quedé sin batería. *My battery died.*

Tengo poca batería. *My battery is low.*

No tengo señal. *I don't have a signal.*

### El hotel

el almuerzo *lunch*

el baño *bathroom*

el botones *bellboy*

la cena *dinner*
la comida *meal*
dejar la habitación *to check out*
el desayuno *breakfast*
la empleada (de servicio) *maid*
la estrella *star*
la habitación doble *double room*
la habitación individual *single room*
la maleta *suitcase*
la media pensión *breakfast and one meal included*
la pensión completa *all meals included*
la propina *tip*
quedarse (cinco días / en un hotel) *to stay (five days / at a hotel)*
la recepción *front desk*
el/la recepcionista *receptionist*
registrarse *to check in*

## Medios de transporte

el autobús *bus*
el avión *plane*
el barco *boat*
la bici/bicicleta *bicycle*
el camión *truck*
el carro/coche/auto *car*
el metro *subway*
la moto/motocicleta *motorcycle*
el taxi *taxi*
el tren *train*
el aeropuerto *airport*
la estación (de trenes/autobuses) *(train/bus) station*
conducir *(Spain)*/manejar *(Latin Am.) to drive*
ir en barco/tren/etc. *to go by ship/train/etc.*
montar en bici/moto *to ride a bike/motorcycle*
bajar de un carro/autobús/tren/etc. *to get out of/off a car/bus/train/etc.*
subir a un carro/autobús/tren/etc. *to get in/on a car/bus/train/etc.*
tomar un taxi/autobús/tren/etc. *to take a taxi/bus/train/etc.*

## El pasaje y el aeropuerto

la aduana *customs*
el asiento *seat*
  del medio *center*
  de pasillo *aisle*
  de ventanilla *window*

el bolso de mano *hand/carry-on luggage*
el destino *destination*
el equipaje *luggage*
la escala *a stop, layover*
fumar *to smoke*
la línea aérea *airline*
la llegada *arrival*
llegar a tiempo/con retraso *to arrive on time/late*
el pasaje *ticket*
  de ida *one way*
  de ida y vuelta *round-trip*
el/la pasajero/a *passenger*
la reserva *reservation*
la salida *departure*
la tarjeta de embarque *boarding pass*
la vuelta *return*
el vuelo *flight*

## Verbos

amar *to love*
ayudar *to help*
construir *to build*
creer *to believe (something)*
esperar *to wait (for)*
invitar *to invite*
mentir (e → ie, i) *to lie*
nacer *to be born*
odiar *to hate*
oír *to hear*
quedarse en (+ *place*) *to stay in (+ place)*
repetir (e → i, i) *to repeat*
respetar *to respect*
seguir (e → i, i) *to follow*
sentirse (e → ie, i) *to feel*

## Palabras y expresiones útiles

¿Cómo que...? *What do you mean . . . ?*
darse cuenta de algo *to realize something*
las noticias *news*
por fin *at last, finally*
próximo/a *next*
¡Qué va! *No way!*
quisiera/quisiéramos *I/we would like*
la última vez *the last time*
Vale. *(Spain)* / Sí, cómo no. *Fine. / Sure. / O.K.*

CAPÍTULO

# 8

# La comida y los deportes

Mercado de Chichicastenango, Guatemala
© Robert Harding Picture Library Ltd / Alamy

Guatemala
Honduras
El Salvador

© Cengage Learning 2015

## Chapter Objectives

- Ordering food and planning a meal
- Expressing likes, dislikes, and opinions
- Avoiding redundancies in everyday speech
- Talking about sports
- Describing in the past
- Telling what you used to do
- Learning about Guatemala, El Salvador, and Honduras

## ¿Qué saben?

1. ¿Qué país de Centroamérica es el más pequeño y solo tiene costa en el Pacífico?

    a. Guatemala      b. Honduras      c. El Salvador

2. ¿Qué grupo precolombino vivía en lo que es hoy el sur de México y parte de Centroamérica?

    a. los mayas      b. los aztecas      c. los incas

3. En Guatemala, un país un poco más pequeño que Tennessee, se hablan _____ idiomas indígenas.

    a. 9      b. 17      c. 23

4. La isla de Roatán, famosa por su buceo *(scuba diving)*, ¿forma parte de qué país?

    a. Guatemala      b. Honduras      c. El Salvador

iLrn

RECURSOS

# Para ver **I**

## Comida casera en un restaurante guatemalteco

| | |
|---|---|
| **echar de menos** | to miss *(someone or something)* |
| **aburrirse como una ostra** | to be really bored (literally: *to be bored like an oyster*) |
| **a lo mejor** + *verb* | perhaps |

Video stills: © Cengage Learning 2015

*Fui con mis amigos Walter y Rodrigo a comer comida guatemalteca en Los Ángeles. ¡Deliciosa!*

▶ **ACTIVIDAD 1 ¿Cierto o falso?** Lee las siguientes oraciones. Después, mientras miras el video blog, marca si son ciertas **(C)** o falsas **(F)**. Corrige las oraciones falsas.

1. _____ Sonia echa de menos la comida de su abuela.

2. _____ Walter es salvadoreño.

3. _____ La madre de Sonia cocina comida guatemalteca.

4. _____ La comida guatemalteca varía de una región a otra.

5. _____ El atol de elote es una comida caliente muy deliciosa.

6. _____ Sonia pidió hilachas (carne con salsa de tomate, arroz y frijoles).

7. _____ El kak'ik es una sopa de pavo *(turkey soup)*.

▶ **ACTIVIDAD** **2** **Preguntas** Después de mirar el video blog otra vez, contesta estas preguntas.

1. ¿Qué come Sonia en la universidad?
2. ¿Por qué le gusta a Walter la comida de este restaurante?
3. ¿Cuáles son los tres ingredientes principales de la comida guatemalteca?
4. ¿Qué pidieron para el postre *(dessert)*?
5. Al final, ¿qué plato recomienda Sonia?
6. ¿Cuál de los tres platos que viste te gustaría probar?

**ACTIVIDAD** **3** **Echo de menos...** **Parte A.** Ahora que Uds. están en la universidad, a lo mejor echan de menos algunas cosas (casa, pueblo, escuela secundaria, familia, perro, etc.). En parejas, hagan una lista de tres cosas que echan de menos cada uno y de dos cosas que no echan de menos cada uno. Después, compartan sus ideas con la clase.

| cosas que echan de menos | cosas que no echan de menos |
|---|---|
| 1. | 1. |
| 2. | 2. |
| 3. | 3. |
| 4. | 4. |
| 5. | |
| 6. | |

▶ Paul echa de menos a su perro... y yo echo de menos...

**Parte B.** A veces la gente se aburre cuando visita la casa de sus padres. En parejas, digan si lo pasan bien cuando visitan a sus padres o si se aburren como una ostra y por qué.

> When speaking about a family pet, it is common to use the *personal* **a.**

## ¿Lo sabían?

En el video blog Walter pide *kak'ik*, una sopa de origen precolombino. Se dice que el color rojo de esta sopa representa la sangre en las ceremonias indígenas mayas. La civilización maya llegó a su esplendor entre 250 y 900 d. C. en el sur de México y parte de Centroamérica. Los mayas conocían el concepto del cero y eran famosos por su calendario, usado para predecir los eclipses del sol y de la luna. Hoy día los descendientes de los mayas mantienen su lengua y tradiciones que combinan con las de la cultura española.

En la actualidad, se pueden ver las ruinas mayas de Tikal en Guatemala y de Copán en Honduras, dos lugares frecuentemente visitados por turistas. También existe en El Salvador un lugar menos visitado pero de gran interés arqueológico que se llama Joya de Cerén: un pueblo agrícola maya que quedó sepultado por la erupción de un volcán hace 1.400 años. Allí se pueden ver las ruinas del pueblo y objetos de la vida diaria en perfecto estado de conservación.

▲ Jarrón con caimán, Joya de Cerén, El Salvador.

 **¿Qué pueblo de Italia quedó sepultado por la lava del volcán Vesubio? En tu país, ¿hay sitios arqueológicos de civilizaciones antiguas?**

© Danita Delimont / Alamy

# Vocabulario esencial I

## La comida

Spoons come in many sizes. Some common sizes include **cuchara de sopa** and **cucharita de café.**

1. el cerdo
2. la sopa
3. el bistec/churrasco
4. el pescado
5. la coliflor
6. las arvejas
7. la zanahoria

8. los espárragos
9. el ajo
10. el pollo
11. los camarones
12. la copa de vino
13. el cuchillo
14. el plato

15. la cuchara
16. el vaso
17. el tenedor
18. el pan
19. la taza
20. la servilleta

NOTE: The following words are used in Spain: **las patatas (las papas); los guisantes (las arvejas); las gambas (los camarones); las judías verdes (las habichuelas).**

Think of the names of food items when you eat.

**Maíz** is used in all Spanish-speaking countries, **elote** is used only in Mexico and some Central American countries.

 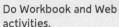

Do Workbook and Web activities.

### Las legumbres y los cereales (Legumes and cereals)

el arroz  rice
los frijoles  beans
las lentejas  lentils

### Las verduras (Vegetables)

la cebolla  onion
las espinacas  spinach
las habichuelas  green beans
la lechuga  lettuce
el maíz/elote  corn
la papa  potato
  el puré de papas  mashed potatoes
  las papas fritas  French fries
el tomate  tomato

### Las carnes (Meats)

la carne de res  beef
la chuleta  chop
el cordero  lamb
el jamón  ham
la ternera  veal

### Las aves (Poultry)

el pavo  turkey

### Los postres (Desserts)

el flan  Spanish egg custard
la fruta  fruit
el helado  ice cream
  de chocolate  chocolate
  de vainilla  vanilla

### Otras palabras relacionadas con la comida

el agua (mineral) con/sin
  gas  sparkling (mineral) water / (mineral) water
el azúcar  sugar
la bebida  beverage
los cubiertos  silverware
la cuenta  the bill
la ensalada  salad
  el aceite  oil
  el vinagre  vinegar
  la sal  salt
  la pimienta  pepper

Continúa→

**el huevo** egg
**la mantequilla** butter
**poner la mesa** to set the table

**el postre** dessert
**el primer/segundo plato**
    first/second course
**el queso** cheese

## ¿Lo sabían?

La comida básica de los países hispanos varía de región a región según la geografía. Por ejemplo, en la zona del Caribe la base de la comida es el plátano[1], el arroz y los frijoles. El maíz es importante especialmente en México y Centroamérica, y la papa en la región andina de Suramérica. En el Cono Sur se come mucha carne, producto de las pampas argentinas y de Uruguay. Y en España, que está en una península y por eso tiene mucha costa, es común comer pescado y mariscos[2]. El nombre de muchas comidas también varía según la región o país; por ejemplo, *guajolote* y *chompipe* son otras formas para decir *pavo; judías verdes, porotos verdes, vainas* y *ejotes* son diferentes maneras de decir *habichuelas.*

▲ Pupusa, comida típica salvadoreña.

 **¿Con qué regiones de los Estados Unidos relacionas estas comidas: sopa de almejas[3], "grits", "jambalaya" y el queso "cheddar"? ¿Por qué son populares estos platos en esas regiones?**

———————————
[1]*plantain*   [2]*seafood*   [3]*clams*

**ACTIVIDAD** **4** **¿Comen bien o mal?** En grupos de tres, averigüen qué comieron ayer de almuerzo y de cena las personas de su grupo. Incluyan el primer plato, el segundo plato, el postre y la bebida. Luego decidan quién de los tres come bien y tiene una dieta buena.

**ACTIVIDAD** **5** **Cómo poner la mesa** Numera cada cosa que ves en esta foto de una mesa elegante.

1. la copa de agua
2. la copa de champán
3. la copa de vino
4. la cuchara de postre
5. la cuchara de sopa
6. el cuchillo de entrada *(first course)*
7. el cuchillo de postre
8. el cuchillo principal
9. el pimentero *(pepper shaker)*
10. el plato para pan
11. los platos
12. el salero *(salt shaker)*
13. la servilleta
14. el tenedor de entrada
15. el tenedor de mariscos
16. el tenedor principal

**ACTIVIDAD** **6** **La cena en el hospital** En grupos de tres, Uds. trabajan en la cocina de un hospital y necesitan planear la cena para los siguientes pacientes: el paciente No. 1 es vegetariano, la paciente No. 2 necesita una dieta de mucha proteína, el paciente No. 3 necesita comidas bajas en calorías. Incluyan el primer plato, el segundo plato, el postre y la bebida.

**ACTIVIDAD** **7** **¡Camarero!** En grupos de cuatro, una persona es el/la camarero/a y las otras tres son clientes que van a comer juntos en El Tucán, un restaurante salvadoreño que tiene comida típica y comida internacional. Miren las siguientes listas de frases útiles para prepararse a pedir comida o a tomar el pedido *(the order)*.

| Camarero/a | Clientes |
|---|---|
| ¿Qué van a comer? | ¿Está bueno/a el/la...? |
| ¿De primer plato? | ¿Cómo está el/la...? |
| ¿De segundo plato? | Me gustaría el/la... |
| ¿Qué desean beber? | ¿Qué hay de primer/segundo plato? |
| El/La... está muy bueno/a hoy. | ¿Viene con papas? |
| El/La... está muy fresco/a hoy. | ¿Hay...? |
| El menú del día es... | ¿Cuál es el menú del día? |
| De postre tenemos... | ¿Qué hay de postre? |
| Aquí tienen la cuenta. | La cuenta, por favor. |

Prices are in dollars since the dollar is the currency used in El Salvador.

**Pupusas** are typical in El Salvador. They are made of cornmeal dough and stuffed with cheese and **chicharrón** (fried chopped pork), refried beans, or **loroco** (a flower bud from the region).

En El Salvador, **casamiento** *(marriage)* = arroz y frijoles fritos

## El Tucán

**Pupusas**
| | |
|---|---|
| Queso | $2,25 |
| Frijoles con queso | $2,50 |
| Queso con chicharrón | $3,00 |
| Queso con loroco | $2,75 |

**Primer plato**
| | |
|---|---|
| Sopa de pollo | $2,50 |
| Sopa de verduras | $2,50 |
| Sopa de camarones en crema | $3,00 |
| Empanadas de plátano | $2,00 |
| Pastelitos de carne | $3,00 |
| Tamales de elote | $2,25 |
| Tamales de pollo | $2,75 |

**Segundo plato**
| | |
|---|---|
| Pollo frito | $5,00 |
| Pollo al ajillo | $5,50 |
| Pescado frito | $6,00 |
| Carne deshilachada con casamiento | $6,00 |
| Carne guisada con papas | $6,50 |
| Espaguetis con salsa blanca | $5,00 |

**Platos especiales**
| | |
|---|---|
| Bistec encebollado (con casamiento, plátano frito y ensalada mixta) | $7,50 |
| Churrasco mixto (carne, pollo, camarón, chorizo, arroz y ensalada) | $9,00 |

**Ensaladas**
| | |
|---|---|
| Mixta | $2,75 |
| Ensalada verde | $2,25 |

**Bebidas**
| | |
|---|---|
| Agua con y sin gas | $1,00 |
| Horchata | $1,00 |
| Cervezas | $1,25 |
| Gaseosas (Pepsi, 7-Up, Kolashanpan) | $1,00 |
| Café | $1,00 |
| Café con leche | $1,00 |

**Postres**
| | |
|---|---|
| Arroz con leche | $2,50 |
| Pastel de tres leches | $3,00 |
| Helado de vainilla, chocolate | $2,50 |
| Flan de coco | $3,00 |

**Menú del día:** primer plato – pupusa de queso con loroco o empanada de plátano, segundo plato – carne deshilachada con casamiento, postre – flan y café $10,00

# Gramática para la comunicación I

## I. Expressing Likes, Dislikes, and Opinions: Using Verbs Like *gustar*

In Chapter 2, you learned how to use the verb **gustar**.

—¿**Les gusta** este restaurante guatemalteco?
—Sí, **nos gustan** mucho los tamales que sirven.

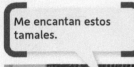

Me encantan estos tamales.

**1** Here are some other verbs that follow the same pattern as **gustar**.

| | | |
|---|---|---|
| ➝ | **encantar** | to like a lot, to love |
| ➝ | **faltar** | to lack, to be missing |
| ➝ | **fascinar** | to like a lot; to find fascinating |
| ➝ | **interesar** | to interest, find interesting |
| ➝ | **molestar** | to be bothered by, to find annoying |

A Walter **le encanta** llevar a sus amigos a un restaurante guatemalteco en Los Ángeles.

*Walter loves to take his friends to a Guatemalan restaurant in Los Angeles. (literally: Taking his friends to a Guatemalan restaurant is really pleasing to him.)*

**Le fascina** ver a sus amigos comer el kak'ik de pavo y **le molestan** las personas que no quieren probar comidas nuevas.

*He really likes to see his friends eat turkey kak'ik, and he is bothered by people who don't want to try new foods. (literally: His friends eating turkey kak'ik is fascinating to him and people that don't want to try new food bother him.)*

> The verb agrees with what is loved, what bothers you, etc. The indirect-object pronoun tells who is affected. To review **gustar,** see Ch. 2.

**NOTE:** Use the singular verb form when one or more infinitives follow: **Le encanta** <u>salir</u> y <u>comer</u> con sus amigos.

**2** The verb parecer *(to seem)* follows a similar pattern to **gustar,** but is generally used with an adjective. It is used in the singular when followed by a singular adjective or an idea introduced by **que,** and in the plural when followed by a plural adjective.

Este restaurante **me parec<u>e</u> fantástic<u>o</u>**.

*This restaurant seems fantastic to me.*

A ella **le parece <u>que</u>** es mejor comer adentro y no en el patio.

*It seems better to her to eat inside and not on the patio.*

Esas hilachas **me parec<u>en</u> exquisit<u>as</u>**.

*Those hilachas seem delicious to me.*

Notice the meaning of **parecer** when it is used in a question with the word **qué**.

—¿**Qué te pareció** el atol de elote?

*How did you like (What did you think of) the atol de elote?*

—**Me pareció** delicioso.

*I thought it was (seemed) delicious.*

**ACTIVIDAD** **8** **Una encuesta** Pregúntales a tus compañeros si les gustan estas cosas. Escribe sus nombres en la columna apropiada y luego comparte la información con la clase.

▶ ¿Te gusta la comida picante?

No, no me gusta.        Sí, me gusta.        Sí, me encanta.

| | no gustar | gustar | encantar |
|---|---|---|---|
| la comida picante (spicy) | _____ | _____ | _____ |
| los postres | _____ | _____ | _____ |
| la coliflor | _____ | _____ | _____ |
| cocinar | _____ | _____ | _____ |
| los espárragos | _____ | _____ | _____ |
| la zanahoria | _____ | _____ | _____ |
| preparar lentejas | _____ | _____ | _____ |
| las papas fritas con mayonesa | _____ | _____ | _____ |

En muchos países es común comer las papas fritas con mayonesa en vez de *ketchup*.

**ACTIVIDAD** **9** **Las cosas que le faltan** En parejas, miren la siguiente lista y digan las tres cosas más importantes que le faltan a la universidad y las tres cosas más importantes que le faltan a la cafetería.

▶ A esta universidad le falta(n)... También le...

**A la universidad**

lugares para estacionar (to park)
espacio verde
residencias modernas
diversidad étnica
buen soporte técnico

**A la cafetería**

fruta orgánica
variedad de helados
verduras frescas
café de comercio justo (fair trade)
una cafetería abierta las 24 horas

## ¿Lo sabían?

Para muchos países como México, Guatemala, Costa Rica, Honduras, El Salvador, Nicaragua, Colombia, Venezuela y Ecuador, el café juega un papel crítico en su economía y en algunos casos es la principal exportación.

Hoy día hay organizaciones como la Asociación Mundial de Comercio Justo que garantizan precios justos a granjeros[1] de países en vías de desarrollo[2] y los ayudan a organizar cooperativas y vender la cosecha[3] directamente a los importadores. De esa manera, los granjeros pueden salir del ciclo de deuda[4] y pobreza que se crea cuando los intermediarios les compran los productos a una fracción del costo del mercado. La etiqueta[5] de comercio justo en el producto indica que los granjeros recibieron un precio justo.

© Mike Goldwater / Alamy

▲ Una mujer recoge café en Guatemala.

 **¿Compraste alguna vez café u otro producto con la etiqueta de comercio justo?**

**iLrn** Para aprender más sobre El Salvador y Honduras, mira los videos culturales en la videoteca (*Video Library*).

[1]*farmers*  [2]*developing countries*  [3]*harvest*  [4]*debt*  [5]*label*

**ACTIVIDAD 10 ¿Te molesta? Parte A.** En parejas, digan si les encanta o si les molesta hablar de los siguientes temas: la política, la religión, el arte, la música, los problemas de otros, sus problemas, la economía, la comida, la vida de personas famosas, los deportes, la ropa.

**Parte B.** Teniendo en cuenta los temas que le encantan a su compañero/a, sugiéranle una revista o un sitio de Internet.

▶ Debes comprar *Rolling Stone* porque te encanta la música.

**ACTIVIDAD 11 ¿Qué te pareció? Parte A.** En parejas, túrnense para averiguar qué opina su compañero/a sobre estos temas.

▶ A: ¿Qué te pareció la última prueba de la clase de español?
  B: Me pareció fácil/difícil/justa/etc.

1. el partido del último *Super Bowl*
2. los resultados de las últimas elecciones
3. el último concierto que viste
4. la última película de Adam Sandler
5. sus clases del semestre pasado en la universidad/escuela secundaria (si está en el primer semestre de la universidad)
6. el último video de Beyoncé

**Parte B.** Ahora, pregúntenle a su compañero/a cuál de los temas de la **Parte A** le interesa más: los deportes, la política, el cine, la universidad o la música. Luego conversen con su pareja sobre ese tema por un minuto. Por ejemplo, si a su pareja le interesa la música:

▶ A: ¿Cuál de los temas te interesa más: los deportes, la política, etc.?
  B: Me interesa más la música.
  A: ¿Qué te parece la música de...?

# II. Avoiding Redundancies: Combining Direct- and Indirect-Object Pronouns

In the video blog you heard Walter ask the waiter, "**¿Me trae una cuchara para la sopa?**" Then the waiter responded, "**Ay, perdón... Ahora se la traigo**". In the last sentence, *to whom* and *to what* do you think the words **se** and **la** refer?

If you said *to Walter* and *to the spoon*, you were correct.

In Chapters 6 and 7 you learned how to use indirect- and direct-object pronouns separately. Remember that the subject performs the action, the indirect object tells *for whom* or *to whom* the action is done, and the direct object is the person or thing that is directly affected by the action, answering the question *what* or *whom*.

| Indirect-Object Pronouns | |
|---|---|
| me | nos |
| te | os |
| le | les |

| Direct-Object Pronouns | |
|---|---|
| me | nos |
| te | os |
| lo, la | los, las |

| | |
|---|---|
| —**Le** compré un pastel para el cumpleaños. | *I bought her a cake for her birthday.* |
| —Bien. ¿Invitaste a Walter a la fiesta? | *Good. Did you invite Walter to the party?* |
| —Sí, **lo** invité. | *Yes, I invited him.* |

**1** When you use both an indirect- and a direct-object pronoun in the same sentence, the indirect-object pronoun immediately precedes the direct-object pronoun.

| | |
|---|---|
| Mi novio <u>me</u> dio <u>una cámara</u>. | ¿Quién <u>te</u> compró <u>el pastel</u>? |
| Mi novio **me la** dio. | ¿Quién **te lo** compró? |
| *My boyfriend gave it to me.* | *Who bought it for you?* |

**2** The indirect-object pronouns **le** and **les** become **se** when combined with the direct-object pronouns **lo, la, los,** and **las.** The chart below shows all possible combinations.

> me lo, me la, me los, me las
> te lo, te la, te los, te las
> se lo, se la, se los, se las
> nos lo, nos la, nos los, nos las
> os lo, os la, os los, os las
> se lo, se la, se los, se las

| | |
|---|---|
| **le/les** $\longrightarrow$ | **se** + lo/la/los/las |
| Le voy a pedir un café (a Inés). $\longrightarrow$ | **Se lo** voy a pedir (a Inés/a ella). |
| Les escribí las instrucciones (a ellos). $\longrightarrow$ | **Se las** escribí (a ellos). |

**NOTE:** Never use **me lo, me la,** etc., with verbs like **gustar** since the noun following the verb is not a direct object, but rather the subject of the verb:

—¿Te gusta el atol de elote?
—Sí, me encanta.

**3** Remember that object pronouns either precede a conjugated verb or are attached to the end of an infinitive or present participle.

> Remember to add accents when needed.

| **Before** the conjugated verb | or | **After** and **Attached** to the infinitive |
|---|---|---|
| **Se lo** **preparé** ayer. | | XXX |
| **Se lo** **voy** a preparar. | = | Voy a prepar**ár**selo. |
| **Se lo** **tengo** que preparar. | = | Tengo que prepar**ár**selo. |

| **Before** the conjugated verb | or | **After** and **Attached** to the present participle |
|---|---|---|
| **Se lo** **estoy** preparando. | = | Estoy prepar**á**ndoselo. |

**ACTIVIDAD** **12** **Me lo, me la...** Di a quién o a qué cosas se pueden referir las palabras indicadas. Hay múltiples posibilidades.

1. Te <u>lo</u> compré ayer.
2. ¿Y la foto? <u>Se</u> la diste, ¿verdad?
3. Voy a servír**se<u>los</u>** ahora mismo.
4. ¿Se <u>la</u> vas a regalar a tu hermana?
5. Te <u>las</u> voy a cocinar mañana.

REMEMBER: The indirect-object pronouns **le** and **les** become **se** when followed by a third-person, direct-object pronoun: **se lo, se la, se los, se las.**

**ACTIVIDAD** **13** **La redundancia** Estas conversaciones tienen mucha repetición. En parejas, arréglenlas *(fix them)* para hacerlas más naturales.

1. A: ¿Piensas comprarle un regalo a tu hermano?
   B: Sí, mañana pienso comprarle un regalo a mi hermano. Se lo
   A: ¿Cuándo vas a mandarle el regalo a tu hermano?
   B: Voy a mandarle el regalo a mi hermano mañana por la tarde.

2. A: Vicente, ¿les trajiste los cubiertos a Teresa y a Marisel para la fiesta?
   B: No, no les traje los cubiertos a Teresa y a Marisel. Pienso traerles los cubiertos a Teresa y a Marisel mañana. ¿Está bien?
   A: Claro, mañana puedes traerles los cubiertos.

3. A: ¿Cuándo vas a prepararme mi comida favorita?
   B: Estoy preparándote tu comida favorita ahora.
   A: Pero no me gustan los frijoles. Siempre dices que vas a prepararme mi comida favorita y nunca me preparas esa comida. No me quieres.
   B: Bueno, bueno. Voy a prepararte tu comida favorita mañana. Perdón, mi amor, ¿cuál es tu comida favorita?

**ACTIVIDAD** **14** **¿Lo hiciste?** En parejas, Uds. están preparando una comida. Usen las oraciones para formar dos conversaciones lógicas de seis líneas cada una. A continuación tienen la primera oración de cada conversación.

**Conversación A**
—¿Me compraste el pollo?
—...

**Conversación B**
—¿Me compraste la carne?
—...

B5 Ah, es verdad. Los puse en la mesa.

A1 Sí, te lo compré anoche. ¿Y tú? ¿Le preparaste los frijoles a la abuela?

B4 Te lo di, ¿no?

A2 No, no se los preparé.

B3 Perfecto. ¿Puedes darme los cubiertos?

B2 Sí, se lo preparé.

A5 Ah, es cierto. Y yo se lo di a Carmen.

B1 Sí, te la compré anoche. ¿Y tú? ¿Le preparaste el pastel a Juancito?

A4 Te los di, ¿no?

A3 ¿Puedes prepararlos ahora, por favor? ¿Y cuándo vas a darme el dinero para el supermercado?

**ACTIVIDAD** **15** **En casa** En parejas, túrnense para hacerse las siguientes preguntas sobre la última vez que visitaron a sus padres. Cuando puedan, contesten usando pronombres de complemento directo e indirecto.

La última vez que estuviste en la casa de tus padres, ...

1. ¿quién te preparó la comida?
2. ¿saliste a comer en un restaurante? ¿Con quién o con quiénes fuiste? ¿Quién pagó la cuenta?
3. ¿tu madre o padre te enseñó a preparar tu comida favorita?
4. ¿tus padres te dieron comida para llevar a la universidad? ¿Qué te dieron?
5. ¿quién te lavó la ropa?
6. ¿les mandaste mensajes de texto a tus amigos de la universidad?
7. ¿tu madre o tu padre te dio dinero antes de volver a la universidad?

**ACTIVIDAD** **16** **No es así** Las oraciones de la primera columna contienen información incorrecta. La segunda columna contiene la información necesaria para corregirlas, pero está fuera de orden. En parejas, túrnense para leer estas oraciones. Al leer una oración, la otra persona tiene que corregir la información. Sigan el modelo.

▶ A: Los navajos le vendieron la ciudad de Nueva York a Peter Minuit.
  B: No, los lenapes **se la** vendieron.

1. Los navajos le vendieron la ciudad de Nueva York a Peter Minuit. _____
2. Los aztecas les ofrecieron la papa a los españoles. _____
3. La Cruz Roja le construye casas a la gente necesitada. _____
4. El avión Barón Rojo les tiró la bomba atómica a los habitantes de Hiroshima. _____
5. Los mayas les dieron el chocolate a los españoles. _____
6. En el año 2000 los ingleses le dieron el control del canal a Panamá. _____
7. AmeriCorps les da asistencia médica a personas enfermas en todo el mundo. _____
8. Julián de Medici le financió el viaje a Cristóbal Colón. _____
9. Inglaterra les regaló la Estatua de la Libertad a los norteamericanos. _____

a. los incas
b. Francia
c. Isabel la Católica
d. Hábitat para la Humanidad
e. los lenapes
f. los aztecas
g. los norteamericanos
h. Médicos Sin Fronteras
i. Enola Gay

# III. Using *ya* and *todavía*

▲ Mural en una pupusería en Concepción de Ataco, El Salvador.

## A. *Ya*

**1** **Ya** means *already* or *now*. Context helps determine which meaning is being conveyed.

—¿Te explico la receta? / *Shall I explain the recipe to you?*

—No, gracias. **Ya** la entiendo. / *No, thank you. I already understand it.*

—¿Ves? Así se hace una pupusa. / *See? This is how a pupusa is made.*
—¡Ah! ¡**Ya** entiendo! / *Now I understand!*

**2** **Ya no** means *no longer, not anymore.*

**Ya no** como carne, soy vegetariana. / *I don't eat meat anymore, I'm a vegetarian. / I no longer eat meat...*

**Ya no** tomo bebidas con azúcar. / *I don't drink drinks with sugar anymore. / I no longer drink...*

**250** • Capítulo 8

## B. *Todavía*

**1** **Todavía** means *still.*

**Todavía** tengo hambre.    *I am **still** hungry.*

**2** **Todavía no** means *not yet.*

—¿Comiste?                    *Did you eat?*
—**Todavía no.**              ***Not yet.***

Do Workbook and Web activities.

**ACTIVIDAD** **17** ¿Ya estudiamos...? En parejas, háganse preguntas para ver si ya estudiaron los siguientes temas en esta clase de español.

▶                      A: ¿Ya estudiamos el pretérito?

        B: Sí, ya lo estudiamos.            B: Todavía no.

1. el objeto directo                5. las palabras afirmativas y negativas
2. el imperfecto                    6. el objeto indirecto
3. el subjuntivo                    7. el pretérito perfecto
4. los números del cien al millón   8. los colores

**ACTIVIDAD** **18** **En el restaurante** Parte A. En parejas, el/la estudiante A mira esta página y el/la estudiante B mira la página R20. "A" es el/la dueño/a *(owner)* de un restaurante y quiere saber si el/la camarero/a "B" hizo las siguientes cosas. "A" marca las cosas que ya hizo "B".

Remember to address each other formally.

▶   Dueño/a: ¿Le llevó la comida a la mesa 2?
    Camarero/a: Sí, ya se la llevé. / No, todavía no se la llevé.

**Cosas que debe hacer el/la camarero/a:**

☐ llevarles el pescado a los clientes de la mesa 1
☐ poner los cubiertos en la mesa 3
☐ tomar todos los pedidos *(orders)*
☐ servirle las chuletas a la señora de la mesa 2
☐ limpiar *(clean)* la mesa 4
☐ poner la mesa 4

**Parte B.** Ahora, el/la camarero/a te va a hacer preguntas para ver qué hiciste.

**Cosas que debes hacer tú:**

☑ prepararle la cuenta a la mesa 4
☐ traer los cubiertos para el postre
☐ comprar más vinagre para esta noche
☑ darle la lista de platos especiales para mañana al chef
☑ servirles una copita de coñac a las personas de la mesa 5

A check mark indicates that the task has been completed.

# Nuevos horizontes

**Lectura**

## ESTRATEGIA: Finding References

When reading in Spanish, as in English, you need to identify the subject of a verb to tell who is doing or did what, and you also need to identify the referent for object pronouns to understand what is done to whom.

- In Spanish the subject generally precedes the verb, but it may also follow.
  **Mi madre** le regaló una corbata a mi padre.
  Le regaló **mi madre** una corbata a mi padre.
  Mi padre se puso la corbata que le regaló **mi madre**.

- The word **se** followed by the third-person singular of a verb not used as a reflexive is the impersonal **se**. It refers to **ellos/la gente/uno** (they/people/one).
  **Se come** bien aquí.
  **Se estudia** mucho en esta universidad.

- With the verb **parecer,** a noun phrase or a clause introduced by **que** can function as the subject. Also, if the subject is omitted when using **parecer,** you will need to look at the preceding sentences to identify it.
  Me parece interesante **la película**.
  Me parece **que la película es interesante**.
  Ya vi **esa película**. Me pareció interesante.

As you read, it is necessary to identify the referent for pronouns.

Subject pronouns: **yo, tú, Ud., él, ella, nosotros/as, vosotros/as, Uds., ellos/as**
Direct-object pronouns: **me, te, lo/la, nos, os, los/las**
Indirect-object pronouns: **me, te, le (se), nos, os, les (se)**
Reflexive pronouns: **me, te, se, nos, os, se**
Impersonal **se**

You will practice identifying subjects of verbs and finding referents for pronouns when reading the lyrics of the song **"El padre Antonio y su monaguillo** *(altar boy)* **Andrés"** by Rubén Blades. In order to understand the song, you will also read a biography about Archbishop Romero, who was the inspiration for this song.

noun phrase: a phrase that has a noun, but not a conjugated verb

clause: a phrase that has a conjugated verb

REMEMBER: The indirect-object pronouns **le** and **les** become **se** when followed by a third-person, direct-object pronoun: **se lo, se la, se los, se las**

Rubén Blades (1948– ) is a Panamanian singer, actor, lawyer, and former Minister of Tourism. He has acted in more than 30 films, including *Cradle Will Rock, Gideon's Crossing, All the Pretty Horses, Crossover Dreams, The Milagro Beanfield War, Mo' Better Blues,* and *The Devil's Own,* and the TV show *The X Files.*

**ACTIVIDAD 19  Mensajes sociales**  En grupos de tres, nombren por lo menos tres canciones populares que tienen un mensaje social y expliquen cuál es el mensaje de cada una. Algunos temas pueden ser: el racismo, la opresión, la pobreza, la paz, la ecología, los derechos humanos y la globalización.

**ACTIVIDAD 20  Las referencias**  Ahora lee la biografía del Arzobispo Romero y la letra de la canción "El padre Antonio y su monaguillo Andrés" para contestar estas preguntas.

1. En la biografía del Arzobispo Romero, ¿a quién o a qué se refieren estos pronombres?
   a. lo (línea 4)    b. Se (línea 4)    c. lo en canonizar**lo** (línea 9)

2. En la biografía, ¿cuál es el sujeto del verbo **mató** (línea 4)?
3. En la canción, ¿a quién o a qué se refieren estos pronombres?
   a. Le (línea 12)       c. Les (línea 23)       e. se (línea 37)
   b. Le (línea 13)       d. le (línea 32)
4. ¿Cuál es el sujeto de los siguientes verbos?
   a. habló (línea 4)     c. habla (línea 23)
   b. sabe (línea 11)     d. entró (línea 31)

**ACTIVIDAD 21 Mensajes** **Parte A.** Lee la biografía otra vez y contesta estas preguntas.

1. El arzobispo fue asesinado. ¿Quién se cree que fue el asesino?
   a. un militar          b. un portavoz          c. un pobre
2. ¿Por qué lo mató?
   a. por ser católico    b. por criticar a los    c. por ser un símbolo
                              militares                político

**Parte B.** Lee la letra de la canción otra vez y contesta estas preguntas. Recuerda que no necesitas entender todas las palabras para contestarlas.

1. Según la primera estrofa, ¿cómo es el padre Antonio?
   a. burocrático         b. agresivo             c. sencillo
2. Según la segunda estrofa, ¿cómo es Andrés?
   a. un niño normal      b. un niño muy          c. un niño con
                              inteligente             conflictos
3. ¿Qué tragedia ocurrió?
   a. una persona mató al  b. una persona mató     c. una persona mató
      padre Antonio y a       solo a Andrés            solo al padre Antonio
      Andrés
4. ¿Dónde tuvo lugar esa tragedia?
   a. en una cancha de    b. en España            c. en una iglesia
      fútbol
5. ¿Cómo es el final de la canción? ¿Es pesimista o expresa esperanza para el futuro?
   a. pesimista           b. expresa esperanza    c. ni pesimista ni
                              para el futuro           optimista
6. ¿Cómo va a ser la música de la canción?
   a. rápida, con buen    b. una balada lenta     c. ni rápida ni lenta,
      ritmo para bailar                               pero seria

The song is included in the *¡Claro que sí!* iTunes list on CengageBrain.com and may be on YouTube.

El 24 de marzo de 1980, el arzobispo Óscar Arnulfo Romero fue asesinado en El Salvador. Una persona desconocida entró en la iglesia donde el padre Romero celebraba misa y lo mató. Se especula que el asesino era militar porque Romero era considerado portavoz[1] **5** de los pobres y había expresado su oposición a la represión y la violencia de los militares. Desde su muerte, el padre Romero es un símbolo político y, en Roma, se han recibido peticiones para canonizarlo (hacerlo santo). **10**

▲ El arzobispo Óscar Arnulfo Romero.

© AP Photo

_____
[1]spokesman

# "El padre Antonio y su monaguillo Andrés"

## Rubén Blades

*(canción dedicada al padre A. Romero)*

El padre Antonio Tejeira vino de España
Buscando nuevas promesas en esta tierra.
Llegó a la selva sin la esperanza de ser obispo,
Y entre el calor y entre los mosquitos habló de Cristo.
5  El Padre no funcionaba en el Vaticano entre papeles
Y sueños de aire acondicionado,
Y fue a un pueblito en medio de la nada a dar su sermón.
Cada semana pa'[1] los que busquen la salvación.

El niño Andrés Eloy Pérez tiene diez años
10  Y estudia en la elementaria Simón Bolívar.
Todavía no sabe decir el Credo[2] correctamente.
Le gusta el río, jugar al fútbol y estar ausente.

Le han dado el puesto en la iglesia de monaguillo
A ver si la conexión compone al chiquillo.
15  Y su familia está muy orgullosa porque a su vez se cree
Que con Dios conectando a uno conecta a diez.

Suenan las campanas[3] un – dos – tres
Del padre Antonio y su monaguillo Andrés.

Suenan las campanas otra vez...
20  Del padre Antonio y su monaguillo Andrés.

El Padre condena la violencia.
Sabe por experiencia que no es la solución.
Les habla de amor y de justicia
De Dios va la noticia vibrando en su sermón.

25  Suenan las campanas un – dos – tres
Del padre Antonio y su monaguillo Andrés.

Suenan las campanas otra vez...
Del padre Antonio y su monaguillo Andrés.

---

[1]pa' = para    [2]*Creed*    [3]*the bells ring*

Al Padre lo halló la guerra un domingo en misa,
30 Dando la comunión en manga de camisa.
En medio del Padre Nuestro entró el matador
Y sin confesar su culpa le disparó.

Antonio cayó hostia[4] en mano y sin saber por qué.
Andrés se murió a su lado sin conocer a Pelé.
35 Y entre el grito y la sorpresa agonizando otra vez
Estaba el Cristo de palo pegado a la pared.
Y nunca se supo el criminal quién fue
Del padre Antonio y su monaguillo Andrés.

Pero suenan las campanas otra vez...
40 Por el padre Antonio y su monaguillo Andrés.

Suenan las campanas tierra va a temblar
Suenan las campanas por América.
Suenan las campanas ¡O Virgen Señora!
Suenan las campanas ¿quién nos salva ahora?
45 Suenan las campanas de Antonio y Andrés.
Suenan las campanas óyelas otra vez.
Suenan las campanas centroamericanas.
Suenan las campanas por mi tierra hermana.
Suenan las campanas mira y tú verás
50 Suenan las campanas el mundo va a cambiar.

Suenan las campanas para celebrar
Suenan las campanas nuestra libertad.
Suenan las campanas porque un pueblo unido
Suenan las campanas no será vencido.
55 Suenan las campanas de Antonio y Andrés.
Suenan las campanas suénenlas otra vez.
Suenan las campanas por un cura bueno
Suenan las campanas Arnulfo Romero.
Suenan las campanas de la libertad
60 Suenan las campanas por América. ▪

---

[4]*the Host*

**Rubén Blades.**

**ACTIVIDAD 22 ¿Cómo son?** La canción describe al padre Antonio como una persona normal. La letra dice que no le gusta la burocracia y que le gusta estar en el pueblo con su gente. ¿Qué parte de la letra indica que Andrés es un niño típico?

▶ La letra de la canción dice que...

**ACTIVIDAD 23 Las ideas** En un concierto, Rubén Blades dijo: "En Latinoamérica matan a la gente, pero no la idea". Di qué opinas sobre este comentario.

▶ En mi opinión,...

## Escritura

### ESTRATEGIA: Avoiding Redundancy

When writing in Spanish, you should avoid redundancy whenever possible to make the text more natural sounding. One way of doing this is to use direct- and indirect-object pronouns to avoid needless repetition.

Another way to enrich your writing is to express similar thoughts using different words. For example:

me gusta ⟶ me encanta ⟶ me fascina
me molesta ⟶ no me gusta ⟶ no me gusta nada
la Universidad de Harvard ⟶ la universidad ⟶ Harvard

**ACTIVIDAD 24 Tus impresiones Parte A.** Write two or three paragraphs on the following topic. Conclude with two or three sentences that summarize your opinions.

▶ ¿Te parece buena, mala o regular tu universidad? ¿Qué te gusta de la universidad y qué le falta a la universidad?

**Parte B.** Check your draft to see if you did the following and then make any necessary corrections.

- Did you support your opinions or simply state them?
- To support opinions, did you use words like **por eso, por lo tanto** (therefore), **como resultado** (as a result), **eso quiere decir que, es decir** (that is), **porque,** etc.?

**Parte C.** Staple all drafts and your final version together and turn them in to your instructor.

# Vocabulario esencial II

## I. Los deportes

1. el árbitro/la árbitro
2. el uniforme
3. el jugador/la jugadora
4. el puntaje
5. los hinchas/aficionados
6. el entrenador/la entrenadora
7. hacer un gol

NOTE: **el/la hincha** and **los/las hinchas.**

### Otras palabras relacionadas con los deportes

**el campeón/la campeona** champion
**el campeonato** championship
**el equipo** team; equipment, gear
**el estadio** stadium
**ganar** to win
**el partido** game
**el torneo** tournament

**ACTIVIDAD 25** **Definiciones** Lee las definiciones para decir las palabras correspondientes.

1. la persona que juega un partido
2. los elementos que se usan para jugar a un deporte
3. el equipo que gana un campeonato
4. la persona que prepara estrategias para los jugadores
5. las personas que les cantan canciones a su equipo favorito
6. el lugar donde se juega un partido de fútbol
7. la persona que le saca tarjeta roja a un jugador y controla el partido

**ACTIVIDAD** **26** **¿Son Uds. deportistas?** En grupos de cuatro, identifiquen estos equipos y digan de dónde son, a qué deporte juegan, cómo se llama el estadio donde juegan, cuáles son los colores de su uniforme y cuándo fue la última vez que ganaron la Serie Mundial o el Super Bowl.

▶ El equipo de los Packers es de Green Bay, Wisconsin. Ellos juegan al fútbol americano en el Estadio Lambeau. Los colores de su uniforme son verde y amarillo. Hace (más o menos) XX años que ganaron el Super Bowl.

1. los Yankees
2. los Broncos
3. los Santos
4. los Medias Rojas
5. los Cardenales
6. los Gigantes

# II. Los artículos deportivos

© Cengage Learning 2015

Although **balones** only refers to large balls, you may also hear **pelotas** to refer to large balls: **pelota de fútbol/fútbol americano/basquetbol.**

jugar a los bolos = jugar al boliche

Do Workbook and Web activities.

1. los balones de fútbol, fútbol americano, basquetbol, las pelotas de tenis, squash, golf y béisbol
2. las raquetas de tenis y de squash
3. las bolas de bolos
4. los patines de hielo y en línea
5. los esquíes de agua y de nieve
6. las tablas de snowboard
7. los monopatines
8. los bates
9. los guantes de béisbol, boxeo y ciclismo
10. las pesas
11. los cascos de bicicleta y fútbol americano
12. los palos de golf

**ACTIVIDAD 27 Asociaciones** Asocia estas personas con artículos deportivos que usan.

1. Serena Williams y Rafa Nadal
2. David Beckham, Lionel Messi y Pelé
3. Shaq, Pau Gasol y Manu Ginóbili
4. Sammy Sosa y Albert Pujols
5. Michelle Kwan y Johnny Weir
6. Arnold Schwarzenegger
7. Muhammad Ali y Óscar de la Hoya
8. Tiger Woods y Sergio García
9. Tom Brady, Peyton Manning y Chad Ochocinco
10. Lance Armstrong y Alberto Contador

**ACTIVIDAD 28 Opiniones** Los deportes favoritos cambian de país en país. En grupos de cuatro, digan cuáles son los deportes más populares de su país, de Suramérica y del Caribe y por qué creen que son populares. Después de terminar, comparen sus opiniones con las de otros grupos.

▶ A: Para mí el béisbol es...
B: No, para mí el béisbol no es el deporte...
C: El fútbol americano puede ser el deporte... porque...

**ACTIVIDAD 29 ¿Y tú?** En parejas, pregúntenle a su compañero/a qué deportes practica y qué equipo tiene para jugarlos. Averigüen también qué deportes le gusta ver (en el estadio o en la televisión) y cuáles no le gustan nada.

## ¿Lo sabían?

En la mayoría de los países hispanos el fútbol es el deporte más popular. Es un deporte muy económico porque solo se necesita un balón y se puede jugar en cualquier lugar. Hoy día, los mejores jugadores de América Latina generalmente juegan en equipos europeos como el Real Madrid o el Manchester United. El fanatismo por el deporte es de gran magnitud y durante el campeonato de la Copa Mundial que se celebra cada cuatro años, la actividad diaria se detiene[1] para mirar los partidos a cualquier hora del día. Inclusive, en países como Ecuador, el presidente dio un día de vacaciones el día después de que el equipo nacional ganó un partido de ese campeonato.

© imagebroker / Alamy

▲ Arrecife (*Reef*) de coral, Roatán, Honduras

En el Caribe, el deporte más popular es el béisbol. A principios del siglo XX, los norteamericanos lo llevaron a esa región. Otros deportes populares en el mundo hispano son el voleibol y el atletismo[2] en Cuba, el boxeo en Panamá y en Cuba, y el basquetbol en España y en Puerto Rico.

Entre los destinos turísticos para la práctica de deportes acuáticos están las playas del océano Pacífico de El Salvador, Nicaragua y Costa Rica, y la isla hondureña de Roatán, uno de los mejores lugares del mundo para hacer buceo[3].

**¿?** **¿Por qué el fútbol profesional no es tan popular en los Estados Unidos como en el resto del mundo?**

---

[1]stops  [2]track  [3]scuba diving

# Para ver II

## ¡¡¡Gooooooooooooolllll!!!

| | |
|---|---|
| **Te va a salir caro.** | It's going to cost you. |
| **basta de** + *infinitive* | stop + -ing |
| **¡Basta de decir tonterías!** | Stop saying silly things! |
| **cambiando de tema** | changing the subject |

*Hoy en Los Ángeles yo, Walter, filmé un partido de fútbol con mi amigo Rodrigo (que nunca se pone nervioso) y su equipo salvadoreño. ¡Qué partido tan emocionante!*

▶ **ACTIVIDAD** **30** **¿Qué hizo?** Mientras miras el video blog, marca si las oraciones son ciertas **(C)** o falsas **(F).** Corrige las oraciones falsas.

1. _____ Rodrigo juega fútbol no profesional.

2. _____ Rodrigo y su equipo jugaron contra un equipo hondureño.

3. _____ Antes de empezar el partido, Rodrigo estaba nervioso.

4. _____ Cuando tenía 10 años, Rodrigo generalmente entrenaba *(trained)* mucho antes de un partido.

5. _____ Para Rodrigo, el equipo hondureño es mejor.

6. _____ En el minuto final del partido, Rodrigo estaba nervioso.

7. _____ El equipo de Rodrigo ganó.

**31** **¿Entendiste?** Mira el video blog otra vez y contesta estas preguntas.

1. Cuando Rodrigo era niño, ¿con quién practicaba?
2. Generalmente, ¿qué días de la semana jugaba? ¿Y en qué condiciones climáticas?
3. ¿Qué sentía Rodrigo cuando su padre lo filmaba?
4. Después del partido, ¿quién invitó a comer a quién? ¿Por qué?

**ACTIVIDAD** **32** **Problemas** En parejas, Uds. viven en una residencia estudiantil donde hay problemas. Van a preparar una grabación para poner en el ascensor *(elevator)* del edificio para educar a la gente. La campaña de publicidad se llama **¡Basta!**

▶ Quiero dormir y no puedo. ¿Por qué? Porque mi compañero de cuarto siempre mira videos de YouTube a toda hora. Toda la noche. No quiero escuchar a un gato tocando el piano ni a un perro que habla. **Basta de mirar** videos.

## ¿Lo sabían?

En 1635, unos barcos españoles cargados con esclavos africanos naufragaron[1] en el Caribe y los esclavos pudieron nadar hasta la isla de San Vicente. Allí se mezclaron con los indígenas caribes que los españoles llevaron originalmente de Suramérica. De esta mezcla nació un pueblo llamado

▲ Familia garífuna, Triunfo de la Cruz, Honduras.

© John Mitchell / Alamy

garífuna que, cuando llegaron los ingleses, tuvo que salir de la isla. Los garífunas fueron a Roatán, una isla caribeña que en la actualidad es parte de Honduras, y desde allí luego fueron hacia otros países de Centroamérica.

Actualmente las comunidades garífunas más importantes están en la costa caribeña de Honduras, Belice, Guatemala y Nicaragua, y a pesar del paso de los siglos, todavía mantienen su lengua, su religión, su comida y su música, es decir, su cultura. El idioma garífuna es una lengua que integra palabras de idiomas africanos, del inglés, del francés y del español. La religión es un sincretismo del catolicismo y ritos africanos. La comida tradicional incluye pan de yuca[2] con pescado frito y plátano. Su música, que se llama "punta", se popularizó en el mundo hispano gracias al grupo hondureño Banda Blanca y su canción en garífuna y español "Sopa de caracol"[3].

 **¿Puedes mencionar grupos en tu país que mantienen su cultura y sus tradiciones?**

---

[1]*sunk*   [2]*tropical vegetable root*   [3]*conch (large sea snail)*

# Gramática para la comunicación ▐▐

## Describing in the Past

▲ "Los lunes corría, los martes corría, los miércoles corría..."

In the video blog, when talking about the game, Rodrigo said, "… **subía y bajaba escaleras… y al final practicaba con mi padre con el balón**". In these phrases, do the verbs **subía, bajaba,** and **practicaba** refer to past actions that occurred only once or to habitual past actions?

If your response is *habitual past actions,* you are correct.

As you have already learned, the preterit in Spanish is used to talk about completed past actions. There is another set of past tense forms, the imperfect, whose main function is to describe and to report habitual past actions.

### A. Formation of the Imperfect

**1** To form the imperfect of *all* -**ar** verbs, add -**aba** to the stem.

| caminar | |
|---|---|
| caminaba | caminábamos |
| caminabas | caminabais |
| caminaba | caminaban |

**NOTE:** All -**ar** verbs in the **nosotros** form have an accent.

**2** To form the imperfect of -**er** and -**ir** verbs, add -**ía** to the stem.

| volver | | salir | |
|---|---|---|---|
| volvía | volvíamos | salía | salíamos |
| volvías | volvíais | salías | salíais |
| volvía | volvían | salía | salían |

**NOTE:** Accents are used in -**er** and -**ir** verbs to break diphthongs.

**3** There are only three irregular verbs in the imperfect.

| ser | | ver | | ir | |
|---|---|---|---|---|---|
| era | éramos | veía | veíamos | iba | íbamos |
| eras | erais | veías | veíais | ibas | ibais |
| era | eran | veía | veían | iba | iban |

## B. Using the Imperfect

**1** As you learned in Chapter 7, the imperfect (**el imperfecto**) is always used when telling time and one's age in the past.

**Eran** las 10 de la mañana.  *It was 10 in the morning.*

Rodrigo **tenía** unos 10 años.  *Rodrigo was about 10 years old.*

**2** The imperfect is also used in the following situations.

| | |
|---|---|
| ■ to describe people, places, things, or scenes in the past | El niño **era** bajo y **tenía** pelo corto. **Había**\* mucha gente en el estadio. **Hacía** mucho calor. |
| ■ to describe ongoing past states of mind and feelings | Los hinchas **estaban** contentos. |
| ■ to describe habitual or recurring actions in the past | Todos los días Rodrigo **corría** y **practicaba** con su equipo. *(habitual)* Cada año **organizaban** un torneo de fútbol. *(recurring)* |

**NOTE:** \***Había** means both *there was* and *there were*.

Habitual or recurring past actions can be expressed in English with the simple past, "used to + *verb*" or "would + *verb*":

Todos los días **nadaba**.  { Every day he *swam*.
Every day he *used to swim*.
Every day he *would swim*.

iLrn ⊕
Do Workbook, Lab Manual, and Web activities.

▲ Piletas naturales de Semuc Champey, Guatemala.

**ACTIVIDAD** **33** **Los deportes que jugabas** Habla con un mínimo de cinco personas para averiguar a qué deportes jugaban cuando estaban en la escuela primaria, a cuáles en la escuela secundaria y de qué color eran sus uniformes si jugaban en equipo.

Description of habitual past actions.

▶ A: ¿A qué deportes jugabas en la escuela primaria? ¿Y de qué color era el uniforme?
B: Jugaba al fútbol, al béisbol... Cuando jugaba al béisbol llevaba camiseta blanca con mangas azules.
A: ¿Y en la secundaria?
B: ...

**ACTIVIDAD 34** **La niñez** **Parte A.** Marca las actividades que hacías cuando eras pequeño/a bajo la columna **tú**.

| | tú | compañero/a |
|---|---|---|
| 1. comer espinacas | _____ | _____ |
| 2. chuparse el dedo gordo | _____ | _____ |
| 3. asistir a una escuela privada | _____ | _____ |
| 4. asistir a una escuela pública | _____ | _____ |
| 5. tomar el autobús | _____ | _____ |
| 6. caminar a la escuela | _____ | _____ |
| 7. ir en coche con sus padres a la escuela | _____ | _____ |
| 8. llevar la comida a la escuela | _____ | _____ |
| 9. comer la comida de la escuela | _____ | _____ |
| 10. portarse bien en clase | _____ | _____ |
| 11. hablar en clase | _____ | _____ |

**Parte B.** Ahora, en parejas, entrevístense para ver qué hacían cuando eran niños/as. Marquen la respuesta de su compañero/a en la lista de la **Parte A.** Sigan el modelo.

▶ A: ¿Caminabas a la escuela?
B: Sí, caminaba a la escuela. / No, no caminaba a la escuela.

**Parte C.** Cuéntenle a la clase las cosas que hacían Uds. cuando eran niños.

▶ Yo tomaba el autobús a la escuela, pero él caminaba. Nosotros llevábamos la comida a la escuela y...

**ACTIVIDAD 35** **Otra vida** En parejas, miren este dibujo y describan cómo era la señora cuando era joven y cuáles eran tres cosas que hacía. Luego describan cómo es ahora y cuáles son tres cosas que hace.

**Tus gustos** Parte A. Usa la siguiente escala de uno a cuatro para marcar en la columna que dice **tú** qué actividades no te gustaban y cuáles te encantaban cuando eras niño/a.

1. no me gustaba/n nada
2. me gustaba/n
3. me gustaba/n mucho
4. me encantaba/n

Describing ongoing past states of mind

|  | tú | compañero/a |
|---|---|---|
| 1. leer novelas como *Harry Potter* | _____ | _____ |
| 2. jugar al fútbol | _____ | _____ |
| 3. jugar en un equipo | _____ | _____ |
| 4. nadar sin traje de baño | _____ | _____ |
| 5. escuchar música | _____ | _____ |
| 6. comer helado | _____ | _____ |
| 7. dormir en casa de amigos | _____ | _____ |
| 8. comer verduras | _____ | _____ |
| 9. comprar perros calientes *(hot dogs)* | _____ | _____ |
| 10. invitar a los amigos a la casa | _____ | _____ |
| 11. mirar mucha televisión | _____ | _____ |
| 12. tomar la sopa | _____ | _____ |
| 13. jugar videojuegos | _____ | _____ |
| 14. asistir a clase | _____ | _____ |
| 15. hablar mucho en clase | _____ | _____ |
| 16. comer papas fritas | _____ | _____ |

Parte B. En parejas, entrevisten a su compañero/a para averiguar qué actividades le gustaban o no cuando era niño/a. Marquen las respuestas en la lista de la **Parte A.** Sigan el modelo.

▶ A: ¿Leías novelas como *Harry Potter*?
  B: Sí, me gustaban mucho. / Sí, me encantaban. / No, no me gustaban nada.

Parte C. En parejas, piensen en las respuestas de su compañero/a para decirle cuáles de los siguientes adjetivos describen mejor cómo era él/ella de niño/a y por qué, y si comía bien o no.

▶       A: Creo que tú eras muy extrovertido porque...

  B: Sí, es verdad porque...        B: No, no es verdad, porque...

1. extrovertido/a o introvertido/a
2. hablador/a o callado/a
3. travieso/a u obediente
4. activo/a o inactivo/a
5. bien/mal educado/a
6. comer bien/mal

Describing people in the past.

**bien/mal educado/a** = well/poorly behaved/mannered

**La rutina diaria** En parejas, describan un día típico de su vida cuando tenían quince años. Incluyan qué comida comían y qué hacían con sus amigos.

Past habitual actions.

**ACTIVIDAD** **38** **Ilusiones y desilusiones** **Parte A.** En parejas, pregúntenle a su compañero/a (1) qué fantasías tenía cuando era niño/a y cuándo dejó de creer en ellas, y (2) si hacía ciertas cosas y cuándo dejó de hacerlas. Usen las siguientes listas.

**¿Creías…?**
**¿Cuándo dejaste de creer…?**
en el Coco *(boogie man)*
en el ratoncito *(tooth fairy)*
que había monstruos *(monsters)* debajo de la cama
que la cigüeña *(stork)* traía a los bebés

**¿Hacías estas cosas?**
**¿Cuándo dejaste de…?**
odiar a los chicos/las chicas
dormir con la luz encendida *(lit)*
jugar con pistolas/muñecas *(dolls)*
comer verduras

**Parte B.** Ahora comenten estas preguntas: Muchos niños tienen fantasías. ¿Es bueno tener fantasías? ¿Por qué sí o no?

## ¿Lo sabían?

Por influencia de los Estados Unidos y Europa, en países hispanos como Honduras, Guatemala y Puerto Rico, los niños reciben los regalos de Papá Noel (Santa Claus) a la medianoche del veinticuatro de diciembre (Nochebuena). Pero en otros países como España y México son los Reyes Magos[1] quienes les traen los regalos a los niños el 6 de enero, día de la Epifanía. Los Reyes Magos llegan en camello y dejan los regalos en los balcones o cerca de las ventanas.

Otra tradición religiosa es la celebración de Semana Santa en la ciudad de Antigua, Guatemala. Esta tiene sus orígenes en las celebraciones de Sevilla, España, que empezaron en el siglo XIII, pero en esta ciudad guatemalteca se puede ver el sincretismo entre la religión católica y las tradiciones indígenas. Durante siete días se realizan procesiones con cientos de hombres vestidos de morado llevando la imagen de Cristo y caminando sobre alfombras de colores hechas de aserrín[2] y flores. Las alfombras pueden tener diseños tradicionales con la imagen de Cristo o diseños típicos guatemaltecos que incluyen loros o símbolos precolombinos.

▲ Procesión de Semana Santa en Antigua, Guatemala

**¿?** **Ahora responde a las preguntas para decir cómo es la costumbre de Santa Claus en tu país.**

- ¿Santa viaja en avión o en trineo?
- ¿Qué animales lo ayudan: perros o renos?
- ¿Cómo entra en la casa: por la chimenea o por la puerta?
- ¿Qué cuelgan los niños en la chimenea: medias o zapatos?
- ¿Qué le dejan los niños a Santa Claus: leche y galletas o una taza de café?
- ¿Dónde les deja los regalos Santa Claus: enfrente de la chimenea o debajo del árbol?
- ¿En qué son similares y diferentes Santa Claus y los Reyes Magos?

**iLrn** Para aprender más sobre Guatemala, mira el video cultural en la mediateca *(Media Library)*.

---

[1]*Three Wise Men*   [2]*sawdust*

**ACTIVIDAD 39** **¿Tenías razón?** **Parte A.** Piensa en las ideas que tenías sobre la universidad antes de comenzar el primer año y di qué piensas ahora. ¿Qué creías y qué crees ahora?

Describing past beliefs.

**Lo que creía antes**
las clases eran difíciles
...

**Lo que creo ahora**
las clases son fáciles
...

**Parte B.** En grupos de tres, compartan sus ideas y digan si cambiaron o no. Usen oraciones como:

▶ Yo creía que las clases eran difíciles, pero ahora me parece que son fáciles.

**ACTIVIDAD 40** **Descripciones** En grupos de tres, describan cómo creen que eran las siguientes personas u otros personajes famosos y qué hacían.

Description in the past.

▶ George Washington era honesto y nunca decía mentiras. Tenía pelo blanco, era alto y se dice que tenía dientes de madera, pero no es verdad...

Heath Ledger, la princesa Diana, Don Quijote, Jackie Robinson, Abraham Lincoln, Marilyn Monroe, John Belushi, el Dr. Seuss, Martin Luther King Jr.

**ACTIVIDAD 41** **El extraterrestre** Uds. vieron a un extraterrestre. En grupos de tres, contesten estas preguntas para describirlo. Después, léanle su descripción al resto de la clase.

Description of a person or thing in the past.

1. ¿Dónde estaban Uds. cuando lo vieron?
2. ¿Qué día era?
3. ¿Hora?
4. ¿Qué tiempo hacía?
5. ¿Cómo era el extraterrestre?
6. ¿De qué color?
7. ¿Cuántos ojos?
8. ¿Llevaba ropa?
9. ¿ ?

**ACTIVIDAD 42** **Mi habitación** En parejas, explíquenle a su compañero/a cómo era su habitación y qué hacían allí cuando tenían 10 años. Sigan este bosquejo. Al terminar, cambien de papel.

I. Descripción física
   Muebles: cama/s (dormir solo/a o con hermano/a), silla/s, escritorio/s

Description of things in the past.

II. Decoración y diversión
   A. color
   B. carteles
   C. juguetes *(toys)*
   D. televisión, computadora, etc.
   E. cosas para practicar deportes

III. Actividades y cuándo
   A. Con amigos
      jugar, hablar, dormir

Description of habitual past actions.

   B. Solo/a
      leer, escuchar música, estudiar, mirar televisión, comer, jugar videojuegos

Do Web Search Activities.

# Más allá

## Canción: "Te encontraré"

Martín Bernetti/AFP/Getty Images/Newscom

The song is included in the *¡Claro que sí!* iTunes list on CengageBrain.com and may be on YouTube.

**Ricardo Arjona (1964– ),** cantante y compositor guatemalteco, ya sabía tocar la guitarra cuando tenía 8 años. A los 21 años sacó su primer disco, pero al no tener mucho éxito, abandonó la música por un tiempo. Después de trabajar de maestro, ser estudiante universitario y jugar en el equipo nacional de basquetbol, sacó su segundo álbum, que tuvo mucho éxito en toda Latinoamérica. Desde entonces, Arjona ha recibido varios Grammys.

**Antes de escuchar** En la canción "Te encontraré", el cantante habla de un amor a primera vista y la perseverancia para no perder a esa persona que ama. Antes de escuchar la canción, contesta estas preguntas.

1. Para ti, ¿existe o no el amor a primera vista?

2. ¿Tienes un amigo o amiga que salía con alguien que no les gustaba a sus padres? ¿Sabes por qué los padres de él o ella no aprobaban esa relación?

**Mientras escuchas** Primero lee estas oraciones. Después, escucha la canción y completa cada oración.

1. Él la conoció en...

   a. una cafetería      b. un bar

2. Él era...

   a. cantante      b. hombre de negocios

3. Él la invitó a... y ella le mandó...

   a. un café / un mensaje de texto    b. una cerveza / una nota con un corazón

The lines between groups of items indicate breaks between different parts of the song.

4. Al día siguiente ellos...

   a. estaban enamorados      b. salieron juntos

5. Él conoció a los padres de ella...

   a. por la tarde              b. por la noche

6. Los problemas empezaron cuando él les dijo a los padres...

   a. su ocupación              b. que estaba enamorado de su hija

7. Los padres mandaron a su hija...

   a. a España                 b. a otra ciudad

8. Para comprar un pasaje para ir a verla, él...

   a. les pidió dinero a sus amigos        b. vendió su guitarra, un par de botas y su perro

Continúa→

9. Al llegar a la capital... y hoy...

   a. la encontró / están muy enamorados    b. no la encontró / están con
                                                otras personas

**Después de escuchar** Quieres filmar una película basada en esta canción y necesitas hacer el reparto. ¿Qué actores famosos van a hacer los siguientes papeles?

el novio                          la novia
el padre de ella                  la madre de ella

## Video: *El Salvador tiene todo incluido*

The video is on CengageBrain.com.

**Antes de ver** Vas a ver un anuncio para promover el turismo en El Salvador. Antes de verlo, contesta las preguntas.

1. Mira esta foto del video. ¿A quiénes crees que está dirigido el anuncio?

   a. a universitarios    b. a gente joven que trabaja    c. a padres de familia

2. Según lo que aprendiste sobre El Salvador en este capítulo, ¿qué puede hacer un turista allí?
   ☐ comer pupusas
   ☐ comer kak'ik de pavo
   ☐ ir a una playa caribeña
   ☐ practicar deportes acuáticos
   ☐ subir una pirámide azteca
   ☐ visitar sitios arqueológicos

**Mientras ves** Lee las siguientes preguntas y contéstalas mientras ves el video.

1. ¿Cuántas cosas hizo el muchacho de camisa azul? Menciona algunas.

2. ¿Hizo todas esas cosas durante sus vacaciones?

**Después de ver** De las actividades que menciona el muchacho, ¿cuáles son las dos que más te gustaría hacer en El Salvador? Explica por qué.

Video stills: © Ministerio de Turismo y CORSATUR

# En resumen

## Now you know how to...

- order food and plan a meal.

  **En el restaurante salvadoreño voy a pedir pupusas de primer plato y de segundo, pescado frito con frijoles.**

- express likes, dislikes, and opinions.

  **Me encantan las pupusas de la madre de Rodrigo; me parece que son mejores que las de ese restaurante.**

- avoid redundancies in everyday speech.

  **Me las sirvió la última vez que estuve en su casa.**

- talk about sports.

  **Después de comer, Rodrigo y yo vimos un partido de fútbol. ¡Lionel Messi hizo un gol espectacular!**

- describe in the past.

  **En la escuela primaria, Rodrigo era un niño bastante atlético. Era bajo, pero tenía músculos fuertes en las piernas y por eso era muy rápido cuando corría.**

- tell what you used to do.

  **Rodrigo y yo jugábamos al fútbol todos los días.**

In this chapter you have learned about El Salvador, Guatemala, and Honduras. You will learn more interesting facts about these countries including the *Popol Vuh* and famous people such as Rigoberta Menchú, Manlio Argueta, and Lempira, in the Workbook, in the Lab Manual, and on the website.

## Vocabulario funcional

### La comida

**Las legumbres y los cereales** *Legumes and cereals*

el arroz *rice*

las arvejas *(Latin Am.)*/los guisantes *(Spain)* *peas*

los frijoles *beans*

las habichuelas *(Latin Am.)*/las judías verdes *(Spain)* *green beans*

las lentejas *lentils*

**Las verduras** *Vegetables*

el ajo *garlic*

la cebolla *onion*

la coliflor *cauliflower*

los espárragos *asparagus*

las espinacas *spinach*

la lechuga *lettuce*

el maíz/elote *(Mexico)* *corn*

la papa *(Latin Am.)*/patata *(Spain)* *potato*

las papas/patatas fritas *French fries*

el puré de papas/patatas *mashed potatoes*

el tomate *tomato*

la zanahoria *carrot*

**Las carnes** *Meats*

el bistec/churrasco *steak*

la carne de res *beef*

el cerdo *pork*

la chuleta *chop*

el cordero *lamb*

el jamón *ham*

la ternera *veal*

**Las aves** *Poultry*

el pavo *turkey*

el pollo *chicken*

**Los postres** *Desserts*

el flan *Spanish egg custard*
la fruta *fruit*
el helado *ice cream*
  de chocolate *chocolate*
  de vainilla *vanilla*
el pastel *cake*

## Otras palabras relacionadas con la comida

el aceite *oil*
el agua (mineral) con/sin gas *sparkling (mineral) water / (mineral) water*
el azúcar *sugar*
la bebida *beverage*
los camarones *(Latin Am.)*/las gambas *(Spain) shrimp*
la ensalada *salad*
el huevo *egg*
la mantequilla *butter*
el pan *bread*
el pescado *fish*
la pimienta *pepper*
el postre *dessert*
el queso *cheese*
la sal *salt*
la sopa *soup*
el vinagre *vinegar*
poner la mesa *to set the table*
la copa de vino *wine glass*
los cubiertos *silverware*
  la cuchara *spoon*
  el cuchillo *knife*
  el tenedor *fork*
el plato *plate; dish, course*
la servilleta *napkin*
la taza *(coffee/tea) cup*
el vaso *glass*
la cuenta *the bill*
el primer plato *first course*
el segundo plato *second course*

## Otros verbos como *gustar*

encantar *to like a lot; to love*
faltar *to lack, be missing*
fascinar *to like a lot; to find fascinating*
interesar *to interest, find interesting*
molestar *to be bothered by; to find annoying*
parecer *to seem*

## Los deportes

el/la árbitro *referee*
el campeón/la campeona *champion*
el campeonato *championship*
el/la entrenador/a *trainer*

el equipo *team; equipment, gear*
el estadio *stadium*
ganar *to win; to earn*
hacer un gol *to score a goal*
el/la hincha / aficionado/a *fan*
el/la jugador/a *player*
el partido *game*
patinar *to skate*
el puntaje *score*
el torneo *tournament*
el basquetbol *basketball*
el béisbol *baseball*
el boxeo *boxing*
el ciclismo *cycling*
el fútbol *soccer*
el fútbol americano *football*
el golf *golf*
el hockey *hockey*
el squash *squash*
el tenis *tennis*
el voleibol *volleyball*

## Los artículos deportivos

el balón *ball (large in size)*
el bate *bat*
la bola de bolos *bowling ball*
el casco *helmet*
los esquíes de agua/nieve *water skis/ snow skis*
los guantes *gloves*
el monopatín *skateboard*
el palo de golf *golf club*
los patines de hielo/en línea *ice skates/ in-line skates*
la pelota *ball (small in size)*
las pesas *weights*
la raqueta *racquet*
la tabla de snowboard *snowboard*
el uniforme *uniform*

## Palabras y expresiones útiles

aburrirse como una ostra *to be really bored (literally: to be bored like an oyster)*
a lo mejor + *verb perhaps*
basta de + *infinitive stop + -ing*
cambiando de tema *changing the subject*
como resultado *as a result*
echar de menos *to miss (someone or something)*
es decir *that is*
limpiar *to clean*
por lo tanto *therefore*
Te va a salir caro. *It's going to cost you.*
todavía *still, yet*
todavía no *not yet*
ya *already; now*
ya no *no longer, not any more*

# Cosas que ocurrieron

# Chapter Objectives

- Explaining medical problems
- Discussing car-related needs and problems
- Narrating and describing in the past
- Learning about Argentina, Chile, Paraguay, and Uruguay

## ¿Qué saben?

Marquen si estas oraciones son ciertas **(C)** o falsas **(F)** y corrijan las falsas si pueden.

1. _____ Chile, un poco más pequeño que el estado de Washington, es el país más pequeño de Suramérica.

2. _____ Las montañas de los Andes son más altas que las Rocosas de los Estados Unidos y Canadá.

3. _____ Itapú, la segunda represa *(dam)* hidroeléctrica más grande del mundo, está entre Paraguay y Bolivia.

4. _____ Chile, Argentina, Uruguay, Paraguay y el sur de Brasil integran la región conocida como el Cono Sur.

5. _____ El Plan Ceibal de Uruguay fue el primer programa del mundo en darle computadora portátil a todo estudiante y maestro de escuela primaria y secundaria.

# Para ver 1

## Un accidente en las vacaciones

| | |
|---|---|
| **(No) vale la pena.** | It's (not) worth it. |
| **(No) vale la pena** + *infinitive.* | It's (not) worth + *-ing.* |
| **además** | besides |
| **ahora mismo** | right now |

*Soy Catalina, una bloguera chilena. Visité tres países del Cono Sur: Argentina, Paraguay y Uruguay. Me divertí mucho, pero tuve un problema...*

**▶ ACTIVIDAD 1 El viaje de Catalina** Mira el video blog y contesta las siguientes preguntas.

1. ¿Qué lugares visitó o va a visitar Catalina en los siguientes países?

   Argentina _____
   Paraguay _____
   Uruguay _____

   a. el barrio de La Boca (en la capital)
   b. el Teatro Colón (en la capital)
   c. la ciudad de Colonia
   d. las cataratas del Iguazú
   e. unas misiones jesuitas
   f. la zona de Palermo Hollywood (en la capital)

2. ¿Qué es lo que quiere hacer en Buenos Aires, pero no puede?
3. ¿Con qué cataratas compara Catalina a las cataratas del Iguazú?
4. ¿Qué le ocurrió a Catalina en las cataratas?

   a. Tuvo una infección.　　b. Tuvo un accidente.　　c. Se fracturó una pierna.

▶ **ACTIVIDAD 2 Detalles del viaje** Después de mirar el video blog otra vez, contesta estas preguntas.

1. ¿Quiénes construyeron las casas de La Boca?
2. ¿Qué hay en Palermo Hollywood?
3. ¿Cómo es la arquitectura de Colonia?
4. ¿Cuáles son los dos idiomas oficiales de Paraguay? ¿Qué significa *rojhayhû* en español?
5. ¿Qué altura tienen las cataratas del Iguazú?
6. ¿Cómo estaba el tiempo en las cataratas cuando Catalina tuvo el accidente?
7. ¿Qué hacía ella cuando tuvo el accidente?
8. ¿Por qué estaba contenta Catalina al final del video blog?

**ACTIVIDAD 3 Una llamada de larga distancia** En parejas, una persona hace el papel de Catalina y la otra persona hace el papel de su amiga Gimena. Catalina llama a Gimena a Buenos Aires para explicarle qué le ocurrió.

▶ GIMENA:    ¿Hola?
  CATALINA:  Hola Gimena, te llamo desde Iguazú. Estuve en el hospital.
  GIMENA:    ¡Huy! ¿Qué te pasó? ¿Tuviste un accidente? ¿Estás bien ahora?
  CATALINA:  ...
  GIMENA:    ...

**ACTIVIDAD 4 ¿Vale la pena?** Habla de las cosas que vale o no vale la pena hacer, formando oraciones con frases de las tres columnas.

si no estás enamorado
si no hace mucho calor
    en tu ciudad
si quieres saber esquiar bien
si te gusta Jake Gyllenhaal        (no) vale la pena
si visitas Buenos Aires
si quieres sentirte
    seguro/a *(safe)*

tener aire acondicionado
conocer el Teatro Colón
ver su última película
tener alarma en la casa
tomar clases
casarte
ir al barrio de La Boca

## ¿Lo sabían?

▲ Esperando para votar, Paraguay.

Argentina y Uruguay son países similares en muchos aspectos. Ambos[1] tienen una población principalmente de origen español e italiano. En los dos países el 92% de la población vive en zonas urbanas. Aunque los dos se consideran países ganaderos con una importante producción de carne, Uruguay exporta el 75% de su producción mientras que Argentina solo el 10%.

Paraguay, en cambio, es un país donde la población es principalmente mestiza y el 87% habla los dos idiomas oficiales: el español y el guaraní. El 40% de la población vive en zonas rurales y se dedica al cultivo de algodón, de caña de azúcar y de soja[2] entre otros. Por su situación geográfica, este país tiene recursos hidroeléctricos que incluyen una de las represas[3] más grandes del mundo, en el río Paraná entre Paraguay y Brasil.

 **¿Qué porcentaje de la población de tu país vive en zonas urbanas? ¿Tiene tu país idioma o idiomas oficiales?**

iLrn Para aprender más sobre Argentina, Uruguay y Paraguay, mira los videos culturales en la mediateca (*Media Library*).

[1]*Both*  [2]*soy*  [3]*dams*

© Jorge Adorno/Reuters/Corbis

# Vocabulario esencial I

## I. La salud

1. **la sangre**
2. **el enfermero**
3. **tener escalofríos**
4. **la ambulancia**
5. **la fractura**
6. **la radiografía**

### Otras palabras útiles

**caerse** to fall
**cortarse** to cut oneself
**doler\* (ue)** to hurt
**la enfermedad** sickness, illness
**estar mareado/a** to be dizzy
**estar resfriado/a** to have a cold
**estornudar** to sneeze
**fracturarse la/una pierna** to break one's/a leg
**la herida** injury, wound
**la infección** infection
**lastimarse** to hurt oneself
**quejarse** to complain
**quemarse** to burn oneself
**sangrar** to bleed

**tener**
  **buena salud** to be in good health
  **catarro** to have a cold
  **diarrea** to have diarrhea
  **dolor de cabeza** to have a headache
  **fiebre** to have a fever
  **gripe** to have the flu
  **náuseas** to feel nauseous
  **tos** to have a cough
  **tenerle alergia a (los gatos)** to be allergic to (cats)
  **torcerse (ue) el/un tobillo** to sprain one's/an ankle
  **toser** to cough
  **vomitar/devolver (ue)** to vomit

**\*NOTE:** The verb **doler**, like **gustar**, agrees with the subject that follows: **Me duelen los pies. Me duele la cabeza.**

> **REMEMBER:** In Spanish, the possessive adjectives (**mi, tu, su,** etc.) are seldom used with parts of the body, instead, use the definite article: **Me duele la cabeza.**

**ACTIVIDAD 5** **Los síntomas y las condiciones** Di qué síntomas o condiciones puede tener una persona que...

1. le tiene alergia al polen
2. tuvo un accidente automovilístico
3. está embarazada *(pregnant)*
4. tiene gripe
5. se cayó de una escalera *(ladder)*
6. tiene apendicitis

**ACTIVIDAD 6** **Los dolores** Después de jugar un partido de fútbol, los deportistas profesionales siempre tienen problemas. Mira el dibujo de estos futbolistas y di qué les duele.

▶ Al número 10 le duele el codo.

© Cengage Learning 2015

**ACTIVIDAD 7** **Una emergencia** En parejas, el estudiante "A" es el Dr. Bello y "B" es la esposa del Sr. Porta. Lea cada uno su papel y mantengan una conversación telefónica. El papel de la Sra. Porta está en la página R23.

**A (Dr. Bello)**

Llama a la Sra. Porta por teléfono para decirle que su esposo tuvo un accidente automovilístico. Usa la ficha médica para explicar qué ocurrió. Al contestar ella el teléfono, dile: "Buenas noches. ¿Habla la Sra. Porta?"

**Sala de Emergencias ✚ Hospital Privado Francés  Asunción**

| | |
|---|---|
| Fecha: | el 14 de mayo |
| Hora: | 6:30 p.m. |
| Paciente: | Mariano Porta Lerma |
| Dirección: | Avenida Bolívar, 9 |
| Ciudad: | Asunción |
| Teléfono: | 498-798 |
| Estado civil: | casado |
| Alergias: | penicilina |
| Diagnóstico: | contusiones; fractura de la tibia izquierda |
| Tratamiento: | 5 puntos en el codo derecho |
| Causa: | accidente automovilístico |

*Ernesto Bello*

© Cengage Learning 2015

**puntos** = stitches

# II. Los medicamentos y otras palabras relacionadas

Hierbas para combatir enfermedades. ▶

© James Brunker / Alamy

Do Workbook and Web activities.

In Paraguay they often drink **tereré,** or cold **mate.**

el **antibiótico** antibiotic
la **aspirina** aspirin
la **cápsula** capsule
la **curita/tirita** Band-Aid
las **gotas** drops

la **inyección** injection, shot
el **jarabe** (cough) syrup
la **píldora/pastilla** pill
la **receta (médica)** prescription
el **vendaje** bandage

**NOTE:** With **curita/tirita, gotas, inyección,** and **vendaje** one can use the verb **poner** with a reflexive or an indirect-object pronoun.

Tuve que **ponerme** una inyección.

*I had to get a shot. / I had to give myself a shot.*

El médico **me puso** una inyección.

*The doctor gave me a shot.*

## ¿Lo sabían?

La yerba[1] mate viene de un árbol del mismo nombre que se encuentra en el noreste de Argentina, Paraguay, Uruguay y el sur de Brasil. El mate es un té que tiene propiedades estimulantes, pero la cantidad de cafeína que contiene es menos de la mitad de la que tiene el café. Se lo considera un antioxidante y tiene vitaminas B y C, potasio y magnesio. Originalmente lo bebían los indígenas guaraníes; luego los conquistadores adoptaron la bebida y la comercializaron. Con el tiempo, los jesuitas comenzaron a cultivar la yerba mate en las zonas donde estaban sus misiones.

El mate se bebe en un recipiente, también llamado mate, que puede ser una pequeña calabaza seca[2] o un recipiente de forma similar. Se bebe con una bombilla[3], y es común pasarlo de persona a persona. Beber mate es, a veces, una actividad social y normalmente se toma con un grupo de amigos o con la familia.

© James Blair/National Geographic

▲ Un gaucho toma mate en la provincia de Formosa, Argentina.

 **¿Hay alguna bebida que solo se toma en tu país o región y que no es común en otros lugares? ¿Conoces alguna bebida con propiedades medicinales?**

---

[1]yerba *is also spelled* hierba   [2]*dried gourd*   [3]*a special straw*

**ACTIVIDAD 8** **Asociaciones** Di qué palabras asocias con estas marcas.

1. Bayer
2. Contac
3. Formula 44
4. ACE
5. Valium
6. Visine
7. NyQuil

**ACTIVIDAD 9** **Tratamientos** Di cuáles son algunos tratamientos para los siguientes síntomas. ¡Ojo! Hay muchas posibilidades.

**Problema**

1. Una persona se cortó y está sangrando. b
2. Tiene tos. g
3. Tiene una infección de oído. i
4. Está resfriado. h
5. Tiene fiebre. e
6. Tiene diarrea. a
7. Cree que se fracturó el brazo. j
8. Estornuda cuando está cerca de los gatos. d
9. Tiene conjuntivitis. i
10. Tiene 80 años y problemas de respiración.

**Tiene que/Debe...**

a. comer poco y beber agua mineral
b. ponerse un vendaje
c. ponerse una inyección para la gripe
d. tomar pastillas para la alergia
e. tomar antibióticos
f. acostarse y dormir
g. tomar un jarabe
h. tomar aspirinas
i. ponerse unas gotas
j. hacerse una radiografía

**ACTIVIDAD 10** **Consejos** En parejas, "A" se siente enfermo/a y llama a su compañero/a para quejarse. "B" le da consejos (advice). Después cambien de papel.

▶ B: ¿Aló?
A: Hola, habla...
B: Ah, hola. ¿Qué tal?
A: La verdad, estoy fatal. Tengo fiebre y no tengo mucho apetito.
B: Lo siento. Debes tomar dos aspirinas y acostarte.

# Gramática para la comunicación I

## I. Narrating and Describing in the Past (Part I): The Preterit and the Imperfect

Review uses of the imperfect in Ch. 8.

Before studying the grammar explanation, look at the following sentences about the video blogger Catalina when she was a child and identify the uses of the imperfect that you have learned.

a. Catalina tenía siete años cuando nadó en el océano por primera vez.
b. (Ella) era alta, tenía ojos grandes y era muy simpática.
c. Siempre se levantaba temprano.
d. Pero ese día, eran las 11:00 cuando se despertó.
e. Era un día fantástico; hacía calor y por eso fue a la playa con su familia.
f. Estaba contenta de no tener clases.

Sentence **a** tells Catalina's age, which provides a background for something that occurred; **b** describes what Catalina looked like and was like; **c** expresses a habitual or recurring action in the past; **d** tells the time and provides a background for when she awoke; **e** describes the scene by telling what the weather was like; and **f** describes a state of mind or feeling.

**1** The basic difference between the preterit and the imperfect is one of focus. The preterit is generally used when recalling a completed action or state or the beginning or end of an action or state.

| | |
|---|---|
| Una línea de gas **explotó** en una casa. | *A gas line **exploded** in a house.* (completed action) |
| **Tuve miedo** cuando eso ocurrió. | *I **got scared** when that happened.* (completed state limited by time) |
| La casa **se quemó** por tres horas. | *The house **burned** for three hours.* (completed action limited by time) |
| El incendio **empezó** a las 2:00 y lo **apagaron** más o menos a las 5:00. | *The fire **began** at 2:00 and they **put** it **out** by around 5:00.* (start and end of an action) |

**2** In contrast, the imperfect is normally used to focus on the middle of an action or state, or an action or state that has no specified beginning or end. If you think of the preterit as a photograph that gives you individual, separate shots of events, you can think of the imperfect as a video that gives a series of continuous shots of a situation. Look at the following.

© Cengage Learning 2015

▲ **La casa** se quemaba **cuando** llegó la ambulancia.

In the preceding example, the use of the imperfect places the speaker's focus on the middle of the action of burning; it is an action in progress that was occurring when the ambulance arrived (a completed action = preterit). The start, duration, or end of the fire is irrelevant and is not the focus.

**3** Compare the uses of the preterit and imperfect in the charts below.

| Preterit | Imperfect |
|---|---|
| ■ Focus on a completed action or state or a series of actions or states<br><br>**X**<br><br>Ayer el médico me **operó** de apendicitis.<br><br>**X X X**<br><br>Primero me **pusieron** anestesia y luego me **hicieron** una incisión y me **sacaron** el apéndice. | ■ Focus on the middle of an action or state or a series of simultaneous actions in progress or states<br><br>Ayer a las 3:30 el médico me operaba de apendicitis.<br><br>Mientras el médico me operaba, escuchaba música clásica. Estaba muy tranquilo. |
| ■ Focus on a completed action or state that occurred over a set time period<br><br>**X**<br><br>La operación **duró** (*lasted*) un poco más de dos horas. El médico **trabajó** todo el tiempo sin sentarse.* | ■ Focus on habitual or recurring events<br><br>…**X X X X**…<br><br>Cuando era niño, me enfermaba con frecuencia. |
| ■ Focus on the beginning or end of an action or state<br><br>**X**… …**X**<br><br>Ayer a las 3:00 el médico me **operó** (= *began to operate*) en la sala 6. La operación **terminó** a las 5:15. | ■ Focus on time, age, or a description of people, places, or things<br><br>Eran las 5:15 cuando salí de la operación. Mi enfermero era simpático, bajo y gordo y tenía unos 25 años. |

■ Focus on the middle of an action (imperfect) and a completed action (preterit) that may or may not interrupt the one in progress

Yo dormía tranquilamente después de la operación cuando el enfermero me despertó para darme un antibiótico.

Mientras el médico me explicaba los detalles de la operación, mi madre salió para comprarme unas revistas.

*****NOTE:** In English, you can either say *The doctor worked the whole time without sitting down* or *The doctor was working the whole time without sitting down*. The latter is usually preferred to place emphasis on the duration of the action. In Spanish, you can only use the preterit, even though it happened for a while, since it is viewed as a completed action that is limited by time **(un poco más de dos horas).**

To review the present participle, see p. 100.

**4** A past action in progress can also be expressed by using estaba/estabas/ etc. + *present participle* (**-ando** or **-iendo** forms).

Yo estaba leyendo/leía una revista en la cama del hospital cuando **llegaron** mis primas para visitarme.

**5** When telling a story, the imperfect sets or describes the background and tells what is going on, while the preterit moves the story forward. In the following story, notice how you can tell what happened by simply looking at the verbs in the preterit. The imperfect is used to add background details to the story.

Cuando **llegué** al hospital, llovía. Yo tenía fiebre y me dolía la pierna derecha. Entonces el médico **pidió** una sala para operarme de urgencia. Mientras yo esperaba en una cama, **llegó** una enfermera y me **puso** una inyección para el dolor. **Estuve** en el hospital tres días y **llovió** todo el tiempo. Cuando **salí**, ya no llovía más y yo me sentía bien.

Recurring or habitual actions or states in the past.

**ACTIVIDAD** **11** **Nuestros superhéroes** En parejas, nombren cuatro o cinco superhéroes que tenían cuando eran pequeños. Luego digan cómo eran o qué hacían esos superhéroes. Usen las ideas de la lista o inventen otras.

▶ Batman vivía en una cueva.

1. proteger a los buenos
2. combatir el mal
3. tener identidad secreta
4. conducir un carro
5. meterse en problemas
6. usar armas especiales
7. tener poderes especiales (visión rayos X, volar, etc.)
8. trabajar solo/a
9. tener novio/a
10. hablar con los animales
11. ser un animal
12. llevar ropa especial (capa, sombrero, etc.)
13. ayudar a la policía
14. usar máscara *(mask)*

Actions in progress.

**ACTIVIDAD** **12** **Estaba...** En parejas, uno de Uds. es detective y está investigando un asesinato que ocurrió ayer. Háganle preguntas al sospechoso o a la sospechosa *(suspect)* para saber qué estaba haciendo ayer a las siguientes horas. Luego cambien de papel.

▶ A: ¿Qué estaba haciendo Ud. ayer a las ocho y diez de la mañana?
B: A las ocho y diez, estaba durmiendo. / A las ocho y diez, dormía.

1. 7:00 a. m.
2. 9:30 a. m.
3. 12:15 p. m.
4. 3:30 p. m.
5. 6:05 p. m.
6. 8:45 p. m.
7. 10:30 p. m.
8. 11:45 p. m.

**ACTIVIDAD 13 Dos cosas a la vez** Parte A. Muchas personas hacen dos cosas simultáneamente. Piensa en lo que hacías ayer mientras hacías las siguientes cosas.

¿Qué hacías ayer mientras...

1. comías?
2. hablabas por teléfono?
3. escuchabas música?
4. mirabas televisión?
5. caminabas a clase?
6. escuchabas al/a la profesor/a?

**Parte B.** Ahora usa la siguiente lista para explicar las cosas que ocurrieron o que hiciste mientras hacías las cosas de la **Parte A.**

▶ A: ¿Qué pasó ayer mientras hablabas por teléfono?
   B: Mientras hablaba por teléfono, un amigo llegó.

**Cosas que ocurrieron**

a. un amigo llamarte por teléfono
b. dormirte
c. caerte y torcerte el tobillo
d. una amiga mandarte un SMS
e. empezar a tener náuseas
f. hacer una caricatura de él/ella

**ACTIVIDAD 14 Todos somos artistas** Parte A. En parejas, su profesor/a va a asignarles **A** o **B.** Rompan un papel en dos y en cada papel, hagan un dibujo para representar cada oración. No escriban la oración que representen en el papel.

**A**
El prisionero salía por la ventana cuando llegaron los guardias.
El prisionero salió por la ventana y llegaron los guardias.

**B**
Ella besaba a su novio cuando su padre entró.
Ella besó a su novio y su padre entró.

**Parte B.** Muéstrenles sus dibujos a otra pareja para que ellos decidan a cuál de las oraciones se refiere cada uno.

**ACTIVIDAD 15 Los problemas médicos**

Ayer la enfermera estuvo muy ocupada. Combina ideas de las dos columnas para explicar cómo se sentía cada paciente, qué síntomas tenía o qué le pasó y qué hizo la enfermera en cada caso.

© Cengage Learning 2015

▶ No. 7: estar resfriado / darle antibióticos
   El paciente de la habitación siete estaba resfriado y por eso la enfermera le dio antibióticos.

| Habitación | Enfermera |
|---|---|
| No. 1: dolerle la cabeza | ponerle agua fría |
| No. 2: quemarse | darle aspirinas |
| No. 3: tener tos | darle jarabe |
| No. 4: dolerle un ojo | ponerle una curita |
| No. 5: estar mareado | ponerle gotas |
| No. 6: cortarse un poco el dedo | ofrecerle una silla |

**ACTIVIDAD** **16** **¿Qué pasó?** En parejas, pregúntenle a su compañero/a si alguna vez le ocurrió alguna de estas cosas y averigüen qué estaba haciendo cuando le ocurrió eso.

▶ A: ¿Alguna vez dejaste las llaves en el carro?
B: Sí.
A: ¿Qué pasó? / ¿Qué estabas haciendo?
B: ...

1. encontrar dinero
2. torcerse un tobillo
3. fracturarse una pierna/un brazo
4. quemarse
5. caerse por unas escaleras
6. tener que llamar al 911

**ACTIVIDAD** **17** **¿Aló?** Uds. están en la cola del supermercado y un hombre está hablando en voz alta por el celular. Uds. pueden escuchar todo lo que él dice. En parejas, intenten inventar la otra parte de la conversación telefónica.

—¿Dónde estaba José?
—¿Con quién?
—¿Qué estaban haciendo ellos mientras tú esperabas?
—¿Qué ocurrió?
—¡Por Dios! ¿Y después?

—¿Qué hizo la policía *(the police)*?
—¿De verdad?
—¿Qué hacían ellos mientras la policía hacía eso?
—¿Cómo se sentían?
—¿Adónde fueron?

# II. Narrating and Describing in the Past (Part II): Time Expressions

**1** Some time expressions are often used with the imperfect when describing habitual or recurring actions or states in the past. Other expressions can be used with either the preterit or the imperfect, depending on the meaning, when narrating a story.

▲ "Yo caminaba... cuando de repente me tropecé y, ¡paf!, me caí."

| To describe past habitual actions or states and recurring events (imperfect) | To narrate a story (preterit or imperfect) |
|---|---|
| **a menudo** frequently, often | **anoche** last night |
| **cada día/mes/año** every day/month/year | **ayer** yesterday |
| **con frecuencia** frequently, often | **anteayer** the day before yesterday |
| **a veces** at times | **la semana pasada** last week |
| **de vez en cuando** once in a while, from time to time | **el mes pasado** last month |
| **muchas veces** many times | **el año pasado** last year |
| **siempre** always | **hace dos/tres semanas/meses/años** two/three weeks/months/years ago |
| **todos los días/meses** every day/month | **mientras** while (almost always followed by imperfect) |
| | **de repente** suddenly (always followed by preterit) |

Cuando estaba en la escuela secundaria, **con frecuencia** tenía catarro o gripe. También tenía alergias y entonces, **a veces** cuando comía mucho chocolate, vomitaba. Ahora no me enfermo tanto, pero **ayer** comía chocolate cuando **de repente empecé a sentir** náuseas.

**2** The expressions in the left-hand column of the chart on page 284 tend to be used with the imperfect to describe habitual or recurring actions. But, notice how, by adding a specific period of time, the same expressions can be used with the preterit to report events that were neither recurring nor habitual, but rather completed. Compare these sentences.

| Habitual action/recurring event Imperfect | Non-habitual action/non-recurring event Preterit |
| --- | --- |
| **Cuando era niño, todos los días** mis padres me daban una sopa que no me gustaba. | Estuve en el hospital **durante tres días** y **todos los días** me dieron una sopa que no me gustó nada. |
| **Durante los veranos, cada tarde** nadaba en la piscina de mis abuelos. | Después de mi operación, fui a Cancún **para pasar unas vacaciones** y **cada tarde** nadé en la piscina. |

iLrn ⊕

Do Workbook and Web activities.

**ACTIVIDAD** **18** **Las vacaciones** Los siguientes párrafos cuentan lo que les pasó a diferentes personas durante sus vacaciones. Primero lee cada uno y luego complétalo con el pretérito o el imperfecto de los verbos que aparecen después de cada historia. Los verbos están en orden.

**A.** Para mis últimas vacaciones _____ (1) a Punta del Este, Uruguay, por una semana. Me quedé en un hotel espectacular que _____ (2) al lado de la playa y _____ (3) una piscina maravillosa. El hotel también _____ (4) televisión por cable, conexión a Internet, sauna y jacuzzi. Durante toda la semana, _____ (5) al golf por la mañana y, por la tarde, _____ (6) en el mar y en la piscina. Al mediodía _____ (7) pescado y mariscos excelentes en los restaurantes del hotel y por la noche _____ (8) a los restaurantes locales. Un día _____ (9) una visita a Casapueblo, una casa increíble diseñada por Carlos Paez Vilaró que tiene un museo, y otro día _____ (10) al Museo de Pablo Achugarry, un escultor que trabaja con mármol de Carrara. _____ (11) unas vacaciones estupendas.

> ir, estar, tener, tener, jugar, nadar, comer, salir, hacer, ir, ser

▲ Casapueblo en Punta Ballena, Uruguay.

▲ Pingüino de Magallanes, Punta Tombo, Argentina.

**B.** Un fin de semana largo de octubre mi familia y yo _____ (1) a Puerto Madryn en el sur de Argentina. El primer día _____ (2) una excursión a la Península de Valdés para ver las ballenas. Luego _____ (3) hacia Punta Tombo para ver los pingüinos, pero mientras _____ (4) por un lugar que _____ (5) muchas rocas, yo _____ (6) y _____ (7) el tobillo. Entonces, mis padres me _____ (8) al hospital y los médicos me _____ (9) una radiografía. Me _____ (10) un vendaje y luego mi familia y yo _____ (11) al hotel. De repente, _____ (12) a sentirme fatal y por eso _____ (13) una pastilla para el dolor. Durante el resto del viaje _____ (14) a la playa todos los días, pero no _____ (15). Después del fin de semana largo, _____ (16) bronceada por el sol menos el tobillo, que _____ (17) una raya blanca.

> ir, tomar, continuar, caminar, tener, caerse, torcerse, llevar, hacer, poner, volver, empezar, tomar, ir, nadar, estar, tener

**C.** De pequeño, me _____ (1) ir de vacaciones con mis padres y mis hermanos. Todos los veranos _____ (2) el mes de agosto en las montañas. En el carro _____ (3) canciones infantiles y _____ (4) a "veo una cosa que empieza con la letra **a**" y la otra persona _____ (5) que decir algo que empezaba con la letra **a** como "ambulancia". Pero un día, _____ (6) una montaña cuando de repente _____ (7) otro carro. _____ (8) de un lado a otro a mucha velocidad y finalmente _____ (9) contra un árbol. Mi padre _____ (10) del carro, _____ (11) hacia el otro carro y _____ (12) al conductor. Le _____ (13) la vida porque el carro _____ (14) unos minutos después. Por eso, cuando yo era niño, mi padre _____ (15) mi héroe y todavía lo es.

> encantar, pasar, cantar, jugar, tener, subir, ver, ir, chocar, salir, correr, sacar, salvar, explotar, ser

Completed actions and habitual past actions.

**ACTIVIDAD 19 Con frecuencia** En parejas, digan cuándo o con qué frecuencia hicieron o hacían las siguientes actividades cuando eran niños. Usen el pretérito o el imperfecto, según el caso, y expresiones de tiempo como **una vez, dos veces, a veces, de vez en cuando, con frecuencia, a menudo, todos los sábados, una vez al año.** Sigan el modelo.

▶ Cuando era pequeña, yo iba al dentista dos veces al año, ¿y tú?

1. ir al dentista
2. visitar Disneyworld o Disneylandia
3. ir a conciertos
4. comer pavo
5. ver películas
6. caerte de la bicicleta
7. jugar videojuegos
8. visitar a tus abuelos
9. romper (break) una ventana
10. asistir a un servicio religioso
11. fracturarte una pierna/un brazo
12. lastimarte

**ACTIVIDAD 20 ¿Qué hiciste ayer?** En parejas, hablen de las cosas que hicieron ayer. Usen palabras como **primero, después, a las 8:30, mientras,** etc.

◬▲◇◆ ▲◇ ◨◇◁◫△▲ ◫ ◨◫○ ◫◇○*□ ○

Completed actions and past actions in progress.

**ACTIVIDAD 21 Un paquete misterioso y Lulú** En parejas, miren una de las historias de la Actividad 15 en la página 214. Primero cuenten qué ocurrió usando expresiones de tiempo (**anoche, luego, más tarde,** etc.) y luego cuenten la historia otra vez para "decorarla" con la siguiente información.

Completed actions and past description.

**Un paquete misterioso**

- la estación estar llena de gente
- hacer buen tiempo
- el hombre ser joven
- la gente tener miedo
- el policía estar nervioso
- los policías estar contentos y el perro estar supercontento

**Lulú Camacho**

- Lulú ser musculosa, bonita
- haber mucha gente en el público
- ella estar contenta
- los organizadores estar enojados
- el agente estar nervioso
- haber muchos periodistas
- Lulú estar triste

**ACTIVIDAD 22 ¿Una noche ideal?** En parejas, miren la siguiente historia y cuenten qué ocurrió el sábado pasado en la casa de Francisco. Usen el pretérito, el imperfecto y expresiones de tiempo como **mientras, de repente, luego, más tarde, después** y **al final** para contar la historia.

Illustrations: © Cengage Learning 2015

# Nuevos horizontes

**Lectura**

▲ **Vicente Huidobro, chileno (1893–1948).**

© SISIB/Universidad de Chile/Facultad de Filosofía y Humanidades

## ESTRATEGIA: Approaching Literature

When reading a work of literature, it is important to separate what may be reality from what may be fantasy. Once you have distinguished between the two, the meaning of the work becomes clearer.

You will get a chance to practice separating reality from fantasy when reading "Tragedia" by the Chilean author Vicente Huidobro. In many Spanish-speaking countries, it is common to have two first names (Juan Carlos, José María, Miguel Ángel, etc.). Many of the women's names start with María (María Elena, María del Carmen, María José, etc.). In this story, the author tells us about a woman named María Olga who seems to have a dual personality, just as she has a double first name.

**ACTIVIDAD 23 Las relaciones de pareja** Antes de leer "Tragedia", contesta las siguientes preguntas.

1. ¿Qué haces si tu pareja te critica mucho?
   a. No dices nada.
   b. Lo/La escuchas.
   c. Lo/La criticas también.
   d. Te vas con tus amigos/as.
   e. ¿ ?

2. En un matrimonio tradicional, ¿de qué manera cumple la esposa con su deber *(do what she is supposed to do)*?

   _____ tiene un trabajo fuera de casa          _____ adora a su esposo

   _____ prepara la comida          _____ tiene niños

   _____ da su opinión          _____ se ocupa de los niños

   _____ limpia la casa          _____ cocina

   _____ toma decisiones          _____ va al supermercado

3. ¿Cuál era el rol de tu abuela en su familia cuando tenía 40 años? ¿Qué hacía? ¿Era igual o diferente al rol que ocupa tu madre (o tú si eres madre) hoy?

**ACTIVIDAD 24 María Olga** Mira esta lista de ideas y luego mientras lees el cuento, escribe una **M** si la oración se refiere a María o una **O** si se refiere a Olga.

1. _____ Se casó.
2. _____ Tenía un amante.
3. _____ Hacía todo lo que su esposo quería.
4. _____ Vio la pistola.
5. _____ No entendió.
6. _____ Murió.
7. _____ Es feliz, pero un poco zurda.

# Tragedia

## Vicente Huidobro

María Olga es una mujer encantadora.
Especialmente la parte que se llama
Olga.

    Se casó con un mocetón grande
5 y fornido, un poco torpe, lleno de
ideas honoríficas, reglamentadas
como árboles de paseo.

    Pero la parte que ella casó era su
parte que se llamaba María. Su parte
10 Olga permanecía soltera y luego tomó
un amante que vivía en adoración
ante sus ojos.

    Ella no podía comprender que
su marido se enfureciera[1] y le
15 reprochara[1] infidelidad. María era
fiel, perfectamente fiel. ¿Qué tenía
él que meterse con Olga?[2] Ella no
comprendía que él no comprendiera[1].
María cumplía con su deber, la parte
20 Olga adoraba a su amante.

    ¿Era ella culpable de tener un
nombre doble y de las consecuencias
que esto puede traer consigo?

    Así, cuando el marido cogió el
25 revólver, ella abrió los ojos enormes,
no asustados, sino llenos de asombro,
por no poder entender un gesto
tan absurdo.

    Pero sucedió que el marido se
30 equivocó y mató a María, a la parte
suya, en vez de matar a la otra. Olga
continuó viviendo en brazos de su
amante, y creo que aún sigue feliz,
muy feliz, sintiendo solo que es un
35 poco zurda[3].

---

[1]Verb forms you will study in the future: **enfureciera** *became angry*, **reprochara** *reproached*,
**comprendiera** *understood*   [2]*Why did he have to stick his nose in Olga's business?*   [3]*left-handed; awkward;*
*incomplete*
''Tragedia'' by Vicente Huidobro. Reprinted with permission from Fundación Vicente Huidobro.

---

**ACTIVIDAD 25 La narración Parte A.** Vuelve a leer el cuento y
marca todos los verbos que aparecen en el pretérito.

**Parte B.** Ahora lee solo las frases del cuento que tienen un verbo en
pretérito. Di para qué se usan todos estos verbos en el pretérito. Todos
tienen la misma función.

a.  para contar los hechos *(the events)* de la historia
b.  para hablar de acciones pasadas en progreso
c.  para describir escenas *(scenes)*

**Parte C.** Vuelve a leer el cuento y marca todos los verbos que aparecen en el
imperfecto.

**Parte D.** Ahora lee solo las frases del cuento que tienen un verbo en
imperfecto y di para qué se usa el imperfecto en cada caso. Hay diferentes
razones para diferentes verbos.

a.  para describir un sentimiento o un estado
b.  para describir una acción habitual

**ACTIVIDAD** **26** **¿Entendiste?** **Parte A.** Contesta estas preguntas sobre el cuento.

1. ¿Quién se casó? ¿Cómo era el esposo físicamente? ¿Era un hombre tradicional o moderno?
2. ¿Quién tenía un amante? ¿Cómo era su relación con el amante: romántica o aburrida?
3. ¿A quién mató el marido?
4. Al final, ¿el marido está contento? ¿Olga está contenta?

**Parte B.** En parejas, hablen sobre el final del cuento. Decidan si el marido de verdad mató a María o si la acción de matarla fue solamente una metáfora. Estén preparados para defender su opinión.

### ESTRATEGIA: Narrating in the Past

When narrating in the past, you need to say what happened (preterit) and usually add descriptive and background information (imperfect). As you saw while reading "Tragedia," it is by combining the preterit and the imperfect that one is able to give a complete narration in the past.

**ACTIVIDAD** **27** **Una anécdota** **Parte A.** Think about something that occurred in the past. It can be a personal experience. Make two lists. The first should contain a minimum of five sentences that state what happened and the second should contain at least five sentences that provide description.

| Qué pasó (pretérito) | Descripción (imperfecto) |
|---|---|
| | |
| | |

**Parte B.** Now, combine the sentences from the first column with the descriptions in the second column to create a story with logical paragraphs.

**Parte C.** Hand in your lists from Part A, your drafts, and your final version to your instructor.

# Vocabulario esencial ▣

## El carro

1. la gasolinera
2. el parabrisas
3. el limpiaparabrisas
4. el tanque de gasolina
5. echarle gasolina al carro
6. la matrícula/placa
7. el baúl
8. la llave
9. la puerta
10. la llanta
11. la batería
12. revisar el aceite
13. el motor
14. las luces

© Cengage Learning 2015

### Otras palabras relacionadas con el carro

**el aire acondicionado**  air conditioning
**automático**  automatic
**el cinturón de seguridad**  seat belt
**con cambios**  standard shift
**el estacionamiento**  parking lot
**los frenos**  brakes
**la licencia/el permiso de conducir**  driver's license

> While in a car, practice vocabulary by quizzing yourself on car parts and actions relating to driving.

### Verbos útiles

**abrocharse el cinturón**  to buckle the seat belt
**acelerar**  to accelerate
**alquilar**  to rent
**apagar**  to turn off
**arrancar**  to start the car
**atropellar**  to run over
**chocar (con)**  to crash (into)
**descomponerse**  to break down
**estacionar**  to park
**frenar**  to brake
**funcionar**  to work (things)
**manejar** (América Latina); **conducir** (España) to drive
**pinchar una llanta**  to get a flat tire
**ponerle una multa (a alguien)**
  **(El policía) me puso una multa (por exceso de velocidad).**  The policeman gave me a (speeding) ticket.

> **Descomponerse** is conjugated like **poner** (puso; se descom<u>puso</u>).

> iLrn
>
> Do Workbook and Web activities.

**Definiciones y problemas** **Parte A.** En grupos de tres, una persona da definiciones de palabras asociadas con el carro y las otras personas tienen que adivinar qué cosas son.

▶  A:  Es un líquido que cambias.
   B:  El aceite.
   A:  Correcto. Te toca a ti.
   B:  Es la acción de...

ACTIVIDAD **29** **¡Qué desastre!** Todos conocemos a alguien que tiene un carro desastroso. Combina ideas de las dos columnas para decir oraciones que normalmente oye un mecánico.

Tengo un problema con...

1. las llantas
2. el limpiaparabrisas
3. la batería
4. la llave
5. el motor
6. el aire acondicionado

a. no funcionar cuando llueve
b. no echar aire frío
c. hacer clac, clac, clac al acelerar
d. nunca tener suficiente aire
e. no abrir el baúl
f. el carro no arrancar

ACTIVIDAD **30** **El accidente automovilístico** En parejas, usen la siguiente información como guía para contar cada uno de Uds. un accidente automovilístico real o imaginario que tuvo cuando manejaba o iba como acompañante.

**Antes del accidente**

dónde y con quién estabas

qué tiempo hacía

qué hora era

a qué velocidad ibas/iban

quién manejaba

si llevabas/llevaban cinturón de seguridad

si el/la conductor/a hacía algo mientras manejaba

cómo te sentías/se sentían

**El accidente**

qué ocurrió

si había personas heridas (fracturas, sangrar, etc.)

si llegó la ambulancia o la policía

si al/a la otro/a conductor/a le pusieron una multa por exceso de velocidad / por mandar un mensaje de texto / por hablar por el celular / por estar borracho/a

## ¿Lo sabían?

Si viajas a un país hispano, vas a notar que los carros, por lo general, son mucho más pequeños que en los Estados Unidos. Esto ocurre por varias razones. La razón más importante es que hay una gran concentración de habitantes y carros en zonas urbanas. Un carro pequeño es ideal no solo para estacionar (hay pocos estacionamientos y muchos edificios no tienen garaje) sino también para manejar por calles que a veces son angostas[1]. Los carros generalmente son más caros que en los Estados Unidos y por eso la gente prefiere un carro pequeño y económico como muchos modelos japoneses o europeos. Las compañías norteamericanas también exportan carros a los países de habla española, pero normalmente son modelos pequeños y económicos como el Ford Fiesta y el Chevrolet Corsa.

 ¿La gente en tu país normalmente compra carros grandes o pequeños? ¿Por qué? ¿El carro que tienes tú o tu familia es grande o pequeño?

[1]narrow

© Michael Snell/Alamy

▲ Valparaíso, Chile.

---

**ACTIVIDAD** **31** **Alquilar un carro** En parejas, el/la estudiante "A" es un/a empleado/a de una agencia de alquiler de carros en Argentina y "B" es un/a cliente que llama para alquilar uno. "B" debe mirar la página R23.

### A (Empleado/a)

Tú recibes comisión si alquilas carros de las categorías más caras. Abajo tienes una descripción del tipo de carros que alquilas. También recibes comisión si el cliente compra GPS (AR$30 por día) o teléfono celular (AR$25 por día): Ahora suena el teléfono y tú contestas diciendo: "AutoCar, buenos días".

AR$ = **pesos argentinos**

| Categoría B | Categoría C |
|---|---|
| AR$210 por día (IVA incluido) | AR$240 por día (IVA incluido) |
| seguro: AR$47 por día | seguro: AR$53 por día |
| kilómetros ilimitados | kilómetros ilimitados |
| compacto, 4 cilindros, 3 puertas | compacto, 4 cilindros, 4 puertas |
| 4 personas, 1 maleta | 5 personas, 2 maletas |
| con cambios | automático |
| frenos ABS | frenos ABS |
| llantas Michelín MX | llantas Michelín MX2 |
| cinturones de seguridad delanteros | cinturones de seguridad delanteros y traseros |
| radio AM/FM | radio AM/FM con MP3 |
| | bolsas de aire |
| | asientos de cuero |
| | aire acondicionado |
| | ventanillas eléctricas |

# Para ver ⏸

## El cruce de la frontera a Chile

| ¡Qué lío! | What a mess! |
| --- | --- |
| para colmo | to top it all off |
| jugarse la vida | to risk one's life |

*Soy Gimena, la bloguera argentina. Subí este video blog de mi viaje desde Mendoza, Argentina, hasta Santiago de Chile en un auto que alquilé. No me aburrí para nada...*

▶ **ACTIVIDAD** **32** **¿Cierto o falso?** Mientras miras el video blog, marca si estas oraciones son ciertas **(C)** o falsas **(F)**. Corrige las oraciones falsas.

1. _____ Gimena pasó dos semanas de vacaciones en Mendoza.
2. _____ En Santiago visitó la casa museo del escritor Pablo Neruda.
3. _____ Salió de la ciudad de Mendoza a las tres de la tarde.
4. _____ Paró a comprar vino en los viñedos al salir de la ciudad de Mendoza.
5. _____ Pinchó una llanta al subir los Andes.
6. _____ En la aduana le quitaron el sándwich y la fruta.
7. _____ Fue bastante fácil para ella bajar la montaña hacia Santiago.

▶ **ACTIVIDAD 33** **¡Qué problemas!** Después de mirar el video blog otra vez, contesta estas preguntas.

1. ¿Por qué fue Gimena a Santiago?
2. ¿Cuántos kilómetros son de Mendoza a Santiago y normalmente cuántas horas de viaje son?
3. ¿Cuáles son algunos de los lugares que visitó Gimena en Santiago?
4. ¿Por qué le puso una multa el policía? ¿Cuánto le costó?
5. En tu cultura, ¿cuál es el día de la mala suerte? Cuando Gimena tuvo problemas con la llanta, ¿qué día mencionó?
6. ¿Qué ocurrió en la aduana?
7. Catalina, la amiga de Gimena, dice que si manejas por los Andes, te juegas la vida. ¿Por qué dice eso?
8. ¿Manejaste alguna vez en las montañas? ¿Fue fácil o difícil? ¿Tenías miedo mientras manejabas?

**ACTIVIDAD 34** **Jugarse la vida** Di en cuáles de las siguientes situaciones te jugaste la vida.

**Me jugué la vida cuando…**

1. subirte a un árbol muy alto
2. estar en un carro con un/a conductor/a borracho/a
3. acelerar a más de 100 kilómetros por hora en una calle
4. saltar con una cuerda *bungee*
5. comer pescado de la semana anterior
6. ¿?

| 100 km = 62 millas |

## ¿Lo sabían?

▲ Moái de la Isla de Pascua.

© Michael Hanson/Corbis

Chile, un país angosto y largo con los Andes al este y el océano Pacífico al oeste, tiene una variedad de climas y hábitats. En el norte se encuentra el desierto de Atacama, que es el más árido del mundo. En la parte central está Santiago en un valle con los Andes al este y, a una hora de allí se puede nadar en el Pacífico, probar un vino en uno de los numerosos viñedos del área o esquiar en los Andes chilenos. Al sur de la capital, poco a poco se llega a una región de lagos y volcanes, como el volcán Osorno entre los lagos Llanquihue y Todos los Santos. Desde la zona de Puerto Montt, se puede continuar en barco hacia el sur y explorar los fiordos donde las montañas llegan al océano. También es posible hacer *trekking* en las montañas de la Patagonia chilena y sacar fotos de los glaciares en parques nacionales como el de Torres del Paine.

A más de 3.500 kilómetros de la costa chilena, en medio del Pacífico, está la Isla de Pascua, que también pertenece a Chile, con sus famosos monolitos, llamados moáis por los polinesios, construidos de ceniza volcánica. Estas antiguas esculturas tienen un promedio de 4,5 metros de alto y pesan unas 13 toneladas.

 **¿Hay variedad geográfica y climática en tu país? Si contestas que sí, ¿qué se debe visitar en las diferentes zonas?**

**iLrn** Para aprender más sobre Chile, mira el video cultural en la mediateca (*Media Library*).

# Gramática para la comunicación II

## I. Narrating and Describing in the Past (Part III)

Iba a parar en el lado chileno para comprar un vino, pero...

### A. Expressing Past Intentions and Responsibilities: *Iba a* + infinitive and *tenía/tuve que* + infinitive

**1** To express what you were going to do, but didn't, use **iba a** + *infinitive*. To tell what you actually did, use the preterit.

| | |
|---|---|
| Gimena **iba a llegar** a Santiago a las 9, pero **tuvo** problemas. | *Gimena was going to arrive in Santiago at 9 (unfulfilled intention), but she had problems. (what actually happened)* |

**2** To express what you had to do, but perhaps didn't, use **tenía que** + *infinitive*.

| | |
|---|---|
| Gimena y Catalina **tenían que llamar** a un amigo para ir a tomar algo, pero **fueron** al cine. | *Gimena and Catalina had to/were supposed to call a friend to go for a drink, but they went to the movies. (They did not fulfill their obligation.)* |
| —**Tenía que comprar**le un vino a mi padre. | *I had to/was supposed to buy wine for my dad.* |
| —¿Y? ¿Se lo **compraste** o no?* | *So? Did you buy it for him or not?* |

**\*NOTE:** The listener does not know whether or not the obligation was fulfilled and therefore has to ask for a clarification.

**3** To express what you had to do and did (a completed action), use **tuve que** + *infinitive*.

| | |
|---|---|
| —**Tuve que parar** en la aduana. | *I had to stop at customs. (I had to and did stop.)* |
| —¿Te confiscaron algo? | *Did they confiscate anything from you?* |

After studying the grammar explanation, answer the following questions.

- In the sentences that follow, who actually went to buy a present, the man or the woman?

  Ella fue a comprarle un regalo.     Él iba a comprarle un regalo.

If you said "the woman," you were correct since the words **iba a** imply merely an unfulfilled intention to do something.

- If someone said, **"Tenía que comprarle un regalo"**, what would be a logical response?

  ¿Qué compraste?                    ¿Y? ¿Lo compraste?

If you chose the second, you were correct. **Tenía que** simply indicates an obligation; if that obligation was met or not is not clear from this limited context.

## B. *Saber* and *conocer* in the Imperfect and Preterit

**Saber** and **conocer** express different meanings in English depending on whether they are used in the preterit or the imperfect. When used in the preterit, they express the beginning of knowing. Note that the imperfect retains the original meaning of the verb.

Yo no sabía que estaba prohibido entrar a Chile con fruta.

|          | Imperfect | Preterit |
|----------|-----------|----------|
| conocer  | knew      | met (for the first time); became acquainted with |
| saber    | knew      | found out |

Catalina **supo** que Gimena iba a llegar tarde porque la llamó desde el auto.

*Catalina found out that Gimena was going to arrive late because she called her from her car.*

Ella **sabía** que cruzar los Andes no era fácil.

*She knew that crossing the Andes wasn't easy.*

Gimena por fin **conoció** a los padres de Catalina.

*Gimena finally met Catalina's parents.*

Ya **conocía** Santiago un poco, pero le encantó volver a la ciudad.

*She already knew Santiago a little, but she loved going back to the city.*

To review uses of **saber** and **conocer**, see Ch. 4.

---

**ACTIVIDAD 35 Buenas intenciones** En español, como en inglés, hay un refrán que dice "No dejes para mañana lo que puedas hacer hoy". Pero, con frecuencia, todos dejamos para mañana lo que podemos hacer hoy. En parejas, digan qué acciones iban a hacer la semana pasada, pero no hicieron. Usen algunas de las siguientes ideas si quieren.

▶ Iba a visitar a mi hermana, pero no fui porque no tenía carro.

| | |
|---|---|
| llamar a sus padres | lavar ropa |
| visitar a un amigo | limpiar la casa/mi habitación |
| pagar la cuenta del móvil | hacer un trabajo para la clase de… |
| empezar a leer una novela | ir de compras |

**ACTIVIDAD 36 ¿Mala memoria?** Su profesor/a organizó una fiesta para la clase, pero nadie fue. Ustedes tienen vergüenza y necesitan inventar buenas excusas. Empiecen diciendo: **"Lo siento. Iba a ir, pero tuve que…"**

© Cengage Learning 2015

**ACTIVIDAD 37 ¿Eres responsable?** Escribe tres cosas que tenías que hacer y que no hiciste el fin de semana pasado y tres cosas que tuviste que hacer. Luego, en parejas, comenten por qué las hicieron o por qué no.

**ACTIVIDAD 38 ¿Cuántos años tenías?** Di cuántos años tenías cuando conociste a las siguientes personas o supiste la siguiente información.

1. ¿Cuántos años tenías cuando conociste a las siguientes personas?
   a. tu mejor amigo
   b. tu mejor amiga
   c. tu profesor favorito de la escuela secundaria

2. ¿Cuántos años tenías cuando supiste la siguiente información?
   a. de dónde venían los niños
   b. que Santa Claus no existía
   c. que un/a amigo/a tomaba drogas ilegales

**ACTIVIDAD 39 ¿Ya sabías?** En parejas, háganle preguntas a su compañero/a para averiguar si ya conocía a ciertas personas o cosas o si ya sabía cierta información el primer día de clases de su primer año de universidad. Averigüen también cuándo supo esa información o cuándo conoció a esa persona o lugar.

▶ A: ¿Sabías el número de tu habitación?

B: Sí, ya lo sabía.    B: No, no lo sabía todavía.
A: ¿Cuándo lo supiste?

1. la ciudad universitaria
2. dónde ibas a vivir
3. el nombre de tu compañero/a de cuarto
4. tu compañero/a de cuarto o apartamento
5. tus profesores
6. tu horario de clases
7. tu email de la universidad
8. algunas personas de esta clase

# II. Describing: Past Participle as Adjective

**1** The past participle (**participio pasivo**) can function as an adjective to describe a person (the *injured* woman), place (the *closed* store), or thing (a *finished* assignment, a *rented* car). In Spanish it agrees in gender and number with the noun it modifies. To form the past participle, add **-ado** to the stem of all **-ar** verbs, and **-ido** to the stem of most **-er** and **-ir** verbs.

alquilar ⟶ alquil**ado**   perder ⟶ perd**ido**   servir ⟶ serv**ido**

Ella fue en un auto **alquilado**.          *She went in a rented car.*
Al llegar a Santiago solo encontró          *Upon arriving in Santiago she only*
   gasolineras **cerradas**.                    *found closed gas stations.*

**2** Use **estar** + *past participle* to describe a condition resulting from an action. The past participle functions as an adjective.

Cerraron las gasolineras.    *They closed the gas stations.*

Las gasolineras **están cerradas.**    *The gas stations are closed.*

Él arregló los frenos.    *He fixed the brakes.*

Los frenos **están arreglados.**    *The brakes are fixed.*

**3** Here are some common verbs with irregular past participles.

| | | | |
|---|---|---|---|
| abrir | **abierto** | morirse | **muerto** |
| cubrir *(to cover)* | **cubierto** | poner | **puesto** |
| decir | **dicho** | romper *(to break)* | **roto** |
| escribir | **escrito** | ver | **visto** |
| hacer | **hecho** | | |

—Alguien entró en mi apartamento.    *Someone entered my apartment.*
—¿Robaron algo?    *Did they steal anything?*
—No, pero un vaso **estaba roto**    *No, but a glass was broken and the*
y la mesa **estaba cubierta** de leche.    *table was covered with milk.*

iLrn

Do Workbook, Lab Manual, and Web activities.

---

**ACTIVIDAD 40 ¿Qué pasó?** Terminen estas oraciones usando **estar** + *el participio pasivo* de un verbo apropiado: **abrir, aburrirse, beber, cubrir, descomponerse, dormir, encantar, morirse, pagar, preocuparse, resfriarse, romper, vender** y **vestirse.**

1. El carro iba haciendo *zigzag* porque el conductor ___estaba dormido___.

2. La chica estaba en una clase de matemáticas y el profesor hablaba y hablaba y ella ___est. aburrida___.

3. Ella se fue el fin de semana a la playa y desafortunadamente no les puso agua a las flores. Cuando regresó a casa, todas ___muertas___.

4. Salí a comer con mi amigo y cuando iba a pagar la cuenta, el camarero me dijo que la cuenta ya ___estaba pagada___.

5. Estábamos en el carro y hacía un calor terrible. Decidí poner el aire acondicionado, pero ___descompuesto___ así que casi nos morimos de calor.

6. El músico uruguayo Jorge Drexler no pudo cantar porque _____.

7. Mi padre _____ en el sillón cuando terminó el programa.

8. Cuando llegué al carro, la puerta del conductor _____ y me faltaba la chaqueta de cuero que estaba en el asiento de atrás.

9. Queríamos comprar entradas para el cine, pero todas _____.

10. No pude sentarme porque el sofá _____ de periódicos.

11. Mi novio llegó temprano y tuvo que esperar porque todavía yo no _____.

12. Su esposa debía llegar a las 8:00 y ya era la medianoche. El señor ___dormido___.

Use **estaba/n** + *past participle,* since you are describing in the past.

REMEMBER: Past participles when used as adjectives agree in gender and number with the nouns they modify.

**ACTIVIDAD 41 Detectives** En parejas, Uds. son el detective Sherlock Holmes y su ayudante Watson. Describan la escena que encontraron al entrar en un apartamento donde ocurrió un asesinato. Usen el participio pasivo de los siguientes verbos: **abrir, cubrir, escribir, hacer, morirse, poner, preparar, romper** y **servir.**

▶ Un plato estaba roto...

> Vocabulario útil: **la cortina** = curtain; **el asesino** = assassin, murderer; **la vela** = candle.

© Cengage Learning 2015

**ACTIVIDAD 42 Un poema Parte A.** Alfonsina Storni (1892–1938), poeta argentina, escribió el poema "Cuadrados y ángulos" para hacer un comentario social. Primero, cierra los ojos y escucha mientras tu profesor/a lee el poema en voz alta. Después contesta esta pregunta: ¿Oíste mucha repetición de letras? ¿De palabras?

**Parte B.** En parejas, pongan las letras de los dibujos al lado de la línea del poema que representan.

## Cuadrados y ángulos

Casas enfiladas[1], casas enfiladas,
casas enfiladas.____
Cuadrados[2], cuadrados, cuadrados.____
Casas enfiladas.____
Las gentes ya tienen el alma[3] cuadrada,____
ideas en fila ____
y ángulo en la espalda. ____
Yo misma he vertido[4] ayer una lágrima[5],
Dios mío, cuadrada. ____

Source: Alfonsina Storni, *El dulce daño* (1918)

[1] *in rows* [2] *Squares* [3] *soul* [4] *shed* [5] *tear*

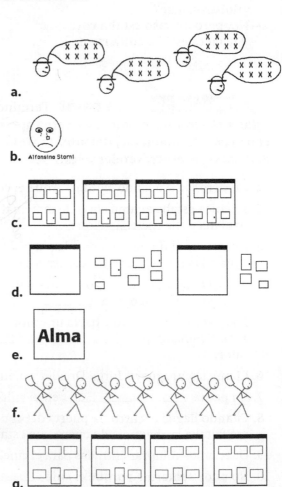

**Parte C.** Ahora, decidan cuál de las siguientes oraciones describe mejor el mensaje del poema. Justifiquen su respuesta.

1. Storni dice que la vida es aburrida porque todo es igual —no hay variedad.
2. Storni dice que la gente se conforma con las normas establecidas de la sociedad —no hay individualismo.

**Parte D.** Discutan estas preguntas y justifiquen sus respuestas.

1. ¿Storni se conforma con las normas establecidas o es individualista?
2. ¿Uds. se conforman con las normas establecidas o son individualistas?

Illustrations: © Debbie Rusch

**Músicos, poetas y locos** "De músico, poeta y loco, todos tenemos un poco", dice el refrán. Escribe un poema siguiendo las indicaciones.

> primera línea: un sustantivo
>
> segunda línea: dos adjetivos (es posible usar participios pasivos)
>
> tercera línea: tres acciones (verbos)
>
> cuarta línea: una frase relacionada con el primer sustantivo (cuatro o cinco palabras máximo)
>
> quinta línea: un sustantivo que resuma la idea del primer sustantivo

## ¿Lo sabían?

Entre los grandes poetas del mundo hispano se encuentran los chilenos Gabriela Mistral (1889–1957) y Pablo Neruda (1904–1973). Mistral, que llegó a ser diplomática y ministra de cultura, fue la primera mujer de América Latina en recibir el Premio Nobel de Literatura. Los temas principales de su poesía son el amor, la tristeza y los recuerdos dolorosos. Entre sus obras más famosas está *Sonetos de la muerte*. Neruda, que fue diplomático y estaba afiliado al Partido Comunista, también recibió el Premio Nobel de Literatura. Entre sus obras más famosas está *Veinte poemas de amor y una canción desesperada*. Él habla no solo del amor sino también de la lucha política de la izquierda y del desarrollo histórico-social de Suramérica.

© Stringer/Chile/Reuters/Corbis

▲ Para conmemorar los 100 años del nacimiento de Pablo Neruda, los chilenos escribieron un poema de dos kilómetros de largo en Valparaíso, Chile.

En los países de habla española, generalmente, los estudiantes de la primaria y la secundaria tienen que memorizar poemas de escritores famosos para recitarlos, pues se considera que la poesía se escribe para ser escuchada. Esto lleva a tener cierta apreciación por la poesía y no es de sorprender que si un grupo de adultos hace un *tour* en autobús, alguien recite un poema en vez de cantar canciones.

 **¿Cuáles son algunos grandes poetas de tu país? ¿Los estudiantes tienen que memorizar poemas en la escuela? ¿Sabes recitar algún poema? Para ti, ¿es mejor leer u oír un poema? Cuando lees poesía, ¿lees los poemas en voz alta?**

Do Web Search Activities.

# Más allá

 ## Canción: "Te recuerdo Amanda"

The song is included in the *¡Claro que sí!* iTunes list on CengageBrain.com and may be on YouTube. NOTE: Víctor Jara's version of the song was not on iTunes when this text was published, but is available on YouTube.

**Víctor Jara (1932–1973)** fue poeta, director de teatro y cantautor. Formaba parte de la Nueva Canción Chilena, un movimiento que hacía canciones con contenido social y político. Jara fue asesinado durante el golpe militar de Augusto Pinochet.

© AP Photo

© Clara Salina

**Francesca Ancarola (1971– )** es una cantante y compositora chilena que forma parte de la Novísima Canción Chilena, que combina el folclor sudamericano y sus mensajes sociales con la música brasileña, el jazz y el pop.

**Mientras escuchas** Vas a escuchar una canción compuesta por Víctor Jara y cantada por Francesca Ancarola. Es sobre Amanda y el hombre que ella amaba. Mientras escuchas, marca todas las respuestas correctas para cada pregunta.

1. ¿Qué hacía habitualmente Amanda?

    _____ Corría a la fábrica *(factory)*.    _____ Pasaba cinco minutos con él.

    _____ Trabajaba.    _____ Almorzaba con él.

    _____ Se encontraba con Manuel.    _____ Volvía a la casa.

2. ¿Qué ocurrió un día?

    _____ Manuel fue a la sierra *(mountains)*.    _____ Sonó la sirena *(siren)* de la fábrica.

    _____ Él vio a Amanda.    _____ Muchas personas no volvieron a la fábrica.

    _____ Él murió rápidamente.    _____ Esas personas murieron.

    _____ Él mató a alguien.    _____ Manuel volvió a la fábrica.

**Después de escuchar** Esta triste canción de amor dice que "La vida es eterna en cinco minutos". ¿Qué pueden significar cinco minutos para dos personas que están locamente enamoradas?

# ▶ Video: *Paraguay*

The video is on CengageBrain.com

**Antes de ver y mientras ves** Vas a ver un video sobre Paraguay. Primero explica qué aprendiste en este capítulo sobre ese país. Luego, mientras ves el video, contesta estas preguntas.

1. ¿Qué tipo de arquitectura puede verse en la capital?
2. ¿Cuántas personas viven en la capital?
3. ¿Quién llevó el arpa a Paraguay y cuándo?
4. ¿Quiénes crearon el arpa paraguaya? ¿Qué material usaron?
5. ¿Qué idiomas se enseñan en las escuelas del país?
6. ¿Qué significa la palabra *Paraguay* en español?

**Después de ver** ¿Qué grupos indígenas conservan su idioma en los Estados Unidos y Canadá?

## Película: *Tiempo de valientes*

**Para comentar** Lee la ficha y la sinopsis de la película para contestar estas preguntas.

1. ¿Cuál es la *probation* que recibe el psicólogo Silverstein?
2. ¿Por qué está deprimido Díaz?
3. El póster de la película dice "Los tiempos cambian. Los héroes también." ¿Quiénes eran los héroes en el pasado? ¿Quiénes son los héroes hoy día?

**Director:** Damián Szifrón
**Guionistas:** Damián Szifrón y Agustín Rolandelli
**País:** Argentina
**Año:** 2005

**Idioma:** Español
**Duración:** 112 minutos
**Genero:** Comedia
**Música:** Guillermo Guareschi

**Reparto:** Diego Peretti (Mariano Silverstein), Luis Luque (Alfredo Díaz), Martín Adjemián (inspector de policía), Gabriela Izcovich (Diana)

**Sinopsis:** Mariano Silverstein es un psicólogo que recibe, por un accidente de tráfico, una *probation*: atender a[1] Alfredo Díaz, un inspector de policía que está muy deprimido por la infidelidad de su esposa. El psicólogo tiene que darle sesiones de terapia, pero no en su consultorio[2], sino mientras el policía trabaja. La película se complica cuando ellos tienen que enfrentarse a situaciones peligrosas durante la investigación de un crimen.

[1]to treat  [2]doctor's office

# En resumen

## Vocabulario funcional

### La salud *(Health)*

la ambulancia *ambulance*
caerse *to fall*
cortarse *to cut oneself*
doler (o → ue) *to hurt*
la enfermedad *sickness, illness*
el/la enfermero/a *nurse*
estar mareado/a *to be dizzy*
estar resfriado/a *to have a cold*
estornudar *to sneeze*
la fractura *fracture, break*
fracturarse la/una pierna *to break one's/a leg*
la herida *injury, wound*
la infección *infection*
lastimarse *to hurt oneself*
quejarse *to complain*
quemarse *to burn oneself*
la radiografía *X-ray*
sangrar *to bleed*
la sangre *blood*
tener
  buena salud *to be in good health*
  catarro *to have a cold*
  diarrea *to have diarrhea*

  dolor de cabeza *to have a headache*
  escalofríos *to have the chills*
  fiebre *to have a fever*
  gripe *to have the flu*
  náuseas *to feel nauseous*
  tos *to have a cough*
tenerle alergia a (los gatos) *to be allergic to (cats)*
torcerse (o → ue) el/un tobillo *to sprain one's/an ankle*
toser *to cough*
vomitar/devolver (o → ue) *to vomit*

### Los medicamentos y otras palabras relacionadas

el antibiótico *antibiotic*
la aspirina *aspirin*
la cápsula *capsule*
la curita/tirita *Band-Aid*
las gotas *drops*
la inyección *injection, shot*
el jarabe *(cough) syrup*
la píldora/pastilla *pill*
la receta (médica) *prescription*
el vendaje *bandage*

## El carro

el aceite *oil*
el aire acondicionado *air conditioning*
automático *automatic*
la batería *battery*
el baúl *trunk*
el cinturón de seguridad *seat belt*
con cambios *standard shift*
el estacionamiento *parking lot*
los frenos *brakes*
la gasolinera *gas station*
la licencia/el permiso de
  conducir *driver's license*
el limpiaparabrisas *windshield
  wipers*
la llanta *tire*
la llave *key*
las luces *lights*
la matrícula/placa *license plate*
el motor *engine*
el parabrisas *windshield*
el tanque de gasolina *gas tank*

## Acciones relacionadas con el carro

abrocharse el cinturón *to buckle the
  seat belt*
acelerar *to accelerate*
alquilar *to rent*
apagar *to turn off*
arrancar *to start the car*
atropellar *to run over*
chocar (con) *to crash (into)*
conducir *(Spain)*/manejar *(Latin
  Am.) to drive*
descomponerse *to break down*

echarle gasolina al carro *to put gas in
  the car*
estacionar *to park*
frenar *to brake*
funcionar *to work, function* (things)
pinchar una llanta *to get a flat tire*
ponerle una multa (a alguien) *to give
  (someone) a ticket*
revisar *to check*

## Expresiones de tiempo

a menudo *frequently, often*
a veces *at times*
cada día/mes/año *every day/month/year*
con frecuencia *frequently, often*
de repente *suddenly*
de vez en cuando *once in a while, from
  time to time*
mientras *while*
muchas veces *many times*
todos los días/meses *every day/month*

## Palabras y expresiones útiles

además *besides*
ahora mismo *right now*
ambos *both*
la calle *street*
cubrir *to cover*
durar *to last*
jugarse la vida *to risk one's life*
(No) Vale la pena. *It's (not) worth it.*
(No) Vale la pena + *infinitive. It's (not)
  worth + -ing.*
para colmo *to top it all off*
¡Qué lío! *What a mess!*
romper *to break*

# En casa

El Pabellón Quadracci del Museo de Arte de
Milwaukee, realizado por Santiago Calatrava.
© Danita Delimont/Alamy

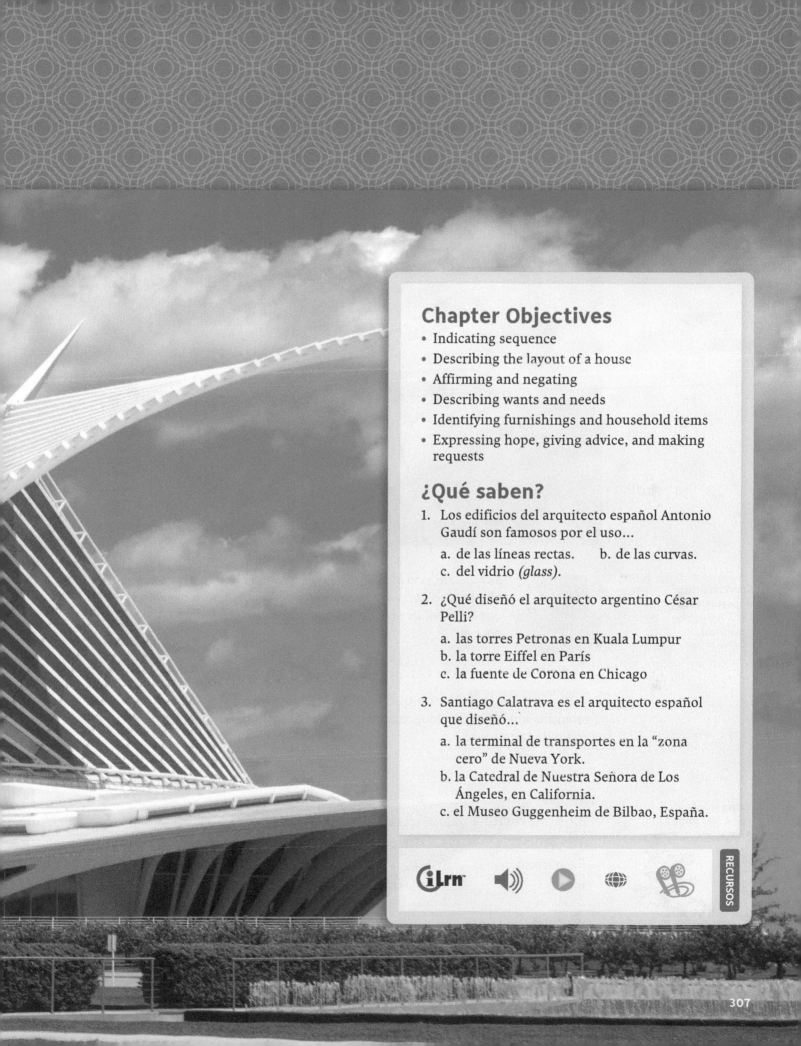

## Chapter Objectives

- Indicating sequence
- Describing the layout of a house
- Affirming and negating
- Describing wants and needs
- Identifying furnishings and household items
- Expressing hope, giving advice, and making requests

## ¿Qué saben?

1. Los edificios del arquitecto español Antonio Gaudí son famosos por el uso...

   a. de las líneas rectas.     b. de las curvas.
   c. del vidrio *(glass)*.

2. ¿Qué diseñó el arquitecto argentino César Pelli?

   a. las torres Petronas en Kuala Lumpur
   b. la torre Eiffel en París
   c. la fuente de Corona en Chicago

3. Santiago Calatrava es el arquitecto español que diseñó...

   a. la terminal de transportes en la "zona cero" de Nueva York.
   b. la Catedral de Nuestra Señora de Los Ángeles, en California.
   c. el Museo Guggenheim de Bilbao, España.

iLrn

RECURSOS

# Para ver ▣

## En busca de departamento

| | |
|---|---|
| **Fulano y Mengano** | what's-his-name and who's-it |
| **y listo** | and that's that |
| **o sea** | that is to say |

**apartamento = departamento** (some Latin American countries)

*Soy Violeta, una bloguera chilena. Mi hermano y yo estamos en Montevideo, Uruguay, buscando departamento para alquilar. Es que mi padre tiene negocios aquí y nosotros dos vamos a trabajar para él.*

**living = sala** in Spain and some Latin American countries

▶ **ACTIVIDAD 1 Marca qué buscan** Lee la siguiente lista. Después, mientras miras el video blog, marca qué cosas buscan Violeta y su hermano en un departamento.

| | | | | | | |
|---|---|---|---|---|---|---|
| 1. dormitorios | ____ 2 | | ____ 3 | | ____ 4 | |
| 2. baños | ____ 1 | | ____ 2 | | | |
| 3. living comedor | ____ normal | | ____ grande | | ____ no importa | |
| 4. cocina | ____ normal | | ____ grande | | ____ no importa | |
| 5. portero | ____ sí | | ____ no | | ____ no importa | |
| 6. piso | ____ planta baja | | ____ primer piso o más alto | | ____ no importa | |
| 7. balcón | ____ sí | | ____ no | | | |

▶ **ACTIVIDAD** **2** **¿Comprendiste?** Después de mirar el video blog otra vez, contesta estas preguntas.

1. ¿Quién ayuda a Violeta y a su hermano a buscar departamento? ¿Por qué?
2. Según ellos, ¿por qué necesitan un living comedor y una cocina grandes?
3. ¿Qué es un portero? ¿Es común tener portero en tu país? ¿Te gustaría vivir en un edificio con portero?
4. ¿Por qué no quieren vivir Violeta y Víctor en la planta baja?
5. ¿Qué cosas les gustaron y cuáles no les gustaron del departamento que vieron?
6. ¿Prefieres vivir en un departamento o en una residencia estudiantil?

**ACTIVIDAD** **3** **¿Qué prefieren Uds.?** En grupos de cuatro, decidan cuáles son las características más importantes para Uds. en un apartamento. Clasifiquen las siguientes características con una escala de uno a tres. Después díganle al resto de la clase las cosas que son importantes para Uds.

1 no es importante
2 es importante
3 es muy importante

\_\_\_\_\_ el número de dormitorios     \_\_\_\_\_ que tenga garaje

\_\_\_\_\_ que sea barato     \_\_\_\_\_ que tenga cocina grande

\_\_\_\_\_ que tenga balcón     \_\_\_\_\_ el piso en que esté

\_\_\_\_\_ que esté amueblado     \_\_\_\_\_ que tenga portero

\_\_\_\_\_ la parte de la ciudad en que esté     \_\_\_\_\_ que tenga aire acondicionado

## ¿Lo sabían?

Los países de habla española le han dado al mundo un grupo de arquitectos con gran visión artística. Entre ellos se encuentra el minimalista mexicano Luis Barragán (1902–1988), quien recibió el Premio Pritzker en 1980 por sus diseños de casas que incluyen no solo aspectos autóctonos mexicanos sino también árabes y mediterráneos. Otro arquitecto incomparable es Antonio Gaudí (1852–1926) de Barcelona, España, quien parecía no conocer la línea recta. Sus edificios se caracterizan por sus curvas sensuales y sus diseños casi surrealistas que les dan un aspecto de fantasía. El argentino César Pelli (1926– ), que fue decano[1] de la Facultad de Arquitectura de Yale, tiene una empresa de arquitectura que diseña torres de oficinas, teatros, museos, hoteles, estadios deportivos, etc., en todo el mundo. Santiago Calatrava, español (1951– ), quien también diseña en diferentes partes del mundo, es conocido por sus estructuras dinámicas de estilo muy abierto que, algunas veces, hasta se mueven[2]. Es el arquitecto de la nueva terminal de transportes en la "zona cero" de Nueva York.

© Hemis/Alamy

▲ **Hotel Camino Real, México, D.F., diseñado por Luis Barragán.**

 **¿Sabes los nombres de algunos arquitectos famosos de tu país? ¿Sabes si un arquitecto hispano construyó algo en tu ciudad o país?**

---
[1] *dean*    [2] *they even move*

# Vocabulario esencial ❶

## I. Los números ordinales

1º primero
2º segundo
3º tercero
4º cuarto
5º quinto
6º sexto
7º séptimo
8º octavo
9º noveno
10º décimo

▲ **Portero electrónico en Madrid.**

1. Ordinal numbers are used to refer to things such as floor numbers, grade levels in school, and finishing positions in races. It is not common to use ordinal numbers above **décimo**; cardinal numbers are used instead.

   El rey Felipe II (**segundo**) construyó el Escorial.
   Alfonso XIII (**trece**) murió en 1941.

2. Ordinal numbers agree in gender and number with the nouns they modify. **Primero** and **tercero** drop the final **-o** when modifying a masculine singular noun.

   —¿Sabías que en las pruebas para los Juegos Olímpicos la **primera** esquiadora en llegar fue la chilena Noelle Barahona?
   —No, no lo sabía. Y ella vive en el **tercer** piso del edificio donde vive mi tía.

> **ACTIVIDAD  4  La manifestación** Ayer empezó una manifestación (*protest*) afuera del edificio que ves aquí. Mira los balcones y describe qué estaba haciendo la gente de este edificio cuando empezó la manifestación. Incluye el piso donde vive cada uno. Sigue el modelo.
>
> ▶ La chica del sexto piso estaba durmiendo cuando empezó la manifestación.

**ACTIVIDAD 5 La carrera de ciclismo** En una carrera *(race)* de ciclismo este fin de semana participaron seis ciclistas de Hispanoamérica. En parejas, lean las pistas *(clues)* y adivinen el número de llegada (primero, segundo, etc.), nombre, nacionalidad y color de camiseta de cada ciclista.

1. Claudio Vardi, con camiseta roja, es de un país suramericano.
2. El uruguayo llegó en tercer lugar.
3. El hombre de camiseta amarilla se llama Augusto Terranova y no es uruguayo.
4. El colombiano que llegó primero tiene camiseta roja.
5. Hernando Calasa, con camiseta morada, no llegó cuarto.
6. Francisco Lara, que tiene camiseta azul, es el único que no es suramericano.
7. Silvio Scala, de nacionalidad chilena, llegó justo después del boliviano de camiseta amarilla.
8. El peruano de camiseta morada llegó último.
9. El guatemalteco llegó justo después del colombiano.
10. La camiseta del uruguayo Marcelo Ruso es verde y no negra como la del ciclista chileno.

## ¿Lo sabían?

El ciclismo es un deporte muy popular en muchos países y cada año hay carreras internacionales. Quizás las más interesantes sean las de España y las de Colombia, por la habilidad de los participantes y también por ser muy difíciles, pues hay muchas montañas. La carrera más importante del mundo es el Tour de Francia, que tiene

▲ Vuelta a España, Castillo de los Templarios, Ponferrada.

© CSM/Landov

lugar todos los años en julio. De 1991 a 1995 lo ganó el español Miguel Indurain y desde 2006 hasta 2010 lo ganaron otros ciclistas españoles: Óscar Pereiro en 2006, Carlos Sastre en 2008 y Alberto Contador en 2007 y 2009. Aunque la mayoría de los ciclistas profesionales son de Europa o los Estados Unidos, los ciclistas colombianos generalmente se clasifican entre los mejores del mundo.

 **¿Sabes los nombres de algunos ciclistas norteamericanos que ganaron el Tour de Francia? Piensa en los deportes más populares de tu país. ¿Qué lugar crees que ocupa el ciclismo?**

# II. Las habitaciones de una casa

1. el *hall* de entrada
2. la sala
3. el comedor
4.
5. } el dormitorio
6.
7. el pasillo
8.
9. } el baño
10. el cuarto de servicio
11. la cocina

el dormitorio = la habitación, la alcoba, el cuarto, la recámara, la pieza

© Cengage Learning 2015

iLrn

Do the Workbook and Web activities.

## Otras palabras relacionadas con la casa

| | |
|---|---|
| **el agua** water | **la electricidad/luz** electricity |
| **el alquiler** rent | **la fianza/el depósito** security deposit |
| **amueblado/a** furnished | **el gas** gas |
| **la calefacción** heat | **los gastos** expenses |

**ACTIVIDAD 6 Asociaciones** Di qué habitaciones asocias con estas actividades: dormir, mirar televisión, comer, estudiar, hablar con amigos, leer, ducharse, escuchar música, lavarse las manos, preparar comida.

**ACTIVIDAD 7 ¿Cómo es tu casa? Parte A.** En grupos de tres, cada persona describe la casa de su familia. Digan si es grande o pequeña, qué tiene (cuántos dormitorios, etc.) y si tiene alguna característica especial.

**Parte B.** Ahora describan cómo era la casa en que vivían cuando tenían entre 8 y 10 años. Si es la misma casa que tiene su familia ahora, digan las cosas que eran diferentes.

**ACTIVIDAD 8 En busca de información** En grupos de tres, "A" y "B" van a trabajar en Barcelona y tienen que alquilar un apartamento. "C" les dice que hay un apartamento para alquilar en su edificio. "A" y "B" miran la información que sigue y "C" mira la página R22.

**A** y **B**

**Uds. le hacen preguntas a su amigo/a para saber:**

1. cuánto es el alquiler
2. si es necesario dejar depósito
3. si está amueblado
4. si hay calefacción
5. si hay otros gastos como gas, agua y luz

# Gramática para la comunicación I

## I. Using Other Affirmative and Negative Words

No existe ningún departamento perfecto.

In Chapter 6 you learned some affirmative and negative expressions such as **algo–nada, alguien–nadie, siempre–nunca**. Here are some more expressions.

| Affirmative and Negative Adjectives | Affirmative and Negative Pronouns |
| --- | --- |
| **algún/alguna/algunos/algunas** + noun<br>some/any ǀ *noun* | **alguno/alguna/algunos/algunas**<br>*some/any* |
| **ningún/ninguna** + singular noun<br>not any + *noun* | **ninguno/ninguna**<br>none/no one/not any |

The adjectives **algún** and **ningún** precede masculine, singular nouns. This is similar to **un/uno**. For example: **Hay <u>un</u> baño en la planta baja y también hay <u>uno</u> en el primer piso.**

Note that **alguno** and **ninguno** can <u>never</u> be followed by a noun because they are pronouns. Also note that the adjectives **ningún/ninguna** and the pronouns **ninguno/ninguna** are seldom used in the plural.

Review other affirmative and negative words, Ch. 6.

—¿**No** vamos a ver **ningún** apartamento este fin de semana?
—Sí. ¿Tienes **algunos** teléfonos para llamar?
—Tengo **algunos,** pero **no** tengo **ninguno** aquí.

*Aren't we going to see any apartments this weekend?*
*Yes, we are. Do you have any telephone numbers to call?*
*I have some, but I don't have any here.*

---

**ACTIVIDAD** **9** **Comentarios** Completa los comentarios que hacen los agentes que alquilan apartamentos. Usa palabras afirmativas o negativas.

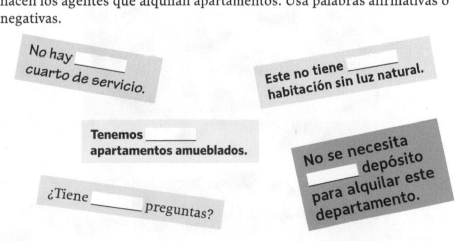

No hay _____ cuarto de servicio.

Este no tiene _____ habitación sin luz natural.

Tenemos _____ apartamentos amueblados.

No se necesita _____ depósito para alquilar este departamento.

¿Tiene _____ preguntas?

**¿Qué hay? Parte A.** Algunas salas de clase tienen muchas cosas, pero otras no tienen mucho. ¿Cuáles de las siguientes cosas hay y no hay en tu clase? Fotografías, mapas, carteles, ventanas, proyector, pantalla *(screen)*, computadora, reloj, tablero de anuncios, pizarras, aire acondicionado. Sigue el modelo.

▶ En nuestra clase no hay ninguna...
   En nuestra clase hay algunos...
   También hay una...

**Parte B.** ¿Cuáles de las siguientes cosas hay o no hay en tu dormitorio? Escritorios, lámparas de lava, ratoncitos, ventanas, cartel de Justin Bieber, espacio para hacer ejercicio, cucarachas.

▶ En mi dormitorio hay algunas...
   En mi dormitorio no hay ningún...

ACTIVIDAD 11 **La habitación desordenada** En parejas, "A" mira el dibujo de esta página y "B" mira la página R22.

> Tu dibujo está incompleto y por eso debes averiguar qué cosas de las que están debajo de tu dibujo se necesitan para completarlo, cuántas hay y dónde están. Cuando averigües la información, debes dibujar las cosas en el lugar apropiado.

Tú: ¿Hay alguna camisa en esta habitación?

Tu compañero/a: Sí, hay una.      Tu compañero/a: No, no hay ninguna.
Tú: ¿Dónde está?                  Tú: ¿Hay algunas lámparas?
Tu compañero/a:...                Tu compañero/a:...

# II. Describing Wants and Needs

Up to now, you have used all verbs in the indicative mood. There is another verbal mood called the subjunctive **(el subjuntivo),** which is used to express things such as doubt, uncertainty, hope, influence, and to describe something you want or need. You will learn about these uses little by little in this and the next chapter.

## A. Use of the Present Subjunctive

**1** When talking about something or someone, you may describe it/him/her with an adjective or with an adjective clause usually introduced by **que.**

> **Vivo en un apartamento** *grande.* (adjective)
> **Vivo en un apartamento** *que es grande.* (adjective clause with a conjugated verb in the indicative mood)

The two previous sentences describe the apartment where the speaker lives. The apartment actually exists: the speaker knows the address, how many bedrooms it has, what color the walls are, etc.

When describing something that you want or need but are not sure exists, you may also use an adjective or an adjective clause, normally introduced by **que,** that contains a verb in the subjunctive mood.

Buscamos un departamento que tenga dos dormitorios.

© Cengage Learning 2015

> **Busco un apartamento** *grande.* (adjective)
> **Busco un apartamento** *que sea grande.* (adjective clause with a conjugated verb in the subjunctive mood)

clause: a phrase that has a conjugated verb

**2** Compare the following sentences.

| Exists | Wants or needs that may or may not exist |
|---|---|
| Conozco al portero **que trabaja en mi edificio.** | Busco un portero **que trabaje bien.**\* |
| Tengo una cama **que es pequeña.** | Necesito una cama **que sea grande.** |
| Mis padres viven en un apartamento **que tiene balcón.** | Mis padres quieren un apartamento **que tenga balcón.** |
| Conozco un apartamento **que tiene cocina grande.** | ¿Hay algún apartamento que **tenga una cocina grande?** |

**\*NOTE:** The *personal* **a** is not used when the direct object refers to a person or persons that may or may not exist, unless it is **alguien** or **algún/alguna: Busco a alguna persona que conozca bien la zona.**

**3** A verb in the subjunctive mood is also used in adjective clauses to describe something that does not exist from the point of view of the speaker. This type of construction is frequently used to complain or whine about a problem.

> No encuentro un portero **que sea eficiente.**      *I can't find a doorman who is efficient.*
> No conozco a nadie **que sepa cocinar bien.**\*      *I don't know anybody who knows how to cook well.*

**\*NOTE:** The *personal* **a** is not used when the direct object refers to a person or persons that do not exist, unless it is **nadie** or **ningún/ninguno/a.**

## B. Forms of the Present Subjunctive

**1** To conjugate most verbs in the subjunctive, apply the following rules.

a. Take the present indicative **yo** form: **hablo, como, salgo**
b. Drop the **-o** from the verb ending: **habl-, com-, salg-**
c. Add **-e** for **-ar** verbs: que hable
Add **-a** for **-er** and **-ir** verbs: que coma, que salga
d. Add the endings for the other persons as shown in the following charts.

> When practicing the subjunctive, say **que** before each form.

| caminar | |
|---|---|
| camino → que camine | que caminemos |
| que camines | que caminéis |
| que camine | que caminen |

| correr | |
|---|---|
| corro → que corra | que corramos |
| que corras | que corráis |
| que corra | que corran |

| salir | |
|---|---|
| salgo → que salga | que salgamos |
| que salgas | que salgáis |
| que salga | que salgan |

**NOTE:**

a. Remember that reflexive pronouns precede a conjugated form.

| levantarse | |
|---|---|
| que **me** levant**e** | que **nos** levant**emos** |
| que **te** levant**es** | que **os** levant**éis** |
| que **se** levant**e** | que **se** levant**en** |

b. Verbs ending in **-car**, **-zar**, **-gar**, and **-ger** require spelling changes in all present subjunctive forms.

| | Indicative | Subjunctive |
|---|---|---|
| tocar | toco | que toque |
| empezar | empiezo | que empiece |
| pagar | pago | que pague |
| escoger (*to choose*) | escojo | que escoja |

> Remember these spelling conventions:
> ca **que** qui co cu
> za **ce** ci zo zu
> ga **gue** gui go gu
> **ja** ge gi **jo** ju

> Review **-ir** stem-changing verbs, Chs. 5 (pp. 145–146) and 7 (pp. 212–213).

**2** In the subjunctive, stem-changing verbs ending in **-ar** and **-er** have the same changes as in the present indicative: **que yo piense, que tú vuelvas, que él quiera, que ellos jueguen.** Remember that there is no change in the **nosotros** and **vosotros** forms: **que almorcemos, que empecéis.** Stem-changing verbs ending in **-ir** have the same stem change as in the present indicative. In addition, the **nosotros** and **vosotros** forms require a stem change from -e- to -i- or from -o- to -u-.

| mentir | |
|---|---|
| que m**ie**nta | que m**i**ntamos |
| que m**ie**ntas | que m**i**ntáis |
| que m**ie**nta | que m**ie**ntan |

| dormir | |
|---|---|
| que d**ue**rma | que d**u**rmamos |
| que d**ue**rmas | que d**u**rmáis |
| que d**ue**rma | que d**ue**rman |

**3** The following verbs are irregular in the present subjunctive.

> **hay** = indicative
> **que haya** = subjunctive

dar → que **dé**     haber → que **haya**     saber → que **sepa**
estar → que **esté**     ir → que **vaya**     ser → que **sea**

Here are the complete conjugations of **estar** and **dar**.

| estar | | dar | |
|---|---|---|---|
| que est**é** | que est**emos** | que d**é** | que d**emos** |
| que est**és** | que est**éis** | que d**es** | que d**eis** |
| que est**é** | que est**én** | que d**é** | que d**en** |

The accent distinguishes **dé,** the subjunctive, from **de,** the preposition. Accents on **estar** forms reflect pronunciation.

**ACTIVIDAD 12 Por teléfono** En parejas, "A" busca apartamento y llama a "B" que trabaja en una agencia de alquiler. Tomen un minuto para pensar en la siguiente información y después "A" llama a "B" buscando apartamento.

ser grande/pequeño

estar cerca de la universidad/ del centro

tener cocina grande/pequeña

ser moderno/antiguo

tener 1 o 2 baños

tener garaje (para 1 o 2 carros)

(no) estar amueblado

estar en el 1$^{er}$/2$^{o}$/3$^{er}$/... piso

tener muchas ventanas con luz natural

tener vista de la ciudad

▶ A: Busco un apartamento que tenga..., que sea... y que esté...
   B: Tenemos un apartamento que tiene..., que es... y que está...

If something exists, use the indicative. If something may or may not exist, use the subjunctive.

**ACTIVIDAD 13 Nuestro primer apartamento Parte A.** En parejas, imagínense que Uds. son una pareja de recién casados *(newlyweds)* y quieren comprar su primer apartamento. Obviamente, no tienen que pensar en el futuro y la vida que van a tener todavía. Decidan cómo debe ser su apartamento. **Queremos un apartamento que...**

**Parte B.** Ahora, miren estos apartamentos que se publicaron en Internet y decidan cuál van a comprar.

Edificio antiguo. Vista panorámica. Dos dormitorios, un baño completo con jacuzzi. Sala comedor muy grande. Cocina remodelada. Muy cerca de restaurantes, tiendas, mini mercados. Estacionamiento para un carro. Piso alto. $289.000.

Edificio antiguo. ¡Espectacular! Recientemente remodelado. Muy luminoso. Tres cuartos, dos baños. Balcón maravilloso. Escuelas y supermercados cerca. Patio interior. $349.000.

Photos by Tanya Duarte

**ACTIVIDAD** **14** **Lo ideal** En grupos de cuatro, describan a su profesor/a, jefe/a *(boss)*, padre/madre o amigo/a ideal. El/La secretario/a del grupo toma apuntes. Después, comparen su descripción con las de otros grupos.

▶ Queremos tener un profesor que...

Buscamos un jefe que...

**ACTIVIDAD** **15** **Se busca** **Parte A.** Busca personas de la clase que tengan o hagan las siguientes cosas.

que tenga dos hijos

▶ ¿Tienes dos hijos?

Sí, tengo dos hijos. No, no tengo dos hijos.

1. que trabaje en un restaurante
2. que termine los estudios este año
3. que vaya a Bolivia este verano
4. que tenga tres hermanos
5. que sepa hablar catalán
6. que sea de Illinois
7. que hable japonés
8. que piense casarse este año
9. que tenga perro
10. que sepa preparar mole poblano

**catalán** = idioma que se habla en Cataluña (noreste de España).

**mole poblano** = salsa picante *(spicy)* mexicana que se prepara con chiles y chocolate.

**Parte B.** Ahora, contesta las preguntas de tu profesor/a.

▶ ¿Hay alguien en la clase que trabaje en un restaurante?

Sí, hay alguien que trabaja en un restaurante; [Charlie] trabaja en [Red Lobster].

No, no hay nadie que trabaje en un restaurante.

Nonexistence from the speaker's point of view = subjunctive

**ACTIVIDAD** **16** **El eterno pesimista** Eres una persona pesimista. Completa estas oraciones de forma original.

▶ No hay ninguna persona que sea inteligente.

1. No hay nadie que...
2. No tengo nada que...
3. No conozco a ningún estudiante que...
4. El presidente no hace nada que...
5. En las tiendas no encuentro nada que...
6. No tengo ningún profesor que...

**ACTIVIDAD 17** **Se necesita** **Parte A.** Lee y completa los siguientes anuncios. Después decide cuáles pueden combinarse.

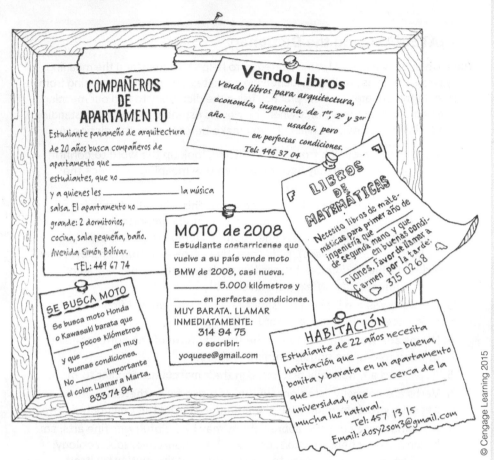

COMPAÑEROS DE APARTAMENTO
Estudiante panameño de arquitectura de 20 años busca compañeros de apartamento que _____ estudiantes, que no _____ y a quienes les _____ la música salsa. El apartamento no _____ grande: 2 dormitorios, cocina, sala pequeña, baño. Avenida Simón Bolívar.
TEL: 449 67 74

Vendo Libros
Vendo libros para arquitectura, economía, ingeniería de 1er, 2º y 3er año. _____ usados, pero en perfectas condiciones.
Tel: 446 37 04

LIBROS DE MATEMÁTICAS
Necesito libros de matemáticas para primer año de ingeniería que _____ de segunda mano y que _____ en buenas condiciones. Favor de llamar a Carmen por la tarde.
315 02 68

MOTO de 2008
Estudiante costarricense que vuelve a su país vende moto BMW de 2008, casi nueva. _____ 5.000 kilómetros y _____ en perfectas condiciones. MUY BARATA. LLAMAR INMEDIATAMENTE: 314 94 75 o escribir: yoquese@gmail.com

SE BUSCA MOTO
Se busca moto Honda o Kawasaki barata que _____ pocos kilómetros y que _____ en muy buenas condiciones. No _____ importante el color. Llamar a Marta.
833 74 94

HABITACIÓN
Estudiante de 22 años necesita habitación que _____ buena, bonita y barata en un apartamento que _____ cerca de la universidad, que _____ mucha luz natural.
Tel: 457 13 15
Email: dosy2son3@gmail.com

> The infinitive is frequently used to give impersonal written commands: **Llamar a Marta.**

© Cengage Learning 2015

**Parte B.** En parejas, una persona llama para pedir más información y la otra le da información adicional.

▶  A: ¿Aló?
   B: Sí, llamo por la moto...

## ¿Lo sabían?

En los países hispanos no es común vender cosas de segunda mano delante de la casa o en el garaje. Generalmente, la gente les regala la ropa usada a miembros de la familia, a personas pobres o también a la iglesia. Las cosas usadas como televisores, computadoras y libros se anuncian en la sección de avisos clasificados del periódico o en Internet en sitios como segundamano.mx, ebay.es o mercadolibre.com.co.

mercado Libre
*Donde compras y vendes de todo*

 **¿Conoces algún periódico como este en tu ciudad o un lugar en Internet que venda cosas de segunda mano? ¿Compras o vendes cosas usadas por Internet?**

> .mx = an internet site in Mexico; .es = Spain, .co = Colombia, etc.

## Lectura

In Spanish, the verb *to leave* can be transitive or intransitive and has two equivalents when translated. Transitive (takes a direct object): He always *leaves his keys* on the table. **Siempre deja las llaves en la mesa.** Intransitive (doesn't take a direct object): Every morning she *leaves* at seven. **Todas las mañanas ella sale a las siete.**

During the post-war years, labor unions, demonstrations, civil marriage, and divorce were banned. The Catholic Church played a prominent role in society and religious education was compulsory in schools.

### ESTRATEGIA: Using the Dictionary

You have already practiced some strategies to help you understand the meaning of a passage, such as predicting, identifying cognates, and guessing meaning from context. In this chapter, you will practice using the dictionary to find out meaning. Remember: Use a dictionary only when the word is essential to your understanding. The following guidelines will help you make better use of the dictionary.

1. Try to guess meaning from context. Then, look up the word to confirm your guess. A word may have more than one meaning, so check the context in which it appears.

2. Check the grammatical form of the word. This will help determine which definition is correct according to context. Important grammar abbreviations are: *m.* (masculine noun), *f.* (feminine noun), *adj.* (adjective), *adv.* (adverb), *tr.* (a transitive verb—one that is followed by a direct object), *intr.* (an intransitive verb—one that does not admit a direct object), and *reflex.* (reflexive verb).

3. If a word you are looking up is part of an idiom, you will find it referenced under the main word of the idiom.

4. Nouns are usually presented in the singular form of the corresponding gender: masculine singular, feminine singular.

5. Adjectives are normally presented in their masculine singular form.

6. Verbs are normally listed only in the infinitive form; therefore, it is necessary to determine what the infinitive is from the conjugated form.

7. Knowing some common abbreviations may be helpful: ARTS fine arts; BOT. botany; CHEM. chemistry; COLL. colloquial; FIG. figurative; ZOOL. zoology; etc. There is normally a key to abbreviations in the dictionary itself.

**ACTIVIDAD** **18** **El contexto histórico** **Parte A.** Antes de leer un poema de la poeta española Ángela Figuera, que escribió después de la guerra civil en su país, lee sobre la historia de España.

La Guerra Civil española entre los nacionalistas (conservadores, entre ellos militares y monarquistas con tendencias fascistas) y los republicanos (izquierdistas, entre ellos los sindicatos, comunistas y anarquistas) duró tres años, de 1936 a 1939. Los nacionalistas, que recibieron ayuda de Hitler y Mussolini, ganaron y el general Francisco Franco subió al poder. Después de la guerra, España estaba totalmente destruida: el pueblo español pasó por una época difícil de mucha censura y no había ni las cosas necesarias para la vida diaria, como la comida. Había mucha inflación y por eso, algunas personas sacaron su dinero del país. Muchos republicanos también salieron del país y otros fueron a la cárcel[1]. En esos años España no recibió ningún tipo de ayuda internacional porque pronto empezó la Segunda Guerra Mundial. Hitler y Mussolini perdieron la guerra y entonces España, que estaba bajo el gobierno de Franco, se encontró aislada[2] del resto del mundo. Europa recibió dinero del Plan Marshall para su reconstrucción, pero España no.

▲ Ángela Figuera (1902–1984), española.

© Zurgai, Bilbao, España

---

[1]*prison* [2]*isolated*

**Parte B.** Ahora marca si las siguientes oraciones son ciertas **(C)** o falsas **(F)** para ver cuánto sabes sobre la Guerra Civil y la posguerra española.

1. ¿Qué es lo que no puede hacer la gente bajo un gobierno militar?

   _____ criticar al gobierno

   _____ leer periódicos objetivos

   _____ organizar manifestaciones

   _____ leer los libros que quieran

   _____ los hombres llevar pelo largo

   _____ llevar ropa sexy

   _____ estar en la calle después de las 10 p. m.

   _____ hablar con libertad

   _____ viajar libremente

2. Después de una guerra civil, ¿en qué condiciones crees que se encuentra un país?

   _____ No hay comida para todos.

   _____ La gente está muy triste.

   _____ La gente no confía en *(trust)* el vecino.

   _____ La gente está dividida.

   _____ Hay mucha pobreza.

   _____ La gente está enojada.

**ACTIVIDAD 19 Lectura rápida** Lee el poema una vez y mira los dibujos para comprender mejor el significado de algunas palabras. No uses el diccionario. Contesta estas preguntas al terminar.

1. ¿Cómo se siente la poeta Ángela Figuera, triste o contenta?
2. ¿Qué aspecto de la sociedad critica: que la gente es demasiado materialista o que no tiene libertad de expresión?
3. En tu país, ¿pueden pasar las cosas que ella critica? ¿Por qué sí o no?

# No quiero

## Ángela Figuera

1 No quiero
  que los besos se paguen
  ni la sangre se venda
  ni se compre la brisa
  ni se alquile el **aliento**.

2 No quiero
  que el trigo se queme y el pan se **escatime**.

3 No quiero
  que haya frío en las casas,
  que haya miedo en las calles,
  que haya rabia en los ojos.

4 No quiero
   que en los labios se encierren mentiras,
   que en las arcas se encierren millones,
   que en la cárcel se encierre a los buenos.

5 No quiero
   que el **labriego** trabaje sin agua,
   que el marino navegue sin brújula,
   que en la fábrica no haya **azucenas,**
   que en la mina no vean la aurora,
   que en la escuela no **ría** el maestro.

6 No quiero
   que las madres no tengan perfumes,
   que las mozas no tengan amores,
   que los padres no tengan tabaco,
   que a los niños les pongan los **Reyes**
   camisetas de **punto** y cuadernos.

7 No quiero
   que la tierra se parta en porciones,
   que en el mar se establezcan dominios,
   que en el aire se **agiten** banderas,
   que en los trajes se pongan señales.

8 No quiero
   que mi hijo desfile,
   que los hijos de madre desfilen
   con fusil y con muerte en el hombro:
   que jamás se **disparen** fusiles,
   que jamás se fabriquen fusiles.

9 No quiero
   que me manden Fulano y Mengano,
   que me **fisgue** el vecino de enfrente,
   que me pongan carteles y sellos,
   que decreten lo que es poesía.

10 No quiero
   amar en secreto,
   llorar en secreto,
   cantar en secreto.

11 No quiero
   que me **tapen** la boca
   cuando digo NO QUIERO.

**a·gi·tar** tr. *(sacudir)* to wave, shake; FIG. *(alborotar)* to agitate, excite—reflex. *(sacudirse)* to wave, flutter; FIG. *(perturbarse)* to be agitated *or* excited; MARIT. to be rough or choppy.
**a·lien·to** m. *(soplo)* breath; *(respiración)* breathing, respiration; FIG. *(valor)* strength, courage • **dar a. a** FIG. to encourage • **de un a.** FIG. in one breath, without stopping • **cobrar a.** FIG. to take heart • **sin a.** breathless.
**a·zu·ce·na** f. BOT. white *or* Madonna lily; CUBA, BOT, nard; FIG. pure *or* delicate person • **a. anteada** day *or* fire lily • **a. atigrada** tiger lily • **a. de agua** water lily.
**dis·pa·rar** tr. to fire, shoot; *(echar)* to throw, hurl.
**es·ca·ti·mar** tr. to skimp on,

to be sparing with • **e. la comida** to skimp on food; to spare • **no e. esfuerzos** to spare no effort.
**fis·gar** tr. *(pescar)* to spear, harpoon (fish); *(husmear)* to pry into, snoop on —intr. & reflex. to make fun of, mock.
**la·brie·go, -ga** m. f. farm hand or worker.
**pun·to** m. *(señal pequeña)* small dot; *(sitio)* point, spot • *p. de reunión* the meeting point; *(ocasión)* point, verge • *ellos están a p. de lograrlo* they are on the verge of accomplishing it; GRAM. dot *el p. de la i* the dot of the i; period; • **al p.** at once, immediately • **a p.** just in time • **a p. de** on the verge of, about to • **de p.** knitted • **calcetines de p.** knitted socks • **dos puntos** GRAM. colon • **en p.** on the dot, sharp.
**reír** intr. to laugh **echarse a. r.** to

burst out laughing; FIG. *(burlar de)* to make fun of, laugh at; *(brillar)* to be bright, sparkle, (one's eyes).
**rey** m. *(monarca)* king, sovereign; *(en juegos)* king; FIG. king • *r. de los animales* the king of beasts • **a cuerpo de r.** FIG. like a king *vivir a cuerpo de r.* to live like a king • **cada uno es r. en su casa** a man's home is his castle • **día de Reyes** Epiphany, Twelfth Night • **Reyes magos** the Three Magi *or* Wise Men.
**rí·a** f. estuary.
**rí·a, río** *see* reír
**ta·par** tr. *(cubrir)* to cover, cover up; *(cerrar)* to plug up, to stop up; *(ocultar)* to block, obstruct (the view); FIG. *(esconder)* to conceal, hide —reflex. to cover oneself up.

**ACTIVIDAD** **21** **En otras palabras** Indica qué idea representa mejor cada estrofa *(stanza)* del poema.

\_\_\_\_\_ El mundo debe estar unido y nadie debe controlar nada.

\_\_\_\_\_ Los jóvenes no deben tener que ser soldados y llevar armas.

\_\_\_\_\_ La gente necesita ser libre: poder respirar y amar libremente.

\_\_\_\_\_ La gente no debe esconder *(to hide)* ideas ni dinero y el gobierno no debe poner en la cárcel a los inocentes.

\_\_\_\_\_ La gente debe tener calefacción, y no debe tener miedo ni estar enojada.

\_\_\_\_\_ Los trabajadores deben tener buenas condiciones de trabajo y sentirse contentos.

\_\_\_\_\_ Nadie debe darle órdenes a nadie ni censurar lo que escribe.

\_\_\_\_\_ La poeta quiere poder hablar y criticar libremente.

\_\_\_\_\_ La poeta quiere poder hacer las cosas más personales abierta y libremente, sin tener a nadie vigilándola cuando las hace.

\_\_\_\_\_ Debe haber comida para todos.

\_\_\_\_\_ Todos deben tener pequeños placeres *(pleasures)*.

## ESTRATEGIA: Pastiche

When you read in English, you frequently learn new words and phrases that you then incorporate in your speech and writing. By using your knowledge of Spanish, your observational skills, and common sense, you can learn about the Spanish language while reading and then, through imitation, apply it to your writing. Not only can you pick up vocabulary words and idiomatic phrases, but structures as well. Trust your instincts, take calculated risks, and try to use new knowledge with someone who will correct you when needed. Risk takers are good language learners.

**Escritura**

Test your observational skills by
doing the following activity.

1. Answer these questions about part of the sixth stanza of the poem
"**No quiero.**"

> No quiero
>   que las madres no tengan perfumes,

What is the subject of **No quiero?** What is the subject of **no tengan?**

Notice, therefore, that the sentence "**No quiero que las madres no
tengan perfumes,**" has two subjects. What word comes right after the
first verb? Is **tengan** in the indicative or the subjunctive mood?

2. Reread this stanza and answer the questions.

> No quiero
>   amar en secreto,
>   llorar en secreto,
>   cantar en secreto.

What is the subject of **No quiero?** Are there any other subjects in the
next three lines of the stanza? Is the word **que** present? What form of
the verb are **amar, llorar,** and **cantar?**

**Parte B.** Imitate Figuera's style and apply what you have just learned
through observation to write your own poem, titled "**Quiero.**"

*Quiero*
  *que* _____
  *que* _____

Did you use a subject other
than **yo** after **que** in each line?

*Quiero*
  *que* _____
  *que* _____
  *que* _____

Did you use a subject other
than **yo** after **que** in each line?

*Quiero*
  _____
  _____
  _____

Did you use an infinitive to
start each line to describe
what you want to do?

*Quiero*
  *que* _____
  *que* _____
  *que* _____

Did you use a subject other
than **yo** after **que** in each line?

# Vocabulario esencial ▮

## I. En la casa

### En la cocina

Because electricity is expensive, and space may be an issue, clothes dryers (**secadoras**) are not as common in Spain and Hispanic America as in the U.S. Instead, many people hang their clothes on clotheslines in an inner patio or on the roof of an apartment building.

**La secadora** = (clothes) dryer; **el secador** = hair dryer. Some people say **el lavavajillas** for **el lavaplatos.**

1. la lavadora
2. la aspiradora
3. el refrigerador/ la nevera
4. el congelador
5. el lavaplatos
6. la cafetera
7. el fregadero
8. la estufa/cocina eléctrica/ de gas
9. el (horno de) microondas
10. la tostadora

### En el baño

1. el lavabo
2. el espejo
3. el inodoro
4. el bidé
5. la bañera
6. la ducha

**ACTIVIDAD 23** ¿Dónde se ve? Lee las siguientes situaciones y decide si estas se ven generalmente en los Estados Unidos (**E**), en un país hispano (**H**) o en los dos (**EH**).

1. _____ Hay portero en el edificio.
2. _____ Los ascensores tienen espejos.
3. _____ En el congelador hay mucha comida congelada.
4. _____ Hay televisor en la cocina.
5. _____ No hay secadora en la casa.
6. _____ Hay bidé en el baño.

**ACTIVIDAD 24** Asociaciones Asocia estas marcas con el vocabulario de la cocina y el baño.

Maytag         Mr. Coffee
Frigidaire     Toastmaster
Mr. Bubble     Hoover
Kenmore        Saniflush

**ACTIVIDAD 25** Describe y dibuja En parejas, "A" le describe a "B" su cocina o baño. "A" debe indicar qué muebles y otras cosas tiene en esa habitación y dónde están. "B" dibuja un plano del lugar con muebles y otras cosas. Después cambien de papel.

▶ A: En la cocina tengo una estufa a la derecha del refrigerador.
   B: ¿Tienes lavaplatos?
   A: No, pero tengo horno de microondas.
   B: ¿Dónde está?

# II. Los muebles

© Cengage Learning 2015

1. la alfombra
2. el sillón
3. el armario/ropero
4. el estante
5. la cómoda

Do the Workbook and Web activities.

**ACTIVIDAD 26** **Otras asociaciones** Di qué muebles, electrodomésticos u otros objetos asocias con las siguientes habitaciones, acciones o cosas.

1. la sala, el dormitorio, el comedor
2. dormir, maquillarse, escribir, comer, sentarse, bañarse, lavar ropa
3. suéteres, vestidos, peine, diccionario, las verduras
4. hacer café, lavar los platos, lavarse las manos, ducharse, leer

**ACTIVIDAD 27** **Casa amueblada** Mira el plano de este apartamento y describe los muebles, electrodomésticos y otros objetos que ves y di en qué parte de la casa están.

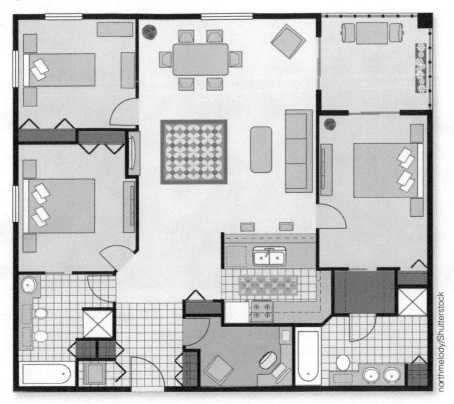

northmelody/Shutterstock

**ACTIVIDAD 28** **El apartamento** En grupos de tres, Uds. acaban de alquilar un apartamento semiamueblado. El apartamento tiene tres dormitorios, dos camas, dos cómodas, una mesa grande en el comedor y solamente tres sillas para la mesa. Miren la siguiente lista y decidan las cuatro cosas más importantes que van a comprar.

| | | |
|---|---|---|
| alfombras | escritorios | un microondas |
| un armario | espejos | sillas para el comedor |
| una aspiradora | estantes | sillones |
| una cafetera | lámparas | un sofá |
| camas | una lavadora | un televisor |
| cómodas | un lavaplatos | una tostadora |

# Para ver ◼

## Amueblando el departamento

| | |
|---|---|
| **¡Por Dios!** | For heaven's sake! |
| **la plata** | slang for "money" (literally: *silver*) |
| **ojalá (que)** + *subjunctive* | I hope (that) . . . |
| **Ojalá que quiera venderla.** | I hope (that) he wants to sell it. |

**ojalá** = may God grant (from Arabic)

*Víctor y yo estuvimos con el señor de la agencia inmobiliaria en el departamento que acabamos de alquilar en Montevideo y hubo un pequeño "accidente".*

▶ **ACTIVIDAD** **29** **¿Qué mencionan?** Mientras miras el video blog, marca solo las cosas que mencionan Violeta, Víctor y el señor.

_____ sofá       _____ sillas

_____ televisor       _____ cómoda

_____ estantes       _____ alfombra

_____ escritorio       _____ camas

_____ mesa para la sala       _____ lavadora

_____ mesa de comedor       _____ lámparas

▶ **ACTIVIDAD 30 ¿Comprendiste?** Mira el video blog otra vez y contesta estas preguntas.

1. ¿En qué habitación del departamento va a pasar mucho tiempo Víctor?
2. ¿Es nuevo o viejo el mate del señor? ¿De quién era el mate?
3. ¿Por qué van a poner el televisor donde indica el señor?
4. ¿Qué tipo de mesa para la sala prefiere Víctor? ¿Redonda, rectangular, larga, corta? ¿Por qué?
5. ¿Dónde quiere comer Violeta con sus amigos?
6. Según el señor, ¿por qué necesitan una alfombra?
7. ¿Adónde va a ir Víctor para comprar unas lámparas?
8. ¿Qué más tiene que comprar Víctor que no es para el departamento?

**ACTIVIDAD 31 Los deseos de Año Nuevo** Uds. están celebrando el Año Nuevo y están brindando (*toasting*) por el año que comienza. Pidan un deseo para el año nuevo.

▶ Ojalá que este año pueda ir de vacaciones a México.

## ¿Lo sabían?

En muchas ciudades hispanas hay mercados, como el Mercado de la Abundancia de Montevideo, donde se pueden comprar artesanías[1] directamente a los artesanos que las crean.

▲ El Mercado de la Abundancia, Montevideo, Uruguay.

El Rastro es un mercado que se encuentra en el corazón de Madrid y ocupa varias calles. Allí se puede encontrar de todo: ropa, zapatos, juguetes, muebles e inclusive antigüedades. Se abre solo los domingos por la mañana y se cierra a eso de las 2:00 de la tarde.

A diferencia de El Rastro, hay otros como el mercado de Chichicastenango, que se encuentra en una ciudad pequeña de Guatemala, donde los indígenas de la zona venden sus productos. En este colorido mercado, los jueves y los domingos se venden flores, artesanías, textiles, muebles, frutas, condimentos y hierbas medicinales, entre otras cosas.

 **¿Hay mercados en tu ciudad que sean como los que se mencionan? ¿Qué es posible comprar?**

flea market = **mercado de (las) pulgas**

[1]*crafts*

# Gramática para la comunicación ▮▮

## Giving Advice and Stating Desires: Other Uses of the Subjunctive

Yo les aconsejo que pongan el sofá contra esta pared.

How many subjects are there in the following sentence from the video blog?

**Quiero que compremos un sofá muy confortable.**

In the following sentence from the video blog, is the man giving Víctor and Violeta advice or are Víctor and Violeta giving advice to the man?

**Les aconsejo que vayan al Mercado de la Abundancia.**

If you said *two* for the first question and that *the man is giving Víctor and Violeta advice* for the second question, you were correct. What form of the verb follows the word **que** in both sentences? The correct answer is *subjunctive*.

**1** Look at how you can give advice, and express hopes, desires, and requests in a personal way.

| To give someone advice, make requests of others, or express hopes and desires about others: | To express what you want of yourself or what other people want for themselves: |
|---|---|
| verb that expresses advice, hope, or request + **que** + *subjunctive*. | verb that expresses desire or hope + *infinitive*. |
| **Quiero que (tú) vayas** al mercado artesanal. *I want you to go to the artisans' market.* | **Quiero ir** al mercado artesanal. *I want to go to the artisans' market.* |
| **Espero que encuentres** algunas lámparas. *I hope that you find some lamps.* | **Espero encontrar** algunas lámparas. *I hope to find some lamps.* |
| **Te recomiendo que llegues** temprano porque hay mucha gente. *I recommend that you arrive early because there are a lot of people.* | **Pienso llegar** temprano porque hay mucha gente. *I plan on arriving early because there are a lot of people.* |

A clause is a phrase that has a subject and a conjugated verb. The sentence below has two clauses. **(Yo) Quiero** is called an independent clause since it is actually a sentence all by itself. But, **(tú) vayas al mercado artesanal** is simply a phrase that cannot stand on its own, and is therefore called a dependent clause. In order to form a sentence there must be an independent clause prior to the dependent. Notice that **que** is used to join the two clauses.

| Independent clause | que | Dependent clause |
|---|---|---|
| **(Yo) Quiero** | **que** | **(tú) vayas al mercado artesanal.** |

**2** The following verbs are frequently used to give advice, to request an action, or to express hopes and desires.

| | | |
|---|---|---|
| desear } esperar } | to hope | aconsejarle (a alguien) to advise |
| | | pedirle (e → i, i) (a alguien) to ask (request) |
| | | prohibirle (a alguien) to forbid, prohibit |
| querer (e → ie) to want | | recomendarle (e → ie) (a alguien) *to recommend* |

Violeta **me pide que pase** la aspiradora.  *Violeta asks me to vacuum.*
Y yo **le prohíbo que toque** mi comida.  *And I forbid her to touch my food.*

**3** Now look at how you can give advice, and express hopes, desires, and requests in an impersonal way.

| To give advice, express hopes or desires, or make requests in an impersonal way about someone or something: | To give advice, express hopes or desires, or make requests of no one in particular: |
|---|---|
| impersonal expression + **que** + *subjunctive* | impersonal expression + *infinitive* |
| **Es mejor que mires** mucho antes de comprar. *It's better that you look around a lot before buying.* | **Es mejor mirar** mucho antes de comprar. *It is better to look around a lot before buying.* |
| **Es importante que busques** buen precio. *It's important that you look for a good price.* | **Es importante buscar** buen precio. *It's important to look for a good price.* |

**4** The following impersonal expressions are frequently used to give advice, request an action, or express hopes and desires.

| | |
|---|---|
| es mejor | (no) es necesario |
| es bueno | (no) es importante |

You now know many ways to give people advice, all with different degrees of forcefulness. Compare the following.

1. Es importante visitar la Casa Batlló.
2. Debes visitar la Casa Batlló.
3. Es importante que visites la Casa Batlló.
4. Quiero que visites la Casa Batlló.
5. Te aconsejo que visites la Casa Batlló.
6. Tienes que visitar la Casa Batlló.

▲ La Casa Batlló en Barcelona, España, diseñada por Antonio Gaudí.

iLrn 🌐

Do the Workbook, Lab Manual, and Web activities.

**ACTIVIDAD 32** **¿Quién lo dice?** **Parte A.** Lee las siguientes oraciones y marca quién te las dice generalmente. Luego comparte la información con el resto de la clase.

▶ Mi compañero de habitación me dice: "Es importante que..."

| | Tu compañero/a de habitación | Tu profesor/a de español | Un/a compañero/a de esta clase |
|---|---|---|---|
| Te aconsejo que hagas la tarea todos los días. | _____ | _____ | _____ |
| Te pido que me expliques la tarea. | _____ | _____ | _____ |
| Es importante que pases la aspiradora. | _____ | _____ | _____ |
| Espero que estudies conmigo para el examen de este capítulo. | _____ | _____ | _____ |
| Es necesario pagar el alquiler a tiempo. | _____ | _____ | _____ |
| Es importante que no escuches música a todo volumen. | _____ | _____ | _____ |
| Te recomiendo que no comas la comida de la cafetería. | _____ | _____ | _____ |
| Es importante que no copies las respuestas. | _____ | _____ | _____ |
| Quiero que me ayudes con el subjuntivo. | _____ | _____ | _____ |

**Parte B.** Ahora, en parejas, completen estas sugerencias que Uds. les hacen a un/a compañero/a de habitación, a su profesor/a y a un/a compañero/a de esta clase.

▶ Es importante que...
Le recomiendo que...
Te aconsejo que...

**33 La búsqueda** Termina esta conversación entre Mario y un señor que trabaja para la agencia Vivir Feliz. Escribe las formas apropiadas de los verbos indicados usando el subjuntivo, el indicativo o el infinitivo.

MARIO     Necesito un apartamento que _____ (1) cerca de la universidad. (estar)

AGENTE     Hay un apartamento a cinco minutos de aquí que _____ (2) un dormitorio. (tener)

MARIO     No, ese no me va a servir. Busco un apartamento que _____ (3) tres dormitorios y dos baños. (tener)

AGENTE     Te aconsejo que _____ (4) con otra agencia porque nosotros solo tenemos apartamentos pequeños. (hablar)

MARIO     ¿Algún otro consejo?

AGENTE     Sí, es importante que _____ (5) a buscar ahora, porque hay pocos apartamentos y muchos estudiantes. (empezar)

MARIO     Buena idea. ¿Es necesario que yo _____ (6) un depósito o solamente tengo que firmar el contrato? (pagar)

AGENTE     Generalmente es necesario _____ (7) un depósito en el momento de firmar. (pagar)

MARIO     Ahora tengo que _____ (8), pero como Ud. dice, es importante que yo _____ (9) temprano mañana para buscar apartamento. Muchas gracias, Sr. Moreno. (estudiar, levantarse)

AGENTE     Ah, una cosa más. Te aconsejo que busques en mercadolibre.com si necesitas muebles usados.

**34 Todos quieren algo de mí Parte A.** Combina las ideas de las dos columnas para decir lo que diferentes personas quieren que tú hagas y contrástalo con lo que tú quieres hacer.

▶ Mi madre quiere que yo sea dentista, pero yo quiero ser director/a de cine.

1. mi madre            llamarlos con frecuencia
2. mi padre            estudiar mucho
3. mis padres           ser (+ ocupación)
4. mis amigos           darle comida
5. mi profesor/a de...    llevarlo al parque
6. mi perro/gato        jugar al (deporte)
                                sacar buenas notas
                                pasar las vacaciones con ellos

**Parte B.** Ahora mira la lista de personas de la Parte A y di qué quieres tú que hagan estas personas.

▶ Quiero que mi madre...

✗ **ACTIVIDAD** 35 **Consejos para presidentes** Parte A. Imagina que tienes la oportunidad de hablar directamente con el/la presidente/a de tu país. Dale consejos.

▲ **Protesta contra el gobierno en Arequipa, Perú**

1. No querer / que / Ud. / subir / los impuestos (*taxes*)
2. Es importante / que / Ud. / preocuparse / por los pobres
3. Es mejor / que / los candidatos / no recibir / dinero de grupos con intereses económicos
4. Es necesario / que / haber / menos corrupción en el gobierno
5. Esperar / que / Ud. / escuchar / al pueblo (*people*)
6. Aconsejarle / que / ser / (más o menos) liberal
7. ¿ ?

**Parte B.** Tu universidad es buena, pero no es perfecta. En parejas, preparen cuatro consejos para el/la presidente/a de su universidad con cambios que les gustaría ver.

► Esperamos que Ud...

**ACTIVIDAD** 36 **Consejos de un padre** En parejas, "A" es un padre o una madre que tiene que darle consejos a su hijo/a sobre las drogas y el alcohol. "B" es el/la hijo/a que reacciona y también da consejos. "A" mira esta página y "B" mira la página R23.

**A** (el padre/la madre)

> Crees que tu hijo/a de 16 años consume drogas y bebe alcohol. Quieres mucho a tu hijo/a. Habla con él/ella y explícale lo que sabes. Luego dale consejos.
> Usa frases como **te aconsejo que, te prohíbo que, es importante (que),** etc. Recuerda: tú no eres perfecto/a tampoco.
>
> Empieza la conversación diciendo: "Hijo/a, quiero que hablemos. Estoy muy preocupado/a."

**ACTIVIDAD 37** **Querida Esperanza** **Parte A.** Dos personas
con problemas personales le escribieron a Esperanza, una señora que
da consejos en Internet. Para completar sus emails, primero escoge el
verbo correcto de la lista y luego escribe la forma correcta del indicativo
(presente, pretérito, imperfecto), el infinitivo o el subjuntivo.

Querida Esperanza:

cambiar
comprar
empezar
escribir
hablar
hacer

poder
salir
ser
tener
tener

_____ (1) un hombre de 35 años y tengo un
problema: hace una semana _____ (2) una crema
especial y muy cara para cambiarme el color del pelo.
Mi pelo _____ (3) de color, pero también
_____ (4) a caerse. Antes _____ (5) mucho
pelo, pero ahora ya no _____ (6) pelo.

   ¡Imagínese! Me da vergüenza _____ (7) de
casa. ¿Qué puedo _____ (8)? ¿Comprar un sombrero? ¿Qué es mejor, que le _____ (9) a la
compañía que hizo la crema o que _____ (10)
con un abogado? ¿Hay algún abogado que Ud. me
_____ (11) recomendar?

Calvo y sin plata

Querida Esperanza:

caminar
comprar
estar
estar
hablar
hacer
hacer
llevar
morirse
tener

Hace un mes _____ (1) mi suegra y ahora
_____ (2) problemas con la herencia. Ella
_____ (3) enferma durante tres años y yo la
_____ (4) al médico, le di de comer y cuando ya
no pudo _____ (5), le _____ (6) una silla
de ruedas. Ella _____ (7) feliz con la silla que le
compré. El hermano de mi esposa no _____ (8)
nada, pero recibió todo el dinero y a nosotros mi suegra
nos dejó solamente el gato y un álbum de fotos. ¿Qué
nos aconseja que _____ (9)? ¿Es necesario que
_____ (10) con el hermano de mi esposa?

Responsable pero pobre

**Parte B.** Ahora imagínate que eres Esperanza y tienes que escribirles
respuestas a estas personas. Usa en las respuestas expresiones como **es
necesario que...** y **le aconsejo que...**

Do Web Search
activities.

# Más allá

 **Canción:** "Amniótico"

**Andrea Echeverri (1965– ),** una colombiana rebelde y feminista con una voz espectacular, empezó su carrera como vocalista del grupo Aterciopelados en los años 90. En 2005 sacó su primer álbum como solista, el cual salió justo después del nacimiento de su hija y es un tributo a la maternidad.

Gerardo Zavala/Jam Media/LatinContent/Getty Images

**Antes de escuchar** En "Amniótico", una mujer embarazada habla del "amor antes de la primera vista" y del "amor a la primera patada *(kick)*". Explica qué significan estas frases usando el título de la canción como contexto.

**Mientras escuchas** La mujer de la canción habla sobre sí misma, su bebé y el futuro de este/a niño/a usando muchas metáforas conectadas con el agua. Primero mira la lista y luego, mientras escuchas la canción, marca si las palabras se refieren a la madre o a su bebé.

|  | madre | bebé ahora o en el futuro |
|---|---|---|
| nadar | | |
| barco | | |
| fluir *(to flow)* | | |
| arroyo (un río pequeño) | | |
| crecer *(to grow)* | | |
| río | | |
| curso *(course)* | | |
| subienda (cuando los peces van río arriba) | | |
| corrientes | | |
| contaminar | | |

**Después de escuchar** En la canción, la madre habla sobre los deseos que tiene para su futuro hijo. Escribe tres deseos para un futuro hijo, que puede ser tu hijo o el de un pariente. Usa expresiones como **quiero que...** y **espero que...** Sigue el modelo.

▶ Quiero que mi hijo/a sea muy feliz.

## ▶ Video: *Vive México*

### Mientras ves

The video is on CengageBrain.com.

**Parte A:** Vas a ver un video para promover el turismo interno en México. Primero lee las preguntas y luego, mientras ves el video, contéstalas.

1. ¿Cómo se llama el cantante puertorriqueño que habla?
2. ¿Qué adjetivo usa el narrador para describir el país al principo del video?
3. ¿Cuáles son algunas de las ciudades que menciona?
4. ¿Qué adjetivo usa para describir a México al final?

© Promotur México

**Parte B:** Mientras miras un video sobre el estado mexicano de Oaxaca, toma apuntes sobre las cosas que ves en cada una de las siguientes categorías.

1. tipo de arquitectura
2. tipos de comida y bebida
3. cómo es la geografía
4. celebración que reconoces
5. tipos de artesanía

© Estado de Oaxaca, México Turismo

**Después de ver** ¿Te gustaría visitar Oaxaca? ¿Por qué sí o por qué no?

### ¿Lo sabían?

En México se ve una combinación de lo europeo (especialmente lo español) y de las tradiciones indígenas. Este sincretismo está presente en el arte, la música, la religión y las celebraciones. Entre las celebraciones del estado de Oaxaca, una de las más importantes es La Guelaguetza. Esta palabra significa *ofrenda* o *regalo* en zapoteco, una lengua indígena de la región. La celebración se realiza en julio en honor a la Virgen del Carmen y a la diosa del maíz de la época precolombina y en ella participan delegaciones de diferentes regiones de Oaxaca. Cada grupo lleva sus trajes típicos, baila y canta, y los miembros de cada grupo le entregan al público su guelaguetza, es decir, regalos que son objetos representativos de su región.

 **¿Hay ejemplos de sincretismo religioso o cultural en tu país?**

# En resumen

## Now you know how to...

- indicate sequence.

  **Primero, Violeta y Víctor tienen que alquilar un departamento. Segundo, necesitan comprar muebles.**

- describe wants and needs.

  **Buscan un departamento que tenga dos dormitorios.**

- describe the layout of a house.

  **Alquilan un departamento que tiene dos dormitorios, sala comedor, cocina, balcón y un baño.**

- identify furnishings and household items.

  **La cocina tiene refrigerador, horno de microondas y lavaplatos, pero necesitan comprar cafetera.**

- affirm and negate.

  **Ahora van a comprar algunos muebles porque no tienen ninguno.**

- express hope, give advice, and make requests.

  **Víctor y Violeta esperan gastar poco dinero.**

  **Víctor le aconseja a Violeta que busque una mesa rectangular.**

  **Ella quiere que él compre una lámpara.**

## Vocabulario funcional

### Los números ordinales

primero *first*
segundo *second*
tercero *third*
cuarto *fourth*
quinto *fifth*
sexto *sixth*
séptimo *seventh*
octavo *eighth*
noveno *ninth*
décimo *tenth*

### Las habitaciones de la casa (The rooms of a house)

el baño *bathroom*
la cocina *kitchen*
el comedor *dining room*
el cuarto de servicio *maid's room*
el dormitorio *bedroom*
el *hall* (de entrada) *entrance hall*
el pasillo *hallway*
la sala *living room*

### Palabras relacionadas con la casa o el apartamento

el agua *water*
el alquiler *rent*
amueblado/a *furnished*
el apartamento *apartment*
la calefacción *heat*
el edificio *building*
la electricidad *electricity*
la fianza/el depósito *security deposit*
el garaje *garage*
el gas *gas*
los gastos *expenses*
la luz *light; electricity*
el piso *floor*
el/la portero/a *doorman/woman; janitor*

## En la cocina

la aspiradora *vacuum cleaner*
la cafetera *coffee maker*
el congelador *freezer*
la estufa / cocina eléctrica/de gas *electric/gas stove*
el fregadero *kitchen sink*
el (horno de) microondas *microwave (oven)*
la lavadora *washing machine*
el lavaplatos *dishwasher*
el refrigerador/la nevera *refrigerator*
la tostadora *toaster*

## En el baño

la bañera *bathtub*
el bidé *bidet*
la ducha *shower*
el espejo *mirror*
el inodoro *toilet*
el lavabo *sink*

## Los muebles

la alfombra *carpet*
el armario/el ropero *armoire, closet*
la cómoda *dresser*
el estante *bookshelf; shelf*
el sillón *easy chair*

## Palabras afirmativas y negativas

algún, alguna, algunos, algunas *(adjectives) some; any*
alguno, alguna, algunos, algunas *(pronouns) some; any*

ningún, ninguna *(adjectives) (not) any*
ninguno, ninguna *(pronouns) none; no one; not any*

## Más verbos

aconsejarle (a alguien) *to advise (someone)*
escoger *to choose, select*
esperar *to hope*
pedir (e → i, i) *to ask (request)*
prohibirle (a alguien) *to forbid, prohibit*
querer (e → ie) *to want*
recomendarle (e → ie) (a alguien) *to recommend (to someone)*

## Palabras y expresiones útiles

el consejo *advice*
es bueno *it's good*
es importante *it's important*
es mejor *it's better*
es necesario *it's necessary*
la esperanza *hope*
Fulano y Mengano *what's-his-name and who's-it*
el/la jefe/a *boss*
o sea *that is to say*
ojalá (que) + *subjunctive I hope that . . .*
la plata *slang for "money" (literally: silver)*
¡Por Dios! *For heaven's sake!*
y listo *and that's that*

# El tiempo libre

## Chapter Objectives

- Talking about hobbies and pastimes
- Expressing doubt and certainty
- Telling how an action is done (quickly, etc.)
- Discussing a healthy lifestyle
- Discussing food and its preparation
- Giving instructions
- Expressing emotion

## ¿Qué saben?

1. ¿Dónde es muy popular el dominó?
   a. en los países andinos
   b. en el Caribe
   c. en Argentina y Chile

2. ¿Quién es el español Ferran Adrià?
   a. uno de los mejores chefs del mundo
   b. ganador del Premio Nobel de Literatura
   c. diseñador del Xbox

3. ¿Qué es la sobremesa?
   a. charlar un poco después de comer
   b. jugar un juego en una mesa
   c. preparar comida en familia

# Para ver 1

## Estamos aburridos

| | |
|---|---|
| **tal vez/quizá(s)** + *subjunctive* | perhaps, maybe |
| **¡Qué (buena) suerte! / ¡Qué mala suerte!** | What (good) luck! / What bad luck! |

Video stills: © Cengage Learning 2015

*Aquí Arturo, el bloguero dominicano. Fui a visitar a mi amigo Pedro porque estaba un poco enfermo y los dos estábamos muy aburridos.*

▶ **ACTIVIDAD 1 ¿Cierto o falso?** Lee las siguientes oraciones. Después, mientras miras el video blog, marca si son ciertas **(C)** o falsas **(F)**.

1. _____ Arturo y Pedro acaban de jugar 10 partidos de dominó.
2. _____ A Arturo le gusta la idea de terminar el rompecabezas.
3. _____ Pedro no quiere jugar en la computadora.
4. _____ Ellos quieren jugar al póker.
5. _____ Pedro tiene una Ferrari.
6. _____ El carro tiene problemas serios.

▲ Cartas españolas.

▶ **ACTIVIDAD 2 Preguntas** Después de mirar el video blog otra vez, contesta estas preguntas.

1. ¿Por qué están aburridos Arturo y Pedro?
2. ¿Por qué Pedro no quiere jugar videojuegos en la computadora?
3. Cuando juegan al póker, ¿siempre gana Pedro?
4. ¿Por qué cree Arturo que Pedro no es buen jugador de póker?
5. ¿Por qué no pueden jugar al póker?
6. ¿Quién soluciona el problema del carro?
7. En tu opinión, ¿es Pedro un mecánico bueno? ¿Por qué?

## ¿Lo sabían?

En el mundo hispano, como en otras partes del mundo, la gente se reúne a jugar juegos de mesa como el dominó o las cartas. Otra manera de pasar el tiempo juntos es la sobremesa. Este es el tiempo después de comer en el que las personas, en vez de levantarse de la mesa inmediatamente, se quedan hablando por un rato[1]. Tan común es la sobremesa que en los restaurantes, los camareros generalmente no les llevan la cuenta a los clientes hasta que ellos se la piden. Hay gente que se queda sentada hablando media hora o más después de terminar de comer.

▲ Charlando durante la sobremesa en Argentina.

© Marcela Domínguez

 **¿Qué pasa en tu casa después de comer? ¿Qué ocurre en un restaurante en tu país al final de la comida?**

———————
[1]for a while

**ACTIVIDAD** **3** **¡Qué suerte!** En parejas, hablen de la última vez que tuvieron buena o mala suerte. Sigan el modelo.

▶ A: El otro día tuve mala suerte.
   B: ¿Qué te pasó?
   A: Bueno...
   B: ¡Huy! ¡Qué mala suerte! Pues, el otro día yo tuve (buena) suerte...

**ACTIVIDAD** **4** **Quizás... quizás... quizás** En parejas, Uds. tienen problemas y quieren pedirle consejos a un/a amigo/a. "A" mira las instrucciones de esta página y "B" mira las instrucciones de la página R23.

**A** Primero tú le explicas tus problemas a tu compañero/a para ver qué sugerencias tiene. Después cambien de papel.

▶ A: Dejé las llaves dentro del coche.
   B: Tal vez tengas que romper la ventanilla. / Quizás debas llamar a la policía.

### Tus problemas

1. No funciona el televisor nuevo que compraste.

2. Acabas de recibir una cuenta de teléfono de $325. Hay tres llamadas de larga distancia a Japón y no llamaste a nadie allí.

3. Te acaban de poner una multa por exceso de velocidad.

# Vocabulario esencial ❶

## El tiempo libre y los pasatiempos

1. **hacer rompecabezas**
2. **jugar juegos de mesa**
3. **jugar (a las) cartas**
4. **jugar (al) ajedrez**
5. **jugar (al) billar**
6. **jugar videojuegos/ juegos electrónicos**

> Some speakers differentiate between billiards and pool (**jugar al billar/al pool**). Others make no distinction.

> Associate people you know with their hobbies.

© Cengage Learning 2015

## Otros pasatiempos

**arreglar el carro** to fix the car
**cocinar** to cook
**coleccionar** to collect
  **estampillas** *(Latin Am.)*/**sellos** *(Spain)* stamps
  **monedas** coins
  **tarjetas de béisbol** baseball cards
**conectarse a redes sociales** to connect to social media sites
**escribir poesía** to write poetry
**escuchar música** to listen to music
**hacer** to do/make
  **artesanías** crafts
  **cerámica** ceramics

**crucigramas** crossword puzzles
**jardinería** to garden, take care of plants
**yoga** yoga
**jugar al futbolito** *(Latin Am.)*/ **futbolín** *(Spain)* to play foosball
**ir al gimnasio** to go to the gym
**navegar por Internet** to surf the Net
**pasar tiempo con amigos** to hang out with friends
**pescar** to fish
**pintar** to paint
**sacar fotos** to take photos
**tocar un instrumento** to play an instrument

Do Workbook and Web activities.

---

**ACTIVIDAD 5 Los pasatiempos Parte A.** Marca con una **X** cuáles son tus pasatiempos usando la primera línea de la columna apropiada. Luego, usa la segunda línea para escribir una **M** o una **P** para describir los pasatiempos de tu madre o tu padre.

| Me/Le gusta | mucho | poco | nada |
|---|---|---|---|
| 1. pintar | P | X | |
| 2. hacer jardinería | | | X   M |
| 3. navegar por Internet | X   M | | |
| 4. pescar | P | | X |

Continúa →

5. conectarse a redes sociales ___ X M+P ___ ___ ___ ___
6. jugar juegos de mesa ___ ___ ___ ___ ___ ___
7. escuchar música ___ ___ ___ ___ ___ ___
8. hacer crucigramas ___ ___ ___ ___ ___ ___
9. ¿? ___ ___ ___ ___ ___ ___

**Parte B.** En parejas, hablen con su compañero/a para ver qué hacen él/ella y su madre o padre en su tiempo libre. Hagan preguntas como **¿Te gusta conectarte a redes sociales? ¿Pintas en tu tiempo libre? ¿A tu madre/ padre le gusta hacer jardinería?**

**Parte C.** En parejas, escriban tres oraciones para describir qué hacen Uds. en su tiempo libre. Por ejemplo:

▶ A nosotros nos gusta mucho navegar por Internet, pero a la madre de Phil no le gusta nada.

**ACTIVIDAD** **6** **Los intereses** En grupos de tres o cuatro, háganse las siguientes preguntas para averiguar qué hacen en su tiempo libre.

1. jugar a las cartas
   Si contestan que sí: ¿A qué juegan? ¿Con quiénes? ¿Juegan por dinero? En general, ¿pierden o ganan dinero?
   Si contestan que no: ¿Por qué no?

2. tener alguna colección
   Si contestan que sí: ¿De qué? ¿Cuántos/as tienen en su colección? ¿Cuántos años tenían cuando empezaron esa colección?
   Si contestan que no: ¿Les gustaría tener una colección? ¿Qué les gustaría coleccionar?

3. hacer crucigramas o rompecabezas
   Si contestan que sí: ¿Dónde? ¿Cuándo? ¿Son expertos?
   Si contestan que no: ¿Por qué? ¿Son interesantes esos pasatiempos o les causan frustración?

4. jugar videojuegos
   Si contestan que sí: ¿Cuáles? ¿Dónde? ¿Son expertos? ¿Cuánto tiempo hace que juegan?
   Si contestan que no: ¿Por qué no juegan?

5. ¿Qué otra actividad hacen en su tiempo libre?

▲ Jugando videojuegos en Veracruz, México.

**ACTIVIDAD** **7** **El juego apropiado** En parejas, uno de Uds. tiene que organizar una reunión donde va a haber personas de diferentes edades y la otra persona trabaja en una tienda de juegos. El/La organizador/a debe mirar esta página y el/la vendedor/a debe mirar la página R23.

**Organizador/a**

> Necesitas buscar actividades o juegos para las siguientes personas:
> - niños de 10 años
> - un grupo de adolescentes
> - una persona a quien le encanta estar sola
> - personas de entre 40 y 60 años
> - una persona muy intelectual
>
> Usa frases como **Busco un juego/una actividad que sea...** Tu compañero/a va a empezar.

# Gramática para la comunicación I

## I. Expressing Doubt and Certainty: Contrasting the Subjunctive and the Indicative

Dudo que este carro arranque.

In the video blog, Arturo says, **"Dudo que este carro arranque."** Is he expressing certainty or doubt? Which of the two verbs in the sentence is in the indicative mood and which is in the subjunctive?

If you said doubt to the first question, and **dudo** (indicative) and **arranque** (subjunctive) to the second one, you were correct.

**1** To express doubt, denial, or certainty in a personal way, use the following.

| Expression of doubt/denial + **que** + subjunctive | Expression of certainty + **que** + indicative |
|---|---|
| **dudar que...**<br>**no estar seguro/a de que...**<br>**no creer que...** | **estar seguro/a de que...**<br>**creer que...** |
| **Dudo que** ellos **sean** buenos amigos.<br>*I doubt that they are good friends.* | **Estoy segura de que son** buenos amigos.<br>*I'm sure that they are good friends.* |
| **No estoy seguro de que** ellos **se diviertan** con el ajedrez.<br>*I'm not sure that they have fun with chess.* | **Él está seguro de que** ellos se **divierten** con el ajedrez.<br>*He's sure that they have fun with chess.* |
| **No creo que** Arturo **salga** con Pedro hoy.<br>*I don't think that Arturo will go out with Pedro today.* | **Creo\* que** Arturo **sale** hoy.<br>*I believe (think) that Arturo will go out today.* |

**\*NOTE: Creer** in an affirmative statement does not imply doubt. When the verb **creer** is used in a question, either the indicative or the subjunctive can be used. The former is more common. **¿Crees que tiene/tenga razón tu padre?** *Do you think your father is right?*

**2** To express doubt, denial, or certainty in an impersonal way, use the following.

| Expression of doubt/denial + **que** + subjunctive | Expression of certainty + **que** + indicative |
|---|---|
| **(no) es posible/probable que...**<br>**quizá(s)/tal vez\*...**<br>**es dudoso que...**<br>**no está claro que...**<br>**no es evidente/obvio que...**<br>**no es cierto/verdad que...** | **no cabe duda que...**<br>**está claro que...**<br>**es evidente/obvio que...**<br>**es cierto/verdad que...** |
| **No es cierto que** Arturo **gane** siempre cuando juega al póker.<br>*It isn't true that Arturo always wins when he plays poker.* | **Es cierto que** Arturo **gana** siempre cuando juega al póker.<br>*It's true that Arturo always wins when he plays poker.* |
| **Es probable que jueguen** a las cartas.<br>*It's probable that they will play cards.* | **Es obvio que** alguien **va** a perder dinero.<br>*It's obvious that someone will lose money.* |

Continúa →

*NOTE: **Quizá(s)** and **tal vez** do not use **que: Quizás gane Pedro.**

**3** You can use **(no) es posible** + *infinitive* to express doubt, when referring to no one in particular.

**Es posible ir mañana.**     *It's possible to go tomorrow.*

**ACTIVIDAD** **8** **¿Qué crees?** **Parte A.** Contesta las siguientes preguntas.

Doubt = subjunctive
Certainty = indicative

1. ¿Crees que existe la suerte?
   _____ Sí, creo que existe.
   _____ Es posible que exista.
   _____ No, no creo que exista.

2. ¿Crees que se puede ver el futuro en la palma de la mano?
   _____ Sí, creo que se puede.
   _____ Es posible que se pueda.
   _____ No, no creo que se pueda.

3. ¿Crees que hay vida en otros planetas (Venus, Marte, Plutón, Urano)?
   _____ Sí, creo que la hay.
   _____ Es posible que la haya.
   _____ No, no creo que la haya.

4. ¿Crees que algunas personas tienen percepción extrasensorial *(ESP)*?
   _____ Sí, creo que algunas personas la tienen.
   _____ Es posible que algunas personas la tengan.
   _____ No, no creo que nadie la tenga.

**Parte B.** En parejas, háganle a su compañero/a las preguntas de la **Parte A** para ver qué opina y por qué.

**ACTIVIDAD** **9** **La política** **Parte A.** En parejas, túrnense para dar su opinión sobre el presidente de su país, formando oraciones con frases de las tres columnas. Usen el indicativo o el subjuntivo.

Doubt = subjunctive
Certainty = indicative

| | | |
|---|---|---|
| Es evidente | | ser inteligente |
| Dudo | | entender los problemas del país |
| (No) creo | | querer mejorar la educación |
| (No) es cierto | que el presidente | ser liberal |
| Es obvio | | ser bueno |
| (No) es posible | | trabajar mucho |
| (No) es probable | | decir la verdad |
| (No) es verdad | | saber hablar con otros líderes |

**Parte B.** Después de escuchar las oraciones de tu compañero/a, ¿crees que él/ella es liberal, conservador/a o que tiene poco interés en la política?

En parejas, Uds. oyen conversaciones relacionadas con los pasatiempos. Hagan conjeturas sobre qué está haciendo la gente o de qué está hablando. Usen frases como **es posible que…, es probable que…, creo que…**

1. —Voy a comprar un hotel.
   —¡Noooooooo! ¡Otro hotel! Ya tienes cinco.
   —Vas a perder.
   —No creo. Vamos a ver. Uno, dos, tres, cuatro, cinco, seis, siete.
   —Ja, ja, ja. Tienes que ir a la cárcel. ¿Ves? Como te dije, no vas a ganar.

2. —¡Gané yo! Tengo tres ochos.
   —Un momento, dos… tres… cuatro… cinco… y seis y todas de corazón.

3. —Comida de viejas.
   —¿Cuántas letras?
   —Ocho y la primera es una "l" y la tercera es una "n".
   —Lentejas.

4. —Tengo 450 de 82 países. Esta estaba en un sobre que me dio un amigo de Nueva York.
   —¿Y quién es ese?
   —Es Tito Puente. Él nació en El Barrio, o sea *Spanish Harlem,* y era un músico famoso.

## ¿Lo sabían?

El Servicio Postal de los Estados Unidos les rindió homenaje[1] a algunos músicos del mundo hispano:

© USPS

● Carlos Gardel (1890?–1935), argentino y cantante de tango, llevó esa música a los escenarios de Europa y de todo el continente americano. Llegó a hacer películas para la Paramount Pictures.

● Tito Puente (1923–2000), nació en Nueva York de padres puertorriqueños. Popularizó la música afrocaribeña en los Estados Unidos.

● Selena Quintanilla (1971–1995), nacida en Texas, popularizó la música tejana en los Estados Unidos.

**¿?** **Si el correo de tu país quiere rendirles homenaje a algunos músicos representativos del país, ¿a quiénes debe incluir?**

[1]*paid homage*

ACTIVIDAD **11** **¿Verdad o mentira?** **Parte A.** Escribe cinco oraciones sobre tu vida y tus pasatiempos usando el presente del indicativo o **ir a** + infinitivo. Dos deben ser falsas y tres deben ser ciertas.

**Parte B.** En parejas, túrnense para leerle las oraciones a su compañero/a. Él/Ella debe decir si cree que son verdad o mentira. Usen frases como **(No) creo que…, Dudo que…, (No) es verdad que…,** y **Es cierto que…**.

▶ A: Vivo en un apartamento con cinco personas y dos perros.

B: Creo que sí vives en un apartamento con… porque…

B: No creo que vivas en un apartamento con… porque…

**ACTIVIDAD 12** **El horóscopo** En grupos de tres, averigüen de qué signo son sus compañeros/as de grupo.

▶  A: ¿Cuándo es tu cumpleaños? / ¿De qué signo eres?
   B: Mi cumpleaños es el... de...
   C: Entonces eres de virgo/acuario/etc.

Ahora lean su propio horóscopo y el de sus compañeros/as para este mes y coméntenlos usando las siguientes frases.

es evidente que hoy debo... porque...          es probable que yo/tú...
no creo que sea verdad porque yo/tú...          dudo que tú...
es posible que yo/tú...                                  es mejor que tú...
es necesario que tú...                                   te aconsejo que...

| ARIES | TAURO | GÉMINIS | CÁNCER |
|---|---|---|---|
| *21 de marzo—20 de abril* | *21 de abril—21 de mayo* | *22 de mayo—21 de junio* | *22 de junio—22 de julio* |
|  |  |  |  |
| Alguien que te ama en secreto va a confesarte su amor. Vas a perder mucho dinero este mes jugando al póker. Suerte: días 25 y 29. | Entras en una etapa de expansión sentimental. Debes escribir poesía romántica. Vas a conocer a una persona que va a ser muy importante en tu vida. Suerte: días 17 y 29. | Esa cosa que esperas hace mucho tiempo finalmente llega. Estás muy nervioso; debes tomar bebidas sin cafeína y hacer yoga para estar más tranquilo. Suerte: días 14 y 27. | Este mes vas a estar lejos de una persona que quieres mucho. Vas a sentirte un poco triste, pero si te mantienes activo todo va a ser mucho mejor. Hacer jardinería o arreglar el carro te pueden ayudar a estar activo. Suerte: días 17 y 18. |

| LEO | VIRGO | LIBRA | ESCORPIÓN |
|---|---|---|---|
| *23 de julio—23 de agosto* | *24 de agosto— 23 de septiembre* | *24 de septiembre— 22 de octubre* | *23 de octubre— 22 de noviembre* |
|  |  |  |  |
| Días muy positivos en tu vida. Buena semana para buscar un trabajo nuevo. Si navegas por Internet, puedes encontrar opciones interesantes. Tu situación económica va a mejorar considerablemente. Suerte: días 15 y 16. | Toda la energía que pusiste en tu trabajo hasta ahora va a darte resultados inesperados. Vas a recibir un gran regalo. Es hora de pasar tiempo con los amigos y la familia. Suerte: días 19 y 20. | Días de contraste entre tu vida sentimental y tu vida laboral. Puedes tener problemas económicos. Llega una sorpresa. Suerte: días 12 y 17. | Alguien que conoces desde hace mucho tiempo te va a decir que está loco de amor por ti. Debes actuar con calma. Suerte: días 14 y 29. |

| SAGITARIO | CAPRICORNIO | ACUARIO | PISCIS |
|---|---|---|---|
| *23 de noviembre— 20 de diciembre* | *21 de diciembre— 20 de enero* | *21 de enero— 19 de febrero* | *20 de febrero— 20 de marzo* |
|  |  |  |  |
| Alguien que conoces quiere invitarte a bailar. Acepta esa invitación. Va a hacerte feliz. Suerte: días 13 y 17. | No te preocupes demasiado por tus obligaciones. Necesitas dormir más. Debes quedarte en casa y conectarte con amigos de la escuela secundaria por tu red social favorita. Suerte: días 11 y 29. | Un amigo te da un buen consejo. ¡Ojo! Puede afectar tu futuro. ¡Ojo con los aparatos electrónicos este mes! Suerte: días 10 y 27. | Un amigo de la escuela secundaria llega para pasar tiempo contigo. Vas a recordar momentos felices. ¡Ojo con las comidas que cocina él! Suerte: días 11 y 29. |

Te voy a ganar fácilmente.

© Cengage Learning 2015

# II. Saying How an Action is Done: Adverbs Ending in –*mente*

**1** An adverb of manner indicates how the action expressed by the verb is done. In English, many adverbs of manner end in -*ly*. In Spanish, adverbs of manner are formed by adding -**mente** to the feminine singular form of the adjective. However, if the adjective ends in a consonant or -**e**, simply add -**mente**. If the adjective has an accent, it is retained when -**mente** is added.

| rápido | rápid**amente** | frecuente | frecuent**emente** |
|--------|-----------------|-----------|--------------------|
| general | general**mente** | | |

Speedy González corre **rápidamente**.  *Speedy González runs rapidly.*

**2** If used in a series, only the last adverb ends in -**mente**; the others, however, use the feminine form of the adjective.

Speedy González corre **rápida** y **frecuentemente**.

**3** Common adverbs include:

| | | |
|---|---|---|
| constantemente | frecuentemente | probablemente |
| continuamente | generalmente | rápidamente |
| divinamente | inmediatamente | solamente* |
| fácilmente | posiblemente | tranquilamente |

**\*NOTE: solamente** = **solo** (*only*)

It is common to say either **solamente** or **solo**.

**iLrn**

Do Workbook and Web activities.

**ACTIVIDAD 13 ¿Cómo son?** Pon el nombre apropiado de una persona famosa en cada oración. Luego, en parejas, comparen sus respuestas.

1. _____ baila divinamente.
2. _____ maneja rápidamente.
3. Frecuentemente _____ tiene problemas con la policía.
4. _____ solo hace papeles dramáticos en las películas.
5. _____ cambia de novio/a constantemente.
6. Generalmente _____ le miente al pueblo (*the people*).
7. Normalmente _____ es muy cómico/a.
8. _____ cocina continuamente.

Helga Esteb/Shutterstock.com

▲ **George López, cómico mexicoamericano.**

**ACTIVIDAD 14 Pedraza** Completa esta descripción del pueblo de Pedraza en España. Usa adverbios terminados en **-mente.**

▲ Pedraza, España.

|  |  |
|---|---|
|  | Muchos madrileños van los fines de semana a los pueblos cercanos para alejarse del ritmo frenético de la ciudad. El pueblo de Pedraza es un destino popular |
| especial | _____ para comer cordero asado. Pedraza tiene |
| solo | _____ una entrada. En los viejos tiempos se |
| fácil | cerraba la puerta _____ para proteger el pueblo de enemigos. Hoy día la gente pasa por la puerta en |
| lento, cuidadoso | coche _____ y _____ porque |
| solo | _____ puede entrar o salir un coche a la vez. |
| rápido | No es posible conducir _____ por el pueblo porque es muy pequeño y tiene muy pocas calles. |

**ACTIVIDAD 15 ¿Qué hace?** En parejas, miren a su compañero/a. ¿Lo/La conocen bien? Escriban individualmente oraciones para expresar su opinión sobre las actividades de su compañero/a combinando ideas de todas las columnas. Usen expresiones como **dudo que... no creo que... estoy seguro/a que... creo que...** y justifiquen sus ideas. Después, léanse las oraciones para ver si Uds. se conocen bien o no.

▶ A: Dudo que duermas tranquilamente porque siempre estás cansada/o en clase.

B: Es verdad que no duermo tranquilamente.

B: No, yo duermo tranquilamente todas las noches.

|  |  |  |  |
|---|---|---|---|
|  |  | hacer rompecabezas | constante |
|  |  | leer poesía | continuo |
|  |  | jugar videojuegos | divino |
|  |  | conducir | fácil |
| tú | (no) | dormir | frecuente |
|  |  | dormirte | general |
|  |  | navegar por Internet | inmediato |
|  |  | fumar | tranquilo |
|  |  | ¿ ? | rápido |

# Nuevos horizontes

## ESTRATEGIA: Reading an Informative Interview Article

Interview articles are normally easier to read than articles containing only narration, since the interview questions serve as a guide that helps the reader focus on the important points. Here are a few tips that can help you when reading an interview.

1. Read the headline and introductory paragraph; these usually contain or summarize the main idea.
2. Look at the pictures, tables, or graphs that accompany the text; they illustrate themes in the article.
3. Scan the text to read only the interviewer's questions, which will clue you in to the main ideas.
4. Find out who is being interviewed and why: Has the person done research on the subject? Is he or she relating a life experience? Is the person a spokesperson for a company?

By following these steps, you will gain background knowledge about the topic, which will increase your understanding when reading the complete text.

---

**ACTIVIDAD 16 Lee y usa la lógica Parte A.** Antes de leer un artículo sobre las maquiladoras o maquilas, sigue estas instrucciones.

1. Lee el título y la introducción y mira la foto de esta página. Explica en una oración la idea del artículo. Luego lee solamente las preguntas de la entrevistadora para confirmar tu predicción.
2. Lee la introducción a la entrevista para buscar quién es la persona entrevistada:
   a. el dueño de una maquiladora
   b. la presidenta del sindicato (*union*) de trabajadores
   c. una persona que trabajó en las maquiladoras
   d. la directora de una película documental

Ahora, sin leer el artículo, trata de responder a las siguientes preguntas.

3. ¿Crees que el trabajo en la maquiladora es fácil o difícil?
4. ¿Crees que el salario que se gana en la maquiladora es bueno o malo?
5. ¿Por qué dejó de trabajar en la maquiladora la persona entrevistada?

**Parte B.** Ahora lee la entrevista para confirmar tus respuestas y saber más sobre las maquiladoras.

▲ Mujeres en una maquiladora en México.

# La vida en la maquila

*Por sólo 60 dólares al mes, la joven nicaragüense Miriam V. trabajó durante ocho años en una maquila, industrias manufactureras ubicadas en zonas francas de México y Centroamérica, principalmente. La explotación que sufren estas trabajadoras se retrata en el documental "Maquiladoras".*

*Durante ocho años, Miriam V. trabajó los siete días de la semana, catorce horas diarias, en varias maquilas de Nicaragua. La necesidad de alimentar y vestir a sus tres hijos llevó a esta joven de 26 años a trabajar en condiciones de explotación, "como una máquina", como ella misma dice, y por unos quince dólares a la semana.*

*La historia de Miriam y de muchas otras mujeres nicaragüenses que trabajan en las maquilas se narra en el documental "Maquiladoras" que estos días se presenta en Barcelona. Para explicar de primera mano las condiciones en las que trabajan las maquiladoras, Miriam viajó hasta España. "Espero que el documental sea un granito de arena[1] y ayude a mejorar las condiciones en las maquilas", explica esperanzada.*

### ¿Cómo es un día de trabajo en una maquila?

▶ Mi jornada comenzaba a las seis de la mañana y acababa a las siete o las ocho de la tarde, sábados y domingos incluidos. La jornada era bien dura porque trabajaba numerando un montón de piezas de tela, para después poder armar pantalones, y el trabajo venía y venía sin cesar. En un solo día podía contar miles de piezas y pantalones, siempre de pie, en un área con mucho polvo y sin descanso en todo el día, solo con 45 minutos para almorzar.

### ¿Qué derechos tenías como trabajadora?

▶ Tenemos el derecho al pago de nuestras horas extras, pero no a un salario digno. También tenemos derecho a ir a la clínica, pero siempre y cuando en tu tarjeta del seguro se especifique la fecha en la que vas, así que si tienes dolor de cabeza o te sientes mal no puedes ausentarte. En toda nuestra jornada laboral, además, solo podemos ir dos veces al baño.

### ¿Cuánto se cobra por realizar este trabajo?

▶ En una de las cuatro fábricas en las que trabajé tenía un salario básico de 15 dólares a la semana, trabajando las 48 horas legales más un mínimo de 24 horas extra.

### En comparación con otros empleos, ¿es un trabajo bien pagado?

▶ Está mal pagado. Mucha gente me pregunta cómo entré a trabajar en una maquila. La verdad es que me casé a los 16 años, ahora tengo 26 y tres niñas, una de 9 años y un par de gemelas de 8 años. Empecé a trabajar en una maquila para verlas alimentadas, vestidas y con su salud pagada porque al cotizar[2], mi seguro de asistencia médica también las cubría a ellas.

### ¿Todas las prendas de ropa que confeccionan se exportan o algunas se comercializan en Nicaragua?

▶ Todo lo que producen las maquilas sale al exterior, solo se instalan en Nicaragua para explotar la mano de obra.

Es algo impresionante, porque por poner un ejemplo, una camiseta sencilla para una niña pequeña la pueden vender por 18 dólares, ¡más de uno de mis sueldos semanales! ¿Puedes imaginar un encargo de 100.000 camisas a la maquila que con cada prenda gana 18 dólares y se produce en un país donde no paga impuestos?

---

[1]*grain of sand*  [2]*when calculating (the contents of her benefit package)*

Continúa →

## La actitud del gobierno

**A pesar de las malas condiciones laborales en las maquilas, ¿favorece el gobierno la entrada de estas fábricas en Nicaragua?**

▶ Sí, porque al Estado no le conviene tener a tanta gente desempleada. El trabajo que ofrecen las maquilas no respeta las leyes laborales, pero eso el Estado no lo tiene en cuenta, no piensa en crear una ley que obligue a estas fábricas a respetar a los ciudadanos. El sueldo y el trato que reciban los trabajadores no les importa.

**Durante ocho años trabajaste en varias maquilas pero finalmente abandonaste este trabajo, ¿cómo te decidiste?**

▶ Llevaba nueve meses trabajando en una maquila y, a causa de las condiciones en las que tenemos que trabajar, tuve problemas de salud. Pero no me querían dar permiso para ir al médico porque había mucho trabajo. Me dio neumonía, padecí de asma, tuve fiebre muy alta... llevé un documento en el que constaba que debía hacer 15 días de reposo, de tan grave que estaba, y estuve dos días internada en una clínica.

Hasta que el jefe me dijo que era demasiado tiempo de permiso, que tenía que trabajar. Yo todavía andaba mal y al final me planté en su despacho y le dije que no trabajaba, que priorizaba mi salud, y salí de la maquila.

## El documental, un 'granito de arena'

**Ahora que has dejado de trabajar en las maquilas, que has pasado unas semanas en España y que regresas a tu país con tu marido y tus hijas, ¿cómo ves tu futuro?**

▶ Mi sueño es estudiar Derecho. Me gustaría darle otra imagen a mi vida, no tanto por mí como por mis hijas, para que valoren el estudio y no tengan que trabajar en una maquila.

"La vida en la maquila," de Silvia Torralba. Publicado en Canalsolidario.org. Used with permission.

**ACTIVIDAD 17 Preguntas** Lee el artículo otra vez y contesta las siguientes preguntas usando tus propias palabras.

1. ¿Cuántas horas por semana, contando el almuerzo, trabajaba la entrevistada?
2. ¿Qué tipo de trabajo hacía y cuánto dinero ganaba por semana?
3. Menciona dos derechos que tiene un trabajador en las maquiladoras y dos que no tiene.
4. ¿Por qué trabajó Miriam V. en una maquiladora?
5. ¿Por qué son las maquiladoras buenas para el gobierno de Nicaragua?
6. ¿Por qué decidió dejar el trabajo?
7. ¿Qué quiere que hagan sus hijas?

**ACTIVIDAD 18 Tu opinión Parte A.** En el artículo que acabas de leer, no se publica el apellido de Miriam. En grupos de tres, digan un mínimo de tres razones por las que no se lo publicó.

**Parte B.** El documental "Maquiladoras" muestra las injusticias que ocurren en las maquiladoras. ¿Conocen Uds. otras películas o documentales que muestren injusticias? ¿Qué problemas presentan?

## ESTRATEGIA: Describing and Giving Your Opinion

In this article, the author wants people to be moved enough to see the documentary and take action so that conditions in the **maquiladoras** improve. To do this, she introduced the theme and let Miriam's comments speak for themselves. Another way to educate readers and promote action is to provide commentary about a topic. To do this:

1. Summarize the main idea or point of view by answering the question *what?*
2. Address the questions *who?, when?, where?, how?,* and *why?* to provide supporting details and background information.
3. Include statistics, first-hand accounts, and quotes to support your point of view.
4. Use expressions such as **es importante notar, se dice, es bueno/malo que,** etc., to introduce your point of view. In informal writing, you may use phrases such as **dudo que, en mi opinión, creo que,** and **tal vez.**

**ACTIVIDAD 19 Querida Esperanza Parte A.** A mother wrote to "Querida Esperanza" about a problem she is having with her daughter.

**Querida Esperanza:**

Estoy preocupada por mi hija. Tiene 13 años y es adicta a los videojuegos. Cuando regresa de la escuela, se sienta frente a la computadora y juega constantemente. Solamente se levanta para comer algo y siempre navega por Internet, chatea con gente que no conoce y construye mundos virtuales. Ella dice que le gusta porque puede conocer a gente de todo el mundo. ¡Tiene más de 1.200 amigos en Facebook! También dice que yo la quiero controlar y que no le doy suficiente libertad. No tiene amigos de verdad, solo amigos virtuales, y su único pasatiempo es usar la computadora. No hace nada de ejercicio físico y eso me preocupa también porque tiene varios kilos de más. Necesito ayuda urgentemente.

Una madre desesperada

**Parte B.** You are "Querida Esperanza". Write your response to the mother in Part A and remember to address her formally.

- Summarize in your own words the problem and give your opinions using expressions like **(no) creo que, dudo que,** and **(no) es verdad que**.
- Research the issue and include statistics, quotes, or personal accounts of others to support your opinion.
- End with advice for the mother using expressions like **le aconsejo que, es necesario que,** and **Ud. tiene que**.

**Parte C.** Exchange your response with a partner and critique it.

- Is it clear? Logical? Are there supporting details? Are justifications needed?
- Are ideas from the mother's letter paraphrased or are they copied too closely from the text?
- Are there grammar or vocabulary problems (agreement of subjects with verbs and of adjectives with nouns)?

Make at least **five** comments. When finished, write at the top of the paper: **"Revisado por"** and your name.

**Parte D.** Read your partner's comments and make all necessary changes. Staple together all drafts and hand them in to your instructor.

> Keep a copy in case your partner loses it!

> When commenting, use phrases like: **Interesante. Bien explicado. Buena justificación. No entiendo. Necesitas más explicación. No es correcto.**

# Vocabulario esencial II

## I. La vida saludable

Courtesy Valparaíso Nuestro Barrio

vida saludable = healthy lifestyle

**la buena/mala alimentación** *a good/bad diet*
**la comida** food
  **orgánica** *organic*
  **fresca** *fresh*
  **congelada** *frozen*
  **procesada** *processed*
  **rápida** *fast*
**picar (entre comidas)** *to snack (between meals)*
**tener muchas/pocas calorías** *to have a lot of/few calories*

**el estrés** *stress*
**estar estresado/a** *to be stressed*
**hacer ejercicio (físico)** *to exercise*
**relajarse** *to relax*
**estar relajado/a** *to be relaxed*

---

**ACTIVIDAD 20 Los productos alimenticios** En parejas, decidan a qué categoría o categorías pertenecen las siguientes comidas. Luego añadan dos comidas más en cada categoría.

### C O M I D A S

| | procesadas | congeladas | frescas |
|---|---|---|---|
| 1. el pollo | | | |
| 2. los huevos | | | |
| 3. el jamón | | | |
| 4. la mantequilla | | | |
| 5. las arvejas | | | |
| 6. los camarones | | | |
| 7. el cereal | | | |
| 8. las espinacas | | | |
| 9. las papas fritas | | | |
| 10. | | | |
| 11. | | | |

Courtesy of Agencia Española de Seguridad Alimentaria y Nutrición (AESAN)

**ACTIVIDAD 21 La vida saludable** En parejas, miren la siguiente ilustración y digan qué recomendaciones se presentan para tener un estilo de vida saludable *(healthy lifestyle)*. Usen expresiones como **Es importante que…**, **Nos recomiendan que…**, **Es bueno que…**

▶ Es importante que comamos… ocasionalmente.

**ACTIVIDAD 22 Los buenos hábitos** En grupos de tres, háganse las siguientes preguntas para saber si sus compañeros de grupo tienen una vida saludable.

1. ¿En qué situaciones se sienten estresados?
2. Por lo general, ¿consideran que llevan una vida con mucho o poco estrés?
3. ¿Qué actividades hacen para relajarse?
4. ¿Cuántas veces por semana hacen ejercicio? ¿Durante cuánto tiempo?
5. ¿Con qué frecuencia comen los siguientes tipos de comida: orgánica, fresca, congelada, procesada, rápida?
6. ¿Que tipos de comida de la pregunta anterior prefieren? ¿Cuál o cuáles contienen más vitaminas y minerales? ¿Creen que es igual comer verduras congeladas que verduras frescas? ¿Por qué?
7. Por lo general, ¿cuántas comidas comen por día? ¿Pican mucho entre comidas? ¿Pican en vez de comer una comida completa?
8. ¿Consideran que tienen una buena o mala alimentación? ¿Y una vida saludable?

## ¿Lo sabían?

© Carlos Cazalis/Corbis

▲ **Aire de zanahoria por Ferran Adrià.**

Entre los chefs hispanos más conocidos hoy día, el cocinero de más fama mundial es el español Ferran Adrià. Este chef usa ingredientes que presenta en una forma atípica, pero conservando su sabor original. Por ejemplo, Adrià prepara un *curry* donde el pollo es líquido y la salsa es la parte sólida. En su cocina usa nitrógeno líquido y gelatinas calientes. Crea espumas[1] y también esterificaciones que son como cápsulas que contienen líquidos pero con sabores inesperados como, por ejemplo, caviar con té verde. Algunos llaman a su cocina gastronomía molecular. Pero quién sabe qué va a hacer en el futuro porque la cocina de Adrià siempre cambia, siempre evoluciona. Lo único que se sabe es que va a ser sabrosa e innovadora.

Los inventos y las técnicas que emplea Adrià se basan en conocimientos científicos. Por eso, en 2010 la Facultad de Ingeniería y Ciencias Aplicadas de la Universidad de Harvard lo invitó a enseñar un curso sobre física culinaria.

 **¿Te gusta ver programas de cocina por televisión? ¿Sabes el nombre de algún chef de tu país que tenga fama mundial?**

[1]*foams*

# II. La preparación de la comida

**1** el recipiente    **4** revolver (o → ue)    **7** freír (e → i, i)
**2** la sartén    **5** añadir / agregar    **8** cortar
**3** la olla    **6** darle la vuelta    **9** hervir (e → ie, i)

## Otras palabras

**los ingredientes** *ingredients*
**la receta** *recipe*
**cocinar (a fuego alto/lento)** *to cook (at a high/low temperature)*
**sazonar** *to season*
**ya está/n** *to be done/cooked*

---

Practice these words when cooking, eating, etc.

**Freír** is an irregular verb. See Appendix A.

iLrn 🌐

Do Workbook and Web activities.

NOTE: **Se corta el jamón**, but **Se cortan los tomates**. **Se _le_ da la vuelta al huevo**, but **Se _les_ da la vuelta a los huevos**.

---

**ACTIVIDAD** **23** **Los cocineros** Di qué cosas de la siguiente lista de comidas y bebidas se pueden cortar, freír, revolver, añadir, etc.

se cocina/n
se corta/n
se fríe/n
se añade/n
se le/s da la vuelta a
se revuelve/n
se hierve/n
se sazona/n

los huevos
la mantequilla
las papas
el jamón
el café con azúcar
las zanahorias
el queso
las cebollas
la carne
la coliflor

**ACTIVIDAD** **24** **El buen comer** En parejas, una persona le explica a la otra cómo se prepara uno de los siguientes platos. Al terminar, la otra persona le explica cómo se prepara otro de los platos.

macarrones con queso    ensalada de pollo
*French toast*    hamburguesas con queso
tacos

# Para ver ‖

## La clase de cocina

| | |
|---|---|
| **No puedo más.** | I can't eat/take it/do it any more. |
| **hay que** + *infinitive* | one/you must + *verb* |
| **mientras tanto** | meanwhile |
| **tomarle el pelo a alguien** | to pull someone's leg (*literally*: hair) |

Video stills: © Cengage Learning 2015

*Hoy subí un video viejo de cuando estuve en Puerto Rico visitando a mi amigo Arturo. Nosotros les vamos a dar a Uds. una clase de cocina. ¡Qué rico! Tengo hambre.*

**ACTIVIDAD 25 ¿Cierto o falso?** Lee las siguientes oraciones y luego mientras miras el video blog, marca si son ciertas **(C)** o falsas **(F)**. Después corrige las falsas.

1. _____ A Arturo le gusta comer en lugares como McDonald's y Wendy's.
2. _____ La tortilla que preparan es una receta de México.
3. _____ En España se dice *papas*.
4. _____ Solo se debe usar aceite de oliva para hacer una tortilla.
5. _____ Sonia baila bien.

▶ **ACTIVIDAD 26 Preguntas** Después de mirar el video blog otra vez, contesta estas preguntas.

1. ¿Cuáles son los cinco ingredientes para hacer la tortilla española?
2. ¿Por qué llora Sonia?
3. ¿Qué se fríe primero? ¿Qué se añade después?
4. ¿Qué usa Arturo para darle la vuelta a la tortilla?
5. ¿Te gustaría probar una tortilla de patatas?

## ¿Lo sabían?

El año 1492 fue muy importante para el mundo entero. El encuentro entre culturas cambió la dieta en Europa y América. Los europeos conocieron en el Nuevo Mundo el maíz, el tomate, la papa, el pavo, los chiles y el chocolate y trajeron a este continente la caña de azúcar. Es gracias a la papa americana que hoy se puede comer la famosa tortilla de patatas española.

Muchas comidas de los dos continentes se combinaron y el chocolate, como lo conocemos hoy día, es un buen ejemplo de la fusión de culturas.

▲ **Churros y chocolate caliente, Madrid, España.**

- Los aztecas bebían chocolate caliente, una bebida amarga[1] que no les gustaba mucho a los europeos.
- En 1492 Colón llevó semillas[2] de cacao a España.
- Cortés mezcló el chocolate con el azúcar de caña.
- En España empezaron a mezclarlo con vainilla y canela[3] y así los europeos comenzaron a beberlo. Era muy popular entre la clase alta.
- En 1847 una compañía inglesa produjo chocolate sólido.
- En 1876 los suizos le añadieron leche y así crearon el chocolate que se consume tanto hoy día.

¿? **¿Conoces algunas comidas o algunos animales que existían en Europa y no en América en 1492? ¿Qué comidas de América influyeron luego en la comida de Irlanda e Italia?**

[1]*bitter*  [2]*seeds*  [3]*cinnamon*

**ACTIVIDAD 27 Hay que...** Termina estas frases, usando **hay que**.

▶ Para aprender más sobre México...

hay que buscar información en Internet.
hay que hablar con mexicanos.

1. Para conocer más sobre el uso del chocolate en la comida mexicana...
2. Para preparar un taco...
3. Para comer comida mexicana auténtica...
4. Para hacer un viaje a México...

# Gramática para la comunicación II

## I. Giving Instructions: The Passive *se*

One way to give instructions in Spanish is to use the passive **se (se pasivo).** You already did this in Activity 23. The passive **se** is used when it is not important to know who is performing the action. Study the following formulas and examples.

| se | + | third-person singular of verb | + | singular noun |
|---|---|---|---|---|
|  |  | third-person plural of verb | + | plural noun or series of nouns |

| | |
|---|---|
| Primero, **se lava la lechuga.** | *First, you wash the lettuce.* (literally: *First, the lettuce is washed.*) |
| Segundo, **se cortan los tomates** en trozos pequeños. | *Second, you cut the tomatoes in small pieces.* (literally: *Second, the tomatoes are cut in small pieces.*) |
| Tercero, **se cortan una cebolla y un pepino.** | *Third, you cut an onion and a cucumber* (literally: *Third, an onion and a cucumber are cut.*) |

**\*NOTE:** You may also use the passive **se** to request or give information as in the following sentences.

| | |
|---|---|
| ¿Dónde **se venden verduras** frescas en esta ciudad? | *Where do they sell fresh vegetables in this city?* (literally: *Where are fresh vegetables sold in this city?*) |
| **Se necesitan camareros.** | *Waiters (are) needed.* (Sign seen in a restaurant window.) |

*Gazpacho andaluz*

2 kilos de tomates muy maduros
1/2 pepino
1 barrita de pan
un vaso (de los de vino) de aceite
sal
1 pimiento verde grande
1 cebolla grande
2 dientes de ajo
2 o 3 cucharadas (de las de sopa) de vinagre

Primero, se pelan los tomates y se pasan por la licuadora. Mientras tanto, se ponen a remojar el pan y los pepinos (cortados en rodajas) en un poco de agua con sal. Se trituran juntos, en la licuadora, el pepino, el pimiento, la cebolla, el ajo, el aceite, el pan, el agua del pan, el vinagre y sal a gusto. Se mezcla este líquido con los tomates y se pasa todo, otra vez, por la licuadora. Se pone todo en la nevera. Se sirve con trocitos de pimiento, pepino, tomate y pan.

◀ Empanadas argentinas.
¿Tienes hambre?

**ACTIVIDAD** **28** **Una receta** Lee esta receta para hacer empanadas de carne. Luego da instrucciones para preparar las empanadas usando el **se** pasivo.

1. Cortar la cebolla y el pimiento rojo. (A.)
2. Freír la cebolla y el pimiento en una sartén con muy poco aceite.
3. Después de diez minutos, añadir la carne picada.
4. Añadir sal, pimienta, comino *(cumin)* y pimentón *(paprika)*.
5. Revolver bien todo durante 8 minutos. (B.)
6. Quitar casi todo el líquido de la sartén.
7. En cada tapita de empanada, poner un poco de carne en el centro con una cucharita. (C.)
8. Con el dedo, poner un poco de agua alrededor del borde de las tapitas. (D.)
9. Cerrar las tapitas y con un tenedor presionar para cerrar bien. (E.)
10. Cocinar las empanadas en el horno a 170° por 20 o 30 minutos.

Illustrations: © Cengage Learning 2015

170° C = 340° F

**ACTIVIDAD** **29** **El "chef"** **Parte A.** En parejas, Uds. son cocineros y ahora van a inventar un plato nuevo. Escriban la receta. Por ejemplo: **Primero se cortan…, Después se…,** etc. **Se llama… y es delicioso.**

**Parte B.** Cada pareja debe leerle su receta a la clase y los miembros de la clase deben hacer comentarios y dar recomendaciones: **Creo que ese plato es delicioso/asqueroso** *(disgusting)* **porque… Dudo que sea delicioso porque… Les aconsejo que le añadan…**

# II. Other Uses of *para* and *por*

You have already learned some uses of **para** and **por** in Chapter 5. The following table presents some new uses as well as the ones you have already learned.

| Time | |
|---|---|
| Use **para**: | Use **por**: |
| ■ to express a deadline | ■ to express duration of an action. You can use **durante** instead or just the time period. |
| ⟶ | Se revuelven los ingredientes (**por/durante**) diez minutos. |
| El pastel es **para** mañana. | |
| | ■ to express a general time period |
| | Se preparan los huevos **por** la mañana y los sándwiches **por** la tarde. |

| Direction | |
|---|---|
| Use **para**: | Use **por**: |
| ■ to indicate direction towards a destination | ■ to express *along, by, through* |
| ⟶ | El guitarrista camina **por** el restaurante mientras toca canciones románticas. |
| Salgo **para** el restaurante en cinco minutos. | |
| | Tienes que pasar **por** el pueblo para llegar al restaurante que está al otro lado. |
| | Voy a pasar **por** el banco antes de ir al restaurante. |

| Other Uses | |
|---|---|
| Use **para**: | Use **por**: |
| ■ to express purpose (**para** + *infinitive*) | ■ to indicate by means of |
| Compré comida **para** preparar unos sándwiches. | Mandé los chocolates **por** avión. |
| ■ to indicate the recipient of a thing or an action | ■ to express exchange or substitute for |
| ⟶ | |
| Las empanadas son **para** mi hermana. | Te cambio mis empanadas **por** tu ensalada. |
| ⟶ | Si mi amigo está enfermo, yo trabajo **por** él. |
| Trabajo **para** Inca Kola. | |
| ■ to give a personal opinion | |
| **Para** mí, la comida mexicana es fantástica. | |

Inca Kola. ▶

Jimmy Dorantes/ LatinFocus.com

**ACTIVIDAD 30 Las deportistas** Compara estos dibujos y completa cada oración con **para** o **por**.

Ana y Eva juegan _____ los Tigres.     Perla va a jugar _____ Eva.

**ACTIVIDAD 31 La encuesta** Haz una encuesta *(poll)* para averiguar si tus compañeros hacen o hicieron las siguientes cosas. Intenta encontrar a dos personas para cada situación. Completa las ideas con **para** o **por** y haz preguntas como **¿Para quién trabajas en el verano?**

                                                                    **nombres**

1. en el verano trabaja _____ sus padres _____ _____

2. toma apuntes _____ un/a
   compañero/a que no va a clase _____ _____

3. _____ él/ella, esta es una universidad
   divertida _____ _____

4. trabaja mientras estudia _____
   tener dinero _____ _____

5. pagó más de 60 dólares _____
   su mochila _____ _____

6. estudia _____ ser hombre/
   mujer de negocios _____ _____

7. pasa _____ una cafetería antes
   de ir a clase _____ _____

**ACTIVIDAD 32 Opiniones Parte A.** En grupos de tres, expresen su opinión sobre estas oraciones.

▶        A: ¿Crees que las escuelas secundarias públicas
                de este país son excelentes?

B: Sí, para mí son excelentes        C: No, para mí son horribles
   porque...                            porque...

1. El Mini Cooper es un carro fantástico.
2. El programa "Jeopardy" es muy aburrido.
3. La música rap es antifeminista.
4. El presidente es muy inteligente.

**Parte B.** Ahora, forma oraciones para describir las opiniones de las personas de tu grupo.

▶   Para mí, el Mini Cooper es un carro fantástico porque..., pero para ellos, el Mini Cooper es un carro feo.

Sandra vive en un pueblo de México y hoy cumple 15 años. Sus padres le organizaron una fiesta muy grande. Forma oraciones para las siguientes situaciones relacionadas con la fiesta usando **para** o **por**.

1. Los padres de Sandra alquilaron un salón de fiestas y celebraron su cumpleaños.
2. Los padres le compraron un vestido blanco a Sandra. Les costó 5.000 pesos.
3. Óscar compró doce rosas porque es el cumpleaños de su novia.
4. El padre de Sandra trabaja en el Banco Central de México.
5. Hoy su padre no fue al trabajo para asistir a la fiesta. Su amigo Ramón trabajó en su lugar.
6. Su tío de Los Ángeles le mandó un regalo. Usó la compañía FedEx.
7. Después de la misa, la quinceañera, su familia y los invitados caminaron de la iglesia al salón de fiestas detrás de una banda de músicos. Caminaron a través del pueblo.
8. En la fiesta, su padre le cambió los zapatos a Sandra. Le quitó los zapatos de tacón bajo y le puso unos de tacón alto.
9. Sandra cree que su cumpleaños de quince años fue un evento muy especial.

## ¿Lo sabían?

En el mundo hispano, por lo general, el cumpleaños más importante para una chica es el de los quince años. En México y en partes de los Estados Unidos donde hay influencia mexicana, cuando las chicas cumplen los quince años se hace una celebración que marca el paso de niña a mujer. El día del cumpleaños, la quinceañera, su familia y los invitados van a una misa especial en la iglesia. Después, es común organizar un baile en la casa o en un salón de fiestas. En pueblos pequeños la quinceañera, su familia y sus amigos caminan detrás de una banda desde la iglesia hasta el lugar de la fiesta. En las grandes ciudades, algunos alquilan limusinas para este corto viaje. En la fiesta, el padre da un discurso para presentar a su hija en sociedad y luego empieza el baile con música en vivo. La quinceañera primero baila con su padre, generalmente un vals, pero después baila música moderna con sus chambelanes. En algunos casos, las damas de honor y los chambelanes[1] hacen un baile con coreografía. En algunos festejos, la quinceañera lleva zapatos de tacón bajo a la iglesia, y luego en la fiesta, el padre le cambia los zapatos y le pone zapatos de tacón alto para representar que ya no es una niña.

▲ Tarjeta de Hallmark.

 **¿Hay fiestas similares en tu país? ¿Cómo se celebran?**

---

[1]*chambelanes y damas de honor* = *a group of young men and women similar to a prom court.*

> Me alegro de que Arturo sea tan bueno en la cocina.

# III. Expressing Emotions: More Uses of the Subjunctive

You have already seen that the subjunctive is used to describe what you are looking for, to give advice, to indicate hope, and express doubt. It is also used to express emotion about other people's actions.

**1** As with other uses of the subjunctive, notice how you can express emotion in a personal way.

| To express emotion in a personal way about another person's actions or about a situation: verb of emotion + **que** + *subjunctive* | *To express emotion in a personal way about someone's own actions or a situation:* verb of emotion + *infinitive* |
|---|---|
| **Me alegro de que vayamos** a ese restaurante. *I am happy that we are going to that restaurant.* A ella le **gusta que tú seas** buen cocinero. *She likes it that you are a good cook.* | **Me alegro de ir** a ese restaurante. *I am happy about going to that restaurant.* A ella le **gusta ser** buena cocinera. *She likes to be a good cook.* |

**2** The following verbs are frequently used to express emotions.

| | |
|---|---|
| esperar | **alegrarse de** to be happy about |
| gustar | **sentir** (e → ie, i) to be/feel sorry |
| molestar | **sorprenderse de** to be surprised |
| | **temer** to be afraid of |
| | **tener miedo de** to be afraid of |

**3** Now notice how you can express emotion in an impersonal way.

| To express emotion in an impersonal way about someone or something specific: impersonal expression + **que** + *subjunctive* | *To express emotion in an impersonal way about no one in particular:* impersonal expression + *infinitive* |
|---|---|
| **Es fantástico que** ella **cocine** con ingredientes orgánicos. *It's fantastic that she cooks with organic ingredients.* | **Es fantástico cocinar** con ingredientes orgánicos. *It's fantastic to cook with organic ingredients.* |

At the end of the Ch. 11 Workbook, you will find a complete review of the subjunctive.

Do Workbook, Lab Manual, and Web activities.

**4** The following impersonal expressions are frequently used to express emotions.

**es fantástico/bueno/malo**
**qué lástima**  what a shame
**es una lástima**  it's a shame
**qué pena**  what a pity
**es una pena**  it's a pity

© Cengage Learning 2015

**ACTIVIDAD 34** **La esperanza y el miedo** Lee la siguiente lista de frases y di si te dan miedo o si son tus esperanzas. Empieza con **Espero (que)...** o **Tengo miedo de (que)....**

Emotion = subjunctive

1. la gente / preocuparse / por la ecología
2. (yo) ayudar / a otras personas
3. el mundo / tener / una guerra nuclear
4. la gente del mundo / vivir / en paz
5. California / tener / un terremoto (*earthquake*)
6. (yo) obtener / un trabajo bueno
7. todos los grupos religiosos / aprender a vivir / juntos

**ACTIVIDAD 35** **Esperanzas** Haz una lista de cosas que esperas hacer en el futuro y otra de cosas que esperas que hagan tus compañeros de clase.

▶ Espero vivir en una ciudad grande porque...
   Espero que Steve sea director de cine porque...

**ACTIVIDAD 36** **Nada es perfecto** En parejas, hagan una lista de algunas características positivas y otras negativas de su universidad. Usen estas expresiones:

| **Positivas** | **Negativas** |
|---|---|
| Me alegro de que... | Es una pena... |
| Es fantástico que... | ¡Qué pena que...! |
| Me sorprendo de que... | Me sorprendo de que... |
| Estoy contento/a de... | Es una lástima que... |
| Espero que... | Siento que... |
| Me gusta que... | Me molesta que... |

**ACTIVIDAD 37** **La salud** **Parte A.** Mira y completa la lista de cosas que puede hacer una persona para adelgazar usando **para** o **por.**

1. correr _____ un parque grande
2. hacer dieta _____ un mes
3. no comer tarde _____ la noche
4. reemplazar huevos fritos _____ huevos duros
5. cocinar comida con pocas calorías _____ él/ella y sus amigos
6. cambiar el juego de ajedrez _____ el Twister
7. no pasar tanto tiempo navegando _____ Internet
8. salir _____ el trabajo temprano y caminar _____ hacer ejercicio

**Parte B.** En parejas, "A" es doctor/a y "B" es un/a paciente que va a ver al médico porque tiene el colesterol muy alto. "A" debe leer las instrucciones para su papel en esta página y "B" debe leer su papel en la página R24.

**A (Doctor/a)**

> Eres doctor/a y tu paciente tiene el colesterol muy alto. Debes darle recomendaciones sobre las comidas que puede y no puede comer. Explícale tus preocupaciones y recomiéndale algunos pasatiempos activos para tener una vida más saludable.. Usa ideas de la **Parte A** y expresiones como **Temo que..., Me sorprende que..., Le aconsejo que..., Es necesario que...**

Do Web Search activities.

# Más allá

### Canción: "Sazón"

The song is included in the *¡Claro que sí!* iTunes list on CengageBrain.com and may be on YouTube.

**Celia Cruz (1924–2003),** la voz de la música afrocaribeña y la reina de la salsa, nació en Cuba y llegó a los Estados Unidos en 1960 después de subir Fidel Castro al poder. En 1962 se casó con el trompetista Pedro Knight. El Museo Smithsonian le hizo un homenaje después de su muerte.

¡Azúcar!

© Manuel Zambrana/Corbis

**Mientras escuchas** En la canción "Sazón", Celia Cruz explica cómo mantener feliz una relación con otra persona durante mucho tiempo. Escucha la canción y contesta las preguntas.

1. ¿Qué ingredientes se necesitan para sentirse feliz en una relación amorosa?
   _____ cariño (*affection*)
   _____ paciencia
   _____ pimentón (*paprika*)
   _____ besos
   _____ abrazos
   _____ comunicación
   _____ comprensión
   _____ alegría

2. Celia dice que todas la noches le pone sazón a su esposo. Marca qué hace ella.
   _____ lo llama con frecuencia
   _____ le hace la cama
   _____ le lava la camisa
   _____ le hace la comida
   _____ le plancha (*iron*) los pantalones
   _____ le da su corazón

**Después de escuchar** Inventa una receta con un mínimo de siete ingredientes para ser feliz en la universidad. Sigue el modelo.

▶ Para ser feliz en la universidad, primero se necesita..., también se necesitan...

# ▶ Video: *Ritmos*

The video is on CengageBrain.com.

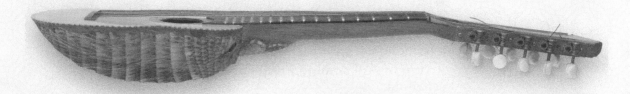

▲ El charango, instrumento andino.

Dorling Kindersley/Getty Images

**Antes de ver** Di qué país o países hispanos asocias con estos tipos de música: **flamenco, cumbia, mariachi, merengue, música andina, salsa, tango**.

**Mientras ves** La música nos revela mucho de una cultura. Mira una entrevista con una bailarina de flamenco y otra con un hombre que toca música andina y contesta las preguntas.

## Carmen Cubillos – Flamenco

1. ¿Qué instrumento musical se asocia con este tipo de música?

   a. la trompeta    b. la guitarra    c. el piano

2. Al escuchar la música, ¿qué influencia notaste?

   a. polkas    b. música del Medio Oriente    c. cantos gregorianos

3. Según Carmen Cubillos, ¿qué partes del cuerpo son importantes al bailar flamenco?

   a. los brazos    b. las piernas    c. todo el cuerpo

4. ¿Qué adjetivo es el que describe mejor el flamenco?

   a. alegre    b. dramático    c. lento

## Conjunto otavaleño Ñanda Mañachi

5. La música andina tiene influencia...

   a. española y africana.

   b. indígena y española.

   c. indígena y africana.

6. ¿Cuál de estos instrumentos no es de cuerda *(string)*?

   a. el rondador    b. el charango    c. el bandolín

7. ¿Qué animal se usa para hacer un charango?

   a. el armadillo    b. el cocodrilo    c. la tortuga

8. ¿Cuál es el tema principal de las canciones de Ñanda Mañachi?

   a. la naturaleza    b. los problemas de los indígenas    c. el amor

**Después de ver** ¿Qué instrumentos tocas o tocabas? Si no tocas ni tocabas ningún instrumento, ¿cuál te gustaría tocar y por qué? Algunos instrumentos son: **la guitarra, el piano, el violín, el violonchelo, la viola, la trompeta, el trombón, el clarinete, la flauta y la batería** *(drums)*.

# En resumen

**Now you know how to...**

- talk about hobbies and pastimes.
  **Arturo jugó al dominó y luego preparó una tortilla española.**
- tell how an action is done (quickly, etc.).
  **Él y Sonia cocinaron la tortilla rápidamente.**
- discuss food and its preparation.
  **La tortilla estaba deliciosa. Solo frieron patatas y una cebolla, las mezclaron con huevos, frieron todo y le dieron la vuelta.**
- give instructions.
  **Para prepararla, primero se cortan cuatro patatas y una cebolla, luego…**
- express emotion.
  **Es fantástico que ahora Sonia tenga una receta para hacer una tortilla española.**
- discuss a healthy lifestyle.
  **Para Arturo, es buena idea comer comida fresca.**
- express doubt and certainty.
  **Él duda que Sonia sepa bailar bien.**

## Vocabulario funcional

**El tiempo libre y los pasatiempos (pastimes)**

arreglar el carro  *to fix the car*
coleccionar  *to collect*
   estampillas *(Latin Am.)*/sellos *(Spain)* *stamps*
   monedas  *coins*
   tarjetas de béisbol  *baseball cards*
conectarse a redes sociales  *to connect to social media sites*
hacer jardinería  *to garden, take care of plants*
escribir poesía  *to write poetry*
escuchar música  *to listen to music*
hacer  *to do/make*
   artesanías  *crafts*
   cerámicas  *ceramics*
   crucigramas  *crossword puzzles*
   jardinería  *to garden, take care of plants*

rompecabezas  *jigsaw puzzles*
yoga  *yoga*
ir al gimnasio  *to go to the gym*
jugar (u → ue)  *to play*
   (al) ajedrez  *chess*
   (al) billar  *billiards*
   (a las) cartas  *cards*
   al futbolito *(Latin Am.)*/futbolín *(Spain)* *foosball*
   juegos de mesa  *board games*
   videojuegos/juegos electrónicos *video games*
navegar por Internet  *to surf the Net*
pasar tiempo con amigos  *to hang out with friends*
pescar  *to fish*
pintar  *to paint*
sacar fotos  *to take photos*
tocar un instrumento  *to play an instrument*

## La vida saludable *(Healthy Lifestyle)*

la buena/mala alimentación *good/ bad diet*
la comida *food*
  congelada *frozen*
  fresca *fresh*
  orgánica *organic*
  procesada *processed*
  rápida *fast*
el estrés *stress*
estar estresado/a *to be stressed*
estar relajado/a *to be relaxed*
hacer ejercicio (físico) *to exercise*
picar (entre comidas) *to snack (between meals)*
relajarse *to relax*
tener muchas/pocas calorías *to have a lot of/few calories*

## La preparación de la comida

agregar *to add*
añadir *to add*
cocinar (a fuego alto/lento) *to cook (at a high/low temperature)*
cortar *to cut*
darle la vuelta *to turn over, flip*
freír (e → i, i) *to fry*
hervir (e → ie, i) *to boil*
los ingredientes *ingredients*
la olla *pot*
probar (o → ue) *to taste*
la receta *recipe*
el recipiente *bowl*
revolver (o → ue) *to mix*
la sartén *frying pan*
sazonar *to season*
ya está/n *to be done/cooked*

## Expresiones impersonales de duda y negación

no es cierto/verdad *it isn't true*
no está claro *it isn't clear*
es dudoso *it's doubtful*
no es evidente *it isn't evident*
(no) es posible *it is/isn't possible*
(no) es probable *it is/isn't probable*
quizá(s)/tal vez *perhaps*

## Expresiones impersonales de certeza

es cierto/verdad *it's true*
está claro *it's clear*
es evidente *it's clear, evident*
es obvio *it's obvious*
no cabe duda (de) *there's no doubt*

## Expresiones impersonales de emoción

es fantástico/bueno/malo *it's fantastic/ good/bad*
es una pena *it's a pity*
es una lástima *it's a shame*
qué lástima *what a shame*
qué pena *what a pity*

## Verbos

alegrarse de *to be happy about*
dudar *to doubt*
(no) estar seguro/a de *(not) to be sure of*
sentir (e → ie, i) *to be/feel sorry*
sorprenderse de *to be surprised about*
temer *to be afraid of*
tener miedo de *to be afraid of*

## Adverbios

constantemente *constantly*
continuamente *continually*
divinamente *divinely*
fácilmente *easily*
frecuentemente *frequently*
generalmente *generally*
inmediatamente *immediately*
posiblemente *possibly*
probablemente *probably*
rápidamente *rapidly*
solamente/solo *only*
tranquilamente *calmly*

## Palabras y expresiones útiles

hay que + *infinitive one/you must + verb*
mientras tanto *meanwhile*
No puedo más. *I can't eat/take it/do it anymore.*
¡Qué (buena) suerte! *What (good) luck!*
¡Qué mala suerte! *What bad luck!*
tener (buena) suerte/tener mala suerte *to be lucky/unlucky*
tomarle el pelo a alguien *to pull someone's leg (literally: hair)*

# El campo y la ciudad

**Ciudad de Panamá.**
© Jose Ángel Murillo / Alamy

## Chapter Objectives

- Describing geographical features
- Discussing sites to visit
- Making comparisons
- Giving orders
- Giving directions

## ¿Qué saben?

1. La Ciudad de México recibe 23 habitantes nuevos cada hora. _____ cierto _____ falso

2. En la actualidad el 50% de la población de Argentina vive en zonas urbanas. _____ cierto _____ falso

3. Por el éxodo de la población rural a finales del siglo XX, España tuvo que incrementar la población rural con inmigrantes de otros países. _____ cierto _____ falso

4. Entre 2010 y 2050 la población de América Latina y el Caribe va a subir de 595 millones a 717 millones de personas. _____ cierto _____ falso

iLrn

RECURSOS

# Para ver ▮

## La vida en la ciudad

| | |
|---|---|
| **¡Qué cursi!** | How tacky! |
| **¡Qué chévere!** | Great! (*Caribbean expression*) |
| **¿Algo más?** | Something/Anything else? |

*Yo, Julieta, la bloguera venezolana, con Uds. otra vez. En este video mi hermano Wilmer y yo paseamos en bici por la ciudad, y mi novio Alejandro nos filma.*

**ACTIVIDAD 1 ¿Cierto o falso?** Mientras miras el video blog, marca si las oraciones son ciertas **(C)** o falsas **(F)**. Después corrige las falsas.

1. _____ Wilmer está triste.
2. _____ A Julieta no le gustan las canciones de Wilmer.
3. _____ La gente de las ciudades siempre está apurada (*in a hurry*).
4. _____ En Bogotá se cierran muchas calles para poder caminar.
5. _____ Wilmer quiere hacer algo el sábado.
6. _____ Julieta y su novio van a ir con Wilmer y su novia Camila a un picnic.
7. _____ Julieta va a llevar un pastel de chocolate.

▶ **ACTIVIDAD 2** **Preguntas** Después de mirar el video blog otra vez, contesta estas preguntas.

1. Según Julieta, ¿por qué hay que tener cuidado cuando uno va en bici por la ciudad?
2. ¿Qué días y a qué horas se cierran las calles para la *Ciclovía* de Bogotá? ¿Cuántos kilómetros tiene?
3. ¿Adónde quiere ir Wilmer para hacer el picnic?
4. ¿Por qué al principio Julieta no quiere ir?
5. ¿Por qué finalmente decide ella ir al picnic?

## ¿Lo sabían?

En muchas de las grandes ciudades hispanas hay un serio congestionamiento de tráfico por la cantidad de autos que circulan. Para "recuperar" sus calles de esta cantidad de carros, Bogotá tiene un programa llamado *Ciclovía* en el que los domingos, durante siete horas, las calles se cierran a los carros, y la bicicleta es el único medio de transporte que puede circular por 120 kilómetros de la metrópolis. También, para enfrentar el problema del tráfico urbano, Bogotá cuenta con 334 kilómetros de carriles para bicicletas que les ofrecen a los residentes una alternativa de transporte diario.

▲ **La Ciclovía, Bogotá, Colombia.**

© David Snyder/ZUMA Press/Corbis

En otras ciudades como la Ciudad de México, Madrid y Buenos Aires, se está incrementando el número de carriles de bicicletas, y en el D. F., se incentiva entre la población la participación en programas como *Ecobici*. En este programa, los residentes pueden alquilar, por poco dinero, bicicletas en una de las 90 cicloestaciones y usarlas para recorrer distancias cortas.

 **¿Hay carriles para bicis en la ciudad donde vives? ¿Y programas como *Ecobici*? ¿Qué otras alternativas de transporte ofrece tu ciudad?**

**ACTIVIDAD 3** **¿Cursi o chévere?** Di si las siguientes cosas son cursis o chéveres.

▶ ¡Qué chévere es la foto de la *Ciclovía* de Bogotá!
  ¡Qué cursis son las tarjetas del día de San Valentín!

1. jugar al bingo
2. Graceland y Elvis
3. los videojuegos
4. unas vacaciones en el Caribe
5. el concurso de Miss Universo
6. ganar la lotería
7. la *Ciclovía* de Bogotá

# Vocabulario esencial ▮

## I. La geografía

el norte

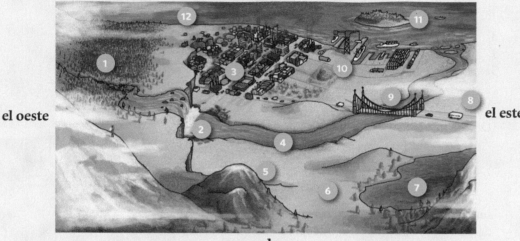

el oeste                                    el este

el sur

| 1 el bosque | 5 la montaña | 9 el puente |
| 2 la catarata | 6 el valle | 10 el puerto |
| 3 el pueblo | 7 el lago | 11 la isla |
| 4 el río | 8 la carretera | 12 la costa |

### Otras palabras relacionadas con la geografía

la **autopista** freeway, toll road
el **campo** countryside
el **carril de bicicletas** bike path
la **ciudad** city
la **colina** hill
el **desierto** desert

el **mar** sea
el **océano** ocean
la **playa** beach
la **selva** jungle
el **volcán** volcano

---

**ACTIVIDAD 4 Asociaciones** Asocia estos nombres con las palabras del vocabulario.

el Amazonas     Cuba
Cancún          el Mediterráneo
el Pacífico     el Titicaca
los Andes       Quito
Iguazú          el Atacama
Ibiza           la Panamericana

**ACTIVIDAD 5 Categorías** En parejas, organicen las palabras relacionadas con la geografía en las siguientes categorías.

1. cosas que asocian Uds. con el agua
2. lugares donde normalmente hace calor
3. lugares donde normalmente hace frío
4. cosas que no forman parte de la naturaleza *(nature)*

Illustration: © Cengage Learning 2015

## ¿Lo sabían?

La variedad geográfica de Hispanoamérica incluye fenómenos naturales como la selva amazónica, glaciares como el Perito Moreno y las montañas más altas del hemisferio. También hay erupciones de volcanes y terremotos causados por una falla[1] que va de Centroamérica a Chile. Esta diversidad geográfica les da un encanto a diferentes partes de la región, pero también trae problemas catastróficos. Algunos desastres recientes hicieron eco en todo el mundo.

▲ El glaciar Perito Moreno en la Patagonia argentina.

1985 La erupción de un volcán en Colombia destruyó un pueblo de más de 20.000 habitantes. Un terremoto, con una magnitud de 8,1 en la escala de Richter, causó la muerte de unas 10.000 personas en México, la mayoría en el D.F.

1998 El huracán Mitch mató a 8.000 personas en Honduras y un millón de personas se quedaron sin casa.

1999 En la ciudad de La Guaira, en la costa venezolana, hubo terribles inundaciones y derrumbamientos de lodo[2]. Murieron más de 30.000 personas.

2010 En Chile murieron más de 500 personas por los efectos de un terremoto con una magnitud de 8,8. Afectó zonas urbanas como Santiago y Valparaíso.

¿? Menciona algún desastre natural que ocurrió en el mundo recientemente. ¿Está bien preparado tu país para los desastres naturales?

---
[1]fault line   [2]mud slides

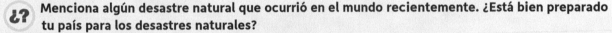

**ACTIVIDAD 6 ¿Dónde naciste tú? Parte A.** En parejas, descríbanle a su compañero/a la geografía de la zona donde nacieron.

**Parte B.** Ahora, descríbanle a su compañero/a la geografía de una zona donde les gustaría vivir.

▶ Quiero vivir en un lugar que tenga...

**ACTIVIDAD 7 La propaganda Parte A.** En grupos de cuatro, cada uno de Uds. va a preparar un anuncio para la televisión hispanoamericana para atraer más turismo a uno de los siguientes lugares.

- Las islas Galápagos
- El Petén
- La Patagonia
- Los Picos de Europa

Como tarea, cada uno debe investigar su lugar en Internet y preparar un anuncio comercial de un mínimo de 30 segundos que incluya fotos del lugar. Deben poner énfasis en la variedad de belleza natural que tiene ese lugar.

**Parte B.** Cada persona debe presentarle el anuncio a su grupo.

# II. Lugares de interés

▲ La **Catedral** de Nuestra Señora de Los Ángeles en California.

▲ La **Misión** de San Juan Capistrano en California.

▲ Las **ruinas** incaicas de Sacsayhuamán, Cusco, Perú.

▲ El **Templo** del Jaguar en Chichen Itzá, México.

▲ Tibidabo, **parque de atracciones,** Barcelona, España.

▲ Mausoleo de la famila de Eva Perón en el **Cementerio** de la Recoleta, Buenos Aires, Argentina.

## Otros lugares de interés

**el centro de información turística** *tourist center*
**el centro cultural** *cultural center*
**la embajada** *embassy*
**el jardín botánico** *botanical garden*
**la mezquita** *mosque*
**el monumento** *monument*
**el museo** *museum*
**el palacio** *palace*
**el parque nacional** *national park*
**la pirámide** *pyramid*
**la sinagoga** *synagogue*
**el zoológico** *zoo*

Do Workbook and Web activities.

**ACTIVIDAD 8 Categorías** Di qué lugares de la lista de vocabulario asocias con las siguientes cosas.

las civilizaciones indígenas
los reyes y la Edad Media
la modernidad
las instituciones religiosas
los griegos, los fenicios y los romanos
los animales

**ACTIVIDAD 9 Asociaciones** Di qué palabras asocias con los siguientes lugares.

1. San Patricio en Nueva York
2. Seis Banderas *(Flags)*
3. El Sol y La Luna en Teotihuacán
4. la Tora; Jerusalén
5. Arlington; Gettysburg; La Recoleta
6. Bronx; San Diego
7. la Meca; Córdoba, España
8. Torres del Paine; Yellowstone; Acadia
9. Buckingham; el rey y la reina

**ACTIVIDAD 10 Lugares para visitar** En grupos de tres, hagan lo siguiente:

1. Miren la lista de lugares de interés y digan cuáles tiene su ciudad.
2. Expliquen con detalles qué lugares de interés visitaron en otras ciudades o países.
3. Imaginen que van a una ciudad por primera vez y seleccionen dos de los siguientes lugares que les gustaría visitar. Expliquen sus preferencias.

museo de arte moderno          palacio
ruinas con pirámides           parque de atracciones
zoológico                      jardín botánico

# Gramática para la comunicación I

En la ciudad la gente está más apurada que en el campo.

## I. Making Comparisons (Part I)

### A. Comparisons of Inequality

**1** To compare two people or two things that are different (**comparación de desigualdad**), use the following formula.

$$\left.\begin{array}{c}\textbf{más}\\[2pt]\textbf{menos}\end{array}\right\} + \textit{noun/adjective/adverb} + \textbf{que}$$

| | |
|---|---|
| Costa Rica tiene **más playas que** Nicaragua. | *Costa Rica has more beaches than Nicaragua.* |
| Conozco **menos parques nacionales que** tú. | *I know fewer national parks than you.* |
| Los pueblos son **más tranquilos que** las ciudades. | *Towns are more tranquil than cities.* |
| Iba por la autopista **más rápido que** los otros carros. | *I was going down the freeway faster than the other cars.* |

**2** Some adjectives have an irregular comparative form.

| | | |
|---|---|---|
| bueno | **mejor** | *better* |
| malo | **peor** | *worse* |
| grande | **mayor** | *older (person)* |
| pequeño | **menor** | *younger (person)* |

| | |
|---|---|
| Para algunos, vivir en el campo es **mejor que** vivir en la ciudad. Para otros es **peor**. | *For some, living in the country is better than living in the city. For others it is worse.* |
| Wilmer es **menor que** Julieta. | *Wilmer is younger than Julieta.* |
| Creo que el novio de Julieta es **mayor que** ella. | *I think that Julieta's boyfriend is older than she.* |

**3** To indicate that there is more or less than a certain *amount*, use the following formula.

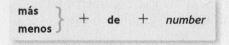

$$\left.\begin{array}{c}\textbf{más}\\[2pt]\textbf{menos}\end{array}\right\} + \textbf{de} + \textit{number}$$

| | |
|---|---|
| **Más de 1.500** niños visitaron el zoológico ayer. | *More than 1,500 children visited the zoo yesterday.* |
| La entrada al parque de atracciones cuesta **menos de $40**. | *The admission fee to the amusement park is less than $40.* |

## B. The Superlative

When you want to compare three or more people or things, use the superlative **(el superlativo).**

$$\left.\begin{array}{l} \text{el/la/los/las } \textit{(noun)} \text{ más} \\ \text{el/la/los/las } \textit{(noun)} \text{ menos} \end{array}\right\} + \textit{adjective}$$

Roatán es **la mejor** (isla) para hacer buceo.

*Roatán is the best (island) for scuba diving.*

El Amazonas es **el** (río) **más largo del** hemisferio occidental.

*The Amazon is the longest (river) in the Western Hemisphere.*

**NOTE:**

a. **Mejor** *(Best)* and **peor** *(worst)* usually precede the nouns they modify:

**www.guayasamín.org es *la mejor página web* sobre un artista que conozco.**

b. In the superlative, *in* = **de:**

**Para mí, Oswaldo Guayasamín es el mejor artista *del* mundo.**

---

**ACTIVIDAD** **11** **Las vacaciones** En parejas, "A" mira esta página y "B" mira la pagina R24. Uds. deben decidir adónde quieren ir de vacaciones. Describan y comparen las diferentes características de los dos lugares para decidir cuál les parece mejor.

▶ A: El Hotel Casa de Campo tiene tres canchas de tenis.
B: Pues el Hotel El Caribe tiene seis canchas.
A: Entonces el Hotel Caribe tiene más canchas de tenis que el Hotel Casa de Campo.

> La Romana, República Dominicana
> Hotel Casa de Campo ★★★★★
> Pensión completa
> Temperatura promedio 30°C
> Increíble playa privada
> Tres canchas de tenis
> Golf, windsurfing
> Discoteca
> US$3.900 por una habitación doble
>    por semana

30°C = 86°F

**ACTIVIDAD** **12** **¿Cuánto gana?** Di cuánto crees que gana una persona en las siguientes ocupaciones durante el primer año de trabajo. Sigue el modelo.

▶ El primer año de trabajo, un médico gana más de 50.000 dólares y menos de 75.000 dólares.

1. un/a abogado/a
2. un/a policía
3. un/a asistente social
4. un/a recepcionista
5. un/a diseñador/a de páginas web
6. un beisbolista profesional
7. un/a profesor/a de escuela secundaria
8. un/a guía turístico/a

**ACTIVIDAD** **13** **¿Mejor o peor?** **Parte A.** En parejas, túrnense para preguntar cuáles de las siguientes cosas son mejores o peores. Expliquen sus respuestas. Digan si están de acuerdo o no con su compañero/a y por qué.

▲ Las playas del Caribe son unas de las mejores del mundo. Playa Flamenco en la isla Culebra, Puerto Rico.

© Bob Krist/Corbis

1. unas vacaciones en las montañas o en la playa
2. tener un trabajo aburrido donde se gana muchísimo dinero o tener un trabajo interesante donde se gana poco
3. tener un hijo o tener muchos
4. vivir en una ciudad o en el campo
5. una cena romántica o un concierto
6. ir de camping o quedarse en un hotel elegante
7. el machismo o el feminismo
8. mandar una tarjeta de cumpleaños de Hallmark o una tarjeta virtual con música y animalitos que bailan

**Parte B.** Basándose en sus respuestas de la **Parte A,** digan si Uds. son compatibles o no.

**ACTIVIDAD** **14** **Comparaciones** **Parte A.** Rompe un papel en tres partes. Sin consultar con nadie, escribe el nombre de una persona famosa en el primer papel. En el segundo papel, escribe el nombre de un lugar famoso. En el tercero, escribe el nombre de una cosa. Dobla cada papel.

**Parte B.** Tu profesor/a tiene tres sobres grandes, uno dice **gente famosa,** otro dice **lugares** y el tercero dice **cosas.** Pon los papeles en los sobres correspondientes.

**Parte C.** Un/a estudiante debe escoger dos o tres papeles del mismo sobre y leer el contenido en voz alta. La clase debe hacer comparaciones con lo que está escrito en los papeles. Repitan este proceso cinco o seis veces.

▶ Alicia Keys / Beyonce / Britney Spears
Alicia Keys es la más inteligente y la mejor cantante de las tres.

## ¿Lo sabían?

En español, como en inglés, hay muchos dichos que son comparaciones. Es común oír expresiones como "es más bueno que el pan", "es más viejo que (la moda de) andar a pie", "es más viejo que Matusalén[1]", "es más largo que una cuaresma[2]" o "es más largo que una semana sin carne". Para hablar de la mala suerte se dice: "es más negra que una noche". Para decir que una persona es muy religiosa, los hispanohablantes dicen "es más papista que el Papa".

 **¿Qué se puede aprender de una cultura y los valores de su gente a través de sus dichos?**

[1]*Methuselah (969 years old, oldest person mentioned in Bible)*   [2]*Lent*

**ACTIVIDAD 15** **Los recuerdos de la escuela secundaria** En parejas, hablen sobre los siguientes recuerdos de la escuela secundaria.

1. el mejor profesor: cómo se llamaba, cómo era, por qué te gustaba
2. el peor profesor: cómo se llamaba, cómo era, por qué no te gustaba
3. las mejores vacaciones: adónde fuiste, con quién, por qué te gustaron

**ACTIVIDAD 16** **El mejor o el peor** Uds. quieren comprar un perro. En grupos de tres, miren los perros y decidan cuál van a comprar y por qué. Usen frases como **Chuchito es más bonito que Toby. Toby es el más inteligente de todos. Rufi es la mejor porque...**

Rufi (hembra)
8 semanas

Chuchito (macho)
6 meses

Toby (macho)
6 meses

© Cengage Learning 2015

**ACTIVIDAD 17** **El Oscar** En grupos de tres, hagan una lista de las mejores películas del año y preparen nominaciones para película dramática, película cómica, actor y actriz. Digan por qué cada una de sus nominaciones es la mejor. Después, hagan una votación.

## II. Making Requests and Giving Commands (Part I): Commands with *usted* and *ustedes*

You have already learned several ways to ask somebody to do something.

Es importante que no bebas si vas a manejar.
No quiero que manejes demasiado rápido por la autopista.
Debes viajar durante el día.
Tienes que ponerte el cinturón de seguridad.

**1** To make direct requests or to give commands (**órdenes**) to people you address as **Ud.** or **Uds.,** use the corresponding present subjunctive verb forms.

**Tenga** (Ud.) cuidado con el tráfico.*
**Tengan** (Uds.) cuidado con el tráfico.* } *Be careful with traffic.*
**¡No olviden** el casco! *Don't forget the helmet!*

***NOTE:** The subject pronouns **Ud.** and **Uds.** are often omitted with commands, but if they are used, they follow the verb and are used for emphasis.

**2** When reflexive or object pronouns are used with commands, follow these rules.

a. When the command is affirmative, the pronouns are attached to the end of the verb.

Háble**le** a su hijo sobre el casco. *Talk to your son about the helmet.*
Pónga**selo** a él. *Put it on him.*
Relá**jese.** *Relax.*

b. When the command is negative, the pronouns immediately precede the verb.

**No se lo ponga** sin leer las instrucciones. *Don't put it on him without reading the directions.*

> To review formation of the subjunctive, see Ch. 10 (pp. 316–317).

> Remember to use accents.
> To review double object pronouns, see Ch. 8.

Do Workbook and Web activities.

Capítulo 12 • **383**

**ACTIVIDAD 18** **Sigan las instrucciones** Escuchen las instrucciones de su profesor/a y hagan las acciones del siguiente gesto *(gesture)* hispano.

Para indicar que una persona es tacaña *(stingy)*:

1. Levántense.
2. Doblen el brazo derecho con la mano hacia arriba.
3. Cierren la mano derecha.
4. Abran la mano izquierda.
5. Pongan la mano izquierda debajo del codo derecho.
6. Con la palma de la mano izquierda, tóquense el codo varias veces.

**ACTIVIDAD 19** **Te toca a ti** Lee las siguientes instrucciones y escribe órdenes con los verbos entre paréntesis para poder hacer otros gestos típicos de la cultura hispana. Usa la forma de Uds. al escribir las instrucciones.

1. Para indicar que se debe tener cuidado:

   _____ el dedo índice debajo del ojo y _____ hacia abajo. (Poner, tirar = *to pull*)

2. Para indicar que una persona es delgada:

   _____ la mano y _____ el dedo meñique *(little finger)* hacia arriba. (Cerrar, levantar)

3. Para indicar que hay muchas personas en un lugar:

   Con la palma de la mano hacia arriba, _____ la mano. _____ los dedos hacia arriba. _____ el pulgar *(thumb)* con los otros dedos. (cerrar, Extender (e ⟶ ie), Tocar)

**ACTIVIDAD 20** **¿Quién dice qué y dónde?** **Parte A.** Completa las siguientes órdenes con la forma de Uds.

1. No _____ las pinturas. (tocar)
2. _____ este mapa. (tomar)
3. No _____ ruido. (hacer)
4. No _____ a la calle con mucho dinero. (salir)
5. No _____ comida a los animales. (darle)
6. No _____ el pasaporte. (perder)
7. _____ el cinturón de seguridad. (abrocharse)
8. _____ Uds. aquí, señores. (sentarse)
9. _____ los zapatos. (quitarse)
10. No _____ las flores. (cortar)
11. No _____. (fumar)

**Parte B.** Ahora mira la lista de lugares en las páginas 378–379 y decide en qué lugares se pueden oír o leer estas órdenes.

**ACTIVIDAD** **21** **Los asistentes de vuelo** **Parte A.** Lee las siguientes medidas de seguridad que se escuchan en un avión y subraya todas las órdenes que encuentres.

Buenos días y bienvenidos a bordo. Ahora unas medidas de seguridad. Abróchense el cinturón de seguridad. Mantengan el respaldo del asiento en posición vertical, la mesa en la posición inicial y pongan su equipaje de mano completamente debajo del asiento de adelante o en uno de los compartimentos de arriba. Recuerden: no usen los móviles durante el vuelo. Por favor, apaguen los móviles. Se prohíbe fumar en todos los vuelos de TACA. Obedezcan el aviso de no fumar. En el respaldo del asiento delante de Uds. hay una tarjeta con información. Esta tarjeta les indica la salida de emergencia más cercana. Tomen unos minutos para leerla. En este avión hay dos puertas en cada extremo de la cabina y dos salidas sobre las alas. En caso de que sea necesario, el cojín del asiento puede usarse como flotador: pasen los brazos por los tirantes que están debajo del cojín. Si hay un cambio brusco de presión en la cabina, los compartimentos que contienen las máscaras de oxígeno se abren automáticamente. Entonces, pónganse la máscara sobre la nariz y la boca y respiren normalmente. Después, tomen la cinta elástica y póngansela sobre la cabeza. Después de ponerse la máscara, ajusten bien la máscara de sus niños. Gracias por su atención y esperamos que tengan un buen viaje a bordo de TACA.

Shmeliova Natalia/Shutterstock

**Parte B.** La aerolínea TACA va a hacer un video para demostrar las medidas de seguridad en sus vuelos. En grupos de cuatro, lean las siguientes instrucciones para su papel.

**Estudiantes A, B y C**

Uds. quieren ser actores en el video de TACA. Van a hacer una prueba *(audition)* para ver quién es el/la mejor actor/actriz. Un empleado de TACA va a leer el guion del video mientras Uds. hacen las acciones.

**Estudiante D**

Trabajas para TACA y tienes que seleccionar a la mejor persona para actuar en un video que demuestra las medidas de seguridad de la aerolínea. Lee en voz alta el texto que aparece en la **Parte A** de esta actividad y observa cómo actúan los posibles actores. Selecciona a la mejor persona para el trabajo.

**Parte C.** Ahora las personas que trabajan para TACA van a decirle a la clase cuál fue el/la mejor actor/actriz de su grupo en las siguientes categorías y por qué:

cómico/a     claro/a     energético/a     creativo/a

▶ El más cómico fue… porque…

# Nuevos horizontes

**ESTRATEGIA: Understanding the Writer's Purpose**

In each text, the writer chooses a purpose, such as informing, convincing, or entertaining. A writer does this by using words to paint a picture of a static scene or an event that occurred. In order to understand and form opinions about what you read, try to visualize the scenes or events described to better infer the writer's purpose.

**ACTIVIDAD 22 El propósito** Lee el título, mira las fotos y lee rápidamente el artículo de un periódico para contestar esta pregunta: ¿Cuál es la intención del autor?

a. animar a turistas a visitar Teotihuacán

b. mostrar el efecto del turismo en Teotihuacán

c. informar sobre un nuevo descubrimiento en Teotihuacán

**ACTIVIDAD 23 El contexto ayuda** Mientras lees el artículo, marca los sinónimos de las siguientes palabras.

1. **par** en la línea 13
   a. uno    b. dos    c. seis

2. **angostos** en la línea 30
   a. que tienen poco espacio          b. que tienen suficiente espacio
   c. que tienen demasiado espacio

3. **empinada** en la línea 39
   a. casi vertical    b. vertical    c. muy poco inclinada

4. **complejo** en la línea 42
   a. pirámide    b. ruina    c. grupo de ruinas

5. **voz** en la línea 51
   a. historia    b. palabra    c. mujer

6. **trueque** en la línea 58
   a. guerra    b. comercio    c. religión

7. **maleza** en la línea 60
   a. tierra    b. cemento    c. plantas

8. **sellado** en la línea 66
   a. cerrado    b. vendido    c. nombrado

9. **obsidiana** en la línea 75
   a. piedra volcánica negra    b. líquido que bebían    c. verdura que comían

10. **primordial** en la línea 75
    a. caro    b. barato    c. principal

# Las pirámides, del piso a la cima[1]

**En el complejo de Teotihuacán se puede subir a estos monumentos de más de mil años**

▲ **Teotihuacán.**

CIUDAD DE MEXICO.- "Si vienes al D. F. y no visitas Teotihuacán, mejor no digas que estuviste en la ciudad". La afirmación de Laura, la guía, casi no da lugar a dudas entre ir o no a conocer las famosas pirámides.

Están a casi 40 kilómetros del centro, pero llegar demanda un par de horas y parece otro mundo.

Como en la mayoría de los sitios arqueológicos, lo importante es lo que se cuenta de ellos, la historia, la forma de vida de los habitantes, más allá de las ruinas que se ven.

Pero en este caso las dos inmensas pirámides, del Sol y de la Luna (un poco más chica) acaparan[2] la atención de los visitantes, sobre todo porque se puede subir (en Chichen Itzá ya no lo permiten).

Así que antes de profundizar en el pasado de la civilización que la construyó, hay que llegar a la cima.

La Pirámide del Sol es la más alta. Para llegar hay que escalar alrededor de 250 escalones, tan angostos que casi no entra el pie.

Desde arriba se ve el pueblo de San Martín de las Pirámides y más allá, a lo lejos, el enorme D. F.

Se siente la energía que sobrevuela el lugar y dan ganas de quedarse allí arriba. Lo realmente difícil es bajar, sobre todo para los que sienten vértigo, porque es tan empinada que uno cree que va a rodar[3] cuesta abajo. Nada de eso sucede, despacio y con tranquilidad, no se corre ningún riesgo.

El complejo de Teotihuacán está en medio de un pueblo, donde los habitantes cuando se despiertan cada mañana ven por la ventana las pirámides.

La zona, que estuvo habitada por la civilización teotihuacana, fue abandonada en el 750. Las pirámides se cree que se construyeron hace 2.000 años como centro ceremonial.

El nombre, en realidad, es una voz azteca que significa Ciudad de Dioses.

Poco se sabe de los teotihuacanos, aunque se presume que la población llegó, alrededor del siglo VI, a los 200.000 habitantes, entre las más grandes ciudades del mundo. Cultivaban verduras y cereales, y practicaban el trueque con otros habitantes de la zona.

Con el abandono, las pirámides se cubrieron de maleza y quedaron ocultas[4], como si fueran montañas. No las vieron ni los aztecas, que llegaron después, ni los españoles, hasta principios de 1900 que fueron descubiertas.

Hace apenas unos meses se encontró un túnel sellado hace más de mil años con recintos laterales que podrían tener las tumbas de algunos de los primeros gobernantes de esa ciudad prehispánica. El descubrimiento de una tumba sería importante porque la estructura social de Teotihuacán sigue siendo un misterio después de casi 100 años de exploración arqueológica en el lugar.

La obsidiana era el elemento primordial de esta civilización, de la que se saben muchas cosas, pero que todavía genera interrogantes entre los investigadores. Muy cerca hay comercios que venden todo tipo de objetos realizados en esta piedra para un recuerdo, parada obligada de todas las excursiones.

▲ **Máscara de obsidiana.**

—Por Andrea Ventura, Enviada especial

---

[1]*from top to bottom (lit. from the floor to the top)*   [2]*capture*   [3]*roll*   [4]*hidden*

Andrea Ventura, Enviada especial, Las pirámides, del piso a la cima, *La Nación*, 05 de diciembre de 2010. GENTILEZA LA NACION.

**24** **Teotihuacán** Contesta estas preguntas sobre el complejo de Teotihuacán.

1. Para la autora del artículo, aparte de ver las ruinas arqueológicas de Teotihuacán, ¿qué es importante aprender o saber del lugar?
2. ¿Cómo se llaman las dos pirámides y cuál es la más alta?
3. ¿Es posible subir a las pirámides en Teotihuacán? ¿Y en Chichén Itzá?
4. ¿Qué significa Teotihuacán en español?
5. ¿Cuándo se construyeron las pirámides? ¿Cuándo las abandonaron?
6. ¿Cuántos habitantes había en Teotihuacán alrededor del siglo VI? ¿Qué cultivaban? ¿Con quiénes intercambiaban productos?
7. Después de muchos años de abandono, Teotihuacán no parecía una ciudad y no se sabía que había pirámides allí. ¿Cuándo se descubrió el complejo?
8. Hace poco tiempo se encontró un túnel. ¿Cuál es la importancia de este descubrimiento?
9. ¿De qué material están hechos los objetos que compran los turistas como recuerdo de su visita?

## Escritura

### ESTRATEGIA: Comparing and Contrasting

Comparing or contrasting two ideas may be done by presenting one idea and then the other or by presenting the similarities of both ideas followed by their differences. The following linking words help create cohesive sentences:

**a diferencia de** in contrast to          **más/menos... que** more / less than
**a pesar de** in spite of                        **como** like
**al igual que** just like                          **sin embargo** nevertheless
**pero** but

When writing a comparison, use a Venn diagram to organize your ideas. In the diagram below, the left circle contains information about Teotihuacán; the right has data about Machu Picchu; the overlap shows facts common to both.

REMEMBER: Use an infinitive after a preposition:
**A pesar de estar abandonadas,...** vs.
**A pesar de que estaban abandonadas,...**

Teotihuacán          Machu Picchu

en México;
teotihuacanos;
construido
hace 2.000
años;
en un llano;
tiene
pirámides

ruinas
precolombinas
abandonadas;
descubiertas a
principios de
1900

en Perú;
incas;
construido en
el siglo XV;
en una montaña;
no tiene
pirámides

**25** **Contrastes** **Parte A.** Write a paragraph that compares and contrasts positive and negative elements of your personality, two cities, or two universities. First, pick one of these themes and use a Venn diagram to organize your ideas. Then, write the paragraph.

**Parte B.** Revise the paragraph carefully. Did you use phrases such as **sin embargo, más/menos... que** and **a diferencia de**? When finished, hand your Venn diagram, drafts, and final copy to your instructor.

# Vocabulario esencial II

## Cómo llegar a un lugar

Instrucciones para un grupo de turistas para llegar al Museo Nacional de Antropología en México, D. F.

1. **Bajen** en el **ascensor** hasta la planta baja.

2. Salgan del hotel y **pasen por el estacionamiento.**

> **estacionamiento = parking** (España)

3. Caminen dos **cuadras.**

> **cuadra = manzana** (España), **bloque** (Puerto Rico)

4. En la **esquina doblen** a la derecha. No vayan por **el callejón.**

5. En **el semáforo**, está **la entrada** al metro. Bajen **las escaleras.**

> **la entrada al metro = la boca del metro** (España)

6. **Suban** al metro, **tomen** la línea 1.

7. **Bajen del** metro en **la estación** Chapultepec.

8. Al salir del metro, **crucen** por **el cruce de peatones.**

> **el cruce de peatones = el paso de peatones/cebra** (España)

Illustrations: © Cengage Learning 2015

Continúa →

derecho = recto

boleto =
billete (España)

9. **Sigan derecho** y pronto van a ver el museo.

10. **Suban** las escaleras.

| | |
|---|---|
| **el boleto de autobús/metro** | *bus/subway ticket* |
| **la parada de autobús/taxi** | *bus stop/taxi stand* |
| **el/la peatón** | *pedestrian* |

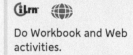
Do Workbook and Web activities.

**ACTIVIDAD 26 Cómo llegar a un lugar** En parejas, Uds. tienen dos amigos que llegan hoy al aeropuerto para visitarlos. Sus amigos no tienen mucho dinero; por eso, deben darles instrucciones para ir del aeropuerto a la universidad de la forma más económica.

▶ Primero, salgan del aeropuerto, después crucen por el cruce de peatones para...

**ACTIVIDAD 27 ¿Dónde estás? Parte A.** Escribe instrucciones para unos estudiantes nuevos para llegar desde tu clase de español a otro lugar de la universidad. No escribas en el papel el nombre del lugar.

▶ Salgan de la clase, bajen las escaleras...

**Parte B.** Ahora en parejas, una persona lee las instrucciones que escribió y la otra persona dice a qué lugar de la universidad llegó con esas instrucciones. Después cambien de papel.

**ACTIVIDAD 28 En la calle Parte A.** En grupos de tres, discutan las siguientes preguntas sobre su comportamiento *(behavior)* en la calle.

1. ¿Generalmente cruzan la calle por el cruce de peatones?
2. Si tienen que ir a un lugar que está a quince cuadras de su casa, ¿caminan, manejan o toman el autobús o el metro?
3. Si manejan, ¿con qué frecuencia cruzan con el semáforo en amarillo?
4. ¿Hablan con la gente en la parada del autobús o en la estación del metro?
5. ¿Alguna vez se les ha olvidado dónde dejaron el carro en un estacionamiento?
6. Por la noche, ¿caminan a veces por un callejón si este es el camino más corto para llegar adonde van?
7. Si tienen que subir tres pisos, ¿suben las escaleras o toman el ascensor?

**Parte B.** Ahora usen las siguientes palabras para describir cómo creen que son sus compañeros y expliquen por qué eligieron esas características.

| | |
|---|---|
| respetuoso/a | sociable |
| audaz *(daring)* | perezoso/a *(lazy)* |
| distraído/a *(absent-minded)* | atlético/a |

Illustrations: © Cengage Learning 2015

390 • Capítulo 12

# Para ver ⏸

## La propuesta

| | |
|---|---|
| **hoy (en) día** | today; nowadays |
| **verdadero/a** | real, true |
| **Ya era hora.** | It's / It was about time. |

Video stills: © Cengage Learning 2015

 *Mi hermano Wilmer y yo teníamos una pequeña sorpresa planeada para su novia Camila. Todo ocurrió en un carro con ellos dos, mi novio Alejandro y yo.*

▶ **ACTIVIDAD 29 Reacciones iniciales** Mira el video blog y responde a estas preguntas.

1. ¿Qué cosas llevan al picnic?

   _____ sándwiches       _____ guitarra

   _____ fruta       _____ ensalada

   _____ manta       _____ champán

   _____ repelente para mosquitos       _____ copas

   _____ Coca-Cola

2. ¿Quién maneja el carro y quién le dice a esa persona por dónde ir?

3. ¿A qué hora salen para el picnic?

4. ¿Cómo es Wilmer?

   _____ romántico       _____ tonto

   _____ chistoso *(funny)*       _____ absurdo

▶ **ACTIVIDAD** **30** **Preguntas** Después de mirar el video blog otra vez, contesta estas preguntas.

1. ¿Cómo son las canciones que canta Wilmer: románticas, violentas, cómicas, cursis, tristes?
2. ¿Qué le propone Wilmer a Camila?
3. ¿Camila le contesta que sí o que no?
4. ¿Cómo sabes que Wilmer estaba convencido de que Camila iba a decir que sí?
5. Las cuatro primeras canciones que canta Wilmer son canciones de amor y todas tienen un tema en común. ¿Cuál es?

   a. la atracción física entre el cantante y la mujer
   b. solo hay una mujer para el cantante y es la mujer a quien le canta
   c. la atracción espiritual entre el cantante y la mujer
   d. el cantante salió con muchas mujeres, pero la mujer a quien le canta es la mejor de todas

6. ¿Te gustaría tener un/a novio/a tan chistoso/a como Wilmer o prefieres una persona más seria?

## ¿Lo sabían?

Algunas de las canciones que Wilmer canta son muy populares en España entre los conjuntos musicales llamados tunas, formados de estudiantes universitarios que cantan y tocan guitarras, bandurrias[1] y

▲ Tuna en la Universidad de Alcalá de Henares, España.

panderetas[2]. Los tunos, o miembros de la tuna, llevan trajes al estilo de la Edad Media y cantan canciones tradicionales en restaurantes, en plazas y por las calles. Esta tradición también se puede ver en algunas universidades en lugares como México, Perú y Puerto Rico. Generalmente, los tunos son hombres, pero últimamente también es posible ver tunas de mujeres.

 ¿Hay grupos de estudiantes que canten en tu universidad? ¿Cómo se llaman algunos de estos grupos? ¿Qué tipo de música cantan? ¿Participas tú en alguno de esos grupos?

---

[1]*mandolins*  [2]*tambourines*

# Gramática para la comunicación II

## I. Making Comparisons (Part II): Comparisons of Equality

Sé canciones tan románticas y sensuales como el tango.

© Cengage Learning 2015

When you want to compare things that are equal (**comparaciones de igualdad**), you can apply the following formulas.

---

**tan** + *adjective/adverb* + **como**

---

Esa isla es **tan bonita como** la isla de Utila en Honduras.

Llegaste **tan tarde como** tus hermanos

*That island is as pretty as the island of Utila in Honduras.*

*You arrived as late as your brothers.*

---

**tanto/a/os/as** + *noun* + **como**

---

La República Dominicana tiene **tantas playas como** Puerto Rico.

Hay **tantos hombres como mujeres** en el tour del volcán.

*The Dominican Republic has as many beaches as Puerto Rico.*

*There are as many men as women on the tour of the volcano.*

---

**ACTIVIDAD 31 La comparación** Usa información de las tres columnas para comparar lugares famosos del mundo usando **tan... como, tanto/a/os/as... como.**

▶ El Gran Cañón es tan impresionante como las cataratas del Iguazú.

| | | |
|---|---|---|
| El Gran Cañón es | caliente | en Alaska |
| El agua cristalina del lago Titicaca es | playas blancas | los Pirineos |
| | carros | las cataratas del Iguazú |
| En Seattle llueve | impresionante | |
| En Puerto Rico hay | frío | el cielo *(sky)* |
| Las montañas de los Andes son | azul | en el Amazonas |
| En la Patagonia hace | bonitas | en Costa Rica |
| El agua del mar Mediterráneo es | frecuentemente | en las autopistas de Los Ángeles |
| En México, D. F., hay | | el agua del Caribe |

---

**ACTIVIDAD 32 Tan... como...** Usa la imaginación para comparar a dos personas o animales famosos de la siguiente lista. Incluye las expresiones **tan... como..., tantos/tantas... como** y **más/menos... que...**

Charlize Theron   Stephen Colbert   Halle Berry   Jennifer López
Beyonce Knowles   Queen Latifah   Martha Stewart   Tom Cruise
Bart Simpson   Donald Trump   Jon Stewart   Shakira   Shaq   Lassie
Matt Damon   Ricky Martin   Flipper   Drew Barrymore   Jim Carrey
Serena Williams   Johnny Depp   Snooki   Jackie Chan   Adam Sandler   Will Smith

**ACTIVIDAD** **33** **Dos buenas amigas** En parejas, comparen a Adela y a Consuelo, dos buenas amigas que tienen muchas cosas en común. "A" mira esta página y "B" mira la información de la página R24. Túrnense para comparar a las dos chicas.

**A**

▶ A: Adela mide* 1,70. ¿Y Consuelo?
B: Un metro sesenta y cinco.
  Entonces Adela es más alta que Consuelo. / Entonces Consuelo es más baja que Adela.

*medir (e → i, i)

Adela
medir 1,70
tener 28 años
pesar 65 kilos
ser bonita
jugar bien al tenis
tener dos carros
tener $10.000 en el banco

# II. Making Requests and Giving Commands (Part II): Commands with *tú*

¡Basta ya! ¡Cállate!

© Cengage Learning 2015

In the video blog, Camila says, "**¡Basta ya! ¡Cállate!**" Is she making a suggestion or giving a command? Do you think Camila is using the **Ud.** or the **tú** form when talking to Wilmer?

If you said command to the first question and the **tú** form to the second question, you were correct.

**1** In this book you have seen the singular familiar command (**tú**) used in the directions for many activities (**imagina, escribe**). To form an affirmative familiar command, start with the present indicative **tú** form of the verb and omit the **-s** at the end: **hablas** → **habla**.

practicar → practica    traer → trae    subir → sube

—**Sube** al carro y **maneja** con cuidado.
—**¡Espera** un momento! ¿Cómo llego a la autopista?

*Get in the car and drive with care.*
*Wait a minute! How do I get to the freeway?*

Prepara un delicioso y refrescante vaso de Nescafé Frappé.

1. Pon Nescafé y azúcar a tu gusto en la coctelera.

2. Añade agua fría y hielo (hasta la mitad, aproximadamente).

3. Agita la coctelera, hasta hacer espuma.

4. Sírvelo en vaso largo.

Courtesy of Nestlé S.A., owner of the Nescafé © trademark.

**2** The affirmative familiar commands for the following verbs are irregular.

| decir | **di** | salir | **sal** |
|-------|--------|-------|---------|
| hacer | **haz** | ser | **sé** |
| ir | **ve** | tener | **ten** |
| poner | **pon** | venir | **ven** |

**Ve** al jardín botánico para relajarte.    *Go to the botanical garden to relax.*
**Sé** bueno y **ven** al museo conmigo.    *Be good and come to the museum with me.*

**3** To give a negative familiar command, use the **tú** form of the present subjunctive.

**No salgas** de la ciudad esta tarde.    *Don't leave the city this afternoon.*
**No vayas** por las montañas; hay muchas curvas.    *Don't go through the mountains; there are lots of curves.*

**NOTE:** Subject pronouns are seldom used with familiar commands, but if they are, they follow the verb: **Estoy ocupado; ven tú. No lo hagas tú; yo voy a hacerlo.**

To review formation of the subjunctive, see Ch. 10 (p. 316).

**4** In familiar commands, as in formal commands (**Ud.** and **Uds.**), reflexive and object pronouns are attached to the end of the verb in an affirmative command and immediately precede the verb in a negative command.

**Levántate.**    *Get up.*
**No se lo** digas.    *Don't tell it to her.*

Note the need for an accent.

**5** The following chart summarizes the forms used for commands.

| Ud./Uds. | | Tú | |
|----------|----------|----------|----------|
| Affirmative | Negative | Affirmative | Negative |
| subjunctive | subjunctive | present indicative **tú** form without **-s** | subjunctive |
| **suba/n** | **no suba/n** | **sube*** | **no subas** |

***NOTE:** All forms are identical to the subjunctive except the affirmative command form of **tú.**

**Vosotros** affirmative commands: **decir = deci + d ⟶ decid.** Negative **vosotros** commands use subjunctive forms: **no digáis.** Reflexive affirmative **vosotros** commands: **lavarse = lava + os ⟶ lavaos.**

Do Workbook, Lab and Web activities.

**ACTIVIDAD 34 Los mayores siempre mandan  Parte A.** Los niños reciben muchas órdenes inclusive cuando están de vacaciones. Completa las siguientes órdenes que escucha un niño.

1. No _____ por el zoológico solo.   (caminar)
2. _____ del mar porque es hora de comer.   (Salir)
3. _____ protector solar.   (Ponerse)
4. _____ la colina conmigo.   (Subir)
5. No _____ arena a la gente.   (tirarle)
6. No _____ flores.   (cortar)
7. _____ aquí ahora mismo.   (Venir)
8. _____ dónde estabas.   (Decirle)
9. _____ y _____ helados.   (Correr, comprarnos)
10. _____ bien o no te llevo al parque de atracciones.   (Portarse)

**Parte B.** Ahora, en parejas, hagan una lista de por lo menos cinco órdenes afirmativas y cinco órdenes negativas que un niño o una niña de cinco años normalmente oye de sus padres, hermanos o maestros.

**ACTIVIDAD** **35** **¡Cuántas órdenes!** En grupos de tres, Uds. son tres hermanos que viven juntos e invitaron a comer a un amigo de su padre que está de visita en la ciudad. Tienen que darse órdenes para preparar la comida. Normalmente, los hermanos se contradicen (*contradict each other*) mucho.

▶ A: ¡Corre a la tienda y compra café!
B: ¡No compres café, compra té!
C: No, voy a comprar Pepsi.

hacer papas fritas      hacer una ensalada          limpiar la casa

ir al supermercado y comprar carne

comprar manzanas

salir y comprar Coca-Cola

preparar el pollo      lavar y secar los platos          servir vino

**ACTIVIDAD** **36** **¿Quién hace qué?** En parejas, Uds. son Wilmer y Camila y están organizando su boda. Wilmer mira su lista en esta página y Camila mira la información de la página R25.

**Wilmer**

Quieres que Camila:

- escoja las flores para la iglesia
- haga la lista de regalos
- contrate a los músicos para la fiesta
- vaya a ver la iglesia
- reserve el salón para la fiesta
- busque un hotel en la Isla Margarita para la luna de miel

Tú ya hiciste la reserva para una limusina.

Dale órdenes a tu novia. Ella también va a darte órdenes. Si hay algo que no quieres hacer, negocia con ella.

▶ WILMER:  Yo no sé nada de flores, así que escoge tú las flores, ¿bien?
CAMILA:  No, escógelas tú porque luego vas a decir que no te gustan.
WILMER:  Si tú las escoges, yo puedo hacer otra cosa.
CAMILA:  ...

tiene dudas sobre qué debe hacer en ciertas situaciones. "B" y "C" son su
conciencia buena y su conciencia mala. Después de escuchar las dos voces
de la conciencia, la persona "A" tiene que decidir qué va a hacer y por qué.

1. No tengo dinero y quiero un helado. ¿Debo robarle el dinero a mi madre?
2. No sé la respuesta, pero puedo ver el examen de Gonzalo. ¿Debo copiar la respuesta?
3. No fui al trabajo ayer porque fui a la montaña. ¿Debo mentirle a mi jefa y decirle que estuve enfermo/a?
4. Me encanta esa canción y está en Internet. ¿Debo bajarla ilegalmente o comprarla legalmente?
5. Mis padres quieren que vaya a casa este fin de semana, pero yo no quiero. ¿Debo decirles que tengo que estudiar?
6. Mi amigo me acaba de preguntar si me gusta la camisa que lleva. Me parece horrible. ¿Debo decirle la verdad o decirle que ese color no le queda bien?

**Parte B.** Todos sabemos que es malo robar como también es malo ser deshonesto. En su grupo, miren las siguientes acciones y digan si una es peor que la otra o si una es tan **mala, deshonesta** o **irresponsable** como la otra.

▶ Es tan irresponsable copiar... como...
  Es peor copiar... que...

1. robarle $10 a tu madre o robárselo a tu novio/a
2. copiar la respuesta de un compañero en un examen o dejar que te copien a ti
3. mentirle a un jefe y decir que estuviste enfermo/a y por eso no fuiste a trabajar o mentirle a un profesor y no ir a clase
4. bajar una canción o una película ilegalmente

Do Web Search Activities.

# Más allá

 ## Canción: "Andar conmigo"

andar conmigo = being with me (lit. walking with me)

The song is included in the *¡Claro que sí!* iTunes list on CengageBrain.com and may be on YouTube.

Adrián Sánchez-González/PI /Landov

**Julieta Venegas (1970– )**, mexicana, empezó a estudiar música cuando tenía 8 años. Primero aprendió piano, luego estudió canto, violonchelo, chelo y acordeón. Se la considera como uno de los mejores músicos de rock y pop del momento. Participó en la música de películas como *Amores perros* y *María, llena eres de gracia*. Ha recibido varios Grammys Latinos y premios de MTV al mejor artista del año, mejor solista y mejor artista mexicana.

**Mientras escuchas** Vas a escuchar la canción "Andar conmigo" donde Julieta Venegas canta sobre alguien que le gusta. Primero lee la lista de acciones. Luego escucha la canción y marca las cosas que menciona la cantante.

Ella quiere...

\_\_\_\_\_ contarle muchas cosas a esa persona.

\_\_\_\_\_ saber mucho sobre la persona.

\_\_\_\_\_ saber si la persona sale con otra persona también.

\_\_\_\_\_ que la persona le diga la verdad sobre su vida.

\_\_\_\_\_ saber si esa persona realmente quiere estar con ella.

\_\_\_\_\_ compartir *(share)* la historia de su vida.

\_\_\_\_\_ que la otra persona se divierta con ella.

**Después de escuchar** En la canción, la cantante dice: "Yo también tengo secretos para darte y que sepas que ya no me sirven más". ¿Qué significa esa frase? ¿Es bueno o no guardar secretos y no decírselos a una pareja? ¿Por qué sí o por qué no?

## ▶ Video: *El biblioburro*

© Acción Visual

The video can be found at CengageBrain.com.

**Antes de ver y mientras ves** Mira el título del video y escribe una o dos oraciones sobre su posible tema. Luego mira el video para confirmar tus predicciones y contestar las siguientes preguntas.

1. ¿Qué cosas lleva el hombre? ¿Dónde las lleva?
2. ¿Por dónde va: por el campo o por la ciudad?
3. ¿Para quiénes son esas cosas?
4. ¿Qué hacen esas personas cuando están sentadas?
5. ¿Qué les explica el hombre a esas personas?
6. ¿En qué país están?

**Después de ver** Escribe sobre un trabajo voluntario que haces o que hiciste. Si nunca tuviste un trabajo de voluntario, ¿qué tipo de trabajo te gustaría hacer?

# Película: *El laberinto del fauno*

**Para comentar** Lee la ficha y la sinopsis de la película y contesta estas preguntas.

1. ¿Quién dirigió la película?
2. ¿Cuáles son los tres Oscars que recibió?
3. ¿En qué momento de la historia de España se sitúa la película?
4. ¿Dónde y con quién va a vivir Ofelia?
5. ¿Qué hace la niña para escaparse de la violencia a su alrededor?
6. ¿Te gustaría ver esta película? ¿Por qué?

© Picturehouse/Courtesy Everett Collection

**Director y guionista:**
Guillermo del Toro
**Países:** España, México
**Año:** 2006
**Idioma:** Español
**Duración:** 119 minutos

**Género:** Drama, terror, fantasía
**Fotografía:** Guillermo Navarro
**Música:** Javier Navarrete
**Maquillaje especial:**
David Martí, Montse Ribe

**Reparto:** Sergi López (Vidal), Maribel Verdú (Mercedes), Ivana Baquero (Ofelia), Álex Angulo (Doctor), Ariadna Gil (Carmen), Doug Jones (Fauno)
Ganadora de 3 Oscars: fotografía, guion original y maquillaje especial

En 1944, después de la guerra civil española y bajo el régimen fascista, Ofelia, una niña que todavía cree en los cuentos de hadas, sale de la ciudad para ir al campo. Va con su madre embarazada a vivir con su padrastro cruel, el capitán Vidal. Allí todavía hay algunos soldados de la resistencia que pelean por la noche en las montañas y los bosques contra las tropas fascistas. Para sobrevivir en ese mundo tan nefasto y violento, Ofelia crea su propio mundo de fantasía lleno de misterio.

# En resumen

**Now you know how to...**

- describe geographical features.

  **Después de casarse, Wilmer y Camila piensan ir a la Isla Margarita para la luna de miel.**

- discuss sites to visit.

  **Allí ellos no van a visitar catedrales o ruinas. Van a ir a las discotecas por la noche y a la playa durante el día.**

- make comparisons.

  **La Isla Margarita es tan bonita como la Isla de Gran Roque.**

- give orders.

  **Vayan Uds. a la Isla Margarita para las vacaciones.**

- give directions.

  **Caminen dos cuadras, doblen a la derecha y allí hay un restaurante chévere.**

## Vocabulario funcional

### La geografía

la autopista *freeway, toll road*
el bosque *woods*
el campo *countryside*
la carretera *highway*
el carril de bicicleta *bike path*
la catarata *waterfall*
la ciudad *city*
la colina *hill*
la costa *coast*
el desierto *desert*
la isla *island*
el lago *lake*
el mar *sea*
la montaña *mountain*
el océano *ocean*
la playa *beach*
el pueblo *town*
el puente *bridge*
el puerto *port*
el río *river*
la selva *jungle*
el valle *valley*
el volcán *volcano*

### Los puntos cardinales

el este *east*
el norte *north*

el oeste *west*
el sur *south*

### Lugares de interés

la catedral *cathedral*
el cementerio *cemetery*
el centro de información turística *tourist center*
el centro cultural *cultural center*
la embajada *embassy*
el jardín botánico *botanical garden*
la mezquita *mosque*
la misión *mission*
el monumento *monument*
el museo *museum*
el palacio *palace*
el parque de atracciones *amusement park*
el parque nacional *national park*
la pirámide *pyramid*
las ruinas *ruins*
la sinagoga *synagogue*
el templo *temple*
el zoológico *zoo*

### Las comparaciones

más *more*
mayor *older; greater (+ noun)*

mejor *better*
menor *younger; lesser (+ noun)*
menos *less*
peor *worse*
tan *so*
tan... como *as . . . as*
tanto/a... como *as much . . . as*
tantos/as... como *as many . . . as*

## Cómo llegar a un lugar

el ascensor *elevator*
bajar *to go down*
bajar de *to get off (a bus, subway)*
el boleto de autobús/metro *bus/subway ticket*
el callejón *alley*
¿Cómo se llega a... ? *How does one get to . . . ?*
el cruce de peatones *pedestrian walkway*
cruzar *to cross (the street)*
la cuadra *city block*
doblar *to turn*
la entrada al metro *entrance to the metro*
la(s) escalera(s) *stair(s), staircase*

la esquina *corner*
la estación *station (bus, subway, train)*
el estacionamiento *parking*
la parada de autobús/taxi *bus stop/taxi stand*
pasar por *to pass by/through*
el/la peatón *pedestrian*
¿Puede decirme cómo llegar a... ? *Can you tell me how to get to . . . ?*
¿Sabe dónde está... ? *Do you know where . . . is?*
seguir derecho *to keep going straight ahead*
el semáforo *traffic light*
subir *to go up*

## Palabras y expresiones útiles

¿Algo más? *Something/Anything else?*
hoy (en) día *today; nowadays*
¡Qué chévere! *Great! (Caribbean expression)*
¡Qué cursi! *How tacky!*
verdadero/a *real, true*
Ya era hora. *It's / It was about time.*

# Los derechos universales

Estudiantes de la Universidad de Puerto Rico durante una marcha.
EPA/Thais Llorca /Landov

## Chapter Objectives

- Discussing politics
- Narrating and describing in the past
- Asking and requesting
- Talking about unintentional occurrences
- Describing personality traits
- Talking about past experiences in relation to the present
- Expressing doubts, feelings, and desires about the past

## ¿Qué saben?

1. Muchas personas consideran el voto un derecho y un deber; por eso en la mayoría de los países hispanoamericanos votar es...
   a. opcional         b. obligatorio

2. El 30% de la población de México es indígena. Su representación en el gobierno es...
   a. nula         b. mínima
   c. proporcional

3. ¿Cuál fue el primer país del hemisferio occidental en elegir a una mujer a la presidencia?
   a. Nicaragua         b. Panamá
   c. Ecuador

iLrn

# Para ver I

## La matanza de Tlatelolco

| | |
|---|---|
| **volver a** + *infinitive* | to + *verb* again |
| **así** | like this/that |
| **De acuerdo.** | O.K. / Agreed. |

Video stills: © Cengage Learning 2015

*Estuve en el D. F. con mi prima Marisol y su amigo Agustín. Mientras se preparaban para ir a una marcha, los entrevisté sobre la matanza de Tlatelolco.*

▶ **ACTIVIDAD 1 La matanza de Tlatelolco** Mira el video blog y contesta estas preguntas.

1. ¿En qué año tuvo lugar la matanza de Tlatelolco?
2. ¿Qué otro evento importante ocurrió en México ese año?
3. ¿Qué fue la matanza de Tlatelolco?
4. ¿Hubo muchos o pocos muertos?
5. ¿Por qué van Marisol y Agustín a una manifestación tantos años después de la matanza de Tlatelolco?
6. ¿Qué escribe Marisol en su pancarta? ¿Qué crees que significa?

**ACTIVIDAD** **2** **Orden cronológico** Mira el video blog otra vez y pon en orden los siguientes hechos relacionados con la matanza de Tlatelolco.

_____ Los militares "invadieron" la UNAM.

__1__ Los estudiantes universitarios en todo el mundo protestaban contra las injusticias.

_____ Los militares llegaron al lugar con tanques.

_____ En la UNAM se dictaban clases de marxismo.

_____ Los militares mataron a unas 325 personas.

_____ Hubo confrontaciones entre estudiantes y la policía en México.

_____ Los manifestantes fueron a protestar a la Plaza de las Tres Culturas.

## ¿Lo sabían?

En los países del mundo hispano, muchos jóvenes generalmente se interesan por la política durante la etapa de la vida universitaria. En este período, especialmente en las universidades públicas, los estudiantes se afilian a uno de los numerosos partidos políticos, participan en marchas, firman peticiones, etc. En las marchas, a veces protestan por injusticias en el mundo y a veces critican las decisiones que toma la administración de la universidad. En situaciones extremas los estudiantes hacen huelga[1]. Eso significa que una facultad o universidad puede estar cerrada por un tiempo indefinido, hasta que se resuelve el conflicto.

▲ Campaña para incentivar el voto joven en Chile.

Courtesy Instituto Nacional de la Juventud – Chile

Hoy día, gracias a las redes sociales de Internet, Twitter y también a los mensajes de texto, los estudiantes presentan sus ideas, critican una situación, se comunican con los miembros de un grupo y se organizan para hacer marchas o huelgas.

 **¿En tu universidad hay protestas políticas? Si contestas que sí, ¿contra qué protestaron los estudiantes durante el último año?**

_____
[1]*strike*

▶  **ACTIVIDAD** **3** **Volver a empezar** Termina estas oraciones para decir las cosas que tienes que volver a hacer.

▶  Si no entiendes las instrucciones, tienes que volver a leerlas.

1. Si no sale bien la comida, ...
2. Si estás contando dinero y te interrumpen, ...
3. Si llamas a tu profesor y no está en su oficina, ...
4. Si escribiste una composición y la borraste (*deleted*) sin querer, ...
5. Si tienes una cita con el dentista y olvidas ir, ...
6. Si no entiendes el final de una novela, ...

# Vocabulario esencial ▮

## La política

el **activismo** activism

el/la **activista político/a** political activist

el **alcalde / la alcaldesa** mayor

**apoyar una causa / a un candidato** to support a cause/candidate

el/la **candidato/a** candidate

el/la **congresista** congressperson

el **consejo estudiantil** student council

el **debate** debate

el **deber** duty

el **derecho** right

la **dictadura** dictatorship

el/la **diputado/a** representative (Congress)

la **discriminación** discrimination

las **elecciones** elections

**firmar una petición** to sign a petition

el/la **gobernador/a** governor

**hacer campaña** to campaign

la **huelga** strike

la **justicia social** social justice

la/s **ley/es** law/s

la **manifestación** demonstration

la **marcha** march

la **ONG (organización no gubernamental)** NGO

la **pancarta** protest sign, banner

el **político / la mujer política** politician

el **problema social/político** social/political issue

el **pueblo** the people

el/la **(vice)presidente/a** (vice) president

el/la **senador/a** senator

**votar** to vote

**ONG** is read as **o, ene, ge.**

Common cognates relating to government include: **el comunismo, la democracia, el fascismo, el socialismo.**

**ACTIVIDAD 4 ¿Qué es?** Lee las siguientes definiciones e identifica las palabras que se definen.

1. Acción que hacen las personas cuando hay elecciones. En algunos países es un deber.
2. Antes de las elecciones, los candidatos van de un lugar a otro, ponen anuncios en la televisión, tienen páginas web y así el pueblo puede conocer sus ideas.
3. A veces los empleados no trabajan como forma de protesta. Entonces, hacen esto.
4. El grupo de estudiantes que representa a todos los estudiantes.
5. Una reunión en público para protestar en contra de algo.
6. Una organización que no depende de la administración pública y que da ayuda.
7. Una cosa que contiene un mensaje social o político y que se usa en una marcha.
8. El Congreso de los Estados Unidos se ocupa de escribir estas.

**ACTIVIDAD 5 Activismo local** En grupos de tres, contesten estas preguntas sobre su universidad.

1. En su universidad, ¿hay muchos pósteres o papeles anunciando eventos, causas, películas, etc.? ¿Qué tipo de anuncio es el más común?
2. ¿Hay grupos políticos en su universidad? ¿Pueden nombrar algunos? ¿Organizan debates? ¿Invitan a expertos para dar charlas *(talks)* o participar en debates?
3. ¿Hay grupos que luchan contra la discriminación? ¿A favor de los derechos de las mujeres? ¿A favor de los derechos de los niños? ¿Por la justicia social? Si contestan que sí, ¿qué hacen estos grupos?
4. ¿Cuáles fueron los temas principales en las últimas elecciones para el consejo estudiantil? ¿Participaron Uds. en la campaña? ¿Asistieron a debates? ¿Votaron en las últimas elecciones?

▲ *La Tierra como el agua y la industria nos pertenecen,* David Alfaro Siquieros (1896–1974), mexicano.

**ACTIVIDAD 6 La tira cómica** En parejas, miren la tira cómica que aparece en la página 406 y contesten las preguntas.

1. ¿Con qué se encontró el gato?
2. ¿Cómo era la cosa con que se encontró?
3. ¿Qué buscaba esa cosa?
4. ¿Qué encontró por fin?
5. ¿Por qué se escapó pronto?
6. ¿Qué crítica hace el humorista gráfico? ¿Estás de acuerdo con esa opinión? ¿Por qué sí o por qué no?

# Gramática para la comunicación ☐

## I. Review of Narrating and Describing in the Past: The Preterit and the Imperfect

En la plaza había unas 10 mil personas y los militares mataron a unas 325 personas.

To narrate in the past tense in Spanish, you need to use the preterit and the imperfect. To review their uses, see the explanations in Chapters 8 and 9. The following is a brief summary of some of the major concepts underlying the use of the preterit and the imperfect.

**1** The imperfect sets the scene and is used for description, habitual actions or recurring events. Keeping this in mind, look at the following paragraph.

When I *was* young, I *attended* public school. It *was* a rural school with about 300 students. The school *was* about six miles from my house. My father *drove* me to school and *picked* me *up* every day because I *used to get sick* on the bus. Sometimes I *stayed* after school because I *played* sports.

In the preceding paragraph, all verbs would be in the imperfect in Spanish since they refer to descriptions or habitual actions. Now, look at the next paragraph.

When I *was* eight, my father *drove* me to school and *picked* me *up* every day. One day in February, when it *was* very cold, I **lost** my mittens at recess, and later my father **had** an accident and **didn't come** to get me at school. It *was* five o'clock and it *was snowing*. No one **called** me and I **walked** the six miles to my house . . . without mittens!

The verbs in red move the story along and tell what happened that day. These verbs would be in the preterit in Spanish.

**2** The distinction between habitual and non-habitual actions, and between recurring and non-recurring events, is quite simple. Basically, if you can insert the words *used to* in a sentence without changing meaning, then you should use the imperfect. If not, use the preterit. Study these examples.

| | |
|---|---|
| When I was little, we spent the summers at the lake. | When I was little, we used to spend the summers at the lake. |

Both of the preceding sentences convey the same idea and *used to spend* makes perfect sense. Therefore, the imperfect would be used in Spanish.

| | |
|---|---|
| Last year we spent the summer at the lake. | Last year we ~~used to spend~~ the summer at the lake. |

In the preceding pair of sentences, the first makes perfect sense. However, the second sentence makes no sense whatsoever since the action was not habitual. Therefore, the preterit is needed.

**3** The imperfect is also used to describe an action in progress and the preterit is used to narrate an interrupting action. Compare these sentences.

He **was leaving** the bank when the mugger **robbed** him.

He **left** the bank and the mugger **robbed** him.

These two sentences represent completely different scenes. In the first sentence, the victim was in the doorway of the bank in the process of leaving (imperfect), and his action was interrupted (preterit). In the second, the victim left the bank (preterit) and then he was robbed (preterit). By visualizing what you are trying to narrate, you can more easily choose between the preterit and imperfect.

**ACTIVIDAD 7 Ricitos de Oro** Lee el siguiente cuento de *Ricitos de Oro y los tres osos* y complétalo con el pretérito o el imperfecto de los verbos que están entre paréntesis.

En el bosque _____ (1. vivir) una familia con tres osos: papá oso, mamá osa y el hijo osito. Ellos _____ (2. tener) una casa pequeña, pero _____ (3. estar) muy felices de vivir allí. Todos los días _____ (4. levantarse) temprano y _____ (5. desayunar) juntos antes de empezar el día. Pero un día, que _____ (6. ser) el primer día de la primavera y _____ (7. hacer) muy buen tiempo, ellos _____ (8. decidir) salir a caminar antes de desayunar.

En otra parte del bosque una niña, que _____ (9. tener) siete años y que _____ (10. llamarse) Ricitos de Oro, _____ (11. empezar) a recoger flores y a alejarse (*to get further away*) de su casa. De repente, cuando _____ (12. levantar) los ojos, _____ (13. ver) una casa pequeña muy bonita. Como ella _____ (14. ser) muy curiosa y como la puerta _____ (15. estar) abierta, _____ (16. decidir) entrar. En la sala de la casa _____ (17. haber) una mesa con tres tazones (*bowls*). Uno _____ (18. ser) grande, el otro mediano y el último pequeño, pero todos _____ (19. tener) leche con miel (*honey*). Ricitos _____ (20. probar) la leche del primer tazón y luego la del segundo, pero _____ (21. estar) muy caliente. Sin embargo, la leche del tazón más pequeño _____ (22. estar) perfecta y Ricitos la _____ (23. tomar).

Después de caminar y de comer, _____ (24. estar) cansada y por eso en la sala _____ (25. probar) las tres sillas que había allí. Al final le _____ (26. gustar) la silla más pequeña porque _____ (27. ser) la más cómoda, pero la _____ (28. romper) al sentarse. Luego _____ (29. ir) al dormitorio de la casa y _____ (30. probar) todas las camas. Finalmente _____ (31. acostarse) y _____ (32. dormirse) en la más pequeña.

Mientras _____ (33. dormir) muy tranquilamente, _____ (34. llegar) a casa los tres osos. _____ (35. Tener) mucha hambre y _____ (36. ir) inmediatamente a la mesa para desayunar, pero cuando los tres _____ (37. sentarse), el hijo osito _____ (38. protestar) porque su tazón no _____ (39. tener) leche. Luego en la sala, él _____ (40. ver) que su silla favorita _____ (41. estar) rota. Después los tres _____ (42. ir) a la habitación y _____ (43. ver) que en la cama más pequeña _____ (44. haber) una niña que _____ (45. dormir). Ninguno de los tres la _____ (46. conocer). De repente, Ricitos _____ (47. despertarse) y _____ (48. ver) a los tres osos que la _____ (49. mirar). Ellos _____ (50. estar) muy enojados y entonces Ricitos _____ (51. levantarse) rápidamente de la cama y _____ (52. escaparse) de la casa. _____ (53. Estar) muy nerviosa y _____ (54. correr) por el bosque una hora hasta que finalmente _____ (55. encontrar) su casa.

**ACTIVIDAD** **8** **Jack y las habichuelas mágicas** En grupos de tres, Uds. van a contar ahora la versión abreviada de otro cuento de niños muy popular. Primero, lean las ideas de las dos columnas y luego cuenten la historia usando el pretérito y el imperfecto. Incluyan también las siguientes expresiones de tiempo para conectar su cuento.

| | |
|---|---|
| un día | cuando |
| más tarde | luego/después |
| mientras | de repente |
| generalmente | de vez en cuando |

| Descripciones y acciones en progreso | Acciones completas |
|---|---|
| 1. Jack (tener) diez años y (vivir) con su madre | |
| 2. Los dos (ser) muy pobres: no (tener) comida, pero (tener) una vaca[1] lechera | |
| | 3. La madre (decidir) vender la vaca |
| | 4. Jack (ir) a vender la vaca (conocer) a un hombre |
| 5. Jack (caminar) → | 6. El hombre (cambiarle) la vaca por unas habichuelas mágicas |
| | 7. Jack (volver) a la casa y (mostrarle) las habichuelas a la madre |
| 8. La madre (estar) muy enojada → | ella (tirar) las habichuelas por la ventana |
| | 9. Por la noche, Jack (mirar) por la ventana y (ver) una planta |
| 10. La planta (ser) enorme | 11. Él (subir) por la planta y (llegar) a un castillo |
| 12. El castillo (ser) muy grande; (tener) muchos muebles de oro | 13. (Entrar) en el castillo y una señora enorme (esconderlo) en la cocina dentro de la estufa |
| | 14. Un gigante (sentir) el olor[2] a niño y (entrar) en la sala pero no (ver) a Jack |
| | 15. El gigante (dormirse) |
| | 16. Jack (salir) de la estufa y él (ver) una gallina[3] y (decidir) escapar con ella |
| 17. La madre (estar) muy nerviosa porque no (saber) dónde (estar) su hijo | |
| 18. Jack (bajar) por la planta → | (ver) que el gigante (empezar) a bajar por la planta también |
| | 19. Jack (tomar) un hacha[4] y (cortar) la planta |
| | 20. El gigante (volver) inmediatamente a su castillo |
| | 21. La gallina (poner) un huevo[5] de oro |
| 22. Jack y su madre (estar) sorprendidos | 23. Ellos (hacerse)[6] ricos |

[1]cow   [2]scent   [3]hen   [4]ax   [5]to lay an egg   [6]to become

**ACTIVIDAD 9 La realidad** En parejas, hablen de una vez cuando vieron a alguien sufrir algún tipo de discriminación (por sexo, raza, edad, idioma, discapacidad física, etc.). Cada persona debe hablar por un mínimo de un minuto y la otra le debe hacer preguntas si no entiende algo. Usen las siguientes ideas como guía.

- dónde estabas y con quién
- qué hora del día era
- qué estabas/estaban haciendo tú/Uds.
- cómo empezó el incidente
- qué pasó
- cómo terminó el incidente

# II. Asking and Requesting: *Preguntar* and *pedir*

REMEMBER: **hacer preguntas** = to ask questions

**1** Use the verb **preguntar** when reporting a question that was asked or talking *about* a question that will be asked.

| | |
|---|---|
| Me **preguntaron** cuándo eran las elecciones. | *They asked me when the elections were.* |
| Le voy a **preguntar** si va a ir a la marcha. | *I'm going to ask her if she is going to go to the march.* |

**2** Use the verb **pedir** when reporting or talking about a request, that is, when someone asks *for* something or *for* someone to do something.

| | |
|---|---|
| Los dos candidatos **pidieron** un debate en televisión. | *The two candidates asked for a debate on TV.* |
| También **van a pedirle** a la gente que firme una petición. | *They are also going to ask people to sign a petition.* |
| Ellos siempre le **piden** al pueblo que apoye sus causas.* | *They always ask the people to support their causes.* |

**\*NOTE:** Use the subjunctive after **pedir que**.

**ACTIVIDAD 10 En el congreso** Algunos estudiantes de una escuela tienen que ir al congreso de su país con sus profesores, pero no quieren ir. Están hablando sobre qué les van a **preguntar** y qué les van a **pedir** sus profesores que hagan allí. En parejas, formen oraciones sobre lo que probablemente van a decir estos adolescentes para quejarse de la visita.

▶ qué pensamos del proceso democrático
   Van a preguntarnos qué pensamos del proceso democrático.

1. que no comamos en el edificio
2. que no hablemos en voz alta
3. cómo nos sentimos al ver a los políticos en el senado
4. cuál de las salas nos gusta más: el senado o la cámara de diputados
5. si entendemos qué dicen los senadores
6. que no toquemos las esculturas ni las estatuas
7. que estudiemos más sobre cómo se crea una ley
8. que escribamos una composición sobre nuestras impresiones
9. si queremos comprar algo en la tienda del congreso

**ACTIVIDAD 11 Conocer a alguien Parte A.** En parejas, usen **pedir** y **preguntar** para explicar lo que hace generalmente una persona en una fiesta cuando conoce a alguien que le interesa.

| Le pregunta/pide... | |
|---|---|
| si tiene novio/a | si tiene hermanos |
| cómo se llama | dónde estudia/trabaja |
| que baile con él/ella | el número del celular |
| qué le interesa | de dónde es |
| ser amigo/a en Facebook | si quiere salir el sábado |

**Parte B.** Ahora hablen de la última vez que conocieron a alguien interesante y cómo lo/la conocieron.

# III. Talking about Unintentional Occurrences: *Se me olvidó* and Similar Constructions

To express accidental and unintentional actions or events, use the following construction with verbs like **acabar** *(to run out of)*, **caer**, **olvidar, perder** (e → ie), **quemar**, and **romper**.

| se me | se nos | third-person singular of verb + singular noun or infinitive |
|-------|--------|-------------------------------------------------------------|
| se te | se os  | + |
| se le | se les | third-person plural of verb + plural noun or a series of nouns |

| | |
|---|---|
| **Se nos quemó** la tortilla. | *We burned the tortilla (accidentally).* |
| **Se me acabó** el tiempo. | *I ran out of time (unintentionally).* |
| ¿Cómo? ¿**Se te perdieron** las entradas? | *What? You lost the tickets (unintentionally)?* |
| BUT: **Quemamos** la carta. | *We burned the letter (intentionally).* |

**NOTE:** Remember that the person who accidentally does the action is represented by an indirect-object pronoun, which may be clarified or emphasized by a phrase with **a: a mí, a él,** etc. The indirect-object pronoun is mandatory; the phrase introduced by the preposition **a** is optional.

| | |
|---|---|
| Se <u>le</u> cayó el helado. | *He/She/You* (formal) *dropped the ice cream.* (pronoun ambiguous) |
| Se <u>le</u> perdió la maleta <u>a él</u>. | *He lost his suitcase.* (pronoun clarified) |
| <u>A mí</u> siempre se **me** olvida llevar los libros a clase. | *I always forget to take my books to class.* (pronoun emphasized) |
| Se <u>le</u> rompieron las gafas <u>a Jorge</u>. | *Jorge broke his glasses.* (pronoun clarified) |

Do Workbook and Web activities.

---

**ACTIVIDAD 12 Problemas** Ángela y Carlos tuvieron problemas en sus últimas vacaciones. Forma oraciones para decir qué les pasó.

1. A Carlos / perderse la maleta
2. A Ángela y a Carlos / acabarse el dinero
3. A Ángela / olvidarse dos blusas en un hotel
4. A Carlos / romperse un objeto de cerámica en una tienda
5. A Ángela y a Carlos / perderse las entradas de un concierto
6. A Ángela / abrirse un perfume en la maleta
7. A Carlos / olvidarse la tarjeta de crédito en una tienda.
8. A Ángela y a Carlos / caerse los pasaportes en el océano en un tour en barco por la zona
9. A Ángela y a Carlos / perderse uno de los pasajes en el aeropuerto a la vuelta a casa

**Expresiones populares** En español hay muchas expresiones que tienen la construcción **se me, se te,** etc. Algunas muy populares son las siguientes.

> Se le hace agua la boca.
> Se le fue la lengua.
> Se le hizo tarde.
> Se le acabó la paciencia.
> Se le fue el alma *(soul)* a los pies.
> Se le cae la baba *(drool)* (por alguien).

En parejas, adivinen el significado de cada expresión y digan qué expresión se puede usar en cada una de las siguientes situaciones.

1. Tenía que ir a la biblioteca para buscar un libro; iba a ir a las siete, pero llegué a las ocho y ya estaba cerrada.
2. Una candidata muy popular pensó que el micrófono estaba desconectado y dijo que no le importaba la opinión de los indígenas porque nunca votan. Por supuesto, miles de indígenas votaron y ella perdió las elecciones.
3. Miguel está muy enamorado de Marcela y le gustaría salir con ella.
4. Mi abuela acaba de preparar empanadas. ¡Qué rico! A nosotros...
5. Raquel tuvo un accidente y su madre recibió una llamada del hospital.
6. Al final, los manifestantes se cansaron de protestar en silencio y comenzaron a gritar.

## ¿Lo sabían?

Durante siglos, los grupos indígenas de América Latina fueron marginados política y económicamente, pero esta situación ha empezado a mejorar. Hoy día, a través de sus propias páginas de Internet y con la ayuda de grupos como Amnistía Internacional, los indígenas le informan al mundo cuando hay abusos de sus derechos y también publican informes cuando ven que hay algún progreso en su lucha por la justicia social. La ONU (Organización de las Naciones Unidas) intenta ayudar también a resolver los problemas de los indígenas. La guatemalteca Rigoberta Menchú (Premio Nobel de la Paz) y la ecuatoriana María Aguinda son dos indígenas famosas que han colaborado en la lucha por los derechos de los indígenas.

¿? En los Estados Unidos, el 12 de octubre se celebra el día de Cristóbal Colón, pero en México y otras partes de América Latina ese día se celebra como el Día de la Raza. ¿Qué simbolizan estas dos celebraciones?

Rodrigo Buendia/AFP/Newscom

▲ Indígenas ecuatorianos protestan por su derecho al agua.

ayer. En grupos de tres, cada uno debe mirar sus dibujos y contarles a sus
compañeros qué les ocurrió.

**Estudiante A**

parar / hablar por el celular

poner / el celular en el
tablero

doblar a la izquierda /
(a mí) caerse el móvil por
la ventanilla

(a mí) romperse el móvil

**Estudiante B**

cocinar / sonar el teléfono

hablar por teléfono / (a mí)
calentarse demasiado la
comida

(a mí) caerse el pescado y
quemarse la manga de la
camisa

**Estudiante C**

mirar una foto / llorar

cortar fotos / tirarlas a la
basura

quemar fotos

**Parte B.** Ahora digan quién de los tres tuvo el peor día y por qué. Luego
digan si alguna vez les ocurrió algo similar, como en los dibujos, a Uds. o a
otra persona que conocen. Cuenten qué les pasó.

## ESTRATEGIA: Defining Style and Audience

Some authors write in first person from the point of view of one of the characters, and the reader can only rely on what the character says and does to better understand his/her personality and opinions. When writing in the third person, the omniscient author can convey more information about the characters and the story. A writer also chooses an audience (adults, teenagers, etc.) and keeps it in mind when writing. As you read, determine in which person the author is writing and who his/her audience is in order to better understand the work.

**ACTIVIDAD 15 Antes de leer** **Parte A.** Según la Organización de las Naciones Unidas (ONU) en su *Declaración universal de derechos del hombre*, toda persona tiene ciertos derechos inalienables. En parejas, expliquen qué significan los siguientes derechos. Den ejemplos para explicar sus ideas.

1. "Todo individuo tiene derecho a la libertad de opinión y de expresión..."
2. "Toda persona tiene derecho a la libertad de reunión y de asociación pacíficas."
3. "Toda persona tiene derecho a un recurso efectivo, ante los tribunales competentes..."

**Parte B.** Uds. van a leer el cuento "Beatriz (Una palabra enorme)" de Mario Benedetti, autor uruguayo que tuvo que salir de su país y vivir en el exilio entre 1973 y 1985 durante la dictadura militar uruguaya. Antes de leerlo, en parejas, expliquen qué es un **preso político.**

preso = prisionero;
la cárcel = jail

**ACTIVIDAD 16 Lectura rápida** Lee rápidamente el primer párrafo para determinar si el cuento está escrito en primera o en tercera persona.

**ACTIVIDAD 17 Identificar** Mientras lees el cuento, identifica con qué persona se relaciona cada frase de la lista. Escribe la letra de la frase al lado de cada persona. Hay más de una respuesta correcta para algunas personas y una frase puede relacionarse con más de una persona.

_____ Mario Benedetti
_____ el papá
_____ Beatriz
_____ Rolando
_____ Graciela
_____ Angélica

a. una amiguita
b. el tío de la narradora
c. un prisionero político
d. la madre de la narradora
e. la esposa del prisionero
f. la narradora
g. el autor del cuento
h. una niña pequeña
i. vive en Libertad
j. tiene ideas
k. su perro se llama Sarcasmo
l. la más alunada

▲ Mario Benedetti, uruguayo (1920–2009)

© Reuters/Corbis

# Beatriz (Una palabra enorme)

## Mario Benedetti

Libertad es una palabra enorme. Por ejemplo, cuando terminan las clases, se dice que una está en libertad. Mientras dura la libertad, una pasea, una juega, una no tiene por qué estudiar. Se dice que un país es libre cuando una mujer cualquiera o un hombre cualquiera hace lo que se le antoja[1]. Pero hasta

5 los países libres tienen cosas muy prohibidas. Por ejemplo matar. Eso sí, se pueden matar mosquitos y cucarachas, y también vacas para hacer churrascos. Por ejemplo está prohibido robar, aunque no es grave que una se quede con

10 algún vuelto[2] cuando Graciela, que es mi mami, me encarga alguna compra. Por ejemplo está prohibido llegar tarde a la escuela, aunque en ese caso hay que hacer una cartita, mejor dicho la tiene que hacer Graciela, justificando por qué. Así

15 dice la maestra: justificando.

Libertad quiere decir muchas cosas. Por ejemplo, si una no está presa, se dice que está en libertad. Pero mi papá está preso y sin embargo está en Libertad, porque así se llama la cárcel donde está hace ya muchos años. A eso el tío Rolando lo llama qué sarcasmo. Un día le conté a mi amiga Angélica que la cárcel en que está mi papá se llama

20 Libertad y que el tío Rolando había dicho qué sarcasmo y a mi amiga Angélica le gustó tanto la palabra que cuando su padrino le regaló un perrito le puso de nombre Sarcasmo. Mi papá es un preso pero no porque haya matado o robado o llegado tarde a la escuela. Graciela dice que mi papá está en Libertad, o sea está preso, por sus ideas. Parece que mi papá era famoso por sus ideas. Yo también a veces tengo ideas, pero todavía no soy

25 famosa. Por eso no estoy en Libertad, o sea que no estoy presa.

Si yo estuviera presa, me gustaría que dos de mis muñecas[3], la Toti y la Mónica, fueran también presas políticas. Porque a mí me gusta dormirme abrazada por lo menos a la Toti. A la Mónica no tanto, porque es muy gruñona[4]. Yo nunca le pego, sobre todo para darle ese buen ejemplo a Graciela.

30 Ella me ha pegado pocas veces, pero cuando lo hace yo quisiera tener muchísima libertad. Cuando me pega o me rezonga[5] yo le digo Ella, porque a ella no le gusta que la llame así. Es claro que tengo que estar muy alunada[6] para llamarla Ella. Si por ejemplo viene mi abuelo y me pregunta dónde está tu madre, y yo le contesto Ella está en la cocina, ya todo el mundo sabe que estoy alunada, porque si no estoy alunada digo solamente Graciela

35 está en la cocina. Mi abuelo siempre dice que yo salí la más alunada de la familia y eso a mí me deja muy contenta. A Graciela tampoco le gusta demasiado que yo la llame Graciela, pero yo la llamo así porque es un nombre lindo. Solo cuando la quiero muchísimo, cuando la adoro y la beso y la estrujo[7] y ella me dice ay chiquilina no me estrujes así, entonces sí la llamo mamá o mami, y Graciela se conmueve y se pone muy tiernita y me acaricia[8] el pelo, y eso no

40 sería así ni sería tan bueno si yo le dijera mamá o mami por cualquier pavada[9].

O sea que la libertad es una palabra enorme. Graciela dice que ser un preso político como mi papá no es ninguna vergüenza. Que casi es un orgullo. ¿Por qué casi? Es orgullo

---

[1]lo que quiere   [2]el cambio (monedas)   [3]Ken y Barbie son muñecos   [4]una persona que protesta mucho
[5]me dice qué hago mal y qué debo hacer   [6]de mal humor   [7]abrazo fuertemente   [8]toca con amor   [9]cosa sin importancia; tontería

Mario Benedetti, "Beatriz (Una palabra enorme)," from *Primavera con una esquina rota* (México: Alfaguara, 2003). © Fundación Mario Benedetti, c/o Guillermo Schavelzon & Asociados, Agencia Literaria, www.schavelzon.com.

o es vergüenza. ¿Le gustaría que yo dijera que es casi vergüenza? Yo estoy orgullosa,
no casi orgullosa de mi papá, porque tuvo muchísimas ideas, tantas y tantísimas que lo
45   metieron preso por ellas. Yo creo que ahora mi papá seguirá teniendo ideas, tremendas
ideas, pero es casi seguro que no se las dice a nadie, porque si las dice, cuando salga de
Libertad para vivir en libertad, lo pueden meter otra vez en Libertad. ¿Ven como es enorme?

**ACTIVIDAD 18 Lee otra vez** Lee el cuento otra vez y busca las respuestas a las siguientes preguntas.

1. El cuento está escrito desde el punto de vista de una niña, pero ¿es un cuento para niños o adultos? Explica tu respuesta.
2. Beatriz dice que un país es libre "cuando una mujer cualquiera o un hombre cualquiera hace lo que se le antoja". También menciona tres cosas específicas que no se pueden hacer: matar, robar y llegar tarde a la escuela. Sin embargo, dice que en ciertos casos es posible hacer estas tres cosas. ¿Cuáles son las tres excepciones que menciona Beatriz?
3. Al escribir el cuento, el autor usa letras mayúsculas y minúsculas para las mismas palabras. ¿Cuál es la diferencia entre **libertad** y **Libertad**? ¿Cuál es la diferencia entre **ella** y **Ella**?
4. Si un gobierno pone en la cárcel a alguien por sus ideas políticas, ¿crees que esto es una violación de sus derechos aun cuando (*even though*) sus ideas puedan ser peligrosas para la estabilidad del gobierno?

**ACTIVIDAD 19 El futuro** Imaginen que Beatriz tiene 20 años. En parejas, digan cómo es su vida. Usen frases como **es posible que… porque ella…, es probable que…, dudo que…, es obvio que…**

## Escritura

### ESTRATEGIA: Journal Writing

In the story you just read, Beatriz recorded her thoughts and justified why she thought liberty was such an enormous word. For many people, writing in journals helps clarify ideas. Beatriz appears to be spontaneous in her writing, with one idea leading to another. This allows her to examine her feelings more freely.

    When you journal, you may concentrate on the day's highlights, making comments and jotting down impressions about what happened. You may write down your thoughts freely, focusing on the content of the writing, not its form. This spontaneous style of writing helps ideas flow and minimizes writer's block.

**ACTIVIDAD 20 Día tras día** Divide your paper into two columns, one wide and one narrow, in order to make diary entries. For three days, use the wide part to write important things that occurred and to comment on them. The second column is for your professor's comments.

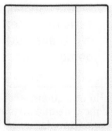

# Vocabulario esencial II

## La personalidad

To help you remember these adjectives, associate them with people you know (friends, relatives, etc.).

Note that in the plural **buena gente** does not change: **Él es buena gente. / Ellos son buena gente.**

**ser orgulloso** *(negative connotation)*

**estar orgulloso de algo** *(positive connotation)*

Do Workbook and Web activities.

**abierto/a** open
**agresivo/a** aggressive
**amable** nice
**ambicioso/a** ambitious *(negative connotation)*
**arrogante** arrogant
**astuto/a** astute
**capaz** capable
**carismático/a** charismatic
**chismoso/a** gossipy
**cobarde** cowardly
**confiable** trustworthy
**corrupto/a** corrupt
**creído/a** conceited, vain
**dulce** sweet
**encantador/a** charming
**honrado/a** honest
**ignorante** ignorant
**impulsivo/a** impulsive
**indiferente** indifferent, apathetic
**insoportable** unbearable
**justo/a** fair
**mentiroso/a** untruthful, lying, false
**orgulloso/a** proud *(negative connotation)*
**pacifista** pacifist
**perezoso/a** lazy
**persistente** persistent

**sensato/a** sensible
**sensible** sensitive
**sociable** sociable
**sumiso/a** submissive
**testarudo/a** stubborn
**valiente** brave

### Expresiones

**es buena gente** he/she is a good person
**es un/a santo/a** he/she is a really good person (literally: *a saint*)
**es un/a loco/a de atar** he/she is a crazy person (literally: *a crazy person to tie up*)
**es un/a caradura** he/she has a lot of nerve (literally: *a hard face*)
**es un/a sinvergüenza** he/she is a jerk (literally: *a shameless person*)

## ¿Cómo eres? ¿Te conoces bien a ti mismo?

1. Cuando tienes un problema, ¿lo confrontas o no haces nada?
2. Cuando cometes un error, ¿lo admites?
3. Cuando un amigo te habla de sus problemas, ¿lo escuchas?
4. Si necesitas un trabajo, ¿lo buscas activamente?

**ACTIVIDAD 21** **¿Cómo somos?** De la lista de vocabulario, escoge la característica que más te describa y la que menos te describa y anótalas. Luego en parejas, escojan una característica que describa a su compañero/a y una que no lo/la describa. Comparen las palabras y digan por qué las seleccionaron.

**ACTIVIDAD 22** **¿Positivo o negativo?** En grupos de tres, decidan qué palabras de la lista de vocabulario representan defectos y cuáles representan cualidades deseables. ¿Es positivo o negativo ser orgulloso o ambicioso? ¿Creen que es igual en otras culturas?

**ACTIVIDAD 23** **Personas famosas** Describe cómo son o eran estas personas: Lady Gaga, la princesa Diana, Lindsay Lohan, Abraham Lincoln, Kanye West, Hillary Clinton, Jamie Foxx, Draco Malfoy, John F. Kennedy.

**ACTIVIDAD 24** **Los sexos** **Parte A.** Piensa en los estereotipos de un hombre y una mujer en un contexto laboral, mira la lista de vocabulario y di si las palabras se relacionan más con un hombre o con una mujer. ¿Hay palabras que se interpretan como positivas si describen a un hombre y que son negativas si describen a una mujer y viceversa? ¿Hay algún adjetivo de la lista que se relacione solo con hombres o solo con mujeres?

**Parte B.** Menciona las consecuencias negativas a las que llevan estos estereotipos en el campo laboral. Si conoces algún caso de discriminación, explícalo.

**ACTIVIDAD 25** **¿Cómo son?** En grupos de cuatro, digan cuál de las siguientes personas es o era un/a santo/a, un/a loco/a de atar, un/a sinvergüenza, etc. Después, para justificar su opinión, describan más detalles de la personalidad de cada una y las cosas que hacen o hicieron.

1. Julia "Butterfly" Hill pasó 738 días subida en un árbol para salvar un bosque con árboles que tenían más de mil años.
2. La Madre Teresa ayudó a los pobres de Calcuta.
3. Durante años Bernie Madoff defraudó y estafó a sus clientes y les causó la pérdida de miles de millones de dólares.
4. Óscar Aranda, héroe de CNN, vigila las playas de Puerto Vallarta en México para proteger las tortugas marinas y sus huevos.
5. Wangari Muta Maathai, ganadora del Premio Nobel de la Paz, trabajó con mujeres en Kenya y logró la plantación de más de 20.000.000 de árboles. Hoy continúa luchando por el medio ambiente.
6. Pamela Anderson se puso un bikini hecho con lechuga para promover la dieta vegetariana en un anuncio de PETA.

**ACTIVIDAD 26** **Los políticos** **Parte A.** En parejas, hablen de las cualidades que deben tener los políticos para ganar elecciones.

**Parte B.** Entre los integrantes de una monarquía parlamentaria como la de España o Inglaterra se encuentran los miembros de la familia real (el rey, la reina, los príncipes, las princesas, etc.) que a veces son muy populares y a veces no. ¿Qué cualidades deben tener un rey y una reina para ser populares con el pueblo? Comparen estas cualidades con las que mencionaron sobre los políticos en la Parte A. ¿Son iguales o diferentes?

# Para ver ▮

## Cómo conocer a alguien por Internet

| | |
|---|---|
| **por un lado... por otro lado** | on one hand... on the other hand |
| **pasarlo bien** | to have a good time |
| **ni loco/a** | no way, not on your life |

Video stills: © Cengage Learning 2015

*Estoy harta de los perfiles que veo en Internet. Si uno busca pareja, hay ciertas reglas que se deben seguir.*

▶ **ACTIVIDAD 27 Consejos.** Mira el video blog y escribe los cinco consejos generales que da Sonia.

▶ **ACTIVIDAD 28 Los detalles** Mira el video blog otra vez y contesta estas preguntas.

1. Sonia dice que se debe decir la verdad, ¿pero qué es lo que no se debe contar?
2. Si una persona sube una foto retocada *(retouched)* o irreal, ¿qué puede pasar?
3. ¿Qué tipo de foto no debe poner una mujer en su perfil? ¿Y un hombre?
4. Sonia da ejemplos de requisitos *(requirements)* demasiado específicos y demasiado generales. Menciona uno de cada grupo.
5. ¿Qué hace Sonia si alguien le escribe y ella nota que no leyó su perfil?
6. ¿Qué opinas de los consejos de Sonia? ¿Qué otros consejos te gustaría agregar a su lista?

**Pasarlo bien** **Parte A.** Marca en la primera columna si lo pasas bien en las siguientes situaciones.

|  | tú | tu compañero/a |
|---|---|---|
| 1. asistir a un concierto de Taylor Swift | _____ | _____ |
| 2. ver un drama de Tennessee Williams | _____ | _____ |
| 3. ir a la ópera | _____ | _____ |
| 4. oír un concierto de jazz | _____ | _____ |
| 5. ver una película de terror | _____ | _____ |
| 6. subir a una montaña rusa (roller coaster) | _____ | _____ |

**Parte B.** En parejas, entrevisten a su compañero/a para ver qué le gusta hacer. Sigan el modelo.

▶ A: ¿Lo pasas bien si asistes a un concierto de Taylor Swift?

B: Sí, lo paso muy bien. ¿Y tú?    B: Ni loco/a. No me gusta nada. ¿Y tú?

## ¿Lo sabían?

A través de los años, el papel de la mujer está cambiando en el mundo hispano, aunque todavía no hay igualdad entre los sexos. En el campo laboral, si bien ha aumentado el número de mujeres que trabajan fuera de la casa, muchas veces estas no reciben el mismo pago que los hombres. Sin embargo, la situación en el ámbito político está mejorando ya que en países como Costa Rica, Argentina y España entre un 36 y un 38 por ciento de los diputados del congreso son mujeres. Hay países que exigen cuotas de mujeres en órganos políticos para evitar la discriminación. Países como Costa Rica, Chile, Argentina, Panamá y Nicaragua ya han tenido mujer presidenta elegida democráticamente.

▲ Laura Chinchilla, primera mujer presidenta de Costa Rica.

Jeffrey Arguedas/EPA /Landov

¿? **¿Hay igualdad de sexos en tu país? ¿El porcentaje de mujeres que ocupan puestos en el gobierno es alto o bajo en tu país?**

# Gramática para la comunicación ⅠⅠ

## I. Speaking about Past Experiences: The Present Perfect

¿Ha leído mi perfil?

**1** The present perfect (**el pretérito perfecto**) is frequently used to ask and answer the question *"Have you ever . . . ?"* To form the present perfect, use the following formula.

| haber (*present*) | | |
|---|---|---|
| he | hemos | |
| has | habéis | } + *past participle* |
| ha | han | |

—¿**Han buscado** pareja en Internet?     *Have you looked for a partner on the Internet?*

*Possible answers include:*

—No, nunca lo **hemos hecho.**     *No, we have never done it.*

—No, todavía no lo **hemos hecho,** pero nos gustaría.     *No, we haven't done it yet, but we would like to.*

—Sí, ya **lo hemos hecho** y nos gustaría hacerlo otra vez.     *Yes, we have done it already and we would like to do it again.*

—Sí, ya lo hicimos, pero no nos gustó.     *Yes, we already did it, but we didn't like it.*

**NOTE:** The past participle always ends in **-o** in the present perfect. Compare:

| Action | | Description |
|---|---|---|
| Ella **ha retocado** la foto. | vs. | La foto **está retocada.** |
| (present perfect) | | (adjective) |

To review the formation of the past participle, see pp. 298–299.

**2** The present perfect can also be used to talk about the recent past if the speaker feels it relates to the present. In these cases, it can be used interchangeably with the preterit without changing the message of the sentence or question.

—¿**Has visto** el perfil de Sonia en Internet?     *Have you seen Sonia's profile on the Internet?*

—Sí, ya lo **he visto.** / No, todavía no lo **he visto.**     *Yes, I have already seen it. / No, I haven't seen it yet.*

—¿**Viste** el perfil de Sonia?     *Did you see Sonia's profile?*

—Sí, ya lo **vi.** / No, todavía no lo **vi.**     *Yes, I already saw it. / No, I didn't see it yet.*

**ACTIVIDAD** **30** **Activismo** **Parte A.** Marca en la primera columna si has hecho las siguientes actividades relacionadas con la política.

| | tú | tu compañero/a |
|---|---|---|
| 1. participar en una manifestación | _____ | _____ |
| 2. firmar una petición | _____ | _____ |
| 3. hacer pancartas o pegar pósteres | _____ | _____ |
| 4. escribirle un email a un político | _____ | _____ |
| 5. comprar una camiseta con un mensaje político | _____ | _____ |
| 6. ir a una reunión de un partido político | _____ | _____ |
| 7. contribuir dinero o tiempo a una campaña política | _____ | _____ |

**Parte B.** En parejas, entrevisten a su compañero/a para ver qué ha hecho y marquen la respuesta en la segunda columna de la Parte A.

▶ —¿Has participado en una manifestación?

—Sí, he participado en varias manifestaciones.

—No, nunca he participado en una manifestación.

**ACTIVIDAD** **31** **Un anuncio para Agustín** En parejas, "A" es Sonia y "B" es Marisol. Uds. han decidido ponerle un anuncio a Agustín en Internet para buscarle pareja. "A" debe mirar la información de esta página y "B" debe mirar la página R25. Túrnense para hacerse preguntas y averiguar si la otra persona ha hecho las cosas que tienen en su lista.

▶ Sonia: ¿Has mirado la página de la red social de Agustín?
Marisol: Sí, ya la he mirado. / No, todavía no la he mirado, pero voy a mirarla hoy. / No, y no voy a mirarla.

**A (Sonia)**

**Averigua si Marisol ha hecho estas cosas**

- preguntarles a los amigos de Agustín qué tipo de mujer le gusta
- escribir un párrafo sobre Agustín
- incluir sus pasatiempos
- poner que busca una mujer a quien le interese la política

**Cosas que has hecho tú**

- ver información sobre Agustín en su red social
- escoger el mejor sitio para su perfil

**ACTIVIDAD** **32** **Situaciones pasadas** **Parte A.** Lee las siguientes preguntas y marca tus respuestas.

1. ¿Alguna vez te has sentido capaz de solucionar algo muy difícil? Sí _____ No _____
2. ¿Has estado orgulloso/a de algo que has hecho? Sí _____ No _____
3. ¿Has estado en situaciones donde te has sentido cobarde? Sí _____ No _____
4. ¿Has estado en alguna situación donde fuiste un/a caradura? Sí _____ No _____

**Parte B.** En grupos de tres, cada uno debe seleccionar una de las preguntas que respondió afirmativamente y dar detalles para explicar qué pasó.

# II. Expressing Doubts, Feelings, and Desires about the Past: The Present Perfect Subjunctive

Review the subjunctive, Ch. 10 and 11.

To express present doubts, feelings, and desires about past actions or events, you can use the present perfect subjunctive. Start with an expression of doubt, emotion, hope, etc., in the present, followed by a clause with a verb in the present perfect subjunctive (**pretérito perfecto del subjuntivo**). The present perfect subjunctive is formed as follows.

> **que** + *present subjunctive of* **haber** + *past participle*

| haber (present subjunctive) | | |
|---|---|---|
| que **haya** | que **hayamos** | |
| que **hayas** | que **hayáis** | + *past participle* |
| que **haya** | que **hayan** | |

—Dudo que él **haya sido** arrogante al escribir su perfil.

*I doubt that he has been arrogant in writing his profile.*

—¿Y es posible que no **haya dicho** la verdad porque es una persona insegura?

*And is it possible that he hasn't told the truth because he's an insecure person?*

**Compare:**

now
Espero que **venga.**

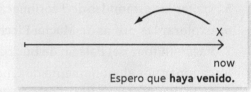

now
Espero que **haya venido.**

Do Workbook, Lab Manual, and Web activities.

---

**ACTIVIDAD** **33** **El puesto** Dos estudiantes hablan sobre los posibles candidatos para el consejo estudiantil de una universidad. Completa la conversación con el pretérito perfecto del indicativo o el pretérito perfecto del subjuntivo de los verbos que están entre paréntesis.

ESTUDIANTE 1: Tenemos una candidata buena. _____ (1. ser) buena estudiante en el pasado. También _____ (2. trabajar) como voluntaria enseñándoles inglés a los inmigrantes.

ESTUDIANTE 2: ¿Qué otro tipo de experiencia tiene? Buscamos a alguien que _____ (3. tomar) clases sobre cómo relacionarse con la gente.

ESTUDIANTE 1: Bueno, por lo que veo en su currículum, es posible que _____ (4. aprender) sobre el tema, pues aquí ella _____ (5. escribir) que _____ (6. estar) en un taller *(workshop)* sobre comunicación no violenta.

ESTUDIANTE 2: Es posible que en ese taller _____ (7. ver) y que _____ (8. practicar) cómo tener una buena relación con sus compañeros. Ahora, creo que también es importante que la persona _____ (9. participar) en una asociación de estudiantes.

Continúa →

ESTUDIANTE 1: Pues aquí dice que fue miembro del consejo estudiantil en la escuela secundaria.

ESTUDIANTE 2: Estoy segura, entonces, que _____ (10. acumular) suficiente experiencia sobre cómo funciona un consejo y cómo trabajar en equipo. ¿Y nos _____ (11. mandar) el currículum algún otro candidato?

ESTUDIANTE 1: Sí, pero ninguno tiene la experiencia de esta chica.

ESTUDIANTE 2: ¡Qué lástima que no _____ (12. recibir) el currículum de otros con las condiciones que queremos!

**ACTIVIDAD 34** **¿Alguna vez...?** **Parte A.** Busca personas de la clase que hayan hecho las siguientes actividades. Si contestan que sí, escribe su nombre.

▶ A: ¿Has visitado las pirámides de Egipto?

B: Sí, las he visitado.　　　B: No, nunca las he visitado.

nombre

1. subir a la torre Eiffel _____
2. ir a la Gran Muralla china _____
3. montar en una montaña rusa en el parque de atracciones de la Isla de Coney _____
4. ver los animales en el zoológico de San Diego _____
5. visitar las pirámides de Teotihuacán _____
6. explorar las ruinas de Machu Picchu _____
7. hacer un tour del Palacio de Buckingham _____
8. caminar por el monumento de Lincoln en Washington _____
9. explorar el parque nacional de Yellowstone _____
10. conocer la Misión de San Antonio de Valero (El Álamo) _____

▲ Misión de San Antonio de Valero (El Álamo), San Antonio, Texas.

**Parte B.** Ahora su profesor/a va a hacerles algunas preguntas.

▶ Profesor/a: ¿Hay alguien en la clase que haya visitado las pirámides de Egipto?

A: No, no hay nadie que las haya visitado.

B: Sí, hay alguien que ha visitado las pirámides.
Profesor/a: ¿Quién es?
B: Jim las visitó el año pasado.

**Parte C.** Ahora en parejas, tome dos minutos cada uno para contarle a su compañero/a sobre uno de los lugares que ha visitado.

▶ A: Subí a la torre Eiffel.
B: ¿Te gustó?
A: Me encantó. Es superalta y muy interesante. Fui con mis amigos y...

**ACTIVIDAD 35** **Una llamada urgente** En parejas, imaginen que su profesor/a de español hoy no vino a clase. Reaccionen a esa situación usando frases como **Dudo que haya..., Es posible que..., No creo que...**

▶ Es posible que haya tenido problemas con la policía.

**ACTIVIDAD 36 Hispanos famosos Parte A.** Combina los nombres de hispanos famosos en los Estados Unidos con las ideas de la segunda columna.

▲ Gustavo Santaolalla.

1. _____ Gloria Estefan y el Miami Sound Machine
2. _____ Sonia Sotomayor
3. _____ Arturo Moreno
4. _____ Ellen Ochoa
5. _____ Gustavo Santaolalla
6. _____ Ysrael Seinuk
7. _____ Jennifer López

a. ser jueza de *Ídolo americano* y tener su propia línea de ropa y fragancias
b. comprar un equipo de béisbol llamado Los Angels de Los Ángeles
c. ser la primera jueza hispana de la Corte Suprema de los EE.UU.
d. componer música para películas como *Diarios de motocicleta*, *Babel* y *Secreto de la montaña* (Brokeback Mountain)
e. diseñar el Trump World Center de Nueva York
f. cantar y tocar canciones que fueron número uno en varias categorías de Billboard
g. ser la primera astronauta hispana

**Parte B.** En parejas, miren la lista de la Parte A y háganse preguntas para averiguar qué sabe la otra persona sobre esos hispanos famosos. Usen las siguientes ideas: **leer algo sobre..., oír hablar de..., estudiar algo sobre...** Sigan el modelo.

▶  A: ¿Has leído algo sobre...?

B: Sí, he leído sobre... Él/Ella...    B: No, no he leído nada sobre...
A: ¿Qué hizo?                          A: Es posible que haya...
B: ...                                 B: Sí, pero también es posible que... / Dudo que haya...

iLrn 🌐
Do Web Search Activities.

# Más allá

## Canción: "En el país de Nomeacuerdo"

The song is included in the *¡Claro que sí!* iTunes list on CengageBrain.com and may be on YouTube.

**María Elena Walsh (1930–2011)**, argentina, fue escritora de literatura y de canciones para niños y para adultos. También fue cantante y guionista de programas de televisión. Sus cuentos y canciones muchas veces reflejan las cuestiones sociales del momento en que las escribió.

La Nación/Newscom

**Mientras escuchas** Lee las preguntas sobre la canción y el país de Nomeacuerdo. Luego escucha la canción para contestarlas.

1. ¿Qué ocurre en ese país cuando uno da tres pasos *(steps)*?
2. ¿Qué ocurre cuando uno da un paso para allí? ¿Y un paso para allá?
3. ¿Qué pasa cuando uno da un paso para atrás?
4. ¿Cómo es la letra de la canción: simple o compleja?
5. ¿La melodía de la canción es para niños o para adultos? ¿Y la letra?

**Después de escuchar** Esta canción apareció originalmente en 1967 en un álbum para niños. Luego en 1985 fue parte de la película *La historia oficial* que muestra qué ocurrió en Argentina durante 1976–1983, cuando el país estuvo por cuarta vez en su historia bajo una dictadura militar. Muchas personas "desaparecieron" por criticar al gobierno. La película comienza con una profesora de historia que ignora lo que está ocurriendo a su alrededor y no quiere saber qué hizo su esposo para adoptar a la niña que ellos tienen.

"desaparecieron" = el gobierno los mató

Con esta información, mira las respuestas a las preguntas de la sección **Mientras escuchas** y especula sobre el significado de la canción dentro del contexto de la película.

## ▶ Video: *Las Madres de Plaza de Mayo*

© Cengage Learning

The video is on CengageBrain.com.

**Antes de ver** En el cuento "Beatriz (Una palabra enorme)" de este capítulo, el padre de la niña está en la cárcel por sus ideas políticas. Mira la siguiente lista y di si tu gobierno ha hecho algunas de estas cosas para silenciar a la gente.

quitarle dinero a alguien
prohibir que la prensa hable de un caso
prohibir que un acusado publique un libro
acusar a alguien de delitos que no cometió
difamar (slander) a alguien
matar

prohibir que un acusado
hable por televisión o radio
poner a alguien en la cárcel
sin permitirle hablar con
su abogado
torturar

**Mientras ves** **Parte A.** Mira el video sobre las Madres de Plaza de Mayo para averiguar quiénes son las madres y por qué están en la plaza.

**Parte B.** Mira el video otra vez. Cinco madres hablan de sus hijos. Completa la tabla con la información que falta y luego úsala para decir cuáles eran las características comunes de las personas que desaparecieron.

| Año en que desaparecieron | Edad | Ocupación |
|---|---|---|
| _____ | _____ años | estudiante de _____ |
| | _____ años | estudiante de química |
| | _____ años | _____ de ingeniería electrónica |
| _____ | _____ años | _____ |
| | _____ años | estudiante de abogacía; hacía el _____ obligatorio |
| _____ | _____ años | delegado de fábrica |
| _____ | _____ años | _____ |

**Después de ver** Menciona lugares donde en la actualidad se violan los derechos humanos. Explica brevemente un caso.

## ¿Lo sabían?

Durante la dictadura militar de Argentina entre 1976 y 1983 "desaparecieron" unas treinta mil personas. Entre ellos había mujeres embarazadas que dieron a luz (gave birth) mientras estaban en la cárcel. Muchas de estas mujeres fueron torturadas y asesinadas y sus bebés fueron dados en adopción ilegalmente. Las abuelas de esos niños buscaron a sus nietos durante años, y una vez restaurada la democracia y con la ayuda de la justicia y de exámenes de sangre, pudieron encontrar a algunos de esos niños. Si quieres saber más sobre este tema, puedes mirar la película *La historia oficial,* que ganó el Oscar a la Mejor Película Extranjera en 1985.

**¿?** **¿Conoces algún otro país que haya pasado por un período tan difícil?**

# En resumen

## Now you know how to . . .

- discuss politics.

  **Marisol y Agustín prepararon pancartas para una manifestación.**

- narrate and describe in the past.

  **Mientras hacían las pancartas, le contaron a Sonia sobre la matanza de Tlatelolco.**

- ask and request.

  **Ella les preguntó a Marisol y a Agustín sobre los eventos y ellos le pidieron paciencia mientras le contaban una situación compleja.**

- talk about unintentional occurrences.

  **A Agustín se le acabó la tinta del marcador mientras hacía una pancarta.**

- describe personality traits.

  **Los tres son pacifistas y muy buena gente.**

- talk about past experiences in relation to the present.

  **Sonia nunca ha ido a una manifestación.**

- express doubts, feelings, and desires about the past.

  **Agustín duda que el pueblo haya creído la versión oficial de la masacre.**

## Vocabulario funcional

### La política

el activismo *activism*
el/la activista político/a *political activist*
el alcalde / la alcaldesa *mayor*
apoyar una causa / a un candidato *to support a cause/candidate*
el/la candidato/a *candidate*
el/la congresista *congressperson*
el consejo estudiantil *student council*
el debate *debate*
el deber *duty*
el derecho *right*
la dictadura *dictatorship*
la discriminación *discrimination*
las elecciones *elections*
firmar una petición *to sign a petition*
el/la gobernador/a *governor*
hacer campaña *to campaign*
la huelga *strike*

la justicia social *social justice*
la/s ley/es *law/s*
la manifestación *demonstration*
la marcha *march*
la ONG (organización no gubernamental) *NGO*
la pancarta *protest sign, banner*
el político / la mujer política *politician*
el problema social/político *social/ political issue*
el pueblo *the people*
el/la (vice)presidente/a *(vice) president*
el/la senador/a *senator*
votar *to vote*

### La personalidad

abierto/a *open*
agresivo/a *aggressive*
amable *nice*

ambicioso/a *ambitious (negative connotation)*
arrogante *arrogant*
astuto/a *astute*
capaz *capable*
carismático/a *charismatic*
chismoso/a *gossipy*
cobarde *cowardly*
confiable *trustworthy*
corrupto/a *corrupt*
creído/a *conceited, vain*
dulce *sweet*
encantador/a *charming*
honrado/a *honest*
ignorante *ignorant*
impulsivo/a *impulsive*
indiferente *indifferent, apathetic*
insoportable *unbearable*
justo/a *fair*
mentiroso/a *untruthful, lying, false*
orgulloso/a *proud (negative connotation)*
pacifista *pacifist*
perezoso/a *lazy*
persistente *persistent*
sensato/a *sensible*
sensible *sensitive*
sociable *sociable*
sumiso/a *submissive*
testarudo/a *stubborn*
valiente *brave*

## Expresiones

es buena gente *he/she is a good person*
es un/a santo/a *he/she is a really good person (literally: a saint)*
es un/a loco/a de atar *he/she is a crazy person (literally: a crazy person to tie up)*
es un/a caradura *he/she has a lot of nerve (literally: a hard face)*
es un/a sinvergüenza *he/she is a jerk (literally: a shameless person)*

## Más verbos

acabar *to run out of*
caer *to fall; to drop*
haber *to have (auxiliary verb)*
olvidar *to forget*
pasar *to spend (time)*
perder (e → ie) *to lose*
quemar *to burn*

## Palabras y expresiones útiles

alguna vez *(at) sometime; ever*
así *like this/that*
De acuerdo. *O.K. / Agreed*
ni loco/a *no way, not on your life*
pasarlo bien *to have a good time*
por un lado... por otro lado *on one hand . . . on the other hand*
volver a + *infinitive to do (something) again*

# El medio ambiente

**El Yunque, bosque pluvial de Puerto Rico.**
© Thomas R. Fletcher / Alamy

## Chapter Objectives

- Discussing the environment and ecology
- Expressing pending actions
- Requesting information
- Discussing animals
- Expressing restriction, possibility, purpose, and time

## ¿Qué saben?

1. ¿Qué país tiene un museo dedicado a la biodiversidad por su ubicación geográfica única?

   a. México    b. Panamá    c. España

2. ¿Qué porcentaje de la energía que necesita puede producir España en un día a través de sus molinos de viento *(windmills)*?

   a. el 30%    b. el 50%    c. el 90%

3. ¿Qué cantidad de basura genera al año una persona en América Latina en comparación con una persona en los Estados Unidos?

   a. 350 kilos vs. 700 kilos
   b. 150 kilos vs. 800 kilos
   c. 600 kilos vs. 500 kilos

4. ¿Cuál es el felino más grande del continente americano?

   a. el puma    b. el jaguar    c. el lince

# Para ver 1

## Eloísa Cartonera

| | |
|---|---|
| **ni... ni** | neither . . . nor |
| **ya que** | since, because |
| **todo el mundo** | everybody, everyone |

*Aquí Gimena desde Buenos Aires. Hoy descubrí un lugar único en mi ciudad que se llama Eloísa Cartonera. ¡Qué lugar tan interesante!*

**ACTIVIDAD 1** **¿Eloísa Cartonera?** Lee las siguientes oraciones. Luego, mientras miras el video blog, marca si son ciertas (**C**) o falsas (**F**). Después corrige las oraciones falsas.

1. \_\_\_\_\_ Un cartonero es una persona que recoge cartón (*cardboard*) y otros materiales para reciclar.

2. \_\_\_\_\_ Eloísa Cartonera es una editorial (*publishing house*) que le compra papel a los cartoneros.

3. \_\_\_\_\_ Hay veinte personas que trabajan allí.

4. \_\_\_\_\_ Allí se publican libros para bebés.

5. \_\_\_\_\_ Eloísa Cartonera comenzó en 2003 durante una crisis económica en Argentina.

6. \_\_\_\_\_ Un libro cuesta entre 1 y 3 dólares.

**ACTIVIDAD 2 ¿Comprendiste?** Después de mirar el video blog otra vez, contesta estas preguntas.

1. ¿En qué horario trabajaba Miriam cuando era cartonera?
2. ¿Qué trabajo hacen los empleados de Eloísa Cartonera?
3. Publican libros de autores desconocidos. ¿Y de autores conocidos? ¿De qué países son los escritores?
4. ¿Cuáles son los aspectos positivos de Eloísa Cartonera?
5. ¿En qué otros países se han creado este tipo de editorial?
6. ¿Cuántas editoriales como Eloísa Cartonera existen en el mundo?
7. Durante las crisis económicas de tu país, ¿qué cosas innovadoras ha hecho la gente para ganar dinero?

## ¿Lo sabían?

Eloísa Cartonera es un ejemplo del ingenio y de la creatividad que surge durante una crisis económica y que a la vez integra el reciclaje de la basura. Nuestro planeta está en crisis y este es un problema que enfrentan todos los países hispanos. Como resultado, han surgido muchos diseñadores que crean objetos utilizando la basura como punto de partida. Entre los diseñadores chilenos está Camila Labra, quien diseña botas que están hechas casi en su totalidad con bolsas de plástico recicladas. También están Alexandra Guerrero y Ricardo Riquelme, quienes crean ropa a crochet que contiene colillas[1] de cigarrillo recicladas. Y Modulab es una empresa chilena que crea bolsos para computadoras con los afiches[2] para anunciar películas.

Courtesy Camila Labra

▲ Botas hechas con bolsas de plástico recicladas.

🔍 **¿Qué objetos hechos con materiales reciclados tienes?**

_____

[1]butts  [2]posters

**ACTIVIDAD 3 Viajar con amigos** En parejas, Uds. van a viajar por Latinoamérica y necesitan ver si son compatibles o no. Pregúntenle a su compañero/a qué le gustaría o no visitar y cómo le gustaría viajar.

▶ A: ¿Qué te gustaría visitar?
  B: Me gustaría visitar... y... pero no me interesaría visitar ni... ni...

| visitar | | viajar en | |
| --- | --- | --- | --- |
| catedrales | zoológicos | autobuses locales | avión |
| museos de arte | cementerios | un tour organizado | un carro alquilado |
| ruinas | misiones | tren | bicicleta |
| monumentos | parques de atracciones | barco | canoa |

# Vocabulario esencial I

## El medio ambiente

Both **la contaminación** and **la polución** are used, but the former is more common.

1 **la basura**
2 **la fábrica**
3 **la contaminación**
4 **la lluvia ácida**

5 **el reciclaje; reciclar**
6 **la energía solar**
7 **plantar un árbol**

### Otras palabras relacionadas con el medio ambiente

**el agua potable**  potable water *(suitable for drinking)*
**ahorrar agua/electricidad/energía**  to save water/electricity/energy
**el biocombustible**  biofuel
**la capa de ozono**  ozone layer
**el carro verde**  green car
**el cartón**  cardboard
**la conservación; conservar**  conservation; to conserve, to preserve
**desechable**  disposable
**la destrucción; destruir**  destruction; to destroy
**la ecología**  ecology
**en peligro (de extinción)**  in danger (of extinction)
**la energía**
  **eólica**  wind power
  **solar**  solar power
  **nuclear**  nuclear energy
**el envase**  container
**la lata de aluminio**  aluminum can
**el plástico**  plastic
**proteger**  to protect
**ser consciente**  to be aware
**sostenible**  sustainable
**el vidrio**  glass

Do Workbook and Web activities.

▲ Molinos de viento en España.

**ACTIVIDAD 4** **La conservación, ¿sí o no?** Hazle esta encuesta sobre la ecología a uno de tus compañeros y después comenta los resultados con la clase.

1. ¿Estás a favor o en contra de estas fuentes de energía?

|  | a favor | en contra |
|---|---|---|
| energía nuclear | _____ | _____ |
| biocombustibles | _____ | _____ |
| carbón | _____ | _____ |
| energía eólica | _____ | _____ |
| energía solar | _____ | _____ |

2. ¿Haces algún esfuerzo por reciclar estos materiales?

|  | sí | a veces | no |
|---|---|---|---|
| latas de aluminio | _____ | _____ | _____ |
| periódicos | _____ | _____ | _____ |
| papel | _____ | _____ | _____ |
| vidrio | _____ | _____ | _____ |
| plástico | _____ | _____ | _____ |

3. El control del gobierno sobre las fábricas es...

excesivo _____     adecuado _____

insuficiente _____     no sé _____

4. Las armas nucleares son... para un país.

esenciales _____     importantes _____

peligrosas _____     inútiles _____

5. ¿Alguna vez le has escrito un email sobre la contaminación a algún político?

sí _____     no _____

6. La extinción de especies de animales...

afecta mucho al ser humano _____

afecta poco al ser humano _____

7. ¿Haces algo para reducir la cantidad de contaminación?

no usar plástico _____

tener un carro verde _____

no comprar agua embotellada _____

reusar bolsas de papel o de plástico _____

llevar tus propias bolsas de tela *(fabric)* al supermercado _____

no comprar verduras y frutas empacadas *(packed)* _____

otras cosas _____

**ACTIVIDAD 5** **El consumo** **Parte A.** Mira el siguiente gráfico sobre la producción de basura sólida municipal (bsm) en los Estados Unidos. Teniendo en cuenta que ha aumentado la población del país a lo largo de los años, selecciona la idea que mejor describe la información del gráfico.

**basura sólida municipal** = common trash (solid municipal waste)

La producción de basura per cápita del europeo occidental es 1,54 kilos por día o 3,4 libras por día.

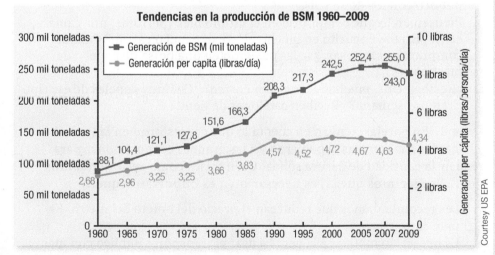

Tendencias en la producción de BSM 1960–2009

Courtesy US EPA

A. En unos 50 años, la cantidad de basura sólida casi se triplicó *(tripled)*. Esto se debe al crecimiento de la población total del país.

B. La población ha crecido y, por eso, el consumo total es mayor. Sin embargo, el consumo per cápita ha crecido también.

**Parte B.** En parejas, contesten las siguientes preguntas sobre su vida personal, la basura sólida que producen y su consumo de energía.

1. En las cafeterías de su universidad, ¿sirven comida en platos y vasos de verdad o desechables?
2. Piensen en la última vez que fueron al supermercado y gastaron más de $30. ¿Cuántas bolsas de plástico y/o de papel usaron? Incluyan todas las bolsas, por ejemplo: la bolsa de los tomates, la de las papas, etc. ¿Compraron otras cosas envueltas en plástico como, por ejemplo, la carne?
3. ¿La lavadora que usan se abre por arriba o por delante? ¿Cuál es más común en su país? Si han estado en otro país, ¿notaron si las lavadoras se abren por arriba o por delante? ¿Saben cuál de las dos usa menos agua y electricidad? ¿Cuántas veces por semana lavas ropa?
4. Cuando van a la casa de sus padres, ¿qué medios de transporte pueden usar? ¿Coche? ¿Tren? ¿Autobús? ¿Avión? ¿Cuál de estas opciones usan?
5. ¿Qué medios de transporte público tiene su ciudad? ¿Los usan Uds.?

**Parte C.** Basándose en las respuestas que escucharon, en parejas, dele cada uno recomendaciones a su compañero/a para que pueda reducir su nivel de consumo. Usen frases como **te aconsejo que…, es mejor que…, debes…, tienes que…**

▶ Te aconsejo que laves la ropa con menos frecuencia.

**ACTIVIDAD** **6** **La responsabilidad** **Parte A.** En parejas, contesten las siguientes preguntas.

1. Alaska, Louisiana y otros estados han sufrido grandes derrames de petróleo que han afectado la ecología del área. ¿Qué sugerencias pueden dar Uds. para evitar esos desastres? ¿Quién debe tener la responsabilidad de limpiar los derrames que ocurren?
2. ¿Debe hacer más el gobierno para promocionar el transporte público? Si contestan que sí, ¿qué debe hacer? Si contestan que no, ¿por qué?
3. ¿Qué hace el gobierno para buscar alternativas a la gasolina? ¿Qué ciudades en su país tienen tren para ir a otra ciudad cercana? Si han viajado a otro país o continente, comparen los sistemas de transporte público con los de su país.
4. Piensen en lo que compraron en el último mes (perfume, una cámara, etc.). ¿Estaba envuelto en mucho plástico, papel o cartón? Cuando compraron esas cosas, ¿se las pusieron en una bolsa de papel o de plástico?
5. ¿Reciben Uds. muchas ofertas por correo? ¿Cuántos papeles de ese tipo tiran por semana? ¿Reciben catálogos de tiendas?

**Parte B.** En parejas, tengan en cuenta lo que contestaron en la Parte A y háganles sugerencias al gobierno y a las grandes corporaciones para reducir la cantidad de basura sólida. Usen frases como **recomendamos que…, sugerimos que…, es necesario…, es importante que…**

▶ Les recomendamos que reduzcan el precio del boleto del metro. Es muy caro.
Es necesario motivar a la gente a usar el transporte público con más frecuencia.

# Gramática para la comunicación I

## I. Expressing Pending Actions: The Subjunctive in Adverbial Clauses

Cuando escriba mi primer cuento, lo voy a llevar a Eloísa Cartonera.

© Cengage Learning 2015

Look at the following sentences to decide which one refers to an action that *may* occur and which refers to a *completed* action.

**Cuando visite Buenos Aires, voy a ir a Eloísa Cartonera.**
**Cuando visité Buenos Aires, fui a Eloísa Cartonera.**

If you said the first may occur and the second refers to a completed action, you were correct.

**1** To express present or past *habitual* actions as well as *completed* actions, use the indicative after adverbial conjunctions such as **cuando**, **después de que**, and **hasta que**.

### Habitual

| | |
|---|---|
| Siempre llevo una bolsa conmigo **cuando voy** al supermercado. | *I always take a bag with me when I go to the supermarket.* |
| Siempre llevaba una bolsa conmigo **cuando iba** al supermercado. | *I used to (would) take a bag with me when I went to the supermarket.* |

### Completed

| | |
|---|---|
| Llevé una bolsa conmigo **cuando fui** al supermercado. | *I took a bag with me when I went to the supermarket.* |

**2** To express intentions or actions that have not occurred yet and are *pending*, use the subjunctive after **cuando, después de que,** and **hasta que.**

### Pending

| | |
|---|---|
| ¿Qué vamos a hacer **cuando** no **haya** más agua potable? | *What are we going to do when there's no more potable water?* |
| Voy a hacer una donación a Greenpeace **después de que encuentre** trabajo. | *I'm going to make a donation to Greenpeace after I find a job.* |
| Vamos a protestar **hasta que veamos** un cambio. | *We are going to protest until we see a change.* |

> **REMEMBER:** After a preposition, use an infinitive: **Después <u>de</u> llegar a casa...**

Look at the following sentences and say if they refer to a habitual, completed, or pending action.

1. Después de que termino una Coca-Cola, siempre reciclo la botella.
2. Cuando compre mi primera casa, va a ser una casa verde.
3. Cuando están todo el día en el lago, a veces los niños tienen infección de oído por la contaminación.
4. Trabajé en una fábrica hasta que me enfermé.
5. Después de que salga de clase hoy, voy a ir a una reunión de Greenpeace.

If you said, habitual for sentences 1 and 3, completed for sentence 4, and pending for sentences 2 and 5, you were correct.

**ACTIVIDAD 7 Los padres** Gimena le describe su familia a Sonia. Completa el párrafo que sigue con el infinitivo o la forma, tiempo y modo correctos de los verbos entre paréntesis.

Mis papás se casaron cuando _____ (1. tener) 25 años. Yo nací cuando mi mamá _____ (2. tener) 29. Después de _____ (3. tener) a mis cuatro hermanos menores, mi mamá _____ (4. dejar) de trabajar. Mi papá es abogado y trabajó quince años para una compañía de reciclaje hasta que _____ (5. cambiar) de trabajo y empezó a trabajar para una compañía de energía sostenible. Dice que cuando _____ (6. cumplir) 75 años no va a trabajar más, pero hasta que yo no lo _____ (7. ver), no voy a creerlo porque él es un hombre que vive para el trabajo. También dice que después de que _____ (8. dejar) de trabajar y _____ (9. tener) más tiempo libre, todos los inviernos va a hacer un crucero por el Caribe.

**ACTIVIDAD 8 Tus planes futuros** Termina estas oraciones y después, pregúntales a algunos compañeros cuáles son sus planes para el futuro.

1. Después de que termine los estudios universitarios...
2. Cuando empiece el verano...
3. Voy a tener hijos cuando...
4. Voy a trabajar hasta que...
5. Cuando tenga 55 años...
6. Pienso viajar por el mundo hasta que...

**ACTIVIDAD 9 Un poco de variedad Parte A.** Muchas personas se quejan de tener una vida monótona y de que su rutina diaria siempre es igual. Termina estas oraciones con lo que haces normalmente.

1. Todos los días cuando termina la clase, yo...
2. Cuando llega el verano, yo...
3. Todos los días después de que entro en mi casa, yo...
4. Yo siempre estudio por la noche hasta que...
5. Cuando llega el fin de semana, mis amigos y yo...
6. Los sábados cuando voy a fiestas, yo...
7. Durante la semana, mi familia y yo hablamos por celular hasta que...

**Parte B.** Ahora, en parejas, digan qué hacen normalmente y qué van a hacer para cambiar su rutina. Sigan el modelo.

▶ Todos los días **cuando termina** la clase de español, voy a la cafetería de la universidad y como una hamburguesa, pero mañana **cuando termine** la clase, pienso ir a la biblioteca para estudiar.

▲ Biblioteca de la UNAM, México.

**10** **Lo que haces o vas a hacer** En parejas, digan las cosas que hacen habitualmente o que van a hacer en el futuro para proteger el medio ambiente. Sigan el modelo.

▶ ir al supermercado / llevar una bolsa conmigo
Cuando vaya al supermercado la próxima vez, voy a llevar una bolsa conmigo.
Cuando voy al supermercado, siempre llevo una bolsa conmigo.

1. comprar una casa / tener paneles solares en el techo
2. tomar una ducha / no usar mucha agua
3. tener dinero / hacer una donación a Greenpeace
4. tirar la basura / reciclar periódicos y botellas
5. votar en las próximas elecciones / examinar las posturas ecológicas de los candidatos
6. comprar una lavadora / considerar una que se abra por delante
7. llegar la primavera / plantar un árbol
8. terminar mis estudios / hacer un viaje de turismo sostenible

Courtesy Área de Medio Ambiente UGT Aragón

# II. Requesting Information: *¿Qué?* and *¿cuál/es?*

**1** In most cases, the uses of **¿qué?** *(what?)* and **¿cuál/es?** *(which?)* are similar in Spanish and English.

| | |
|---|---|
| **¿Qué** pasa? / **¿Qué** hay? | *What's going on? / What's up?* |
| **¿Qué** tienes? | *What do you have?* |
| **¿Cuál** prefieres? | *Which (one) do you prefer?* |
| **¿Cuáles de** tus amigos son activistas? | *Which of your friends are activists?* |

**2** Both **¿qué?** and **¿cuál/es?** followed by the verb **ser** express *what.*

a. Use **¿qué + ser...?** only when asking for a definition or a classification, such as a political affiliation, religion, or nationality.

| | |
|---|---|
| **¿Qué es** la energía eólica? | *What is wind power? (definition)* |
| **¿Qué eres**, conservador o liberal? | *What are you, conservative or liberal? (classification)* |

**NOTE:** **¿Qué es eso/esto?** is used to ask for the identification of an unknown item or action.

b. Use **¿cuál/cuáles + ser...?** in all other cases.

| | |
|---|---|
| **¿Cuál es** la forma de energía más limpia? | *What is the cleanest form of energy?* |
| **¿Cuál es** la ciudad más contaminada del mundo? | *What is the most polluted city in the world?* |
| **¿Cuáles son** los problemas más urgentes? | *What are the most urgent problems?* |

**3** Use **qué** when a noun follows: **¿qué + noun...?**

| | |
|---|---|
| **¿Qué cosas** reciclas? | *What/Which items do you recycle?* |
| **¿En qué clase** aprendiste sobre el calentamiento global? | *In what/which class did you learn about global warming?* |

Do Workbook and Web activities.

**ACTIVIDAD 11 La entrevista estudiantil** Completa las siguientes preguntas sobre los estudios académicos con **qué** o **cuál/es.** Luego usa las preguntas para entrevistar a tres compañeros de la clase a quienes no conozcas bien. Por último, háblale sobre las respuestas al resto de la clase.

1. ¿ _____ eres, estudiante de primer año, de segundo, de tercero o de cuarto?

2. ¿ _____ asignaturas tienes este semestre?

3. ¿ _____ es tu clase favorita?

4. ¿ _____ son las clases más difíciles?

5. ¿ _____ problemas tuviste al llegar a la universidad?

6. ¿ _____ piensas hacer cuando termine el semestre?

7. ¿ _____ son tus planes para el futuro?

**ACTIVIDAD 12 Cultura general** En parejas, preparen un examen de diez preguntas sobre las culturas hispanas con **qué** y **cuál/es.** Después de preparar el examen, dénselo a algunos compañeros para que lo hagan.

▶ ¿Cuál es la capital de Honduras?
¿Qué editorial argentina publica libros con tapas de cartón reciclado?

**ACTIVIDAD 13 Una prueba sobre el medio ambiente** Parte A. En parejas, Uds. están preparando una prueba sobre el medio ambiente para estudiantes de quinto grado de una escuela primaria. Completen las preguntas de esta página y de la siguiente con **qué** y **cuál/es.**

**EL EFECTO INVERNADERO**

La capa de gases, principalmente dióxido de carbono, que se va acumulando en la atmósfera actúa como los vidrios de un invernadero: deja pasar sólo una parte del calor y devuelve la otra

**COMO ACTUA**

1 Los rayos solares atraviesan la atmósfera y calientan la Tierra

2 La Tierra irradia energía solar, como el calor, nuevamente a la atmósfera

3 Un cóctel de gases acumulado en la atmósfera deja pasar una parte de esa energía y envía la otra nuevamente a la Tierra

Capa de gases

1. ¿ _____ de las siguientes cosas atraviesan la atmósfera: rayos solares o gases acumulados?

2. ¿ _____ irradia energía solar?

3. ¿ _____ es un cóctel de gases? ¿Son diferentes gases o mucho gas de un solo tipo?

4. ¿ _____ es el efecto invernadero?

5. ¿ _____ aumentó 0,6° C durante el siglo XX?

6. ¿ _____ fue la década más cálida del siglo XX?

7. ¿ _____ es el aumento mínimo de temperatura y _____ es el aumento máximo que proyectan para el año 2100?

8. ¿ _____ de las siguientes cosas no van a aumentar en los próximos años: las especies de animales, las emisiones de los carros o la cubierta de nieve?

9. ¿ _____ va a subir unos 88 cm para el año 2100?

   Pregunta extra: ¿ _____ es la lluvia ácida?

**Parte B.** Ahora escriban la clave de respuestas para las preguntas de la prueba usando la información que está a la derecha y en la página anterior.

**LOS PROXIMOS 100 AÑOS**

Temperatura de superficie: aumentó 0,6°C durante el siglo XX –principalmente debido a las actividades humanas– La década de 1990 fue la más cálida registrada

Temperatura promedio: el aumento proyectado está entre 1,4°C y 5,8°C

Sequías: aumentarán la frecuencia y la intensidad

Lluvias: 1% de aumento por década en el hemisferio norte

Nivel del mar: aumentará hasta 88 cm en 2100. Las tierras bajas están en riesgo

Cubierta de nieve: se redujo un 10% desde 1960

Océanos: corrientes como la del Golfo probablemente se debiliten

Casquetes polares: 10-15% más delgados desde 1950

Emisiones: aumentarán de 6,8 toneladas, actualmente, a 35 o 40 en 2100

Especies animales y vegetales: el calentamiento global podría exterminar a una cuarta parte de todas las especies para 2050. La capacidad de los árboles para absorber $CO_2$ es menor de lo que se pensaba

Fuente: IPCC, Reuters

GRAPHIC NEWS / LA NACIÓN

Courtesy of La Nación

## ¿Lo sabían?

La Reserva de la Biosfera Mariposa Monarca es un santuario en el estado mexicano de Michoacán, nombrado por la UNESCO como Patrimonio Natural de la Humanidad. Pero la zona está en peligro no solo por los cambios climáticos sino también por la tala clandestina de árboles[1]. Las mariposas monarca, que pasan el verano en los Estados Unidos y Canadá, necesitan ese santuario para hibernar. Para proteger el hábitat de las mariposas, el multimillonario mexicano Carlos Slim[2] y el Fondo Mundial para la Naturaleza[3] de México empezaron un programa para preservar este ecosistema tan frágil e importante para el hemisferio. Su plan consiste en reforestar la zona plantando un millón de árboles al año.

 **¿Conoces lugares de tu país que la UNESCO considera Patrimonio Natural de la Humanidad?**

[1] *illegal logging*   [2] el hombre más rico del mundo según la revista Forbes
[3] *World Wildlife Fund*

George Lepp/Getty Images

▲ Mariposas monarca, Michoacán, México.

# Nuevos horizontes

**Lectura**

## ESTRATEGIA: Mind Mapping

Mind mapping is a way of brainstorming before you read in order to activate your background knowledge and predict the contents of a selection. To apply this technique, you start with a key concept and jot down related ideas in different directions radiating from the key concept. This technique lets your mind tap freely whatever is stored in it about the topic. In the following example, you can see how the mind-mapping technique was applied to the word **hogar** *(home)*.

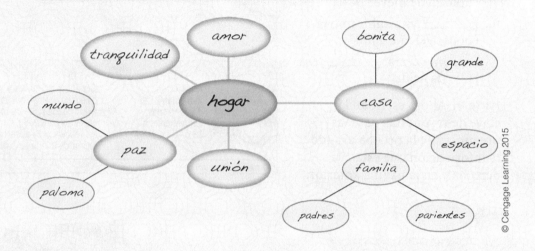

© Cengage Learning 2015

**ACTIVIDAD 14 El mapa mental** Imagina que te vas de vacaciones a la playa por una semana. Planea tu viaje completando el siguiente mapa mental.

© Cengage Learning 2015

**ACTIVIDAD** **15** **El significado** Mientras lees *Un cuento de niños* de Esteban Mayorga, selecciona sinónimos de las siguientes frases o palabras.

1. acompañante (línea 16)
   a. persona que va con otra       b. persona que vigila a otra
2. por mi corta edad (línea 41)
   a. por ser niño                  b. por ser adulto
3. era muy pilas (línea 43)
   a. era tonto                     b. era inteligente
4. estoy fregado (línea 53)
   a. estoy en una buena situación  b. estoy en problemas
5. tórtola (línea 68)
   a. animal                        b. vegetal
6. galletitas (línea 86)
   a. algo para beber               b. algo para comer
7. bulla (línea 98)
   a. ruido                         b. silencio

**Esteban Mayorga, ecuatoriano (1977–)**

# Un cuento de niños

> NOTE: The **ornitorrinco** (platypus) is native to Tasmania and Australia.

## Esteban Mayorga

Me llamo Benifo y soy un ornitorrinco. Nací en Quito, el cinco de abril de 1995, un día de lluvia. Me gusta mucho el helado y me gusta mucho también la Coca-Cola, a pesar de que sé que son muy malos para mi salud. Tengo pelo café, ojos cafés y piel café. Mido desde mi
5  hocico hasta mi cola cincuenta centímetros, es decir, medio metro. No tengo familia y vivo solo, lo cual me permite tomarme toda la Coca-Cola que yo quiera y también tomarme todo el helado que yo quiera. Hoy cumplí once años y decidí que por mi cumpleaños voy a conocer el mar porque nunca lo he visto.
10     Lo primero que se me ocurrió fue ir a comprar un pasaje en Trans Esmeraldas[1] para irme a Atacames, pero el señor de la ventanilla me dijo que los animales deben ir acompañados de un humano adulto. Le dije que, si era por seguridad, que no se preocupara porque vivo solo y sé cuidarme bien (estuve tomando clases de karate y soy cinturón amarillo), pero no me hizo caso. Entonces, se me ocurrió que, si ponía un anuncio en el Diario HOY,
15  tal vez alguien me acompañaría:

> Joven ornitorrinco de 11 años busca acompañante para ir a la playa. Se prefiere le gusten los animales. Se pagará por día, precio a convenir. 098 760292

Nadie me llamó, seguramente pensaron que era de chiste.

---

[1]empresa ecuatoriana de autobuses

Me disfracé de humano y fui a Trans Esmeraldas otra
vez. Me dijeron que mi disfraz era una lágrima, lo cual no
entendí y les dije que me explicaran esa expresión y me
dijeron que mi disfraz era pésimo, que se me notaba el
pico, la cola y sobre todo mi tamaño muy pequeño.

Como el anuncio no funcionó, ni el disfraz, ni mi idea
de volar por TAME (los de TAME me dijeron lo mismo: que
los animales no vuelan sin humano adulto), me puse a
llorar en el parque La Carolina. Lloré tanto que vino una
niña no mayor de catorce años y me dijo:

–Hola, me llamo Edna. ¿Por qué lloras?

Le expliqué mi problema y me respondió:

–No te esponjes, Benifo. Yo te ayudo.

Edna (su apellido no lo recuerdo) fue a comprar el pasaje en Trans Esmeraldas y, aunque
Edna no es adulta, se lo vendieron. Entonces salté de la alegría y le di un beso en la mejilla y
ella se sonrojó y me dijo:

–Benifo, tienes tu vida por delante, no dejes que nada te detenga.

–Edna, ven conmigo al mar.

–No puedo, tengo que hacer los deberes.

Se fue silbando y a mí me dio tristeza.

Mi viaje fue un jueves, lo recuerdo muy bien porque intenté leer la columna del HOY donde
escribe un tal Espinosa (también me acuerdo porque los jueves tengo karate y no fui). Lo malo
es que no entiendo mucho de lo que escribe por mi corta edad, pero me encanta porque hace
chistes y nunca me pierdo su columna de los jueves. Como mi profesora de la escuela me dijo que
era muy pilas (bueno no dijo pilas, sino inteligente) le escribí un correo electrónico antes de irme:

---

Señor Simón Espinosa - Presente:

Hola, señor Espinosa, quiero ser reportero y escritor como usted. ¿Puedo trabajar
para usted? Puedo empezar la semana que viene (es que me voy a la playa
ahorita), pero sólo las tardes a partir de las 2:30 p. m. después del colegio. Sé
bastante de animales (soy un ornitorrinco), de libros de magia (soy mago aficionado)
y de karate (soy cinturón amarillo). Puedo hacer reportajes de animales, de magia y
de artes marciales. Gracias y hasta lueguito. Le agradezco por su atención.

Muy atentamente,

Benifo Guamán

---

Ojalá me responda, si no, estoy fregado.

Antes de salir de viaje le di de comer a mi gato Micifuz (creo que me olvidé de contarles
que tengo un gato runa bien lindo que se llama Micifuz). Después revisé mi lista de cosas para
llevar en el viaje, a la cual le hice unos cambios y quedó así:

- mi último libro de Harry Potter
- mi penúltimo libro de Harry Potter
  (terminar de leerlo en el bus)
- ~~dos botellas~~ cuatro botellas de
  Coca-Cola de dos litros cada una
- un tarro de helado de coco
- mis gafas Ray-Ban
- el terno de baño[2]

- ~~tres Manichos~~ cuatro Manichos[3]
- mi toalla de Bob Esponja
- ~~dos fundas~~ cuatro fundas de chifles[4]
- mi camiseta de la Liga[5]
- las chanclas[6] Bora-Bora
- mi iPod chimbo[7]
- mi celular
  (comprar tarjeta antes del viaje)

---

[2]traje de baño   [3]dulce ecuatoriano hecho con maní y chocolate   [4]*banana chips*   [5]Liga Deportiva Universitaria
de Quito (equipo de fútbol)   [6]zapatos para la playa   [7]no auténtico, una imitación

65   Casi me entró todo en la mochila (bueno el helado me lo comí todo porque se iba a derretir).

Me mareé en el bus por estar leyendo el último de Harry Potter. ¡Chuso! es un mago buenísimo. Cuando leí el primero de Harry Potter, me compré un libro de magia y he estado practicando, ya puedo hacer aparecer una tórtola de un sombrero, siempre y cuando atrape la tórtola (es lo más difícil del truco). Como estaba mareado me puse a oír música en mi iPod.
70   Tengo de todo pero lo que más me gusta es Dadi Yanki y Stan Getz (este último es el único recuerdo de mi papi). Con Stan Getz me dormí de una y soñé con el mar y mi papi. Me desperté cuando el bus paró y todos se bajaron a comprar comida. Yo me comí dos bolsas de chifles y, de postre, tres Manichos y me tomé un litro de cola (es que como mucho). Pero igual me bajé, creo que paramos en Nanegalito. Me fui al parque y había una ardilla[8], le dije: qué fue, loco. Me
75   vio medio raro y no me dijo nada pero se paró en sus dos patitas. Yo le brindé de mi Manicho y enseguida nos hicimos amigos.

–Hola, me llamo Fulton. ¿Cómo te llamas tú?

Le conté toda mi aventura y me dijo primerito antes que nada: ¡feliz cumpleaños! Me dijo que él no conocía el mar tampoco, pero que no le interesaba porque en ese parque él vivía
80   bien. Vivo a todo dar en este parque, me dijo (con un acento costeño). Pero me dio un consejo: Benifo, nunca dejes que nadie te detenga. Entonooo me hizo pensar en Edna y el beso que le di. Por suerte Edna me había dado su número de celular y como yo llevé el mío, le mandé un mensajito de texto:

hola edna soy benifo. toy camino playa. tu q haces?

85   Después el bus siguió y le pregunté al controlador y me dijo que faltaban casi tres horas ¡yo no podía esperar tanto! Por suerte el controlador sacó unas galletitas Amor y ¿adivinen qué? Sí, sí, Coca-Cola para todos. Yo, aunque todavía tenía mis tres botellas, me tomé el vaso que me dio el controlador. Mi celular sonó y vi que Edna me había escrito el siguiente mensaje:

hola benifo toy saliendo d clases me voy al cine a ver spiderman. nada mucho en el mar y
90   come enconcado[9]. Besos Edna

¡Besos! ¡Besos! ¡No lo podía creer! De pronto quise volver a Quito para irme al cine con ella y sus amigas y darle besos pero me dije: no seas bestia Benifo, te vas al mar a conocer, y me dormí otra vez.

Me despertó el controlador en Atacames y me bajé y hacía un calor terrible entonces abrí
95   mi Coca-Cola y me tomé toda la botella. Después puse todo en mi mochila y le pregunté al controlador que para dónde estaba el mar y me dijo: para allá, ñaño. Entonces me dirigí en esa dirección y, súper raro, no había nadie en Atacames, el pueblo estaba desierto, no había ni carros ni personas ni perros ni nada de bulla. Caminé más y lo vi y me dio frío y sentí la llamada del mar. Tiré mi mochila a un lado, me desnudé y me metí al mar. Primero nadé veinte
100  minutos mar adentro. Después el doble de eso. Después, seguí chapoteando por lo que yo estimo serían dos horas mar adentro y buceé. Estaba tan feliz que me dije: Benifo, no vuelvas a Quito, quédate en el mar. Y desde ahí no he vuelto. Ahora como insectos, gusanos y moluscos. Lo que más extraño de mi vida anterior es la Coca-Cola y tal vez la posibilidad (bien difícil) de que Edna me devuelva el beso que le di.

© Cengage Learning 2015

_____

[8]*squirrel*   [9]comida a base de coco y pescado o mariscos, típica de la zona de Esmeraldas, Ecuador

**ACTIVIDAD 16** Ordena la historia Lee el cuento otra vez para poner en orden las cosas que ocurrieron.

_____ Nadie respondió a su anuncio.

_____ Benifo, el ornitorrinco, cumplió 11 años.

_____ Estaba llorando en un parque cuando llegó Edna.

_____ Decidió conocer el mar por su cumpleaños.

_____ En Atacames se quitó la ropa y estuvo en el mar por más de dos horas.

_____ Puso un anuncio en el periódico para buscar compañero de viaje.

_____ Se disfrazó de humano e intentó comprar un pasaje.

_____ Fue a comprar un pasaje, pero no se lo vendieron por ser un animal.

_____ Edna compró un pasaje y se lo dio.

_____ Estaba muy feliz y decidió quedarse a vivir en Atacames.

_____ Su disfraz no funcionó y no pudo comprar pasaje.

_____ Cuando el autobús paró en Nanegalito, conoció a Fulton, una ardilla.

**ACTIVIDAD 17** Más información Contesta las siguientes preguntas sobre la lectura.

1. Según Benifo, ¿cuál es uno de los beneficios de no tener familia y vivir solo?
2. ¿Por qué creía Benifo que no necesitaba ir en el autobús acompañado de un adulto?
3. ¿A quién le escribió un email antes de irse de viaje? ¿Por qué?
4. ¿Cuál es el mago que Benifo admira y qué sabe hacer Benifo?
5. ¿Qué quería hacer cuando recibió el mensaje de texto de Edna? ¿Lo hizo?
6. ¿Cuál fue el consejo que le dieron Edna y la ardilla? Explica por qué crees que siguió o no ese consejo.
7. ¿Te gustó el cuento? Explica tu respuesta.

## Escritura

### ESTRATEGIA: Mind Mapping

The mind-mapping technique described under the **Lectura** section on page 444 can also be used as a pre-writing strategy. This is a useful way of generating ideas in a nonlinear and unstructured way. Once you finish your mind map, choose the main ideas to organize your content prior to writing.

**ACTIVIDAD 18** El progreso Parte A. Make a mind map with the word **progreso** in the center. Include both positive and negative items.

**Parte B.** Select the most interesting ideas from your mind map and write an outline. Then write your composition.

**Parte C.** Hand in your mind map, your outline, a draft or drafts of your composition along with your final version to your instructor.

# Vocabulario esencial ▯

## Los animales

### En el zoológico

1. el oso
2. el mono
3. la serpiente
4. el león
5. el elefante
6. el loro
7. el pájaro
8. el pato
9. el pez

### En la granja

1. el caballo
2. el ratón
3. el toro
4. la vaca
5. la gallina
6. el gato
7. el perro
8. la oveja
9. el gallo

Do Workbook and Web activities.

**ACTIVIDAD 19** **Los sonidos, dichos y refranes** **Parte A.** Cuando la gente hispanohablante imita los sonidos que hacen los animales, a veces son similares y a veces son diferentes de los sonidos que hace la gente de habla inglesa. Mira la siguiente lista y trata de adivinar qué sonido hace cada animal.

1. perro _____
2. gato _____
3. pájaro _____
4. gallo _____
5. pato _____

a. pío pío
b. guau guau
c. cua cua
d. miau
e. quiquiriquí

**Parte B.** También existen dichos o refranes en español relacionados con los animales. Intenta encontrar las terminaciones de los siguientes refranes y dichos, combinando las ideas de las dos columnas.

1. Ellos se pelean como _____
2. Cada oveja _____
3. Es la gallina _____
4. Más vale pájaro en mano _____
5. A caballo regalado _____
6. Por la boca _____
7. Es más peligroso que _____
8. Es tan fuerte como _____
9. Habla como _____

a. que cien volando.
b. con su pareja.
c. perros y gatos.
d. muere el pez.
e. mono con navaja (switchblade).
f. un loro.
g. no se le mira el diente.
h. un toro.
i. de los huevos de oro.

**Parte C.** En parejas, imaginen que están mirando la televisión con amigos en un país hispano. ¿Cuáles de los dichos y refranes de la Parte B van a decir si ven las siguientes imágenes?

1. un hombre que levanta 200 kilos
2. un personaje de una telenovela se queja cuando recibe un regalo que no le gusta
3. una persona borracha que maneja por la ciudad a mucha velocidad
4. dos personas caminando de la mano —él tiene pelo morado y ella pelo azul
5. una pareja enojada —ella gritando y él rompiendo cosas
6. un hombre al que le ofrecen 100.000 pesos o la opción de elegir entre dos cajas —él sabe que una tiene 200.000 pesos, pero la otra no tiene nada— elige recibir los 100.000 pesos
7. un niño que siempre interrumpe y no deja de hablar
8. un informe sobre cómo ganar muchísimo dinero invirtiendo (investing) en un nuevo proceso para producir petróleo sintético que no produce gases tóxicos
9. en un programa policial, un hombre, en vez de callarse, dice algo que solo puede saber el asesino

**ACTIVIDAD 20** **Características** En parejas, clasifiquen los animales de la página 449 según los siguientes adjetivos.

▶ grande
El animal más grande es el elefante.

1. feo
2. gracioso
3. rápido
4. tímido
5. valiente
6. simpático
7. tonto
8. bonito
9. inteligente
10. cobarde

## ¿Lo sabían?

El quetzal, pájaro nacional de Guatemala, está en peligro de extinción. Esto se debe en gran parte a la destrucción de su hábitat para crear espacios para la agricultura. Este pájaro fue muy importante para las civilizaciones maya y azteca. Uno de los dioses que adoraban los mayas era Quetzalcóatl, protector del cielo y de la tierra, una combinación de quetzal y serpiente. Los gobernantes mayas usaban las plumas de este pájaro para sus tocados[1] pero no lo mataban.

Otro pájaro que está en peligro de extinción es el cóndor de los Andes, símbolo de la libertad, que habita en los picos y las nieves eternas de Venezuela, Colombia, Ecuador, Perú, Argentina, Chile y Bolivia. Su hábitat natural está despareciendo, pero afortunadamente a fines de los años 80 se comenzaron programas para proteger a este animal. Su imagen aparece en los escudos[2] nacionales de Chile, Colombia, Ecuador y Bolivia.

 **¿Qué animales han sido importantes en la historia de tu país y por qué?**

_____

[1]*headdresses*   [2]*coats of arms*

▲ Quetzal.

---

**ACTIVIDAD 21 Los animales hablan** En parejas, usen la imaginación y túrnense para decir lo que diría *(would say)* un animal. La otra persona debe adivinar qué animal es. Sigan el modelo.

▶   A: Me gusta vivir en la selva porque yo soy el rey.
    B: Eres un león.

**ACTIVIDAD 22 ¿Te gustan los animales?** **Parte A.** En *Un cuento de niños,* el ornitorrinco Benifo tiene un gato que se llama Micifuz (un nombre típico de gato). En grupos de tres, pregúntenles a sus compañeros si tienen o alguna vez han tenido una mascota, qué nombre le pusieron y por qué.

**Parte B.** Ahora comenten los pros y los contras de tener un animal en una casa y compartan sus ideas con el resto de la clase.

**Parte C.** Mucha gente dice que las mascotas tienen ciertos derechos básicos. Digan qué derechos deben respetar los dueños de esos animales.

# Para ver ▊

## Activista de dientes para afuera

| | |
|---|---|
| **tenerle fobia a...** | to have a fear of . . .; to hate . . . |
| **nada de peros** | no ifs, ands, or buts |
| **¿No te/le/les parece?** | Don't you think so? |

**de dientes para fuera** =
he pays lip service to it.

*Hoy hablé con Rodrigo, mi amigo salvadoreño, un activista del medio ambiente... sí, activista... de dientes para afuera.*

▶ **ACTIVIDAD 23 ¿Cierto o falso?** Lee las siguientes oraciones. Luego, mientras miras el video blog, marca si son ciertas (**C**) o falsas (**F**). Después corrige las oraciones falsas.

1. _____ La camiseta de Rodrigo apoya las causas de los indígenas.

2. _____ Según Gimena, Rodrigo no protege el medio ambiente de forma activa.

3. _____ Rodrigo es miembro de Greenpeace.

4. _____ Según Gimena, él les tiene fobia a los animales.

5. _____ Según Gimena, los cambios climáticos afectan el hábitat de los yaguaretés.

6. _____ Gimena invita a Rodrigo a una reunión de Greenpeace.

**ACTIVIDAD 24** **¿Comprendiste?** Mira el video blog otra vez y contesta estas preguntas.

1. ¿Qué dice Rodrigo que va a hacer después de terminar sus estudios? ¿Gimena le cree?
2. ¿Cuáles son algunos de los animales que según Gimena están en peligro de extinción?
3. ¿Qué animal ataca las vacas en Argentina?
4. ¿Qué se comen las tortugas marinas porque creen que es una medusa?
5. ¿Crees que Gimena se preocupa mucho por la protección del medio ambiente?
6. En tu opinión, ¿Rodrigo es hipócrita? Explica tu respuesta.

## ¿Lo sabían?

Uno de los lugares donde mejor se le puede enseñar a la población a valorar y respetar el medio ambiente es en el Museo de la Biodiversidad de Panamá conocido coloquialmente como el *BioMus*eo. El museo está en una península al lado de la entrada del Pacífico al Canal de Panamá. Rodeado por un jardín botánico, el edificio del museo conocido como *Puente de vid*a fue diseñado por el arquitecto canadiense Frank Gehry. El museo cuenta, a través de sus exhibiciones, la historia natural del

Courtesy BioMuseo

▲ **El BioMuseo de Panamá.**

istmo de Panamá, que conecta América del Sur con América Central. La formación de esta especie de puente natural tuvo un papel importante en la biodiversidad de nuestro planeta ya que permitió la migración de animales de una región a otra.

**¿?** **¿Hay algún museo dedicado a la biodiversidad en tu país?**

**ACTIVIDAD 25** **¿Fobias?** En el video blog Gimena dice que Rodrigo le tiene fobia a los animales. En grupos de tres, comenten a qué le tienen fobia Uds. y por qué. Si no le tienen fobia a nada, cada uno debe hablar sobre alguien que tiene una fobia y explicar cuál es.

▶ Le tengo fobia al número siete. Todas las cosas malas que ocurrieron en mi vida tienen algo que ver con el número siete. Por eso, intento no hacer nada importante el siete de cada mes.

# Gramática para la comunicación II

## I. Describing: *Lo* + Masculine Singular Adjective

To characterize something in a general or abstract way, use the neutral article **lo** with a masculine singular adjective.

**Lo bueno** es que están protegiendo los yaguaretés.

**Lo más interesante** del viaje fue el Biomuseo.

*The good thing is that they are protecting the jaguars.*

*The most interesting part of the trip was the Biomuseum.*

---

**ACTIVIDAD 26 Lo mejor** En grupos de tres, hagan comentarios sobre el medio ambiente con expresiones como **lo bueno, lo malo, lo interesante, lo ingenioso** y expliquen por qué opinan eso.

▶ Lo terrible son los animales que están en peligro de extinción porque no tienen hábitat donde vivir.

1. la cantidad de cartón y plástico que se usan para envolver productos
2. la cantidad de bolsas de plástico que se usan todos los días
3. las construcciones verdes
4. las ciudades que tienen buen sistema de transporte público
5. el calentamiento global
6. las cosas que crea la gente con materiales reciclados
7. la energía solar
8. los carros que gastan mucha gasolina
9. visitar el Biomuseo

**ACTIVIDAD 27 Los críticos** En parejas, comenten una película interesante que Uds. dos hayan visto. Usen expresiones como **lo bueno, lo malo, lo inesperado, lo interesante, lo cómico, lo triste** y **lo peor de todo.**

▶ Lo mejor fue el final porque... Lo más divertido fue cuando...

---

> Antes de que vayamos a una reunión de Greenpeace, ...voy a comer un churrasco así de grande.

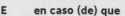

## II. Expressing Restriction, Possibility, Purpose and Time: The Subjunctive in Adverbial Clauses

---

The following adverbial conjunctions are always followed by the subjunctive.

| | | |
|---|---|---|
| E | **en caso (de) que** | in the event that; in case |
| S | **sin que** | without |
| C | **con tal (de) que** | provided that; as long as |
| A | **antes (de) que** | before |
| P | **para que** | in order that, so that |
| A | **a menos que** | unless |

| En caso de que vayas al zoológico, no les des de comer a los animales. | In the event that you go to the zoo, don't feed the animals. |
|---|---|
| Podemos disfrutar de los pájaros **sin que** ellos **tengan** que vivir en jaulas. | We can enjoy the birds without them having to live in cages. |
| Los perros no muerden **con tal de que** nadie los **moleste.** | Dogs don't bite provided that no one bothers them. |
| Voy a buscar la cámara **antes de que vayamos** al zoológico. | I'm going to look for the camera before we go to the zoo. |
| Hay que conservar los recursos naturales **para que** el planeta **pueda** respirar. | One has to conserve natural resources so that the planet can breathe. |
| **A menos de que hagamos** algo, las ballenas pronto van a estar en peligro de extinción. | Unless we do something, whales will soon be in danger of becoming extinct. |

**NOTE: Sin que, para que,** and **antes de que** take the subjunctive when there is a change of subject. If there is no change of subject, use an infinitive immediately after the preposition, omitting the word **que.**

Yo no contamino **para que** <u>mis hijos</u> **tengan** un planeta limpio.
Yo no contamino **para tener** un planeta limpio.
<u>Ella</u> va a comprar un gato **sin que** <u>sus padres</u> lo **sepan.**
<u>Ella</u> va a comprar un gato **sin decirles** nada a sus padres.

iLrn

Do Workbook, Lab Manual, and Web activities.

**ACTIVIDAD 28 Gimena y Rodrigo** Completa las oraciones sobre Gimena y Rodrigo con las siguientes expresiones: **en caso de que, sin que, con tal de que, antes de que, para que** y **a menos de que.**

1. Rodrigo lleva una camiseta con una ballena _____ la gente sepa que este animal está en peligro de extinción.
2. Gimena siempre va a las reuniones de Greenpeace _____ se sienta mal.
3. Rodrigo quiere poder llevar esa camiseta _____ Gimena lo critique.
4. Él va a comer carne _____ ellos vayan a la reunión de Greenpeace.
5. Ella va a estar muy triste _____ el yaguareté desaparezca.
6. Él va a participar en una organización que proteja el medio ambiente _____ esté muy ocupado con su trabajo.
7. Gimena no va a criticar a Rodrigo _____ él no use bolsas de plástico.

**ACTIVIDAD 29 Los deseos de los padres** Cuando nuestros padres nos piden que hagamos cosas que no queremos hacer, tenemos tres opciones: decir que sí, decir que no o negociar. Cuando negociamos, ponemos condiciones. Pon condiciones a los siguientes pedidos de tus padres.

1. Tus padres quieren que tú salgas con el hijo/la hija de uno de sus amigos que va a estar de visita en la ciudad. No conoces a ese/a joven y además es posible que no te caiga bien.
    No voy a salir con él/ella a menos que...
2. Tus padres quieren que tú pases el fin de semana con ellos para celebrar una reunión familiar, pero tus amigos van a hacer una fiesta fabulosa.
    Voy a ir a la reunión familiar con tal de que...
3. Tú te quieres cambiar de universidad, pero tus padres se oponen a la idea.
    Me voy a cambiar de universidad a menos que...
4. Tu padre quiere que trabajes este verano con su hermano, el veterinario, y tu madre quiere que trabajes con su hermano, el chef.
    Voy a trabajar para mi tío el... con tal de que...

Tienes 30 años y vas a llevar a un grupo de estudiantes universitarios norteamericanos a la República Dominicana para que vivan con familias dominicanas. Allí van a estudiar español y los problemas de salud relacionados con el agua potable del país. Completa la carta que recibieron las familias dominicanas que van a hospedar *(to host)* a los estudiantes. Usa las expresiones **en caso de que, sin que, con tal de que, antes de que, para que** y **a menos que.**

Estimados señores:

Muchas gracias por participar en nuestro programa de intercambio estudiantil. Esta es la última carta que les voy a escribir antes de la llegada de los jóvenes a la República Dominicana. A continuación hay información que puede ayudarlos:

1. _____ los estudiantes lleguen, Uds. van a recibir información que incluye su nombre, su email y el número de teléfono de sus padres. Si no reciben esta información, por favor comuníquense con nuestra oficina.

2. _____ su estudiante tenga un accidente o se enferme, deben llevarlo a la Clínica Abreu en Santo Domingo. Todos los estudiantes tienen seguro médico. Uds. no tienen que pagar nada. No tienen que avisar a la oficina _____ sea algo grave.

3. Deben insistir en que los estudiantes hablen español en casa _____ ellos puedan practicar el idioma lo más posible.

4. Los estudiantes no pueden hacer viajes a otras ciudades _____ Uds. avisen a nuestra oficina.

5. Los estudiantes pueden salir de noche _____ les avisen a Uds. si van a llegar tarde. _____ Uds. no se preocupen por su seguridad, les recomendamos que impongan una hora de llegada.

6. Si los estudiantes no van a comer en casa, deben decírselo a Uds. con anticipación _____ Uds. no preparen nada para ellos.

7. _____ los estudiantes no tengan móvil, Uds. deben explicarles sus reglas en cuanto al uso del teléfono de la casa.

8. Nuestra oficina no permite que los estudiantes cambien de casa _____ el estudiante, la familia y el director del programa lo consideren necesario.

Los estudiantes llegan el sábado a las 11:32 de la mañana en el vuelo número 357 de TACA. Allí los espero frente a la sala de aduanas número 2 para recibir a los estudiantes.

Los saluda atentamente,

*Rafael Gis Vicens*

**Parte B.** En grupos de tres, Uds. quieren que los estudiantes representen bien a los Estados Unidos mientras estén en la República Dominicana, pero temen que pueda haber problemas. Estas son algunas preocupaciones que Uds. tienen. Hablen de sus posibles consecuencias.

1. Los estudiantes no van a hablar español.
2. No van a querer probar la comida.
3. Van a pasar todas las noches en las discotecas y no van a aprobar los exámenes.
4. Van a llegar tarde por la noche sin avisar.
5. Va a haber problemas con el alcohol.
6. Van a tener problemas con la policía por consumo de drogas.

**Parte C.** Ahora en su grupo, preparen lo que les van a decir a los jóvenes para evitar problemas. Estén listos para decirlo enfrente de la clase. Incluyan expresiones como **antes de que, con tal de que, para que** y **en caso de que.**

▶ Pueden salir por la noche con tal de que les avisen a sus padres dominicanos porque... Deben recordar que sus padres dominicanos son sus padres en la República Dominicana y...

▲ Dos estudiantes de Boston College con niños dominicanos.

Do Web Search activities.

# Más allá

## Canción: "Gaia"

**Belinda Peregrín Schüll (1989– )** nació en España de padre español y madre francesa, pero su familia se mudó a México cuando ella tenía cinco años. Su primer álbum salió cuando Belinda solo tenía catorce años. Ella es actriz, compositora y cantante y a pesar de ser muy joven ya ha recibido varias nominaciones a Grammys Latinos. Belinda canta música pop con influencia de música rock.

A. Miller/WENN/Newscom

**Antes de escuchar** Vas a escuchar una canción relacionada con el medio ambiente. Antes de escucharla, mira el título de la canción y contesta estas preguntas.

1. ¿Qué significa el nombre de la canción? Si no sabes, busca en Internet.
2. ¿Qué canciones conoces que hablen sobre los problemas del medio ambiente?

**Mientras escuchas** Primero lee estas preguntas y después, escucha la canción para contestarlas.

1. ¿A quién le canta Belinda esta canción?
2. ¿Qué jura *(swear)* Belinda que va a hacer?
3. En la vida de Belinda, esta persona/cosa es...
   a. invisible
   b. imprescindible *(essential)*
   c. increíble
   d. invencible
4. ¿Por qué crees que ella le dice al planeta "Te fallé, te dañé" *(I let you down, I hurt you)*?

**Después de escuchar** En la canción, Belinda dice que por su inteligencia ella se creyó más que Dios. Contesta las siguientes preguntas relacionadas con ese comentario.

1. ¿Somos los seres humanos superiores a las especies vegetales y animales? Si contestas que sí, ¿tenemos cierta responsabilidad hacia la flora y la fauna del planeta?
2. ¿Alguna vez le has fallado tú al planeta? ¿Cómo lo dañaste?
3. ¿Puedes nombrar algunas cosas concretas que hacen por el planeta en tu universidad, ciudad, estado o país?

## ▶ Video: *A todo pulmón – Paraguay respira*

© A Todo Pulmón-Paraguay Respira by Gunter Krone

pulmón = lung;
respira = breathes

The video is on CengageBrain.com.

**Antes de ver** Vas a ver un video sobre Paraguay y su medio ambiente. Antes de verlo, mira el título, esta imagen del video e imagina de qué va a tratar este video.

**Mientras ves** Primero lee las preguntas y después mira el video para contestarlas.

1. ¿Cuál es la primera imagen que aparece? ¿Qué se quiere simular con esta imagen?

2. ¿Cuántos árboles se van a plantar durante esta campaña?

3. ¿Qué porcentaje del Bosque Atlántico de Paraguay desapareció entre 1950 y 2008?

4. ¿Qué ocurrió entre 2002 y 2005?

5. ¿Quién tuvo la idea de crear esta campaña?

   a. un político popular

   b. una actriz de televisión

   c. el director de una estación de radio

6. ¿Cuál es el objetivo de la campaña y cómo piensan alcanzarlo *(reach it)*?

7. ¿Qué porcentaje de los árboles se va a plantar en el Bosque Atlántico? ¿Dónde se va a plantar el resto?

8. ¿Qué tipos de árboles se van a plantar?

9. ¿Cuáles son algunos de los beneficios de esta campaña?

   _____ ayudar a todo el planeta

   _____ mejorar la situación de Suramérica

   _____ recuperar un ecosistema importante

   _____ el país va a unirse en una causa común

**Después de ver** Vas a preparar el video de una campaña para proteger un aspecto del medio ambiente que está en peligro. Piensa en el video de la campaña "A todo pulmón – Paraguay respira", la información que se presenta y las siguientes ideas.

- el problema
- la solución
- los beneficios

Capítulo 14 • **459**

# En resumen

## Vocabulario funcional

### El medio ambiente
### (The environment)

el agua potable *potable water (suitable for drinking)*
ahorrar agua/energía/electricidad *to save water/energy/electricity*
la basura *garbage*
el biocombustible *biofuel*
la capa de ozono *ozone layer*
el carro verde *green car*
el cartón *cardboard*
la conservación *conservation*
conservar *to conserve, to preserve*
la contaminación *pollution*
desechable *disposable*
la destrucción *destruction*
destruir *to destroy*
la ecología *ecology*
en peligro (de extinción) *in danger (of extinction)*
la energía
  eólica *wind power*
  nuclear *nuclear energy*
  solar *solar energy*
el envase *container*
la fábrica *factory*
la lata de aluminio *aluminum can*

la lluvia ácida *acid rain*
plantar un árbol *to plant a tree*
el plástico *plastic*
proteger *to protect*
el reciclaje *recycling*
reciclar *to recycle*
ser consciente *to be aware*
sostenible *sustainable*
el vidrio *glass*

### Los animales

**En el zoológico** *At the zoo*
el elefante *elephant*
el león *lion*
el loro *parrot*
el mono *monkey*
el oso *bear*
el pájaro *bird*
el pato *duck*
el pez *fish*
la serpiente *serpent*

**En la granja** *On the farm*
el caballo *horse*
la gallina *hen*
el gallo *rooster*
el gato *cat*
la oveja *sheep*

el perro *dog*
el ratón *mouse*
el toro *bull*
la vaca *cow*

## Conjunciones adverbiales

cuando *when*
después de que *after*
hasta que *until*
E   en caso (de) que *in the event that;
    in case*
S   sin que *without*
C   con tal (de) que *provided that; as
    long as*
A   antes (de) que *before*
P   para que *in order that, so that*
A   a menos que *unless*

## Palabras y expresiones útiles

nada de peros *no ifs, ands, or buts*
ni... ni *neither . . . nor*
¿No te/le/les parece? *Don't you think so?*
tenerle fobia a... *to have a fear of . . .; to
    hate . . .*
todo el mundo *everybody, everyone*
ya que *since, because*

# La globalización y el trabajo

**Metrocable, Medellín, Colombia.**
Raúl Arboleda/AFP/Getty Images/Newscom

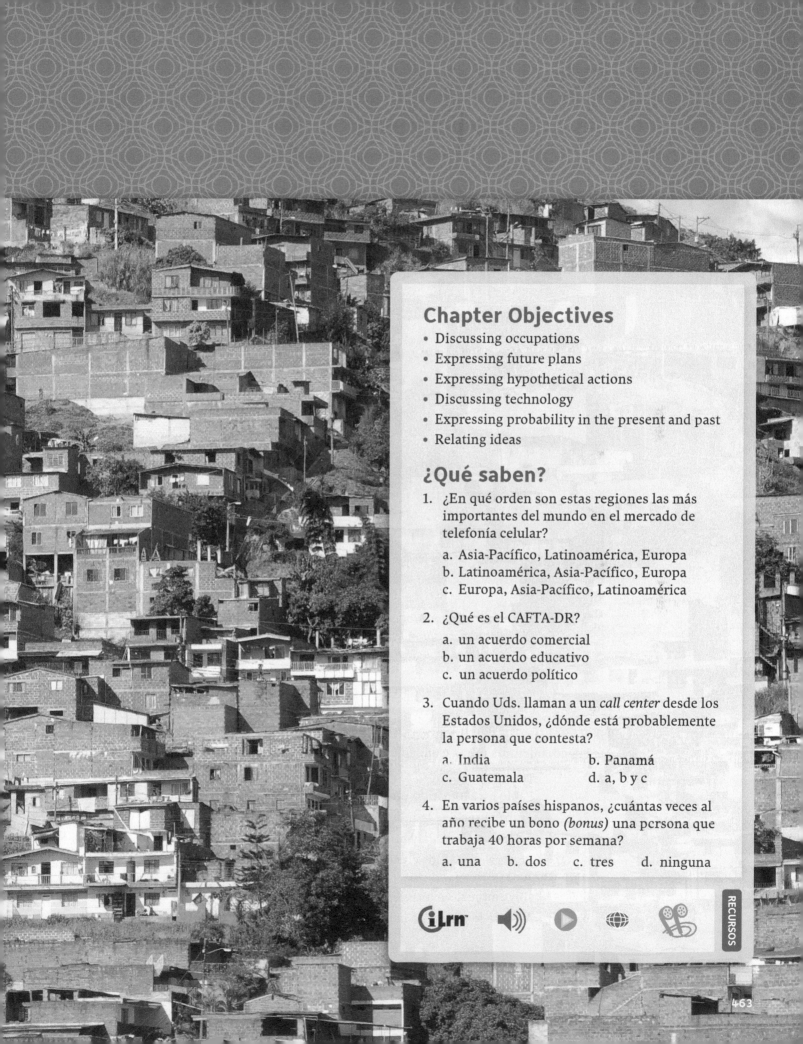

## Chapter Objectives

- Discussing occupations
- Expressing future plans
- Expressing hypothetical actions
- Discussing technology
- Expressing probability in the present and past
- Relating ideas

## ¿Qué saben?

1. ¿En qué orden son estas regiones las más importantes del mundo en el mercado de telefonía celular?

   a. Asia-Pacífico, Latinoamérica, Europa
   b. Latinoamérica, Asia-Pacífico, Europa
   c. Europa, Asia-Pacífico, Latinoamérica

2. ¿Qué es el CAFTA-DR?

   a. un acuerdo comercial
   b. un acuerdo educativo
   c. un acuerdo político

3. Cuando Uds. llaman a un *call center* desde los Estados Unidos, ¿dónde está probablemente la persona que contesta?

   a. India              b. Panamá
   c. Guatemala          d. a, b y c

4. En varios países hispanos, ¿cuántas veces al año recibe un bono *(bonus)* una persona que trabaja 40 horas por semana?

   a. una    b. dos    c. tres    d. ninguna

RECURSOS

463

# Para ver ▮

## Un cafecito delicioso

| | |
|---|---|
| **Me cae/cayó (muy) bien.** | I like/liked him/her/it (a lot). |
| **Me cae/cayó (muy) mal.** | I don't/didn't like him/her/it (at all). |
| **al** + *infinitive* | upon + *-ing* |
| **¿Me dejas** + *infinitive*? | Will you let me...? |
| **¿Me dejas probar?** | Will you let me try (it)? |

Video stills: © Cengage Learning 2015

 *Nosotros, los blogueros peruanos Andrés y Pablo, debatimos sobre la globalización, pero no nos ponemos de acuerdo.*

▶ **ACTIVIDAD 1 La globalización** Lee las siguientes oraciones. Luego, mientras miras el video blog, marca si son ciertas **(C)** o falsas **(F)**. Después corrige las falsas.

1. _____ Pablo está tomando un café peruano.
2. _____ Andrés cree que la industria nacional de Perú va a desaparecer.
3. _____ En Cusco, Perú, hay un café Starbucks.
4. _____ Perú es uno de los cinco mejores países de América Latina para hacer negocios.
5. _____ Hay empresas extranjeras que compran tierra agrícola en Perú.
6. _____ A Pablo le preocupa la globalización, pero le gusta su café.

**ACTIVIDAD 2** **¿Comprendiste?** Después de mirar el video blog otra vez, contesta estas peguntas.

1. ¿La ropa que lleva Pablo es de Perú o es importada?
2. ¿Le gusta a Andrés que haya un Starbucks en Cusco? ¿Por qué?
3. Según Pablo, ¿cuál es un aspecto positivo de la globalización a nivel laboral?
4. ¿Qué piensa producir una compañía extranjera con su cultivo de caña de azúcar?
5. ¿Qué teme Andrés que ocurra con la tierra agrícola de su país?
6. ¿Quién te cayó bien, Andrés o Pablo? Explica tu respuesta.

## ¿Lo sabían?

"Globalización" es un término que se refiere a la influencia global sobre el sector cultural, económico y social de una nación o región. A nivel cultural, se observa esta influencia en ciertos cambios de tradiciones y costumbres. A nivel social y económico, la globalización le ofrece a un gran sector de la población un mayor acceso al confort que brinda la tecnología. Por ejemplo, con antenas satelitales de televisión y teléfonos celulares con acceso a Internet, se han visto grandes cambios en la vida económica y social y se han facilitado la industria y el comercio. Pero por otro lado, algunas consecuencias de la globalización han sido negativas, como días laborales más largos, pérdida de beneficios y un aumento en el costo de servicios públicos. Esto ocurre cuando las multinacionales invierten en el país y exigen medidas que las favorezcan.

**¿?** **¿Qué efectos de la globalización a nivel económico, social y cultural se ven en tu país?**

▲ Nadín Ospina (1960– ) combina una figura precolombina con una cabeza de Mickey Mouse.

Courtesy León Tovar Gallery, NYC

**ACTIVIDAD 3** **¿Sabes el refrán?** **Parte A.** La actitud de Andrés en el video blog ilustra el refrán **Haz lo que yo digo, pero no lo que yo hago.** Mira y completa los siguientes refranes con una terminación lógica.

1. Del odio al amor _____
2. Dime con quién andas _____
3. El dar es honor _____
4. En boca cerrada _____
5. Llama al pan, pan, _____
6. Quien mucho duerme _____
7. Ojos que no ven _____
8. Más vale tarde _____
9. Quien más tiene, _____
10. Más vale estar solo _____

a. corazón que no siente.
b. y el pedir, dolor.
c. hay solo un paso (step).
d. más quiere.
e. no entran moscas (flies).
f. y te diré quién eres.
g. poco aprende.
h. que mal acompañado.
i. que nunca.
j. y al vino, vino.

**Parte B.** Ahora, en parejas, inventen situaciones para cada refrán.

▶ John no sabía que Carla ya no sale con Pete y le preguntó por él delante de su nuevo novio. ("En boca cerrada no entran moscas".)

# Vocabulario esencial I

## En busca de trabajo

EXTRANJEROS

REGISTRO

(Régimen General)

ESPAÑA

SOLICITUD DE PERMISO DE TRABAJO Y RESIDENCIA

POR FAVOR, NO ESCRIBA EN LOS ESPACIOS SOMBREADOS. VEA
INSTRUCCIONES AL DORSO. RELLÉNELO A MÁQUINA O CON
BOLÍGRAFO NEGRO Y LETRA DE IMPRENTA

DATOS DEL TRABAJADOR

Apellido(s) | Nombre
Apellido de nacimiento | País de nacionalidad
Lugar de nacimiento (localidad) | País de nacimiento
Fecha de nacimiento (día, mes y año) | Sexo | Estado civil | Profesión habitual
Núm. de afiliación a la Seguridad Social española (1) | Titulación y conocimientos especiales
Apellido(s) y nombre de la madre | Apellido(s) y nombre del padre

¿TUVO PERMISO DE RESIDENCIA Y TRABAJO CON ANTERIORIDAD A ESTA SOLICITUD? (2)  No ☐  Sí ☐   ¿Por cuenta propia? ☐   ¿Por cuenta ajena? ☐
SI YA TRABAJA O VA A TRABAJAR: Dependencia laboral (2)  Cuenta propia ☐    Cuenta ajena ☐

> The English word headhunter is frequently used in Spanish. The **Real Academia** suggests that foreign words used in Spanish be in italics when the spelling is identical to that of the language of origin.

**los (anuncios) clasificados** classified ads
**la carta de recomendación** letter of recommendation
**el/la cazatalentos** *(Spain)/ headhunter* headhunter
**completar** to fill out
**conseguir un trabajo/una entrevista** to get a job/an interview
**contratar** to contract, hire
**el contrato** contract
**el currículum (vítae)/ currículo** résumé, curriculum vitae
**el desempleo** unemployment
**despedir (e → i, i)** to fire
**el/la empleado/a** employee
**el empleo** job, position; employment
**la empresa** company

**la entrevista** interview
**la experiencia** experience
**el/la jefe/a** boss
**la pasantía** internship
**el puesto** job, position
**el salario (mínimo)** (minimum) wage
**el seguro médico** medical insurance
**solicitar** to apply for
**la solicitud** application
**el sueldo** salary
**tener palanca** *(Latin Am.)/* **enchufe** *(Spain)* to have an in (to have friends in high places)
**trabajar en equipo** to work as a team
**trabajar por mi/tu/su cuenta** to work on my/your/his/her own
**trabajar a tiempo parcial/a tiempo completo** to work part time / full time

## Ocupaciones

el bibliotecario/la bibliotecaria

el bombero/la bombero

la jueza/el juez

la psiquiatra/el psiquiatra

el carpintero/la carpintera

la veterinaria/el veterinario

el chef/la chef

la científica/el científico

## Otras ocupaciones

**el/la agente inmobiliario/a / de bienes raíces**  real estate agent
**el/la analista de sistemas**  systems analyst
**el/la artesano/a**  artisan
**el/la biólogo/a marino/a**  marine biologist
**el/la consultor/a**  consultant
**el/la director/a ejecutivo/a**  executive director
**el/la investigador/a**  researcher
**el/la supervisor/a**  supervisor

Do Workbook and Web activities.

---

**ACTIVIDAD** **4** **Definiciones**  Lee estas oraciones relacionadas con el trabajo y las ocupaciones e identifica las palabras o frases que se definen.

1. Antes de una entrevista, tienes que completar esto.
2. Al solicitar un puesto, es bueno pedirles esto a varias personas.
3. Esto es trabajar solo 20 horas por semana y no 40.
4. Esto es trabajar 40 horas por semana y no 20.
5. Este es el dinero que recibes por semana o por mes de trabajo.
6. Tu historia profesional escrita se llama así.
7. Este es un beneficio que te pueden dar en el trabajo.
8. Esto es cuando no hay trabajo porque la economía de un país está mal.
9. Esta es una persona que trabaja con abogados en la corte.
10. Esta es una persona que cura animales enfermos

En muchos países hispanos, es necesario pasar por un test psicotécnico antes de recibir una oferta de trabajo. El propósito de esta prueba es conocer la personalidad y capacidad laboral del candidato, ya que van a ser muy importantes no solo los conocimientos y experiencia que tenga sino también su habilidad para relacionarse con los demás y trabajar en equipo. Algunas de las cualidades que se pueden observar con este tipo de examen son la capacidad creativa de la persona y la aptitud para el liderazgo.

Courtesy Alejandro Ospina Torres

¿? **En tu país, ¿se dan tests psicotécnicos?**

**ACTIVIDAD 5 ¿Quién lo hace?** Forma oraciones para decir quién o quiénes hacen las siguientes acciones: un jefe, un futuro empleado y/o un empleado.

1. anunciar un puesto de trabajo
2. recibir seguro médico
3. despedir a alguien
4. firmar un contrato de trabajo
5. leer una solicitud
6. completar una solicitud
7. escribir cartas de recomendación
8. hacer el currículum vítae
9. recibir un sueldo
10. participar en una entrevista

**ACTIVIDAD 6 ¿Qué ocupaciones?** En parejas, hablen de las siguientes ideas conectadas con ocupaciones.

1. las ocupaciones para las que se necesita título universitario
2. las profesiones en mayor demanda hoy día
3. las ocupaciones que van a ser más populares en el futuro
4. las ocupaciones que le permiten a alguien trabajar por su cuenta

**ACTIVIDAD 7 El trabajo y el futuro** Parte A. En grupos de tres, piensen en las siguientes ocupaciones y expliquen cómo es la vida laboral de cada uno: chef, artesano/a y veterinario/a.

1. dónde trabaja
2. qué sueldo recibe
3. si tiene o no seguro médico
4. cuántas horas trabaja
5. si tiene una vida laboral interesante/aburrida/activa/tranquila

**Parte B.** Ahora discutan las siguientes preguntas relacionadas con el trabajo.

1. ¿Qué ocupación les gustaría tener cuando se gradúen?
2. ¿Les gustaría tener su propia empresa / trabajar por su cuenta / trabajar en casa / tener un puesto en el extranjero?
3. ¿Cuánto dinero les gustaría ganar? Expliquen por qué escogieron esa cifra (*figure*).

**Parte C.** Tengan en cuenta sus respuestas de la Parte B para decir qué van a hacer Uds. para conseguir el trabajo que quieren. Usen palabras y frases como: **mirar los anuncios clasificados en Internet, conseguir cartas de recomendación, completar la solicitud, hacer una pasantía, escribir un currículum, poner el currículum en Internet.**

▶ Como quiero ser..., antes de graduarme, voy a hacer una pasantía en... Cuando me gradúe, pienso buscar trabajo en...

**ACTIVIDAD 8 En busca de trabajo** En parejas, "A" es consejero/a en la agencia de empleos de la universidad y "B" busca empleo. "A" mira las instrucciones de esta página y "B" mira las instrucciones de la página R26.

### A (Consejero/a)

Los siguientes son dos puestos disponibles (*available*). Averigua las cosas que sabe hacer "B" y recomiéndale uno de estos puestos.

**Camarero/a** en el restaurante de primera categoría El Charro; lunes, martes, fines de semana; 25 horas semanales; sueldo según experiencia; propinas; 2 semanas de vacaciones; sin seguro médico. Requisitos: buena presencia; con experiencia; carta de recomendación del último jefe; currículum; conseguir la solicitud en el restaurante. Avenida Guanajuato 3252.

**Traductor/a** para compañía de seguros; bilingüe (español/inglés); horario variable —aproximadamente 20 horas por semana; $25 por página; seguro médico incluido. Requisitos: un año de experiencia; buen nivel de inglés; 3 cartas de recomendación; currículum; título universitario. Bajar la solicitud en http://AsegureSuVida.com.py.

**ACTIVIDAD 9 El puesto ideal** Ahora, el/la consejero/a quiere simular una entrevista. "A" y "B" deben practicar entrevistas para los puestos presentados en la actividad anterior. Cambien de papel después de la primera entrevista.

# Gramática para la comunicación I

"... gracias a gente como tú, pronto no tendremos industria nacional."

## I. Expressing the Future: The Future Tense

© Cengage Learning 2015

In the video blog at the beginning of the chapter Pablo says, "**Eso quiere decir que... entrará más capital ... que habrá más y más trabajo.**" In this sentence he is discussing the future. How can you express this in another way?

If you answered **... va a entrar ... va a haber...,** you were correct.

As you have already seen, the future may be expressed with the present indicative or with the construction **ir + a** + *infinitive:* **Te veo mañana. Te voy a ver mañana.**

**1** The future may also be expressed with the future tense. To form the future tense, add the following endings to the infinitives of **-ar, -er,** and **-ir** verbs.

Note that the **nosotros** form has no accent.

| **mir**ar | | **tra**er | | **ir** | |
|---|---|---|---|---|---|
| miraré | miraremos | traeré | traeremos | iré | iremos |
| mirarás | miraréis | traerás | traeréis | irás | iréis |
| mirará | mirarán | traerá | traerán | irá | irán |

Perú **exportará** más productos agrícolas a los Estados Unidos el año que viene.

*Perú will export more agricultural products to the United States next year.*

Starbucks **abrirá** más cafés en Lima.

*Starbucks will open more cafés in Lima.*

**2** The following groups of verbs have an irregular stem in the future, but use the same endings as regular verbs.

decir → **diré**       poner → **pondré**       salir → **saldré**
hacer → **haré**       querer → **querré**       tener → **tendré**
poder → **podré**       saber → **sabré**       venir → **vendré**

**NOTE: Hay** = there is/are       **Habrá** = there will be

A Pablo le **harán** muchas preguntas durante la entrevista de trabajo.

*They will ask Pablo many questions during the job interview.*

**Tendrá** que tomar un test psicotécnico antes de que le ofrezcan el trabajo.

*He will have to take an aptitude test before they offer him the job.*

**ACTIVIDAD 10** **El futuro laboral** En parejas, usen las siguientes ideas para decir cómo será el trabajo en 2050.

1. el contacto humano en persona ser mínimo
2. las empresas tener solo tiendas virtuales
3. haber robots para manufacturarlo todo
4. los empleados hablarles a las computadoras en vez de escribir
5. haber mucho desempleo
6. los empleados solo trabajar desde su casa
7. los jefes hacer solo viajes de negocios virtuales
8. la gente combatir el estrés con su robot masajista personal

**ACTIVIDAD** **11** **La bola de cristal** Escribe predicciones sobre el mundo de Hollywood y de Washington.

1. El próximo presidente de este país...
2. La boda del año en Hollywood...
3. El próximo escándalo en Washington...
4. La mejor película del año...
5. El divorcio menos esperado...
6. ¿?

**ACTIVIDAD** **12** **La suerte** En parejas, "A" quiere saber su suerte *(fortune)* y "B" sabe leer la palma de la mano. Lea cada uno las instrucciones para un solo papel.

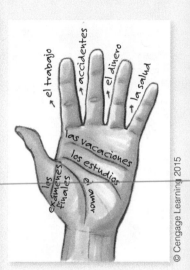

**A**

> Tú crees en lo sobrenatural y quieres saber qué te ocurrirá en el futuro. Antes de empezar, piensa en preguntas que puedes hacerle a "B" como: **¿Qué ocurrirá en mi vida? ¿Tendré muchos hijos?** (etc.)

**B**

> Tú vas a leerle la palma de la mano a "A" para hablarle sobre su futuro. Mira el dibujo de la mano como guía. Usa expresiones como **tendrás un futuro..., en cuanto a los estudios...; tendrás...; irás...** Empieza la conversación diciendo "Buenas tardes".

**ACTIVIDAD** **13** **Supersticiones dominicanas** **Parte A.** En parejas, combinen ideas de las dos columnas para formar oraciones sobre supersticiones comunes en la República Dominicana. Usen el futuro con los verbos de la segunda columna.

1. Si una persona se viste de negro para una boda, _____
2. Si una persona duerme con los pies hacia el frente de la casa, _____
3. Si alguien siente picor *(itch)* en la mano derecha, _____
4. Si una persona va al cementerio cuando está enferma, _____
5. Si alguien le pega a un niño el Jueves o el Viernes Santo, _____

a. morirse de esa enfermedad.
b. morirse.
c. la mano quedarle pegada *(stick)* al cuerpo del niño.
d. traerles mala suerte a los novios.
e. recibir dinero.

**Parte B.** Ahora terminen estas supersticiones que son comunes en los Estados Unidos.

1. Si un gato negro cruza delante de una persona, ...
2. Si una mujer soltera agarra el ramo de flores que tira la novia en una boda, ...
3. Si pisas una grieta *(crack)* en la acera *(sidewalk)*, ...
4. Si encuentras un trébol de cuatro hojas, ...
5. Si a alguien se le rompe un espejo, ...

> **Jueves o Viernes Santo** = Thursday or Friday before Easter

**ACTIVIDAD** **14** **El futuro indígena** En parejas, miren la viñeta política y comenten cómo creen que será el futuro de los indígenas como consecuencia de la globalización.

# II. Expressing Hypothetical Actions and Reporting: The Conditional

**1** The conditional **(condicional)** may be used to express something that you would do in a hypothetical situation. The formation of the conditional is similar to that of the future in that it uses the same stems. Add the conditional endings (**-ía, -ías, -ía,** etc.) to all stems.

| mirar | | traer | | ir | |
|---|---|---|---|---|---|
| miraría | miraríamos | traería | traeríamos | iría | iríamos |
| mirarías | miraríais | traerías | traeríais | irías | iríais |
| miraría | mirarían | traería | traerían | iría | irían |

—Andrés nunca **saldría** de Lima para trabajar en otra ciudad.

*Andrés would never leave Lima to work in another city.*

—Pero yo creo que él **solicitaría** una pasantía en otro país.

*But I think that he would apply for an internship in another country.*

**2** The following groups of verbs have the same irregular stems in the conditional as they do in the future.

| | | |
|---|---|---|
| decir → **diría** | poner → **pondría** | salir → **saldría** |
| hacer → **haría** | querer → **querría** | tener → **tendría** |
| poder → **podría** | saber → **sabría** | venir → **vendría** |

**NOTE: Hay** = there is/are    **Habría** = there would be

—¿Ir a otro país para una pasantía? Yo no lo **haría**.

*Go to another country for an internship? I wouldn't do it.*

—Creo que **podría** ser muy interesante.

*I think it could be very interesting.*

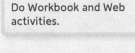

Do Workbook and Web activities.

**ACTIVIDAD 15** **Mentiras inocentes** Decide qué harías en las siguientes situaciones. Después, en parejas, hablen y expliquen sus respuestas.

▶ Durante un examen, un amigo te pide que lo dejes ver tu examen para poder copiar las respuestas.
   a. decirle que no y enfadarte             c. algo diferente
   b. mover tu silla para ayudarlo

   Yo le diría que no y me enfadaría porque... / Movería mi silla para ayudarlo porque... / No le contestaría y me sentaría lejos de él porque...

1. Vuelves de un viaje a México y traes tres kilos de una salchicha que te gustó muchísimo; el agente de aduanas te pregunta si traes carne.
   a. decirle que sí        b. decirle que no        c. algo diferente

2. Tus padres dicen que te van a pagar la matrícula de la universidad solo si estudias la carrera que ellos quieren. Lo malo es que tú quieres estudiar otra carrera.
   a. darles las gracias, pero no aceptar el dinero   c. algo diferente
   b. aceptar y estudiar la carrera que quieren

3. Un niño de cuatro años te dice que su hermana mayor le dijo que Santa Claus no existía.
   a. explicarle la verdad                    c. algo diferente
   b. decirle que su hermana le mintió

4. En el trabajo viste a un compañero robar dinero de la compañía. Ese mismo día por la tarde, el mismo empleado fue el único que recibió un aumento de sueldo.
   a. contárselo al jefe                      c. algo diferente
   b. callarte y luego hablar con ese compañero

**ACTIVIDAD 16** **El dilema** Un avión pequeño tiene problemas con un motor y está perdiendo altitud rápidamente. Hay ocho pasajeros y un piloto, pero solo hay cuatro paracaídas. En grupos de cuatro, lean las descripciones de las personas y decidan a quiénes les darían Uds. los paracaídas (parachutes) y por qué.

▶ Lo importante/interesante/fundamental es que Antonio Sánchez tiene tres hijos; por eso le daría uno de los paracaídas.

1. Antonio Sánchez: 44 años, piloto, casado y con tres hijos
2. Pilar Tamayo: 34 años, soltera, doctora e investigadora de cáncer
3. Lola del Rey: 35 años, jefa de relaciones humanas de una empresa multinacional. Tiene muy buena relación con todos los empleados.
4. Tommy González: 10 años, estudiante de cuarto grado, jugador de fútbol
5. Angustias Ramírez: 63 años, casada, con cinco hijos y siete nietos, abuela de Tommy González; ayuda a los pobres en un programa de la iglesia
6. Enrique Vallejo: 46 años, divorciado, con tres hijos, político importante, liberal, líder del movimiento ecológico
7. El padre Pacheco: 56 años, cura católico de una iglesia para trabajadores migratorios, fundador del programa E.S.D. (Escuela Sin Drogas), una escuela para jóvenes exdrogadictos
8. Lulú Camacho y Víctor Robles: 25 y 28 años, dos físicoculturistas (bodybuilders) que participan en competencias internacionales

# Nuevos horizontes

**ESTRATEGIA: Timed Reading**

One way of improving your reading speed is by timing yourself when you read. The advantage of this technique is that it forces you to focus on main ideas instead of stopping to wonder about individual words. Regular practice of this technique can help you learn to read faster and also hone in on key ideas. You will have a chance to practice this strategy while you read the selection.

**ACTIVIDAD 17 Conseguir trabajo** Antes de leer un artículo sobre el trabajo, pon en orden, de más a menos común, los métodos que utiliza la gente para conseguir su primer trabajo de tiempo completo en tu país.

_____ A través de su universidad o un centro educativo
_____ Creando su propio negocio
_____ A través de familiares o amigos (enchufe)
_____ Haciendo una pasantía en una compañía
_____ A través de anuncios en Internet
_____ Enviando el currículo a una empresa
_____ A través de un servicio público de empleo
_____ Otro, ¿cuál? _____

**ACTIVIDAD 18 Lectura veloz** El siguiente artículo apareció en el periódico español *El País.* Mira las tablas y lee rápidamente cada párrafo para buscar la idea principal de cada uno.

| Párrafo | Idea principal |
|---|---|
| _____ | En España la gran mayoría de los puestos de trabajo vacantes no se anuncian. |
| _____ | Se describe la diferencia entre favoritismo y *networking*. |
| _____ | En países como Grecia, Italia, España, Colombia y El Salvador, la gente trabaja mejor en grupo que sola. |
| _____ | Los contactos personales de todo tipo son importantes para conseguir trabajo en España. |
| _____ | Lo más importante para conseguir un trabajo hoy día es el *networking*. |
| _____ | En España hay familias que mandan a sus hijos a una escuela privada para que ellos tengan mejores conexiones laborales en el futuro. |

# Dime a quién conoces y te diré si tendrás trabajo

*La mitad de los jóvenes encuentra su primer empleo a través de familiares y amigos – ¿Enchufismo o pura lógica social?*

## J. A. Aunión

Casi la mitad de los jóvenes españoles, un 47,9%, encontraron su primer empleo gracias a un familiar o a un amigo, según un estudio de la Encuesta de Población Activa de 2009 del INE[1]. La importancia de conocer a la persona indicada en el lugar adecuado a la hora de encontrar un trabajo está más que estudiada y asumida[2] por la sociedad. O, al menos, así lo demuestran los padres que se esfuerzan en llevar a sus hijos a un colegio privado desde que son pequeños, convencidos de que las relaciones sociales que en ellos trencen les colocarán[3] en una posición aventajada en el futuro. "Como la mayor parte de los centros concertados religiosos fueron creados con la finalidad de educar a las clases privilegiadas de la sociedad, y siguen en el mismo empeño, atraen lógicamente al tipo de familias que pretende que sus hijos accedan a mejores posiciones mediante las relaciones sociales", escribían los expertos que redactaron en 2008 el manifiesto por la educación pública del Colectivo Lorenzo Luzuriaga.

Y más cuando la importancia de esas relaciones parece prolongarse durante toda la vida profesional: un informe de 2009 de Creade (una empresa de recolocación y orientación profesional de Adecco) sostiene que el 80% de las ofertas de trabajo de las empresas en España no se publican en ningún sitio, sino que se cubren a través de "sus propias vías de reclutamiento[4], intermediarios (principalmente cazatalentos)

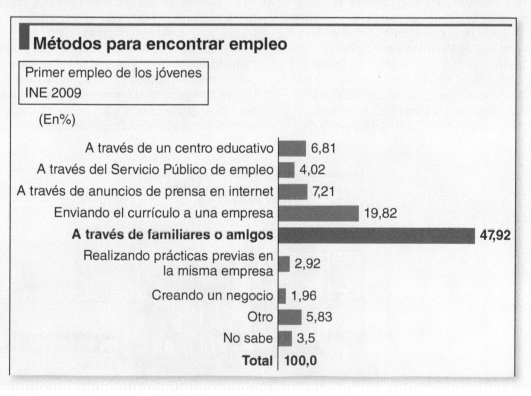

**Métodos para encontrar empleo**

Primer empleo de los jóvenes
INE 2009

(En%)

| | |
|---|---|
| A través de un centro educativo | 6,81 |
| A través del Servicio Público de empleo | 4,02 |
| A través de anuncios de prensa en internet | 7,21 |
| Enviando el currículo a una empresa | 19,82 |
| **A través de familiares o amigos** | **47,92** |
| Realizando prácticas previas en la misma empresa | 2,92 |
| Creando un negocio | 1,96 |
| Otro | 5,83 |
| No sabe | 3,5 |
| **Total** | **100,0** |

[1]Instituto Nacional de Estadística (de España)   [2]*accepted*   [3]*will place*   [4]*recruiting*

o referencias de personas de confianza", decía el comunicado de la empresa sobre el estudio hecho con datos de los 3.415 candidatos recolocados por Creade en 2008 y otras ofertas habidas en el departamento de prospección de la empresa.

Dependiendo de la trayectoria y las relaciones de cada uno, probablemente se tachará el asunto[5] de indignante enchufismo o de pura lógica social. Muchos profesionales de los recursos humanos se decantan[6] por lo segundo. Así lo hace también Nekane Rodríguez, directora general de Creade, que asegura que el favoritismo sin más es una cosa del pasado. "Nadie se la juega. Tú no vas a recomendar a un amigo para trabajar contigo si no estás seguro de que es bueno". De lo que se trata, continúa, sobre todo en la progresión profesional, es del *networking*, un concepto que se ha hecho muy famoso al abrigo de las nuevas tecnologías y que consiste en crear, engordar y cuidar una red[7] de conocidos con propósitos profesionales que te pueden ayudar a escalar posiciones o a encontrar las mejores oportunidades de empleo. "Se trata de un enriquecimiento mutuo que también te ayuda a encontrar esas ofertas ocultas", explica Rodríguez y añade: "El *networking*, además, es fundamental para asegurarnos de que el proceso de selección es correcto".

José María Peiró, catedrático de la Universidad de Valencia y presidente electo de la Asociación Internacional de Psicología Aplicada (IAAP, en sus siglas en inglés) insiste en diferenciar dos tipos de capital social: el más inmediato, de corto alcance (esto es, familiares, amigos, primos), de otro de mayor alcance, de conocidos de conocidos, de ese *networking*. "El segundo lo que hace es avalar[8] una serie de valores y cualidades del candidato", dice, y es positivo. El primero, si se trata de puro favoritismo de los más próximos tendría efectos negativos.

Pero el caso es que la importancia de los contactos, sean del tipo y condición que sean, parece que pesa más en España que en otros países, según el Panel de Hogares de la UE, encuesta hecha en distintas olas entre 1994 y 2001, que deja al país con el porcentaje más alto, por encima del 40%, de empleos conseguidos a través de contactos personales. Le siguen Grecia, Portugal y Luxemburgo, algo por debajo del 40%. Así lo ponía de manifiesto un trabajo del pasado abril del economista de la Universidad Bocconi de Milán, Michele Pellizzari, que coloca en el lado opuesto a Finlandia, Holanda, Dinamarca y, aunque utilizando datos de una encuesta distinta, a EEUU; todos ellos por debajo del 20%.

Muchos expertos hablan de la cultura mediterránea, mucho más colectivista que individualista. Esta división la hizo el investigador Geert Hofstede en una investigación realizada en los años setenta, cuenta Peiró. En aquel estudio clásico, que había buscado las diferencias culturales a través de una misma empresa —IBM, con sedes[9] en buena parte del mundo—, se ponía como ejemplo de mayor colectivismo a los países mediterráneos y latinoamericanos (se tiende a pensar en términos de *nosotros* y a ser fiel al grupo que te protege), y a Estados Unidos como ejemplo de individualismo.

Aunque Pepe confiaba mucho en sus aptitudes, aquella entrevista de trabajo no le daba buena espina...

¿EL SIGUIENTE, POR FAVOR?

Courtesy Pepe Mansilla

**no darle buena espina =** to make somebody feel uneasy

---

[5]*the issue will be labeled*   [6]*they opt*   [7]*network*   [8]*to vouch for*   [9]*headquarters*

**ACTIVIDAD 19 ¿Cierto o falso?** Después de leer el artículo otra vez, indica si las siguientes ideas son ciertas (**C**) o falsas (**F**).

1. _____ Uno de cada tres españoles recibe su primer trabajo gracias a un familiar o a un amigo.

2. _____ Las escuelas privadas religiosas educan a la gente necesitada.

3. _____ Solo el 20% de los empleos se anuncian públicamente.

4. _____ Según Nekane Rodríguez, nadie recomienda a alguien solo por ser su amigo.

5. _____ El *networking* es crear un grupo de contactos profesionales para conseguir buenos trabajos.

6. _____ España tiene uno de los porcentajes más bajos de enchufismo.

7. _____ Según Geert Hofstede, la cultura de los Estados Unidos es más colectivista que individualista.

**ACTIVIDAD 20 ¿Y tú qué? Parte A.** Hazle una encuesta a seis familiares o conocidos. Pregúntales cuál fue su primer trabajo de tiempo completo y cómo lo consiguieron. Busca personas de diferentes edades.

| | Encuesta | |
|---|---|---|
| Persona | Su primer trabajo de tiempo completo | Cómo lo consiguió |
| 1. | | |
| 2. | | |
| 3. | | |

**Parte B.** En grupos de tres, compartan los resultados de su encuesta.

**Parte C.** Ahora en su grupo hablen de las siguientes preguntas.

1. Cuando busquen un trabajo después de terminar los estudios, ¿qué van a hacer para encontrar el trabajo perfecto?

2. En su país, ¿creen que les ayudará tener enchufe?

**Escritura**

## ESTRATEGIA: Writing a Persuasive Proposal

When writing a persuasive proposal, you use logic and reason to convince the reader that your request has merit. A basic proposal should answer the questions *what?*, *how?*, and *why?* and may require the reader to do a specific action; therefore, you should also consider the interests of the reader. To support your ideas you might include data that you have researched, who will benefit, and an explanation of why the proposal should be implemented. End with a statement supporting your request and include a thank you to the reader.

Here are some useful phrases when writing a proposal.

| | | |
|---|---|---|
| a la vez | por ejemplo | por (lo) tanto (*therefore*) |
| por lo general | por un lado... por el otro | sin embargo |
| lo mejor sería + *infinitive* | desde mi punto de vista | estoy convencido/a de |
| sería bueno porque | sería mejor porque | para terminar |

**Parte A.** Read the following proposal made by a student to the president of her university to convince her to sponsor internships abroad. Notice how she uses transitional phrases and verbs in the conditional.

Estimada Señora Presidenta:

Soy estudiante de esta universidad y le escribo porque me gustaría presentarle un asunto de mucha importancia. Necesitamos que la universidad patrocine pasantías internacionales. Esta universidad aconseja que sus estudiantes estudien otros idiomas y las culturas que los hablan; **sin embargo,** los estudiantes no tienen posibilidades de poner en práctica en otros países lo que aprenden aquí. Las pasantías que propongo atraerían a futuros estudiantes también. Sería una gran oportunidad para aprender no solo destrezas laborales sino también culturales.

La universidad tiene pasantías para trabajar dentro de este país y practicar otro idioma. **Por ejemplo,** la empresa de televisión Azteca América ofrece programas de pasantía si la persona domina el español. Pero, **desde mi punto de vista,** estas pasantías son limitadas ya que uno no está inmerso en el idioma y la cultura las 24 horas del día. Creo que las pasantías internacionales contribuyen a tener más respeto por las diferentes culturas de la comunidad global y a despertar el interés y la curiosidad por el mundo.

**Para terminar, estoy convencida de** que patrocinar estas pasantías internacionales **sería bueno** tanto para la universidad como para Ud. **porque** tendrían el apoyo y la aceptación de muchos estudiantes.

Muchas gracias por su atención.

La saluda atentamente,

*Ernestina Rojas*

**Parte B.** You will now write a proposal to the president of your institution to convince him/her to sponsor a job fair **(feria de trabajo).** In order to get ready, first answer the following questions about the proposal you will write.

| ¿qué? | ¿cómo? ¿dónde? | ¿datos? ¿evidencia? |
|---|---|---|
| ¿por qué le conviene al/a la presidente/a? | ¿por qué es bueno para la universidad? | ¿beneficios para los estudiantes? |

**Parte C.** Write the proposal and integrate the conditional and expressions such as the ones in bold in the model proposal and the ones on p. 477.

**Parte D.** Review your letter to see if it's logical, if you used the correct verb forms, if you included the expressions requested, etc.

**Parte E.** Hand in your draft and final version to your instructor.

# Vocabulario esencial █

## La tecnología de las telecomunicaciones

Courtesy Roberto Esteves

la aplicación application

bajar, descargar / subir información / música to download/upload information/music

bloquear a alguien to block someone

borrar (algo / a alguien) to delete (something); to defriend (someone)

el buscador search engine

caerse el servidor to go down/crash (server)

chatear to chat

colgarse (o → ue) (nombre del programa) to crash (program)

la contraseña password

el correo electrónico / email / mail email

el enlace / link link

hacer clic to click

navegar la red / por Internet to surf the Internet

el nombre de usuario user name

perder la conexión to lose the connection

el perfil profile

la red social social network

el sitio web website

el servicio/soporte técnico technical support

NOTE: Job application = solicitud.

Borrar also means *to erase.*

In Spanish, many people use English terms with Spanish pronunciation when discussing cyberspace; others choose to use the Spanish equivalent. Compare: **A mis amigos online les gustan mis links. / A mis amigos en línea les gustan mis enlaces.** NOTE: The term **Internet** is frequently used without an article in Spanish: **Lo leí en Internet.**

Cómo se lee la dirección de un sitio web:

http://www.trabajoencolombia.com/empleos_informaticos/empresa-nexos

**h t t p  dos puntos  barra barra  w w w  punto  trabajoencolombia punto  com  barra empleos  guion bajo  informáticos barra  empresa guion  nexos**

Cómo se lee una dirección de email:

smith@abc.edu = **smith  arroba  a b c  punto  edu**

NOTE: In Spanish, if one can easily pronounce part of an address, it is pronounced vs. spelled. For example: "dot e d u" would be read as two words: **punto edu.**

Do Workbook and Web activities.

**ACTIVIDAD** **22** **Definiciones** En parejas, una persona define o explica palabras relacionadas con la red y la otra adivina qué palabras son.

▶ A: Llamo a este lugar cuando tengo problemas con un programa.
B: El soporte técnico.
A: Correcto. Te toca a ti.
B: Bien. Es una cosa...

**ACTIVIDAD** **23** **La clase de Internet** Trabajas como voluntario dando clases de computación en un centro para personas mayores. Hoy tienes solo un estudiante de 80 años en clase que va a usar Internet por primera vez. Dale órdenes para hacer todo correctamente.

1. usar buscadores buenos como Google
2. no dar el número de su tarjeta de crédito por Internet si no conoce la tienda
3. escoger un nombre de usuario y contraseña fáciles con números y letras
4. escribir su nombre de usuario y contraseña en un lugar seguro
5. guardar sus enlaces favoritos
6. no mandarles demasiados chistes a sus amigos
7. tener cuidado con los virus
8. aprender la diferencia entre *responder a todos* y *responder*
9. no hacer clic en enlaces dudosos

**ACTIVIDAD** **24** **La red** En grupos de tres, hablen con sus compañeros para averiguar cómo usan la red. Apunten sus respuestas.

1. si tienen una página en una red social
2. si mandan muchos o pocos mensajes por correo electrónico cada semana
3. a quiénes les escriben
4. si cada semana navegan mucho o poco por Internet
5. si su servidor se cae con frecuencia
6. su buscador favorito
7. su sitio web favorito y la dirección (si la saben)
8. qué descargan de Internet y qué suben a Internet
9. si consultan con el soporte técnico de la universidad con frecuencia
10. qué hacen para recordar sus nombres de usuario y contraseñas
11. si han bloqueado o han borrado a alguien de su página de red social

**ACTIVIDAD** **25** **El futuro de la red** En grupos de tres, hablen de las siguientes preguntas sobre el futuro de la red.

1. ¿Existirán las redes sociales dentro de 10 años?
2. ¿La gente tendrá más amigos virtuales que amigos "reales"?
3. ¿El gobierno controlará qué páginas se pueden navegar y cuáles no?
4. ¿Pagaremos más para tener acceso a Internet con tal de no tener que ver propaganda? ¿Será gratuito, pero tendremos que mirar mucha publicidad?
5. ¿Dejarán de existir los canales de televisión y solo habrá canales virtuales?
6. ¿Hay algo más que pasará en 10 años?

# Para ver ⏸

## ¡Qué apatía!

| | |
|---|---|
| **dar una vuelta** | to go for a stroll/walk; to take a ride |
| **llevarse bien/mal (con alguien)** | to get along/not to get along (with someone) |
| **enterarse (de algo)** | to find out (something) |

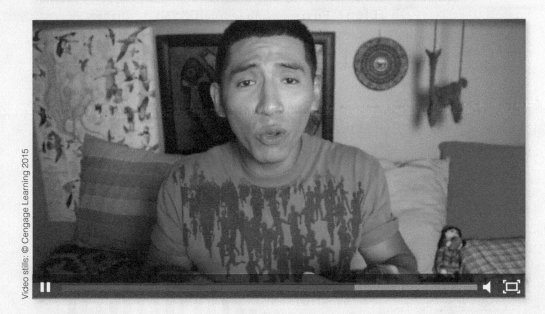

*Aquí comento sobre la globalización e Internet y planteo un tema muy importante.*

▶ **ACTIVIDAD 26 Escucha y responde** Lee las siguientes oraciones. Luego, mientras miras el video blog, marca si son ciertas **(C)** o falsas **(F)**. Después corrige las oraciones falsas.

1. _____ Pablo no está con Andrés porque está trabajando.

2. _____ Andrés está muy negativo hoy.

3. _____ En Internet uno puede enterarse de que terminó una guerra.

4. _____ Una compañía petrolera derramó barriles de petróleo en la selva del Ecuador.

5. _____ En algunos países no respetan los derechos de las mujeres.

6. _____ Después de leer una noticia trágica, la gente hace algo para ayudar.

▶ **ACTIVIDAD 27** **¿Comprendiste?** Después de mirar el video blog otra vez, contesta estas preguntas.

1. ¿Por qué cree Andrés que Pablo tal vez esté enfermo?
2. ¿Cuál es uno de los beneficios a nivel social de usar Internet?
3. ¿De qué cosas positivas nos enteramos por Internet? Menciona dos.
4. ¿De qué cosas negativas nos enteramos? Menciona tres.
5. ¿Qué hace Andrés después de hablarles a sus seguidores *(followers)*?
6. ¿Crees que la sociedad se está volviendo apática por tener acceso a tanta información? ¿Se está perdiendo la empatía hacia los demás *(others)*?

**ACTIVIDAD 28** **¿Bien?** En parejas, pregúntenle a su compañero/a los nombres de dos personas con quienes se lleva bien y dos personas con quienes se lleva mal y por qué (describan su personalidad). Pueden ser amigos, compañeros de trabajo, profesores, vecinos *(neighbors)*, etc.

## ¿Lo sabían?

A medida que los países se abren más y más a la globalización, empieza a aparecer la necesidad de tener que relacionarse más íntimamente con otros países. Por eso, muchas universidades están conscientes de la importancia de que sus estudiantes y profesores estudien o enseñen en el

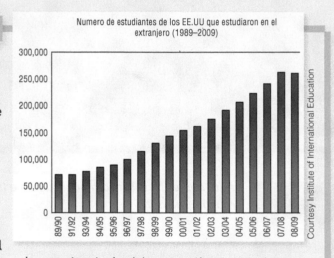

Numero de estudiantes de los EE.UU que estudiaron en el extranjero (1989–2009)

Courtesy Institute of International Education

extranjero. Se considera que la experiencia de vivir por un tiempo en otra cultura ayuda no solo a entender esa cultura sino también a ver el mundo en general desde otra perspectiva. Muchos estudiantes optan por estudiar en el exterior en países donde se habla su mismo idioma, pero otros ven las ventajas de combinar la experiencia de vivir en otro país con la posibilidad de mejorar su habilidad de comunicarse en otro idioma. Cada año, más de 250.000 estudiantes de los Estados Unidos estudian en el extranjero mientras que casi siete millones llegan del exterior a los Estados Unidos para realizar sus estudios universitarios.

 **¿Cuáles son otras ventajas de estudiar en el extranjero? ¿Conoces a alguien que haya estudiado en otro país? ¿Era un país de habla española? ¿Qué te contó de su experiencia allí? ¿Piensas estudiar en otro país en el futuro?**

# Gramática para la comunicación II

## I. Expressing Probability: The Future and the Conditional

"Pablo, mi compañero de video blog, no vino. ¿Estará enfermo?"

© Cengage Learning 2015

The future tense and the conditional are often used to express probability or to wonder. When you wonder about the present, use the future tense. When you wonder about the past, use the conditional.

—¿Por qué **bloqueará** a tanta gente Andrés?
*I wonder why Andrés blocks so many people.*

—Pues, no le **gustará** que lo bombardeen con emails.
*Well, he must not like that they bombard him with emails.*

—¿Cuántos años **tendría** Pablo cuando lo conoció?
*I wonder how old Pablo was when he met him.*

—**Tendría** unos 10 años.
*He probably was (must have been) about ten.*

The future is frequently used when wondering what time it is right now.

—¿Qué hora **será**?
*I wonder what time it is.*

—**Serán** las 3:00.
*It must be (It's probably) 3:00.*

---

**ACTIVIDAD 29 Situaciones** Imagínate qué están haciendo las personas que dicen estas oraciones.

▶ "Me encanta esta música."
Estará en un concierto. / Estará escuchando música con un iPod.

1. "Está deliciosa. Realmente eres un genio."
2. "No puedo continuar. Estoy cansadísima."
3. "No me interrumpas. Debo terminar esto lo antes posible."
4. "Justo ahora que estoy aquí, suena el teléfono."
5. "Ya puse los dos empleos que tuve durante la carrera. ¿También debo poner el trabajo voluntario que he hecho?"
6. "Tres ochos y dos reinas. Gané yo. Je, je, je. Todo el dinero para mí."
7. "Te queda muy bien y el color te favorece mucho. Debes comprarlo."

> present probability → future

**ACTIVIDAD 30 Los misterios de la vida** En parejas, digan por qué creen que ocurrieron estas cosas.

▶ Gloria no fue a la entrevista de trabajo.
Estaría enferma.

1. Ayer viste a tu jefe y a tu compañera de trabajo Fabiana salir de una disco juntos. Luego el jefe se fue en su carro y Fabiana tomó un taxi.
2. Rosa te llamó para decirte que no iba al trabajo porque estaba enferma, pero al hablar con ella escuchaste a mucha gente hablando y riendo.
3. El lunes viste a Felipe hablando con su jefe y la conversación parecía tensa. El martes lo viste en la calle con un currículum en la mano.
4. María siempre tiene hambre últimamente y parece más gorda. Ayer por la mañana vomitó pero luego se puso bien. Parece muy contenta.

> past probability → conditional

"Nos conectamos más con gente con quien nos llevamos bien."

© Cengage Learning 2015

# II. Relating Ideas: The Relative Pronouns *que*, *lo que*, and *quien*

**1** Relative pronouns are words that connect or relate two clauses and refer to a person or thing in the first clause. The most common relative pronoun is **que,** which can refer to both persons and things.

Ese buscador es rápido.
Ese buscador es mi favorito.

} Ese buscador **que** es rápido es mi favorito.

Mi amiga me llamó por Skype.
Mi amiga es insoportable.

} Mi amiga **que** me llamó por Skype es insoportable.

**2** To refer to a situation or occurrence in its entirety, use **lo que.**

**Lo que** escribiste en tu perfil no es verdad.

*What (The thing that) you wrote in your profile isn't true.*

Nos molestó **lo que** pasó esta mañana.

*What (The thing that) happened this morning bothered us.*

**3** The relative pronouns **quien** and **quienes** are used after a preposition when referring to people.

No conozco personalmente a algunas de las personas **con quienes** chateo.

*I don't know personally some of the people I chat with. (with whom I chat)*

Busqué en la red información sobre la bióloga **de quien** me hablaste.

*I searched the Internet for information on the biologist that you spoke to me about. (about whom you spoke to me)*

Courtesy of mayapedal.org

▲ Hombre con una bicilicuadora.

 🌐

Do Workbook, Lab Manual, and Web activities.

**ACTIVIDAD** **31** **www.mayapedal.org** Completa este párrafo sobre una máquina poco común con **que, lo que** o **quien/es.**

Cuando pensamos en tecnología, muchos pensamos en una computadora, pero otros piensan en máquinas mucho más simples. Maya Pedal es una organización _____ (1) ayuda a las familias rurales de Guatemala para _____ (2) la situación económica es muy difícil. La organización fomenta la creación de pequeños proyectos usando una tecnología básica e innovadora para mejorar la economía de estos pueblos.

Con la ayuda de la organización Pedal de Canadá, Maya Pedal ha construido "bicimáquinas". Estas son máquinas de un bajo nivel de emisiones _____ (3) funcionan cuando la persona _____ (4) las monta, pedalea como en una bicicleta para realizar un trabajo. Se han construido muchos tipos de bicimáquinas _____ (5) se usan para sacar agua de un pozo *(well)* y para generar electricidad.

_____ (6) llama la atención es que estas ingeniosas máquinas están hechas con bicicletas recicladas, madera y metal. Un ejemplo es la bicilicuadora que le permite a _____ (7) la usa procesar frutas y verduras para hacer bebidas sin utilizar energía eléctrica. La persona luego puede vender las bebidas a _____ (8) juegan fútbol en un parque.

_____ (9) conectarse para que ayuden con el proyecto de las bicimáquinas.

**ACTIVIDAD 32 Esa cosa** Cuando no sabes la palabra exacta para algo, necesitas describirlo o definirlo. En parejas, usen **que** para explicar las palabras que buscan. Describan palabras relacionadas con los animales, Internet, la búsqueda de trabajo, el medio ambiente y la comida.

▶ A: Es un símbolo que usamos en todas las direcciones de email.
 B: Ah, arroba.
 A: Correcto.

**ACTIVIDAD 33 Un nuevo amigo** En parejas, cuéntenle a su compañero/a sobre un/a nuevo/a amigo/a que tienen. Usen la imaginación e incluyan palabras que describan su personalidad.

| | |
|---|---|
| Conocí a un/a chico/a que… | No sé lo que… |
| Lo que más me gusta de él/ella… | Creo que es una persona a quien… |
| Es una persona que… | Es una persona con quien… |

**ACTIVIDAD 34 La tecnología Parte A.** En los últimos cincuenta años, la tecnología ha avanzado muy rápidamente. En grupos de tres, comenten qué tipo de tecnología ya existía cuando Uds. nacieron y qué cosas no existían. Usen oraciones como **Cuando nací, ya habían inventado las computadoras, pero no había teléfonos inteligentes.**

**Parte B.** Hablen de la tecnología actual. Usen oraciones como **Ahora es muy común tener computadora personal para que nos ayude con el trabajo. Tenemos problemas con la cantidad de basura, especialmente… La gente tiene que ser más… Los jefes… Pero también hay compañías que…**

**Parte C.** Usen la imaginación para predecir cuáles van a ser los avances tecnológicos de este siglo y cómo van a afectar al medio ambiente. Usen frases como **En el año 2030, cuando tenga… años, es posible que no haya… Espero que las compañías multinacionales… Lo que más me preocupa es/son…**

**Parte D.** Ahora expliquen cómo podemos evitar o solucionar los problemas de la Parte C con o sin la tecnología. Usen frases como **Los países que… Las personas que… Lo que hay que hacer es…**

Do Web Search Activities.

# Más allá

## Canción: "Un día normal"

**Juanes (1972– ),** el cantautor colombiano, es uno de los cantantes más populares de Latinoamérica y del mundo entero. La revista *Time* lo nombró como una de las 100 personas más influyentes del mundo. Juanes ha ganado 19 Grammys Latinos, un Grammy y 9 premios de MTV. Creó la *Fundación Mi Sangre* para promover la paz y ayudar a las víctimas de las minas antipersonal.

James Devaney/WireImage/Getty Images

**Mientras escuchas** Vas a escuchar una canción sobre alguien que perdió a su pareja. Primero, lee las preguntas y después escucha la canción para contestarlas.

1. Hoy es un día normal, pero ¿cómo quiere el cantante que sea el día?
   a. intenso                    b. tranquilo

2. ¿Cómo caminará el cantante hoy?
   a. más despacio               b. más rápido

3. ¿Qué defenderá?
   a. su orgullo                 b. su verdad

4. Según la canción, ¿en qué momento sabes lo que tienes?
   a. cuando alguien te ama      b. cuando lo pierdes

5. ¿Cuándo va a besar el cantante a la persona que quiere?
   a. cuando la vea              b. en sus sueños *(dreams)*

**Después de escuchar** Explica si crees que es verdad que la gente no sabe lo que tiene hasta que lo pierde.

## ▶ Video: *Guatemala maya*

Instituto Guatemalteco de Turismo

**Antes de ver** Vas a ver un video sobre Guatemala. Antes de verlo, recuerda todo lo que sabes sobre ese país. ¿Dónde está? ¿Cuál es la capital? ¿Qué industrias tiene? ¿Qué exporta? Luego di qué puede hacer un país como Guatemala para mejorar su economía.

**Mientras ves** Lee las preguntas y contéstalas mientras ves el video.

1. ¿Dónde está situada Guatemala?
2. ¿Cómo es la Ciudad de Guatemala?
3. ¿Qué se menciona sobre la naturaleza de Guatemala?
4. ¿Cuándo se debe visitar este país?
5. ¿Cuál es la atracción turística principal de Guatemala?
6. ¿Por qué no iban los turistas a Guatemala en el pasado? ¿Qué dice el video de este problema ahora?

**Después de ver** Explica los pros y los contras del aumento del turismo en un país como Guatemala.

# Película: *Machuca*

**Para comentar** Lee la ficha y la sinopsis de la película para contestar estas preguntas.

1. ¿En qué ciudad tiene lugar la película?
2. ¿De qué clase social eran los niños que asistían al colegio antes de la llegada del padre McEnroe?
3. ¿Por qué son opuestos Gonzalo y Pedro?
4. ¿Por qué cambia todo en el colegio y en el país?
5. En tu opinión, ¿qué tipos de cambios habrá? ¿Tendrá una vida mejor o peor Gonzalo? ¿Y Pedro?

On September 11, 1973, there was a military coup in Chile that overthrew the socialist government of democratically elected president Salvador Allende (1908–1973). Chilean army general Augusto Pinochet (1915–2006) took control of the government.

**Director:** Andrés Wood
**Guionistas:** Roberto Brodsky, Mamoun Hassan, Andrés Wood
**País:** Chile y España
**Año:** 2004
**Idioma:** Español

**Duración:** 121 minutos
**Género:** Drama
**Música:** José Miguel Miranda, José Miguel Tobar
**Fotografía:** Miguel Ioann Littin Menz

**Reparto:** Matías Quer (Gonzalo Infante), Ariel Mateluna (Pedro Machuca), Manuela Martelli (Silvana), Ernesto Malbrán (el padre McEnroe), Aline Küppenheim (María Luisa Infante)

Al colegio privado St. Patrick en Santiago, Chile, asisten niños de la clase alta. Pero un día el nuevo director de la escuela, el padre McEnroe, decide admitir a estudiantes de barrios humildes que no pueden pagar la matrícula. Esto causa conflictos. Los estudiantes Gonzalo Infante y Pedro Machuca son opuestos: uno es rico, el otro pobre. Sin embargo, se hacen amigos. Todo cambia cuando los militares toman el control, no solo del país sino también del colegio.

# En resumen

## Now you know how to...

- discuss occupations.

    **Andrés estudia por la noche para ser analista de sistemas.**

- discuss technology.

    **El año que viene le gustaría trabajar en un centro de soporte técnico.**

- express future plans.

    **Él tendrá la oportunidad de hacer una pasantía en Colombia el verano que viene.**

- express hypothetical actions.

    **Andrés haría una pasantía en Chile, pero no le han hecho una oferta.**

- relate ideas.

    **El currículum que presentó es bastante bueno.**

- express probability in the present and past.

    **¿Estará contento de hacer una pasantía en el extranjero?**
    **¿Por qué no le harían una oferta en Chile?**

## Vocabulario funcional

### En busca de trabajo

los (anuncios) clasificados *classified ads*
la carta de recomendación *letter of recommendation*
completar *to fill out*
conseguir un trabajo/una entrevista *to get a job/an interview*
contratar *to contract, hire*
el contrato *contract*
el currículum (vítae)/currículo *résumé, curriculum vitae*
el desempleo *unemployment*
despedir (e → i, i) *to fire*
el/la empleado/a *employee*
el empleo *job, position; employment*
la empresa *company*
la entrevista *interview*
la experiencia *experience*
el/la headhunter / el/la cazatalentos (Spain) *headhunter*
el/la jefe/a *boss*
la pasantía *internship*
el puesto *job, position*
el salario (mínimo) *(minimum) wage*
el seguro médico *medical insurance*

solicitar *to apply for*
la solicitud *application*
el sueldo *salary*
tener enchufe *(Spain)* / palanca *(Latin Am.) to have an in (to have friends in high places)*
trabajar a tiempo parcial / a tiempo completo *to work part time / full time*
trabajar en equipo *to work as a team*
trabajar por mi/tu/su cuenta *to work on my/your/his/her own*

### Ocupaciones

el/la agente inmobiliario/a /de bienes raíces *real estate agent*
el/la analista de sistemas *systems analyst*
el/la artesano/a *artisan*
el/la bibliotecario/a *librarian*
el/la biólogo/a marino/a *marine biologist*
el/la bombero *firefighter*
el/la carpintero/a *carpenter*
el/la chef *chef*
el/la científico/a *scientist*

el/la consultor/a *consultant*

el/la director/a ejecutivo/a *executive director*

el/la investigador/a *researcher*

el/la juez/a *judge*

el/la psiquiatra *psychiatrist*

el/la supervisor/a *supervisor*

el/la veterinario/a *veterinarian*

## La tecnología de las telecomunicaciones

la aplicación *application*

bajar, descargar/subir información/ música *to download/upload information/music*

bloquear a alguien *to block someone*

borrar (algo / a alguien) *to delete (something); to defriend (someone)*

el buscador *search engine*

caerse el servidor *to go down/crash (server)*

chatear *to chat*

colgarse (o → ue) (nombre del programa) *to crash (program)*

la contraseña *password*

el correo electrónico / email / mail *email*

el enlace/link *link*

hacer clic *to click*

navegar la red/por Internet *to surf the Internet*

el nombre de usuario *user name*

perder la conexión *to lose the connection*

el perfil *profile*

la red social *social network*

el sitio web *website*

el servicio/soporte técnico *technical support*

arroba @ *at*

barra / *slash*

dos puntos : *colon*

guion – *hyphen*

guion bajo _ *underscore*

punto . *dot*

## Palabras y expresiones útiles

al + *infinitive* *upon* + *-ing*

dar una vuelta *to go for a stroll/walk; to take a ride*

desde mi punto de vista *from my point of view*

enterarse (de algo) *to find out (something)*

llevarse bien/mal (con alguien) *to get along/not to get along (with someone)*

lo mejor sería + *infinitive* *the best thing would be* + infinitive

Me cae/cayó (muy) bien. *I like/liked him/her/it (a lot).*

Me cae/cayó (muy) mal. *I don't/didn't like him/her/it (at all).*

¿Me dejas + *infinitive*? *Will you let me…?*

por (lo) tanto *therefore*

# El arte

Panel del mural *La épica de la civilización americana*, José Clemente Orozco (1883–1949), mexicano.
Commissioned by the Trustees of Dartmouth College.

## Chapter Objectives

- Discussing art and giving opinions about art
- Expressing past feelings, doubts, and desires
- Expressing your ideas on love and romance
- Expressing reciprocal actions
- Describing hypothetical situations

## ¿Qué saben?

1. ¿De qué países eran o son los siguientes artistas: Diego Velázquez y Francisco de Goya; Frida Kahlo y Diego Rivera; Fernando Botero?

2. ¿Dónde están los siguientes museos: el Museo del Prado, el Museo del Barrio, el Museo de Artes de las Américas, el Museo del Oro?

3. ¿En qué ciudad de los Estados Unidos se pueden ver esculturas al aire libre de Joan Miró y Pablo Picasso?

RECURSOS

# Para ver ❶

## El arte escondido

| | |
|---|---|
| **No veo la hora de** + *infinitive*... | I can't wait to + *verb*... |
| **dar a conocer** | to make known |
| **en seguida** | at once, right away |

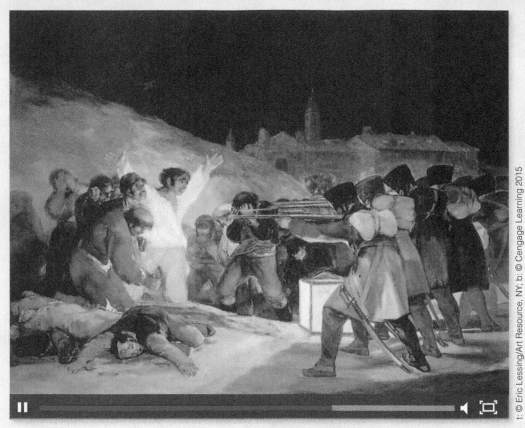

▲ *Los fusilamientos en la montaña del Príncipe Pío*, Francisco de Goya y Lucientes (1746–1828), español.

*Yo, Francisco, estaba con mi novia Pilar y un amigo argentino escuchando la radio cuando oímos una noticia que le impresionó a Pilar.*

▶ **ACTIVIDAD 1 Busca la información** Mientras miras el video blog de Francisco, el bloguero español, anota las respuestas a las siguientes preguntas.

1. ¿Cómo se llama el museo que hizo el anuncio?
2. ¿Qué se encontró en la casa de la señora?
3. ¿Qué le pasó a la señora?
4. ¿A Francisco le pareció razonable o exorbitante el precio del cuadro?
5. ¿Cuántas veces ha visitado Francisco el Museo del Prado?

**ACTIVIDAD** **2** **¿Comprendiste?** Después de mirar el video blog otra vez, completa estas oraciones.

1. La pintura de Goya se encontró...
2. El valor de la obra es de...
3. La familia de la señora que murió no...
4. Pilar le dice a Francisco que es un loco porque...
5. Francisco prefiere... al arte.
6. Es posible que mañana Francisco...

**ACTIVIDAD** **3** **No veo la hora...** Escribe una lista de cuatro cosas que deseas que ocurran muy pronto. Después, en parejas, comparen su lista con la de su compañero/a y pregúntenle por qué quiere que pasen estas cosas.

▶ No veo la hora de terminar el semestre.

## ¿Lo sabían?

▲ *Guernica* (349 × 776 cm), Pablo Picasso (1881–1973).

349 × 776 cm = 137.4 × 305.5 inches (almost 11 1/2 × 25 1/2 feet)

Uno de los mejores museos de arte del mundo es el Museo del Prado de Madrid. Además de obras de El Greco, Velázquez, Goya, Ribera y muchos otros artistas españoles, el museo tiene la segunda colección más importante de pintores flamencos del mundo, con obras de Rubens, El Bosco, Van Dyck y Brueghel. En el Centro de Arte Reina Sofía, otro museo de Madrid, se puede ver arte moderno como *Guernica,* la obra más política del español Picasso. El cuadro muestra los horrores de la Guerra Civil española cuando en 1937 Hitler, aliado del general español Francisco Franco, ordenó el bombardeo aéreo del pueblo de Guernica en España. Miles de personas murieron, entre ellos niños, mujeres y ancianos.

En Madrid también está el Museo Thyssen-Bornemisza donde se puede ver la evolución del arte europeo y norteamericano a través de los años, empezando con los italianos del siglo XIV y terminando con cuadros del siglo XX.

**¿?** **¿Qué museos has visitado? ¿Tienes una pintura o escultura favorita?**

# Vocabulario esencial ❶

## El arte

**Arte** is normally masculine when singular (**el arte moderno**) and feminine when plural (**las bellas artes**).

© Cengage Learning 2015

1. **el/la artista**
2. **el cuadro/la pintura**
3. **el/la modelo**
4. **la escultura**
5. **el/la escultor/a**
6. **el dibujo**

When studying, try to associate these words with people or things: **pintor = Picasso; estatua = Venus de Milo.**

### Otras palabras relacionadas con el arte

**el autorretrato**  self-portrait
**la copia**  copy
**dibujar**  to draw, sketch
**la escena**  scene
**la estatua**  statue
**la exhibición/exposición**  exhibition
**la naturaleza muerta**  still life
**la obra maestra**  masterpiece
**el original**  original
**el paisaje**  landscape
**pintar**  to paint
**el/la pintor/a**  painter
**el retrato**  portrait

Do Workbook and Web activities.

**ACTIVIDAD** **4** **¿Hay artistas en la clase?** En parejas, háganle las siguientes preguntas a su compañero/a para ver si es una persona artística o una persona a quien le gusta el arte.

1. ¿Te gusta dibujar? ¿Pintar? ¿Has hecho alguna escultura?
2. ¿Has tomado clases de arte?
3. Cuando eras pequeño/a, ¿dibujabas o pintabas mucho?
4. Hoy en día, ¿dibujas en los cuadernos durante tus clases?
5. ¿Hay cuadros en la casa de tus padres y/o abuelos? ¿Son originales o copias? Descríbelos.
6. ¿Te gusta visitar museos? ¿Cuál fue el último museo que visitaste? ¿Qué viste?
7. ¿Qué pintores te gustan y por qué?

## ¿Lo sabían?

Muchos artistas hacen comentarios sociales como los hizo Goya hace doscientos años. Por ejemplo, el arte mexicoamericano representa un comentario social importante en los Estados Unidos. Los mexicoamericanos comenzaron a pintar murales urbanos en los años 60. Hoy en día, hay

▲ *La antorcha* (torch) *de Quetzalcóatl,* Leo Tanguma (1941– ), mexicoamericano. Muestra la historia del mexicoamericano y su lucha por mantener sus costumbres en los EE.UU.

murales en muchas ciudades del país. Estos representan, de forma a veces satírica, la historia mexicana, el movimiento de los trabajadores agrícolas y la tradición mexicana en los Estados Unidos. En ellos se ve la influencia de los grandes muralistas mexicanos como Diego Rivera, José Clemente Orozco y David Alfaro Siqueiros.

 **¿Había murales en tu escuela secundaria? ¿Qué se representaba en ellos?**

**ACTIVIDAD** **5** **Críticos de arte** En grupos de cuatro, miren los cuadros de este capítulo y coméntenlos dando sus impresiones. Usen frases como **lo interesante es…, lo curioso es…, lo que (no) me gusta es…,** etc. Incluyan el nombre del artista y del cuadro.

▶ Lo interesante de *Los fusilamientos en la montaña del Príncipe Pío* de Goya es que no se ven las caras de los soldados.

**ACTIVIDAD** **6** **Usa la imaginación** En parejas, escojan uno de los siguientes cuadros para inventar una historia sobre lo que ocurrió fuera del cuadro antes y después de que lo pintaran. Usen la imaginación para crear la historia y utilicen el pretérito y el imperfecto para contarla. Sigan este modelo sobre el cuadro de Goya de la página 492.

▶ Era el 3 de mayo y la gente tenía miedo y estaba cansada, cuando los soldados capturaron a un grupo de hombres...

▲ *Antes del juego*, Claudio Bravo (1936– ), chileno.

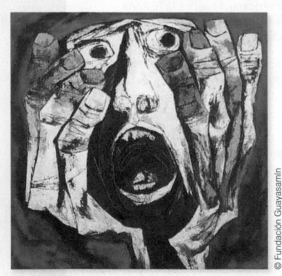

▲ *Las manos del terror*, Oswaldo Guayasamín (1919–1999), ecuatoriano.

▲ *Mutantes alienados II*, Raquel Forner (1902–1988), argentina.

# Gramática para la comunicación Ⅰ

## I. Expressing Past Feelings, Doubts and Desires: The Imperfect Subjunctive

¿Por qué me aconsejaste que lo llevara a clases de arte?

In the radio newscast from the video blog at the beginning of the chapter, the newscaster says, "**Al principio se dudaba que (el cuadro) fuera un original...**" Was he referring to a past or present doubt?

If you answered past, you were correct. When expressing a past doubt, emotion, desire, or to report on past advice given, you need to use the imperfect subjunctive of the verb in the second clause.

> clause = a phrase that has a conjugated verb

### Formation of the Imperfect Subjunctive

You use the imperfect subjunctive in the same cases as the present subjunctive, except that you are referring to the past. To conjugate any verb in the imperfect subjunctive, apply the following rules.

> Review uses of the subjunctive, Ch. 10, 11, 13, and 14.

1. Put the verb in the **Uds./ellos/ellas** form of the preterit: **cerrar → cerraron**
2. Drop the final **-ron:** **cerra-**
3. Add the appropriate **-ra** endings: **que cerrara, que cerraras,** etc.

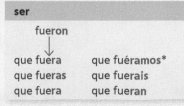

| cerrar | |
|---|---|
| cerraron | |
| que cerrara | que cerráramos* |
| que cerraras | que cerrarais |
| que cerrara | que cerraran |

| ser | |
|---|---|
| fueron | |
| que fuera | que fuéramos* |
| que fueras | que fuerais |
| que fuera | que fueran |

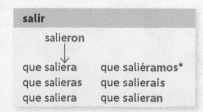

| salir | |
|---|---|
| salieron | |
| que saliera | que saliéramos* |
| que salieras | que salierais |
| que saliera | que salieran |

**\*NOTE:** The **nosotros** form always takes an accent on the final vowel of the stem.

Continúa →

| | |
|---|---|
| El amigo de Pilar **quería que** ellos **se callaran** en el coche. | *Pilar's friend wanted them to be quiet in the car.* |
| Ella le **aconsejó** a Francisco **que visitara** el Museo del Prado. | *She advised Francisco to visit the Prado Museum.* |
| Él **buscó** una excusa **que fuera** buena para no ir al museo. | *He looked for an excuse that was good in order not to go to the museum.* |
| Ella **iba** a llevar a Francisco **para que viera** las obras maestras. | *She was going to take Francisco so that he could see the masterpieces.* |

**ACTIVIDAD 7 La indecisión** Tú tienes talento artístico y tomas clases con un profesor muy indeciso que siempre cambia de idea. Lee qué quiere tu profesor hoy y compáralo con lo que quería ayer.

▶ Hoy mi profesor quiere que use colores más brillantes en mis cuadros, pero ayer quería que usara colores más oscuros.

1. Hoy mi profesor me pide que yo pinte paisajes, pero ayer...
2. Hoy me aconseja que experimente con figuras más abstractas; pero ayer...
3. Hoy quiere que termine un cuadro para el lunes que viene; pero ayer...
4. Hoy espera que le traiga más muestras *(samples)* de mis dibujos; pero ayer...
5. Hoy me recomienda que use más tonos de rojo en mis cuadros, pero ayer...
6. Hoy quiere que yo participe en una exhibición en la Galería Vicens, pero ayer...

**ACTIVIDAD 8 ¿Qué sabes?** Combina ideas de las dos columnas para obtener información sobre artistas hispanos. Usa la forma correcta del imperfecto del subjuntivo con los verbos de la segunda columna.

1. Claudio Bravo, chileno, pintaba de una manera muy realista para que...
2. José Clemente Orozco, mexicano, pintó murales políticos para que...
3. Antes de la segunda mitad del siglo XX, el mundo no reconoció las obras de artistas mujeres a menos que...
4. Frida Kahlo, mexicana, no hizo ningún autorretrato antes de que...
5. Nadín Ospina, colombiano, hizo esculturas que combinan lo indígena con íconos como Mickey Mouse para que...
6. Fernando Botero, colombiano, hizo esta escultura de un hombre a caballo, algo común en el arte tradicional europeo, sin que...

a. el mundo ver los efectos de la globalización.
b. ellas tener una conexión con un hombre famoso, como Frida Kahlo con Diego Rivera y Georgia O'Keeffe con Alfred Stieglitz.
c. su obra perder la originalidad de crear figuras gigantescas.
d. la gente conocer los problemas del pueblo.
e. sus cuadros parecer como fotografías.
f. un accidente terrible dejarla con mucho dolor y sufrimiento.

© Private Collection/Marlborough Gallery

▲ *Hombre a caballo,* **Fernando Botero (1932– ), colombiano.**

**ACTIVIDAD 9** **Consejos pasados** Todos les hemos dado consejos a amigos o conocidos. En parejas, miren las siguientes situaciones y digan qué consejos dieron Uds. en las siguientes ocasiones usando las expresiones **le recomendé que...**, **le aconsejé que...**, **le pedí que...**

1. Una amiga estaba muy triste porque tenía problemas con su pareja.
2. Un amigo iba a tener un semestre muy difícil y quería tomar una clase fácil, pero interesante.
3. Una persona nueva en la ciudad quería ir a comer a un buen restaurante.
4. Una persona no sabía dónde vivir el año siguiente, y por eso, buscaba un apartamento bueno, bonito y barato cerca de la universidad.
5. Una persona que fue a tu ciudad quería ver una escultura al aire libre o una exhibición interesante.

# II. Using the Subjunctive in Different Time Frames

In order to decide whether to use the present subjunctive **(que yo hable)**, the present perfect subjunctive **(que yo haya hablado)**, or the imperfect subjunctive **(que yo hablara)**, follow these three guidelines.

**1** To express *future* or *present* emotions, doubt, or to give advice, etc., about a *future* or *present* situation, use the present subjunctive in the second clause.

```
                       venga
|------|---x------------>
    now  pediré
```

| | |
|---|---|
| Le **pediré** a Francisco que **venga** conmigo al museo el sábado. | *I'll ask Francisco (in the future) to come with me to the museum on Saturday (in the future).* |

```
                    podamos
|------x------------------>
    espero
    now
```

| | |
|---|---|
| **Espero** que **podamos** ir al Museo del Prado el sábado. | *I hope (right now) that we can go to the Prado Museum on Saturday (in the future).* |

```
       dudo
        X
|------x----------->
    tenga
    now
```

| | |
|---|---|
| **Dudo** que Francisco **tenga** un libro de arte. | *I doubt (right now) that Francisco has (right now) a book on art.* |

**2** To express *present* emotions, doubt, etc., about a *past* situation, use the present perfect subjunctive in the second clause.

**Espero** que Francisco **haya estudiado** algo sobre arte.

*I hope* (right now) *that Francisco has studied something about art* (at some time in the past).

**3** To express *past* emotions, doubt, etc., about a *past* situation, or to report advice given or a request made, use the imperfect subjunctive in the second clause.

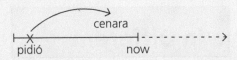

Francisco me **pidió** que **cenara** con él.

*Francisco asked me* (past) *to have dinner with him* (request).

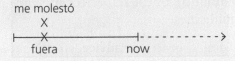

Do Workbook and Web activities.

Al principio me **molestó** que **fuera** tan inculto, pero ahora sé que me estaba tomando el pelo.

*At the beginning it bothered me* (past) *that he was so uncultured* (past situation), *but now I know that he was pulling my leg.*

**ACTIVIDAD 10 Interpretaciones** Antes de llevar a Francisco al Museo del Prado, Pilar le dio una lección de arte. Completa las ideas con el presente o el imperfecto del subjuntivo de los verbos entre paréntesis.

▲ *Las meninas,* Diego Velázquez (1599–1660), español.

1. Cuando _____ las obras de arte en el museo, te recomiendo que las _____ sin prejuicios. Es posible que te _____ los cuadros y las esculturas que vas a ver hoy. (ver, mirar, gustar)

2. Muchos de los artistas del pasado querían que nosotros _____ el sufrimiento de su gente. Ellos esperaban que sus cuadros _____ de aprendizaje para el pueblo. (ver, servir)

3. El gobierno le pidió a Goya que _____ cuadros como *Los fusilamientos de la montaña del Príncipe Pío* porque quería que la gente _____ sobre los actos heroicos de los soldados españoles. (pintar, saber)

Ver p. 492.

4. Te aconsejo que _____ con cuidado el cuadro *Las meninas,* de Velázquez. Allí ves un espejo con los Reyes que están mirando el cuadro. El pintor quería que nosotros _____ la escena que estaba pintando desde la misma perspectiva que los reyes que están reflejados en el espejo al fondo. (estudiar, observar)

Ver p. 500.

**ACTIVIDAD 11 Consejos de maestros** En parejas, hablen de los consejos que les dieron sus maestros, sus padres u otros parientes cuando Uds. eran pequeños. Comparen estos consejos con los consejos que les dan esas personas hoy día.

▶ A: Antes me aconsejaban que..., pero ahora creen que es mejor que yo...
   B: Cuando tenía diez años, un profesor quería que... para que..., pero ahora...

REMEMBER:

Present advice →
present subjunctive

Past advice → imperfect
subjunctive

**ACTIVIDAD 12 Los artistas Parte A.** Hagan entre todos una lista de artistas famosos del mundo entero. Una persona debe escribir los nombres en la pizarra.

**Parte B.** Examinen la lista. ¿A cuántas mujeres pusieron? ¿Incluyeron a algunas que pintaran antes del siglo XX?

**Parte C.** Durante siglos, el arte creado por las mujeres no recibía ni ayuda económica de los gobiernos ni reconocimiento mundial. Nadie apoyaba la formación de pintoras ni escultoras. Formen oraciones sobre ese período con frases como las siguientes.

| Antes la sociedad dudaba que... | (No) creían que... |
|---|---|
| Era imposible que... | (No) querían que... |

REMEMBER:

**no creer que** +
subjuntivo

**creer que** + indicativo

**Parte D.** Después de la revolución femenina, muchas mujeres han podido exponer sus obras en los museos más importantes del mundo. Contrasten las opiniones de la Parte C con las opiniones sobre el arte creado por mujeres hoy día. Usen frases como las siguientes.

| Ahora (no) creen que... |
|---|
| Es posible que... |
| Quieren que... |

# Nuevos horizontes

## ESTRATEGIA: Reading a Play

A play is meant to be seen and heard. Therefore, while reading a play it is important to visualize the actions taking place. In order to do this, readers need to focus on the three integral parts of any play:

- a description of the set, including lighting
- the stage directions, which tell the actors how to respond, what gestures to make, and where to go
- the dialogue

**ACTIVIDAD 13 Su versión de la obra** En parejas, Uds. van a leer la obra de teatro *Estudio en blanco y negro* de Virgilio Piñera (1912–1979), cubano. Esta obra es representativa del teatro del absurdo. En la obra, hay cuatro personajes principales: un joven, una joven y dos señores mayores. Todos usan mucho las palabras *blanco* y *negro*. Están pensando crear una obra de teatro con esta información, ¿de qué tratará? ¿Quiénes serán los personajes principales?

el **personaje** =
character in a play
el **carácter** =
character of a person

**ACTIVIDAD 14 Según el contexto** Antes de leer la obra de teatro, debes comprender el significado de algunas palabras que encontrarás. Intenta sacar el significado de las palabras en negrita.

1. Mira esos dos como están **arrullándose,** parece que están muy enamorados.
   a. peleándose      b. abrazándose      c. sentándose

2. Siempre me molesta cuando alguien **alza la voz** al hablar con los extranjeros. El problema no es que no puedan oír sino que no entienden bien el español.
   a. habla en voz baja
   b. habla con claridad
   c. habla en voz alta

3. El otro día Juan **se me declaró,** pero yo le dije que no lo quería. El pobre estaba muy triste.
   a. me dijo que me quería
   b. me propuso que viviéramos juntos
   c. me propuso que nos separáramos

4. Siempre **me llevas la contraria;** nunca estás de acuerdo conmigo.
   a. piensas lo mismo que yo
   b. piensas algo un poco diferente que yo
   c. piensas exactamente lo opuesto que yo

5. —Un hombre me insultó en la calle.
   —¡**Qué más te da!** Ni lo conoces y nunca lo vas a volver a ver.
   a. ¡No importa!      b. ¡Qué molesto!      c. ¡Qué significativo!

6. —Yo que tú, le diría que debe aceptar el trabajo.
   —**¿Quién te dio vela en este entierro?** Él no es ni tu novio ni tu marido y de verdad, no tienes por qué opinar.
   a. Gracias por tu opinión.
   b. No estoy de acuerdo con tu opinión.
   c. No es tu asunto, por eso no debes dar tu opinión.

7. —Mi hermano me dijo que no iba a contarles nada a mis padres con tal de que yo le diera 1.000 pesos.
   —Conque **chantaje,** ¿eh?
   a. dinero para comprar algo en una tienda
   b. dinero para que otra persona no hable
   c. dinero para otra persona por un servicio

8. Pepe se enfadó con Carlos y **le dio dos bofetadas.** Debías de haberlo visto. El pobre Carlos tenía el ojo totalmente cerrado y se le cayó un diente.
   a. le pegó        b. le habló en voz alta        c. le rompió algo

9. Pobre Carmela, se le murió el marido y después perdió al hijo en un accidente de tráfico. La pobre se volvió loca y la pusieron en un **manicomio.**
   a. hospital para enfermos mentales
   b. hospital para pacientes con problemas físicos
   c. centro de rehabilitación para gente con problemas de drogadicción

10. —Creo que **encendí la candela** hoy con Pablo.
    —¿Se enfadó contigo? ¿Por qué?
    —Le conté un chiste sobre calvos y creo que se ofendió.
    a. terminé algo      b. causé problemas      c. justifiqué mi opinión

# Estudio en blanco y negro

## Virgilio Piñera

Una plaza. Estatua ecuestre en el centro de la plaza. En torno a la estatua, cuatro bancos de mármol. En uno de los bancos
5   se arrulla una pareja. Del lateral derecho un hombre que se cruza con otro hombre que ha salido del lateral izquierdo exactamente junto a la estatua.
10   Al cruzarse se inmovilizan y se dan la vuelta como si se hubieran reconocido. La acción tiene lugar durante la noche.

© Cengage Learning 2015

|              |             |                                                                                                        |
|--------------|-------------|--------------------------------------------------------------------------------------------------------|
|              | HOMBRE 1º:  | Blanco...                                                                                               |
| 15           | HOMBRE 2º:  | ¿Cómo ha dicho?                                                                                         |
|              | HOMBRE 1º:  | He dicho blanco.                                                                                        |
|              | HOMBRE 2º:  | *(Denegando con la cabeza.)* No... no... no... no... Blanco, no; negro.                                 |
|              | HOMBRE 1º:  | He dicho blanco, y blanco tiene que ser.                                                                |
|              | HOMBRE 2º:  | Así que ésas tenemos... *(Pausa.)* Pues yo digo negro. Cámbielo si puede.                               |
| 20           | HOMBRE 1º:  | Y lo cambio. *(Alza la voz.)* Blanco.                                                                   |

HOMBRE 2º: Alza la voz para aterrorizarme, pero no irá muy lejos. Yo también tengo pulmones. *(Gritando.)* Negro.

HOMBRE 1º: *(Ya violento agarra a* HOMBRE 2º *por el cuello.)* Blanco, blanco y blanco.

HOMBRE 2º: *(A su vez agarra por el cuello a* HOMBRE 1º*, al mismo tiempo que se libra del*
25 *apretón de éste con un brusco movimiento.)* Negro, negro y negro.

HOMBRE 1º: *(Librándose con igual movimiento del apretón del* HOMBRE 2º*, frenético.)* Blanco, blanco, blancooooo...

HOMBRE 2º: *(Frenético.)* Negro, negro, negrooooo...

Las palabras "blanco" y "negro" llegan a ser ininteligibles. Después sobreviene el silencio.
30 Pausa larga. HOMBRE 1º ocupa un banco. HOMBRE 2º ocupa otro banco. Desde el momento en que ambos hombres empezaron a gritar, los NOVIOS han suspendido sus caricias y se han dedicado a mirarlos con manifiesta extrañeza.

NOVIO: *(A la* NOVIA*.)* Hay muchos locos sueltos...

NOVIA: *(Al* NOVIO*, riendo.)* Y dilo... *(Pausa.)* El otro día...

35 NOVIO: *(Besando a la* NOVIA*.)* Déjalos. Cada loco con su tema. El mío es besarte. Así. *(Vuelve a hacerlo.)*

NOVIA: *(Al* NOVIO*, un tanto bruscamente.)* Déjame hablar. Siempre que voy a decir algo me comes a besos. *(Pausa.)* Te figuras que soy nada más que una muñequita de carne...

40 NOVIO: *(Contemporizando.)* Mima, yo no creo eso.

NOVIA: *(Al* NOVIO *más excitada.)* Sí que lo crees. Y más que eso. *(Pausa.)* El otro día me dijiste que los hombres estaban para pensar y las mujeres para gozar.

NOVIO: *(Riendo.)* ¡Ah, vaya! ¿Es eso lo que tenías guardado? Por
45 eso dijiste: «El otro día...»

NOVIA: *(Moviendo la cabeza.)* No, no es eso. Cuando dije «el otro día» es que iba a decir... *(Se calla.)*

NOVIO: *(Siempre riendo.)* Acaba por decirlo.

NOVIA: *(Con mohín de pudor.)* Es que me da pena.

50 NOVIO: *(Enlazándole la cintura con ambos brazos.)* Pena con tu papi...

NOVIA: Nada, que el otro día un loco se me declaró, y si no llega a ser por un perro, lo paso muy mal. Figúrate que... *(Se calla.)*

NOVIO: *(Siempre riendo.)* ¿Qué hizo el perro? ¿Lo mordió?

NOVIA: No, pero le ladró, el loco se asustó y se mandó a correr.

55 NOVIO: *(Tratando de besarla de nuevo.)* Bueno, mima, ya lo dijiste. Ahora déjate dar besitos por tu papi. *(Une la acción a la palabra.)*

HOMBRE 2º: *(Mostrando el puño a* HOMBRE 1º *lo agita por tres veces.)* Negro.

> **Mima** and **mami** are used interchangeably as terms of endearment in Cuba. **Papi** is a corresponding term for men.

| | | |
|---|---|---|
| | HOMBRE 1º: | *(Negando por tres veces con el dedo índice en alto.)* Blanco. |
| | NOVIO: | *(A la* NOVIA.*)* Esto va para largo. Mima, vámonos de aquí. *(La coge por la mano.)* |
| 60 | NOVIA: | *(Negándose.)* Papi, ¡qué más te da!... Déjalos que griten. |
| | NOVIO: | *(Resignado.)* Como quieras. *(Con sensualidad.)* ¿Quién es tu papito rico? |
| | NOVIA: | *(Con sensualidad.)* ¿Y quién es tu mamita rica? |
| | HOMBRE 1º: | *(Se para, se acerca a la pareja, pregunta en tono desafiante.)* ¿Blanco o negro? |
| | NOVIO: | *(Creyendo habérselas con un loco.)* Lo que usted prefiera, mi amigo. |
| 65 | HOMBRE 1º: | Lo que yo prefiera, no. ¿Blanco o negro? |
| | NOVIO: | *(Siempre en el mismo temperamento.)* Bueno, la verdad que no sé... |
| | HOMBRE 1º: | *(Enérgico.)* ¡Cómo que no sabe! ¿Blanco o negro? |
| | NOVIA: | *(Mirando ya a* HOMBRE 1º *ya a su* NOVIO, *de súbito.)* Blanco. |
| 70 | NOVIO: | *(Mirando a su* NOVIA *y dando muestras de consternación.)* ¿Blanco?... No; blanco, no; negro. |
| | NOVIA: | *(Excitada.)* Que te crees tú eso. He dicho blanco. |
| | NOVIO: | *(Persuasivo.)* Mima, ¿me vas a llevar la contraria? *(Pausa.)* Di negro, como tu papi lo dice. |
| 75 | NOVIA: | *(Con mohín de disgusto.)* ¿Y por qué te voy a dar el gusto? Cuando el loco preguntó, yo dije blanco. *(Pausa.)* Vamos a ver: ¿por qué también no dijiste blanco? |
| | NOVIO: | *(Siempre persuasivo, pero con violencia contenida.)* Mima, di negro, complace a tu papi. ¿Qué más te da decirlo? |
| | NOVIA: | Pídeme lo que quieras, menos que diga negro. Dije blanco, y blanco se queda. |
| | NOVIO: | *(Ya violento.)* ¿De modo que le das la razón a ese tipejo y me la quitas a mí? |
| 80 | | *(Pausa.)* Pues vete con él. |
| | NOVIA: | *(Con igual violencia.)* ¡Ah!, ¿sí? ¿Conque chantaje? Pues oye: ¡blanco, blanco, blanco, blanco! *(Grita hasta desgañitarse, terminando en un acceso de llanto. Se deja caer en el banco ocultando la cara entre las manos.)* |

*Estudio en blanco y negro* by Virgilio Piñera. © Herederos de Virgilio Piñera. Permiso concedido por los herederos de Virgilio Piñera y Agencia Literaria Latinoamericana.

HOMBRE 1º: *(Se arrodilla a los pies de la* NOVIA, *saca un pañuelo, le seca las lágrimas, le toma*
85 *las manos, se las besa, con voz emocionada y un tanto en falsete:)* ¡Gracias,
señorita, gracias! *(Pausa. Se para. Gritando.)* ¡Blanco!

NOVIA: *(Mirándolo extrañada.)* ¿Quién te dio vela en este entierro? *(Pausa.)* ¡Negro,
negro, negro!

NOVIO: *(Se sienta junto a la* NOVIA, *le coge las manos, se las besa.)* Gracias mami;
90 gracias por complacer a tu papi. *(Hace por besarla, pero ella hurta la cara.)*

NOVIA: ¡Que te crees tú eso! ¡Blanco, blanco!

HOMBRE 1º: *(A la* NOVIA.) Así se habla.

NOVIO: *(A* HOMBRE 1º, *agresivo.)* Te voy a partir el alma...

HOMBRE 2º: *(Llegando junto al* NOVIO.) Déle dos bofetadas, señor. Usted es de los míos.
95 NOVIO: *(A* HOMBRE 2º.) No se meta donde no lo llaman.

HOMBRE 2º: *(Perplejo.)* Señor, usted ha dicho, como yo, negro.

NOVIO: *(A* HOMBRE 2º.) ¡Y qué! Pues digo blanco. ¿Qué pasa?

NOVIA: *(Amorosa.)* Duro y a la cabeza, papi. Te quiero mucho.

NOVIO: *(A la* NOVIA.) Sí, mami; pero eso es aparte. No le permito a ese tipejo que hable en
100 mi nombre. Si digo negro es porque yo mismo lo digo.

NOVIA: *(Al* NOVIO.) Pero ahora mismo acabas de decir blanco.

NOVIO: *(A la* NOVIA.) Por llevarle la contraria, mami; por llevársela. *(Pausa.)* Desde un
principio dije negro, y si tú me quieres también debes decir negro.

NOVIA: *(Categórica.)* Ni muerta me vas a oír decir negro. Hemos terminado. *(Adopta una*
105 *actitud desdeñosa y mira hacia otro lado.)*

NOVIO: *(Igual actitud.)* Bueno, cuando te decidas a decir negro me avisas. *(Se sienta en
otro banco.)*

*Estudio en blanco y negro* by Virgilio Piñera. © Herederos de Virgilio Piñera. Permiso concedido por los herederos de Virgilio Piñera y Agencia Literaria Latinoamericana.

HOMBRE *1º* y HOMBRE *2º* ocupan los dos bancos restantes. La escena se oscurece hasta un punto en que no se distinguirán las caras de los actores. Se escuchará en sordina, cualquier marcha fúnebre por espacio de diez segundos. De nuevo se hace luz.

110

© Cengage Learning 2015

| | | |
|---|---|---|
| NOVIO: | *(Desde su banco, a la NOVIA.)* ¿Cómo se llama este parque? | |
| NOVIA: | *(Con grosería, sin mirarlo.)* Ni lo sé ni me importa. | |
| NOVIO: | *(Se para, va al banco de su NOVIA, se sienta junto a ella.)* Vamos, mami, no es para tanto... *(Trata de abrazarla.)* | |

115

| | |
|---|---|
| NOVIA: | *(Se lo impide.)* Suelta... Suelta... |
| HOMBRE *1º*: | *(Desde su banco.)* Éste es el Parque de los Mártires. |
| NOVIA: | *(Sin mirar a HOMBRE 1º.)* No me explico, sólo se ve un mártir. |
| HOMBRE *1º*: | *(A la NOVIA.)* Se llama Parque de los Mártires desde hace veinticinco años. Hace diez erigieron la estatua ecuestre. Es la del general Montes. |

125

| | |
|---|---|
| HOMBRE *2º*: | *(Se para, camina hacia el banco donde están los NOVIOS.)* Perdonen que intervenga en la conversación. *(Pausa.)* Sin embargo, les interesará saber que el general Montes fue mi abuelo. |
| HOMBRE *1º*: | *(Se para, camina hacia el banco donde están los novios. A HOMBRE 2º.)* ¿Es cierto, como se dice, que el general murió loco? |

130

| | |
|---|---|
| HOMBRE *2º*: | Muy cierto. Murió loco furioso. |
| HOMBRE *1º*: | *(A HOMBRE 2º.)* Se dice que imitaba el ladrido de los perros. ¿Qué hay de verdad en todo esto? |
| HOMBRE *2º*: | *(A HOMBRE 1º.)* No sólo de los perros, también de otros animales. *(Pausa.)* Era un zoológico ambulante. |

135

| | |
|---|---|
| HOMBRE *1º*: | *(A HOMBRE 2º.)* La locura no es hereditaria. |
| HOMBRE *2º*: | *(A HOMBRE 1º.)* No necesariamente. Que yo sepa, en mi familia ha sido el único caso. |

*Estudio en blanco y negro* by Virgilio Piñera. © Herederos de Virgilio Piñera. Permiso concedido por los herederos de Virgilio Piñera y Agencia Literaria Latinoamericana.

| NOVIA: | (A HOMBRE 2º.) Perdone, pero soy tan fea como franca. Para mí, usted es un loco de atar. |
|---|---|
| 140 HOMBRE 2º: | (Con suma cortesía y un dejo de ironía.) Perdón, señorita; su opinión es muy respetable. Ahora bien: siento defraudarla. No estoy loco. Me expreso razonablemente. |
| NOVIA: | (A HOMBRE 2º.) ¿Cuerdo usted? ¿Cuerdo se dice? ¿Y cuerdo se cree? (Pausa.) ¿Así que usted llega a un parque, se para y grita: «¡Negro!», y cree estar cuerdo? (Pausa.) Pues mire, por menos que eso hay mucha gente en el manicomio. (Pausa. A HOMBRE 1º.) Y usted no se queda atrás. Entró por allí (Señala el lateral derecho.) gritando «¡Blanco!» |
| HOMBRE 1º: | (A la NOVIA.) Siempre es la misma canción. Si uno grita blanco o cualquier otra cosa, en seguida lo toman por loco. (Pausa.) Pues sepa que me encuentro en pleno goce de mis facultades mentales. |
| HOMBRE 2º: | (A la NOVIA.) Igual cosa me ocurre a mí. Nadie, que yo sepa, está loco por gritar blanco, negro u otro color. (Pausa.) Vine al parque; de pronto me entraron unas ganas locas de gritar algo. Pues grité «¡Negro!» y no pasó nada, no se cayó el mundo. |
| NOVIO: | (A HOMBRE 2º.) ¿Que no pasó nada? Pues mire: mi novia y yo nos hemos peleado. |
| 155 HOMBRE 2º: | Lo deploro profundamente. (Pausa.) Ahora bien: le diré que eso es asunto de ustedes. (A HOMBRE 1º.) ¿Vive por aquí? |
| HOMBRE 1º: | No, vivo en la playa; pero una vez por mes vengo a efectuar un pago en ese edificio de la esquina. (Señala con la mano.) Usted comprenderá que el tramo es más corto atravesando el parque. (Pausa.) Y usted, ¿vive en este barrio? |
| 160 HOMBRE 2º: | Allí, en la esquina. (Señala con la mano.) Es la casa pintada de azul. ¿La ve? La de dos plantas. En ella murió el general. |
| NOVIO: | (Nervioso, a ambos hombres.) ¡Oigan! Ustedes ahí muy tranquilos conversando después de haber encendido la candela... |
| HOMBRE 1º: | (Mirando a HOMBRE 2º y después mirando al NOVIO.) ¿La candela? ... No entiendo. |
| 165 NOVIO: | ¡Pues claro! Se pusieron a decir que si blanco, que si negro; nos metieron en la discusión, y mi novia y yo, sin comerlo ni beberlo, nos hemos peleado por ustedes. |
| HOMBRE 2º: | (Al NOVIO.) Bueno, eso de sin comerlo ni beberlo se lo cuenta a otro. Usted se decidió por negro. |
| 170 NOVIO: | Porque ella dijo blanco. (Pausa. A la NOVIA.) A ver, ¿por qué tenía que ser blanco? |
| NOVIA: | (Al NOVIO.) ¿Y por qué tenía que ser negro? A ver, dime. |
| NOVIO: | (A la NOVIA.) Mami, no empieces... |
| NOVIA: | (Al NOVIO.) ¡Anjá! Conque no empiece... ¿Y quién empezó? |
| NOVIO: | (A la NOVIA.) Mira, mami, yo lo que quiero es que no tengamos ni un sí ni un no. ¿Qué trabajo te cuesta complacer a tu papi? |
| NOVIA: | (Al NOVIO.) Compláceme a mí. Di blanco. Anda, dilo. |
| NOVIO: | (A la NOVIA.) Primero muerto y con la lengua cosida. Negro he dicho y negro seguiré diciendo. |
| HOMBRE 1º: | (Al NOVIO.) Que se cree usted eso. Es blanco. |

| 180 | NOVIO: | (*Se levanta, desafiante.*) ¿Qué te pasa? Está bueno ya, ¿no? No me desmoralices a mi NOVIA. (*A la NOVIA.*) Mami, di que es negro. |
| | NOVIA: | (*Se levanta hecha una furia. Al NOVIO.*) No, no y mil veces no. Es blanco y seguirá siendo blanco. |
| | HOMBRE 1º: | (*Cuadrándose y saludando militarmente.*) Es blanco. (*Al NOVIO, presentándole el |
| 185 | | pecho abombado.*) Puede matarme, aquí mi corazón; pero seguiremos diciendo blanco. (*A la NOVIA.*) ¡Valor, señorita! |
| | NOVIO: | (*A HOMBRE 1º.*) Y yo te digo que es negro y te voy a hacer tragar el blanco. |
| | HOMBRE 2º: | (*Gritando.*) ¡Negro, negro! |
| | NOVIA: | (*Gritando.*) ¡Blanco! |
| | NOVIO: | (*Gritando.*) ¡Negro! |
| 190 | HOMBRE 1º: | (*Gritando.*) ¡Blanco! |
| | HOMBRE 2º: | (*Gritando.*) ¡Negro! |

*Ahora todos gritan indistintamente «blanco» o «negro». Las palabras ya no se entienden. Agitan los brazos.*

| | HOMBRE 3º: | (*Entrando por el lateral izquierdo, atraviesa el parque gritando:*) ¡Amarillo! |
| 195 | | ¡Amarillo! ¡Amarillo! |

*Los cuatro personajes enmudecen y se quedan con la boca abierta y los brazos en alto.*

| | HOMBRE 3º: | (*Vuelve sobre sus pasos, siempre gritando:*) ¡Amarillo! ¡Amarillo! ¡Amarillo! (*Desaparece. Telón.*) |

FIN DE *ESTUDIO EN BLANCO Y NEGRO*

© Cengage Learning 2015

*Estudio en blanco y negro* by Virgilio Piñera. © Herederos de Virgilio Piñera. Permiso concedido por los herederos de Virgilio Piñera y Agencia Literaria Latinoamericana.

**ACTIVIDAD** **15** **¿Cuánto entendiste?** Contesta estas preguntas sobre el drama.

1. ¿Dónde tiene lugar la acción?
2. ¿Cuántos personajes hay? ¿Quiénes son?
3. ¿Cómo empieza la pelea *(fight)* entre los hombres?
4. ¿Al principio qué piensan los jóvenes de los dos hombres?
5. ¿Quiere responder el *NOVIO* cuando el *HOMBRE 1º* le pregunta si es blanco o negro? ¿Por qué sí o no?
6. ¿Cómo empieza la pelea entre los dos jóvenes?
7. ¿Cómo se llama el parque y de quién es la estatua?
8. La *NOVIA* cree que el *HOMBRE 2º* es **un loco de atar.** ¿El *HOMBRE 2º* se considera loco o cuerdo?
9. En la línea 155, el *NOVIO* acusa a los dos hombres de **encender la candela.** ¿A qué se refiere esa expresión en ese contexto?
10. ¿Cómo termina el drama?
11. Para ti, ¿cuál es el mensaje del drama?

**ACTIVIDAD** **16** **El ensayo de la obra** En grupos de cinco, ensayen la obra de teatro para representarla enfrente de la clase. Una persona es el/la director/a y el *HOMBRE 3º* y los otros son los demás personajes. Tomen de diez a quince minutos para ensayar su actuación.

Courtesy of Belén Amada

▲ El rodaje del video de *¡Claro que sí!*

**ACTIVIDAD** **17** **El feminismo y el machismo** En la obra de teatro hay varios ejemplos de machismo y de feminismo. Busca algunos ejemplos y prepárate para defender tu opinión.

▶ Él le dijo a ella que quería que ella… Eso es típico del machismo porque…

**18** **Su vida**  En parejas, háganse las siguientes preguntas sobre su vida.

1.  ¿Alguna vez has tenido una pelea con alguien sobre algo totalmente insignificante? Si contestas que sí, ¿recuerdas de qué se trataba?
2.  ¿Conoces a alguien que sea muy machista? Si contestas que sí, ¿te molesta su actitud? ¿Por qué sí o no?
3.  ¿Conoces a alguien que sea muy feminista? Si contestas que sí, ¿te molesta su actitud? ¿Por qué sí o no?

**ACTIVIDAD** **19** **El futuro**  En parejas, imagínense que la pareja del drama *Estudio en blanco y negro* se casa. ¿Cómo será su vida en el futuro? ¿Serán felices? ¿Vivirán tranquilamente? ¿Se pelearán? Hagan predicciones sobre el futuro.

Predicting the future.

---

## ESTRATEGIA: Describing a Scene

To describe a painting or a sculpture, one focuses not only on the physical characteristics of the work itself (size, colors, images, etc.), but also on the feelings it evokes. To describe a work of art, you can use phrases such as **Al mirarlo siento...**, **Me parece que...**, and **Me da la impresión de que...** You may also want to speculate about the message the artist was trying to convey using phrases such as **El artista quería que nosotros...** and **La artista esperaba que la gente...**

**Escritura**

---

**ACTIVIDAD** **20** **Descripción de un cuadro**  **Parte A.** Carefully observe the following painting by Frida Kahlo. Make a list of the elements in the painting. For example: **lágrima** *(tear)*, **cejas** *(eyebrows)*, etc.

**Parte B.** Write what you feel when looking at the painting and why.

**Parte C.** Answer this question: **En tu opinión, ¿qué quería Kahlo que pensáramos al ver el cuadro?**

**Parte D.** Finally, write a composition giving your interpretation of the painting. Use the information from Parts A, B, and C when expressing your opinion.

**Parte E.** Hand in all the drafts to your instructor together with the final version.

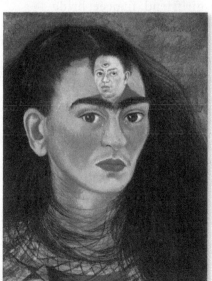

▲ *Diego y yo*, Frida Kahlo (1907–1954), mexicana.

# Vocabulario esencial **II**

## La expresión del amor

**1** pelearse
**2** el beso/besar
**3** el abrazo/abrazar

> NOTE: One can be an **amante del arte,** for example. (positive connotation)

**el/la amante** lover/mistress *(usually a negative connotation)*
**la aventura (amorosa)** affair
**el cariño** affection
**el compromiso** engagement
**el divorcio** divorce
**feliz** happy
**juntos** together
**la novia** girlfriend; fiancée; bride
**el novio** boyfriend; fiancé; bridegroom
**la pareja** couple; lovers *(positive connotation)*
**mi/tu pareja** partner; significant other; lover *(positive connotation)*
**querido/a, cariño** dear *(terms of endearment)*
**la soledad** loneliness

### Verbos relacionados con el amor

**amar a alguien** to love someone
**dejar de salir (con)** to break up (with) *(casual relationship)*
**divorciarse (de)** to get divorced (from)
**enamorarse (de)** to fall in love (with)
**estar comprometido/a** to be engaged
**estar enamorado/a (de)** to be in love (with)
**odiar** to hate
**pelearse (con)** to fight (with)
**querer a alguien** to love someone
**romper (con)** to break up (with) *(serious relationship)*
**salir (con)** to date, go out (with)
**separarse (de)** to separate (from)
**ser celoso/a** to be a jealous person
**tener celos (de) / estar celoso/a (de)** to be jealous (of)

*iLrn*
Do Workbook and Web activities.

**ACTIVIDAD 21 Opiniones** **Parte A.** Lee estas oraciones y escribe **sí** si te identificas con lo que dicen y **no** si no te identificas con lo que dicen.

_____ 1. Te enamoras fácilmente.

_____ 2. Te molesta ver parejas que se besan y se abrazan en público.

_____ 3. Es importante salir con una persona por lo menos un año para conocerla bien antes de casarse.

_____ 4. Te gustaría casarte en una iglesia, sinagoga, etc.

_____ 5. Para casarse, es más importante que haya más amistad que amor.

_____ 6. Te casarías con una persona que no supiera besar bien.

_____ 7. Es mejor vivir juntos antes de casarse.

_____ 8. Muchas parejas se divorcian rápidamente sin intentar solucionar los problemas.

_____ 9. En la televisión hay demasiadas aventuras amorosas y eso no refleja la realidad.

_____ 10. Te gusta usar palabras como "cariño", "querido/a" y "mi amor" cuando hablas con tu pareja.

_____ 11. El refrán que dice "Más vale estar solo que mal acompañado" es verdad.

_____ 12. El refrán "Donde hubo fuego, cenizas (ashes) quedan" es verdad.

_____ 13. Las mujeres tienen tantas aventuras amorosas como los hombres.

**Parte B.** En grupos de tres, comparen sus respuestas, decidan lo siguiente y expliquen por qué.

1. ¿Quién es la persona más romántica?
2. ¿Quién es la persona menos tradicional?

## ¿Lo sabían?

En países como Uruguay, Paraguay y Argentina se celebra el día del amigo. Esta tradición fue idea del argentino Enrique Febbraro, doctor en odontología[1] y profesor de historia y ética, que mientras miraba televisión, observó al astronauta norteamericano Neil Armstrong caminar en la Luna el 20 de julio de 1969 y decir, "Es un pequeño paso para el hombre, pero un gran salto para la humanidad". El acontecimiento, según Febbraro, sirvió para abrir las puertas para que la humanidad se conectara. Por eso, el doctor pensó que esa fecha era el día más adecuado para una nueva celebración: El día del amigo. Ahora cada 20 de julio, las personas generalmente llaman por teléfono a sus amigos para desearles un feliz día, les mandan tarjetas virtuales o salen a comer en grupo.

▲ Celebrando el día del amigo en Buenos Aires.

**¿?** **¿Existe una celebración equivalente en tu país? ¿Cuál sería una fecha ideal para celebrar el día del amigo y por qué? ¿Cómo lo celebrarías?**

_____

[1]_dentistry_

**ACTIVIDAD 22** **La boda** En parejas, Uds. están comprometidos y van a casarse dentro de un mes. "A" mira las instrucciones de esta página y "B" mira las instrucciones de la página R26. Después conversen según las indicaciones.

> El fin de semana pasado fuiste a una fiesta sin tu novio/a y conociste a otra persona. Te gusta muchísimo esta persona y, por eso, has decidido no casarte. Ve a casa de tu novio/a para decirle que no quieres casarte, pero sé diplomático/a para no herir *(hurt)* mucho sus sentimientos.

**ACTIVIDAD 23** **Una telenovela** Las telenovelas siempre tienen un argumento *(plot)* muy complicado. En grupos de tres, aquí tienen Uds. seis personajes. Deben inventar la siguiente información sobre cada uno: nombre, profesión, personalidad, su relación con las otras personas, qué hizo últimamente. Descríbanlos y usen las palabras de la lista de vocabulario de la página 512.

Illustrations: © Cengage Learning 2015

# Para ver ⏸

## Un encuentro de blogueros

| | |
|---|---|
| **por algo será** | there must be a reason |
| **invitar** | to invite; to treat |
| **te lo digo en serio / en broma** | I'm serious / joking |

Video stills: © Cengage Learning 2015

*Estuve en Internet con mis amigos peruanos Andrés y Pablo y mi amiga venezolana Julieta planeando un encuentro de blogueros.*

▶ **ACTIVIDAD 24 Busca la información** Lee las siguientes oraciones. Luego, mientras miras el video blog, marca si son ciertas **(C)** o falsas **(F)**. Después corrige las oraciones falsas.

1. _____ Pablo está triste porque tuvo un problema con Andrés.

2. _____ Julieta conoció a Andrés en persona el año pasado.

3. _____ A Pablo le molestan las bromas de Andrés.

4. _____ Julieta sugiere ir a la India.

5. _____ Sonia no conoce la República Dominicana.

6. _____ Julieta conoce Buenos Aires.

7. _____ Los cuatro deciden ir a Buenos Aires.

▶ **ACTIVIDAD** **25** **¿Comprendiste?** Después de mirar el video blog otra vez, contesta estas preguntas.

1. ¿Por qué rompió Pablo con su novia?
2. ¿Por qué cree Andrés que no es una buena idea ir a la China?
3. ¿Por qué no quiere ir Sonia a Panamá?
4. ¿Quién le manda un mensaje de texto a Pablo y qué le dice?
5. Según Pablo, ¿cuántas personas van a ir a Buenos Aires?
6. Después de ver las fotos del viaje, en tu opinión, ¿cómo lo pasaron todos? ¿Se divirtieron? ¿Se pelearon Pablo y la novia?

## ¿Lo sabían?

En muchos países hispanos es común que las parejas se casen por la iglesia católica debido a la larga historia que tiene el catolicismo en el mundo hispanohablante. Sin embargo, en la mayoría de esos países, el gobierno no considera que la ceremonia religiosa sea legal y válida y exige también una ceremonia civil. Debido también a la influencia de la iglesia católica, en países como España y Argentina no se legalizó el divorcio hasta los años 80 y no fue hasta 2004 que Chile permitió que las parejas se divorciaran. Sin embargo, a principios del siglo XXI, España, Argentina y la Ciudad de México legalizaron el matrimonio homosexual.

© Ammit/Dreamstime.com

▲ Basílica del Voto Nacional, Quito, Ecuador.

 En tu país, ¿qué ceremonia es válida para el gobierno, la civil o la religiosa? ¿Sabes cuál fue el último estado de los Estados Unidos en legalizar el divorcio?

**ACTIVIDAD** **26** **Los estereotipos** Los hispanos tienen fama de ser muy románticos. En cambio, los norteamericanos tienen fama de ser fríos y poco apasionados. En grupos de cuatro, comenten si son ciertos o falsos estos estereotipos y por qué. Usen frases como las siguientes.

| | |
|---|---|
| En mi opinión... | Me parece que... |
| Creo que... | Es posible que... |
| Para mí... | ...pero por algo será. |

# Gramática para la comunicación ▌

## I. Expressing Reciprocal Actions

▲ Él la besa.

▲ Ella lo besa.

▲ Ellos se besan.

Illustrations: © Cengage Learning 2015

**1** To express a reciprocal action (something people do to one another), use the reflexive pronouns **nos**, **os**, and **se** with the corresponding form of the verb. Some verbs used reciprocally are **abrazar**, **amar**, **besar**, **escribir**, **gritar**, **hablar**, **mandar**, **mirar**, **llamar**, **pelear**, **odiar**, **querer**, and **ver**.

> Review placement of reflexive pronouns, Ch. 4.

| | |
|---|---|
| Pablo y su novia **se gritaban** todo el tiempo. | *Pablo and his girlfriend used to shout at each other all the time.* |
| Cuando entró mamá, **nos estábamos besando.** | *When Mom came in, we were kissing (each other).* |

**2** You may use **uno/s a otro/s** *(each other/one another)* for clarification or emphasis. **Uno a otro** agrees in gender and number with the nouns or pronouns being modified.

| | |
|---|---|
| Sonia y Julieta **se abrazaron una a otra** cuando se encontraron. | *Sonia and Julieta and hugged each when they met.* |
| Los cuatro blogueros **se escriben unos a otros** todas las semanas. | *The four bloggers write one other every week.* |

**NOTE:** **a.** Use the masculine form of the phrase for a male and a female or males and females: **Él y ella** se besaron **uno a otro.**

**b.** Some verbs use prepositions like **con** and **de** instead of **a**: Ellos se pelean uno con otro. Se enamoraron uno de otro.

---

**ACTIVIDAD 27 La felicidad** Explica qué pasa en cada dibujo. Conecta las ideas con frases como **más tarde, luego, después** y **por último.**

gritar

no / hablar / mirar

mirar

mirar

mirar

besar

abrazar

hablar

Illustrations: © Cengage Learning 2015

**ACTIVIDAD 28 Luz, cámara, acción** En grupos de tres, uno de Uds. es director/a de películas y los otros dos (un hombre y una mujer) son actores. Los dos actores deben cerrar el libro ahora mismo. El/la director/a va a leer en voz alta las siguientes líneas del guion mientras los actores representan la escena.

**Escena romántica**

(Él y ella están sentados.)

Acción:

Él mira hacia la puerta y ella mira hacia la ventana.

Él la mira a ella.

Él mira la pizarra.

Ella lo mira a él.

Ella mira hacia la ventana otra vez.

Él la mira a ella.

Ella lo mira a él.

Se miran con amor por cinco segundos.

Él le toca la mano a ella.

Ella la retira y mira hacia la ventana.

Él se pone de pie enfrente de ella.

Se miran intensamente.

Ella se levanta.

Él la abraza.

Ella no lo abraza y se sienta otra vez.

Él se pone de rodillas y le dice: "Lo siento".

Ella se ríe.

Ellos se abrazan.

Se besan (si el director o la directora quiere).

FIN

# II. Expressing Hypothetical Situations: Clauses with *si*

Si pudieran ir a cualquier lugar del mundo, ¿adónde irían?

**1** When making a hypothetical statement about a situation that may or may not occur, use the following formula.

| Situations that may or may not occur | | |
|---|---|---|
| **si** + present indicative | + | present tense<br>**ir a** + *infinitive*<br>future tense |

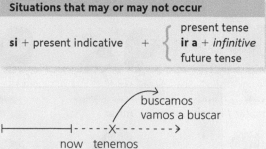

buscamos
vamos a buscar

now tenemos

**Si tenemos** tiempo hoy, **buscamos/ vamos a buscar** un pasaje a Buenos Aires por Internet.

*If we have time today, we are going to look for a plane ticket to Buenos Aires on the Internet.*

**Si** Sonia **tiene** dinero, **irá** a visitar a Julieta a Venezuela.

*If Sonia has money, she will go to visit Julieta in Venezuela.*

**2** To make a hypothetical statement about a contrary-to-fact situation, use the following formula.

> **Contrary-to-fact situations**
>
> **si** + imperfect subjunctive + conditional

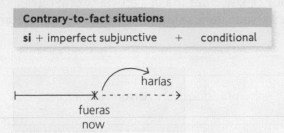

—**Si fueras** la novia de Pablo, ¿qué **harías**?

*If you were Pablo's girlfriend* (which you are not), *what would you do?*

—**Si estuviera** enamorada de verdad, **me casaría** con él.

*If I were truly in love* (which I am not), *I would marry him.*

When the subjunctive is used after **si** in contrary-to-fact statements, it must be a form of the subjunctive in the past.

Do Workbook, Lab Manual, and Web activities.

---

**ACTIVIDAD 29** **A locas** **Parte A.** En grupos de seis, preparen situaciones hipotéticas. Tres personas leen el papel A y tres personas leen el papel B. Sigan las instrucciones.

| A | B |
|---|---|
| Usen la imaginación y escriban solo el principio de siete situaciones como las siguientes usando la forma de **yo** (cuanto más exageradas las ideas, mejor):<br>**Si estuviera enamorado/a**<br>**Si tuviera un león en casa**<br>**Si estuviera en Siberia** | Usen la imaginación y escriban siete resultados como los siguientes usando la forma de **yo** (cuanto más exageradas las ideas, mejor):<br>**tendría ocho carros**<br>**sería la persona más feliz del mundo** |

**Parte B.** Cuando estén listos, miren todas las frases del grupo y hagan combinaciones para formar oraciones. Compartan con la clase las que más les gusten.

▶ Si estuviera en Siberia, sería la persona más feliz del mundo.

**ACTIVIDAD 30** **¿Qué pasaría?** En parejas, terminen estas frases relacionadas con el amor.

1. Yo sería feliz si mi novio/a...
2. Solo me casaría si...
3. Si estuviera casado/a, solo me divorciaría si...
4. Si me enamorara de una persona de otro país, mis padres...
5. Si quisiera casarme con alguien que a mis padres no les gustara, ...
6. Si pudiera viajar a través del tiempo, yo... una aventura amorosa con... porque...

Capítulo 16 • **519**

**Mi media naranja** Parte A. Tu vida romántica está muy mal últimamente y por eso, decides ir a la agencia "Corazones solitarios" para encontrar a la persona de tus sueños. Tienes que completar este formulario.

Nombre _____

Edad _____     Soltero/a _____     Divorciado/a _____

Intereses _____

Estoy contento/a cuando _____

Creo que la inteligencia de una persona es tan importante como su aspecto físico.

   Sí _____     No _____

*Termina estas frases*: Si la persona que me selecciona...

   fuera quince años mayor que yo, _____

   tuviera otras creencias religiosas, _____

   fuera mucho más baja que yo, _____

   no tuviera dinero, _____

   no quisiera tener hijos, _____

   no tuviera estudios universitarios, _____

   viviera a más de cinco horas de mi casa, _____

   no creyera en la igualdad de los sexos, _____

Creo que una noche perfecta es cuando _____

_____

**Parte B.** Ahora, vas a tener una entrevista con un/a empleado/a de la agencia. Trabajen en parejas y basen la entrevista en las respuestas del formulario de la Parte A. Después, cambien de papel.

▶  A: Veo que a Ud. le interesa esquiar. ¿Le importaría salir con una persona que no esquiara?
    B: Sí, me molestaría porque viajo a muchos centros de esquí.

**El arte que provoca** Los artistas producen obras de arte por varias razones, una de ellas es provocar reacciones tanto positivas como negativas. El mexicoamericano Daniel Salazar creó una obra llamada *El Mandilón*, donde usó un personaje importante de la historia de México, Emiliano Zapata, pero cambió un poco el contenido de la imagen original. Algunas personas se sintieron ofendidas y hasta se manifestaron en contra de la exhibición del cuadro. En parejas, miren el cuadro en la página siguiente y contesten estas preguntas.

**Mandilón** = a boyfriend/husband that does everything his girlfriend/wife says.

1. ¿Para qué se usan las cosas que tiene Zapata en las manos y qué lleva puesto? ¿Qué cosas creen que tiene Zapata en la obra original?
2. El artista se burla de un estereotipo del hombre mexicano. Expliquen ese estereotipo.

3. Para Uds., ¿cuál de estas palabras describe mejor el cuadro: ofensivo, provocativo, crítico o cómico?

4. El artista, Daniel Salazar, es mexicoamericano. ¿Cambiarían Uds. su respuesta a la pregunta anterior si el artista fuera norteamericano? ¿Si fuera una mujer mexicana? ¿Si fuera una mujer norteamericana? ¿Si Uds. fueran hombres mexicanos? ¿Si Uds. fueran mujeres mexicanas?

5. El artista comenta en un sitio web que las mujeres opinan que los hombres que hacen trabajo doméstico son más *sexy*. ¿Están Uds. de acuerdo con ese comentario?

6. Piensen en una pareja que conocen (pueden ser sus padres), ¿cómo se dividen las labores domésticas? ¿Quién lava la ropa, limpia los platos, etc.? ¿Quién saca la basura? En la casa de sus abuelos, ¿qué esperaba su abuelo que hiciera su esposa y viceversa cuando ellos tenían entre 20 y 40 años?

7. ¿Qué buscan Uds. en una pareja? Si su pareja les dijera que cocinaría, pero que no limpiaría la casa después de casarse, ¿cómo reaccionarían? ¿Se casarían con esa persona?

8. Hablen de los estereotipos en general. ¿Cuál es el estereotipo de los estudiantes de su universidad? ¿Se basan los estereotipos en verdades? ¿Son solo generalizaciones o exageraciones?

© Courtesy Daniel Salazar

▲ *El Mandilón*, Daniel Salazar (1952– ) mexicoamericano.

**ACTIVIDAD 33 La última actividad** Felicitaciones, Uds. acaban de terminar el curso de español. En grupos de tres hablen sobre los siguientes temas.

1. Tres cosas que aprendieron este año sobre el mundo hispano.
2. Cómo usarán el español en el futuro. Deben pensar en cinco posibilidades, por lo menos.

iLrn

Do Web Search Activities

# Más allá

## Canción: "La vida tómbola"

**tómbola** = raffle

The song is included in the *¡Claro que sí!* iTunes list on CengageBrain.com and may be on YouTube.

**Manu Chao (1961– )** nació en Francia de padres españoles y por eso es bilingüe y bicultural. Su música, que no tiene fronteras, varía de rock alternativo a punk, a reggae, a salsa, a ska. Manu Chao no solo canta en diferentes estilos sino también en varios idiomas además de español y francés.

© Rune Hellestad/Corbis

**Antes de escuchar** Vas a escuchar una canción sobre un deportista famoso. Antes de escucharla, contesta las siguientes preguntas.

1. ¿Con qué deporte asocias los siguientes nombres: Pelé, Maradona, Zidane, Beckham, Ronaldo y Messi? ¿Qué sabes de ellos? ¿De dónde son? ¿Sabes algo más de ellos que sea interesante?

2. ¿Qué es la FIFA?

3. ¿Cómo es la vida de los grandes deportistas?

**Mientras escuchas** Al escuchar "La vida tómbola" *(Things Happen by Chance),* contesta estas preguntas.

1. ¿Sobre quién canta Manu Chao?

2. ¿Qué haría él si fuera esta persona? ¿Y si estuviera frente a una portería *(goal)*?

3. ¿Qué o quién es un ladrón *(thief)*?

**Después de escuchar** Contesta estas preguntas.

1. ¿Crees que la vida es una tómbola?

2. ¿De qué manera cambiaría tu vida si fueras un/a deportista famoso/a?

© emipress / Shutterstock.com

▲ Diego Maradona (1960– ), argentino.

# ▶ **Video:** *Ciudad de México, Buenos Aires, San Juan, Quito y Madrid*

© Cengage Learning

The video is on CengageBrain.com.

**Antes de ver** Vas a ver un video sobre lugares para visitar en la Ciudad de México, Buenos Aires, San Juan, Quito y Madrid. Antes de verlo, di qué sabes de cada ciudad.

**Mientras ves** Después de un viaje por el mundo hispano, dos amigos Mariela y Javier, le preguntan a personas de las cinco ciudades qué lugares recomendarían para visitar en solo un día y por qué. Escucha lo que dice la gente y marca qué lugar está en qué ciudad.

|  | México, D. F. | Buenos Aires | San Juan | Quito | Madrid |
|---|---|---|---|---|---|
| La Boca |  |  |  |  |  |
| la iglesia de la Compañía |  |  |  |  |  |
| la iglesia San Francisco |  |  |  |  |  |
| el Morro |  |  |  |  |  |
| el Museo de Antropología |  |  |  |  |  |
| el Museo del Prado |  |  |  |  |  |
| el Palacio de Bellas Artes |  |  |  |  |  |
| el Parque de Chapultepec |  |  |  |  |  |
| el Parque de la Alameda |  |  |  |  |  |
| el Parque del Retiro |  |  |  |  |  |
| la Plaza de la Independencia |  |  |  |  |  |
| la Plaza Mayor |  |  |  |  |  |
| la Recoleta |  |  |  |  |  |
| San Telmo |  |  |  |  |  |
| el Yunque |  |  |  |  |  |
| el Zócalo |  |  |  |  |  |

## Después de ver

**Parte A.** Decide a cuál de las cinco ciudades prefieres ir y explica por qué.

**Parte B:** Si un grupo de estudiantes de otro país estuviera de visita por un día en la ciudad donde tú estudias, ¿cuáles serían los lugares ideales para conocer? Identifica cuatro lugares y explica por qué los escogiste.

# En resumen

## Now you know how to...

- express past feelings, doubts and desires.

  **Los blogueros querían un hotel en Buenos Aires que fuera bueno, bonito y barato.**

- discuss art and give opinions about art.

  **Durante el viaje, vieron obras maestras del pintor Juan Carlos Castagnino en el Museo Nacional de Bellas Artes.**

- describe hypothetical situations.

  **Si todos los blogueros pueden, volverán a encontrarse el año próximo.**

  **Si Sonia tuviera tiempo, tomaría clases de tango en Los Ángeles.**

- express your ideas on love and romance.

  **Pablo y su novia eran la única pareja del grupo. Se quieren mucho.**

- express reciprocal actions.

  **Antes de viajar, se gritaban mucho pero ya no.**

## Vocabulario funcional

### El arte

el/la artista *artist*
el autorretrato *self-portrait*
la copia *copy*
el cuadro/la pintura *painting*
dibujar *to draw, sketch*
el dibujo *drawing, sketch*
la escena *scene*
el/la escultor/a *sculptor*
la escultura *sculpture*
la estatua *statue*
la exhibición/exposición *exhibition*
el/la modelo *model*
la naturaleza muerta *still life*
la obra maestra *masterpiece*
el original *original*
el paisaje *landscape*
pintar *to paint*
el/la pintor/a *painter*
el retrato *portrait*

### La expresión del amor

el abrazo *hug, embrace*

el/la amante *lover/mistress* (usually a negative connotation)
la aventura (amorosa) *affair*
el beso *kiss*
el cariño *affection*
el compromiso *engagement*
el divorcio *divorce*
feliz *happy*
juntos *together*
la novia *girlfriend; fiancée; bride*
el novio *boyfriend; fiancé; bridegroom*
la pareja *couple; lovers* (positive connotation)
mi/tu pareja *partner; significant other; lover* (positive connotation)
querido/a, cariño *dear* (terms of endearment)
la soledad *loneliness*

### Verbos relacionados con el amor

abrazar *to hug, embrace*
amar a alguien *to love someone*
besar *to kiss*

casarse (con)  *to get married (to)*
dejar de salir (con)  *to break up (with)*
  *(casual relationship)*
divorciarse (de)  *to get divorced (from)*
enamorarse (de)  *to fall in love (with)*
estar comprometido/a  *to be engaged*
estar enamorado/a (de)  *to be in love*
  *(with)*
odiar  *to hate*
pelearse (con)  *to fight (with)*
querer a alguien  *to love someone*
romper (con)  *to break up (with) (serious*
  *relationship)*
salir (con)  *to date, go out (with)*
separarse (de)  *to separate (from)*

ser celoso/a  *to be a jealous person*
tener celos (de) / estar celoso/a (de)
  *to be jealous (of)*

## Palabras y expresiones útiles

dar a conocer  *to make known*
en seguida  *at once, right away*
invitar  *to invite; to treat*
No veo la hora de + *infinitive.  I can't wait*
  *to* + verb.
por algo será  *there must be a reason*
te lo digo en serio / en broma  *I'm*
  *serious / joking*
uno/a otro/a  *each other*
unos/as a otros/as  *one another*

# Reference Section

# Appendix A: Verb Charts

## Regular Verbs

| | | | |
|---|---|---|---|
| *Infinitive* | hablar | comer | vivir |
| *Present participle* | hablando | comiendo | viviendo |
| *Past participle* | hablado | comido | vivido |

### Simple Tenses and Moods

| | **hablar** | **comer** | **vivir** |
|---|---|---|---|
| *Present indicative* | habl**o** | com**o** | viv**o** |
| | **as** | **es** | **es** |
| | **a** | **e** | **e** |
| | **amos** | **emos** | **imos** |
| | **áis** | **éis** | **ís** |
| | **an** | **en** | **en** |
| *Imperfect indicative* | habl**aba** | com**ía** | viv**ía** |
| | **abas** | **ías** | **ías** |
| | **aba** | **ía** | **ía** |
| | **ábamos** | **íamos** | **íamos** |
| | **abais** | **íais** | **íais** |
| | **aban** | **ían** | **ían** |
| *Preterit* | habl**é** | com**í** | viv**í** |
| | **aste** | **iste** | **iste** |
| | **ó** | **ió** | **ió** |
| | **amos** | **imos** | **imos** |
| | **asteis** | **isteis** | **isteis** |
| | **aron** | **ieron** | **ieron** |
| *Future indicative* | hablar**é** | comer**é** | vivir**é** |
| | **ás** | **ás** | **ás** |
| | **á** | **á** | **á** |
| | **emos** | **emos** | **emos** |
| | **éis** | **éis** | **éis** |
| | **án** | **án** | **án** |
| *Conditional* | hablar**ía** | comer**ía** | vivir**ía** |
| | **ías** | **ías** | **ías** |
| | **ía** | **ía** | **ía** |
| | **íamos** | **íamos** | **íamos** |
| | **íais** | **íais** | **íais** |
| | **ían** | **ían** | **ían** |
| *Affirmative and negative commands* | **tú:** habla, no habl**es** | com**e**, no com**as** | viv**e**, no viv**as** |
| | **Ud.:** habl**e**, no habl**e** | com**a**, no com**a** | viv**a**, no viv**a** |
| | **Uds.:** habl**en**, no habl**en** | com**an**, no com**an** | viv**an**, no viv**an** |
| | **vosotros/as:** habl**ad**, no habl**éis** | com**ed**, no com**áis** | viv**id**, no viv**áis** |
| *Present subjunctive* | que habl**e** | que com**a** | que viv**a** |
| | **es** | **as** | **as** |
| | **e** | **a** | **a** |
| | **emos** | **amos** | **amos** |
| | **éis** | **áis** | **áis** |
| | **en** | **an** | **an** |
| *Imperfect subjunctive* | que habl**ara** | que com**iera** | que viv**iera** |
| | **aras** | **ieras** | **ieras** |
| | **ara** | **iera** | **iera** |
| | **áramos** | **iéramos** | **iéramos** |
| | **arais** | **ierais** | **ierais** |
| | **aran** | **ieran** | **ieran** |

# Compound Tenses and Moods

| | hablar | comer | vivir |
|---|---|---|---|
| Present perfect indicative | he hablado<br>has hablado, *etc.* | he comido<br>has comido, *etc.* | he vivido<br>has vivido, *etc.* |
| Pluperfect indicative | había hablado<br>habías hablado, *etc.* | había comido<br>habías comido, *etc.* | había vivido<br>habías vivido, *etc.* |
| Future perfect | habré hablado<br>habrás hablado, *etc.* | habré comido<br>habrás comido, *etc.* | habré vivido<br>habrás vivido, *etc.* |
| Conditional perfect | habría hablado<br>habrías hablado, *etc.* | habría comido<br>habrías comido, *etc.* | habría vivido<br>habrías vivido, *etc.* |
| Present perfect subjunctive | que haya hablado<br>hayas hablado, *etc.* | que haya comido<br>hayas comido, *etc.* | que haya vivido<br>hayas vivido, *etc.* |
| Pluperfect subjunctive | que hubiera hablado<br>hubieras hablado, *etc.* | que hubiera comido<br>hubieras comido, *etc.* | que hubiera vivido<br>hubieras vivido, *etc.* |

## Stem-Changing Verbs

**Note:** Only tenses and moods in which a change occurs are shown.

| | -ar verbs: e ⟶ ie | | -er verbs: e ⟶ ie | |
|---|---|---|---|---|
| Infinitive | **pensar**   to think | | **entender**   to understand | |
| Present indicative | **pienso**<br>**piensas**<br>**piensa** | pensamos<br>pensáis<br>**piensan** | **entiendo**<br>**entiendes**<br>**entiende** | entendemos<br>entendéis<br>**entienden** |
| Affirmative and negative commands | **piensa** /<br>     **no pienses**<br>(no) **piense** | pensad /<br>     no penséis<br>(no) **piensen** | **entiende** /<br>     **no entiendas**<br>(no) **entienda** | entended /<br>     no entendáis<br>(no) **entiendan** |
| Present subjunctive | que **piense**<br>**pienses**<br>**piense** | pensemos<br>penséis<br>**piensen** | que **entienda**<br>**entiendas**<br>**entienda** | entendamos<br>entendáis<br>**entiendan** |

| | -ar verbs: o ⟶ ue | | -er verbs: o ⟶ ue | |
|---|---|---|---|---|
| Infinitive | **contar**   to tell; to count | | **volver**   to return | |
| Present indicative | **cuento**<br>**cuentas**<br>**cuenta** | contamos<br>contáis<br>**cuentan** | **vuelvo**<br>**vuelves**<br>**vuelve** | volvemos<br>volvéis<br>**vuelven** |
| Affirmative and negative commands | **cuenta** /<br>     **no cuentes**<br>(no) **cuente** | contad /<br>     no contéis<br>(no) **cuenten** | **vuelve** /<br>     **no vuelvas**<br>(no) **vuelva** | volved /<br>     no volváis<br>(no) **vuelvan** |
| Present subjunctive | que **cuente**<br>**cuentes**<br>**cuente** | contemos<br>contéis<br>**cuenten** | que **vuelva**<br>**vuelvas**<br>**vuelva** | volvamos<br>volváis<br>**vuelvan** |

| **-ir** verbs: **e → i, i** | | |
|---|---|---|
| *Infinitive* | **servir**  to serve | |
| *Present indicative* | **sirvo** | servimos |
| | **sirves** | servís |
| | **sirve** | **sirven** |
| *Affirmative and negative commands* | **sirve / no sirvas** | servid / **no sirváis** |
| | (no) **sirva** | (no) **sirvan** |
| *Present subjunctive* | que **sirva** | **sirvamos** |
| | **sirvas** | **sirváis** |
| | **sirva** | **sirvan** |
| *Preterit* | serví | servimos |
| | serviste | servisteis |
| | **sirvió** | **sirvieron** |
| *Imperfect subjunctive* | que **sirviera** | |
| | **sirvieras,** *etc.* | |
| *Present participle* | **sirviendo** | |

| **-ir** verbs: **e → ie, i** | | | **-ir** verbs: **o → ue, u** | | |
|---|---|---|---|---|---|
| *Infinitive* | **sentir**  to feel; to regret | | | **dormir**  to sleep | |
| *Present indicative* | **siento** | sentimos | **duermo** | dormimos |
| | **sientes** | sentís | **duermes** | dormís |
| | **siente** | **sienten** | **duerme** | **duermen** |
| *Affirmative and negative commands* | **siente /** **no sientas** | sentid / **no sintáis** | **duerme /** **no duermas** | dormid / **no durmáis** |
| | (no) **sienta** | (no) **sientan** | (no) **duerma** | (no) **duerman** |
| *Present subjunctive* | que **sienta** | **sintamos** | que **duerma** | **durmamos** |
| | **sientas** | **sintáis** | **duermas** | **durmáis** |
| | **sienta** | **sientan** | **duerma** | **duerman** |
| *Preterit* | sentí | sentimos | dormí | dormimos |
| | sentiste | sentisteis | dormiste | dormisteis |
| | **sintió** | **sintieron** | **durmió** | **durmieron** |
| *Imperfect subjunctive* | que **sintiera** | | que **durmiera** | |
| | **sintieras,** *etc.* | | **durmieras,** *etc.* | |
| *Present participle* | **sintiendo** | | **durmiendo** | |

## Verbs with Spelling Changes

**Note:** Only tenses and moods in which a change occurs are shown.

| | Verbs in **-car:** **c → qu** before **e** | | Verbs in **-gar:** **g → gu** before **e** | |
|---|---|---|---|---|
| *Infinitive* | **buscar**  to look for | | **llegar**  to arrive | |
| *Preterit* | **busqué** | buscamos | **llegué** | llegamos |
| | buscaste | buscasteis | llegaste | llegasteis |
| | buscó | buscaron | llegó | llegaron |
| *Affirmative and negative commands* | busca / **no busques** | buscad / **no busquéis** | llega / **no llegues** | llegad / **no lleguéis** |
| | (no) **busque** | (no) **busquen** | (no) **llegue** | (no) **lleguen** |
| *Present subjunctive* | que **busque** | **busquemos** | que **llegue** | **lleguemos** |
| | **busques** | **busquéis** | **llegues** | **lleguéis** |
| | **busque** | **busquen** | **llegue** | **lleguen** |

| | Verbs in -**ger** and -**gir**: g ⟶ j before **a** and **o** | | Verbs in -**guir**: gu ⟶ g before **a** and **o** | |
|---|---|---|---|---|
| *Infinitive* | **escoger** to choose | | **seguir** to follow | |
| *Present indicative* | **escojo** | escogemos | **sigo** | seguimos |
| | escoges | escogéis | sigues | seguís |
| | escoge | escogen | sigue | siguen |
| *Affirmative and negative commands* | escoge / **no escojas** (no) **escoja** | escoged / **no escojáis** (no) **escojan** | sigue / **no sigas** (no) **siga** | seguid / **no sigáis** (no) **sigan** |
| *Present subjunctive* | que **escoja** **escojas** **escoja** | **escojamos** **escojáis** **escojan** | que **siga** **sigas** **siga** | **sigamos** **sigáis** **sigan** |

| | Verbs in -**zar**: z ⟶ **c** before **e** | |
|---|---|---|
| *Infinitive* | **empezar** to begin | |
| *Preterit* | **empecé** | empezamos |
| | empezaste | empezasteis |
| | empezó | empezaron |
| *Affirmative and negative commands* | empieza / **no empieces** (no) **empiece** | empezad / **no empecéis** (no) **empiecen** |
| *Present subjunctive* | que **empiece** **empieces** **empiece** | **empecemos** **empecéis** **empiecen** |

| | Verbs in -**eer**: unstressed **i** ⟶ **y** | |
|---|---|---|
| *Infinitive* | **creer** to believe | |
| *Preterit* | creí | creímos |
| | creíste | creísteis |
| | **creyó** | **creyeron** |
| *Imperfect subjunctive* | que **creyera** **creyeras** **creyera** | **creyéramos** **creyerais** **creyeran** |
| *Present participle* | **creyendo** | |

## Reflexive Verbs

| | **levantarse** to get up; to stand up |
|---|---|
| *Present indicative* | me levanto, te levantas, se levanta<br>nos levantamos, os levantáis, se levantan |
| *Participles* | levantándose, levantado |
| *Affirmative and negative commands* | **tú:** levántate / no te levantes<br>**Ud.:** levántese / no se levante<br>**Uds.:** levántense / no se levanten<br>**vosotros/as:** levantaos / no os levantéis |

## Irregular Verbs

| | **caerse** to fall | **conducir** to drive |
|---|---|---|
| *Present indicative* | me caigo, te caes, se cae, nos caemos, os caéis, se caen | conduzco, conduces, conduce, conducimos, conducís, conducen |
| *Preterit* | me caí, te caíste, se cayó, nos caímos, os caísteis, se cayeron | conduje, condujiste, condujo, condujimos, condujisteis, condujeron |
| *Imperfect* | me caía, te caías, *etc.* | conducía, conducías, *etc.* |
| *Future* | me caeré, te caerás, *etc.* | conduciré, conducirás, *etc.* |
| *Conditional* | me caería, te caerías, *etc.* | conduciría, conducirías, *etc.* |
| *Present subjunctive* | que me caiga, te caigas, se caiga, nos caigamos, os caigáis, se caigan | que conduzca, conduzcas, conduzca, conduzcamos, conduzcáis, conduzcan |
| *Imperfect subjunctive* | que me cayera, te cayeras, se cayera, nos cayéramos, os cayerais, se cayeran | que condujera, condujeras, condujera, condujéramos, condujerais, condujeran |
| *Participles* | cayéndose, caído | conduciendo, conducido |
| *Affirmative and negative commands* | _____ / no te caigas _____ / no se caiga _____ / no se caigan | conduce / no conduzcas conducid / no conduzcáis (no) conduzca (no) conduzcan |

| | **conocer** to know, be acquainted with | **construir** to build |
|---|---|---|
| *Present indicative* | conozco, conoces, conoce, conocemos, conocéis, conocen | construyo, construyes, construye, construimos, construís, construyen |
| *Preterit* | conocí, conociste, conoció, conocimos, conocisteis, conocieron | construí, construiste, construyó, construimos, construisteis, construyeron |
| *Imperfect* | conocía, conocías, *etc.* | construía, construías, *etc.* |
| *Future* | conoceré, conocerás, *etc.* | construiré, construirás, *etc.* |
| *Conditional* | conocería, conocerías, *etc.* | construiría, construirías, *etc.* |
| *Present subjunctive* | que conozca, conozcas, conozca, conozcamos, conozcáis, conozcan | que construya, construyas, construya, construyamos, construyáis, construyan |
| *Imperfect subjunctive* | que conociera, conocieras, conociera, conociéramos, conocierais, conocieran | que construyera, construyeras, construyera, construyéramos, construyerais, construyeran |
| *Participles* | conociendo, conocido | construyendo, construido |
| *Affirmative and negative commands* | conoce / no conozcas conoced / no conozcáis (no) conozca (no) conozcan | construye / no construyas construid / no construyáis (no) construya (no) construyan |

| | dar to give | decir to say; to tell |
|---|---|---|
| Present indicative | doy, das, da, | digo, dices, dice, |
| | damos, dais, dan | decimos, decís, dicen |
| Preterit | di, diste, dio, | dije, dijiste, dijo, |
| | dimos, disteis, dieron | dijimos, dijisteis, dijeron |
| Imperfect | daba, dabas, *etc.* | decía, decías, *etc.* |
| Future | daré, darás, *etc.* | diré, dirás, *etc.* |
| Conditional | daría, darías, *etc.* | diría, dirías, *etc.* |
| Present subjunctive | que dé, des, dé, | que diga, digas, diga, |
| | demos, deis, den | digamos, digáis, digan |
| Imperfect | que diera, dieras, diera, | que dijera, dijeras, dijera, |
| subjunctive | diéramos, dierais, dieran | dijéramos, dijerais, dijeran |
| Participles | dando, dado | diciendo, dicho |
| Affirmative and | da / no des    dad / no deis | di / no digas    decid / no digáis |
| negative commands | (no) dé    (no) den | (no) diga    (no) digan |

| | estar to be | freír to fry |
|---|---|---|
| Present indicative | estoy, estás, está, | frío, fríes, fríe, |
| | estamos, estáis, están | freímos, freís, fríen |
| Preterit | estuve, estuviste, estuvo, | freí, freíste, frió, |
| | estuvimos, estuvisteis, estuvieron | freímos, freísteis, frieron |
| Imperfect | estaba, estabas, *etc.* | freía, freías, *etc.* |
| Future | estaré, estarás, *etc.* | freiré, freirás, *etc.* |
| Conditional | estaría, estarías, *etc.* | freiría, freirías, *etc.* |
| Present subjunctive | que esté, estés, esté, | que fría, frías, fría, |
| | estemos, estéis, estén | friamos, friáis, frían |
| Imperfect subjunctive | que estuviera, estuvieras, estuviera, | que friera, frieras, friera, |
| | estuviéramos, estuvierais, | friéramos, frierais, |
| | estuvieran | frieran |
| Participles | estando, estado | friendo, frito |
| Affirmative and | está / no estés    estad / no estéis | fríe / no frías    freíd / no friáis |
| negative commands | (no) esté    (no) estén | (no) fría    (no) frían |

| | haber to have *(auxiliary verb)* | hacer to do; to make |
|---|---|---|
| Present indicative | he, has, ha, | hago, haces, hace, |
| | hemos, habéis, han | hacemos, hacéis, hacen |
| Preterit | hube, hubiste, hubo, | hice, hiciste, hizo, |
| | hubimos, hubisteis, hubieron | hicimos, hicisteis, hicieron |
| Imperfect | había, habías, *etc.* | hacía, hacías, *etc.* |
| Future | habré, habrás, *etc.* | haré, harás, *etc.* |
| Conditional | habría, habrías, *etc.* | haría, harías, *etc.* |
| Present subjunctive | que haya, hayas, haya, | que haga, hagas, haga, |
| | hayamos, hayáis, hayan | hagamos, hagáis, hagan |
| Imperfect subjunctive | que hubiera, hubieras, hubiera, | que hiciera, hicieras, hiciera, |
| | hubiéramos, hubierais, hubieran | hiciéramos, hicierais, hicieran |
| Participles | habiendo, habido | haciendo, hecho |
| Affirmative and | _____ | haz / no hagas    haced / no hagáis |
| negative commands | | (no) haga    (no) hagan |

| | **ir**  to go | **oír**  to hear |
|---|---|---|
| Present indicative | voy, vas, va,<br>vamos, vais, van | oigo, oyes, oye,<br>oímos, oís, oyen |
| Preterit | fui, fuiste, fue,<br>fuimos, fuisteis, fueron | oí, oíste, oyó,<br>oímos, oísteis, oyeron |
| Imperfect | iba, ibas, iba, íbamos,<br>ibais, iban | oía, oías, *etc.* |
| Future | iré, irás, *etc.* | oiré, oirás, *etc.* |
| Conditional | iría, irías, *etc.* | oiría, oirías, *etc.* |
| Present subjunctive | que vaya, vayas, vaya,<br>vayamos, vayáis, vayan | que oiga, oigas, oiga,<br>oigamos, oigáis, oigan |
| Imperfect subjunctive | que fuera, fueras, fuera,<br>fuéramos, fuerais, fueran | que oyera, oyeras, oyera,<br>oyéramos, oyerais, oyeran |
| Participles | yendo, ido | oyendo, oído |
| Affirmative and<br>  negative commands | ve / no vayas    id / no vayáis<br>(no) vaya        (no)  vayan | oye / no oigas    oíd / no oigáis<br>(no) oiga        (no) oigan |

| | **poder (ue)**  to be able, can | **poner**  to put |
|---|---|---|
| Present indicative | puedo, puedes, puede,<br>podemos, podéis, pueden | pongo, pones, pone,<br>ponemos, ponéis, ponen |
| Preterit | pude, pudiste, pudo,<br>pudimos, pudisteis, pudieron | puse, pusiste, puso,<br>pusimos, pusisteis, pusieron |
| Imperfect | podía, podías, *etc.* | ponía, ponías, *etc.* |
| Future | podré, podrás, *etc.* | pondré, pondrás, *etc.* |
| Conditional | podría, podrías, *etc.* | pondría, pondrías, *etc.* |
| Present subjunctive | que pueda, puedas, pueda,<br>podamos, podáis, puedan | que ponga, pongas, ponga,<br>pongamos, pongáis, pongan |
| Imperfect subjunctive | que pudiera, pudieras, pudiera,<br>pudiéramos, pudierais, pudieran | que pusiera, pusieras, pusiera,<br>pusiéramos, pusierais, pusieran |
| Participles | pudiendo, podido | poniendo, puesto |
| Affirmative and<br>  negative commands | _____ | pon / no pongas    poned / no pongáis<br>(no) ponga        (no) pongan |

| | **querer (ie)**  to want; to love (someone) | **saber**  to know (how) |
|---|---|---|
| Present indicative | quiero, quieres, quiere,<br>queremos, queréis, quieren | sé, sabes, sabe,<br>sabemos, sabéis, saben |
| Preterit | quise, quisiste, quiso,<br>quisimos, quisisteis, quisieron | supe, supiste, supo,<br>supimos, supisteis, supieron |
| Imperfect | quería, querías, *etc.* | sabía, sabías, *etc.* |
| Future | querré, querrás, *etc.* | sabré, sabrás, *etc.* |
| Conditional | querría, querrías, *etc.* | sabría, sabrías, *etc.* |
| Present subjunctive | que quiera, quieras, quiera,<br>queramos, queráis, quieran | que sepa, sepas, sepa,<br>sepamos, sepáis, sepan |
| Imperfect subjunctive | que quisiera, quisieras, quisiera,<br>quisiéramos, quisierais, quisieran | que supiera, supieras, supiera,<br>supiéramos, supierais, supieran |
| Participles | queriendo, querido | sabiendo, sabido |
| Affirmative and<br>  negative commands | quiere / no quieras  quered / no queráis<br>(no) quiera          (no) quieran | sabe / no sepas    sabed / no sepáis<br>(no) sepa        (no) sepan |

| | salir de to leave; to go out | ser to be |
|---|---|---|
| Present indicative | salgo, sales, sale,<br>salimos, salís, salen | soy, eres, es,<br>somos, sois, son |
| Preterit | salí, saliste, salió,<br>salimos, salisteis, salieron | fui, fuiste, fue,<br>fuimos, fuisteis, fueron |
| Imperfect | salía, salías, salía,<br>salíamos, salíais, salían | era, eras, era,<br>éramos, erais, eran |
| Future | saldré, saldrás, etc. | seré, serás, etc. |
| Conditional | saldría, saldrías, etc. | sería, serías, etc. |
| Present subjunctive | que salga, salgas, salga,<br>salgamos, salgáis, salgan | que sea, seas, sea,<br>seamos, seáis, sean |
| Imperfect subjunctive | que saliera, salieras, saliera,<br>saliéramos, salierais, salieran | que fuera, fueras, fuera,<br>fuéramos, fuerais, fueran |
| Participles | saliendo, salido | siendo, sido |
| Affirmative and<br>  negative commands | sal / no salgas    salid / no salgáis<br>(no) salga          (no) salgan | sé / no seas    sed / no seáis<br>(no) sea          (no) sean |

| | tener to have | traer to bring |
|---|---|---|
| Present indicative | tengo, tienes, tiene,<br>tenemos, tenéis, tienen | traigo, traes, trae,<br>traemos, traéis, traen |
| Preterit | tuve, tuviste, tuvo,<br>tuvimos, tuvisteis, tuvieron | traje, trajiste, trajo,<br>trajimos, trajisteis, trajeron |
| Imperfect | tenía, tenías, etc. | traía, traías, etc. |
| Future | tendré, tendrás, etc. | traeré, traerás, etc. |
| Conditional | tendría, tendrías, etc. | traería, traerías, etc. |
| Present subjunctive | que tenga, tengas, tenga,<br>tengamos, tengáis, tengan | que traiga, traigas, traiga,<br>traigamos, traigáis, traigan |
| Imperfect subjunctive | que tuviera, tuvieras, tuviera,<br>tuviéramos, tuvierais, tuvieran | que trajera, trajeras, trajera,<br>trajéramos, trajerais, trajeran |
| Participles | teniendo, tenido | trayendo, traído |
| Affirmative and<br>  negative commands | ten / no tengas    tened / no tengáis<br>(no) tenga          (no) tengan | trae / no traigas    traed / no traigáis<br>(no) traiga          (no) traigan |

| | venir to come | ver to see |
|---|---|---|
| Present indicative | vengo, vienes, viene,<br>venimos, venís, vienen | veo, ves, ve,<br>vemos, veis, ven |
| Preterit | vine, viniste, vino,<br>vinimos, vinisteis, vinieron | vi, viste, vio,<br>vimos, visteis, vieron |
| Imperfect | venía, venías, venía,<br>veníamos, veníais, venían | veía, veías, veía,<br>veíamos, veíais, veían |
| Future | vendré, vendrás, etc. | veré, verás, etc. |
| Conditional | vendría, vendrías, etc. | vería, verías, etc. |
| Present subjunctive | que venga, vengas, venga,<br>vengamos, vengáis, vengan | que vea, veas, vea,<br>veamos, veáis, vean |
| Imperfect subjunctive | que viniera, vinieras, viniera,<br>viniéramos, vinierais, vinieran | que viera, vieras, viera,<br>viéramos, vierais, vieran |
| Participles | viniendo, venido | viendo, visto |
| Affirmative and<br>  negative commands | ven / no vengas    venid / no vengáis<br>(no) venga          (no) vengan | ve / no veas    ved / no veáis<br>(no) vea          (no) vean |

# Appendix B: Accentuation and Syllabication

## Stress

1. If a word ends in **-n, -s,** or a **vowel,** the stress falls on the *next-to-last syllable.*

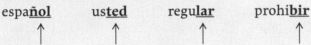

   ex**a**men      **lla**mas      **ho**la      aparta**men**to

2. If a word ends in any **consonant** other than **n** or **s,** the stress falls on the *last syllable.*

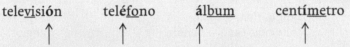

   espa**ñol**      us**ted**      regu**lar**      prohi**bir**

3. Any exception to rules 1 and 2 has a written accent mark on the stressed vowel.

   tele**vi**sión      te**lé**fono      **ál**bum      cen**tí**metro

4. Question and exclamation words (**cómo, dónde, cuál, qué,** etc.) always have accents.

5. Certain words change meaning when written with an accent although pronunciation remains the same.

| | | | |
|---|---|---|---|
| **cómo** | how | **como** | like |
| **dé** | give | **de** | of/from |
| **él** | he/him | **el** | the |
| **más** | more | **mas** | but |
| **mí** | me | **mi** | my |
| **sé** | I know | **se** | *refl. pro.* |
| **sí** | yes | **si** | if |
| **té** | tea | **te** | you |
| **tú** | you | **tu** | your |

> You may see the adverb **solo** (when **solo** means *only)* and the pronouns **este/a/os/as, ese/a/os/as,** and **aquel / aquella/os/as** written with accents. The **Real Academia Española** changed the rules and written accents are no longer mandatory on these words in any circumstances.

## Diphthongs

1. A diphthong is the combination of a weak vowel **(i, u)** and a strong vowel **(a, e, o),** or the combination of two weak vowels. When two vowels are combined, the strong vowel or the second of two weak vowels takes a slightly greater stress in the syllable.

   l**ue**go    **au**to    t**ie**ne    conc**ie**ncia    c**iu**dad    Mar**io**

2. When the stress of the word falls on the weak vowel of a strong-weak combination, no diphthong occurs and the weak vowel takes a written accent mark to break the diphthong.

   pa-ís    dí-a    tí-o    ac-tú-a    Ra-úl    Ma-rí-a

## Syllabication

1. Syllables usually end in a vowel.

   ca-sa      Chi-le      dro-ga

2. A diphthong is never separated. When the stress of the word falls on the weak vowel of a strong-weak vowel combination, no diphthong occurs and two separate syllables are present.

   Bue-nos Ai-res      Bo-li-via      BUT: dí-a

3. Two consonants are usually separated except **ch, ll,** and **rr,** which are never separated.

   en-can-ta-do      i-gual-men-te      es-ta-dos      BUT: ca-rro

4. The consonants **l** and **r** are never separated from the preceding letters **b, c, d, f, g, p,** or **t.**

   po-si-ble      a-brir      es-cri-be      BUT: is-la

5. When the **h** (always silent in pronunciation) appears between two vowels in the middle of a word, it forms a syllable with the next vowel.

   a-ho-ra      Sa-ha-ra

6. When there is a cluster of three consonants, the first two stay with the preceding vowel unless the third consonant is an **l** or an **r** and one of the pairs described in rule 4 is formed, in which case the last two consonants stay with the vowel that follows.

   ins-ti-tu-ción      BUT: ex-pli-car; des-crip-ción

7. When there is a cluster of four consonants, they are always divided between the second and third consonants.

   ins-crip-ción      ins-truc-ción

# Appendix C: Actividades comunicativas

**ACTIVIDAD 19** **Los clubes universitarios** Both you and your partner are at a university in the United States. You are "B". Read your role below. After role playing the first situation, do the second.

**papel** = role
**arroba** = @
**punto** = .

### Situación 1: Papel B

You are in charge of registering students for the **Club de baile latino.** Fill out the registration card below by asking questions such as **¿Cómo te llamas? ¿Cuál es tu email?**

Club universitario: Club de baile latino

Nombre _____

Apellido _____

Edad _____ Nacionalidad _____

Teléfono _____

Email _____

### Situación 2: Papel B

You are Marisel Álvarez Vegas and you are registering for the **Club de películas hispanas.** Give the necessary information to the other person when he/she asks you. Here is the information you will need:

Marisel Álvarez Vegas
Venezuela, 19 años
Tel. 323 555-3328
maselalv@gmail.com

**ACTIVIDAD** **22** **¿Qué hace tu padre?** You are Vicente. Look at the information for "B" below. With your partner, introduce yourselves and ask questions about each other and about each other's parents.

**nombre** **ocupación**
**nacionalidad** **edad**

▶ A: ¿Qué haces?
 B: Soy estudiante.
 A: ¿Qué hace tu padre? ¿Y tu madre?
 B: Mi padre es economista y mi madre...

**B. Los Brown de Miami**

© Cengage Learning 2015

Padre: Fred, 57 años, economista
Madre: Vanesa, 49 años, abogada
Vicente: 26 años, estudiante

**ACTIVIDAD** **30** **¿Toledo o Toledo?** You are "B" and will have a conversation with "A". Your partner will ask you a question. Answer it by choosing an appropriate response. Then he/she will ask other questions. Continue the conversation by choosing logical answers.

Tu compañero/a te pregunta algo.

a. Son Diana y Álvaro.  b. Son Diana y Teresa.
 c. Es Diana.

Tu compañero/a te pregunta algo.

a. No, no es de Puerto Rico.  b. No, es de Puerto Rico.
 c. No. Él es de Puerto Rico.

Tu compañero/a te pregunta algo.

a. No, es de Toledo.  b. No, no es de España.
 c. No es puertorriqueña.

Tu compañero/a te pregunta algo.

a. No, no es de los Estados Unidos.  b. No es de Ohio.
 c. No, es de Toledo, Ohio.

**ACTIVIDAD 10** **Las habitaciones de los estudiantes** You are "B". In pairs, "A" looks at Vicente and Juan Carlos's room, and you look at Marisel and Diana's room below. Then, find out what each pair of roommates has in the room by asking your partner questions. Follow the model.

▶ A: ¿Tienen carteles Marisel y Diana?
   B: Sí, tienen carteles.

▲ **La habitación de Marisel y Diana**

**ACTIVIDAD 17** **Los artículos del baño** You are "B." Some women at the dorm have left things lying about in the bathroom. Ask your partner questions to find out who owns some of the items. Follow the model.

▶ A: ¿De quién es la pasta de dientes?
   B: Es de...
   B: ¿De quiénes son los jabones?
   A: Son de...

| You know who owns: | Find out who owns: |
|---|---|
| kleenex – Claudia | los jabones, el champú, |
| peines – Teresa y Diana | la toalla, los cepillos de |
| pasta de dientes – Marisel | dientes |
| perfume – Marisel | |

**ACTIVIDAD 38 Una conversación** You are "B." Carry on a conversation with your partner using the cues in the role cards. You will need to enunciate very clearly and listen closely to choose the appropriate questions and responses.

**B** Your partner will ask you a question. Answer it by choosing an appropriate response. Then he/she will ask other questions. Continue the conversation by choosing logical answers.

| Tu compañero/a te pregunta algo. | |
|---|---|
| No, estoy preocupado/a. | Sí, hoy no tengo problemas en la oficina. |
| Tu compañero/a te pregunta algo. | |
| Sí, me gustaría. | Sí, es mi padre. |
| Tu compañero/a te pregunta algo. | |
| No, es simpático, joven y muy inteligente. | Sí, está en el hospital. |
| Tu compañero/a te pregunta algo. | |
| En Managua y yo voy mañana. | De Managua. |

**ACTIVIDAD** **34** **¿Este, ese o aquel?** **Parte C.** En parejas, Uds. conocen a muchas personas de esta fiesta, pero no a todas. Pregúntale a tu compañero/a si conoce a las personas que tú no conoces y averigua la siguiente información: **quién es, ocupación, edad** y **nacionalidad.**

> Remember to use the *personal* **a** with **conocer** when followed by a person.

▶ A: ¿Conoces a esta mujer alta, que tiene pelo corto, que también es... y que está bebiendo...?
B: Sí, se llama Ramona Carvajal y es dentista.
A: ¿Sabes de dónde es?
B: Sí, es...

B

2. Ramona Carvajal, dentista, panameña, amiga de Laura
5. Laura Salinas, economista, argentina, trabaja en un banco
7. José Peña, geólogo, chileno, el novio de Begoña
8. Begoña Rodríguez, ecuatoriana, programadora de computadoras

© Cengage Learning 2015

## CAPÍTULO 5

**ACTIVIDAD 41 Los novios** En parejas, "A" mira el dibujo y la información sobre Pablo, y tú eres "B" y miras el dibujo y la información en esta página sobre su novia, Elena. Túrnense para hacerse preguntas y completar la información que no tienen, usando **ser** y **estar**.

**B** Tú conoces a Elena y sabes algo de sus planes. No conoces a Pablo y quieres saber algo sobre él y sus planes con Elena para esta noche.

| Elena | Pablo |
|---|---|
| **Origen:** Perú | **Origen:** _____ |
| **Ocupación:** Estudiante universitaria | **Ocupación:** _____ |
| **Lugar de residencia:** México | **Lugar de residencia:** _____ |
|  | **Físico:** _____ |
| | _____ |
| | **Personalidad:** _____ |
| | _____ |
| **Planes:** Comer algo con Pablo en el restaurante La Casa del Maíz | **Planes:** _____ |
| **Dónde:** la calle José Mariano Abasolo | **Dónde:** _____ |
| **Cuándo:** 19 hrs. | **Cuándo:** _____ |

© Tom Sundro Lewis / Alamy

## CAPÍTULO 6

**ACTIVIDAD 5 Datos interesantes** En parejas, háganse preguntas como las siguientes para averiguar la información que no tienen: **¿Sabes dónde está…? ¿Sabes cuántos pies de alto tiene el Salto Ángel? ¿Y en metros sabes cuántos tiene?**

**B**

| Cataratas más altas del mundo | País | Pies | Metros |
|---|---|---|---|
| el Salto Ángel | Venezuela | _____ | _____ |
| la catarata de Tugela | _____ | 3.110 | 948 |
| las cataratas de las Tres Hermanas | _____ | 3.000 | _____ |

| Ciudades más grandes de Suramérica | Número de habitantes (zona metropolitana) |
|---|---|
| Buenos Aires, Argentina | _____ |
| Lima, Perú | 8.472.935 |
| Bogotá, Colombia | 7.881.156 |

ACTIVIDAD **8** **Venden sus cosas** "A" y "B" son dos estudiantes colombianos que acaban de terminar sus estudios en los Estados Unidos y ahora están vendiendo sus cosas antes de volver a Colombia. Uds. son "C" y "D" y quieren comprar algunas cosas.

▶ C: ¿Cuánto cuesta esta planta encima de la mesa?
A: La planta a la derecha cuesta...
D: ¿Y cuánto cuesta el carro...?
B: El carro...

**C** y **D**

© Cengage Learning 2015

## CAPÍTULO 7

ACTIVIDAD **3** **Quisiera...** En parejas, "A" es turista en esta ciudad y "B" vive en la ciudad. Lean las instrucciones para su papel *(role)* y mantengan una conversación.

### B (Residente de la ciudad)

Contesta las preguntas con información verdadera sobre tu ciudad. Si no sabes la respuesta, responde **Lo siento, pero...**
Tu compañero/a va a empezar.

**teatro** = theater
**cine** = movie theater

**ACTIVIDAD 5** **Las llamadas** En parejas, Uds. son estudiantes de intercambio en España y viven con una familia.

**B** Sigue las instrucciones para hacer y recibir llamadas telefónicas. Para la llamada No. 1 tu compañero/a llama y tú contestas.

▶ Tú: ¿Diga?
   Tu compañero/a: Buenos días…

| *Contestas* | *Llamas* |
|---|---|
| Llamada No. 1: Contestas el teléfono y después preguntas quién llama. | Llamada No. 2: Llamas y preguntas por Paco. |
| Llamada No. 3: Estás solo/a en casa cuando suena el teléfono. "Tu madre" española es María Rodríguez. | Llamada No. 4: Llamas y preguntas por el Dr. López. Hablas rápidamente. |

**ACTIVIDAD 9** **Llamada al hotel** En parejas, el/la estudiante "A" es el/la recepcionista del Hotel Acueducto y "B" es el/la cliente que llama para hacer una reserva.

### B (Cliente)

Tu primo/a y tú van a visitar Segovia por 4 días y 3 noches y necesitan hotel. Llama al Hotel Acueducto para reservar una habitación y pregunta por la Sra. Gómez, que es muy buena con las reservas. Piensan llegar el 31 de diciembre. Averigua cuántas estrellas tiene el hotel, el precio por día, si incluye el IVA y el desayuno y si tiene piscina.
   Tu compañero empieza diciendo: Hotel Acueducto, dígame.

**ACTIVIDAD** **31** **La reserva** En parejas, Uds. están en Barcelona. "A" es un/a cliente que llama a "B", un/a agente de viajes, para hacer una reserva. Mantengan una conversación telefónica.

▶ Tú: TravelTur, dígame.

### B (Agente)

Usa la siguiente información para tomar la reserva.

#### Llegadas internacionales

| Línea aérea | Número de vuelo | Procedencia | Hora de llegada | Comentarios |
|---|---|---|---|---|
| Iberia | 952 | Lima | 09:50 | a tiempo |
| Aeropostal | 354 | Santo Domingo | 10:29 | 11:05 |
| LanChile | 988 | Santiago/Miami | 12:45 | a tiempo |
| LASCA | 904 | México/N.Y. | 14:00 | 14:35 |

#### Salidas internacionales

| Línea aérea | Número de vuelo | Destino | Hora de salida | Comentarios | Puerta |
|---|---|---|---|---|---|
| American Airlines | 750 | San Juan | 10:55 | 11:15 | 2 |
| Avianca | 615 | Bogotá | 11:40 | a tiempo | 3 |
| Aeropostal | 357 | Miami/N.Y. | 14:20 | a tiempo | 7 |
| Aeroméxico | 511 | México | 15:00 | 16:05 | 9 |

## CAPÍTULO 8

**ACTIVIDAD** **18** **En el restaurante** **Parte A.** En parejas, eres camarero/a en un restaurante y el/la dueño/a *(owner)* te va a hacer algunas preguntas para ver qué hiciste.

▶ Dueño/a: ¿Le llevó la comida a la mesa 2?
Camarero/a: Sí, ya se la llevé. / No, todavía no se la llevé.

Remember to address each other formally.

A check mark indicates that the task has been completed.

### Cosas que debes hacer tú:

- ☐ llevarles el pescado a los clientes de la mesa 1
- ☑ poner los cubiertos en la mesa 3
- ☑ tomar todos los pedidos *(orders)*
- ☐ servirle las chuletas a la señora de la mesa 2
- ☑ limpiar *(clean)* la mesa 4
- ☐ poner la mesa 4

**Parte B** Ahora, tú le haces preguntas al dueño o a la dueña para ver qué hizo. Marca las cosas que ya hizo.

**Cosas que debe hacer el/la dueño/a:**

☐ prepararle la cuenta a la mesa 4
☐ traer los cubiertos para el postre
☐ comprar más vinagre para esta noche
☐ darle la lista de platos especiales para mañana al chef
☐ servirles una copita de coñac a las personas de la mesa 5

## CAPÍTULO 9

**ACTIVIDAD 7 Una emergencia** En parejas, el estudiante "A" es el Dr. Bello y "B" es la esposa del Sr. Porta. Lea cada uno su papel y mantengan una conversación telefónica.

**B (Sra. Porta)**

Estás preocupada porque son las 12 de la noche y tu esposo todavía no llegó a casa. Ahora suena el teléfono. Contesta el teléfono diciendo: "¿Hola?"

**ACTIVIDAD 31 Alquilar un carro** En parejas, el/la estudiante "A" es un/a empleado/a de una agencia de alquiler de carros en Argentina y "B" es un/a cliente que llama para alquilar uno.

**B (Cliente)**

Quieres alquilar un carro este viernes por la tarde y devolverlo el miércoles a primera hora. Hace mucho calor y piensas pasar tiempo en las montañas con tu esposo/a y dos niños menores de cinco años. Quieres un auto seguro y económico. Llamas desde el celular a AutoCar para alquilar un carro y un/a empleado/a contesta el teléfono diciendo: "AutoCar, buenos días".

Tú: Buenos días. Quisiera alquilar...

**ACTIVIDAD** **8** **En busca de información** Tus amigos/as "A" y "B" van a trabajar en Barcelona por seis meses y tienen que alquilar un aparta-mento. Tú eres "C" y sabes que hay uno para alquilar en tu edificio. "A" y "B" te van a hacer preguntas sobre el apartamento.

**C**

> **Sabes:**
> 1. el alquiler es 1.000 € al mes
> 2. piden un mes de depósito
> 3. está amueblado (con muebles viejos)
> 4. hay calefacción central
> 5. el alquiler incluye gas, agua y luz

**ACTIVIDAD** **11** **La habitación desordenada** Tu compañero/a tiene una habitación incompleta. Mira este dibujo de la habitación y con-testa las preguntas de tu compañero/a.

Tu compañero/a: ¿Hay alguna camisa en esta habitación?

Tú: Sí, hay una.
Tu compañero/a: ¿Dónde está?
Tú: ...

Tú: No, no hay ninguna.
Tu compañero/a: ¿Hay algunas lámparas?
Tú: ...

© Cengage Learning 2015

**ACTIVIDAD 36** **Consejos de un padre** En parejas, "A" es un padre o una madre que tiene que darle consejos a su hijo/a sobre las drogas y el alcohol. "B" es el/la hijo/a que reacciona y también da consejos.

### B (el hijo/la hija)

Tienes 16 años y eres muy rebelde. Últimamente tu padre toma una o dos copas de vino cuando llega del trabajo y también con la comida. Tu madre siempre toma uno o dos whiskys antes de la comida. Los dos fuman. Ahora tu padre/madre quiere hablarte. Explícale a tu padre/madre lo que observas en tu casa y luego dale algún consejo.

Usa frases como **te aconsejo que, te prohíbo que, es importante (que),** etc. Recuerda: tú no eres perfecto/a tampoco.

## CAPÍTULO 11

**ACTIVIDAD 4** **Quizás... quizás... quizás** En parejas, Uds. tienen problemas y quieren pedirle consejos a un/a amigo/a.

**B** Tu compañero/a te va a explicar sus problemas y tú vas a darle sugerencias usando **quizás** o **tal vez.** Después cambien de papel.

▶ A: Dejé las llaves dentro del coche.
  B: Tal vez tengas que romper la ventanilla. / Quizás debas llamar a la policía.

### Tus problemas

1. Acabas de empezar un nuevo trabajo y de repente te obligan a trabajar sábados y domingos.
2. Tu compañero/a de cuarto siempre invita a todos sus amigos al apartamento y hacen tanto ruido que no puedes estudiar.
3. Acabas de romper un espejo.

**ACTIVIDAD 7** **El juego apropiado** Tu compañero/a tiene que organizar una reunión donde va a haber personas de diferentes edades y tú trabajas en una tienda de juegos.

### Vendedor/a

Estos son algunos de los juegos o pasatiempos que puedes sugerir:

- juegos de mesa: Monopolio, Pictionary, ajedrez
- cartas para jugar al póker, al solitario, al bridge
- revistas de crucigramas
- juegos electrónicos

Recuerda dar consejos con expresiones como **Le aconsejo que..., Es bueno que...**

Tú empiezas diciendo: **¿En qué puedo servirle?**

**ACTIVIDAD** 37 **La salud** **Parte B.** Tú tienes el colesterol muy alto y vas a ver al médico. Tu compañero/a es el/la doctor/a.

**B (Paciente)**

> Ahora entras al consultorio *(office)* de un/a doctor/a para hablar de tu colesterol alto. Tu problema es que te encanta comer y no te gusta hacer ejercicio. Expresa tus emociones sobre las recomendaciones del/de la doctor/a usando frases como **Es terrible que yo no pueda... porque...**

## CAPÍTULO 12

**ACTIVIDAD** 11 **Las vacaciones** Uds. deben decidir adónde quieren ir de vacaciones. Describan y comparen las diferentes características de los dos lugares para decidir cuál les parece mejor.

▶ A: El Hotel Casa de Campo tiene tres canchas de tenis.
   B: Pues el Hotel El Caribe tiene seis canchas.
   A: Entonces el Hotel Caribe tiene más canchas de tenis que el Hotel Casa de Campo.

**B**

27°C = 81°F

> Cartagena, Colombia
> Hotel El Caribe Campo ★★★★★
> Desayuno
> Temperatura promedio 27°C
> Playas fabulosas
> Seis canchas de tenis
> Golf, pesca, esquí acuático
> Casino
> US$2.200 por una habitación doble por semana

**ACTIVIDAD** 33 **Dos buenas amigas** En parejas, comparen a Adela y a Consuelo, dos buenas amigas que tienen muchas cosas en común. Mira la siguiente información. Túrnate con tu compañero/a para comparar a las dos chicas.

**B**

1,65 = 1 metro 65 centímetros = 5 pies 5 pulgadas

▶ A: Adela mide* 1,70. ¿Y Consuelo?
   B: Un metro sesenta y cinco.
      Entonces Adela es más alta que Consuelo. / Entonces Consuelo es más baja que Adela.

> Consuelo
> medir 1,65
> tener 29 años
> pesar 65 kilos
> ser bonita
> jugar bien al tenis
> tener dos carros
> tener $l.000 en el banco

65 kilos = 142 libras

*medir (e → i, i)

**ACTIVIDAD 36** **¿Quién hace qué?** En parejas, tú eres Camila y estás con Wilmer organizando la boda de Uds.

**Camila**

Quieres que Wilmer:

- contrate a los músicos para la fiesta
- te diga cuántos invitados tiene
- busque un hotel en la Isla Margarita para la luna de miel
- haga la reserva para una limusina
- escoja las flores para la iglesia
- mande las invitaciones

Tú ya reservaste el salón para la fiesta.

Dale órdenes a tu novio. Él también va a darte órdenes. Si hay algo que no quieres hacer, negocia con él.

▶ Wilmer: Yo no sé nada de flores, así que escoge tú las flores, ¿bien?
Camila: No, escógelas tú porque luego vas a decir que no te gustan.
Wilmer: Si tú las escoges, yo puedo hacer otra cosa.
Camila: ...

## CAPÍTULO 13

**ACTIVIDAD 31** **Un anuncio para Agustín** **Parte B.** Tú eres "B" (Marisol) y tu compañero/a es "A" (Sonia). Uds. han decidido ponerle un anuncio a Agustín en Internet para buscarle pareja. Túrnense para hacerse preguntas y averiguar si la otra persona ha hecho las cosas que tienen en su lista.

▶ Sonia: ¿Has mirado la página de la red social de Agustín?
Marisol: Sí, ya la he mirado. / No, todavía no la he mirado, pero voy a mirarla hoy. / No, y no voy a mirarla.

**B (Marisol)**

| **Averigua si Sonia ha hecho estas cosas** | **Cosas que has hecho tú** |
| --- | --- |
| • escoger el mejor sitio para su perfil | • escribir un párrafo sobre Agustín |
| • ver información sobre él en su red social | • incluir sus pasatiempos |
| • decirle a Agustín que ella y tú están escribiendo el anuncio | |
| • buscar una foto de Agustín | |

## CAPÍTULO 15

**ACTIVIDAD** **8** **En busca de trabajo** Tú buscas empleo y tu compañero/a es consejero/a en la agencia de empleos de la universidad.

### B (Persona que busca empleo)

Tienes título universitario en economía y estás empezando tus estudios de posgrado; por eso, necesitas un trabajo de tiempo parcial. Tu lengua materna es el inglés pero hablas francés y español. Durante la escuela secundaria trabajaste en McDonald's y mientras estudiabas en la universidad, trabajaste en una compañía de importaciones escribiendo emails dirigidos a países hispanos y a países francófonos.

Averigua qué posibilidades de empleo hay, qué beneficios ofrecen, qué documentos tienes que presentar y qué debes incluir en tu currículum.

## CAPÍTULO 16

**ACTIVIDAD** **22** **La boda** En parejas, Uds. están comprometidos y van a casarse dentro de un mes. "B" mira las instrucciones de esta página. Después conversen según las indicaciones.

**B**

Estás planeando algunos detalles de tu boda y justo en ese momento llega tu novio/a. Pregúntale a quién invitó él/ella (si ya mandó las invitaciones) y si reservó el salón para la fiesta.

# Spanish-English Vocabulary

This vocabulary includes most of the active vocabulary presented in the chapters. (Some exceptions are many numbers, names of cities and countries, and some obvious cognates.) The list also includes many receptive words found throughout the chapters. The definitions are limited to the context in which the words are used in this book. Active words are followed by a number that indicates the chapter in which the word appears as an active item; the abbreviation *Pre.* refers to the **Capítulo preliminar.**

The following abbreviations are used:

| | | | |
|---|---|---|---|
| *adj.* | adjective | *inf.* | infinitive |
| *adv.* | adverb | *m.* | masculine |
| *aux.* | auxiliary verb | *n.* | noun |
| *dem. adj.* | demonstrative adjective | *part.* | participle |
| | | *pl.* | plural |
| *dem. pro.* | demonstrative pronoun | *sing.* | singular |
| | | *subj.* | subjunctive |
| *f.* | feminine | *v.* | verb |

## A

**a** to; at; **al (a + el)/a la** to the; **~ diferencia de** unlike; in contrast to 12; **~ eso de** around + *time* 5; **~ la/s...** At ... o'clock. 5; **~ la derecha (de)** to the right (of) 6; **~ la izquierda (de)** to the left (of) 6; **~ la vez** at the same time; **~ lo mejor** perhaps 8; **~ menos que** unless 14; **~ menudo** often 9; **~ pesar de** in spite of 12; **~ propósito** by the way; **¿~ qué hora...?** At what time...? 5; **¿~ quién?** to whom?; **~ tiempo** on time 7; in time; **~ veces** at times 9; **~ ver.** Let's see.; **dar ~ conocer** to make known 16; **volver ~ +** *inf.* to do (something) again 13

**abajo** below
**abarcar** to include, contain
**abierto/a** open 9, 13
**el/la abogado/a** lawyer 1
**abombado/a: el pecho ~** inflated chest
**abrazar** to hug; to embrace 16
**el abrazo** hug; embrace 16
**el abrigo** coat 5
**abril** (*m.*) April 4
**abrir** to open 6; **Abre/Abran el libro en la página...** Open your book(s) to page... Pre.
**abrocharse el cinturón** to buckle the seat belt 9
**el/la abuelo/a** grandfather/ grandmother 6
**aburrido/a: estar ~** to be bored 3; **ser ~** to be boring 3
**aburrirse como una ostra** to be really bored (literally: *to be bored like an oyster*) 8
**acabar** to run out of 13; **~ de +** *inf.* to have just + *past part.* 5
**acaso: por si ~** (just) in case
**acampar** to go camping
**la acción** action
**el aceite** oil (*cooking*) 8; oil (*car*) 8, 9
**el acelerador** accelerator
**acelerar** to accelerate 9
**el acento** accent

**acentuar** to accentuate
**aceptado/a** accepted
**aceptar** to accept, agree to do
**acercarse** to approach, come near
**acompañar** to accompany
**acondicionado: el aire ~** air conditioning 9
**aconsejarle (a alguien)** to advise (someone) 10
**el acontecimiento** event
**acordarse (o → ue) de** to remember
**acostar (o → ue)** to put someone to bed 5
**acostarse (o → ue)** to go to bed 5
**acostumbrarse a** to become accustomed to
**la actitud** attitude
**la actividad** activity Pre.; **Mira/ Miren ~...** Look at activity... Pre.
**el activismo** activism 13
**el/la activista político/a** political activist 13
**activo/a** active, lively
**el actor/la actriz** actor 1
**actual** present-day, current
**actuar** to act
**acuerdo: De ~.** Agreed., O.K. 13; **estar de ~ (con)** to agree (with)
**adecuado/a** adequate
**además** besides 9
**Adiós.** Good-bye. Pre.
**la adivinanza** guessing game
**adivinar** to guess
**el adjetivo** adjective
**la admisión** admission
**¿adónde?** where? (*with verb of motion*) 3; **¿~ vas?** Where are you going? 3
**adorar** to adore
**adquirir (i → ie)** to acquire
**la aduana** customs 7; **el/la agente de aduanas** customs official
**la aerolínea** airline
**el aeropuerto** airport 7
**afectar** to affect
**afeitar: la crema de ~** shaving cream 2
**afeitarse** to shave 4
**el afiche** poster
**la afición** liking, fondness
**el/la aficionado/a** enthusiast, fan 8

**africano/a** African 1
**la agencia de viajes** travel agency 3
**el/la agente: ~ de aduanas** customs official; **~ de viajes** travel agent 1; **~ inmobiliario/a / de bienes raíces** real estate agent 15
**agosto** August 4
**agradable** pleasant
**agregar** to add 11
**agresivo/a** aggressive 13
**agrícola** agricultural
**el agua** (*f.*) water 8, 10; **~ de colonia** cologne 2; **~ dulce** fresh water; **~ (mineral) con gas** sparkling (mineral) water 8; **~ (mineral) sin gas** (mineral) water 8; **~ potable** potable water (suitable for drinking) 14; **~ salada** salt water
**el aguacate** avocado
**el aguardiente** strong liquor
**el águila** (*f.*) eagle
**el agujero** hole
**ahora** now; **~ mismo** right now 9
**ahorrar** to save (money, electricity, energy, water) 14
**el aire: ~ acondicionado** air conditioning 9; **al aire libre** outdoors
**aislado/a** isolated
**el ajedrez** chess 11; **jugar (u → ue) (al) ajedrez** to play chess 11
**el ajo** garlic 8
**al** to the 2; **~ +** *inf.* upon + *-ing* 15; **~ igual que** like, the same as 12; **~ lado (de)** next to 6
**el ala** (*f.*) wing
**el albergue** hostel
**el álbum (de fotos)** (photo) album 2
**el alcalde / la alcaldesa** mayor 13
**alcanzar** to reach
**la alcoba** bedroom
**alcohólico/a** alcoholic
**alegrarse de** to be happy about 11
**alegre** happy
**la alegría** happiness
**alemán/alemana** German 1
**la alergia: tenerle alergia a (algo)** to be allergic to (something) 9
**el alfabeto** alphabet Pre.
**la alfombra** carpet, rug 10

**algo** something  6; **¿~ más?** Something/Anything else?  12; **enterarse de ~** to find out, learn (about something)  15; **Por ~ será.** There must be a reason.  16

**el algodón** cotton  5

**alguien** someone  6

**algún/alguno/a/os/as** some/any  10; **algunas veces** sometimes; **alguna vez** (at) some time, ever  13

**alimentación: buena/mala ~** good/bad diet  11

**alimentar** to feed, nourish

**alimentado/a** fed

**el alivio** relief

**allá** over there  4

**allí** there  4

**el alma** (f.) soul

**el almacén** department store

**almorzar (o → ue)** to have lunch  5

**el almuerzo** lunch  7

**¿Aló?** Hello?  7

**el alojamiento** lodging, accommodation

**alquilar** (v.) to rent  2

**el alquiler** (n.) rent  10

**alrededor de** about, around  6

**alternar** to alternate

**el altiplano** high plateau

**alto/a** tall  3

**alto: cocinar a fuego ~** to cook at a high temperature  11

**alumbrar** to light, illuminate

**el aluminio** aluminum  14

**el/la alumno/a** student

**el ama de casa** (f.) housewife  1

**amable** nice  13

**el/la amante** lover/mistress (usually a negative connotation)  16

**amar (a alguien)** to love (someone)  7, 16

**amargo/a** bitter

**amarillo/a** yellow  5

**el ambiente** atmosphere; **el medio ambiente** the environment  14

**ambicioso/a** ambitious (negative connotation)  13

**el ámbito** field (professional)

**ambos/as** both  9

**la ambulancia** ambulance  9

**la amenaza** threat

**amenazar** to threaten

**el/la amigo/a** friend  2

**la amistad** friendship

**el amor** love  16; **¡Por ~ de Dios!** For heaven's sake! (literally: For the love of God!)

**amueblado/a** furnished  10

**amueblar** to furnish

**el analfabetismo** illiteracy

**el/la analista de sistemas** systems analyst  15

**anaranjado/a** orange (color)  5

**el/la anciano/a** old man/woman

**andar** to go; to walk; to amble

**andinismo: hacer ~** to go mountain climbing, mountaineering

**andino/a** Andean

**el anillo** ring

**el aniversario** anniversary

**anoche** last night  6

**anotar** to take notes, jot down

**anteayer** the day before yesterday  6

**los anteojos** eyeglasses

**el/la antepasado/a** ancestor

**anterior** (adj.) former, previous

**antes** before  3, 4; **~ de + inf.** before + -ing  6; **~ (de) que** before  14; **~ que nada** before anything else

**el antibiótico** antibiotic  9

**el anticonceptivo** contraceptive

**antiguo/a** ancient, antique

**antipático/a** unpleasant; disagreeable  3

**anunciar** to advertise; to announce

**el anuncio** advertisement, notice; announcement; **los anuncios clasificados** classified ads  15

**añadir** to add  11; to increase

**el año** year  1; **Año Nuevo** New Year's Day; **~ pasado** last year  6; **~ que viene** next year; **cumplir años** to have a birthday  4

**apagar** to turn off  9

**aparecer** to appear

**el apartamento** apartment  2, 10

**aparte** separate; **~ de** apart from

**la apatía** apathy

**apático/a** apathetic, indifferent

**el apellido: el primer apellido** first last name (father's last name)  1; **el segundo apellido** second last name (mother's maiden name)  1

**apenas** scarcely, hardly

**aplazar a alguien** to fail someone

**la aplicación** application (technology)  15

**apoyar** to support  13

**el apoyo** support

**apreciar** to value, appreciate

**aprender** to learn  2

**(no) aprobar** to fail, to pass (an exam, a class)

**aprovechar** to make use of, take advantage of

**aproximadamente** approximately

**apuntar** to jot down

**el apunte** note; annotation; **tomar apuntes** to take notes

**aquello** that thing/issue  4

**aquel/aquella** (dem. adj.) that  4; (dem. pro.) that one  4

**aquellos/aquellas** (dem. adj.) those  4; (dem. pro.) those ones  4

**aquí** here  4; **por ~** around here

**árabe** Arab  1

**la araña** spider

**el/la árbitro** referee  8

**el árbol** tree  14; **plantar un árbol** to plant a tree  14

**el arca** (f.) treasure chest, coffer

**el área** (f.) area code  7

**la arena** sand

**argentino/a** Argentinean  1

**el argumento** argument (reasoning); plot

**armar** to put together; to arm

**el armario** armoire, closet  10

**el/la arqueólogo/a** archaeologist

**el/la arquitecto/a** architect

**arraigo: tener ~** to be ingrained

**arrancar** to start the car  9

**arreglar** to fix; to arrange; **~ el carro** to fix the car  11

**el arreglo** arrangement

**arriba** above, up

**arroba** @ (as in email address)  15

**arrogante** arrogant  13

**el arroz** rice  8

**arrullarse** to cuddle

**el arte** (m. sing.) art  2, 16; **las artes** (f. pl.) the arts

**la artesanía** craftsmanship, handicraft; **hacer artesanías** to do, make crafts  11

**el/la artesano/a** artisan  15

**el artículo** article

**el/la artista** artist  1, 16

**la arveja** pea  8

**la ascendencia** ancestry

**el ascensor** elevator  12

**asegurar** to assure

**asesinar** to murder

**así** like this/that  13; **~ es.** That's right.

**asiático/a** Asian  1

**el asiento** seat  7; **~ de ventanilla** window seat  7; **~ del medio** middle seat  7; **~ de pasillo** aisle seat  7

**la asignatura** (school) subject  2

**asimilarse** to assimilate

**asimismo** likewise

**el/la asistente** assistant; **~ de cátedra** teaching assistant; **~ de vuelo** flight attendant

**asistir a** to attend (class, church, etc.)  6

**asociar** to associate

**el asombro** amazement, astonishment

**la aspiradora** vacuum cleaner  10

**la aspirina** aspirin  9

**astuto/a** astute  13

**el asunto** matter, subject

**asustado/a** frightened

**asustarse** to be frightened

**atar: un/a loco/a de ~** a crazy person (literally: a crazy person to tie up)  13

**atracciones: el parque de ~** amusement park  12

**atraer** to attract

**atrás** back, behind, rear

**atropellar** to run over  9

**audaz** daring

**aumentar** to increase

**el aumento** increase

**aun** even

**aún** still, yet

**aunque** although

**la aurora** dawn

**el auto** car  7; **ir en auto** to go by car  7

**el autobús** bus  7; **ir en autobús** to go by bus  7

**automático/a** automatic (transmission)  9

**la autopista** freeway, toll road  12

**el autorretrato** self-portrait  16

**auxilios: los primeros ~** first aid

**avanzar** to advance

**el ave** (f.) poultry  8; bird

**la avenida** avenue

**la aventura** adventure; **~ (amorosa)** love affair  16

**averiguar** to find out (about)

**el avión** airplane  7; **ir en avión** to go by plane  7 **por avión** by airmail; by plane

**avisar** to inform; to warn

**el aviso** sign

**ayer** yesterday  6

**la ayuda** help

**el/la ayudante** helper, assistant

**ayudar** to help  7; **~ a + inf.** to help + inf.

**el ayuntamiento** city hall  13

**el azúcar** sugar  8

**azul** blue  5

## B

**la bahía** bay
**bailar** to dance 2
**el bailarín/la bailarina** dancer
**el baile** dance
**bajar** ~ **de un carro/autobús/tren/etc.** to get out of/off a car/bus/train/etc. 7; ~ **información/música** to download information/music 2, 15; to go down 12
**bajo/a** short (in height) 3; low (voice); **Está a ___ grados (bajo cero).** It's ___ degrees (below zero) 4; **guion bajo** underscore 15
**el bajo** first floor; bass guitar
**el balcón** balcony
**el balón** (large) ball 8
**el/la balsero/a** political refugee who travels by raft
**el banano** banana; banana tree
**el banco** bank 3; bench
**la banda** band
**el bandoneón** concertina, type of accordion
**la bandurria** lute-like instrument
**bañarse** to bathe 4
**la bañera** bathtub 10
**el baño** bathroom 7, 10; **el traje de baño** bathing suit 5
**barato/a** cheap, inexpensive 3, 5
**la barba** beard 4
**la barbacoa** barbecue
**barbaridad: ¡Qué ~ !** How awful!
**el barco** ship, boat 7; **ir en barco** to go by boat 7; **en/por barco** by boat
**la barra** slash (as in http://www) 15
**la barrera** barrier
**el barrio** neighborhood
**basado/a** based
**basar** to base
**el basquetbol** basketball 8
**¡Basta de + inf.!** That's enough...! 8
**bastante** enough
**bastardilla: en ~** in italics
**la basura** garbage 14
**el bate** bat 8
**la batería** battery (cell phone) 7; battery (car) 9; drums; **No tengo batería.** My battery is dead. (cell phone) 7; **Tengo poca batería.** My battery is low. (cell phone) 7
**la batidora** blender
**el baúl** trunk (car) 9
**beber** to drink 2
**la bebida** drink 8
**la beca** scholarship
**el béisbol** baseball 8
**la belleza** beauty
**bello/a** beautiful; **bellísimo/a** very beautiful 6
**besar** to kiss 16
**el beso** kiss 16
**la biblioteca** library 3
**el/la bibliotecario/a** librarian 15
**la bicicleta** bicycle 7; **ir en bicicleta** to go by bicycle 7
**el bidé** bidet 10
**bien** O.K.; well Pre.; ~ **educado/a** well behaved/mannered; **llevarse ~ (con alguien)** to get along with someone 15; **Me cae/cayó (muy) ~.** I like/liked him/her/it a lot. 15; **pasarlo ~** to have a good time 13; **Te queda ~.** It looks good on you. 5

**bienvenido/a** welcome
**el/los bigote/s** mustache 4
**bilingüe** bilingual
**el billar** billiards 11; **jugar (u → ue) (al) billar** to play billiards 11
**el billete** bill (paper money); ticket (subway, bus)
**el biocombustible** biofuel 14
**la biología** biology 2
**el/la biólogo/a** biologist; ~ **marino/a** marine biologist 15
**el bistec** steak 8
**blanco/a** white 5; **blanco y negro** black and white
**blando/a** soft
**bloquear (a alguien)** to block (someone) 15
**la blusa** blouse 5
**la boca** mouth 4
**la boda** wedding 6
**la bola: ~ de bolos** bowling ball 8; ball
**el boleto de autobús/metro** bus/subway ticket 12
**el bolígrafo** ballpoint pen Pre.
**boliviano/a** Bolivian 1
**los bolos** bowling 8
**la bolsa** bag
**el bolsillo** pocket
**el bolso** purse 5; ~ **de mano** hand luggage, carry-on bag 7
**el/la bombero** firefighter 15
**bonito/a** pretty 3
**borracho/a** drunk 3
**el borrador** rough draft; eraser
**borrar** to erase; ~ **algo** to delete something 15; ~ **a alguien** to defriend someone 15
**el bosque** woods 12; ~ **pluvial** rain forest
**el bosquejo** outline
**la bota** boot 5
**la botánica** store that sells herbs, candles, books, and religious articles (Puerto Rico, Cuba)
**la botella** bottle
**el botones** bellboy 7
**el boxeo** boxing 8
**brasileño/a** Brazilian 1
**el brazo** arm 4
**breve** brief
**el brindis** toast (drink)
**la brisa** breeze
**la broma** joke; **te lo digo en broma** I'm joking 16
**bueno/a** good 3; **es bueno** it's good 10; **buena alimentación** good diet 11; **buena salud** good health 9; **Buenas noches.** Good night. Good evening. Pre.; **Buenas tardes.** Good afternoon. Pre.; **Buenos días.** Good morning. Pre.
**la bufanda** scarf (winter) 5
**el buscador** search engine 15
**buscar** to look for 6
**la búsqueda** search
**el buzón** mailbox

## C

**el caballero** gentleman
**el caballo** horse 14
**la cabeza** head 4; **tener dolor de cabeza** to have a headache 9
**la cabina** cabin
**cabo: al fin y al ~** after all; **llevar a ~** to accomplish

**el cacique** chief, cacique
**cada** each, every 4; ~ **día/mes/año** every day/month/year 9; ~ **loco con su tema** to each his/her own (literally: each crazy person with his/her own theme)
**la cadena** chain; (television) network
**la cadera** hip
**caer** to fall; to drop 13
**caerse** to fall 9; ~ **el servidor** to go down (server) 15; to drop; **Me cae/cayó (muy) bien.** I like/liked him/her/it a lot. 15; **Me cae/cayó (muy) mal.** I don't/didn't like him/her/it (at all). 15
**el café** coffee 2; **tomar café** to have coffee 2
**la cafetera** coffeepot 2, 10
**la cafetería** cafeteria, bar 3
**la caída** fall, drop
**la caja** cashier's desk; box
**el/la cajero/a** cashier; **el cajero automático** ATM
**la calabaza** gourd
**el calcetín** sock
**la calculadora** calculator 2
**el cálculo** calculus 2
**la calefacción** heat (in a house) 10
**el calendario** calendar
**el calentamiento: ~ global** global warming
**caliente** warm
**¡Calla!** Quiet!
**callado/a** quiet, silent
**callarse** to be silent, keep quiet, to shut up
**la calle** street 9
**el callejón** alley 12
**calor: hace ~** it's hot 4; **tener ~** to be hot 5
**las calorías** calories 11
**calvo/a** bald
**los calzoncillos/calzones** men's/women's underwear
**la cama** bed 2
**la cámara (digital)** (digital) camera 2; ~ **de video** video camera
**el/la camarero/a** waiter/waitress 1
**los camarones** shrimp 8
**cambiar** to change; ~ **de papel** to switch roles; ~ **(dinero)** to exchange, change (money); **cambiando de tema** changing the subject 8
**el cambio** exchange rate; change (i.e., coins); ~ **de raíz** stem change 5; **en cambio** in exchange; on the other hand; instead
**los cambios** gears (car); **con cambios** standard shift (transmission) 9
**caminar** to walk 2
**la caminata** walk, stroll
**el camino** road, path
**el camión** truck 7; **ir en camión** to go by truck 7
**la camisa** shirt 5
**la camiseta** T-shirt 5
**la campana** bell
**la campaña** campaign 13
**el campeón/la campeona** champion 8
**el campeonato** championship 8
**el/la campesino/a** peasant; farmer
**el campo** countryside 12; field; ~ **de fútbol** soccer field
**canadiense** Canadian 1
**el canal de televisión** TV channel

la canasta basket

la cancha (tennis, basketball) court

la canción song 2

el/la candidato/a candidate 13

la canica marble (for games)

cansado/a tired 3

el cansancio fatigue, tiredness, weariness

el/la cantante singer 1

cantar to sing 2

la cantidad quantity

el canto singing, song

la capa layer (atmosphere); ~ de ozono ozone layer 14

el caparazón shell

capaz capable 13

la capital capital (city); ¿Cuál es ~ de...? What is the capital of . . . ? Pre.

el capítulo chapter

la cápsula capsule 9

captar to capture

la cara face 4; side (paper); Cuesta un ojo de ~. It costs an arm and a leg. (literally: It costs an eye of the face.) 5

caradura: ser un/a ~ he/she has a lot of nerve (literally: a hard face) 13

¡Caray! Darn! Rats! (negative); Wow! (positive)

la carga load, cargo; burden; animal de carga pack animal

cargar to carry, transport

caribeño/a Caribbean 1

cariño (m./f.) dear (term of endearment); el ~ affection 16

carismático/a charismatic 13

la carne meat 8; ~ de res beef 8

el carnet (de estudiante) (student) ID

caro/a expensive 3; Te va a salir caro. It's going to cost you. 8

el/la carpintero/a carpenter 15

la carrera major; course of study; career; race (bike, car)

la carreta wagon, cart

la carretera road, highway 12

el carril (de bicicleta) lane; bike path/lane 12

el carro car 7, 9; ~ híbrido hybrid car; ~ verde green car 14; ir en carro to go by car 7

la carta letter; menu; ~ de recomendación letter of recommendation 15

las cartas: jugar (u → ue) a ~ to play cards 11

el cartel poster 2

la cartera purse 5; wallet

el/la cartero letter carrier

el cartón cardboard 14

la casa house; home 3; echar ~ por la ventana to go all out (literally: to throw the house out the window) 6

casado/a: estar ~ (con) to be married (to) 6

casarse (con) to marry, get married (to) 6, 16

el casco (de bicicleta/fútbol americano) (bicycle/football) helmet 8

casi almost 6

la casilla box

caso: en ~ (de) que in case that 14; hacer ~ (de) to pay attention (to)

las castañuelas castanets

el castellano Spanish (language)

el castigo punishment

el castillo castle

casualidad: por (pura) ~ by (pure) chance

la catarata waterfall 12

catarro: tener ~ to have a cold 9

la catedral cathedral 12

el/la catedrático/a professor

la causa cause 13

el/la cazador/a hunter

el/la cazatalentos headhunter (employment) (Spain) 15

cazar to hunt

la cebolla onion 8

la cédula ID card

celebrar to celebrate

celos: tener ~ (de) to be jealous (of) 16

celoso/a: estar ~ (de) to be jealous (of) 16; ser ~ to be jealous 16

celular: el (teléfono) ~ cell phone 2

el cementerio cemetery 12

la cena dinner

cenar to have supper/dinner

el centavo cent

un centenar (one) hundred

centígrados centigrade/Celsius 4

el centro: ~ comercial mall, shopping center 3; ~ cultural cultural center 12; ~ de información turística tourist center 12

centroamericano/a Central American 1

cepillarse: ~ el pelo to brush one's hair 4; ~ los dientes to brush one's teeth 4

el cepillo: ~ de dientes toothbrush 2; ~ de pelo hairbrush 2

cerámica: hacer ~ to do, make ceramics 11

cerca (de) near 6

cercano/a near, close by

el cerdo pork 8; pig

los cereales cereal 8

el cerebro brain

cero zero 1

cerrado/a closed

cerrar (e → ie) to close 5; Cierra/Cierren el libro. Close your book(s). Pre.

la certeza certainty 11

la cerveza beer 2

el cetro scepter

el champán champagne

el champú shampoo 2

el chantaje blackmail

Chao. Bye., So long. Pre.

la chaqueta jacket 5

el charango small, five-stringed guitar

la charla talk, conversation

charlar to chat, talk

chatear to chat (online) 15

Chau. Bye., So long. Pre.

el/la chef chef 15

el cheque check; ~ de viajero traveler's check

chévere: ¡Qué ~! Great! (Caribbean expression) 12

el/la chico/a boy/girl 1

el chile chili pepper

chileno/a Chilean 1

la chimenea chimney

mi chiquilín/chiquilina my little boy/girl (term of endearment)

el/la chiquillo/a a young child

los chismes gossip 16

chismoso/a gossipy 13

el chiste joke, funny story

chocar (con) to crash (into) 9

el chocolate chocolate 8; ~ con churros hot chocolate with Spanish crullers

el chofer driver, chauffeur

el chorizo a highly seasoned pork sausage

la chuleta chop (cut of meat) 8; cheat sheet (Spain)

el churrasco steak (Argentina) 8

los churros crullers (pastry)

el ciclismo cycling 8

el/la ciclista cyclist

cien one hundred 1, 6

la ciencia science

el/la científico/a scientist 15

ciento uno, ciento dos one hundred and one, one hundred and two 6

Cierra/Cierren el libro. Close your book(s). Pre.

cierto/a sure, certain, true; es cierto it's true 11; por cierto by the way

el cigarrillo cigarette

la cigüeña stork

el cine movie theater 3

el cinturón belt 5; ~ de seguridad seat belt 9; abrocharse ~ to buckle the seat belt 9

la cirugía surgery

la cita appointment; date; quote

la ciudad city 12; ~ universitaria college campus

el/la ciudadano/a citizen

el clarinete clarinet

claro/a light 5; clear; Claro. Of course. 2; ¡Claro que no! Of course not!; ¡Claro que sí! Of course! 2; está claro it's clear 11

la clase lesson, class; classroom 2

clasificado classified; los (anuncios) clasificados classified ads 15

clasificar to rate

el claustro cloister

la cláusula clause

clavar to fix upon; to nail down

clic: hacer ~ to click (on an icon, a link, etc.) 15

el/la cliente client

el clima climate

cobarde cowardly 13

cobrar to charge; to collect

cobro: llamada a ~ revertido collect phone call

el coche car 7; ir en coche to go by car 7

la cocina kitchen 10; ~ eléctrica/de gas electric/gas stove 10

cocinar to cook 11; ~ a fuego alto/lento to cook at a high/low temperature 11

el/la cocinero/a cook

el código: ~ internacional international access code (telephone) 7; ~ del país country code (telephone) 7; ~ postal postal/zip code

el codo elbow 4

el cognado cognate

el cojín pillow, cushion

cola: hacer ~ to stand in line

coleccionar to collect 11; ~ estampillas to collect stamps 11; ~ monedas to collect coins 11; **~ tarjetas de béisbol** to collect baseball cards 11

**el colegio** school 3; **~ mayor** dormitory *(Spain)*

**colgarse (o → ue)** (name of program) to crash (computer program)

**la coliflor** cauliflower 8

**la colina** hill 12

**el colmillo** eyetooth

**colmo: para ~** to top it all off 9

**colocado/a** positioned, arranged

**colombiano/a** Colombian 1

**la colonia** colony

**el color** color 5; **¿De qué color es?** What color is it? 5

**la comedia** comedy

**el comedor** dining room 10

**comentar** to comment on

**el comentario** comment

**comenzar (e → ie)** to begin 5

**comer** to eat 2

**el/la comerciante** business owner 1

**la comida** meal 7; food 8, 11

**el comienzo** beginning, start

**como** like, as; **aburrirse ~ una ostra** to be really bored (literally: *to be bored like an oyster*) 8; **~ consecuencia** as a consequence; **~ resultado** as a result 8; **~ si** as if; **tan... ~** as . . . as 12; **tanto/a... ~** as much . . . as 12; **tantos/as... ~** as many . . . as 12

**¿cómo?** what? / What did you say? 1; **¿~ es?** What is he/she like? 3; **¿~ estás/está?** How are you? *(informal/formal)* Pre., 3; **¿~ que...?** What do you mean . . . ? 7; **¿~ se dice en español?** How do you say it in Spanish? Pre.; **¿~ se escribe?** How do you spell it? Pre.; **¿~ se llama (Ud.)?** What's your name? *(formal)* Pre.; **¿~ se llega a...?** How do you get to . . . ? 12; **¿~ te llamas?** What's your name? *(informal)* Pre.; **Sí, cómo no.** Fine., Sure., O.K. 7

**la cómoda** chest of drawers, dresser 10

**cómodo/a** comfortable

**el/la compañero/a** companion; partner 2; **~ de cuarto/habitación** roommate 2

**la compañía comercial** company, business

**comparar** to compare

**compartir** to share

**complacer** to please

**completar** to fill out 15; to complete, finish

**completo: trabajar a tiempo ~** to work full time 15

**el comportamiento** behavior

**comportarse** to behave

**la composición** composition 2

**comprar** to buy 2

**compras: de ~** shopping; **ir de ~** to shop, go shopping 5

**comprender** to understand; **No comprendo.** I don't understand. Pre.

**comprobar (o → ue)** to check

**comprometido/a: estar ~** to be engaged 16

**el compromiso** engagement 16

**la computadora** computer 2

**común** common; **en ~** in common

**la comunidad** community

**con** with 6; **~ cambios** standard shift 9; **~ cuidado** carefully; **~ frecuencia** frequently, often 9; **~ mucho gusto** with pleasure; **¿~ quién vas?** With whom are you going? 3; **~ retraso** late 7; **~ tal (de) que** provided that 14

**el concierto** concert 5

**la concordancia** concordance, harmony; agreement *(grammar)*

**concordar (o → ue)** to agree

**el concurso** contest

**conducir** to drive *(Spain)* 7

**conectarse a redes sociales** to connect to social media sites 11

**la conexión** connection 15

**la conferencia** lecture, talk; long-distance call *(Spain)*

**confiable** trustworthy 13

**la confianza** confidence; **persona de confianza** a trustworthy person

**congelado/a** frozen 11

**el congelador** freezer 10

**el/la congresista** congressperson 13

**el conjunto** (musical) group, band; outfit

**conmigo** with me 6

**conocer** to know (a person/place/thing) 4; **dar a ~** to make known 16

**conocido/a** known

**el conocimiento** knowledge

**conque** so

**la conquista** conquest

**conquistar** to win; to conquer; to overcome

**consciente: ser ~** to be aware 14

**la consecuencia** consequence; **como consecuencia** as a consequence

**conseguir (e → i, i) un trabajo/una entrevista** to get, obtain a job/an interview 15

**el/la consejero/a** counselor

**el consejo** advice 10; **~ estudiantil** student council 13

**la conservación** conservation 14

**conservar** to conserve, preserve 14; to take care of

**consistir en** to consist of

**constante** constant

**constantemente** constantly 11

**construir** to build 7

**consultar** to consult

**el/la consultor/a** consultant 15

**el consultorio** doctor's office

**el consumidor** consumer

**el consumo** consumption

**la contaminación** contamination, pollution 14

**contar (o → ue)** to tell 6; to count

**contemporáneo/a** contemporary

**el contenido** content

**contento/a** happy 3

**contestar** to answer 6; **[Ana], contéstale a [Vicente]...** [Ana], answer [Vicente] . . . Pre.

**contigo** with you 6

**continuamente** continually 11

**continuar** to continue

**contra** against 6; **estar en ~** to be against

**la contraseña** password 15

**la contratapa** inside cover

**contratar** to contract, hire 15

**el contrato** contract 15

**el control remoto** remote control 6

**convencer** to convince

**el convento** convent

**conversar** to converse, talk

**convertir (e → ie, i)** to convert; to become

**la copa** stemmed glass, goblet 8; **la Copa Mundial** World Cup *(soccer);* **~ de vino** wine glass 8

**la copia** copy *(art)* 16

**copiar** to cheat, copy

**el corazón** heart 4

**la corbata** tie 5

**el cordero** lamb 8

**corregir (e → i, i)** to correct

**el correo** post office; mail; **~ electrónico** email 15

**correr** to run 2; **~ el riesgo de no + inf.** to run the risk of not *verb* + *-ing*

**correspondiente** corresponding

**la corrida de toros** bullfight

**corrupto/a** corrupt 13

**cortar** to cut 11

**cortarse** to cut oneself 9

**la cortina** curtain

**corto/a** short (in length) 3; **pantalones cortos** shorts 5

**la cosa** thing 2

**la cosecha** harvest

**coser** to sew

**la costa** coast 12

**costar (o → ue)** to cost 5; **Cuesta un ojo de la cara.** It costs an arm and a leg. (literally: *It costs an eye of the face.*) 5

**costarricense** Costa Rican 1

**la costumbre** custom, habit

**cotidiano/a** daily

**crear** to create

**el crecimiento** growth

**el crédito: la tarjeta de crédito** credit card

**la creencia** belief

**creer** to believe; to think 5

**creído/a** conceited, vain 13

**la crema de afeitar** shaving cream 2

**criar** to breed, rear, raise

**el cruce: ~ de peatones** pedestrian walkway 12

**el crucero** cruise

**el crucigrama: hacer crucigramas** to do crossword puzzles 11

**la cruz** cross

**cruzar** to cross (the street) 12

**la cuadra** city block 12

**el cuadrado** square

**el cuadro** painting 16; **de cuadros** plaid 5

**¿cuál?** which? 1; **¿~ es el origen de tu familia?** What is the origin of your family? 1; **¿~ es la capital de...?** What is the capital of . . . ? Pre.; **¿~ es tu/su número de teléfono?** What is your telephone number? 1

**cualquier** any; whichever

**cuando** when 14; **de vez en ~** once in a while, from time to time 9

**¿cuándo?** when? 2

**cuanto: en ~** when, as soon as

**¿cuánto?** how much?; **¿~ (tiempo) hace que + *preterit*?** How long ago did you . . . ? 6; **¿~ (tiempo) hace que + *present*?**

**¿cuánto?** *(continued)*
How long have you . . . ?  6;
**¿~ cuesta/n...?** How much is/
are . . . ?  5

**¿cuántos?** how many?; **¿~ años tiene él/
ella?** How old is he/she?  1; **¿~
años tienes?** How old are you?  1

**el cuarto** room  10; **y cuarto** quarter
after *(time)*  5; **menos cuarto**
quarter to *(time)* **(de hora)**  5;
**~ de servicio** maid's room  10

**cuarto/a** fourth  10

**el cuatro** four-stringed guitar used in
Andean and Caribbean music

**cuatrocientos** four hundred  6

**cubano/a** Cuban  1

**los cubiertos** silverware  8

**cubrir** to cover  9

**la cucaracha** cockroach

**la cuchara** spoon  8

**la cucharada** spoonful

**el cuchillo** knife  8

**el cuello** neck  4

**la cuenta** check; account; bill  8; **~,
por favor.** The check, please.;
**darse cuenta de algo** to realize
something  7; **tener en cuenta**
to take into account, bear in
mind; **trabajar por mi/tu/su
cuenta** to work on my/your/his/
her own  15

**el cuento** story

**la cuerda** string

**cuerdo/a** sane

**el cuero** leather  5

**el cuerpo** body  4

**el cuestionario** questionnaire

**el cuidado** care; **con cuidado** carefully;
**tener cuidado** to be careful

**cuidar** to care for, take care of

**la culpa** guilt

**culpable** guilty

**cultivado/a** cultured, cultivated

**cultural** cultural; **centro ~** cultural
center  12

**el cumpleaños** birthday  4; **Feliz
cumpleaños.** Happy birthday.

**cumplir años** to have a birthday  4

**el/la cuñado/a** brother-in-law/sister-
in-law  6

**el cura** priest

**curar** to cure, treat

**la curiosidad** curiosity; indiscretion;
question

**curioso/a** curious

**la curita** Band-Aid  9

**el currículum (vítae) / currículo** résumé,
curriculum vitae  15

**cursar** to study, take (a course)

**cursi** overly cute; tacky, in bad taste;
**¡Qué ~!** How tacky!  12

**el curso** course

## D

**la dama: la primera dama** first lady

**la danza** dance

**el daño** damage, harm

**dar** to give  6; **~ a conocer** to make
known  16; **~ de comer** to
feed; **~ un paseo** to take a
walk; **~ una excusa** to give
an excuse; **~ una vuelta** to
take a ride; to go for a stroll/
walk 15; **~le vergüenza** to feel
ashamed; **~le la vuelta** to turn
over, flip  11; **~le las gracias**

**a alguien** to thank someone; **~se
cuenta de algo** to realize something  7; **no ~ lugar a dudas** to
leave no room for doubt

**el dato** fact, piece of information

**de** of; from  1; **acabar ~ + *inf.*** to have
just + *past part.*  5; **a diferencia
~** unlike; in contrast to  12;
**basta ~ + *inf.*** stop + *-ing*  8;
**cambiando ~ tema** changing
the subject  8; **~ acuerdo.** O.K.,
Agreed.  13; **~ compras** shopping; **~ cuadros** plaid  5;
**¿~ dónde eres?** Where are you
from? *(informal)* Pre.; **echar
~ menos** to miss someone,
something  8; **~ espaldas** back-
to-back; **enterarse ~ algo** to
find out, learn (about something)
15; **~ ida** one-way (ticket)  7;
**~ ida y vuelta** round-trip (ticket)
7; **~ lunares** polka-dotted  5;
**~ nada.** You're welcome.  Pre.;
**nada ~ peros** no ifs, ands, or
buts  14; **no veo la hora ~ + *inf.***
I can't wait + *verb*  16; **~ parte
~...** It/This is . . . *(telephone)*  7;
**¿~ parte de quién?** May I ask
who is calling?  7; **a pesar ~**
in spite of  12; **¿~ qué color
es?** What color is it?  5; **¿~ qué
(material/tela) es?** What (material) is it made out of?  5;
**¿~ qué nacionalidad eres/es?**
What is your/his/her nationality?
1; **~ quien** about whom;
**¿~ quién/es?** whose?  2;
**~ rayas** striped  5; **~ repente**
suddenly  6, 9; **~ segunda mano**
secondhand, used; **¿~ veras?**
Really?  2; **tener ganas ~ + *inf.***
to feel like + *-ing*  6; **~ vez en
cuando** once in a while, from
time to time  9

**debajo (de)** below, under  6

**el debate** debate  13

**deber** to owe; **~ + *inf.*** ought to/should/
must + *v.*  4; **el ~** duty  13

**debido/a** due; **debido a** due to,
because of

**el/la decano/a** dean

**decidir** to decide  6

**décimo/a** tenth  10

**decir** to say; to tell  5; **¿Cómo se
dice... en español?** How do
you say . . . in Spanish?  Pre.;
**[María], dile a [Jorge]...**
*[María], tell [Jorge]* . . . Pre.; **es
~** that is (to say)  8; **¡No me
digas!** No kidding!  5; **¿Qué
quiere ~...?** What does . . .
mean?  Pre.; **te lo digo en serio /
en broma** I'm serious / joking  16

**el dedo** finger  4; **~ meñique** little
finger; **~ del pie** toe  4;
**~ gordo** big toe

**dejar** to leave behind; to let, allow  6;
**~ algo para último momento** to
leave something for the last minute; **~ boquiabierto (a alguien)**
to leave (someone) dumbfound-
ed; **~ caer** to drop; **~ de + *inf.*** to
stop, quit + *-ing*  6; **~ de salir
(con)** to break up (with) *(casual
relationship)*  16; **~ la habitación**
to check out  7; **¿Me dejas +
*inf.*?** Will you let me . . . ?  15

**defraudar** to defraud; **Lamento ~lo**
I'm sorry to disappoint you.

**del = de + el** of the  2

**delante (de)** in front (of)  6

**deletrear** to spell

**delgado/a** thin  3

**demás** remaining, rest

**demasiado** too much  3

**democrático/a** democratic

**¡Demonios!** Damn! What the devil!

**demorar** to take (time), delay

**demostrar (o → ue)** to demonstrate

**el/la dentista** dentist  1

**dentro: ~ (de)** in, inside; **~ de poco** in
a while

**la denuncia** police report

**el departamento** department; apartment  10

**depender de** to depend on

**el deporte** sport  8

**el/la deportista (profesional)** (professional) athlete  1

**deportivo/a** *(adj.)* related to sports

**el depósito** security deposit  10

**la derecha** right-hand side; **a ~ (de)** to
the right (of)  6

**el derecho** right  13; law; **derechos**
rights

**derecho; seguir ~** to keep going
straight  12

**el derrame** spill

**desafiante** challenging

**desafortunadamente** unfortunately

**la desaparición** disappearance

**desarrollado/a** developed

**desarrollar** to develop

**desarrollo: en vías de ~** developing
(nation)

**el desastre** disaster

**desayunar** to have breakfast  6

**el desayuno** breakfast  7

**descansar** to rest

**el descanso** rest

**descargar: ~ información/música** to
download information/music
2, 15

**el/la descendiente** descendant

**descomponerse** to break down  9

**desconocido/a** unknown

**describir** to describe

**la descripción** description  3

**el descubrimiento** discovery

**descubrir** to discover

**desde** since, from  6; **~ hace** for *(time
duration)*; **~... hasta** from . . .
until; **~ luego** of course

**desdeñoso/a** disdainful, scornful

**deseable** desirable

**desear** to want, desire (to do something)  3

**desechable** disposable  14

**el desecho** waste

**el desempleo** unemployment  15

**el deseo** wish, desire

**desesperado/a** desperate

**desfilar** to march

**el desfile** parade; **~ de modas** fashion
show

**el desierto** desert  12

**desnudo/a** naked

**el desodorante** deodorant  2

**el desorden** disorder

**despacio** slow, slowly  7; **Más ~,
por favor.** More slowly,
please. Pre.; **¿Puede hablar
más ~, por favor?** Can you speak
more slowly, please?  7

la despedida farewell Pre.

despedir a alguien (e → i, i) to fire someone 15

despedirse (e → i, i) to say good-bye

despejado/a clear, sunny; spacious

el desperdicio waste

despertar a alguien (e → ie) to wake someone up 5

despertarse (e → ie) to wake up 5

después after 3; then, later (on) 5; ~ de + inf. after + -ing 5; ~ de que after 14

destacarse to stand out, be outstanding

el destierro exile

el destino destination 7; destiny

destrozado/a ruined, destroyed

la destrucción destruction 14

destruir to destroy 14

la desventaja disadvantage

el detalle detail

detener to detain

detenidamente thoroughly

determinado/a specific

detestar to detest

detrás (de) behind 6

la deuda debt

devolver (o → ue) to return, send back 5; to vomit 9

el día day 2; Buenos días. Good morning. Pre.; hoy (en) día today; nowadays 12; ponerse al día to bring up to date; todos los días every day 3

el diablo devil

el diálogo dialogue

el diamante diamond

la diapositiva slide

diariamente daily

el diario diary, journal

diario/a daily

diarrea: tener ~ to have diarrhea 9

dibujar to draw 16

el dibujo drawing, sketch 16

el diccionario dictionary 2

el dicho saying

diciembre (m.) December 4

el dictado dictation

la dictadura dictatorship 13

el diente tooth 4; ~ de ajo clove of garlic; cepillarse los dientes to brush one's teeth 4; la pasta de dientes toothpaste 2

la dieta: estar a dieta to be on a diet

la diferencia difference; a diferencia de unlike; in contrast to 12

diferente different; ~ de different from

difícil difficult

Diga/Dígame. Hello. (Spain) (telephone) 7

¡No me digas! No kidding! 5

Dile a... Tell... Pre.

el dinero money 2; cambiar dinero to exchange; to change (money); ~ en efectivo cash

el/la dios/a god/goddess; ¡Por Dios! For heaven's sake! (literally: For God!) 10

la dirección address 5

directamente directly

el/la director/a director (movie) 1; ~ ejecutivo/a executive director

dirigido/a directed

la discoteca/disco club, disco 3

la discriminación discrimination 13

discutir to argue; to discuss

el/la diseñador/a designer

disfrutar to enjoy

disparar to fire, shoot

disponible available

disputarse to argue

distraído/a absent-minded; distracted

el distrito district

diversificar to diversify

la diversión amusement, entertainment, recreation

divertido/a entertaining, amusing

divertirse (e → ie, i) to have fun 5

divinamente divinely, wonderfully 11

divino/a divine, wonderful

divorciado/a: estar ~ (de) to be divorced (from) 6

divorciarse (de) to get divorced (from) 16

el divorcio divorce 16

doblado/a dubbed (movie)

doblar to turn 12; to fold

doble: la habitación ~ double room 7

el/la doctor/a doctor 1

el documental documentary

doler (o → ue) to hurt 9

el dolor ache, pain 9; ~ de cabeza headache 9

doloroso/a painful

doméstico/a domestic

el domicilio residence

domingo Sunday 2; el ~ on Sunday 2; los domingos on Sundays, every Sunday 2

don/doña title of respect used before a man's/woman's first name

donde where

¿dónde? where?; ¿~ estás? Where are you? 3; ¿De ~ eres? Where are you from? (informal) Pre.; ¿De ~ es Ud.? Where are you from? (formal) Pre.; ¿Sabe ~ está...? Do you know where... is? 12

dorado/a gilded, covered with gold

dormir (o → ue, u) to sleep 5

dormirse (o → ue, u) to fall asleep 5

el dormitorio bedroom 10

dos puntos colon 15

doscientos two hundred 6

dramático/a dramatic

la droga drug

la ducha shower 10

ducharse to take a shower 4

duda doubt 11; no cabe ~ there's no doubt 11; no dar lugar a dudas to leave no doubt; no hay ~ (de) there's no doubt

dudar to doubt 11

dudoso: es ~ it's doubtful 11

el/la dueño/a de un negocio owner of a business

dulce (adj.) sweet 13; los dulces (n.) candy, sweets

durante during

durar to last 9

duro/a hard; los huevos duros hard-boiled eggs

el DVD DVD; el reproductor de ~ DVD player

# E

e and (before i or hi)

echar to throw; to put in, add; to throw out; ~ de menos to miss (someone or something) 8; ~ la casa por la ventana to go all out (literally: to throw the house out the window) 6; ~le gasolina al carro to put gas in the car 9

la ecología ecology 14

la economía economics 2; economy

el/la economista economist 1

el ecuador: la línea del ecuador equator

ecuatorial: la línea ~ equator

ecuatoriano/a Ecuadorian 1

la edad age; la Edad Media Middle Ages

el edificio building 3

la editorial publisher

educado/a: bien educado/a well behaved, well mannered

el (dinero en) efectivo cash

el efecto effect; ~ invernadero greenhouse effect

efectuar to carry out

ejecutar to execute

ejemplar exemplary, model

el ejemplo example; por ejemplo for example

el ejercicio exercise Pre.; Mira/Miren ~ ... Look at exercise ... Pre.

el ejército army

el (m. sing.) the 2

él he 1

las elecciones elections 13

la electricidad electricity 10, 14

eléctrico/a electric; la cocina eléctrica electric stove 10

electrónico/a electronic; juegos electrónicos video games 11

el elefante elephant 14

elegir (e → i, i) to choose, select

eliminar to delete (email)

ella she 1

ellos/as they 1

el elote corn (Mexico and part of Central Am.) 8

la embajada embassy 12

embarazada pregnant; estar ~ to be pregnant

embarazoso/a embarrassing

embargo: sin ~ however, nevertheless 12

el embrague clutch

la emergencia emergency

la emisora radio station

empacar to pack

el empeño effort

el emperador emperor

empezar (e → ie) to begin 5

el/la empleado/a employee 15; la empleada (de servicio) maid 7

emplear to employ, use

el empleo job/position; employment 15

la empresa enterprise; company 15

en in; on; at; ~ barco/tren/etc. by boat/train/etc. 6; ~ cambio in exchange, on the other hand, instead; ~ caso de que in the event that, in case 14; ~ cuanto when, as soon as; ~ general in general; ~ lugar de instead of, in place of; ~ parejas, hablen sobre... In pairs, talk about ... Pre.; ~ peligro in danger 14; ¿~ qué página, por favor? What page please? Pre.; ¿~ qué puedo servirle? How can I help you?; ~ realidad really, actually; ~ seguida at once, right away 16; ~ sus/tus propias palabras in his/her/your own words; ~ torno around; ~ vías de desarrollo developing (nation)

enamorado/a in love 3; estar ~ (de) to be in love (with) 16

**enamorarse (de)** to fall in love (with) 6, 16
**Encantado/a.** Nice to meet you. (literally: *Charmed.*) Pre.
**encantador/a** charming 13
**encantar** to like a lot, love 8
**encargo** order *(of goods)*
**encender (e → ie)** to light; to ignite
**encerrar (e → ie)** to lock up, confine
**enchufe: tener ~** to have an in, to have friends in high places *(Spain)* 15
**encima (de)** on top (of) 6
**encontrar (o → ue)** to find 5
**encontrarse con (alguien) (o → ue)** to run into (someone)
**el encuentro** encounter, meeting
**la encuesta** inquiry, poll, survey
**la energía** energy 14; **~ eólica** wind power 14; **~ nuclear** nuclear energy 14; **~ solar** solar energy 14
**enero** January 4
**enfadar** to make angry
**enfadarse** to get angry
**enfermarse** to become sick
**la enfermedad** sickness, illness 9
**el/la enfermero/a** nurse 9
**enfermo/a** sick 3
**enfilado/a** in rows
**enfocar** to focus
**el enfoque** focus
**enfrente (de)** facing, opposite 6
**enfurecerse** to become infuriated
**el enlace** link, connection 15
**enojado/a** angry, mad 3; **estar ~ (con)** to be angry (at)
**enojarse** to become angry
**el enriquecimiento** enrichment
**la ensalada** salad 8
**ensayar** to rehearse
**el ensayo** essay
**enseguida** at once, right away 6
**enseñar** to teach 6; to indicate, point out
**entender (e → ie)** to understand 5; **No entiendo.** I don't understand. Pre.
**enterarse (de algo)** to find out, learn (about something) 15
**el entierro** burial
**entonces** so, then, therefore 1
**la entrada** ticket *(to get into a museum, sporting event, movie, etc.);* **~ al metro** entrance to the metro 12; entrance *(building, house)*
**entrar (en/a)** to enter 6
**entre** among, between 6
**entregar** to hand in; deliver
**el/la entrenador/a** trainer 8
**entretener** to entertain
**entretenido/a** fun, entertaining
**la entrevista** interview 15
**entrevistar** to interview
**entristecer** to make someone sad
**el envase** container 14
**enviado/a** sent
**envuelto/a** wrapped
**eólica: la energía ~** wind power 14
**la época** time, epoch, era
**el equipaje** luggage 7
**el equipo** team 8; equipment, gear 8; **~ de audio** stereo system; **trabajar en equipo** to work as a team 15
**equivocado/a** wrong, mistaken; **Tiene el número equivocado.** You

have the wrong number. *(formal) (telephone)* 7
**equivocarse** to be wrong, make a mistake
**es: ~ buena gente.** He/She is a really good person. 13; **~ decir** that is 8; **~ un/a caradura.** He/She has a lot of nerve. (literally: *a hard face*) 13; **~ hora de +** *inf.* it's time to + *inf.* 16; **~ un/a loco/a de atar.** He/She is a crazy person. (literally: *a crazy person to tie up*) 13; **~ un/a santo/a.** He/She is a good person. (literally: *a saint*) 13; **~ un/a sinvergüenza.** He/She is a jerk. (literally: *a shameless person*) 13
**la escala** stop, layover 7; **hacer escala** to make a stop
**escalar** to climb
**la(s) escalera(s)** stair(s); staircase 12
**escalofríos: tener ~** to have the chills 9
**escasear** to be scarce
**la escena** scene 16
**el/la esclavo/a** slave
**escoger** to choose, select 10
**escondido/a** hidden
**escribir** to write 2; **Escribe. / Escriban.** Write. Pre.
**el/la escritor/a** writer, author 1
**el escritorio** desk 2
**la escritura** writing
**escuchar** to listen 2; **Escucha. / Escuchen.** Listen. Pre.
**la escuela** school 3; **~ primaria** elementary school; **~ secundaria** high school
**el/la escultor/a** sculptor 16
**la escultura** sculpture 16
**ese, esa** *(dem. adj.)* that; *(dem. pro.)* that one 4
**esforzarse** to make an effort
**el esfuerzo** effort
**eso** that thing/issue 4; **~ quiere decir** that means; **por ~** therefore, that's why 2; **¿Qué es ~?** What's that? 4
**esos, esas** *(dem. adj.)* those; *(dem. pro.)* those ones 4
**el espacio** blank, space
**la espada** sword
**la espalda** back 4
**español/española** Spaniard 1
**los espárragos** asparagus 8
**la especia** spice
**especial** special
**la especie** species
**específico/a** specific
**el espectáculo** show
**el espejo** mirror 10; **~ retrovisor** rearview mirror 10
**la esperanza** hope 10
**esperar** to wait (for) 7; to hope 10
**las espinacas** spinach 8
**el espíritu** spirit
**el/la esposo/a** husband/wife 6
**el esqueleto** skeleton
**el esquema** diagram; sketch; outline
**el esquí** skiing *(sport);* ski
**esquiar** to ski 2
**los esquíes: ~ de agua** water skis 8; **~ de nieve** snow skis 8
**la esquina** corner *(street)* 12
**esta** this; **~ mañana/tarde/noche** this morning/afternoon/evening 2

**estable** *(adj.)* stable
**establecer** to establish 3
**la estación** season 4; station *(train, bus, subway)* 7, 12
**el estacionamiento** parking lot 9, 12
**estacionar** to park 9
**el estadio** stadium 8
**las estadísticas** statistics
**el estado** state; **~ civil** marital status
**la estampilla** stamp 11
**el estante** bookshelf 10
**estar** to be 3; **~ a dieta** to be on a diet; **~ a ___ grados (bajo cero).** It's ___ degrees (below zero); **~ casado/a (con)** to be married (to) 6; **~ celoso/a (de)** to be jealous (of) 16; **~ claro** to be clear 11; **~ comprometido/a** to be engaged 16; **~ de acuerdo (con)** to agree (with); **~ de moda** to be in style 5; **~ divorciado/a (de)** to be divorced (from) 6; **~ embarazada** to be pregnant; **~ en +** *place* to be in/at + *place* 3; **~ enamorado/a (de)** to be in love (with) 16; **~ en la luna** to have one's head in the clouds; **~ enojado/a (con)** to be angry (at); **~ estresado/a** to be stressed 11; **~ listo/a** to be ready 3; **~ loco/a** to be crazy 3; **~ mareado/a** to be dizzy 9; **~ nublado** to be cloudy 4; **¿Está…, por favor?** Is . . . there, please? *(telephone)* 7; **~ resfriado/a** to have a cold 9; **~ seguro/a (de)** to be sure (of) 11; **~ separado/a (de)** to be separated (from) 6
**la estatua** statue 16
**este, esta** *(dem. adj.)* this; *(dem. pro.)* this one 4
**el este** east 12
**esteee…/eee…** umm . . ./uhh . . . 2
**el estéreo** stereo
**el estilo** style
**estimado/a** esteemed, respected
**esto** this thing/issue 4; **¿Qué es ~?** What's this? 4
**el estómago** stomach 4
**estornudar** to sneeze 9
**estos, estas** *(dem. adj.)* these; *(dem. pro.)* these ones 4
**la estrategia** strategy
**la estrella** star 7
**el estrés** stress 11
**estresado/a** stressed; **estar ~** to be stressed 11
**la estrofa** stanza
**el/la estudiante** student 1
**estudiar** to study 2; **~ en el extranjero/exterior** to study abroad
**el estudio** study
**la estufa** stove 10; **~ eléctrica/de gas** electric/gas stove 10
**estúpido/a** stupid 3
**el etanol** ethanol
**la etapa** stage
**étnico/a** ethnic
**europeo/a** European 1
**evidente: es ~** it's evident 11
**evitar** to avoid
**exactamente** exactly
**el examen** test, exam 2; examination
**exceder** to exceed

la excursión excursion, side trip
la excusa excuse
exento/a exempt
la exhibición exhibition 16
exigente demanding
existir to exist
éxito: tener ~ to be successful
el éxodo exodus
la experiencia experience 15
la explicación explanation
explicar to explain 6
la exposición exhibition 16
la expresión expression
expulsar to expel, throw out
externo/a external, outside
el exterior: estudiar en to study abroad
extranjero/a foreign; el/la extranjero/a foreigner; el extranjero overseas, abroad; estudiar en el extranjero to study abroad
extrañar to miss (someone or something)
extrañarse to find strange
extraño/a strange

## F

la fábrica factory 14
fabricar to make, manufacture
fabuloso/a fabulous
la ficha token
fácil easy
fácilmente easily 11
la facultad academic department; school of a university
la falda skirt 5
falso/a false
la falta lack; hacer falta to lack; miss
faltar to lack; to be missing 8
la familia family 3
famoso/a famous 3
el fantasma ghost
fantástico/a fantastic, great; es fantástico it's fantastic 11
la farmacia pharmacy, drugstore 3
fascinar to fascinate; ~le a uno to like a lot, to find fascinating 8; Me fascina/n. I love it/them. 5
favor: por ~ please 1
favorito/a favorite
febrero February 4
la fecha date 4; ¿Qué fecha es hoy? What is the date today? 4
la felicidad happiness
felicitaciones congratulations
felicitar to congratulate
feliz happy 16; ~ cumpleaños. Happy birthday. 4
feo/a ugly 3
el ferrocarril railroad
la fianza security deposit 10
la ficción fiction
la ficha record card; index card
la fiebre fever 9; tener fiebre to have a fever 9
fiel faithful, loyal
los fieles the faithful
la fiesta party
la figura figure
figurarse to imagine
la fila row, line
el filete fillet; sirloin
el fin end; ~ de semana weekend 2; al fin y al cabo after all; por fin at last 7

el final ending; al final de at the end of
finalmente finally
fino/a fine, elegant
la firma signature
firmar to sign 13
físico/a physical; hacer ejercicio físico to exercise 11
flaco/a skinny 3
flamenco/a (adj.) Flemish; el flamenco (n. m.) Spanish dance
el flan Spanish egg custard 8
la flauta flute
flojera: tener ~ to feel lazy 14
la flor flower
la fobia phobia; tenerle fobia a... to have a fear of ..., to hate 14
el folleto brochure, pamphlet
fomentar to promote, foster, encourage
el fondo bottom; background
formado/a formed
formar to form
el formulario form
fornido/a robust, stout
fortalecerse to strengthen
la foto(grafía) photograph 2, photography; sacar fotos to take photos 2
el fracaso failure
la fractura fracture, break 9
fracturarse to fracture 9
francés/francesa French 1
franco/a frank, candid
la frase phrase
frecuencia: con ~ frequently, often 9
frecuente frequent
frecuentemente frequently 11
el fregadero kitchen sink 10
freír (e → i, i) to fry 11
frenar to brake 9
el freno brake 9
la fresa strawberry
fresco/a fresh 11; cool; Hace fresco. It's chilly. 4
el frijol bean 8
frío/a cold; Hace frío. It's cold. 4; tener frío to be cold 5
frito/a fried; papas fritas French fries 2; los huevos fritos fried eggs
la frontera border (between countries)
frustrado/a frustrated
frustrante frustrating
la fruta fruit 8
el fuego fire; cocinar a fuego alto/lento to cook at a high/low temperature 11
la fuente fountain; source
fuera: ~ de borda outboard (motor)
fuerte strong
la fuerza strength, power, force
la fuga de cerebros brain drain
Fulano y Mengano what's-his-name and who's-it 10
fumar to smoke 7; se prohíbe ~ no smoking
funcionar to work, function (things) 9
el/la fundador/a founder
funerario/a funeral, funerary
el funicular funicular (type of cable car)
el fusilamiento execution
el fútbol soccer 8; ~ americano football 8
el futbolín (Spain) / fubolito (Latin Am.) foosball 11
el futuro future

## G

las gafas eyeglasses; ~ de sol sunglasses 5
la galleta cookie; cracker
la gallina hen 14
el gallo rooster 14
el/la ganador/a winner
ganar to win 8; to earn 8; to gain
ganas: tener ~ de + inf. to feel like + -ing 6
la ganga bargain
el garaje garage 10
la garganta throat
el gas gas (for cooking or heating) 10
la gaseosa soda
la gasolina gas (for an automobile) 9; echarle gasolina al carro to put gas in the car 9
la gasolinera gas station 9
gastar to spend
los gastos expenses 10
el gato cat 14
el/la gemelo/a identical twin
general: en ~ in general
generalmente generally 11
el género genre; gender
el/la genio genius
la gente people 2, 3; es buena gente he/she is a really good person 13
la geografía geography 12
la geología geology
el/la geólogo/a geologist
el/la gerente manager
el gesto gesture
el/la gigante giant
el gimnasio gym 3
el/la gitano/a gypsy
el/la gobernador/a governor 13
el/la gobernante person in power, ruler, governor
el gobierno government
el gol goal (sports) 8
el golf golf 8
el golpe: ~ de estado coup d'état; ~ militar military coup
gordo/a fat 3
la gorra cap 5
la gota (n.) drop 9
gozar to enjoy
la grabación recording
grabar to record
Gracias. Thank you. Pre.; Muchas ~. Thank you very much. Pre.; Un millón de ~. Thanks a lot. 4
gracioso/a funny
el grado degree; Está a... grados (bajo cero). It's ... degrees (below zero). 4
graduarse to graduate
la gramática grammar
grande large, big 3; great
la granja farm 14
gratis free, of no cost
grave grave, serious
la gripe flu 9; tener gripe to have the flu 9
gris gray 5
gritar to shout, scream 6
la grosería rudeness
el grupo group
el guante (de béisbol/de boxeo/de ciclismo) (baseball/boxing/bike) glove 8
guapo/a good-looking 3

**guardar** to keep, store
**guatemalteco/a** Guatemalan  1
**la guayabera** specific style of men's shirt worn in the tropics
**la guerra** war
**guerrero** warrior
**el/la guía** guide (*person*); ~ **turístico/a** tour guide  15; **la guía** guidebook  4
**el guion** hyphen  15; ~ **bajo** underscore  15; script (*drama*)
**el güiro** musical instrument made from a gourd
**el guisante** pea (*Spain*)  8
**la guitarra** guitar  2; **tocar ~** to play the guitar  2
**gustar** to like, be pleasing  2; **me/te/le gustaría** I/you/he/she would like  3; **No me gusta/n nada.** I don't like it/them at all.  5
**el gusto** taste; pleasure; **Mucho gusto.** Nice to meet you.  1; **gustos** likes  2

## H

**haber** to have (*aux. v.*)  13
**había** (*imperfect of* **haber**) there was/there were  8
**la habichuela** green bean  8
**la habitación** room  2, 10; ~ **doble** double room  7; ~ **individual** single room  7
**el/la habitante** inhabitant
**habitar** to inhabit
**hablar** to speak  2; **Habla...** It/This is . . . (*telephone*)  7; **¿Puede ~ más despacio, por favor?** Can you speak more slowly, please?  7; **¿Quién habla?** Who is speaking/calling?  7; **Quisiera ~ con..., por favor.** I would like to speak with . . . , please.  7
**hace** (*weather*): ~ **buen tiempo.** It's nice out.  4; ~ **calor.** It's hot.  4; ~ **fresco.** It's chilly.  4; ~ **frío.** It's cold.  4; ~ **mal tiempo.** It's bad out.  4; ~ **sol.** It's sunny.  4; ~ **viento.** It's windy.  4
**hacer** to do  2; to make  3; ~ **artesanías** to make crafts  11; ~ **campaña** to campaign  13; ~ **caso (de)** to pay attention (to); ~ **cerámica** to make ceramics  11; ~ **clic** to click  15; ~ **cola** to stand in line; ~ **crucigramas** to do crossword puzzles  11; ~ **ejercicio (físico)** to exercise  15; ~ **escala** to make a stop  7; ~ **falta** to lack, miss; ~ **jardinería** to garden, take care of plants,  11; ~ **punto** to knit; ~ **rompecabezas** to do jigsaw puzzles  11; ~ **un gol** to score a goal  8; ~ **un mínimo/gran esfuerzo** to make a minimum/big effort; ~ **yoga** to do yoga  11; **¿Cuánto (tiempo) hace que** + *preterit*? How long ago did you . . . ?  6; **¿Cuánto (tiempo) hace que** + *present*? How long have you . . . ?  6; **hace dos días/semanas/meses/años** two days/weeks/months/years ago  6
**hacia** toward  6
**el hall (de entrada)** entrance hall  10
**hallar** to find

**el hambre** (*f.*) hunger; **tener hambre** to be hungry  5
**la hamburguesa** hamburger
**hasta** until, up to  6; ~ **luego.** See you later.  Pre.; ~ **mañana.** See you tomorrow.  Pre.; ~ **pronto.** See you soon.; ~ **que** until  14
**hay** there is/there are  4; ~ **que** + *inf.* one/you must + *v.*  11; **No ~ de qué.** Don't mention it., You're welcome.  1; **no ~ duda (de)** there's no doubt; **¿Qué ~?** What's up?  1
**el helado** ice cream  8
**la hembra** female
**el hemisferio** hemisphere
**heredar** to inherit
**la herencia** heritage
**la herida** injury, wound  9
**el/la herido/a** injured man/woman
**herir** (e → ie, i) to hurt, injure
**el/la hermanastro/a** stepbrother/stepsister  6
**el/la hermano/a** brother/sister  6
**hervir** (e → ie, i) to boil  11
**híbrido/a** hybrid; **el carro híbrido** hybrid car
**el hielo** ice  8; **los patines de hielo** ice skates  8
**el hierro** iron
**el/la hijastro/a** stepson/stepdaughter  6
**el/la hijo/a** son/daughter  6
**el/la hincha** fan  8
**hispano/a** Hispanic
**hispanoamericano/a** Hispanic American
**la historia** history  2; story
**el hockey** hockey  8
**el hogar** home; fireplace, hearth
**la hoja** leaf; sheet (of paper)
**Hola.** Hi.  Pre.
**el hombre** man; ~ **de negocios** businessman  1
**el hombro** shoulder  4
**el homenaje** homage, tribute
**hondureño/a** Honduran  1
**honorífico/a** honorable (*title of respect*)
**honrado/a** honest  13
**la hora** hour  5; ~ **de llegada** time of arrival  7; ~ **de salida** time of departure  7; **no veo ~ de** + *inf.* I can't wait to + *inf.*  16; **¿A qué hora...?** At what time . . . ?  5; **¿Qué hora es?** What time is it?  5; **Ya era hora.** It's / It was about time.  12
**el horario** schedule
**el horizonte** horizon
**el horno** oven  10; ~ **(de) microondas** microwave oven  10
**el hospedaje** lodging
**hospedar** to lodge, give lodging
**el hospital** hospital  3
**el hostal** inn
**el hotel** hotel  7
**hoy** today  2, 4; ~ **(en) día** today; nowadays  12
**el hoyo** hole
**la huelga** stike (*workers*)  13
**el/la huérfano/a** orphan
**el huésped** guest
**el huevo** egg  11; **los huevos (fritos/revueltos/duros)** (fried/scrambled/hard-boiled) eggs
**humilde** humble

## I

**la ida** one way; **el pasaje de ida** one-way ticket  7; **el pasaje de ida y vuelta** round-trip ticket  7
**la idea** idea; **No tengo idea.** I have no idea.  3; **Ni idea.** I have no idea.  3
**la identidad** identity
**identificar** to identify
**el idioma** language
**la iglesia** church  3
**ignorante** ignorant  13
**igual** equal, (the) same; **al ~ que** just like  12
**Igualmente.** Nice to meet you, too. (literally: *Equally.*)  Pre.
**iluminar** to illuminate
**la imagen** image
**imaginarse** to imagine
**impar** odd (number)
**el imperio** empire
**importante** important; **es ~** it's important  10
**importar** to matter; **No importa.** It doesn't matter.  2
**impresionante** impressive
**la impresora** printer  2
**el impuesto** tax; **los impuestos** taxes
**impulsivo/a** impulsive  13
**inca** Incan; **el/la ~** Inca
**incaico/a** Incan
**incierto/a** uncertain
**incluido/a** included
**incluir** to include
**inculcar** to instill
**indicar** to indicate
**el indicativo del país** country code (*telephone*)  7
**el índice** index
**indiferente** indifferent, apathetic  13
**indígena** (*adj.*) indigenous; (*n.*) native/indigenous person  1
**indio/a** Indian  1; **el/la ~** Indian man/woman; **el/la ~ americano/a** American Indian
**individual: la habitación ~** single room  7
**inesperado/a** unexpected
**la inestabilidad** instability
**inexplicable** unexplainable
**la infección** infection  9
**la influencia** influence
**influir** to influence
**el informe** report
**el/la ingeniero/a** engineer  1
**el inglés** English language  2
**inglés/inglesa** (*adj.*) English  1
**los ingredientes** ingredients  11
**ingresar** to check in (*hospital*); to put in (*PIN number*)
**los ingresos** income, revenue
**iniciar** to initiate, start
**la injusticia** injustice
**inmediatamente** immediately  11
**inmobiliario/a: el/la agente ~** real estate agent  15
**el inodoro** toilet  10
**inofensivo/a** harmless
**inolvidable** unforgettable
**insoportable** unbearable  13
**instalar** to install
**las instrucciones** instructions, directions; **Lee/Lean ~.** Read the instructions.  Pre.
**el instrumento** instrument  11

**integrar** to make up; to integrate
**inteligente** intelligent 3
**intentar** to try
**el intercambio** exchange
**interesar** to interest, find interesting 8
**internado/a estar ~** to be a patient *(hospital)*
**el/la Internet** Internet 2, 15; **navegar por Internet** to surf the Internet 2, 11, 15
**interno/a** internal
**interrumpir** to interrupt
**la introducción** introduction
**inútil** useless
**inventar** to invent
**invernadero: el efecto ~** greenhouse effect
**la inversión** investment
**invertir (e → ie, i)** to invest
**la investigación** research
**el/la investigador/a** researcher 15
**el invierno** winter 4
**la invitación** invitation
**el/la invitado/a** guest
**invitar** to invite 7; to treat 16
**la inyección** injection 9
**ir** to go; **~ a + inf.** to be going to (do something) 2; **~ de compras** to shop, go shopping 5; **~ en barco/tren/etc.** to go by boat/train/etc. 7; **Te va a salir caro.** It's going to cost you. 8
**irlandés/irlandesa** Irish 1
**la isla** island 12
**el itinerario** itinerary
**la izquierda** left-hand side; **a ~ (de)** to the left (of) 6

## J

**el jabón** soap 2
**jamás** never
**el jamón** ham 8; **~ serrano** a country-style ham
**el jarabe** cough syrup 9
**el jardín** flower garden; lawn; **~ botánico** botanical garden 12
**la jardinería** gardening; **hacer jardinería** to garden, take care of plants 11
**el/la jefe/a** boss 10, 15
**la jornada** work day
**joven** *(adj.)* young 3; **el/la joven** *(n.)* youth, young person
**las joyas** jewelry
**la joyería** jewelry store
**la judía verde** *(Spain)* green bean 8
**judío/a** Jewish
**el juego** game; **~ de mesa** board game 11; **~ electrónico** electronic/video game 11
**jueves** *(m.)* Thursday 2; **el ~** on Thursday 2; **los ~** on Thursdays, every Thursday 2
**el/la juez/a** judge 15
**el/la jugador/a** player 8
**jugar (u → ue)** to play (a sport or game) 5; **~ (al) ajedrez** to play chess 11; **~ (al) billar** to play billiards 11; **~ (a las) cartas** to play cards 11; **~ con juegos electrónicos/videojuegos** to play video games 11; **~ juegos de mesa** to play board games 11; **~se la vida** to risk one's life 9

**el jugo** juice
**el juguete** toy
**el juicio** trial
**julio** July 4
**junio** June 4
**junto/a** together; **juntos** together 16
**la justicia: ~ social** social justice 13
**justo/a** fair 13
**la juventud** youth

## K

**el kilómetro** kilometer
**el kleenex** Kleenex, tissue 2

## L

**la** *(f. sing.)* the 2
**los labios** lips 4
**el lado** side; **al lado (de)** beside 6; **por otro lado** on the other hand 13; **por todos lados** on all sides; **por un lado** on the one hand 13; **por un lado... por el otro** on one hand... on the other hand 13
**ladrar** to bark
**el ladrido** bark
**el lago** lake 12
**la lágrima** tear
**la laguna** lagoon, small lake
**la lámpara** lamp 2
**la lana** wool 5
**la lancha** motorboat
**el/la lanzador/a** pitcher *(baseball)*
**el lápiz** pencil Pre.
**largo/a** long 3; **a lo largo de** alongside; **larga distancia** long distance
**las** *(f. pl.)* the 2
**lástima: es una ~** it's a shame/pity; **¡Qué ~!** What a shame! 11
**lastimarse** to hurt oneself 9
**la lata (de aluminio)** (aluminum) can 14
**el lavabo** bathroom sink 10
**la lavadora** washing machine 10
**el lavaplatos** dishwasher 10
**lavar** to wash 4
**lavarse** to wash up, wash (oneself) 4; **~ las manos** to wash one's hands 4
**el lavavajillas** dishwasher
**la lección** lesson
**la leche** milk 2
**la lechuga** lettuce 8
**la lectura** reading
**leer** to read 2; **Lee/Lean las instrucciones.** Read the instructions. Pre.
**las legumbres** vegetables, legumes 8
**la lejía** bleach
**lejos (de)** far (from) 6
**la lengua** tongue 4; language
**el lenguaje** language
**la lenteja** lentil 8
**los lentes de contacto (blandos/duros)** (soft/hard) contact lenses
**lento/a** slow; **cocinar a fuego lento** to cook at a low temperature 11
**el león** lion 14
**el letrero** sign
**levantar** to lift
**levantarse** to stand up Pre.; to get up 4; **Levántate. / Levántense.** Stand up. Pre.
**la ley** law 13
**la leyenda** legend

**libre** free *(with nothing to do)*
**la librería** bookstore 3
**el libro** book Pre.; **Abre/Abran ~ en la página...** Open your book(s) to page... Pre.; **Cierra/Cierren ~.** Close your book(s). Pre.
**la licencia de manejar/conducir** driver's license 9
**el liderazgo** leadership
**ligero/a** light; slight
**limitar con** to border on
**el limpiaparabrisas** windshield wiper 9
**limpiar** to clean 8
**lindo/a** pretty
**la línea** line; **~ aérea** airline 7; **~ ecuatorial** equator; **los patines en línea** inline skates 8
**lío: ¡Qué ~!** What a mess! 9
**la lista** list
**listo/a: estar ~** to be ready 3; **ser ~** to be clever 3; **y listo** and that's that 10
**la literatura** literature 2
**el litoral** shore *(of an ocean)*
**la llamada** telephone call 2; **~ a cobro revertido** collect call; **~ de larga distancia** long-distance call; **~ local** local call
**llamar** to call; to phone; **~ a (alguien)** to call (someone) 2; **~ la atención** to call attention to
**llamarse** to be called, named 1; **Me llamo...** My name is... Pre.
**la llanta** tire 9
**la llave** key 9
**la llegada** arrival 7; **la hora de llegada** time of arrival
**llegar** to arrive 6; **~ a tiempo** to arrive on time 7; **~ con retraso** to arrive late 7
**llenar** to fill, fill out
**lleno/a** full
**llevar** to carry, take along 2; to wear 5; **~ a cabo** to accomplish; **~le la contraria a alguien** to disagree with someone, to contradict someone; **~se bien/mal (con alguien)** to get along/not to get along (with someone) 15
**llorar** to cry 6
**llover (o → ue)** to rain 4; **Llueve. / Está lloviendo.** It's raining. 4
**la lluvia** rain; **~ ácida** acid rain 14
**lo: a ~ mejor** perhaps 8; **~ que** what (the thing that) 15; **Lo siento.** I'm sorry. 4
**loco/a** crazy 3; **cada loco con su tema** to each his/her own (literally: *each crazy person with his/her own theme*); **estar ~** to be crazy 3; **ni ~** no way, not on your life 13; **es un/a ~ de atar** he/she is a crazy person (literally: *a crazy person to tie up*) 13
**el/la locutor/a** commentator *(radio/TV)*
**lograr** to get, obtain; to achieve
**el loro** parrot 14
**los** *(m. pl.)* the 2
**las luces** headlights 9; lights
**la lucha** fight, struggle
**luego** then, later (on) 5; **desde ~** of course; **Hasta ~.** See you later. Pre.
**el lugar** place 2, 3; **en lugar de** instead of, in place of; **no dar lugar a dudas** to leave no doubt

**lujoso/a** luxurious

**la luna** moon; **~ de miel** honeymoon 6; **estar en ~** to have one's head in the clouds

**lunares: de ~** polka-dotted 5

**lunes** (m.) Monday 2; **el ~** on Monday 2; **los ~** on Mondays, every Monday 2

**la luz** electricity; light 10

# M

**el macho** male

**la madera** wood

**la madrastra** stepmother 6

**la madre** mother 1; **~ patria** motherland (refers to Spain)

**la madrina** godmother; maid of honor (in a wedding)

**la madrugada** wee hours of the morning

**maestra: la obra ~** masterpiece 16

**el/la maestro/a** teacher

**mago: los Reyes Magos** the Three Wise Men

**el maíz** corn 8

**majestuoso/a** majestic

**mal** lousy, awful Pre.; **llevarse ~ (con alguien)** to not get along with someone 15; **Me cae/cayó (muy) ~.** I don't/didn't like him/her/it (at all). 15

**la maleta** suitcase 7; **las maletas** luggage

**malo/a** bad 3

**la mamá** mom, mother 1

**mami** mom, mommy

**mandar** to send 6; to command

**el mandato** command

**manejar** to drive (Latin Am.) 7

**la manera** way, manner

**la manga** sleeve 5

**el manicomio** mental hospital

**manifestación** demonstration, protest 13; manifestation

**la mano** hand 4; **de segunda mano** secondhand, used; **~ de obra** labor (force)

**mantener** to maintain

**la mantequilla** butter 8

**la manzana** apple; (city) block (Spain)

**mañana** tomorrow 2; **Hasta ~.** See you tomorrow. Pre.; **la ~** morning 2; **por la ~** in the morning 2

**el mapa** map

**maquillarse** to put on make-up 4

**la máquina** machine; **~ de afeitar** electric razor 2; **~ de escribir** typewriter; **~ de fotos** camera

**la maquinaria** machinery

**el mar** sea 12; **Me cae la mar de bien.** I like him/her (a lot). 15

**maravilloso/a** wonderful

**la marca** brand

**marcar** to mark; to dial; **~ directo** to dial direct 7; **~ un gol** to score a goal/point

**marchitar** to wither

**mareado/a: estar ~** to be dizzy 9

**el mariachi** mariachi musician

**el marido** husband

**los mariscos** shellfish

**marrón** brown 5

**martes** (m.) Tuesday 2; **el ~** on Tuesday 2; **los ~** on Tuesdays, every Tuesday 2

**marzo** March 4

**más** more 2; **¿Algo ~?** Something/Anything else? 12; **~ de + number** more than + number 12; **~ + n./adj./v. + que** more . . . than 12; **~ o menos.** So-so. Pre.; **~ o menos** more or less 1, 6; **~ tarde** later 5; **No puedo ~.** I can't eat/take it/do it any more. 11

**la máscara** mask; costume

**la mascota** pet

**masticar** to chew

**matar** to kill

**el mate** mate (refers to the tea made from the leaves of the yerba mate plant, and the cup/gourd to drink it out of)

**las matemáticas** mathematics 2

**la materia** class; subject; material

**el material: ¿De qué material es?** What material is it made of? 5

**materno/a** on your mother's side 6

**la matrícula** license plate 9; tuition 6

**matricularse** to enroll

**matrimonial: la cama ~** double bed

**el matrimonio** marriage

**mayo** May 4

**mayor** old (person), older 3; older (person) 6; older, greater (+ noun) 12; **la ~ parte de** most of

**la mayoría** majority

**la mazorca (de maíz)** corn on the cob

**el/la mecánico/a** mechanic

**la media** sock 5; **las medias** socks; stockings 5

**mediados** middle, halfway through

**la medialuna** croissant

**mediano/a** average

**la medianoche** midnight 5

**el medicamento** medication 9

**la medicina** medicine 9

**el/la médico/a** doctor 1

**medio/a** half; **el asiento del medio** center seat (in a plane) 7; **la Edad Media** Middle Ages; **en medio de** in the middle of; **Es la una y media.** It's one thirty. 5; **media hora** half an hour 5; **media pensión** breakfast and one meal included 7; **el medio ambiente** environment 14; **el medio de transporte** means of transportation 7; **los medios de comunicación** mass media

**el mediodía** noon 5

**medir** (e → i, i) to measure

**mejor** better 12; **a lo ~** perhaps 8; **es ~** it's better 10

**mejorar** to improve, make better

**mejorarse** to recover, get better

**el melocotón** peach; peach tree

**el melón** melon

**la memoria** memory

**memorizar** to memorize

**mencionar** to mention

**Mengano: Fulano y Mengano** what's-his-name and who's-it 10

**menor** younger 6; lesser (+ noun) 12

**menos** less; **~ de + number** less than/fewer than + number 12; **a ~ que** unless 14; **echar de ~** to miss (someone or something) 8; **Es la una ~ cinco.** It's five to one. 5; **Más o ~.** So-so. Pre.;

**más o ~** more or less 1, 6; more or less 1; **por lo ~** at least

**el mensaje** message 7; **¿Le puedo dejar/Puedo dejarle un mensaje?** Can I leave a message for him/her? 7; **~ de texto** text message 7; **~ electrónico** email 12

**el/la mensajero/a** messenger

**mensual** monthly

**la mente** mind

**mentir** (e → ie, i) to lie 5, 7

**la mentira** lie

**mentiroso/a** untruthful, lying, false 13

**el menú** menu

**menudo: a ~** often, frequently 9

**meñique: el dedo ~** little finger

**el mercadeo** marketing

**el mercado** market; **~ consumidor** consumer market

**el mes** month 4; **~ pasado** last month 6; **todos los meses** every month 9

**la mesa** table 2; **poner ~** to set the table 8

**mestizo/a** of mixed Indian and European blood

**la meta** goal

**meter la pata** to put one's foot in it

**el método** method

**el metro** subway 7; **ir en metro** to go by metro 7

**mexicano/a** Mexican 1

**la mezcla** mixture

**mezclar** to mix

**la mezquita** mosque 12

**mí** (after a preposition) me 6

**mi/s** my 1

**el microondas** microwave 10; **el horno de microondas** microwave 10

**el miedo** fear; **tener miedo** to be scared 5; **tener miedo de** to be afraid of 11

**la miel** honey; **luna de miel** honeymoon 6

**el miembro** member

**mientras** while 9; **~ tanto** meanwhile 11

**miércoles** (m.) Wednesday 2; **el ~** on Wednesday 2; **los ~** on Wednesdays, every Wednesday 2

**mil** one thousand 6

**el milagro** miracle

**la milla** mile

**un millón** one million 6; **~ de gracias.** Thanks a million. 4

**el mínimo** minimum

**ministro/a: el/la primer/a ~** prime minister

**la minoría** minority

**el minuto** minute 5

**mío/a** (adj.) mine; **el/la ~** mine

**mirar** to look (at); to watch 2; **~ a (alguien)** to look at (someone) 2; **Mira/Miren el ejercicio/la actividad...** Look at the exercise/the activity . . . Pre.

**la misa** Mass (church service)

**el/la mismo/a** the same; **ahora mismo** right now 9

**la misión** mission 12

**el misterio** mystery

**misterioso/a** mysterious

**la mitad** half
**el mocetón/la mocetona** robust youth
**la mochila** backpack 2
**la moda** fashion, trend; **el desfile de modas** fashion show; **estar de moda** to be in style 5
**los modales** manners
**el modelo** model, example; **el/la modelo** (fashion) model 16
**modificar** to modify, alter
**el modo** manner, way
**el mohín** facial gesture
**el mole (poblano)** black chili sauce
**molestar** to be bothered by, find annoying 8
**momento: un ~** just a moment
**el monaguillo** altar boy
**el monasterio** monastery
**la moneda** currency; coin; **coleccionar monedas** to collect coins 11
**la monja** nun
**el mono** monkey 14
**la monografía** (term) paper
**el monopatín** skateboard 8
**el monstruo** monster
**la montaña** mountain 12
**montar** to ride; **~ en bicicleta/moto** to ride a bicycle/motorcycle 7; **~ en carro** to ride in a car
**el monumento** monument 12
**morado/a** purple 5
**morder (o → ue)** to bite
**moreno/a** brunet/te; dark-skinned 3
**morir/se (o → ue, u)** to die 5
**el/la moro/a** Moor; Moslem
**la mosca** fly
**mostrar (o → ue)** to show
**motivar** to motivate
**la moto/motocicleta** motorcycle 7; **ir en moto/motocicleta** to go by motorcycle 7
**el motor** engine 9
**el móvil** cell phone 2
**el mozo** waiter; young man
**el/la muchacho/a** boy/girl, young man/woman
**mucho/a** (adj.) a lot (of) 2; **Mucho gusto.** Nice to meet you. 1; **muchos/as** many 3; **Muchas gracias.** Thanks very much. Pre.; **muchas veces** many times 9
**mudarse** to move (change residence)
**los muebles** furniture 10
**la muerte** death
**muerto/a** dead; **la naturaleza muerta** still life (art) 16
**la mujer** woman; **~ de negocios** businesswoman 1
**mulato/a** of mixed African and European blood
**la multa** fine (parking, speeding); **ponerle una multa (a alguien)** to give (someone) a ticket 9; **me puso una multa (por exceso de velocidad)** I got a (speeding) ticket 9
**mundial: la Copa Mundial** World Cup (soccer)
**el mundo** world; **todo ~** everybody, everyone 14
**el/la muñeco/a** doll; **la muñeca** wrist
**la muralla** wall
**el museo** museum 3, 12
**la música** music 2
**muy** very 3; **¡~ bien!** Very well! Pre.

## N

**nacer** to be born 7
**nacido/a** born
**el nacimiento** birth
**la nación** nation
**nacional: el parque ~** national park 12
**la nacionalidad** nationality; **¿De qué nacionalidad eres/es?** What is your/his/her nationality? 1
**nada** nothing 6; **De ~.** You're welcome. Pre.; **~ de peros** no ifs, ands, or buts 14
**nadar** to swim 2
**nadie** no one 6
**el nailon** nylon 5
**las nalgas** buttocks, rear end 4
**la naranja** orange
**la nariz** nose 4
**narrar** to narrate
**natal** native
**la naturaleza** nature; **~ muerta** still life (art) 16
**la náusea** nausea 9; **tener náuseas** to feel nauseous 9
**navegable** navigable
**navegar** to sail; **~ la red/por Internet** to surf the Internet 2, 11, 15
**la Navidad** Christmas
**necesario/a** necessary; **es necesario** it's necessary 10
**necesitar** to need 3
**el negocio** business; **el hombre/la mujer de negocios** businessman/woman 1
**negrita: en ~** in boldface type
**negro/a** black 5
**nervioso/a** nervous 3
**nevar (e → ie)** to snow 4; **Nieva. / Está nevando.** It's snowing. 4
**la nevera** refrigerator 10
**ni: ~... ~** neither ... nor 14; **~ idea.** I have no idea. 3; **~ loco/a** no way, not on your life 13; **~ siquiera** not even
**nicaragüense** Nicaraguan 1
**el/la nieto/a** grandson/granddaughter 6
**la nieve** snow; **los esquíes de nieve** snow skis 8
**el nilón** nylon 5
**ningún/ninguno/a** (not) any; none; no one 10
**el/la niño/a** boy/girl
**el nivel** level
**no** no 1; **¿~?** right?, isn't it? 1; **~ hay de qué.** You're welcome., Don't mention it. 1; **~ importa.** It doesn't matter. 2; **¡~ me digas!** No kidding! 5; **~ puedo más.** I can't eat/take it/do it anymore. 11; **~ sé.** I don't know. Pre.; **¿~ te parece?** Don't you think? 14; **~ te preocupes.** Don't worry. 3; **~ tengo idea.** I have no idea. 3; **~ vale la pena.** It's not worth it. 9; **~ veo la hora de + inf.** I can't wait to + inf. 16
**la noche** night, evening 2; **Buenas noches.** Good evening. Pre.; **por ~** at night 2
**la Nochebuena** Christmas Eve
**nombrar** to name
**el nombre** name, first name 1; **~ de usuario** username 15

**el norte** north 12
**norteamericano/a** North American 1
**nosotros/as** we; us 1
**la nota** grade 2; note; **regalar ~** to give high grades (to be an easy grader); **sacar buena/mala nota** to get a good/bad grade 2
**notar** to note, notice
**la noticia** news item; **las noticias** news 7
**novecientos** nine hundred 6
**la novela** novel 2
**noveno/a** ninth 10
**noviembre** (m.) November 4
**el/la novio/a** boyfriend/girlfriend 3, 16; fiancé/fiancée; groom/bride 6, 16
**nublado: Está ~.** It's cloudy. 4
**nuclear: la energía ~** nuclear energy 14
**el nudo** knot
**nuestro/a** our 2; **el/la ~** ours
**nuevo/a** new 3
**numerar** to number
**el número** number; shoe size 5; **~ de clave** PIN number; **Tiene ~ equivocado.** You have the wrong number. (formal) 7
**nunca** never 6
**nutrido/a** nourished, fed

## O

**o** or 2; **~... ~** either . . . or; **~ sea** that is to say 10
**obedecer** to obey
**el obispo** bishop
**el objeto** object
**la obra** work; **~ maestra** masterpiece 16; **~ de teatro** play
**obstruir** to obstruct
**obtener** to obtain
**obvio/a: es obvio** it's obvious 11
**ocasionar** to cause
**el océano** ocean 12
**ochocientos** eight hundred 6
**octavo/a** eighth 10
**octubre** (m.) October 4
**ocultar** to hide
**la ocupación** occupation 1
**ocupado/a** busy 7
**ocupar** to fill (a position, job); to occupy
**ocurrir** to happen, occur 6
**odiar** to hate 7, 16; **~ a muerte (algo/a alguien)** to really hate (something/someone) (literally: to hate until death)
**el oeste** west 12
**la oficina** office 3
**ofrecer** to offer
**la ofrenda** offering
**el oído** inner ear 4
**oír** to hear 7; **¡Oye!** Hey!, Listen! 1
**ojalá (que) + subj.** I hope that . . . 10
**el ojo** eye 4; **Cuesta un ojo de la cara.** It costs an arm and a leg. (literally: It costs an eye of the face.) 5; **¡Ojo!** Watch out!
**la ola** wave
**la olla** pot 11
**olor** scent
**olvidar** to forget 13
**ONG (organización no gubernamental)** NGO 13
**opcional** optional
**el/la operador/a** operator

oponer to oppose
la oración sentence
el orden order (sequence); la orden order (command)
el ordenador computer (Spain)
ordenar to arrange, put in order
la oreja ear 4
orgánico/a organic 11
la Organización de las Naciones Unidas (la ONU) United Nations (UN)
organizar to organize
el orgullo pride
orgulloso/a: ser ~ to be proud (negative connotation) 13; estar ~ to be proud (positive connotation)
el origen origin Pre.
el original original (art) 16
la orilla shore
el orisha god of Yoruba origin
el oro gold; de oro made of gold
la orquesta orchestra
oscuro/a dark 5
el oso bear 14
la ostra oyster; aburrirse como una ostra to be really bored (literally: to be bored like an oyster) 8
el otoño fall, autumn 4
otro/a other; another 3; el uno al otro (to) each other 16; otra vez again
la oveja sheep 14
¡Oye! Hey!, Listen! 1
el ozono: la capa del ozono ozone layer 14

# P

el/la paciente patient
pacifista (adj.) pacifist 13
padecer de to have, suffer from (an illness)
el padrastro stepfather 6
el padre father 1; priest; los padres parents 1
los padrinos best man and maid of honor; godparents
pagar to pay (for) 6
la página page Pre.; Abre/Abran el libro en ~... Open your book(s) to page ... Pre.; ¿En qué página, por favor? What page, please? Pre.
el pago payment
el país country
el paisaje landscape 16
el paisajismo landscape painting
el pájaro bird 14
la palabra word; con sus/tus propias palabras in his/her/your own words
el palacio palace 12
palanca: tener ~ to have an in (to have friends in high places) (Latin Am.) 15
la palmera palm tree
el palo de golf golf club 8
la pampa Argentine prairie
el pan bread 8
panameño/a Panamanian 1
la pancarta protest sign, banner 13
la pandereta tambourine
los pantalones pants 5; ~ cortos shorts 5
la pañoleta scarf
el pañuelo (women's) scarf; handkerchief 5

la papa potato (Latin Am.) 8; las papas fritas potato chips 2; French fries 8; el puré de papas mashed potatoes 8
el papá dad, father 1; los papás parents 6
el papel paper Pre.; role
papi dad, daddy
el paquete package
par (adj.) even (number); un par (de) a pair (of)
para for; ~ colmo to top it all off 9; ~ + inf. in order to + v.; ~ que in order that 14; ¿~ qué? for what (purpose)? 5; ¿~ quién? for whom? 5
el parabrisas windshield 9
el paracaídas parachute
la parada stop; ~ de autobús/taxi bus stop/taxi stand 12
el parador inn, hotel
paraguayo/a Paraguayan 1
parar to stop
pararse to stand up
parcial: el (examen) ~ midterm; trabajar a tiempo ~ to work part time 15
parecer to seem 8; ¿No te parece? Don't you think? 14
parecido/a similar
la pared wall
la pareja couple; lovers (positive connotation) 16; mi/tu pareja partner, significant other, lover (positive connotation) 16; pair; dance partner
el/la pariente relative 6
el parque park 3; ~ de atracciones amusement park 12; ~ nacional national park 12; ~ salvaje wild game farm
el párrafo paragraph
la parte: De parte de... It/This is ... (telephone) 7; ¿De parte de quién? Who is calling? 7; por mi parte as far as I'm concerned
participar to participate
particular private
el partido game, match 8; ~ político political party
partir to break; a ~ de starting from
pasado/a: el (sábado/mes/año) pasado last (Saturday/month/year) 6; la semana pasada last week 6
el pasaje (plane) ticket 7; ~ de ida one-way ticket 7; ~ de ida y vuelta round-trip ticket 7
el/la pasajero/a passenger 7
la pasantía internship 15
el pasaporte passport
pasar to spend (time) 11, 13; to happen, occur; ~ la noche en vela to pull an all-nighter; ~lo bien/mal to have a good/bad time 13; ~ por to pass by/through; ~ tiempo con amigos to hang out with friends 11; (no) ~ to fail, to pass (an exam, a class); ¿Qué pasa? What's up?; ¿Qué pasa si...? What happens if ...?
la pasarela runway (fashion)
el pasatiempo pastime, hobby 11
la Pascua Florida Easter
pasear to take a walk
el paseo: dar un paseo to take a walk

el pasillo hallway 10; el asiento de pasillo aisle seat 7
el paso step
la pasta de dientes toothpaste 2
el pastel cake 8
la pastilla pill 9
la pata paw, foot
la patata potato (Spain) 8; las patatas fritas potato chips; French fries 8; el puré de patatas mashed potatoes 8
paterno/a paternal 6
patinar to skate 8
los patines: ~ de hielo ice skates 8; ~ en línea inline skates 8
el pato duck 14
la patria homeland
el patrimonio heritage
patrocinar to sponsor
paulatinamente slowly
el pavo turkey 8
el payaso clown
la paz peace
el peatón pedestrian 12
peatonal: el cruce ~ pedestrian walkway 12
el pecho chest
el pedido request
pedir (e → i, i) to ask for 5
pegar to hit
peinarse to comb one's hair 4
el peine comb 2
la pelea fight
pelearse (con) to fight (with) 16
la película movie 2
el peligro danger; en peligro in danger
peligroso/a dangerous
el pelo hair 4; tomarle ~ (a alguien) to pull someone's leg (literally: to pull someone's hair) 11; cepillarse ~ to brush one's hair 4
la pelota (small) ball 8
la peluquería hair salon
la pena grief, sorrow; (No) vale ~ + inf. It's (not) worth + -ing. 9; darle pena it embarrasses one; es una pena it's a pity 11; ¡Qué pena! What a pity! 11
el pendiente earring
el pensamiento thought
pensar (e → ie) to think 5; ~ en to think about 5; ~ + inf. to plan to + v. 5
la pensión boarding house; media pensión breakfast and one meal included 7; ~ completa all meals included 7
peor worse 12
pequeño/a small 3
la percepción extrasensorial ESP
perder (e → ie) to lose 5, 13; ~ la conexión to lose the connection 15; ~ el autobús/el avión/ etc. to miss the bus/plane/etc.
perdido/a lost
Perdón. Excuse me.; I'm sorry. 6
Perdone. I'm sorry.; Excuse me.
perezoso/a lazy 13
perfecto/a perfect
el perfil profile 15
el perfume perfume 2
el periódico newspaper 2
el/la periodista journalist 1
permanecer to stay, remain
el permiso permission; ~ de conducir driver's license 9

**pero** but 1; **nada de peros** no ifs, ands, or buts 14
**el perro** dog 14
**la persona** person 1
**el personaje** character (in a book)
**la personalidad** personality 3, 13
**personalmente** personally
**pertenecer a** to belong to
**peruano/a** Peruvian 1
**pesado/a** heavy
**pesar** to weigh; **a ~ de** in spite of 12
**las pesas** weights (*exercise equipment*) 8
**la pesca** fishing
**el pescado** fish (*culinary*) 8
**pescar** to fish 11
**el peso** weight
**el petardo** firecracker
**la petición** petition 13
**el petróleo** oil
**el pez** fish (*zool.*) 14
**el piano** piano 2; **tocar ~** to play the piano 2
**picante** spicy
**picar: ~ entre comidas** to snack (between meals) 11
**el pie** foot 4
**la piedra** rock, stone
**la piel** skin, hide
**la pierna** leg 4
**la pieza** piece
**la pila** (flashlight, AAA, C) battery; **el nombre de pila** first name
**la píldora** pill 9
**el/la piloto** pilot
**el pimentero** pepper shaker
**la pimienta** pepper (*seasoning*) 8
**el pimiento** (bell) pepper
**pinchar: ~ una llanta** to get a flat tire 9
**pintar** to paint 11, 16
**el/la pintor/a** painter 16
**pintoresco/a** picturesque
**la pintura** painting 16
**la pirámide** pyramid 12
**el piropo** flirtatious remark
**pisar** to step on
**la piscina** pool 3
**el piso** floor 10
**la pista** clue; **~ de aterrizaje** landing strip
**la pizarra** chalkboard
**la placa** license plate 9
**el placer** pleasure
**el plan** plan; diagram
**planear** to plan
**el plano** diagram
**la planta** plant 2; **~ baja** first or ground floor
**plantar: ~ un árbol** to plant a tree 14
**el plástico** plastic 14
**la plata** slang for "money" (literally: *silver*) 10; **de plata** made of silver
**el plátano** plantain; banana
**la plática** chat (*Mexico*)
**el plato** course 8; plate, dish 8; **el primer/segundo plato** first/second course 8
**la playa** beach 3, 12
**la plaza** plaza, square 3
**la pluma** pen; feather
**la población** population
**poblado/a** populated
**pobre** poor
**la pobreza** poverty
**poco/a** (*adj.*) few, not much/many 3; **poco** (*adv.*) a little 3; **dentro de poco** in a while; **poco a poco** little by little; **un poco** a little bit

**el poder** power; **~ adquisitivo** purchasing power
**poder (o → ue)** to be able, can 5; **¿Podrías + inf.?** Could you + inf.? 4; **¿Puede decirme cómo...?** Can you tell me how...?; **¿Puede hablar más despacio, por favor?** Can you speak more slowly, please? 7; **No puedo más.** I can't take it/ eat/do it anymore. 11
**poderoso/a** powerful
**la poesía** poem; poetry 11
**el polar** fleece
**el policía/la (mujer) policía** police officer 1; **la policía** police force
**la política** politics 13
**político/a** in-law 6; **hermano/a político/a** brother-/sister-in- law 6; **el/la político/a** politi- cian 13
**el pollo** chicken 8
**el polvo** dust
**poner** to put, place 3; **~ la mesa** to set the table 8; **~le una multa (a alguien)** to give (someone) a tick- et 9; **~ un huevo** to lay an egg
**ponerse: ~ al día** to bring up to date; **~ de moda** to become fashion- able; **~ de pie** to stand up; **~ rojo/a** to blush; **~ la ropa** to put on one's clothes 4
**por** for; by 5; **~ algo será.** There must be a reason. 16; **~ aquí** around here; **~ avión** by airmail; by plane; **~ barco** by boat; **~ cierto** by the way; **¡~ Dios!** For heaven's sake! (literally: *For God!*) 10; **~ ejemplo** for example; **~ eso** therefore, that's why, because of this 2, 15; **~ favor** please Pre.; **~ fin** at last, finally 5, 7; **~ la mañana** in the morning 2; **~ la tarde** in the afternoon 2; **~ la noche** in the evening 2; **~ lo general** in gen- eral; **~ lo menos** at least 15; **~ lo tanto** therefore 8; **~ medio de** by means of; **~ mi parte** as far as I'm concerned; **~ otro lado** on the other hand; **~ (pura) casualidad** by (pure) chance; **¿~ qué?** why? 3; **~ si acaso** (just) in case 15; **~ suerte** luckily 15; **~ supuesto.** Of course. 2; **~ todos lados** on all sides; **~ tren** by train; **~ última vez** for the last time 7; **~ un lado... ~ el otro** on the one hand... on the other hand 13
**el porcentaje** percentage
**porque** because 2
**portátil** portable
**el/la portero/a** doorman/woman; janitor 10; goalkeeper
**portugués/portuguesa** Portuguese 1
**la posesión** possession 1
**el posgrado** graduate studies
**posible** possible 7; **es ~** it's pos- sible 11
**posiblemente** possibly 11
**postal: la (tarjeta) ~** postcard
**el postre** dessert 8
**la postura** position
**potable: el agua ~** potable water (suitable for drinking) 14

**la práctica** practice
**practicar** to practice
**el precio** price 5
**precolombino/a** pre-Columbian
**predecir** to predict
**la preferencia** preference
**preferir (e → ie, i)** to prefer 5
**el prefijo** prefix; (*telephone*) area code 7
**la pregunta** question
**preguntar** to ask (a question) 6; **[Vicente], pregúntale a [Ana]...** [Vicente], ask [Ana] . . . Pre.
**preguntarse** to wonder
**el premio** prize
**la prenda** item of clothing
**preocupado/a** worried 3
**preocuparse** to worry; **No te preocupes.** Don't worry. 3
**preparar** to prepare
**la presentación** introduction
**presentado/a** presented
**presidencial** presidential
**el presidente/la presidenta** president 13
**la presión** pressure
**presionar** to pressure
**el/la preso/a** prisoner
**prestar** to lend; **~ atención (a)** to pay attention (to)
**pretender** to expect
**prever** to foresee
**previo/a** previous
**la prima** bonus
**la primavera** spring 4
**primer/o/a** first 10; **el primer apellido** first last name (*father's last name*) 1; **el primer plato** first course 8; **la primera dama** first lady
**primero** (*adv.*) first 5
**los primeros auxilios** first aid
**el/la primo/a** cousin 6
**el principio** beginning
**prisa: tener ~** to be in a hurry
**probable: es ~** it's probable 11
**probablemente** probably 11
**probar (o → ue)** to try, taste (*food*) 11
**probarse (o → ue)** to try on (*clothes*) 5
**el problema** problem 2
**la procedencia** (point of) origin
**procedente de** coming from, originat- ing in
**procesado/a** processed 11
**producir** to produce 3
**el/la profesor/a** teacher 1
**el programa** program 2
**el/la programador/a de computadoras** computer programmer 1
**prohibirle (a alguien)** to prohibit 10
**el promedio** average
**la promesa** promise
**prometer** to promise
**pronto** soon
**la propaganda** advertising
**el/la propietario/a** owner
**la propina** tip, gratuity 7
**propio/a** own; **en sus/tus propias palabras** in his/her/your own words
**proponer** to propose
**el propósito** purpose
**la propuesta** proposal
**el/la protagonista** main character
**proteger** to protect 14

**provenir (de)** to come (from)
**la provincia** province
**próximo/a** next  7
**el proyecto** project
**la prueba** quiz  2
**la psicología** psychology  2
**el/la psicólogo/a** psychologist
**el/la psiquiatra** psychiatrist  15
**el público** audience
**el pueblo** town, village  12; the people  13
**¿Puede decirme cómo llegar a...?** Can you tell me how to get to . . . ?  12
**el puente** bridge  12
**la puerta** door; **~ (de salida) número...** (departure) gate number . . .  7
**el puerto** port  12
**puertorriqueño/a** Puerto Rican  1
**pues** well (then)
**el puesto** job, position  15
**la pulgada** inch
**el pulmón** lung
**pulsar** to push
**el puntaje** score  8
**el punto** point (sports); dot (as in email address)  15; **dos puntos** colon 15; **hacer punto** to knit
**la pupila** pupil (of the eye)
**¡Pura vida!** Cool! (Costa Rican expression)  3
**el puré de papas** mashed potatoes  8
**la pureza** purity

# Q

**que** that, who; **a menos ~** unless  14; **antes de ~** before 14; **con tal de ~** provided that 14; **en caso de ~** in the even that 14; **para ~** in order that, so that 14; **sin ~** without 14; **¡~ vivan los novios!** Long live the bride and groom!; **hay ~** + inf. one/you must + verb 11; **ya ~** since, because 14; **¡Claro ~ sí!** Of course!  2
**qué** **¿qué?** what?  1; **¡~ + adj.!** How + adj.!  4; **¡~ + n. + más + adj.!** What a + adj. + n.!  6; **No hay de ~.** Don't mention it., You're welcome.  1; **¡~ barbaridad!** How awful!; **¡~ (buena) suerte!** What (good) luck!  11; **¡~ chévere!** Great! (Caribbean expression)  12; **¡~ cursi!** How tacky!  12; **¿~ es esto/eso?** What's this/that?  4; **¿~ fecha es hoy?** What is the date today?  4; **¿~ hace?** What does he/she do?  1; **¿~ hay?** What's up?  1; **¿~ hora es?** What time is it?  5; **~ lástima** what a shame  11; **¡~ lío!** What a mess!  9; **¡~ mala suerte!** What bad luck!  11; **¿~ pasa?** What's up?; **¿~ pasa si...?** What happens if . . . ?; **~ pena** what a pity  11; **¿Por ~?** Why?  3; **¿~ quiere decir...?** What does . . . mean?  Pre.; **¿~ tal?** How are you? (informal)  Pre.; **¿~ tiempo hace?** What's the weather like?  4; **¡~ va!** No way!  7; **Yo ~ sé.** What do I know.
**quedar: Te queda bien.** It looks good on you., It fits you well.  5

**quedarse** to keep; **~ en +** place to stay in + place  7; **Me quedé sin batería.** My battery died.  7
**la queja** complaint
**quejarse (de)** to complain (about)  9
**quemar** to burn  13
**quemarse** to burn oneself  9
**querer (e → ie)** to want  5, 10; **~ a alguien** to love someone  5, 16; **quisiera/quisiéramos** I/we would like  7; **Quisiera hablar con..., por favor.** I would like to speak with . . . , please.  7
**querido/a** dear (term of endearment)  16
**el queso** cheese  8
**quien** who  15; **de ~** about whom
**¿quién?** who?  1; **¿De parte de ~?** Can I ask who is calling?  7; **¿De ~?** Whose?  2; **¿~ habla?** Who is speaking/calling?  7
**¿quiénes?** who?  1
**químico/a** (adj.) chemical; **la química** chemistry
**quinientos** five hundred  6
**quinto/a** fifth  10
**quisiera** I would like  7; **~ dejarle un mensaje** I would like to leave him/her a message.  7; **~ hablar con..., por favor.** I would like to speak to . . . , please.  7
**quisiéramos** we would like  7
**quitar** to remove; to take away; **~le el dinero a alguien** to take money from someone
**quitarse la ropa** to take off one's clothes  4
**quizá(s) +** subj. perhaps, maybe  11

# R

**radicado/a** located
**el/la radio** radio  2
**la radiografía** X-ray  9
**la raíz** root
**la ranchera** Mexican country song
**rápido/a** fast  11
**rápidamente** rapidly  11
**la raqueta** racquet  8
**el rascacielos** skyscraper
**el rasgo** trait, characteristic
**el rato** period of time; **rato libre** free time
**el ratón** mouse  14
**el ratoncito (Pérez)** tooth fairy
**la raya** stripe; **de rayas** striped  5
**el rayón** rayon  5
**la raza** race, ancestry
**la razón** reason; **tener razón** to be right
**real** royal; true
**la realidad** reality; **en realidad** really, actually
**realizar** to accomplish
**realmente** really
**la rebaja** discount, sale
**rebelde** (adj.) rebellious; (n.) rebel
**el recalentamiento** reheating
**la recámara** bedroom (Mexico)
**la recepción** front desk  7
**el/la recepcionista** receptionist  1, 7
**la receta** recipe  11; **~ médica** prescription  9
**recibir** to receive  2
**el reciclaje** recycling  14
**reciclar** to recycle  14
**recién** recently, newly

**reciente** recent
**el recipiente** bowl, container  11
**el reclamo** complaint
**reclutar** to recruit
**recoger** to pick up, gather
**recomendación: la carta de ~** letter of recommendation  15
**recomendarle (e → ie) (a alguien)** to recommend (to someone)  10
**reconocer** to recognize
**el reconocimiento** recognition, acknowledgment
**recordar (o → ue)** to remember
**el recorrido** route
**recreativo/a** recreational
**recto/a** straight
**el recuerdo** memory; memento
**el recurso** resource
**la red** the Web  15; **redes sociales** social media sites  15
**la redacción** composition; editorial office
**redondo/a** round
**referir/se (e → ie, i)** to refer to
**el reflejo** reflection; reflex
**el refrigerador** refrigerator  10
**el refrán** proverb, saying
**el/la refugiado/a** refugee
**regalar** to give a present  6; **~ la nota** to give high grades (be an easy grader)
**el regalo** present, gift  6
**regatear** to haggle over, bargain for
**registrarse** to check in  7
**la regla** rule
**regresar** to return  2; **~ (a casa)** to return (home)  2
**regular** not so good  Pre.
**rehusar** to refuse
**la reina** queen
**la relación** relation
**relacionado/a** related
**relajado/a** relaxed  11; **estar ~** to be relaxed.  11
**relativamente** relatively
**el relato** account (story)
**rellenar** to fill out
**el reloj** watch, clock  2; **~ despertador** alarm clock  2
**el remite** return address
**repente: de ~** suddenly  6
**repetir (e → i, i)** to repeat  7; **~ un curso** to repeat a class; **Repite. / Repitan.** Repeat.  Pre.
**el/la reportero/a** reporter
**el reposo** rest
**representar** to represent
**el reproductor: ~ de DVD** DVD player
**requete +** adj. really/extremely + adj.  6
**el requisito** requirement
**res: la carne de ~** beef  8
**la reseña** description; critique, review
**la reserva** reservation  7
**resfriado/a: estar ~** to have a cold  9
**resfrío: tener ~** to have a cold
**la residencia (estudiantil)** dormitory  3
**respetar** to respect  7
**respirar** to breathe
**responder** to answer, respond
**la responsabilidad** responsibility
**la respuesta** answer  Pre.; **[María], repite ~, por favor.** [María], repeat the answer, please.  Pre.; **No sé ~.** I don't know the answer.  Pre.

**el restaurante** restaurant  3

**el resto** rest, remainder

**el resultado** result; **como resultado** as a result  8

**resultar** to turn out, to result; **resultó ser…** it/he/she turned out to be . . .

**el resumen** summary

**resumir** to summarize

**retirar** to take away

**el retraso** delay  7

**el retrato** portrait  16

**retroceder** to recede, go back

**retrovisor: el espejo ~** rearview mirror

**reunirse** to meet, to get together

**revertido: la llamada a cobro ~** collect call

**revés: al ~** backward

**revisar** to check  9

**la revista** magazine  2

**revolver (o → ue)** to mix  11

**revuelto/a** scrambled; **los huevos revueltos** scrambled eggs

**el rey** king; **los reyes** king and queen; **los Reyes Magos** the Three Wise Men

**rico/a** rich

**el riesgo** risk; **correr ~ de no + inf.** to run the risk of not verb + -ing

**el río** river  12

**la riqueza** wealth, riches, richness

**el ritmo** rhythm

**robar** to steal

**rodilla** knee  4

**rojo/a** red  5; **ponerse ~** to blush

**el rompecabezas: hacer rompecabezas** to do jigsaw puzzles  11

**romper** to break  9; **~ (con)** to break up (with) (serious relationship)  16

**romperse (una pierna)** to break (a leg)  9

**el ron** rum

**la ropa** clothes  4; clothing  5; **~ interior** men's/women's underwear  5; **ponerse ~** to put on one's clothes  4; **quitarse ~** to take off one's clothes  4

**el ropero** armoire, closet  10

**rosa** pink  5

**rosado/a** pink  5

**rubio/a** blond/e  3

**la rueda** wheel; **los patines de ruedas** roller skates  8

**el ruido** noise

**las ruinas** ruins  12

**la ruta** route

## S

**sábado** Saturday  2; **el ~ on** Saturday  2; **los sábados** on Saturdays, every Saturday  2

**saber** to know (facts/how to do something)  4; **¿Sabe(s) dónde está…?** Do you know where . . . is?  12; **No sé (la respuesta).** I don't know (the answer).  Pre.

**la sabiduría** learning, knowledge

**sabroso/a** tasty, delicious

**sacar** to take out  6; **~ la basura** to take out the garbage; **~ buena/ mala nota** to get a good/bad grade  2; **~ de un apuro (a alguien)** to get (someone) out of a jam; **~ dinero del banco** to withdraw money from the bank;

**~ fotos** to take pictures  2; **Saca/Saquen papel/bolígrafo/ lápiz.** Take out paper/a pen/a pencil.  Pre.

**el sacerdote** priest

**el saco** sports coat  5

**sagrado/a** sacred

**la sal** salt  8

**la sala** living room  10; **~ de emergencia** emergency room

**el salario (mínimo)** (minimum) wage  15

**la salchicha** sausage

**el salero** salt shaker

**la salida** departure  7; **la hora de salida** time of departure; **la puerta de salida** departure gate  7

**salir** to leave; to go out  3; **~ (con)** to date, go out (with)  3, 16; **~ del/de la + place** to leave a place  6; **Te va a ~ caro.** It's going to cost you.  8

**el salón** hall, room for a large gathering; formal living room

**la salsa** style of Caribbean music; sauce

**saltar** to jump

**el salto** waterfall; jump, dive

**la salud** health  9; **tener buena salud** to be in good health  9

**saludable** healthy  11

**el saludo** greeting  Pre.

**salvadoreño/a** Salvadoran  1

**salvaje** wild; **el parque ~** wild game farm

**salvar** to save, rescue

**las sandalias** sandals  5; **~ de playa** flip-flops  5

**el sándwich** sandwich  2

**sangrar** to bleed  9

**la sangre** blood  9

**la sangría** sangria (a wine punch)

**el/la santo/a** saint; **el santo patrón/la santa patrona** patron saint; **es un/a santo/a** he/she is a good person (literally: a saint)  13

**el/la sartén** frying pan  11

**satisfecho/a** satisfied

**el saxofón** saxophone

**sazonar** to season  11

**se come bien…** they/people/one eats well . . .  5

**el secador** hair dryer

**la secadora** clothes dryer  10

**secar** to dry

**la sección** section

**seco/a** dry

**el/la secretario/a** secretary  1

**el secreto** secret

**secundario/a** secondary

**sed: tener ~** to be thirsty  5

**la seda** silk  5

**la sede** headquarters

**seguida: en ~** at once, right away  16

**seguir (e → i, i)** to follow  7; **~ derecho** to keep going straight  14

**según** according to

**el segundo** second (part of a minute)  5

**segundo/a** second  10; **de segunda mano** secondhand, used; **el segundo apellido** second last name (mother's maiden name)  1; **el segundo plato** second course  8

**la seguridad** security; safety; **el cinturón de seguridad** seat belt  9

**seguro/a** safe; **el seguro médico** medical insurance  15; **estar ~ de** to be sure of  11

**los seguros** insurance (medical)

**seiscientos** six hundred  6

**seleccionar** to select

**el sello** stamp

**la selva** jungle  12; **~ tropical** rainforest

**el semáforo** traffic light  12

**la semana** week  2; **~ pasada** last week  6; **~ que viene** next week  2; **Semana Santa** Holy Week

**la semejanza** similarity

**la semilla** seed

**el/la senador/a** senator  13

**sencillamente** simply

**sencillo/a** simple, easy

**la sensación** feeling

**sensato/a** sensible  13

**sensible** sensitive  13

**sentado/a** seated

**sentarse (e → ie)** to sit down  5; **Siéntate. / Siéntense.** Sit down.  Pre.

**el sentido** sense, feeling

**el sentimiento** feeling

**sentir (e → ie, i)** to feel; to be sorry  11; **Lo siento.** I'm sorry.  7

**sentirse (e → ie, i)** to feel  7

**la señal** signal  7; **No tengo señal.** I don't have a signal. (cell phone)  7

**señalar** to indicate, point out

**señor/Sr.** Mr.  Pre.; **el señor** the man  1

**señora/Sra.** Mrs., Ms.  Pre.; **la señora** the woman  1

**señorita/Srta.** Miss, Ms.  Pre.; **la señorita** the young woman  1

**separado/a** separated  6

**separar** to separate

**separarse (de)** to separate (from) (matrimony)  16

**septiembre (m.)** September  4

**séptimo/a** seventh  10

**ser** to be  1; **~ + de** to be from  1; **~ + de + material** to be made of + material  5; **~ + nationality** to be + nationality  1; **~ celoso/a** to be jealous  16; **~ consciente** to be aware  14; **~ exigente** to be demanding; **~ listo/a** to be clever  3; **~ soltero/a** to be single  6; **Es la/Son las…** It's . . . (time)  5; **o sea** that is to say  10; **por algo será** there must be a reason  16; **Resultó ~…** It/He/ She turned out to be . . . ; **Somos dos.** There are two of us.

**el ser humano** human being

**serio/a** serious; **te lo digo en serio** I'm serious  16

**la serpiente** snake  14

**serrano: el jamón ~** a country-style ham

**el servicio** service; **~ técnico** technical support  15; bathroom

**el servidor** server (Internet)  15; **caerse ~** to go down, crash (server)  15

**la servilleta** napkin  8

**servir (e → i, i)** to serve  5; **¿En qué puedo ~le?** How can I help you?

**setecientos** seven hundred  6

**el sexo** sex

**sexto/a** sixth  10
**si** if  3
**sí** yes  1; **~, cómo no.** Sure.  7; **¡Claro que ~!** Of course!  2
**siempre** always  3
**Siéntate. / Siéntense.** Sit down.  Pre.
**el siglo** century
**el significado** meaning
**significar** to mean; **¿Qué significa...?** What does ... mean?  Pre.
**siguiente** following
**silenciosamente** silently
**la silla** chair  2; **~ de ruedas** wheelchair
**el sillón** easy chair, armchair  10
**la simpatía** sympathy
**simpático/a** nice  3
**sin** without  6; **~ embargo** however, nevertheless  12; **~ que** without  14
**la sinagoga** synagogue  12
**sino** but rather; **~ que** but rather; on the contrary; but instead; **~ también** but also
**el síntoma** symptom
**sinvergüenza: es un/a ~** he/she is a jerk (literally: *a shameless person*)  13
**siquiera: ni ~** not even
**el sistema** system; **el/la analista de sistemas**  15
**el sitio** place; **~ web** website  15
**el SMS** text message  7
**sobre** about  6; **el sobre** envelope
**sobrepasar** to surpass
**sobresaliente** outstanding
**sobrevivir** to survive
**sobrevolar (o → ue)** to fly over
**el/la sobrino/a** nephew/niece  6
**sociable** sociable  13
**el socialismo** socialism
**la sociología** sociology  2
**el sofá** sofa, couch  2
**el sol** sun; **las gafas de sol** sunglasses  5; **Hace sol.** It's sunny.  4
**solamente** only  11
**solar: la energía ~** solar energy  14
**el/la soldado** soldier
**la soledad** loneliness  16
**solicitar** to apply for  15
**la solicitud** application  15
**solitario/a** lonely, solitary
**solo/a** *(adj.)* alone  3; **solo** *(adv.)* only  3
**soltar (o → ue)** to let go, set free
**soltero/a: ser ~** to be single  6
**la sombra** shadow
**el sombrero** hat  5
**Somos dos.** There are two of us.
**sonar (o → ue)** to ring, make a loud noise; to sound
**el sonido** sound
**soñar (o → ue) (con)** to dream (of/about)
**la sopa** soup  8
**el soplón/la soplona** tattletale
**soportar** to tolerate
**el soporte técnico** technical support  15
**sordo/a** deaf
**sorprenderse de** to be surprised about  11
**la sorpresa** surprise
**soso/a** dull
**el/la sospechoso/a** suspect
**el sostén** bra

**sostenible** sustainable  14
**el squash** squash *(sport)*  8
**Sr./señor** Mr.  Pre.
**Sra./señora** Mrs., Ms.  Pre.
**Srta./señorita** Miss, Ms.  Pre.
**su** his/her/your *(formal)*/their  1
**subir** to go up  12, to climb; to raise; **~ al poder** to rise to power; **~ a un carro/autobús/tren/etc.** to get in/on a car/bus/train/etc.  7; **~ fotos** to upload photos  2; **~ información/música** to upload information/music  15
**subrayar** to underline, emphasize
**el subtítulo** subtitle
**sucio/a** dirty
**el/la suegro/a** father-in-law/mother-in-law  6
**el sueldo** salary  15
**suelto/a** separate, unmatched
**el sueño** dream; **tener sueño** to be sleepy, tired  5
**la suerte** luck; **por suerte** by chance; **¡Qué (buena)/mala suerte!** What good/bad luck!  11; **tener (buena)/mala suerte** to be (un) lucky  11
**el suéter** sweater  5
**sufrir** to suffer
**la sugerencia** suggestion
**sugerir (e → ie, i)** to suggest
**la suma** sum; amount
**sumergirse** to go under water, submerge one's self
**sumiso/a** submissive  13
**superar** to surpass, exceed
**el supermercado** supermarket  3
**el/la supervisor/a** supervisor  15
**la supervivencia** survival
**suponer** to suppose
**supuesto: Por ~.** Of course.  2
**el sur** south  12
**suramericano/a** South American  1
**surgir** to arise, to come up
**suspender** to fail; **~ a alguien** to fail someone; **~ una clase** to fail a class
**el suspenso** suspense
**suspirar** to sigh
**el sustantivo** noun
**la sutileza** subtlety
**suyo/a** his/her/your **(de Ud.)**/their **(de Uds.)**

# T

**la tabla de snowboard** snowboard  8
**el tablero de anuncios** bulletin board
**tachar** to cross out
**el tacón** heel; **tacón alto** high-heeled (shoes)  5
**tal(es) como** such as
**tal vez + *subj.*** perhaps, maybe  11
**la talla** size  5
**el tamaño** size
**también** too, also  1
**tampoco** neither, nor
**tan** so  12; **~... como** as ... as  12
**el tanque de gasolina** gas tank  9
**tanto: mientras ~** meanwhile  11; **por lo ~** therefore; **tanto/a... como** as much ... as  12; **tantos/as... como** as many ... as  12
**tapar** to cover
**tardar** to be late, to take a long time
**la tarde** afternoon  2; **Buenas tardes.** Good afternoon.  Pre.; **más tarde** then, later (on)  5;

**por ~** in the afternoon  2; **tarde** *(adv.)* late  2
**la tarea** homework
**la tarjeta** card  6; **~ bancaria** ATM card; **~ de béisbol** baseball card  11; **~ de crédito** credit card; **~ de embarque** boarding pass  7; **~ postal** postcard; **~ virtual** virtual greeting card  6
**el taxi** taxi  7; **ir en taxi** to go by taxi  7
**el/la taxista** taxi driver
**la taza** cup  8
**te: ~ queda bien.** It looks good on you., It fits well.  5; **~ va a salir caro.** It's going to cost you.  8
**el té** tea  2
**el teatro** theater  3
**tejer** to knit; to weave  11
**el tejido** weave; fabric
**la tela** cloth, fabric, material
**el/la teleadicto/a** television addict
**el telar** loom
**el teléfono** telephone  1; **~ celular** cell phone  2
**la telenovela** soap opera
**la televisión** TV programming; **mirar televisión** to watch TV  2
**el televisor** television set  2
**el tema** theme; **cambiando de tema** changing the subject  8
**temer** to fear, be afraid of  11
**el temor** fear
**la temperatura** temperature  4
**el templo** temple  12
**la temporada** season *(theater, sports, weather)*
**temprano** early  2
**el tenedor** fork  8
**tener** to have  1; **~... años** to be ... years old  1; **~ buena salud** to be in good health  9; **~ (buena suerte)** to be lucky  11; **~ calor** to be hot  5; **~ catarro** to have a cold  9; **~ celos (de)** to be jealous (of)  16; **~ diarrea** to have diarrhea  9; **~ dolor de cabeza** to have a headache  9; **~ enchufe** to have an in (to have friends in high places) *(Spain)*  15; **~ en cuenta** to take into account, bear in mind; **~ escalofríos** to have the chills  9; **~ éxito** to succeed; **~ fiebre** to have a fever  9; **~ flojera** to feel lazy; **~ frío** to be cold  5; **~ ganas de + *inf.*** to feel like (doing something)  6; **~ gripe** to have the flu  9; **~ hambre** to be hungry  5; **~le fobia a...** to have a fear of ..., to hate ...  14; **~ lugar** to take place; **~ mala suerte** to be unlucky  11; **~ miedo** to be scared  5; **~ miedo de** to be scared of  11; **~ muchas/pocas calorías** to have a lot of/few calories  9; **~ náuseas** to be nauseous  9; **~ palanca** to have an in (to have friends in high places) *(Latin Am.)*  15; **Tengo poca batería.** My battery is low. *(cellphone)*  7; **~ prisa** to be in a hurry; **~ que + *inf.*** to have to (do something)  2; **~ que ver (con)** to have to do (with);

~ **razón** to be right; ~ **sed** to be thirsty 5; ~ **sueño** to be sleepy, tired 5; ~ **tos** to have a cough 9; ~ **vergüenza** to be ashamed 5; **~le alergia a (algo)** to be allergic to (something) 9; **No tengo idea.** I have no idea. 3; **No, tiene el número equivocado.** No, you have the wrong number. 7

**el tenis** tennis 8; **zapatos de tenis** tennis shoes 5

**tercer/o/a** third 10

**terminar** to finish 6

**la ternera** veal 8

**el terremoto** earthquake

**terrestre** terrestrial

**testarudo/a** stubborn 13

**el texto** text

**la tía** aunt 6; ~ **política** aunt by marriage 6

**el tiempo** weather 4; time; verb tense; **a tiempo** on time, in time 7; **¿Cuánto tiempo hace?** How long ago? 6; **Hace buen/mal tiempo.** It's nice/bad out. 4; ~ **libre** free time; **¿Qué tiempo hace?** What's the weather like? 4; **trabajar a tiempo parcial/completo** to work part time/full time 15

**la tienda** store 3

**tiernito/a** tender

**la tierra** earth

**tinto: el vino** ~ red wine

**el tío** uncle 3; ~ **político** uncle by marriage 6

**el/la tipejo/a** that guy/gal (negative connotation)

**típico/a** typical

**el tipo** type

**tirar** to pull; to throw out; ~ **la casa por la ventana** to go all out (literally: to throw the house out the window) 6

**la tirita** Band-Aid 9

**el título** title; ~ **(universitario)** (university) degree

**la toalla** towel 2

**el tobillo** ankle 9

**tocar** to play (an instrument) 2; to touch

**el tocino** bacon

**todavía** still, yet 8; ~ **no** not yet 8

**todo/a** everything 6; every, all; **todo el mundo** everybody, everyone 14

**todos/as** all 1; everyone 6; **todos los días** every day 3; **todos los meses** every month 9

**la toma** rough cut (when filming)

**tomar** to have, drink 2; to take (a bus, etc.) 6; ~ **apuntes** to take notes; ~ **café** to drink coffee 2; ~ **fotos** to take photos 2; **~le el pelo (a alguien)** to pull someone's leg (literally: to pull someone's hair) 11

**el tomate** tomato 8

**el tono** tone

**la tontería** foolishness; a silly thing

**tonto/a** stupid 3

**torcerse (o → ue) un tobillo** to sprain an ankle 9

**el torneo** tournament 8

**torno: en** ~ around

**el toro** bull 14

**torpe** clumsy, awkward

**la torre** tower

**la torta** cake

**la tortilla (de papas/patatas)** (potato) omelette (Spain)

**la tos** cough 9; **tener tos** to have a cough 9

**toser** to cough 9

**la tostada** toast

**la tostadora** toaster 10

**totalmente** totally

**el tour** tour

**trabajar** to work 2; ~ **en equipo** to work as a team 15; ~ **por mi/tu/su cuenta** to work on my/your/his/her own 15; ~ **a tiempo parcial/tiempo completo** to work part time/full time 15

**el trabajo** work; a paper (school) 2; ~ **escrito** (term) paper

**traducir** to translate 3

**el/la traductor/a** translator

**traer** to bring 3

**tragar** to swallow

**el traje** suit 5; ~ **de baño** bathing suit 5

**el tramo** walk, way, stretch

**tranquilamente** calmly 11

**tranquilo/a** quiet, tranquil

**transporte: el medio de** ~ means of transportation 7

**trasero/a** back, rear

**el traslado** transfer

**transmitir** to transmit

**el tratado** treaty

**el tratamiento** treatment

**tratar** to treat; ~ **de** to try to

**tratarse de** to be about

**través: a** ~ **de** across, through

**travieso/a** mischievous, naughty

**el trébol** clover

**el tren** train 7; **ir en tren** to go by train 7; **en/por tren** by train

**trescientos** three hundred 6

**la tribu** tribe

**el trigo** wheat

**el trineo** sled

**triste** sad 3

**triunfar** to triumph

**el trombón** trombone

**la trompeta** trumpet

**tronar (o → ue)** to thunder

**el trozo** piece

**el truco** trick

**tu** your (informal) 1

**tú** you (informal) Pre.

**la tumba** tomb

**el turismo** tourism

**tuyo/a** yours (informal)

## U

**ubicado/a** located

**Ud. (usted)** you (formal) Pre.

**Uds. (ustedes)** you (pl. formal or informal) 1

**últimamente** lately, recently

**último/a** last, most recent; **la última vez** the last time 7

**un, una** a, an 2; **Un millón de gracias.** Thanks a lot. 4

**el uniforme** uniform 8

**unir** to unite, join together

**la universidad** university 3

**uno/a** one 1; ~ **a otro/a** each other 16; **una vez** one time, once 7

**unos/as** some 2; ~ **a otros/as** one another 16

**urbano/a** urban

**uruguayo/a** Uruguayan 1

**usar** to use 2

**usuario: nombre de** ~ user name 15

**útil** useful

**utilizar** to use, utilize

## V

**la vaca** cow 14

**las vacaciones** vacation 4

**la vacuna** vaccine

**la vaina** green bean

**la vainilla** vanilla 8

**Vale.** O.K. (Spain) 7; **(No)** ~ **la pena.** It's (not) worth it. 9; **(No)** ~ **la pena + inf.** It's (not) worth + -ing. 9

**valiente** brave 13

**el valle** valley 12

**el valor** value

**valorar** to value, price

**variar** to vary

**la variedad** variety

**varios/as** several

**vasco/a** Basque

**el vaso** glass 8

**¡Vaya!** Wow! 10

**veces** times 4; **a** ~ at times 9; **algunas** ~ sometimes 9; **muchas** ~ many times 9

**el/la vecino/a** neighbor

**vehemencia** vehemence

**la vela** candle; **pasar la noche en vela** to pull an all-nighter

**veloz** swift, fast

**vencer** to conquer, overcome, defeat

**el vendaje** bandage 9

**el/la vendedor/a** seller; store clerk 1

**vender** to sell 2

**venezolano/a** Venezuelan 1

**venir** to come 5

**la ventaja** advantage

**la ventana** window; **echar la casa por** ~ to go all out (literally: to throw the house out the window) 6

**la ventanilla** car window; **el asiento de ventanilla** window seat 7

**ver** to see 3; **A** ~. Let's see. 2; **no veo la hora de + inf.** I can't wait + verb 16; ~ **a (alguien)** to see (someone) 3

**el verano** summer 4

**veras: ¿De** ~? Really? 2

**la verdad** the truth; **¿verdad?** right? 1; **es verdad** it's true 11

**verdadero/a** real, true 12

**verde** green 5

**la verdura** vegetable 8

**la vergüenza** shame; **tener vergüenza** to be ashamed 5

**vertir (e → ie, i)** to shed (a tear)

**el vestido** dress 5

**vestirse (e → i, i)** to get dressed 5

**el/la veterinario/a** veterinarian 16

**vez: a la** ~ at the same time; **de** ~ **en cuando** once in a while, from time to time 9; **en** ~ **de** instead of; **la última** ~ the last time 7; **por última** ~ for the last time; **tal** ~ maybe 11; **una** ~ one time, once 7

**la vía** way, road; **en vías de desarrollo** developing (nation)

**viajar** to travel 6

**el viaje** trip; **el/la agente de viajes** travel agent 1; **agencia de viajes** travel agency 3

**el/la viajero/a** traveler; **el cheque de viajero** traveler's check

**el vicepresidente/la vicepresidenta** vice president 13

**la vida** life; **jugarse (u → ue) ~** to risk one's life 9; **¡Pura vida!** Cool! (Costa Rican expression) 3

**los videojuegos** video games 11

**el vidrio** glass (material) 14

**viejo/a** old 3

**el viento** wind; **Hace viento.** It's windy. 4

**viernes** (m.) Friday 2; **el ~** on Friday 2; **los ~** on Fridays, every Friday 2

**el vinagre** vinegar 8

**el vino** wine 2; **~ tinto** red wine

**el violín** violin

**el violonchelo** cello

**la viruela** smallpox

**la visita** visit

**visitar** to visit 2; **~ a (alguien)** to visit (someone) 2

**la vista** view

**la vivienda** dwelling

**vivir (en)** to live (in) 2

**vivo/a** bright (color); alive

**el volante** steering wheel

**el volcán** volcano 12

**el voleibol** volleyball 8

**el/la voluntario/a** volunteer

**volver (o → ue)** to return, come back 5; **~ a** + inf. to do (something) again 13

**volverse (o → ue)** to become

**vomitar** to vomit 9

**vosotros/as** you (pl. informal, Spain) 1

**la votación** vote

**el/la votante** voter

**votar** to vote 13

**el voto** vote

**la voz** voice

**el vuelo** flight 7; **el/la asistente de vuelo** flight attendant

**la vuelta** return trip 7; **darle ~** to turn over, flip 11; **dar una vuelta** to take a ride; to go for a stroll/walk 15; **el pasaje de ida y vuelta** round-trip ticket 7

**vuestro/a** your (pl. informal, Spain) 2

**Y**

**y** and 1; **Es la una ~ cinco.** It's five after one. 5; **~ listo** and that's that 10

**ya** already 8; now 8; **~ era hora.** It's / It was about time. 12; **~ está/n** to be done/ cooked 11; **~ no** no longer, not anymore 8; **~ que** since, because 14; **¡~ voy!** I'm coming! 14

**la yerba** herb; grass

**yo** I 1; **~ qué sé.** What do I know. 16

**yoga: hacer ~** to do yoga 11

**el yogur** yogurt

**Z**

**la zanahoria** carrot 8

**los zapatos** shoes 5; **~ de tacón alto** high-heeled shoes 5; **~ de tenis** tennis shoes, sneakers 5

**la zona** zone

**el zoológico** zoo 12

**el zumo** juice (Spain)

# English-Spanish Vocabulary

This vocabulary contains a selected listing of common words presented in the lesson vocabularies. Many word sets are not included, such as foods, sports, animals, and months of the year. Page references to word sets appear in the index.

Refer to page R27 for a list of abbreviations used in the following vocabulary.

## A

**@** *(as in email address)* arroba
**able: be ~** poder (o → ue)
**about** sobre; **~ whom** de quien/es; **It's ~ time.** Ya era hora.
**above** arriba
**accent** *(n.)* el acento; *(v.)* acentuar
**accept** aceptar
**accident** el accidente
**accomplish** realizar
**according to** según
**account: take into ~** tener en cuenta
**across** a través de
**action** la acción
**active** activo/a
**activity** la actividad
**actor** el actor/la actriz
**actually** en realidad
**add** añadir
**advantage** la ventaja
**adventure** la aventura
**advertise** anunciar
**advertisement** el anuncio
**advertising** la propaganda
**advise** *(recommend)* aconsejar
**affair: love ~** la aventura amorosa
**affect** afectar
**after** después; **~ all** al fin y al cabo; **~ + -ing** después de + *inf.*
**afternoon** la tarde; **Good ~.** Buenas tardes.
**again** otra vez
**against: be ~** estar en contra
**age** la edad
**agree (with)** estar de acuerdo (con)
**Agreed?** ¿De acuerdo?
**airplane** el avión
**airmail** por avión
**alcoholic** alcohólico/a
**all** todos/as
**allow** dejar
**almost** casi
**alone** solo/a
**already** ya
**also** también
**alternate** *(v.)* alternar
**although** aunque
**always** siempre
**among** entre
**amusing** divertido/a
**ancient** antiguo/a
**and** y; *(before words starting with* i *or* hi*)* e
**Andean** andino/a
**angry: become ~** enfadarse, enojarse
**anniversary** el aniversario
**announce** anunciar
**announcement** el anuncio
**another** otro/a
**answer** *(n.)* la respuesta; *(v.)* responder, contestar
**answering machine** el contestador automático
**antique** antiguo/a

**apathetic** indiferente
**appear** aparecer
**apply for** solicitar
**approximately** aproximadamente
**archaeologist** el/la arqueólogo/a
**architect** el/la arquitecto/a
**argue** discutir
**argument** el argumento, la discusión
**army** el ejército
**around** alrededor; **~ here** por aquí
**art** el arte
**as** como; **~ . . . ~** tan... como; **~ a consequence** como consecuencia; **~ a result** como resultado; **~ if** como si; **~ many . . . ~** tantos/as... como; **~ much . . . ~** tanto/a... como
**ask** preguntar; **~ for** pedir (e → i, i); **May I ~ who is calling?** ¿De parte de quién?
**assimilate** asimilarse
**association** la asociación
**astute** astuto/a
**at** en; **@** *(as in email address)* arroba; **~ last** por fin; **~ least** por lo menos; **~ . . . o'clock** a la(s)...; **~ once** en seguida; **~ the end of** al final de; **~ the same time** a la vez; **~ times** a veces; **~ what time . . . ?** ¿A qué hora...?
**athlete** el/la deportista
**ATM** el cajero automático
**attend** asistir a
**audience** el público
**avenue** la avenida
**average** *(n.)* el promedio; *(adj.)* mediano/a
**awful** mal, fatal

## B

**backward** al revés
**bad** malo/a; **It's ~ out.** Hace mal tiempo.
**bald** calvo/a
**banana** el plátano
**bargain** la ganga; **~ for** regatear
**bark** *(v.)* ladrar
**baseball** el béisbol
**bathe** bañarse
**battle** la batalla
**bay** la bahía
**be** estar, ser; **~ able** poder (o → ue); **~ afraid** tener miedo; **~ against** estar en contra (de); **~ ashamed** tener vergüenza; **~ called** llamarse; **~ careful** tener cuidado; **~ clever** ser listo/a; **~ cold** tener frío; **~ crazy** estar loco/a; **~ dizzy** estar mareado/a; **~ engaged** estar comprometido/a; **~ from** ser de; **~ happy about** alegrarse de; **~ hot** tener calor; **~ hungry** tener hambre; **~ in a hurry** tener prisa; **~ in/at** estar

en; **~ in good health** tener buena salud; **~ jealous (of)** estar celoso/a (de), tener celos (de); **~ late** atrasarse, llegar tarde; **~ lucky** tener suerte; **~ made of** ser de; **~ nauseous** tener náuseas; **~ on a diet** estar a dieta; **~ pregnant** estar embarazada; **~ ready** estar listo/a; **~ right** tener razón; **~ scared** tener miedo; **~ silent** callarse; **~ successful** tener éxito; **~ sure (of)** estar seguro/a (de); **~ surprised about** sorprenderse de; **~ thirsty** tener sed; **~ tired** estar cansado, tener sueño; **~ . . . years old** tener... años
**bear in mind** tener en cuenta
**beautiful** bello/a; **very ~** bellísimo/a
**beauty** la belleza
**because** porque
**become: ~ angry** enfadarse, enojarse; **~ crazy** volverse (o → ue) loco/a; **~ sick** enfermarse
**bedroom** la alcoba, el dormitorio, la recámara
**before** antes; **~ + -ing** antes de + *inf.*; **~ anything else** antes que nada
**begin** comenzar (e → ie), empezar (e → ie)
**beginning** el comienzo, el principio
**behind** atrás, detrás de
**believe** creer
**below** abajo, bajo, debajo de
**beside** al lado de
**besides** además
**better** mejor; **it's ~** es mejor
**between** entre
**bilingual** bilingüe
**bill** la cuenta
**birth** el nacimiento
**birthday** el cumpleaños; **Happy ~.** Feliz cumpleaños.; **have a ~** cumplir años
**blue** azul
**blush** ponerse rojo/a
**bored** (estar) aburrido/a
**boring** (ser) aburrido/a
**boss** el/la jefe/a
**bottle** la botella
**bra** el sostén
**brain** el cerebro
**brand** la marca
**break** romper/se
**bring** traer; **~ up to date** poner(se) al día
**buckle the seat belt** abrocharse el cinturón
**build** construir
**burn** quemar
**business** el negocio
**businessman/woman** el hombre/la mujer de negocios

**but** pero; **~ instead** sino que;
  **~ rather** sino
**buy** comprar
**by** por; **~ boat/train/etc.** en barco/
  tren/etc., por barco/tren/etc.;
  **~ the way** por cierto

## C

**calculus** el cálculo
**calendar** el calendario
**call** llamar; **be called** llamarse
**can: ~ you speak more slowly, please?**
  ¿Puede hablar más despacio, por
  favor?; **~ you tell me how . . . ?**
  ¿Puede decirme cómo...?
**capable** capaz
**capital (city)** la capital; **What is the
  ~ of . . . ?** ¿Cuál es la capital de...?
**care** el cuidado; **take ~ of** cuidar
**career** la carrera
**careful: be ~** tener cuidado
**carefully** con cuidado
**carrot** la zanahoria
**case: in ~** por si acaso; **in ~ that** en
  caso (de) que
**castle** el castillo
**celebrate** celebrar
**celebration** la celebración
**cell phone** el (teléfono) celular, el
  (teléfono) móvil
**cent** el centavo
**century** el siglo
**cereal** el cereal
**chalkboard** la pizarra
**champagne** el champán
**championship** el campeonato
**change** cambiar; **changing the
  subject** cambiando de tema; (n.)
  el cambio
**chapter** el capítulo
**character** (in a story, movie, etc.)
  el personaje
**chat** charlar
**check: restaurant ~** la cuenta
**chew** mascar
**chilly: It's ~.** Hace fresco.
**chimney** la chimenea
**choose** elegir (e → i, i)
**Christmas** la Navidad
**cigarette** el cigarrillo
**class** la clase; la materia
**clever: be ~** ser listo/a
**click** hacer clic
**client** el/la cliente
**climate** el clima
**climb** subir; **~ mountains** hacer
  andinismo/alpinismo
**close** cerrar (e → ie)
**closed** cerrado/a
**cloth** la tela
**clothes: ~ dryer** la secadora; **put on
  one's ~** ponerse la ropa; **take off
  one's ~** quitarse la ropa
**cloudy: It's ~.** Está nublado.
**clue** la pista
**clumsy** torpe
**cold: be ~** tener frío; **have a ~** tener
  catarro, estar resfriado/a; **It's ~.**
  Hace frío.
**collection** la colección
**cologne** el agua de colonia
**comb one's hair** peinarse
**combat** combatir
**come** venir; **~ back** volver (o → ue)
**comedy** la comedia
**comfortable** cómodo/a

**command** la orden
**comment** (n.) el comentario;
  (v.) comentar
**common** común; **in ~** en común
**community** la comunidad
**compare** comparar
**complain** quejarse
**computer programmer** el/la
  programador/a de computadoras
**conceited** creído/a
**concert** el concierto
**confidence** la confianza
**congratulate** felicitar
**conquer** conquistar
**conserve** conservar
**consist of** consistir en
**constant** constante
**consult** consultar
**consumer** el consumidor
**continue** continuar
**contraceptive** el anticonceptivo
**contrast: in ~ to** a diferencia de
**converse** conversar
**convert** convertir (e → ie, i)
**correct** (v.) corregir (e → i, i); (adj.)
  correcto/a
**cost** (v.) costar (o → ue); (n.) el
  precio; **It's going to ~ you.**
  Te va a salir caro.
**cough** (v.) toser; **have a ~** tener tos
**Could you . . . ?** ¿Podrías (+ inf.)?
**counselor** el/la consejero/a
**count** contar (o → ue)
**country** el país
**course** el curso
**court** (for tennis, basketball) la cancha
**craftsmanship** la artesanía
**crash** chocar
**crazy: be ~** estar loco/a
**create** crear
**croissant** el croissant, la medialuna
**cross** (n.) la cruz; (v.) cruzar
**crossword: do ~ puzzles** hacer
  crucigramas
**culture** la cultura
**current** (adj.) actual
**curse** el mal de ojo; **put a ~ on** echar
  el mal de ojo
**custom** la costumbre

## D

**dance** (n.) el baile; (v.) bailar
**danger** el peligro; **in ~** en peligro
**dangerous** peligroso/a
**day** el día; **the ~ before yesterday**
  anteayer; **every ~** todos los días
**dead** muerto/a
**dear** (term of endearment) cariño/a,
  querido/a
**death** la muerte
**decide** decidir
**degree** (temperature) grado; **It's . . .
  degrees (below zero).** Está a...
  grados (bajo cero).; **university ~**
  el título universitario
**delicious** sabroso/a, delicioso/a
**delightful** encantador/a
**demanding** exigente
**democratic** democrático/a
**department** (of a university) la facultad;
  **~ store** el almacén, la tienda por
  departamentos
**describe** describir
**desert** el desierto
**desperate** desesperado/a
**destroy** destruir

**detain** detener
**develop** desarrollar
**developed** desarrollado/a
**diarrhea: have ~** tener diarrea
**die** morir/se (o → ue, u)
**diet: be on a ~** estar a dieta
**difference** la diferencia
**different** diferente
**difficult** difícil
**dinner** la cena; **have ~** cenar
**disadvantage** la desventaja
**disaster** el desastre
**discover** descubrir
**distance: long ~** larga distancia
  (relationship; telephone)
**divine** divino/a
**divorced** divorciado/a; **get ~ (from)**
  divorciarse (de); **is ~ (from)**
  está divorciado/a (de)
**dizzy: be ~** estar mareado/a
**do** hacer; **~ crossword puzzles** hacer
  crucigramas; **~ jigsaw puzzles**
  hacer rompecabezas
**doll** la muñeca
**dollar** el dólar
**domestic** doméstico/a
**Don't mention it.** No hay de qué.
**doubt: there's no ~** no hay duda (de)
**download** descargar
**draw** dibujar
**dream** (n.) el sueño; (v.) soñar (o → ue)
**drink** (n.) la bebida; (v.) beber
**drive** conducir, manejar
**driver's license** la licencia de conducir
**drop** (v.) dejar caer; (n.) la gota
**dry** (adj.) seco/a; (v.) secar
**dryer: clothes ~** la secadora; **hair ~**
  el secador
**dumbfounded: leave (someone) ~**
  dejar boquiabierto (a alguien)
**during** durante

## E

**each** cada; **~ other** el uno al otro; **To
  ~ his own.** Cada loco con su tema.
**earn** ganar
**earring** el arete, el pendiente
**earth** la tierra
**earthquake** el terremoto
**Easter** la Pascua Florida
**easy** fácil, sencillo/a
**eat** comer
**either . . . or** o... o
**elegant** fino/a
**elevator** el ascensor
**email** el correo electrónico, el email, el
  mensaje electrónico
**emergency** la emergencia
**end** el fin
**ending** el final
**engaged: be ~** estar comprometido/a
**engagement** (for marriage) el
  compromiso
**enjoy** disfrutar
**enough** bastante
**enter** entrar (a/en)
**entertaining** divertido/a
**environment** el medio ambiente
**essay** el ensayo
**establish** establecer
**ethnic** étnico/a
**even** (adj.) par; (adv.) aun
**evening** la noche; **Good ~.** Buenas
  noches.
**every** cada, todo/a; **~ day** todos los
  días; **~ month** todos los meses

**everybody** todo el mundo
**everything** todo
**evident: it's ~** es evidente
**example** el ejemplo; **for ~** por ejemplo
**exchange (money)** cambiar (dinero)
**exercise** *(n.)* el ejercicio; *(v.)* hacer ejercicio
**exist** existir

## F

**fabric** la tela, el material
**fabulous** fabuloso/a
**fact: in ~** en realidad
**factory** la fábrica
**fair** justo/a
**faithful** fiel
**fall** caer; **~ asleep** dormirse (o → ue, u)
**fan** *(sports)* el/la aficionado/a, el/la hincha
**farmer** el/la granjero/a
**fashion** la moda
**fast** rápido/a
**fax** el fax
**fear** el temor; **have a ~ of . . .** tenerle fobia a...
**feel** sentir/se (e → ie, i); **~ like (doing something)** tener ganas de + *inf.*
**feeling** el sentido
**fever** la fiebre; **have a ~** tener fiebre
**few: a ~** pocos/as
**fight** *(n.)* la lucha, la pelea; *(v.)* pelearse
**fill** *(a position)* ocupar; **~ out** completar, rellenar
**find** encontrar (o → ue); **~ strange** extrañarse
**fine** *(as for speeding)* la multa
**finish** completar, terminar
**first name** el nombre (de pila)
**fish** *(n., animal)* el pez; *(n., food)* el pescado; *(v.)* pescar
**fit: It fits you well.** Te queda bien.
**fix** arreglar
**flight attendant** el/la aeromozo/a, el/la asistente de vuelo, la azafata *(female)*
**floor** el piso, el suelo; **first ~** la planta baja,
**flower** la flor; **~ garden** el jardín
**flu: have the ~** tener gripe
**fly** la mosca
**follow** seguir (e → i, i)
**following** siguiente
**foolishness** la tontería
**football** el fútbol americano
**for** para, por; **~ example** por ejemplo; **~ heaven's sake!** ¡Por Dios!; **~ lack of** por falta de; **~ the last time** por última vez; **~ what (purpose)?** ¿Para qué?; **~ whom?** ¿Para quién?
**foreign** extranjero/a
**former** anterior
**fountain** la fuente ·
**frame** el marco
**free** *(no cost)* gratis; *(unoccupied)* libre
**frequently** con frecuencia, frecuentemente, a menudo
**friend** el/la amigo/a
**from** de
**front: in ~ of** delante de
**frustrated** frustrado/a
**fun: have ~** divertirse (e → ie, i)
**function** funcionar
**funny** gracioso/a
**furnish** amueblar
**furnished** amueblado/a
**furniture** los muebles

## G

**gas station** la gasolinera
**gears** los cambios
**general: in ~** en general, por lo general
**gentleman** el caballero
**geography** la geografía
**geology** la geología
**get** conseguir (e → i, i); *(a grade)* sacar; **~ angry** enfadarse, enojarse; **~ dressed** vestirse (e → i, i); **~ off** bajar(se) de; **~ (someone) out of a jam** sacar de un apuro (a alguien)
**gift** el regalo
**give** dar; **~ a present** regalar
**go** ir; **~ all out** echar la casa por la ventana; **~ down** bajar; **~ out** salir; **~ (out) with (someone)** salir con (alguien); **~ to bed** acostarse (o → ue); **~ up** subir
**goal** *(sports)* el gol
**good** bueno/a; **~ afternoon.** Buenas tardes.; **~ evening/night.** Buenas noches.; **~ morning.** Buenos días.
**gossip** *(n.)* el cotilleo; *(v.)* cotillear
**government** el gobierno
**grade** la nota
**graduate** graduarse
**granddaughter** la nieta
**grandson** el nieto
**Great!** ¡Qué chévere! *(Caribbean expression)*
**grief** la pena
**ground** el suelo
**group** el grupo

## H

**habit** la costumbre
**hair** el pelo; **~ dryer** el secador; **~ salon** la peluquería
**half** la mitad
**hand** la mano; **on the one ~** por un lado; **on the other ~** por otro lado
**handicraft** la artesanía
**happen** ocurrir
**happiness** la felicidad, la alegría
**happy: be ~ about** alegrarse de; **~ birthday.** Feliz cumpleaños.
**hate** odiar
**have** tener; *(aux. v.)* haber; *(drink)* tomar; **~ the chills** tener escalofríos; **~ a cold** estar resfriado/a, tener catarro; **~ a cough** tener tos; **~ diarrhea** tener diarrea; **~ dinner** cenar; **~ a fear of . . .** tenerle fobia a...; **~ a fever** tener fiebre; **~ the flu** tener gripe; **~ fun** divertirse (e → ie, i); **~ a good/bad time** pasarlo bien/mal; **~ just (done something)** acabar de (+ *inf.*); **~ lunch** almorzar (o → ue); **~ supper** cenar
**health** la salud; **be in good ~** tener buena salud
**hear** oír
**heart attack** el infarto
**heat** calor; calefacción (de la casa)
**heavy** pesado/a
**help** *(n.)* la ayuda; *(v.)* ayudar
**here** aquí
**Hey!** *(informal, formal)* ¡Oiga/n!
**hidden** escondido/a
**hire** contratar

**Hispanic** hispano/a
**home** el hogar; la casa
**hot: be ~** tener calor; **It's ~ .** Hace calor.
**how?** ¿cómo?; **~ are you?** *(informal/formal)* ¿Cómo estás/está?; **~ awful!** ¡Qué barbaridad!; **~ many?** ¿cuántos/as?; **~ much?** ¿cuánto/a?; **~ much is/are . . . ?** ¿Cuánto cuesta/n...?; **~ old is he/she?** ¿Cuántos años tiene él/ella?
**however** sin embargo
**hug** *(n.)* el abrazo; *(v.)* abrazar
**hungry: be ~** tener hambre
**hunt** cazar
**hurricane** el huracán
**hurry: be in a ~** tener prisa
**hurt** doler (o → ue); herir (e → ie, i)

## I

**I love it/them!** ¡Me fascina/n!
**I would like** me gustaría; **~ to speak with . . . , please.** Quisiera hablar con..., por favor.
**ID card** la cédula de identidad
**identify** identificar
**if** si
**illiteracy** el analfabetismo
**I'm coming!** ¡Ya voy!
**I'm sorry.** Perdone. / Perdona.
**image** la imagen
**imagine** imaginarse
**in** en; **~ a while** dentro de poco; **~ case** por si acaso; **~ case that** en caso (de) que; **~ contrast to** a diferencia de; **~ danger** en peligro; **~ front of** delante de; **~ general** por lo general, en general; **~ order that** para que; **~ spite of** a pesar de que
**inch** la pulgada
**income** los ingresos
**increase** añadir, aumentar
**indicate** indicar, señalar
**indifferent** indiferente
**indigenous** indígena
**influence** *(n.)* la influencia; *(v.)* influir
**inhabitant** el/la habitante
**instability** la inestabilidad
**instead of** en vez de
**interest** *(v.)* interesar
**interrupt** interrumpir
**interview** *(n.)* la entrevista; *(v.)* entrevistar
**invent** inventar
**invest** invertir (e → ie, i)
**Is . . . there, please?** ¿Está..., por favor?
**It looks good on you.** Te/Le queda bien.
**it's** es; **~ about time** ya era hora; **~ bad out.** Hace mal tiempo.; **~ better** es mejor; **~ chilly.** Hace fresco.; **~ cloudy.** Está nublado.; **~ evident** es evidente; **~ going to cost you.** Te va a salir caro.; **~ hot.** Hace calor.; **~ nice out.** Hace buen tiempo.; **~ not worth it** no vale la pena.; **~ obvious** es obvio; **~ a pity** es una pena, es una lástima.; **~ probable** es probable; **~ raining.** Llueve.; **~ a shame** es una lástima.; **~ snowing.** Nieva.; **~ sunny.** Hace sol.; **~ true** es cierto, es verdad; **~ windy.** Hace viento.; **~ worth it** vale la pena
**It/This is . . .** Habla... / De parte de...

## J

**jealous: be ~ (of)** tener celos (de); estar celoso/a (de); ser celoso/a
**jigsaw: do ~ puzzles** hacer rompecabezas
**joke** el chiste
**jot down** anotar
**journalist** el/la periodista
**jump** saltar
**just a moment** un momento

## K

**keep going straight** seguir (e → i, i) derecho
**key** la llave
**kill** matar
**king** el rey; **~ and queen** los reyes
**kiss** (n.) el beso; (v.) besar
**knit** tejer, hacer punto
**know** (facts/how to do something) saber; (someone or something) conocer; **You didn't ~ ?** ¿No sabía(s)?; **Do you ~ where . . . is?** ¿Sabe(s) dónde está...?; **I don't ~ (the answer).** No sé (la respuesta).; **~ people in the right places** tener palanca (Latin Am.), tener enchufe (Spain)
**known: make ~** dar a conocer

## L

**lack** faltar; **for ~ of** por falta de
**landing strip** la pista de aterrizaje
**language** el idioma
**last** último/a; **for the ~ time** por última vez; **~ night** anoche
**last name** el apellido; **first ~** (father's name) el primer apellido; **second ~** (mother's maiden name) el segundo apellido
**late** (adv.) tarde; **be ~** atrasarse
**lately** últimamente
**later** luego, más tarde; **See you ~ .** Hasta luego.
**lawn** el jardín
**layover** escala
**learn** aprender
**leave** salir; **~ behind** dejar; **~ (someone) dumbfounded** dejar boquiabierto/a (a alguien)
**lecture** la conferencia
**less** menos; **~ than** menos de/que
**lesson** la clase, la lección
**let's see** a ver
**lie** (n.) la mentira; (v.) mentir (e → ie, i)
**life** la vida; **risk one's ~** jugarse (u → ue) la vida
**light** (n.) la luz; (v.) encender (e → ie)
**like** (adv.) como; (v.) gustar; **I don't ~ him/her.** Me cae mal., No me gusta él/ella.; **I ~ him/her a lot.** Me cae (la mar de) bien., Me gusta mucho.; **I don't ~ it/them at all.** No me gusta/n nada.; **~ a lot** encantar, fascinar; **~ this/that** así
**listen** escuchar; **~ !** (informal, formal) ¡Oiga/n!
**little: a ~** un poco; **~ by ~** poco a poco
**live** vivir
**long distance** larga distancia
**look: ~ for** buscar; **~ (at)** mirar
**lose** perder (e → ie)
**lost** perdido/a
**lousy** mal

**love** (n.) el amor; (v.) amar, querer; **I ~ it/them!** ¡Me fascina/n!
**loyal** fiel
**luck** la suerte; **What (good) ~ !** ¡Qué (buena) suerte!; **What bad ~ !** ¡Qué mala suerte!
**lunch** el almuerzo; **have ~** almorzar (o → ue)

## M

**maintain** mantener
**majority** la mayoría
**make** hacer; **~ a stopover** hacer escala; **~ known** dar a conocer
**male** el macho
**manner** la manera
**many** muchos/as; **as ~ . . . as** tantos/as... como; **~ times** muchas veces
**map** el mapa
**married** casado/a; **is ~ (to)** está casado/a (con)
**marry** casarse
**mask** la máscara
**may: ~ I ask who is calling?** ¿De parte de quién?, ¿Quién habla?
**mean** significar; **What do you ~ . . . ?** ¿Cómo que...? **What does . . . mean?** ¿Qué significa...?
**meaning** el significado
**meanwhile** mientras tanto
**measure** medir (e → i, i)
**member** el miembro
**memorize** memorizar
**memory** el recuerdo; la memoria
**mention** mencionar
**mess: What a ~!** ¡Qué lío!
**message** el mensaje
**middle** mediados; **~ Ages** la Edad Media
**mile** la milla
**mind** la mente
**minimum** el mínimo
**minority** la minoría
**mirror** el espejo
**miss** (someone or something) echar de menos, extrañar; (a train, a bus) perder
**mix** revolver (o → ue)
**mixture** la mezcla
**model** el/la modelo
**modern** moderno/a
**monster** el monstruo
**month** el mes
**monthly** mensual
**morning** la mañana; **Good ~ .** Buenos días.
**most recent** último/a
**motivate** motivar
**move** (relocate) mudarse
**murder** el asesinato
**must: One/You ~ + v.** Hay que + inf.
**mysterious** misterioso/a
**mystery** el misterio

## N

**name: first ~** el nombre (de pila); **last ~** el apellido; **My ~ is . . .** Me llamo...
**nation** la nación
**nationality** la nacionalidad
**native** indígena; (adj.) indígena
**nauseous: be ~** tener náuseas
**necessary** necesario/a
**neck** el cuello
**neighbor** el/la vecino/a

**neighborhood** el barrio
**neither** tampoco; **~ . . . nor** ni... ni
**nervous** nervioso/a
**never** nunca
**nevertheless** sin embargo
**news** la(s) noticia(s); **~ item** la noticia
**next** próximo/a
**nice** simpático/a; **It's ~ out.** Hace buen tiempo.
**night** la noche; **Good ~ .** Buenas noches.
**no longer** ya no
**No way!** ¡Qué va!
**noise** el ruido
**nor** tampoco
**not even** ni siquiera
**note** (n.) la nota, el apunte; (v.) notar; **take notes** apuntar, tomar apuntes
**nothing** nada
**now** ahora
**nowadays** hoy (en) día
**number** (n.) el número; (v.) numerar; **You have the wrong ~ .** Tiene el número equivocado.
**nurse** el/la enfermero/a

## O

**O.K.** Bien., De acuerdo., Vale.
**obtain** conseguir (e → i, i), obtener
**obvious: it's ~** es obvio
**occupation** la ocupación
**occur** ocurrir
**of** de (del/de la); **~ course.** ¡Claro!, ¡Por supuesto!, ¡Claro que sí!; **~ course not!** ¡Claro que no!
**offer** ofrecer
**often** a menudo, con frecuencia
**old man/woman** el/la anciano/a
**on** en; **~ all sides** por todos lados; **~ the one hand** por un lado; **~ the other hand** por otro lado; **~ time** a tiempo
**once** una vez; **at ~** en seguida; **~ in a while** de vez en cuando
**one another** unos a otros
**one must + v.** hay que + inf.
**only** solamente, solo
**open** abierto/a
**option** la opción
**optional** opcional
**or** o, (before words starting with o or ho) u
**order** el orden; (command) la orden; **in ~ that** para que
**organize** organizar
**origin** el origen
**other** otro/a
**ought to + v.** deber + inf.
**outstanding** sobresaliente
**over there** allá
**owe** deber
**own** (adj.) propio/a

## P

**pair (of)** un par (de); la pareja
**paragraph** el párrafo
**park** (n.) el parque; (v.) estacionar
**participate** participar
**partner** el/la compañero/a
**pass by/through** pasar por
**path** el camino
**paw** la pata
**pay** pagar; **~ attention (to someone)** hacerle caso (a alguien)
**peace** la paz
**peasant** el/la campesino/a
**pen** el bolígrafo, la pluma

people la gente
percentage el porcentaje
perfect perfecto/a
perhaps a lo mejor, tal vez + *subj.*,
    quizá(s) + *subj.*
personality la personalidad
pet la mascota
phone *(n.)* el teléfono; *(v.)* llamar
phrase la frase
pick up recoger
pictures: take ~ sacar fotos
picturesque pintoresco/a
pity: it's a ~ es una pena, es una
    lástima; What a ~ ! ¡Qué pena!
place el sitio; take ~ tener lugar
plaid de cuadros
plan *(n.)* el plan; *(v.)* planear
plantain el plátano
play *(a sport or game)* jugar (u → ue);
    ~ *(an instrument)* tocar
pleasant agradable
please por favor
point el punto; ~ out señalar
polka-dotted de lunares
population la población
possibly posiblemente
poster el afiche, el cartel
power el poder, la fuerza; purchasing ~
    el poder adquisitivo
practice *(n.)* la práctica; *(v.)* practicar
predict predecir
prefer preferir (e → ie, i)
preference la preferencia
pregnant: be ~ estar embarazada
prepare preparar
prescription la receta médica
present-day actual
preserve conservar
previous anterior
pride el orgullo
priest el cura
prize el premio
probable: it's ~ es probable
probably probablemente
produce producir
program el programa
prohibit prohibir
project el proyecto
promise *(n.)* la promesa; *(v.)* prometer
proud orgulloso/a
provided that con tal (de) que
province la provincia
psychologist el/la psicólogo/a
pull tirar; ~ someone's leg tomarle el
    pelo (a alguien)
purchasing power el poder adquisitivo
put poner; ~ a curse ("the evil eye")
    on echar el mal de ojo; ~ on
    one's clothes ponerse la ropa;
    ~ someone to bed acostar
    (o → ue)
puzzle: do crossword puzzles hacer
    crucigramas; do jigsaw puzzles
    hacer rompecabezas

## Q

quantity la cantidad
question la pregunta
quiet tranquilo/a
quit: ~ (doing something) dejar de
    + *inf.*

## R

race la carrera
raining: It's ~ . Llueve.
reading la lectura

ready: be ~ estar listo/a
real verdadero/a
reality la realidad
realize (something) darse cuenta
    (de algo)
really en realidad; ~ ? ¿De veras?
reason la razón
recent: most ~ último/a
recipe la receta
recognize reconocer
record *(v.)* grabar
recording la grabación
refer to referir/se (e → ie, i)
rehearse ensayar
reject rechazar
relation la relación
relative *(family)* el/la pariente
relatively relativamente
remember acordarse (o → ue) de;
    recordar (o → ue)
remove quitar
rent *(n.)* el alquiler; *(v.)* alquilar
repeat repetir (e → i, i)
report el informe
reporter el/la reportero/a
request el pedido
requirement el requisito
research la investigación
reservation la reserva
respond responder
responsibility la responsabilidad
rest descansar
return *(an item)* devolver (o → ue);
    *(to a place)* volver (o → ue)
rice el arroz
rich rico/a
ride montar; ~ a bicycle montar en
    bicicleta
right el derecho; ~ ? ¿verdad?; to be ~
    tener razón; ~ now ahora
    mismo; on the ~ a la derecha
risk one's life jugarse (u → ue) la vida
road el camino, la carretera
rock la piedra
roof el techo
room la habitación; double ~ la
    habitación doble; single ~ la
    habitación individual
round redondo/a
royal real

## S

safe seguro/a
saint el/la santo/a
same igual; the ~ el/la mismo/a
satisfied satisfecho/a
save *(rescue)* salvar; *(money)* ahorrar
say decir; How do you ~ . . . ? ¿Cómo
    se dice...?
scared: be ~ tener miedo
scarf la pañoleta *(women's)*, el pañuelo;
    winter ~ la bufanda
schedule el horario
science la ciencia
search engine el buscador
secondary secundario/a
secondhand de segunda mano
see ver; Let's ~ . A ver.; ~ you later.
    Hasta luego.; ~ you tomorrow.
    Hasta mañana.
seem parecer
select seleccionar
sell vender
send mandar
sensitivity la sensibilidad
sentence la oración

separate (from) separar/se (de)
serious grave
serve servir (e → i, i)
set the table poner la mesa
several varios/as
sex el sexo
shame la vergüenza; it's a ~ es
    una lástima; What a ~ ! ¡Qué
    lástima!
share compartir
shave afeitarse
shaving cream la crema de afeitar
shellfish los mariscos
shoot disparar
shopping de compras
show mostrar (o → ue)
sick: become ~ enfermarse
side el lado; on the one ~ por un
    lado; on the other ~ por otro
    lado; on all sides por todos
    lados
significant other la pareja
silent callado/a; be ~ callarse
similar parecido/a
simple sencillo/a
simply sencillamente
since ya que, desde
sing cantar
singer el/la cantante
single soltero/a; ~ room la habitación
    individual
sit down sentarse (e → ie)
situation la situación
skin la piel
slash *(as in* http://www*)* la barra
slave el/la esclavo/a
sleep dormir (o → ue, u)
slow lento/a
smoke *(v.)* fumar
snow *(n.)* la nieve; *(v.)* nevar (e → ie)
snowing: It's ~ . Nieva.
so tan; entonces
soap opera la telenovela
soccer el fútbol
sock el calcetín, la media
soda la gaseosa
soldier el/la soldado
some algún, alguno/a
someone alguien
something algo; ~ else? ¿Algo más?
sometimes algunas veces
song la canción
soon pronto
sorry: I'm ~ . *(informal)* Perdona.;
    *(formal)* Perdone., Lo siento.
source la fuente
speak hablar; Can you ~ more slowly,
    please? ¿Puede hablar más
    despacio, por favor?; I would
    like to ~ with . . . , please.
    Quisiera hablar con..., por favor.
special especial
specific específico/a
spend *(money)* gastar; *(time)* pasar
spice la especia
spicy picante
spite: in ~ of a pesar de que
stand in line hacer cola
start *(n.)* el comienzo; *(v.)* comenzar
    (e → ie), empezar (e → ie);
    ~ the car arrancar el carro/el coche
starting from a partir de
stay in *(+ place)* quedarse en *(+ place)*
steal robar
step on pisar
still aún, todavía

**stingy** tacaño/a
**stone** la piedra
**stop** (n.) la parada; **~ (doing something)** dejar de + inf.
**stopover** la escala
**story** el cuento
**stove** la estufa; **electric ~** la estufa eléctrica; **gas ~** la estufa de gas
**straight** recto/a; **keep going ~** seguir (e → i, i) derecho
**strange** extraño/a
**strength** la fuerza
**striped** de rayas
**strong** fuerte
**struggle** la lucha
**study** estudiar
**subject** (in school) la asignatura, la materia
**succeed** tener éxito
**successful: be ~** tener éxito
**suddenly** de repente
**suffer** sufrir
**sugar** el azúcar
**suggest** sugerir (e → ie, i)
**suggestion** la sugerencia
**summary** el resumen
**sunny: It's ~.** Hace sol.
**supper: have ~** cenar
**suppose** suponer
**sure: (not) be ~ (of)** (no) estar seguro/a de
**surf the net** navegar por Internet
**surgery** la cirugía
**surprise** la sorpresa
**surprised: be ~ about** sorprenderse de
**suspect** el/la sospechoso/a
**switch roles** cambiar de papel

# T

**take** (a bus, etc.) tomar; **~ care of** cuidar; **~ into account** tener en cuenta; **~ notes** anotar, tomar apuntes; **~ off one's clothes** quitarse la ropa; **~ out** sacar; **~ out the garbage** sacar la basura; **~ pictures** sacar fotos; **~ place** tener lugar; **~ a walk** dar un paseo
**talk** conversar, hablar
**taste** probar (o → ue)
**tasty** sabroso/a
**teach** enseñar
**tear** (cry) la lágrima
**television** la televisión; **~ channel** el canal de televisión; **~ set** el televisor
**tell** contar (o → ue); decir; **Can you ~ me how . . . ?** ¿Puede decirme cómo...?
**thank you** gracias
**that** que; (dem. adj.) ese/a, aquel, aquella; (dem. pron.) ese/a, eso, aquel, aquella, aquello; **~ is** o sea; **that's why** por eso
**theme** el tema
**then** entonces; (in time sequence) después, más tarde, luego
**there** allí; **~ is/~ are** hay; **~ must be a reason.** Por algo será.; **~ was/~ were** había; **there's no doubt** no cabe duda
**therefore** por eso, por lo tanto
**thing** la cosa
**think** pensar (e → ie); **~ about** pensar en
**thirsty: be ~** tener sed
**this** (dem. adj.) este/a; (dem. pron.) este/a, esto

**those** (dem. adj.) esos/as, aquellos/as; (dem. pron.) esos/as, aquellos/as; **~ (over there)** (adj.) aquellos/aquellas; **~ ones (over there)** (dem. pron.) aquellos/aquellas
**throat** la garganta
**through** a través de
**throw: ~ out** echar, tirar
**ticket** el boleto, el billete, el pasaje; (for admission to an event) la entrada
**time: in ~** a tiempo; **on ~** a tiempo; **What ~ is . . . at?** ¿A qué hora es...?
**times: many ~** muchas veces
**tired: be ~** estar cansado; (sleepy) tener sueño
**title** el título
**to** a; **~ top it all** para colmo
**together** juntos/as
**tomorrow** mañana; **See you ~.** Hasta mañana.
**too** también; **~ much** demasiado
**top: to ~ it all** para colmo
**touch** tocar
**tour** la gira, el tour
**tourism** el turismo
**translate** traducir
**travel** viajar
**tree** el árbol
**true** cierto/a, real; **it's ~** es cierto, es verdad
**truth** la verdad
**try** intentar; (food) probar (o → ue); **~ on** (clothes) probarse (o → ue); **~ to** tratar de
**turn** doblar; **~ off** apagar; **~ over** darle la vuelta
**TV channel** el canal de televisión
**typical** típico/a

# U

**unbearable** insoportable
**uncertain** incierto/a
**understand** comprender, entender (e → ie)
**understanding** comprensivo/a
**underwear** (men's) los calzoncillos; (women's) los calzones
**unexpected** inesperado/a
**unexplainable** inexplicable
**uniform** el uniforme
**unknown** desconocido/a
**unless** a menos que
**until** hasta (que)
**up** arriba
**upload** subir
**upon + -ing** al + inf.
**use** usar
**useful** útil
**useless** inútil

# V

**vacation** las vacaciones
**vain** creído/a, vanidoso/a
**value** el valor
**variety** la variedad
**vary** variar
**very** muy; **~ well!** ¡Muy bien!
**view** la vista
**visit** (n.) la visita; (v.) visitar
**voice** la voz
**vomit** devolver (o → ue), vomitar

# W

**wake up** despertarse (e → ie); **wake someone up** despertar (e → ie)
**walk** andar; **take a ~** dar un paseo

**wall** la pared
**want** desear, querer
**war** la guerra
**warm** caliente
**water** el agua (f.)
**way** la manera; **No ~!** ¡Qué va!
**Web** (www) la red
**weekend** el fin de semana
**weigh** pesar
**weight** el peso
**well (then)** pues
**what?** ¿qué?, ¿cómo?; **~ color is it?** ¿De qué color es?; **~ do you mean . . . ?** ¿Cómo que...?; **~ is the capital of . . . ?** ¿Cuál es la capital de...?; **~ is your phone number?** ¿Cuál es tu/su número de teléfono?; **~ a mess!** ¡Qué lío!; **~ a pity!** ¡Qué pena!; **~ a shame!** ¡Qué lástima!; **~ time is it?** ¿Qué hora es?; **What's the weather like?** ¿Qué tiempo hace?; **What's up?** ¿Qué hay?; **What's your address?** ¿Cuál es tu/su dirección?
**when** cuando; **~?** ¿cuándo?
**where** donde; **~?** ¿dónde?; **~ are you from?** ¿De dónde es/eres?; **~ (to)?** ¿adónde?
**which?** ¿cuál/es?
**while** mientras; **in a ~** dentro de poco
**who** quien, que; **~?** ¿quién?, ¿quiénes?; **~ is speaking/calling?** ¿Quién habla?
**whom: for ~?** ¿para quién/es?
**whose?** ¿de quién/es?
**why?** ¿por qué?
**win** ganar
**window** la ventana
**windy: It's ~.** Hace viento.
**winner** el/la ganador/a
**with** con; **~ pleasure** con mucho gusto
**without** sin
**wonder** preguntarse
**wonderful** divino/a, maravilloso/a
**work** (n.) el trabajo; (v.) trabajar; **~ full time** trabajar a tiempo completo; **~ part time** trabajar a tiempo parcial
**worth: It's (not) ~ it.** (No) vale la pena.
**Wow!** ¡Vaya!
**wrist** la muñeca
**write** escribir; **~ letters/poems** escribir cartas/poemas
**writer** el/la escritor/a
**wrong: You have the ~ number.** Tiene el número equivocado.

# Y

**year** el año; **last ~** el año pasado; **next ~** el año que viene; **New Year's Day** el Año Nuevo
**yesterday** ayer
**yet** aún, todavía; **not ~** todavía no
**young person** el/la joven
**younger** menor
**You're welcome.** De nada., No hay de qué.
**youth** la juventud

# Z

**zip code** el código postal
**zone** la zona

# Index

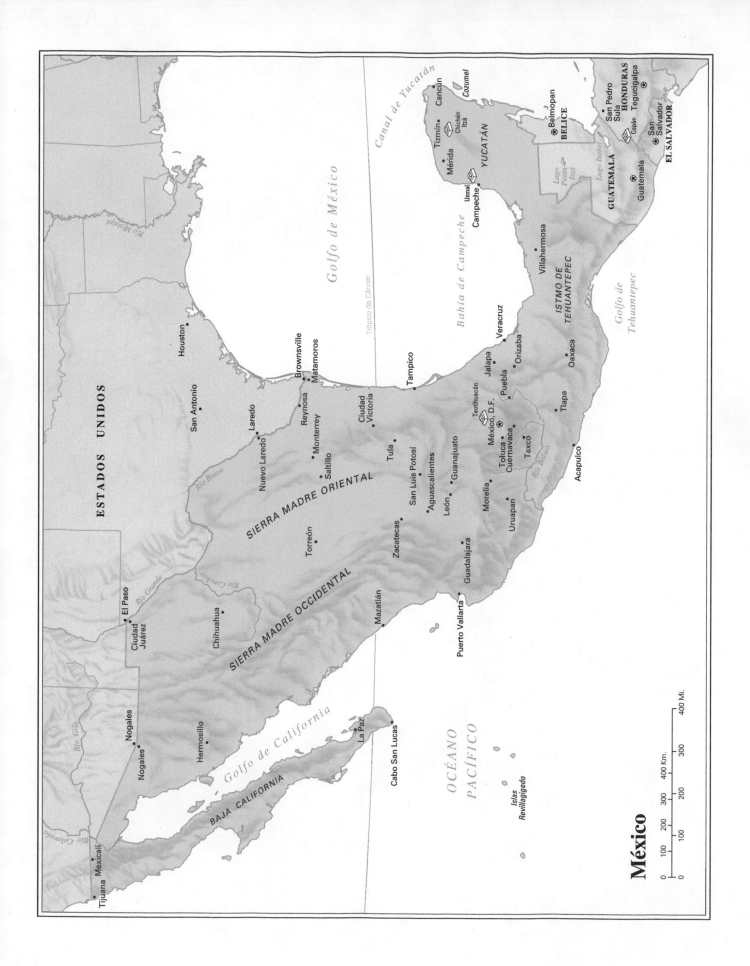

ESTADOS UNIDOS

Tijuana
Mexicali
Nogales
Nogales

El Paso
Ciudad Juárez

Chihuahua

Hermosillo

La Paz
Cabo San Lucas

BAJA CALIFORNIA

SIERRA MADRE OCCIDENTAL

Mazatlán

Puerto Vallarta

Guadalajara

Zacatecas

Torreón

SIERRA MADRE ORIENTAL

Saltillo
Monterrey
Nuevo Laredo
Laredo
Reynosa

San Antonio

Houston

Brownsville
Matamoros

Ciudad Victoria

Tampico

San Luis Potosí
Aguascalientes
León
Guanajuato
Tula

Morelia
Uruapan
Toluca
México, D.F.
Cuernavaca
Taxco
Teotihuacán

Acapulco

Tlapa

Oaxaca

Orizaba
Puebla
Jalapa
Veracruz

Villahermosa

ISTMO DE TEHUANTEPEC

Golfo de Tehuantepec

Campeche
Uxmal
YUCATÁN
Mérida
Tizimín
Chichén Itzá
Cancún
Cozumel

Belmopan
BELICE

Lago Petén Itzá
Lago Isabel

GUATEMALA
Guatemala

San Pedro Sula
HONDURAS
Tegucigalpa
Copán
San Salvador
EL SALVADOR

Golfo de México

Bahía de Campeche

Canal de Yucatán

Trópico de Cáncer

Golfo de California

OCÉANO PACÍFICO

Islas Revillagigedo

Río Grande
Río Bravo
Río Colorado
Río Gila
Río Misisipí
Río Conchos
Río Balsas

México

400 Mi.
300
200
100
0

400 Km.
300
200
100
0

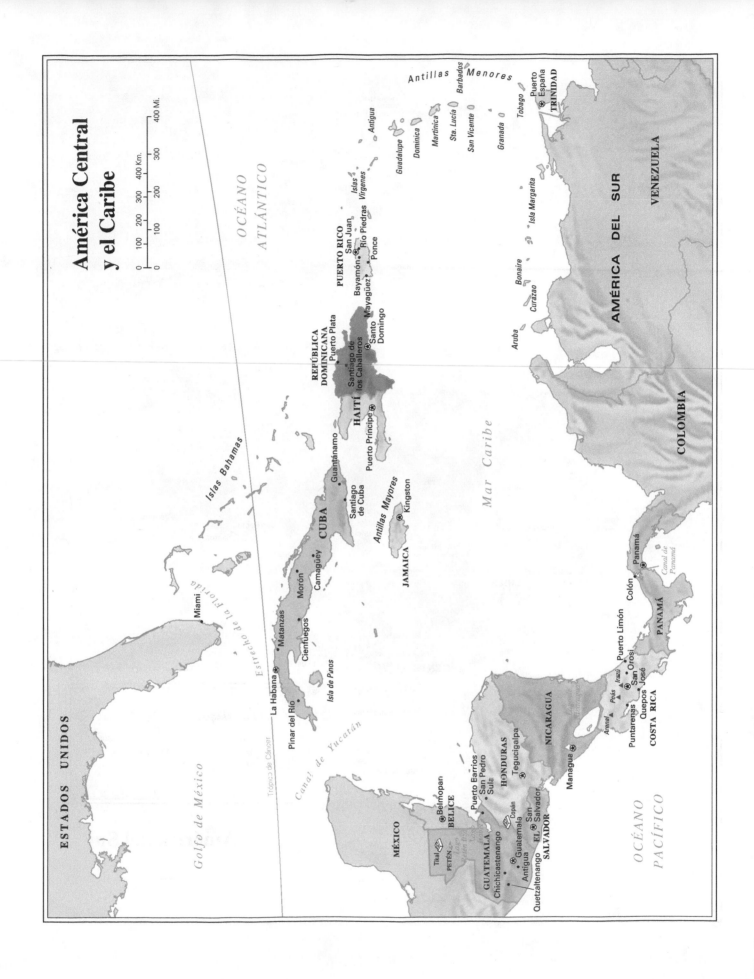

# América Central y el Caribe

400 Mi.
300
200
100
0

400 Km.
300
200
100
0

ESTADOS UNIDOS

Golfo de México

Miami

Trópico de Cáncer

Estrecho de la Florida

OCÉANO ATLÁNTICO

Islas Bahamas

La Habana ⊛
Pinar del Río
Matanzas
Cienfuegos
Morón
Camagüey
CUBA
Isla de Pinos

Canal de Yucatán

Santiago de Cuba
Guantánamo

Antillas Mayores

JAMAICA
Kingston

Mar Caribe

HAITÍ
Puerto Príncipe ⊛

REPÚBLICA DOMINICANA
Puerto Plata
Santiago de los Caballeros
Santo Domingo ⊛

PUERTO RICO
San Juan
Bayamón
Mayagüez
Ponce
Río Piedras

Islas Vírgenes

Antigua

Guadalupe
Dominica
Martinica
Sta. Lucía
San Vicente
Granada
Barbados
Tobago

Antillas Menores

Puerto España ⊛
TRINIDAD

Isla Margarita

Aruba
Curazao
Bonaire

AMÉRICA DEL SUR

VENEZUELA

COLOMBIA

MÉXICO

Tikal
PETÉN
Lago Petén Itzá
BELICE
Belmopán ⊛
Puerto Barrios
San Pedro Sula
GUATEMALA
Guatemala ⊛
Chichicastenango
Quetzaltenango
Antigua
Copán
HONDURAS
Tegucigalpa ⊛
San Salvador ⊛
EL SALVADOR

Managua ⊛
NICARAGUA

Arenal
Poás
Irazú
Puntarenas
San José ⊛
Quepos
San Orosi
COSTA RICA
Puerto Limón

Colón
PANAMÁ
Panamá ⊛
Canal de Panamá

OCÉANO PACÍFICO

R61

Mar Caribe

Barranquilla
Cartagena
Maracaibo
Caracas
La Guaira
TRINIDAD Y
TOBAGO
Puerto España
San Carlos
VENEZUELA
Ciudad Bolívar
OCÉANO
ATLÁNTICO
Medellín
Zipaquirá
Salto Ángel
Río Orinoco
Georgetown
GUYANA
Paramaribo
Cayena
Cali
Bogotá
COLOMBIA
SURINAM
GUAYANA
FRANCESA
Popayán
San Agustín
Otavalo
Pichincha
Santo Domingo
de los Colorados
Quito
ECUADOR
Chimborazo
Guayaquil
Iquitos
CORDILLERA DE LOS ANDES
Río Negro
Río Amazonas
Ecuador
Belén
Manaos
Río Madeira
Sipán
Trujillo
B R A S I L
Recife
PERÚ
Callao
Lima
Machu Picchu
Cuzco
Puno
Arequipa
La Paz
Tiahuanaco
Cochabamba
Salvador
Brasilia
Río Paraguay
Arica
Sucre
Potosí
BOLIVIA
Bello
Horizonte
Iquique
Filadelfia
San Pablo
Río de Janeiro
Trópico de Capricornio
Antofagasta
Salta
San Miguel
de Tucumán
PARAGUAY
Asunción
Río Paraná
Puerto Iguazú
Santos
Resistencia
Río Paraná
OCÉANO
PACÍFICO
CHILE
Córdoba
Aconcagua
Viña del Mar
Valparaíso
Santiago
Mendoza
Rosario
Río Uruguay
Puerto Alegre
URUGUAY
Montevideo
Buenos Aires
La Plata
Punta del Este
Río de la Plata
Concepción
Mar del Plata
ARGENTINA
Río Colorado
Bahía Blanca
Bariloche
Puerto Montt
Península de Valdés
CORDILLERA DE LOS ANDES
Punta Tombo
PATAGONIA
Estrecho de
Magallanes
Islas
Malvinas
Punta Arenas
TIERRA
DEL FUEGO
Cabo de Hornos

## América del Sur

0   250   500 Km.

0   250   500 Mi.

ISLAS GALÁPAGOS
San
Salvador
Ecuador
Santa Cruz
San Cristóbal
Isabela
ECUADOR
Quito
Guayaquil

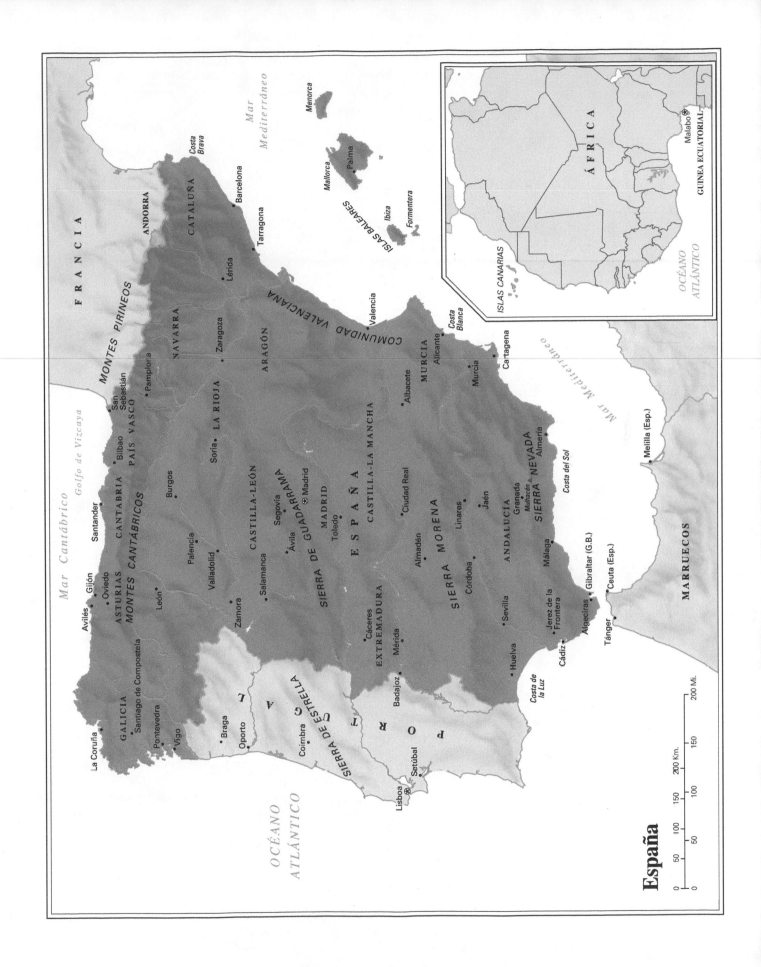

# España

FRANCIA

MONTES PIRINEOS

ANDORRA

CATALUÑA

Costa Brava

Mar Mediterráneo

Menorca

Mallorca

Palma

ISLAS BALEARES

Ibiza

Formentera

Barcelona

Tarragona

Lérida

Zaragoza

ARAGÓN

NAVARRA

Pamplona

San Sebastián

PAÍS VASCO

Bilbao

Santander

CANTABRIA

MONTES CANTÁBRICOS

Golfo de Vizcaya

Mar Cantábrico

Gijón

Oviedo

ASTURIAS

Avilés

GALICIA

La Coruña

Santiago de Compostela

Pontevedra

Vigo

León

Zamora

Palencia

Valladolid

Salamanca

CASTILLA-LEÓN

Burgos

Soria

LA RIOJA

Ávila

Segovia

SIERRA DE GUADARRAMA

⊕ Madrid

MADRID

Toledo

ESPAÑA

CASTILLA-LA MANCHA

Ciudad Real

Albacete

MURCIA

Murcia

Alicante

Costa Blanca

Valencia

COMUNIDAD VALENCIANA

Cartagena

Mar Mediterráneo

SIERRA MORENA

Almadén

Linares

Jaén

Córdoba

ANDALUCÍA

Granada

Mulhacén

SIERRA NEVADA

Almería

Costa del Sol

Málaga

Sevilla

Huelva

EXTREMADURA

Cáceres

Mérida

Badajoz

Jerez de la Frontera

Algeciras

Cádiz

Costa de la Luz

Gibraltar (G.B.)

Ceuta (Esp.)

Tánger

MARRUECOS

Melilla (Esp.)

Braga

Oporto

Coimbra

SIERRA DE ESTRELLA

PORTUGAL

Lisboa ⊕

Setúbal

OCÉANO ATLÁNTICO

ÁFRICA

Malabo ⊕

GUINEA ECUATORIAL

ISLAS CANARIAS

OCÉANO ATLÁNTICO

| 200 Mi. | | | | |
|---|---|---|---|---|
| 0 | 50 | 100 | 150 | 200 Km. |
| 0 | 50 | 100 | 150 | |